RÉNOVEZ ET BRICOLEZ 1-2-3

AVEC LES EXPERTS DE HOME DEPOT

HOME DEPOT

Meredith.
BOOKS

Meredith Publishing Group
Ray Wolf : directeur de projet
Benjamin W. Allen : rédacteur principal
Christopher Cavanaugh : directeur de l'édition
Ernie Shelton : dessin de couverture
Doug Johnston : directeur de production
Équipe chargée de la création du manuel :
  Bill Jones
  Barry Benecke
  Paul Currie
  Bill Nelson
  Steve Meyer
  J. Keith Moore
  Sandy Graff

Home Depot
Dick Hammil : vice-président directeur, marketing
Rob Hallam : directeur de projet
Robert Boyer : superviseur de département - 25 quincaillerie
Serge Cardin : superviseur de département - 30 menuiserie
Jean-Paul Tougas : superviseur de département - 28 saisonnier / jardinage
Jean-Marc Gaudreau : superviseur de département - 22 matériaux de construction
Steve Ferry : gérant adjoint
Derek Keyes : chargé de projet
Arie Elmaleh : chargé de projet

St.Remy Media Inc.
Version française réalisée par :
Rédacteurs principaux : Marc Cassini,
  Jim Hynes
Directeurs artistiques : Michel Giguère,
  Solange Laberge,
  Anne-Marie Lemay
Infographiste : Patrick Jougla
Recherchiste : Heather Mills
Traductrices : Andrée Andrieu,
  Martine Chapdelaine
Coordonnatrice de la production :
  Dominique Gagné
Directeur des systèmes :
  Edward Renaud
Soutien technique : Joey Fraser,
  Mathieu Raymond-Beaubien,
  Jean Sirois

Président : Pierre Léveillé
Vice-présidente, finance :
  Natalie Watanabe
Directrice de l'édition :
  Carolyn Jackson
Directrice artistique en chef :
  Diane Denoncourt
Directrice de production :
  Michelle Turbide
Directeur, développement des affaires :
  Christopher Jackson
Directrice du marketing :
  Valery Pigeon

Publié par Meredith Corp.

Note au lecteur : en raison de la diversité des conditions, des outils et des
compétences personnelles, Meredith Publishing Group et Home Depot
ne peuvent être tenues responsables d'aucun dégâts, blessures ou pertes découlant
de l'information figurant dans le présent manuel. Avant de commencer tout projet,
vous devez revoir les plans et les directives avec attention et, si vous avez des doutes
ou des questions, adressez-vous aux experts ou aux autorités locales. Les codes et
les règlements en vigueur différant grandement d'un endroit à un autre, vous devez
toujours vous assurer auprès des autorités locales que vos projets sont conformes
à tous les codes et règlements applicables. Lisez et observez toujours toutes les
consignes de sécurité des fabricants d'outils ou d'équipements et suivez toutes
les directives connexes.

Les éditeurs de **BRICOLEZ ET RÉNOVEZ 1-2-3** s'engagent à fournir une information
précise et utile aux bricoleurs. Les commentaires visant à améliorer ce manuel ainsi
que les suggestions pour d'autres manuels à venir sont les bienvenus. Veuillez
communiquer avec nous par l'un des moyens ci-dessous.

Laissez un message après avoir composé le numéro 905-873-8498

Écrivez à :   Rénovez et bricolez
                À l'attention de W. Clarke
                Georgetown Publications Inc.
                34 Armstrong Ave.
                Georgetown, Ontario
                L7G 4R7

Envoyez un courrier électronique à l'adresse : sjarvis@gtwcanada.com

Envoyez une télécopie : 905-873-6170

TABLE DES MATIÈRES

L'un des nombreux tours de table organisés pour scruter les pages du présent manuel.

RÉNOVEZ ET BRICOLEZ 1-2-3
DÉROULEMENT DU PROCESSUS

Nous vous mettons au défi de trouver un manuel de rénovation plus complet et plus novateur !

Allez-y ! Tournez les pages et rendez-vous compte. Ce manuel est le produit des efforts conjugués du partenariat établi entre deux des acteurs les plus chevronnés de l'industrie de la rénovation : *Better Homes and Gardens* et *Home Depot*.

Pour concevoir ce manuel exceptionnel destiné aux propriétaires, les éditeurs de *Better Homes and Gardens* ont combiné leur expertise en édition et en rénovation avec le savoir-faire des milliers d'employés de *Home Depot* disséminés dans toute l'Amérique du Nord.

Voilà comment le processus s'est déroulé :

Semaines 1 – 8 : Nous effectuons une étude à l'échelle des États-Unis auprès de 2 000 chefs de services de *Home Depot* pour relever les questions les plus fréquemment posées par les clients et les projets de rénovation les plus courants.

Semaines 9 – 19 : Il faut se rendre à l'évidence : les clients ont besoin d'un manuel de résolution de problèmes, un manuel qui répond à tous leurs besoins en matière de rénovation. Les clients s'adressent à nous lorsqu'ils ont un problème, pourquoi donc ne pas mettre notre savoir-faire à leur service ?

Après avoir élaboré sommairement une table des matières, nous revenons dans tous les magasins *Home Depot* des États-Unis et, cette fois-ci, nous discutons avec les clients. Nous concevons alors la table des matières avec une seule idée en tête, répondre à la question suivante : « Quelles connaissances les propriétaires de maisons doivent-ils avoir pour accomplir leurs tâches correctement ? »

Semaines 20-40 : Nous créons deux modèles de manuel basés sur notre recherche, mais utilisant chacun une approche complètement différente en matière de présentation et de conception. Ces manuels sont exposés sur des panneaux à l'intention des propriétaires pour que les clients de *Home Depot* choisissent l'approche qui leur convient le mieux.

Semaines 41-44 : Le client a toujours raison. Les propriétaires nous expliquent qu'ils souhaitent que l'information soit clairement illustrée et facile à comprendre. Ils veulent plus d'information et de conseils pour chaque projet.

Notre défi est de fournir le plus d'information et le plus d'illustrations possible dans ce manuel, mais surtout, d'en faciliter la compréhension. Notre but est de rédiger des blocs de texte (sauf la présente introduction) de moins de 250 mots. Au bout du compte, la conception du manuel doit être dynamique et visuelle (voir liste des caractéristiques, *Avant de commencer*, figurant aux pages 4 et 5).

Semaines 45-84 : Le véritable travail commence. Nous sommes persuadés que nous percevons ce que les clients veulent et comment ils le veulent, et nous commençons à travailler sur les pages actuelles.

Dans le but d'améliorer encore la qualité du manuel, nous mettons au point un processus de révision rigoureux. Pour chaque projet ou solution élaborée, une copie est envoyée, afin qu'elle soit révisée, aux anciens commerçants professionnels sélectionnés qui sont maintenant employés de *Home Depot*. En nous appuyant sur le savoir-faire des employés de *Home Depot*, nous rédigeons, illustrons et éditons chaque projet du manuel en collaboration avec les meilleurs rédacteurs et illustrateurs dans le domaine.

Les chapitres terminés sont alors soumis à un « tour de table d'experts » pour une dernière révision. Chaque page du livre est envoyée à un groupe formé des employés les plus expérimentés de *Home Depot*, les « Homer », pour une révision sur le plan de la précision et de l'exactitude. Après cet examen, nous nous réunissons avec les « Homer » pour vérifier chaque page. Plus de 700 changements ont été apportés au manuel par suite de ces tours de table.

Semaines 85-90 : Après avoir fait toutes les suggestions et apporté les corrections découlant des tours de table, les pages sont envoyées au personnel de direction de *Home Depot* pour qu'elles soit approuvées de façon définitive. Ce n'est qu'à ce moment-là que nous considérons les pages vraiment terminées.

Aujourd'hui, nous sommes fermement persuadés que cette révision unique et approfondie et ce processus d'approbation ont permis d'offrir certes un manuel extrêmement précis, mais qui dispense également les meilleurs conseils possible.

Toutefois, nous sommes conscients que ce manuel ne traite pas de tous les problèmes ou de toutes les situations. Des différences sur le plan des pratiques régionales de la construction ou des codes locaux empêchent de couvrir toutes les situations auxquelles peut faire face un propriétaire. Nous savons aussi qu'en vertu de la loi de Murphy, qui s'applique aussi à l'édition, quelques erreurs minimes peuvent se glisser dans la rédaction d'un manuel d'une telle ampleur et d'une telle envergure. En conséquence, nous vous conseillons de vous assurer que vous comprenez parfaitement le processus à suivre avant de commencer un quelconque projet. Vous devez prendre connaissance de tous les règlements associés au projet en matière de sécurité et de droit et, surtout, n'entreprenez pas de tâche exigeant des compétences que vous ne possédez pas.

Nous sommes persuadés que ce manuel constitue l'outil idéal pour vous préparer à votre prochain projet de rénovation. Pour cette raison, nous remercions les employés de *Home Depot* – leur contribution a été essentielle à la création de ce manuel ; leur nom figure à la dernière page.

Nous vous souhaitons une grande réussite et beaucoup de plaisir dans tous vos projets de rénovation.

Ray Wolf
Directeur de projet
Meredith Books

Rob Hallam
Directeur de projet
Home Depot

AVANT DE COMMENCER...

Nous avons voulu nous assurer que chaque page de ce livre contient l'information la plus complète possible. C'est pourquoi nous avons conçu ces encadrés qui vous donneront des renseignements, des idées et des conseils additionnels. Prenez le temps de lire le contenu de chacun pour savoir ce qu'il vous propose.

Nous avons aussi inclus nos réflexions sur la sécurité et sur les codes du bâtiment et les règlements de zonage. Nous vous demandons de lire ces deux sections attentivement et de rénover dans le respect des règlements. Mais surtout, travaillez prudemment !

DEGRÉ D'HABILETÉ

Nous vous indiquons le niveau d'habileté requis pour mener à bien ce projet. N'oubliez pas que ce n'est qu'une estimation.

COMBIEN DE TEMPS FAUT-IL ?

Nous avons évalué le temps que le projet devrait prendre, idéalement, en fonction de votre expérience.

EXPÉRIMENTÉ	8 h
INTERMÉDIAIRE	10 h
DÉBUTANT	12 h

TRAVAILLER EFFICACEMENT

Parfois, les muscles ne servent pas à grand-chose. Nous vous montrons la façon correcte de faire des réparations ou des rénovations.

SAVOIR-FAIRE

Lorsqu'un travail requiert l'utilisation d'un outil spécial, nous vous expliquons tout ce qu'il faut savoir pour obtenir les meilleurs résultats possible.

VOUS AUREZ BESOIN :

☐ Pour chaque type de projet, nous vous indiquons les **outils** et le **matériel** nécessaires pour faire du bon boulot.

LE COIN DU DESIGNER

Joignez la beauté à l'utilité. Nous vous aidons à faire les bons choix en matière de formes et de styles pour votre maison.

RÉNOVATIONS ET RÉGLEMENTATIONS

La plupart des administrations locales possèdent leurs propres règlements de zonage et codes du bâtiment. Dans certaines régions, les propriétaires ont la liberté de faire presque tout ce qu'ils veulent entre les murs de leur maison. Dans d'autres, les travaux doivent répondre à des règles plus strictes.

En gros, les règlements de zonage régissent les types de constructions que vous pouvez entreprendre sur votre terrain, tandis que les codes du bâtiment régissent la façon dont les constructions et les réparations doivent être faites. Vos projets doivent se conformer à ces deux types de réglementations.

Même si plusieurs codes nationaux servent de modèles pour les codes de construction locaux, nous ne pouvons pas vous dire quelles rénovations peuvent ou non être faites dans votre localité. Ce qui est sûr, c'est qu'il faut consulter les autorités locales avant d'entamer quelque projet que ce soit.

Il faut bien comprendre ce que les règlements locaux nous permettent ou non de faire avant même de commencer à planifier un projet. Votre détaillant local en rénovation peut vous conseiller et vous aider à comprendre ces codes locaux mais, si vous avez le moindre doute, vérifiez auprès des autorités locales.

Les infractions aux règlements peuvent avoir des conséquences graves : dans certains cas, vous pourriez devoir faire vérifier le travail par un spécialiste, dans d'autres, vous pourriez devoir tout défaire et recommencer.

En résumé, ne tentez pas d'enfreindre ou de contourner les règlements. Sachez précisément ce que vous avez ou non le droit de faire. Sachez quelles rénovations requièrent un permis et obtenez toujours votre permis avant d'entreprendre le travail.

LE CONSEIL
D'HOMER

Voici les erreurs les plus courantes et ce qu'il faut savoir pour les éviter...

GAGNEZ DU TEMPS

Un conseil tout simple pour vous éviter de perdre du temps en allers-retours au magasin.

ATTENTION

Nous vous avertissons des situations qui peuvent être dangereuses.

DANGER

GUIDE
DES BONS ACHAT$

De l'aide pour acheter la bonne pièce au bon prix, mais aussi des conseils pour obtenir le meilleur rapport qualité-prix.

ZUT !

Et puis, au cas où, nous avons inclus quelques-unes des erreurs les plus courantes... Et des solutions !

CONSEILS SPÉCIAUX :
NOUS ATTIRONS VOTRE ATTENTION SUR CERTAINS CONSEILS À NE PAS NÉGLIGER.

PROTÉGEZ-VOUS !

Travailler à sa maison peut être un plaisir. Cela permet de faire des économies, et certaines personnes y trouvent même une gratification personnelle. Mais n'oubliez jamais que cela peut aussi être dangereux.

Tout au long de ce livre, nous faisons des mises en garde et nous vous expliquons quelles sont les pratiques sécuritaires. Mais votre bon sens est toujours nécessaire chaque fois que vous utilisez un outil électrique, montez sur une échelle ou entreprenez un nouveau projet.

Les rénovations requièrent l'utilisation d'outils coupants et souvent puissants. Éviter de vous blesser devrait être votre priorité. Avant d'utiliser un outil électrique, lisez attentivement le manuel de l'utilisateur pour y trouver de l'information sur son emploi

sécuritaire. Les instructions du fabricant sont votre meilleur guide.

Lorsqu'on les coupe ou les taille, les matériaux peuvent se fendre, éclater ou se briser. Vos yeux et votre peau sont particulièrement vulnérables. Portez des gants protecteurs chaque fois que cela ne gène pas votre habileté à manipuler les outils. N'hésitez pas non plus à porter des lunettes de sécurité.

Parfois, les matériaux utilisés sont lourds. Nous n'aimons pas toujours l'admettre, mais nous ne sommes pas toujours aussi forts que nous le pensons. La manipulation de matériaux lourds peut vous forcer à prendre de mauvaises postures. Prendre soin de son corps, et surtout de son dos, est essentiel. Lorsque vous manipulez des matériaux lourds, faites-vous aider et apprenez

à les soulever correctement.

Il va sans dire que travailler avec l'électricité peut mettre votre vie en danger. Avant de manipuler des fils électriques, assurez-vous toujours de couper le courant au disjoncteur principal. Une fois le courant coupé, apposez une note sur le disjoncteur principal afin que personne ne le remette en marche pendant que vous manipulez des fils.

Les chutes sont les principales causes de blessures. Faites très attention lorsque vous utilisez une échelle. Assurez-vous qu'elle est bien droite, posée sur une surface plane et ferme, et que l'utilisation que vous en ferez est conforme aux recommandations du fabricant.

Mais, avant tout, sachez reconnaître vos limites, et n'allez pas au delà de vos capacités.

AMÉLIORATIONS ENVIRONNEMENTALES

DES AMÉLIORATIONS SUR TOUS LES PLANS

Nos maisons ont un impact important sur l'environnement, que ce soit à cause de l'énergie utilisée pour les chauffer ou les rafraîchir, du choix des matériaux de construction ou de produits qui maintiennent ou améliorent notre qualité de vie.

Il existe un vaste choix de produits qui minimisent les effets négatifs sur l'environnement. Pas besoin d'aller bien loin pour trouver des produits « verts » : il peut y en avoir tout autour de nous!

BOIS D'ŒUVRE ET MATÉRIAUX DE CONSTRUCTION

1 Bois traité sous pression – Le traitement préservatif avec des produits chimiques aide à prolonger la durée de vie du bois. Il faut couper ce bois à l'extérieur, se laver les mains après l'avoir manipulé, et éviter de le brûler.

2 Bois usiné – Maximise les ressources en bois.

3 Colombages en métal – Matériau de construction qui contient des matières recyclées.

4 Lanterneaux/puits de lumière – L'éclairage naturel permet des économies d'électricité. Les lanterneaux assurent une ventilation.

5 Foyers encastrés à haut rendement – Le choix le plus efficace en matière de qualité d'air intérieur et de production de chaleur.

6 Portes en bois pressé ou en simili-bois de forêt tropicale – Produit qui maximise les ressources en bois.

7 Ventilateurs pour combles – Les ventilateurs et aérateurs dans les combles, électriques ou non, économisent l'énergie et améliorent le confort.

8 Isolation des combles à valeur R supérieure – Économise l'énergie en améliorant le confort. Plus élevée est la valeur R, meilleur est le rendement.

9 Fenêtres à faible facteur U – Recherchez cette mesure de rendement du verre. Plus le facteur U est faible, moins il y a de perte de chaleur.

10 Bardeaux de toit aux couleurs claires – Économisent l'énergie sous la plupart des climats.

11 Isolant enveloppé – Facile à manipuler. Réduit les infiltrations d'air.

12 Isolant cellulosique – Produit à haute teneur en papier recyclé.

13 Sous-plancher en cellulose ou en gypse renforcé – Solution de rechange aux bois tropicaux. Stabilité dimensionnelle et contenu de matériaux recyclés. Surface lisse, pas de délaminage ni de gonflement ou de saignement.

REVÊTEMENTS DE SOLS ET DE MURS

14 Placards en cèdre – Éloignent les insectes naturellement.

15 Carreaux de marbre – Un produit naturel qui n'affecte pas la qualité de l'air.

16 Revêtement en bois – Un produit naturel qui n'affecte pas la qualité de l'air. À combiner avec des tapis qui s'enlèvent pour le nettoyage.

17 Carreaux de céramique – Produit naturel qui n'affecte pas la qualité de l'air intérieur.

18 Paillasson en caoutchouc recyclé – Produit très durable qui permet de recycler les pneus (environ 5 % des pneus sont recyclés au Canada).

19 Tapis – Recherchez l'étiquette de l'Institut canadien du tapis pour vous assurer qu'il est conforme aux normes sur la qualité de l'air intérieur.

PEINTURES ET APPRÊTS

20 Rubans à conduits et mastic – Les conduits qui laissent échapper de l'air peuvent compter pour jusqu'à 30 % des coûts en énergie de votre maison.

21 Apprêts à l'eau – Moins polluants pour l'air.

22 Peintures inodores ou presque – Nouvelles formules plus agréables à utiliser qui polluent moins l'air intérieur.

23 Calfeutrage – Aide à empêcher les infiltrations d'air et à économiser l'énergie.

24 Testeur de la teneur en plomb – Aide à détecter la présence de plomb dans la peinture, les soudures ou d'autres éléments comme la vaisselle.

25 Décapant plus sécuritaire – Une solution de rechange aux produits chimiques qui sont plus rapides et plus dangereux. Prend plus de temps, mais en vaut la peine.

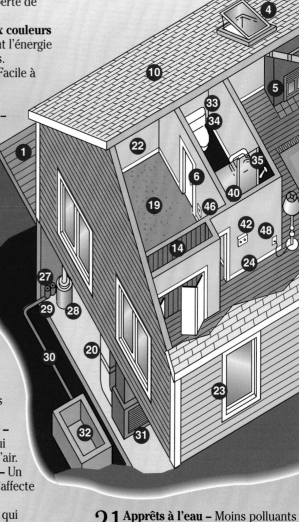

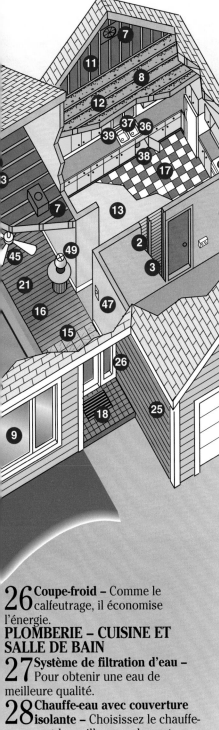

31 Filtres améliorés pour fournaises – Les filtres en fibre de verre de moins de 1 $ n'améliorent pas la qualité de l'air intérieur. Ils ne protègent que le moteur du ventilateur de la fournaise et fonctionnent mieux lorsqu'ils sont sales.

32 Fosse septique aux enzymes et produits d'entretien des drains – La façon naturelle et biologique d'améliorer la sécurité de votre environnement, de votre système d'épuration d'eau et de l'eau souterraine.

33 Trousse de réparation des fuites de toilettes – Une toilette qui coule peut vous coûter des milliers de litres d'eau par année.

34 Toilettes à faible débit (6 litres [1,6 gallon] par chasse) – Les toilettes de 6 litres (1,6 gallon) sont à présent obligatoires aux États-Unis. Si votre toilette n'a pas un réservoir de 6 litres, elle utilise 13 litres (3,5 gallons) d'eau ou plus chaque fois que vous tirez la chasse.

35 Pomme de douche à faible débit (9,5 litres [2,5 gallons] la minute) – Une très bonne idée.

36 Robinets sans plomb ou à faible teneur en plomb – Les tuyaux en laiton peuvent contenir jusqu'à 8 % de plomb. Il faut toujours faire couler l'eau froide pendant une minute ou deux avant de la boire ou de l'utiliser. Il existe des robinets sans plomb ou à faible teneur en plomb.

37 Aérateurs de robinets – Un autre économiseur d'eau peu coûteux.

38 Broyeur à déchets – Utilisez en plus des bacs de compostage, pour un système complet de gestion des déchets ménagers.

39 Filtre à eau au robinet – Élimine les impuretés provenant de vos appareils de plomberie et tuyaux d'alimentation.

40 Débouche-tuyaux à enzymes – Un produit biologique plus sécuritaire pour l'utilisateur. Moins dommageable pour l'eau souterraine et le système de traitement de l'eau.

26 Coupe-froid – Comme le calfeutrage, il économise l'énergie.

PLOMBERIE – CUISINE ET SALLE DE BAIN

27 Système de filtration d'eau – Pour obtenir une eau de meilleure qualité.

28 Chauffe-eau avec couverture isolante – Choisissez le chauffe-eau ayant le meilleur rendement énergétique que vous pouvez vous offrir, en vérifiant les coûts d'utilisation sur l'étiquette jaune. Le couvrir d'une couverture isolante et régler le thermostat à 49 °C (120 °F) économise l'énergie.

29 Soudures sans plomb – N'utilisez que des soudures sans plomb pour les tuyaux d'alimentation en eau potable.

30 Isolation des tuyaux – Façon peu coûteuse d'économiser l'énergie pour les tuyaux exposés au froid.

ÉLECTRICITÉ/ÉCLAIRAGE

41 Détecteur de présence – Économiseur d'énergie qui allume les lumières automatiquement lorsqu'il y a quelqu'un dans la pièce.

42 Thermostat programmable – Économiseur d'énergie qui permet le contrôle automatique de la durée et de l'intensité du chauffage et de la climatisation.

43 Détecteur de fumée – Appareil de sécurité environnementale peu coûteux. Testez vos détecteurs de fumée aujourd'hui et assurez-vous qu'il y en a un par étage. Les feux sont responsables d'une centaine de morts chaque année au Québec. Les fabricants recommandent de remplacer les détecteurs tous les 10 ans.

44 Détecteur de monoxyde de carbone – Une des principales causes d'empoisonnement ; des milliers de personnes meurent chaque année à cause du monoxyde de carbone. Inspectez votre maison et les appareils de chauffage régulièrement.

45 Ventilateurs de plafond – Permettent une réduction allant jusqu'à 8 % de l'utilisation de l'énergie en été en créant de la fraîcheur.

46 Veilleuses – Sécuritaires pour l'environnement, elles sont particulièrement utiles dans les escaliers, car les chutes sont responsables de plusieurs morts chaque année au Canada. Les plus récentes ont un meilleur rendement énergétique.

47 Gradateur de lumière – Un appareil simple qui peut vous aider à réduire les coûts de l'éclairage. Diminuer de 25 % l'intensité d'une lumière peut faire économiser 10 % en énergie et augmenter la durée de vie de l'ampoule.

48 Minuterie électrique – Appareil de sécurité simple qui économise l'énergie.

49 Éclairage fluorescent compact – Économiseur d'énergie. L'éclairage compte pour 5 à 7 % des coûts en énergie d'une maison. Pour économiser, déterminez d'abord le nombre de « lumens », ou flux lumineux, puis choisissez l'ampoule ayant le wattage le plus bas possible (plus faible consommation d'énergie).

Concept et planification

Les projets de rénovation résidentielle se classent en trois catégories : rafraîchissement général, rénovation d'une pièce et rénovation de l'habitation. Avant de commencer, prenez le temps de déterminer le style qui correspond le mieux aux habitudes et aux goûts personnels de votre famille.

Ensuite, la prochaine étape vise à élaborer un plan (programme et cadre de votre projet). Plus vos idées seront novatrices, plus vous aurez besoin d'en établir un. Vous aurez aussi besoin de plus d'aide.

Votre plan doit tenir compte de l'information recueillie auprès de différentes sources, notamment vos préférences déterminées à partir de livres et de magazines, l'avis de vos proches, les conseils techniques de spécialistes – carreleurs, électriciens et charpentiers –, les conseils techniques de professionnels en matière d'ergonomie et de plan d'ensemble et l'aide d'un coordonnateur de projet professionnel ou d'un décorateur d'intérieur.

GUIDE DES BONS ACHAT$

Il est souvent inutile de consacrer des sommes exorbitantes à la décoration d'une pièce. Voici quelques conseils pour obtenir les meilleurs résultats au moindre prix, sans faire de compromis.

Investissez dans des garnitures décoratives et de la quincaillerie de qualité. L'argent dépensé en tringles à rideaux robustes, en belles poignées de tiroir, en drapés et en franges décoratifs sera rentabilisé et conférera à votre habitation un charme indéniable et la touche finale d'un décorateur professionnel.

Concentrez-vous sur les faux-finis. Les sols de marbre, les murs peints à l'éponge et les meubles peints donnent un effet saisissant.

Étapes préliminaires à un plan de projet

1. SOURCES D'INFORMATION

| AMIS ET PARENTS | LIVRES ET MAGAZINES | COORDONNATEURS DE PROJET | CONSEILS SPÉCIFIQUES | CONSEILS TECHNIQUES |

2. VOS GOÛTS ET VOS HABITUDES

| VOS GOÛTS | VOS HABITUDES |

3. ÉTENDUE DU PROJET

| SIMPLE RAFRAÎCHISSEMENT | TOUTE L'HABITATION | RÉNOVATION D'UNE PIÈCE |

DÉFINITION DES STYLES

• **Le style CLASSIQUE** relève d'une période historique antérieure et met en scène des antiquités ou des reproductions d'objets. Le style classique comprend des sous-ensembles de styles, notamment le style colonial et le style artisanal. De nombreux fabricants de meubles offrent des lignes complètes de reproductions et de nombreux livres sont consacrés à chaque style.

• **Le style RUSTIQUE** se caractérise par l'utilisation de meubles qui paraissent avoir bien vieilli, de meubles simples ou de style primitif et de motifs de style populaire. Une pièce décorée dans le style rustique abonde en matériaux naturels – bois, brique, carreaux de céramique, terre cuite et tissus tissés à la main – qui contribuent à créer une ambiance confortable et informelle.

• **Le style CONTEMPORAIN** est net, pur et sophistiqué. C'est l'art du minimalisme : les meubles et les accessoires sont rares, mais leur effet est puissant. Cette élégance simple s'articule en général autour d'un élément central – un très beau meuble, un objet d'art exceptionnel ou un revêtement de sol impressionnant.

• **Le style ÉCLECTIQUE** reflète une combinaison des trois types de styles ci-dessus. Parfois, les designers utilisent des éléments provenant d'autres cultures afin de créer une collection attrayante et de souligner le contraste entre les styles présents dans une pièce. Mais, ne vous méprenez pas : il ne s'agit pas de créer un capharnaüm et de le qualifier d'éclectique. Au contraire, c'est souvent le style le plus difficile à maîtriser.

Il est possible de trouver des **idées de styles de décoration** auprès de nombreuses sources (magazines, professionnels de la décoration, livres, famille, amis). Après la collecte, faites un tri et vous parviendrez à déterminer votre style. Le résultat peut se révéler élégant ou original, peu importe, du moment qu'il vous convient. La photo ci-dessus montre une salle de bain aux influences orientales.

Sources d'information

AMIS ET PARENTS

À cette étape-ci, l'essentiel est de rassembler autant d'idées et d'information que possible. La source de l'information peut faire toute la différence.

LIVRES ET MAGAZINES

Le fait de parcourir les livres, les brochures et les magazines vous donnera des idées sur le style et les différents matériaux. La plupart de ces sources d'information sont peu coûteuses et, surtout, vous ne vexerez pas ceux dont vous n'avez pas suivi les conseils.

Ne vous limitez pas aux publications spécialisées dans la décoration. Vous trouverez les idées les meilleures dans des magazines axés sur l'habitation, l'architecture, les meubles ou l'art ; les catalogues des grands magasins, les brochures des fabricants – la liste est interminable.

Dans la mesure du possible, découpez les articles que vous aimez, regroupez-les dans un album, y compris les échantillons de peinture et de papier peint, en notant l'endroit où vous les avez trouvés pour vous y reporter plus facilement.

COORDONNATEURS DE PROJET

Si la transformation se limite à une seule pièce, vous pourrez peut-être trouver toute l'information et l'aide requises auprès de conseillers spécialistes, dans des livres ou des magazines. Par contre, si votre projet englobe plusieurs pièces – surtout si vous devez traiter avec des sous-traitants, des inspecteurs et des représentants en mobilier – envisagez d'utiliser les services d'un coordonnateur de projet professionnel qui défendra vos intérêts. Ces coordonnateurs sont également appelés décorateurs d'intérieur.

Certains **conseils spécifiques** vous permettront de choisir des revêtements de sol et de mur ainsi que des éclairages qui s'harmonisent, comme sur la photo ci-dessus.

Le coordonnateur de projet d'un service de planification, d'un détaillant en matériel de rénovation ou d'une société privée de décorateurs d'intérieur, collaborera avec vous en vue de définir votre style.

La coordination de projet n'est pas un service gratuit. Cependant, ce service s'avère avantageux si vous n'êtes pas habitué aux complexités et aux tracasseries qui surviennent lorsque vous traitez avec des entrepreneurs et des inspecteurs.

Les projets de décoration englobant **toute l'habitation** sont souvent complexes. Vous devez jongler avec les entrepreneurs, les sous-traitants, les fournisseurs, les calendriers et effectuer un suivi rigoureux pour parvenir aux résultats escomptés. Comme tout défenseur de vos droits, un coordonnateur de projet peut vous aider à trouver les meilleurs entrepreneurs, à négocier les meilleurs prix et, surtout, à éviter les tarifs exorbitants et les tensions inutiles. Souvent, les détaillants de matériel de rénovation offrent également des services d'installation pour les articles achetés dans leur magasin par les sous-traitants.

Les décorateurs d'intérieur ne s'occupent pas du processus d'obtention de permis, mais ils assurent le lien entre vous et les fournisseurs afin que votre projet demeure dans les limites du budget et que les délais soient respectés. Un coordonnateur compétent vous aidera à planifier votre projet de sorte que le nouveau décor soit adapté au style de votre habitation.

CONSEILS SPÉCIFIQUES

Les conseils spécifiques représentent l'information d'ordre pratique, parfois technique, requise pour faire des choix éclairés parmi les matériaux de décoration. En général, vous rencontrerez les spécialistes qui vous donneront des conseils spécifiques là où vous effectuerez vos achats. Les représentants ou les employés des différents rayons peuvent vous fournir de l'information précieuse sur leurs produits et vous indiquer ceux qui correspondent le mieux à votre projet.

Écoutez les recommandations des conseillers de chaque domaine de compétence. Ce type d'information est très utile si vous envisagez simplement de **rafraîchir une pièce**.

CONSEILS TECHNIQUES

Les conseils techniques vous aideront à choisir un type de produit ou d'article de décoration et à intégrer tous les éléments pour faire en sorte que la pièce soit fonctionnelle et bien conçue. Si vous envisagez la **rénovation complète d'une pièce**, vous devriez demander des conseils techniques.

En effet, pour les pièces aux fonctions bien définies (cuisines et salles de bain), la portée des conseils techniques dépasse l'apparence et favorise l'efficacité sur le plan fonctionnel.

Un spécialiste en design offre des conseils de décoration beaucoup plus poussés que les représentants de produit car il étudie la pièce dans son ensemble. Grâce à son expérience et à sa formation, il peut vous aider à appliquer les principes d'un concept réussi.

L'ABC DU DESIGN

La couleur est la clé d'une décoration réussie. Elle met en relief tous les autres éléments.

Le choix d'une couleur unique peut se révéler assez simple. Par contre, la définition d'une famille de couleurs est plus complexe. (Vos choix définitifs devraient reposer sur des critères personnels. Il est judicieux de commencer avec vos couleurs préférées.) Pour réussir vos arrangements, apprenez à parler le langage des couleurs.

En décoration intérieure, les couleurs sont, en général, regroupées par familles de couleurs qui s'harmonisent. Dans une famille de couleurs, une seule couleur peut figurer parmi plusieurs tons et teintes. Quelquefois, pour des raisons de contraste, les couleurs sont associées à leurs couleurs complémentaires (leur opposé sur le disque chromatique).

Aussi, la texture et le motif, les éléments verticaux et horizontaux et les objets de volumes différents s'équilibrent pour satisfaire aux exigences de rythme et de variété.

Le recours à la tactique de la reproduction ne suffit pas pour obtenir l'unité. Un designer dégagera un élément modifiable – couleur, motif, texture ou objet – répercuté ou réintroduit, pour procurer l'impression d'unité sans que cela ne devienne prévisible.

L'utilisation d'une texture allie le sens du toucher à celui de la vue. Les couleurs similaires ou identiques dans des textures différentes offrent des déclinaisons intéressantes à un thème commun.

Enfin, on doit porter attention aux proportions et au volume. Le mélange de petits objets intimes et de meubles plus massifs permet d'obtenir un volume adéquat. Un bon aménagement peut rehausser une pièce aux proportions satisfaisantes tout en cachant les défauts d'une autre. La couleur peut altérer l'effet de grandeur d'une pièce. Pour qu'une pièce paraisse plus grande, utilisez une couleur claire sur les murs et au plafond.

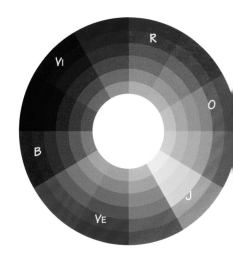

Disque chromatique

Ce disque montre la relation entre les couleurs primaires (**R, J, B**), secondaires (**O, Ve, Vi**) et tertiaires (entre les primaires et les secondaires). Les brillances des couleurs plus claires situées près du centre du disque sont les « teintes ». Les plus foncées, vers l'extérieur, sont les « nuances ». Les couleurs qui se font face sont complémentaires.

Couleurs primaires

Les couleurs primaires – c'est-à-dire le rouge, le jaune et le bleu – sont les couleurs de base. Les autres ne peuvent pas être mélangées pour constituer des couleurs de base.

La simplicité de ces couleurs donne une impression d'ouverture d'esprit, d'énergie et de jeunesse à tout projet de décoration. Comme elles sont élémentaires, certains trouvent qu'elles manquent de profondeur et de sophistication si elles ne sont pas relevées par des coloris complexes, un mélange de textures ou un motif.

Un arrangement de couleurs primaires est plus efficace si l'une des trois couleurs prédomine, soit seule ou parmi plusieurs valeurs connexes. Utilisez les deux autres couleurs primaires à titre de couleurs vives.

Les couleurs primaires peuvent être très hardies et dynamiques (droite). Ici, les coloris entièrement saturés sont mis en valeur par un usage délibéré du blanc et du noir.

Les couleurs secondaires – vert, orange et violet – sont mélangées à deux couleurs primaires, en proportions égales. Les couleurs secondaires apparaissent ainsi plus complexes et polyvalentes que les primaires. Leur effet est réussi si on les utilise ensemble ou combinées aux primaires. En raison de leur intensité, les couleurs secondaires sont utilisées comme rechampis, surtout avec les couleurs neutres.

Les couleurs estompées sont très utilisées. Elles comprennent les mélanges de plusieurs couleurs, les teintes et leurs compléments, les tonalités et les nuances. Les tonalités et leurs compléments donnent des marrons et des tons mats de terre. Les nuances sont des couleurs ou des mélanges de couleurs auxquels on a ajouté du noir. Les teintes résultent du mélange d'une couleur avec du blanc. N'oubliez pas que la couleur détermine l'effet de chaleur ou de froid qui se dégage de la pièce. Le rouge, le jaune et l'orange sont des couleurs chaudes ; le bleu, le vert et le violet sont des couleurs froides.

Harmoniser couleurs, textures et motifs

L'aménagement doit allier variété et structure. Si un mélange de motifs, de textures, et de couleurs stimule, un thème sous-jacent évite le chaos. La simple harmonisation des contrastes est en général décevante ; l'effet ne se voit pas.

Le principe directeur d'une décoration efficace se traduit ainsi : « La multiplication d'un élément associée à des éléments opposés. » L'élément prédominant se compose d'une famille de couleurs, d'une forme, d'une texture, d'un motif. Il permet de définir le projet. Ajoutez de la fantaisie en plaçant des éléments qui contrastent avec lui.

Utilisez l'élément prédominant sur les zones dégagées telles que les murs et les planchers. Répartissez-le autour de la pièce, uniformément, parmi les meubles, les fenêtres et les accessoires. Ajoutez des touches contrastantes. Faites-vous confiance et, si vous n'êtes pas satisfait, déplacez, ajoutez ou enlevez les éléments, un à la fois.

Cette palette monochrome (nuances de la même couleur) est ravivée par les différentes textures. La clé est d'établir la réciprocité adéquate des finitions : tissus doux, vaporeux avec des fils fantaisie à grosseurs. La table en bois est placée à côté d'un fauteuil recouvert de velours et garni de coussins. Les illustrations lisses, sous verre, contrastent avec les fleurs luxuriantes.

Cet ensemble éclectique et informel de fragments et de formes contribue à l'originalité de la pièce. Ce petit salon, par exemple, comprend des formes fascinantes, de la collection exposée sur le mur à la forme gracieuse de la table en fer.

Ces textures rustiques créent une ambiance décontractée. Dans cette pièce, le tapis de texture rugueuse, les sièges en vannerie et le bois non traité confèrent une atmosphère confortable et informelle. L'élégance raffinée et antique de la table ancienne constitue le point d'intérêt de la pièce. La riche variété des surfaces et l'attention portée à chaque détail décoratif donnent un résultat réellement convaincant.

Un ensemble satisfaisant vaut la peine d'être répété. La combinaison des lignes droites et courbes donne du piquant et de l'esprit à cette pièce (gauche). La décoration est particulièrement réussie car elle englobe les styles différents du canapé, du lampadaire et du fauteuil. Ne craignez pas d'en rajouter. Des zones d'intensité rendent l'ensemble plus intéressant.

Un élément architectural particulier peut suggérer une forme pouvant se refléter ailleurs. Dans cette chambre, les rayons de la moulure situé au-dessus de la fenêtre amorce un rythme qui se poursuit avec les lamelles des jalousies, les nervures de l'abat-jour et les motifs à méandres du tissu qui recouvre les meubles. La palette des couleurs, très limitée, permet d'accentuer la récurrence du motif.

Les couleurs profondes et riches procurent une impression de chaleur et d'intimité à cette pièce spacieuse (ci-dessus). Les lampadaires, qui diffusent un rayon de lumière restreint, empêchent ce vaste espace de paraître écrasant. L'emplacement judicieux des meubles crée des zones de détente confortables. Les points mis en évidence par un détail original accentuent l'impression de confort.

Les détails relèvent ou altèrent la décoration. Recherchez les accessoires qui s'adaptent à votre projet de décoration – et se marient bien ensemble – selon des règles originales.

Étendre la décoration aux fenêtres

L'habillage des fenêtres a plusieurs objectifs. Comme les fenêtres procurent une transition visuelle entre l'extérieur et l'intérieur, le choix sera à la fois déterminé par la nature de la pièce et par la vue qu'elle offre.

Si la vue complète la décoration de la pièce, l'habillage des fenêtres sert d'écrin pour accentuer l'effet du panorama, tant intérieur qu'extérieur. Les plis des draperies sur mesure ou les vagues gracieuses des rideaux adoucissent agréablement les lignes architecturales rigides.

D'un autre côté, les voiles transparents servent d'écran à l'extérieur tout en laissant pénétrer la lumière naturelle. Si l'aspect extérieur ne flatte pas l'intérieur, les rideaux transparents sont une solution satisfaisante.

Si vous avez besoin de tentures ou de stores devant s'ouvrir facilement pour laisser passer la lumière ou se fermer pour favoriser l'intimité, les articles commerciaux dotés de mécanismes spéciaux vous conviendront. Ces habillages de fenêtre sont absolument identiques à ceux fabriqués sur mesure, mais le choix des dimensions et des couleurs est limité.

Par contre, si vos habillages de fenêtre constituent avant tout un élément de décoration, vous n'aurez que l'embarras du choix : fantaisie ou style, tout vous est permis.

Les jalousies flattent l'environnement sans prendre le dessus. Elles s'adaptent aux conditions de changement de lumière et assurent une totale intimité lorsqu'elles sont fermées. Elles sont en outre très polyvalentes, qu'elles soient de style rustique ou contemporain.

Des nœuds de tissu fixent ce feston très fantaisie à chaque extrémité du support. Cet habillage de tissu aux riches couleurs accentue la vue et adoucit les lignes sobres de la cuisine.

Ces bandes de tissu créent un effet dépouillé et impressionnant et mettent la baie en valeur : elle est le point de mire de la pièce. La rigueur des lignes horizontales et verticales ajoute un beau contraste.

Les jalousies en bois peint constituent un moyen sophistiqué d'unifier un alignement de fenêtres.

Ce rideau ajouré de dentelle arachnéenne confère à cette pièce une atmosphère de douceur et de charme. La cantonnière festonnée constitue une touche de finition parfaite.

Ce somptueux drapé relevé rehausse l'ambiance très romantique, tandis que le bosquet assure l'intimité. Les festons du store font contrepoids à l'étroitesse de l'endroit.

Les pièces de réception ne doivent pas se limiter aux lourds drapés. Le feston remonté est dans le ton de retenue de la pièce, mais en atténue, par ses courbes rafraîchissantes, les angles droits.

Choisir le revêtement de sol

Les revêtements de sol sont offerts en une variété de types, de couleurs et de motifs assez vaste pour satisfaire tous les goûts. Même si le plancher est un élément fonctionnel sur lequel sont souvent disposés des meubles, il constitue la base de votre pièce et mérite toute votre attention. Le type et le style de revêtement que vous choisissez vous aideront à définir le ton de votre pièce ou de la partie de votre habitation que vous décorez. Les matériaux de revêtement de base tels que les carreaux de céramique, l'ardoise, le bois franc, le vinyle ou la moquette peuvent, à eux seuls, procurer un effet spectaculaire. Ils peuvent aussi être relevés d'un élégant motif incrusté ou d'un tapis.

Le parquet de bois franc combiné aux tapis confère chaleur et élégance. Les tapis donnent une note colorée à l'aménagement. Le contraste des textures rehausse à la fois le bois et les tapis (ci-dessus et à gauche).

Le plancher recouvert de céramique constitue une surface durable et facile à entretenir. Le choix de couleurs et de dimensions est vaste. Ici (droite), le motif à damiers classique s'intègre à une cuisine contemporaine.

Les revêtements de sol peints, comme cette mosaïque, (droite) sont élégants et étonnamment peu coûteux.

Le parquet de bois de résineux à planches larges s'adapte parfaitement au décor, qu'il soit rustique, classique ou contemporain (ci-dessus).

La moquette à motifs ou les tapis permettent de lier l'ensemble d'une pièce. Les motifs peuvent être floraux, abstraits ou géométriques, ou combinés (ci-dessus).

Le parquet de bois franc classique donne aux pièces destinées aux réunions familiales et à la détente une note d'élégance et de chaleur (gauche).

La céramique convient bien aux salles de bain et aux cuisines. La disposition et les couleurs du ciment relèvent l'effet visuel (ci-dessus et à droite). Le vinyle imitant les carreaux est plus économique.

Les carreaux de carrière rappellent les arrangements d'antan. D'une apparence naturelle et organique, ils sont pratiquement indestructibles (ci-dessus).

Tirer parti des détails architecturaux

Certains détails décoratifs de structure (arches, moulures à gorge ou à rayons, moulures en applique, courbes des murs, dénivellements de sol ou de plafond, enduits décoratifs et murs en blocs de verre) donnent un cachet original et sophistiqué à une pièce ordinaire. Certains détails architecturaux sont offerts prêts à poser ou sont simples à fabriquer. D'autres exigent les services de professionnels qualifiés et expérimentés pour offrir la qualité de finition souhaitée.

L'encadrement de porte large, massif et doté de rosettes décoratives (ci-dessus) donne à la pièce une impression de stabilité et de durabilité. Les moulures à gorge élaborées (gauche) confèrent grâce et distinction

Les séparations de grandes pièces requièrent beaucoup d'attention, notamment si elles sont aussi imposantes que ce comptoir de petit-déjeuner. Quelquefois, la division d'une pièce constitue une excellente solution car elle permet de créer un espace distinct.

Les cloisons en blocs de verre sont d'un style contemporain élégant (ci-dessus). Le volume est compensé par la lumière qui pénètre.

Les moulures décoratives murales peuvent servir d'encadrement pour mettre des tableaux en valeur (gauch

Par l'ajout d'un socle classique et de boules décoratives, on a transformé cette cuisine contemporaine qui, autrement, serait plutôt simple.

Le mélange éclectique d'éléments et de détails structuraux tels que les colonnes, les piliers et les moulures crée une impression d'élégance intemporelle. Il est possible de se procurer des colonnes cannelées auprès de distributeurs de matériaux de récupération ou de matériaux de rénovation.

L'utilisation généreuse des moulures au plafond, les demi-colonnes et le manteau de cheminée richement ouvragé confèrent à cette salle de séjour une présence et un caractère indéniables.

Les jeux de lumière

La lumière artificielle est certainement le moyen le plus polyvalent et le plus courant pour changer l'ambiance, le ton ou l'impression que dégage une pièce. Il suffit souvent d'appuyer sur un interrupteur ou un gradateur pour agrandir l'espace ou en minimiser les défauts. Vous pouvez créer un bel effet saisissant d'ombre et de lumière en plaçant un éclairage filtré derrière une plante.

La lumière naturelle peut aussi produire de beaux effets. Une fenêtre habillée d'un tissu fin ou de dentelle diffuse la lumière naturelle et rend l'atmosphère plus douce et plus douillette que la lumière artificielle.

N'oubliez pas que la lumière extérieure peut faire paraître lugubre une pièce pourtant impeccable, tandis qu'un éclairage créatif peut conférer à l'espace une qualité particulière (p. 202 à 207).

L'éclairage des tableaux, des objets et des textures constitue un art en soi. Il est primordial d'obtenir la bonne intensité et le juste équilibre entre l'ombre, la lumière et les lueurs. L'effet se révélera spectaculaire.

Un éclairage incandescent procure un effet théâtral dans la salle de bain et le coin beauté (ci-dessus).

Les luminaires suspendus éclairent certaines zones de cette cuisine qui tient lieu de salle commune (gauche et ci-dessous).

La lumière d'ambiance, naturelle, procure une atmosphère douillette. Les larges fenêtres permettent de capter beaucoup de lumière indirecte et vous font profiter de la vue.

Utiliser des accessoires

Les accessoires « adoucissent » l'austérité d'une pièce et reflètent souvent votre personnalité.

Si vous n'êtes pas parmi ces rares personnes qui combinent avec élégance des objets éclectiques, essayez de maintenir une unité visuelle. Tous les objets, trésors personnels ou articles choisis pour leur effet particulier devraient s'adapter à votre aménagement.

Les touches de finition (plantes, arrangements floraux, étagères, objets de collection ou d'art) donnent à la pièce un cachet mémorable.

Montrez les objets que vous aimez. Les pièces de vos collections personnelles sont le reflet de votre personnalité.

Utilisez des coussins pour adoucir les angles de vos meubles. Outre le fait qu'ils contribuent à la sensation de confort d'une pièce, ils ajoutent de la couleur et du style, et leur remplacement est facile et peu coûteux.

Les accessoires d'une pièce devraient être choisis en vue de souligner le style particulier de votre décoration.

Vous préférerez peut-être un style éclectique qui privilégie la diversité. Mais ne vous méprenez pas. Il ne faut rien laisser au hasard. Ce type de réussite exige une planification rigoureuse.

L'ABC DE LA PEINTURE

Un agencement de couleurs peut transformer une pièce ou une maison au complet. Même sans changer les meubles ou les moquettes, vous pouvez, avec de nouvelles couleurs, rafraîchir une pièce ordinaire et la transformer en un espace de séjour agréable.

Le choix des couleurs étant très personnel, prévoyez tout d'abord d'utiliser vos couleurs préférées, notamment celles de vos meubles actuels, de vos nouveaux meubles ou de vos objets décoratifs. Recherchez des idées dans les magazines et flânez dans les centres de décoration.

Étudiez les échantillons de peinture chez vous, pendant la journée, à la lumière naturelle, et le soir, sous un éclairage incandescent. Vous serez surpris de constater à quel point les couleurs changent sous différents éclairages.

La couleur de la peinture peut être claire ou foncée et procurer un ton chaud, froid, brillant ou discret. L'agencement des couleurs donne le ton à une pièce et, en conséquence, vous devez choisir les couleurs qui dégageront l'atmosphère souhaitée.

PEINTURES DE FINITION

| Lustrée | Semi-lustrée | Satinée | Mate |

Gamme des finis (de gauche à droite) : lustré, un fini très réfléchissant destiné aux zones où la lavabilité est essentielle. La peinture semi-lustrée est aussi lavable, mais elle est moins réfléchissante. Les peintures lustrées peuvent faire ressortir les défauts de la surface. Les finis coquille d'œuf ou satinés adoucissent l'atmosphère et sont également lavables. Le fini mat est doux et dissimule les irrégularités, toutefois, il se lave moins bien.

La peinture est offerte en plusieurs finis, du latex mat à l'émail lustré. Une fois sèches, les peintures émail lustrées sont brillantes et réfléchissantes. Elles sont utilisées sur les surfaces qui doivent être lavées, dans les salles de bain et les cuisines. Les peintures mates sont appliquées sur les murs et les plafonds, dans les salles familiales et les chambres.

Les peintures sont en général à base d'huile ou d'eau (« latex »). La peinture à l'huile est très durable, mais doit être nettoyée à l'aide de solvants. Des progrès effectués dans le domaine des peintures au latex ont permis d'améliorer leur résistance. Les peintures au latex se nettoient à l'eau et au savon.

Une peinture de qualité, qu'elle soit à l'huile ou à l'eau, est hautement lavable. Les pigments des peintures bon marché peuvent « fariner » et être éliminés dès qu'on nettoie la surface à la brosse.

La couverture d'une peinture (toujours indiquée sur l'étiquette) de qualité est d'environ 30,65 m²/4 l (330 pi²/gallon). Les peintures bon marché sont moins chères, mais exigent parfois l'application de deux voire trois couches pour recouvrir la même superficie qu'une peinture de qualité.

CHOISIR LA PEINTURE APPROPRIÉE

PIÈCE	Murs et plafonds en plâtre	Murs et plafonds en panneaux muraux	Garnitures et placards	Garnitures métalliques
Salle de séjour Salle à manger Chambre	Utilisez un apprêt à l'huile puis une peinture au latex mate comme couche de finition	Utilisez un apprêt au latex si la surface n'a pas été peinte ; sinon, utilisez un apprêt à l'huile, puis une couche de finition mate au latex	Utilisez un vernis ou un apprêt à l'huile et une couche de finition à l'huile	Utilisez un apprêt à métal ou à l'huile et une couche de finition au latex
Cuisine Salle de bain	Utilisez des peintures à l'huile en guise d'apprêts et des peintures au latex comme finition			Utilisez un apprêt à métal et une couche de finition à l'huile
Sols et murs en béton				
Sous-sol Garage	Utilisez un agent de scellement ou un apprêt pour l'extérieur, puis une peinture au latex comme couche de finition		Utilisez un vernis ou un apprêt à l'huile, puis une couche de finition à l'huile	Utilisez un apprêt à métal et une couche de finition au latex

CALCULER LA COUVERTURE DE LA PEINTURE

1) Longueur du mur ou du plafond .... _____

2) Hauteur du mur ou largeur du plafond .... X _____

3) Surface de la zone .... = _____

4) Couverture par litre (gal) de la peinture choisie .... ÷ _____

5) Litres (gal) de peinture requis .... = _____

Outils

Il suffit de disposer de quelques bons outils pour peindre. L'achat de deux ou trois pinceaux de haute qualité, d'un bac à peinture robuste se fixant à un escabeau et de un ou deux bons rouleaux est judicieux. Bien entretenus et nettoyés, ces outils dureront des années et seront plus efficaces que ceux moins chers.

Les pinceaux tous usages, efficaces avec plusieurs peintures, allient le polyester, le nylon et les soies animales Choisissez un pinceau à murs à pointe droite de 7,62 cm (3 po), un pinceau à boiseries de 5,08 cm (2 po) et un pinceau à rechampir biseauté pour les applications courantes.

Les rouleaux doivent être dotés d'une armature à billes en nylon, d'un manche pratique et d'une extrémité filetée qui permet de fixer les rallonges. Les manchons de qualité sont efficaces et ne laissent pas de fibres.

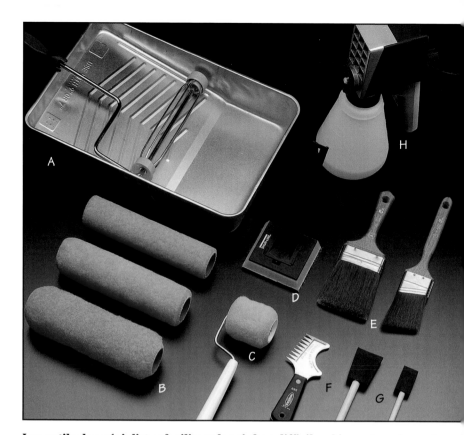

Les outils de spécialistes facilitent les tâches difficiles. L'armature de rouleau, le bac (**A**) et les manchons (**B**) simplifient l'application sur les surfaces vastes. Le rouleau à boiseries (**C**) et le tampon (**D**) sont utilisés pour rechampir. Des pinceaux de qualité (**E**) sont souvent utilisés au lieu de tampons ou de rouleaux L'outil de nettoyage (**F**) facilite le lavage. Les pinceaux en mousse (**G**) sont efficaces avec le latex et les pulvérisateurs de peinture à haute pression (**H**) aident lorsque les surfaces sont irrégulières ou de forme inhabituelle.

GUIDE DES BONS ACHAT$

Choix du bon pinceau

Un pinceau de qualité (gauche) a un manche en bois dur et une virole renforcée en métal antirouille. De nombreux séparateurs divisent les soies à pointes effilées (dédoublées) qui garantissent des bordures précises. Le pinceau bon marché a une extrémité arrondie, des soies non effilées et un séparateur en carton qui ramollit.

Un pinceau à pointe droite de 7,62 cm (3 po) est un bon choix pour le découpage et les angles. Pour les cadres, prenez un pinceau à boiseries de 5,08 cm (2 po). Choisissez des pinceaux à pointe effilée pour peindre dans les coins. Un pinceau biseauté à rechampir est meilleur pour les angles et les fenêtres à guillotine (tous à droite).

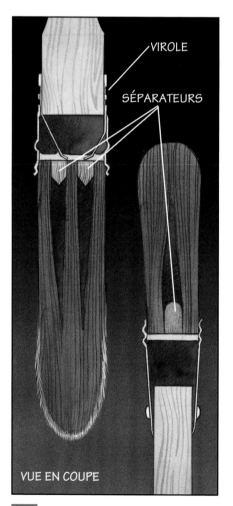

VIROLE

SÉPARATEURS

VUE EN COUPE

PINCEAU À POINTE DROITE DE 7,62 CM (3 PO)

PINCEAU À BOISERIES DE 5,08 CM (2 PO)

PINCEAU BISEAUTÉ À RECHAMPIR

Escabeaux et échafaudages

Les escabeaux en fibre de verre (**A**) sont très solides et non conducteurs, donc idéaux si l'électricité représente un danger éventuel. **Les escabeaux en bois** (**B**) sont moins chers et plus légers, et conviennent donc surtout si on doit les déplacer souvent. **Les escabeaux transformables** (**C**) sont très pratiques si la mise en place de l'escabeau est difficile en raison d'une surface irrégulière.

Pour atteindre les plafonds et les murs très hauts, dressez un simple échafaudage en installant un madrier sur les marches de deux escabeaux. Les madriers ne doivent pas dépasser 3,65 m de long (12 pi) et doivent être assez épais pour supporter votre poids sans fléchir. Placez les escabeaux pour que les marches soient face à face et les entretoises, bloquées et orientées vers le sol.

Pour effectuer des travaux au-dessus d'un escalier, posez une extrémité du madrier sur deux marches de l'escabeau et l'autre sur la marche de l'escalier. Assurez-vous que l'escabeau est stable et que le madrier est de niveau. Maintenez si possible le madrier près du mur et n'essayez pas d'atteindre des zones trop éloignées.

TRAVAILLER EFFICACEMENT

Conseils d'utilisation : escabeaux et échafaudages

- L'escabeau doit être stable et de niveau.
- Répartissez toujours votre poids sur l'escabeau.
- Déplacez souvent l'escabeau plutôt que d'essayer d'atteindre des zones trop éloignées.
- Maintenez toujours l'escabeau face à vous.
- Appuyez votre corps contre l'escabeau pour maintenir votre équilibre.
- Ne montez pas sur la marche supérieure, les entretoises ou la tablette porte-outil.
- Resserrer les entretoises régulièrement.
- Ne déplacez jamais un escabeau sur lequel est posé un contenant de peinture.
- Les escabeaux en métal doivent être dotés d'embouts de caoutchouc pour adhérer au sol.

Une échelle transformable permet d'effectuer de nombreux types de travaux. Elle peut être utilisée comme une échelle droite, on peut la plier pour s'en servir comme d'un escabeau ou l'utiliser pour un échafaudage.

Préparez-vous

Lorsque la maison a été lavée, grattée, poncée et calfeutrée, passez à la peinture! Attention : vous devez toujours peindre à l'ombre. Ce sera plus facile et cela évitera que la peinture sèche trop vite, et qu'elle s'écaille et cloque.

Vous gagnerez du temps et éviterez les problèmes en procédant dans l'ordre. La peinture d'une maison se déroule comme suit : soffites, ossature et cadres. Comme dans l'exemple à droite, commencez par les soffites (**1**) du premier côté de la maison. Ensuite, peignez le bord de toit (**2**) et les parements (**3**). Appliquez d'abord une couche de fond sur les surfaces de bois exposées, puis sur les parements, en travaillant dans le sens horizontal. Poursuivez avec les cadres des fenêtres et des portes (**4**) et enfin avec les portes, les piliers (**5**) et les balustres. Si vous envisagez de peindre les marches de l'entrée ou la porte (**6**), faites-le en dernier.

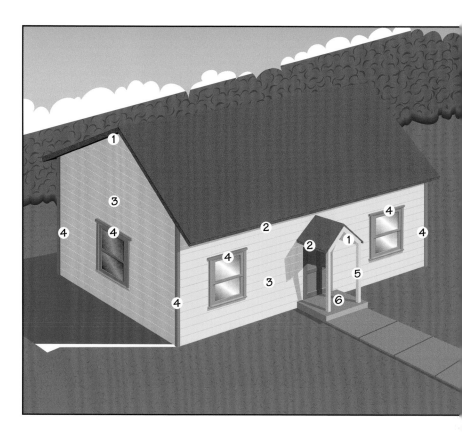

PEINDRE UNE PIÈCE

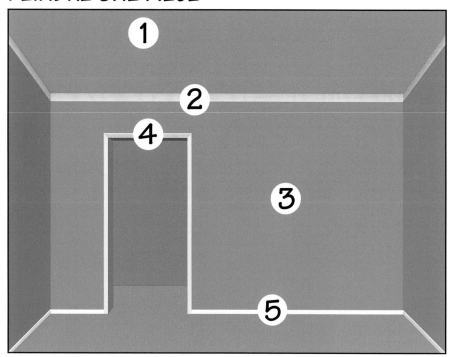

Une fois les murs intérieurs et les plafonds prêts, peignez la pièce dans l'ordre approprié afin de vous faciliter la tâche. Commencez par le plafond (**1**) et poursuivez avec les corniches et les moulures (**2**). Ensuite, peignez les murs (**3**), puis l'encadrement de porte (**4**) et la porte (s'il y a lieu). Terminez par les plinthes (**5**).

LE COIN DU DESIGNER

Avant de choisir une couleur vive et audacieuse pour vos murs, envisagez plutôt un ou deux tons plus clairs. En effet, les murs étant bien plus vastes qu'un échantillon de peinture, la couleur choisie vous apparaîtra trop foncée et trop intense au fur et à mesure que vous l'appliquerez. Si vous choisissez une couleur trop vive, votre pièce pourrait vous sembler trop colorée.

Votre choix de couleurs peut changer l'apparence de votre pièce. Si vous souhaitez qu'une pièce longue et étroite paraisse plus large optez pour une couleur vive ou foncée sur un mur ou sur les deux murs les plus étroits et appliquez une couleur claire sur les autres murs.

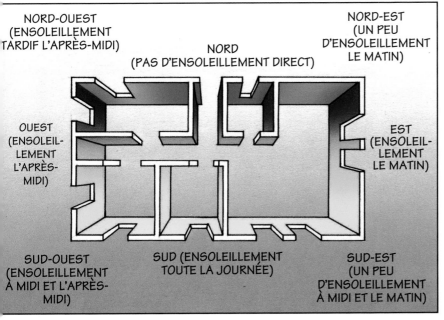

NORD-OUEST (ENSOLEILLEMENT TARDIF L'APRÈS-MIDI)

NORD (PAS D'ENSOLEILLEMENT DIRECT)

NORD-EST (UN PEU D'ENSOLEILLEMENT LE MATIN)

OUEST (ENSOLEILLEMENT L'APRÈS-MIDI)

EST (ENSOLEILLEMENT LE MATIN)

SUD-OUEST (ENSOLEILLEMENT À MIDI ET L'APRÈS-MIDI)

SUD (ENSOLEILLEMENT TOUTE LA JOURNÉE)

SUD-EST (UN PEU D'ENSOLEILLEMENT À MIDI ET LE MATIN)

LE CONSEIL D'HOMER

Les peintures et les solvants sont plus faciles à utiliser et moins dangereux qu'avant pour l'environnement, mais on doit encore les manipuler et les mettre au rebut avec prudence et précaution. Au lieu de jeter la peinture non utilisée, appliquez une autre couche à certains endroits. Laissez le contenant de peinture ouvert pour que le solvant s'évapore et que le restant sèche. Fermez-le ensuite hermétiquement et jetez-le selon les règles en vigueur chez vous.

Les pièces orientées vers le nord, le nord-est ou le nord-ouest reçoivent peu d'ensoleillement, et sont donc sombres et peu agréables. Égayez ces pièces en choisissant une palette de couleurs chaudes (jaune, rouge, orange et brun). Aussi, vous pouvez tempérer l'atmosphère des pièces ensoleillées avec du bleu, du vert, du gris et du lavande. Toutefois, méfiez-vous de ces couleurs froides si vous vivez sous un climat froid. Des recherches en psychologie démontrent que l'on a plus l'impression d'avoir froid dans une pièce aux couleurs froides. Pour les coloris blancs légèrement teintés, choisissez une teinte chaude ou froide complémentaire de ce coloris.

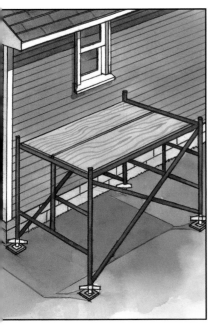

L'échafaudage le plus stable est un système à tubes d'acier ; il est possible de le louer. Il offre une plate-forme de travail large et sûre car le plateau en aluminium se bloque dans le châssis. Il peut être doté de roulettes pour les sols de niveau ou d'une base réglable pour les surfaces irrégulières.

Choisissez un arrangement de couleurs extérieur qui crée l'effet souhaité. Les couleurs claires et chaudes font ressortir une maison. Les couleurs foncées et froides la rendront plus discrète. Si votre maison est petite, elle paraîtra plus grande avec un rechampi plus clair que la couleur de base. Évitez le contraste entre une couleur de base claire et une couleur de rechampi foncée. Choisissez une couleur de rechampi pour ce que vous souhaitez faire ressortir (porte d'entrée et volets). Cette couleur est plus claire que la couleur de base, avec laquelle elle contraste modérément.

PEINDRE : LES TECHNIQUES DE BASE

Pour donner un résultat digne d'un professionnel, la peinture doit être appliquée uniformément sur les surfaces, sans dégoulinades, gouttes ou chevauchement des zones. Si la charge est trop importante, la peinture coule sur la surface et dégoutte sur les cadres et sur le sol. Mais, si vous en appliquez trop peu, vous laisserez les marques des raccords et des vides.

Les corvées de peinture effectuées au pinceau et au rouleau se décomposent en trois étapes. La peinture est appliquée, uniformément répartie et aplanie pour donner un fini lisse.

Avec un peu de pratique, vous pouvez obtenir un fini professionnel. Seul votre portefeuille pourra faire la distinction !

UTILISER CORRECTEMENT UN PINCEAU

1 Trempez le tiers des soies dans la peinture. Tapotez-les contre la paroi du contenant pour enlever l'excès de charge. Si vous trempez le pinceau plus profondément, il sera trop chargé. Essuyer les soies contre le rebord du contenant les use prématurément.

2 Peignez les bords avec le côté étroit du pinceau et en appuyant juste assez pour faire fléchir les soies. Surveillez le bord de la bande de peinture et peignez lentement des passes assez longues. Débutez par une section sèche et revenez à la section encore humide, afin d'éviter les marques des raccords.

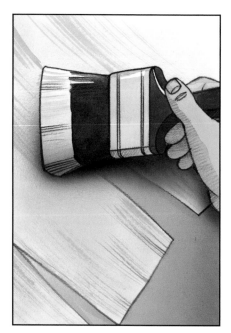

3 Pour peindre les angles de mur, utilisez la partie la plus large du pinceau. Peignez tous les angles rapidement avant que la peinture ne sèche pour éviter les marques de chevauchement.

4 Pour peindre les surfaces vastes, appliquez la peinture en deux ou trois passes, en diagonale. Tenir le pinceau de sorte qu'il forme un angle de 45°, en appuyant juste assez pour faire fléchir les soies. Répartissez uniformément la peinture en effectuant des passes horizontales.

5 Lissez toutes les surfaces en passant le pinceau à la verticale, de haut en bas. Effectuez les passes sans trop appuyer et soulevez le pinceau à la fin de chaque passe. C'est la meilleure méthode pour appliquer les peintures à l'huile, qui sèchent lentement.

UTILISER UN ROULEAU

Utilisez un contenant de peinture de 20 l (5 gal) et un grillage pour appliquer rapidement la peinture sur les grandes surfaces. Chargez le rouleau en le plongeant droit dans le contenant, à l'aide d'une rallonge. Ne placez pas le contenant sur la marche d'un escabeau ; laissez-le sur le sol.

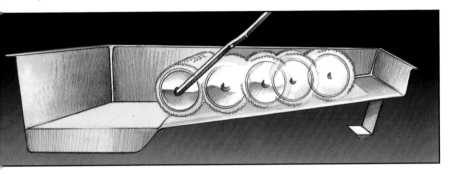

Utilisez un bac à peinture pour les petites sections. Remplissez la partie profonde du plateau et plongez-y complètement le rouleau. Relevez-le et passez-le sur le relief du plateau en vue de répartir uniformément la peinture. Le rouleau doit être chargé, mais ne doit pas dégoutter.

Si vous utilisez plusieurs contenants de peinture, transvasez la peinture avant de l'appliquer. Ceci atténue les différences de ton entre les lots de peinture. Mélangez la peinture en la vidant d'un contenant de 20 l (5 gal) pour la mettre dans un autre.

1 Passez le rouleau chargé sur la surface en décrivant un W de 1,22 m (4 pi) de long. Sur les murs, roulez-le vers le haut afin d'éviter de laisser dégouliner la peinture. Effectuez lentement les passes pour éviter les éclaboussures.

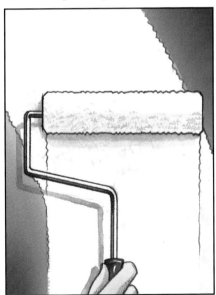

2 Lors de la deuxième passe, roulez le rouleau droit vers le bas en partant de la première passe. Du début de la diagonale, faites-le rouler verticalement pour utiliser toute la charge. Si le rouleau commence à produire un bruit, rechargez-le de peinture.

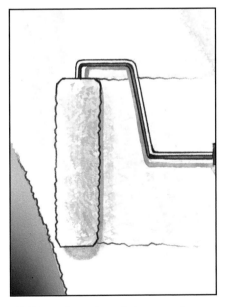

3 Répartissez la peinture sur la surface en effectuant des passes horizontales allers et retours. Aplanissez la surface en relevant un peu le rouleau à la verticale du haut vers le bas de la section peinte. Soulevez-le et revenez à la partie supérieure après chaque passe.

Peindre les plafonds et les murs

DEGRÉ D'HABILETÉ

Peinture : habiletés de base ou moyennes, selon la complexité des appareils et des moulures et la fréquence de l'utilisation de l'échelle.

Mécanique : relativement peu d'habiletés.

COMBIEN DE TEMPS FAUT-IL ?

Peindre un mur ordinaire de 2,43 m de haut x 4,57 m de long (8 pi x 15 pi) requiert environ :

EXPÉRIMENTÉ	20 min
INTERMÉDIAIRE	30 min
DÉBUTANT	45 min

VOUS AUREZ BESOIN :

☐ **Outils :** rouleau à peinture, manchon, rallonge, pinceau, pinceau en mousse ou tampon.

☐ **Matériel :** peinture à mur, peinture à plafond.

TRAVAILLER EFFICACEMENT

Dans la mesure du possible, peignez les angles de la pièce tant que la peinture que vous appliquez au rouleau est encore humide. En effet, les surfaces peintes au pinceau et celles peintes au rouleau accusent une légère différence lorsqu'elles sèchent. Le fait de peindre les angles tandis que les murs ne sont pas encore secs vous permet de mélanger les textures produites par le rouleau et par le pinceau. Au bout du compte, vous obtiendrez un fini lisse et uniforme.

Pour obtenir un fini lisse sur les murs et les plafonds de grande surface, il est préférable de les peindre par petites sections. Tout d'abord, passez le rouleau sur la section puis utilisez immédiatement un pinceau pour peindre les bords avant de peindre ailleurs. Si vous laissez sécher les sections peintes au rouleau avant de peindre les bords, des marques visibles apparaîtront sur la surface finie à l'endroit où vous avez interrompu l'application de la peinture au rouleau.

Si vous peignez une pièce au complet, vous devez commencer par le plafond. Établissez un plan de travail permettant de toujours faire face à la lumière. Ainsi, vous distinguerez plus facilement les manques. Le travail à la lumière naturelle, dans la mesure du possible, permet également de mieux repérer ces endroits. Si votre plafond est recouvert de carreaux

ATTENTION
Portez des lunettes de sécurité pour protéger vos yeux des éclaboussures en peignant les plafonds.
DANGER

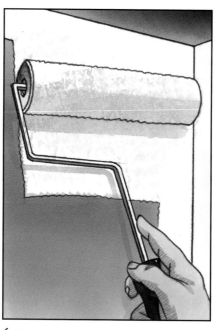

Évitez les marques du rouleau en peignant dès que possible les angles car le fini obtenu est différent selon que la peinture est appliquée au pinceau ou au rouleau. Si deux peintres travaillent, l'un passera le rouleau et l'autre peindra les angles au pinceau.

insonorisants, vous devez procéder différemment. Avant de commencer, vous devriez consulter un professionnel là où vous achetez la peinture.

La peinture et les outils de qualité vous faciliteront la tâche et vous permettront d'obtenir de meilleurs résultats. Travaillez avec un pinceau ou un rouleau chargé afin d'éviter les marques et de couvrir toute la surface. Appliquez la peinture lentement pour éviter les éclaboussures.

Au besoin, installez un madrier entre deux escabeaux en vous assurant qu'il est fiable et que ses montants sont stables et sûrs. Toutes les préparations et les corvées diverses telles que la pose de ruban-cache ou de toiles de protection doivent être effectuées d'un escabeau avant d'installer l'échafaudage car ce dernier se déplace difficilement.

SAVOIR-FAIRE

Les rouleaux et les tampons automatiques à pression peuvent faciliter les tâches de peinture des murs et des plafonds en minimisant les éclaboussures gênantes produites par les outils de peinture traditionnels.

Certains sont dotés d'un mécanisme de type « plongeur » qui aspire la peinture hors du contenant et la stocke dans le manche. Une simple pression sur la gâchette libère une quantité de peinture constante et contrôlée sur le rouleau ou le tampon et élimine presque tout danger d'excédent.

On trouve également des rouleaux qui se fixent à des pulvérisateurs à haute pression à la place des pistolets à peinture.

Ces rouleaux sont pourvus d'un bouton régulateur qui permet d'ajuster le débit de peinture souhaité.

PEINDRE LES PLAFONDS ET LES MURS

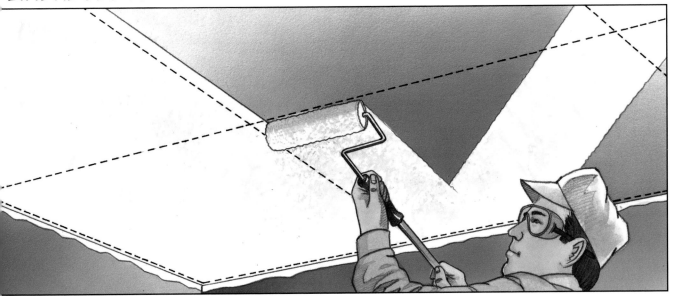

Peignez les plafonds après avoir fixé une rallonge au manche de votre rouleau et portez toujours des lunettes de sécurité lorsque vous peignez au-dessus de votre tête. Commencez à l'angle le plus éloigné de la porte d'entrée, puis peignez le plafond par sections de 1 m x 1 m (3 pi x 3 pi), suivant l'extrémité la moins large. Peignez les bords de ces sections au moyen d'un pinceau avant de passer le rouleau.

Appliquez la peinture en effectuant des passes en diagonale et assurez-vous de répartir uniformément la peinture en effectuant des allers-retours. N'appuyez pas trop fort lorsque vous passez le rouleau, sinon vous compressez la peinture en réserve dans le manchon. Pour les passes de finition de lissage, passez le rouleau sur chaque section en avançant vers le mur d'entrée et en soulevant le rouleau à la fin de chaque passage.

TRAVAILLER EFFICACEMENT

Il est toujours préférable de s'habiller de façon appropriée à la tâche que vous devez exécuter.

Une combinaison et une casquette vous permettront d'éviter les pertes de temps en nettoyage et les coûts de renouvellement de vos habits. Les gants sont parfois plus gênants qu'utiles, aussi chacun choisira de les porter ou de travailler à mains nues.

La plupart des peintures au latex utilisées aujourd'hui rendent relativement facile le lavage des mains et des doigts avec un détergent doux additionné d'eau. Il est souhaitable de frotter les habits à l'eau savonneuse dès que possible afin d'éviter que les taches de peinture restent sur le tissu.

Peignez les murs par sections de 0,5 m x 1 m (2 pi x 4 pi), en débutant par l'angle supérieur. Peignez les angles à l'aide d'un pinceau, puis passez le rouleau. Faites la première passe en diagonale, de bas en haut, en évitant les éclaboussures. Certains peignent en décrivant de grands W. Répartissez la peinture uniformément en effectuant des mouvements horizontaux, et finissez toujours en faisant glisser le rouleau vers le bas. Ensuite, peignez et passez le rouleau sur la section au-dessous en liant les deux sections. Continuez sur les sections supérieures avant de passer à celles du bas, tout en les liant.

Peinture extérieure : préparatic

Les travaux de préparation de peinture extérieure de la maison comprennent un bon nettoyage et les restaurations requises pour qu'elle retrouve son état initial.

Il faut souvent effectuer des remises en état : rebouchage au mastic à la fibre de verre, calfeutrage à l'aide de matériau d'étanchéité pour l'extérieur et nettoyage de la surface à l'aide d'un mélange au trisodium de phosphate ou d'un équivalent non phosphaté. **Une bonne préparation constitue l'étape la plus importante d'un travail de peinture satisfaisant.**

Les travaux de préparation extérieurs diffèrent des travaux intérieurs par le matériel utilisé et les risques éventuels associés aux travaux en hauteur. Prenez des précautions dans le cas de travaux à des hauteurs variées. Les chutes d'échelles semblent amusantes dans les dessins animés, mais sont très dangereuses dans la vie. Assurez-vous d'obtenir de l'aide.

VOUS AUREZ BESOIN :

☐ **Outils :** couteau à mastic, couteau à enduire, outil à brosser, ponceuse, brosse métallique, balai, pistolet à calfeutrer, marteau, tournevis, tuyau d'arrosage.

☐ **Matériel :** toile de protection, ruban-cache, matériau d'étanchéité, solution à l'eau de Javel et au trisodium de phosphate (ou autre détergent non phosphaté), bouche-pores.

SAVOIR-FAIRE

L'utilisation d'une échelle très haute est délicate, voire dangereuse si vous ne respectez pas les règles de base.

Placez l'échelle pour que les pieds soient à une distance du bâtiment égale au quart de la hauteur de l'échelle.

Les montants doivent être placés sur une surface plane ; sur les surfaces irrégulières, utilisez des cales de bois pour que les montants soient de niveau.

Si le sol est en pente par rapport au bâtiment, placez un 2x4 en travers de la base de l'échelle et enfoncez deux tiges de 2x4 dans le sol pour fixer la base de l'échelle. Utilisez des patins d'échelle antidérapants ou enveloppez les bouts supérieurs des montants avec un chiffon pour ne pas qu'ils glissent ou qu'ils endommagent les surfaces. N'oubliez jamais d'être toujours prudent et de demander de l'aide.

ATTENTION

Attention aux nids d'abeilles ! Vous pouvez être blessé si vous vous laissez surprendre.

DANGER

SE PRÉPARER À PEINDRE

1 Attachez ou coupez toutes les branches qui pourraient vous gêner. Recouvrez les plantes à l'aide de toiles de protection ou de bâches. Arrêtez la climatisation et les ventilateurs. Recouvrez et bouchez les appareils de conditionnement d'air et les bouches d'aération avec du plastique et du ruban, au besoin.

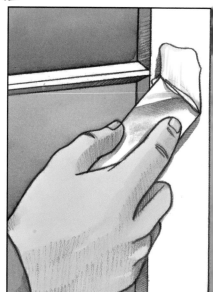

2 Enlevez les volets et le matériel de quincaillerie et fermez les contre-fenêtres. Effectuez les réparations sur les parements et les cadres, le cas échéant, et comblez les zones putréfiées ou rongées par les insectes à l'aide d'un produit de rebouchage.

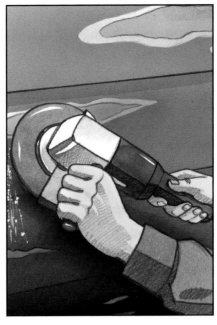

3 Au besoin, vitrez les fenêtres à neuf. Retirez l'ancien mastic à l'aide d'un ciseau à bois ou d'un couteau à mastic rigide ; appliquez le nouveau mastic de vitrerie. Attention à ne pas briser la vitre lors de la dépose de l'ancien mastic.

4 En commençant par la partie supérieure des murs, grattez toute la peinture cloquée sur les cadres et les parements.

5 Avec une ponceuse électrique, enlevez les particules de peinture de la surface en bois ou des panneaux du parement. La ponceuse peut percer une surface rapidement ; il faut donc prendre garde à ne rien endommager. Une ponceuse rotative (illustrée) doit tourner à 10 000 ou 12 000 tours/min pour ne pas marquer les parements.

6 À l'aide d'une brosse ou d'un balai, grattez les surfaces, puis lavez les parements et les cadres avec une solution à l'eau de Javel et au trisodium de phosphate ou avec un détergent non phosphaté. Louez un nettoyeur à haute pression pour un grand nettoyage.

7 Rincez la façade au tuyau d'arrosage jusqu'à ce que l'eau soit claire. Si vous utilisez une solution au trisodium de phosphate, rincez à deux reprises. Laissez sécher les parements et les cadres complètement, environ deux jours, avant de les peindre.

TRAVAILLER EFFICACEMENT

Votre centre de location dispose d'une vaste gamme d'équipements qui faciliteront l'exécution de votre projet. Les échafaudages, madriers, échelles coulissantes, vérins de calage et élévateurs hydrauliques sont offerts non seulement pour faciliter les travaux en hauteur, mais aussi pour les exécuter de façon sécuritaire.

Lorsque vous gratterez et laverez les parements et les cadres, vous envisagerez peut-être de louer un nettoyeur à haute pression qui enlèvera directement les cloques de l'ancienne peinture des parements. Ce procédé permet de gagner beaucoup de temps, mais peut se révéler dangereux : assurez-vous de suivre les instructions et les mises en garde du fabricant.

Les murs extérieurs

La peinture des murs extérieurs diffère de celle des murs intérieurs en raison de l'équipement requis pour travailler en hauteur et la variété de parements. La gamme est vaste : parements à recouvrement ou à couvre-joints en cèdre, ardoise, masonite, maçonnerie. Chacun est associé à une technique, mais ils adhèrent tous aux principes de base énoncés ici. Le type de parement peut définir la méthode : pinceaux, rouleaux et pulvérisateurs ont leurs avantages et leurs inconvénients.

Assurez-vous que vous disposez d'échelles et d'échafaudages de qualité et en bon état. N'oubliez pas que votre vie peut dépendre de ce matériel ; en conséquence, achetez et louez le meilleur qui soit offert.

VOUS AUREZ BESOIN :

☐ **Outils :** pinceau, pinceau à boiseries, pinceau en mousse, échelle coulissante, escabeau, rouleau beignet pour coins.

☐ **Matériel :** peinture d'extérieur, peinture d'extérieur pour cadres.

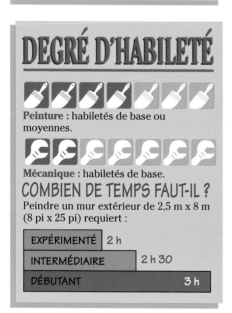

DEGRÉ D'HABILETÉ

Peinture : habiletés de base ou moyennes.

Mécanique : habiletés de base.

COMBIEN DE TEMPS FAUT-IL ?
Peindre un mur extérieur de 2,5 m x 8 m (8 pi x 25 pi) requiert :

EXPÉRIMENTÉ	2 h
INTERMÉDIAIRE	2 h 30
DÉBUTANT	3 h

TECHNIQUES DE PEINTURE EXTÉRIEURE

1 Attendez que la surface soit sèche et assurez-vous qu'il ne va pas pleuvoir. Appliquez la couche d'apprêt sur tous les parements nus. Pour de meilleurs résultats, laissez sécher selon les conseils du fabricant. Même si l'illustration montre un pinceau, un rouleau ou un pulvérisateur peut être utilisé.

2 Les surfaces en maçonnerie doivent recevoir une couche d'apprêt, surtout si elles ont été tachées par l'humidité ou si on couvre un fini lustré. Le cèdre et le séquoia contiennent des résines qui dégorgent sur les peintures à l'eau ; en conséquence, utilisez les apprêts à base d'huile pour ces bois.

3 Peignez les bordures de toit et les soffites avant les murs si leur couleur doit être différente. Ceci évite à la peinture de dégoutter des bordures sur les murs fraîchement peints.

4 Peignez les angles intérieurs et les contours de cadres. Utilisez un rouleau d'angle ou un pinceau à boiseries pour accéder à ces endroits.

5 Sur les parements à clins ou sur les bardeaux, peignez l'intérieur de la lèvre (bords inférieurs) avant de peindre la face.

6 Au pinceau ou au rouleau, commencez par le haut du mur. Peignez aussi loin que possible à votre gauche, en tirant vers vous. Finissez la passe tout juste devant vous. Répétez l'opération jusqu'à ce que le bloc de parements accessible soit peint, puis utilisez la même technique pour le côté droit.

7 Commencez chaque passe à droite en « balançant » le pinceau ou le rouleau, en en plaçant la face contre le parement graduellement plutôt que brusquement. Ceci permet de dissimuler la ligne de départ et de raccorder facilement la nouvelle section à la précédente.

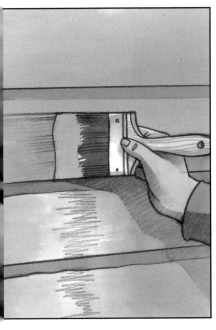

8 Raccordez les deux passages au point où ils se touchent, en face de vous. Travaillez vite. Raccordez le nouveau passage à l'ancien tant que la peinture est fraîche afin d'éviter les marques. N'arrêtez pas au milieu d'une section. Peignez jusqu'à l'angle pour uniformiser la couleur.

9 Déplacez l'échelle pour atteindre les parements terminés. Pour éliminer les marques, humidifiez les bords en biseau de la section déjà peinte à l'aide du pinceau ou du rouleau, juste avant de commencer. Répétez pour compléter le haut, puis passez à la section inférieure.

Activez le processus de peinture en louant ou en achetant un pulvérisateur. Il en existe de nombreux types. Avant de commencer, informez-vous auprès du fournisseur sur le fonctionnement précis de l'appareil, le masque à utiliser et le nettoyage. Choisissez de pulvériser par temps calme. Le vent peut rendre la tâche difficile.

Laissez toujours sécher la peinture avant de retoucher les zones comportant des manques. Utilisez une lame de rasoir ou un bloc à poncer pour enlever les éclaboussures ou coulures.

Peindre les fenêtres extérieures

Lors de la peinture des fenêtres et des cadres extérieurs, assurez-vous d'utiliser une peinture de qualité. Elle doit être étudiée en vue d'offrir un fini durable qui permettra à vos fenêtres de paraître en bon état pendant plus longtemps. Ne paniquez pas si vous éclaboussez légèrement la vitre ; vous pourrez facilement enlever ces taches à l'aide d'un grattoir. Si vous voulez, vous pouvez utiliser du ruban-cache pour protéger la fenêtre mais, par la suite, vous devrez sûrement enlever les résidus du ruban.

Des termes relatifs aux fenêtres sont illustrés à droite : (**1**) traverse de fenêtre, (**2**) bâti de fenêtre, (**3**) appui de fenêtre, (**4**) cadre de fenêtre ou boiserie, (**5**) châssis supérieur, (**6**) châssis inférieur, (**7**) linteau.

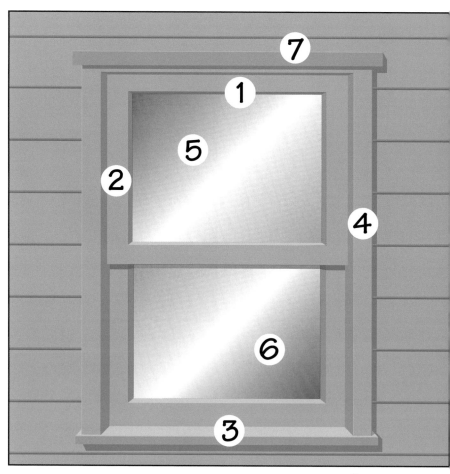

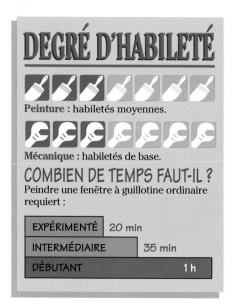

PEINDRE CORRECTEMENT LES FENÊTRES

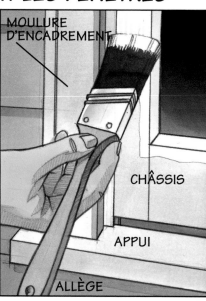

1 Si vous peignez une fenêtre à guillotine, commencez par le châssis supérieur (illustré démonté de l'encadrement). Commencez par peindre les côtés des bâtis (parties verticales). À l'aide d'un petit pinceau à boiseries très peu chargé, appliquez la peinture sur toute la longueur du bâti.

2 Commencez par l'angle supérieur gauche et continuez vers le bas jusqu'à ce que vous atteigniez un meneau (traverse croisée) ou la base du châssis. Soulevez le pinceau à la fin de la passe. Continuez jusqu'à ce que les côtés de tous les éléments verticaux soient peints.

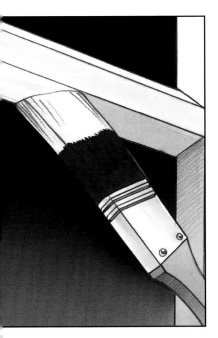

3 Peignez les deux côtés de tous les meneaux verticaux et horizontaux du châssis. Vous pouvez utiliser une lame de rasoir pour enlever la peinture qui pourrait éclabousser la fenêtre. La peinture s'enlève plus facilement quand elle est encore fraîche.

4 Peignez ensuite les deux côtés des traverses (éléments horizontaux) situés sur le châssis supérieur.

5 Peignez les faces des meneaux, les traverses et les bâtis du châssis supérieur. Quand vous avez terminé, répétez l'opération pour le châssis inférieur.

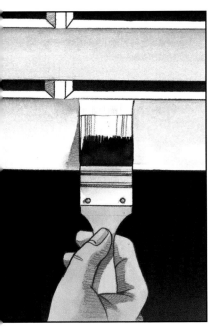

6 Si vous peignez une fenêtre à guillotine fixée dans le chambranle, abaissez le châssis supérieur et soulevez le châssis inférieur pour peindre les parties qui sont en contact lorsque la fenêtre est fermée. Laissez sécher complètement avant de refermer. Ne peignez pas la base du châssis.

7 Remettez les châssis dans leur position initiale et peignez les arrêts de fenêtre et les chambranles.

8 Peignez les côtés puis les faces de l'encadrement et poursuivez avec l'appui. Utilisez du ruban-cache ou un dispositif de protection pour ne pas chevaucher le parement. Si vous utilisez du ruban-cache, assurez-vous de l'enlever dès que la peinture est sèche au toucher.

Peindre les fenêtres extérieures

DEGRÉ D'HABILETÉ

Peinture : habiletés moyennes.

COMBIEN DE TEMPS FAUT-IL ?

Apprêter et peindre une section de soffite et de bordure de toit de 8 m (25 pi) requiert environ :

EXPÉRIMENTÉ	1 h
INTERMÉDIAIRE	1 h 30
DÉBUTANT	2 h

VOUS AUREZ BESOIN :

☐ **Outils :** pinceau de 10 cm (4 po), pinceau biseauté à rechampir de 5 cm (2 po), brosse métallique, rouleau beignet pour les coins.

☐ **Matériel :** peinture pour boiseries, apprêt approprié au type de surface.

Apprêter et peindre les cadres

Une fois que les cadres ont été préparés, brossez-les et essuyez-les avant d'appliquer la couche d'apprêt. Quand elle est sèche, peignez les cadres dès que possible et dans les trois jours. Plus vous attendez, plus vos surfaces risquent de se salir et de se couvrir de dépôts.

La peinture pour boiseries supporte les conditions extrêmes ou le trafic intense auxquels sont exposés les bordures de toit, les porches, les balustrades et les cadres. Offerte dans plusieurs finis, elle se mélange pour satisfaire toutes vos exigences de couleurs personnelles.

PORTEZ DES GANTS POUR VOUS PROTÉGER DES COPEAUX DE MÉTAL.

Utilisez l'apprêt approprié. La plupart des apprêts au latex peuvent être utilisés sur tous les types de surface. Pour de meilleurs résultats sur le métal, utilisez un apprêt à métal contenant un antirouille. Les apprêts à maçonnerie sont conçus pour adhérer aux surfaces crayeuses

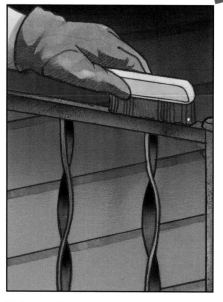

Enlevez la peinture cloquée des balustrades et des cadres à la brosse en métal. La rouille peut être enlevée sur le fer ou l'acier, mais ces surfaces doivent recevoir la couche d'apprêt tout de suite afin d'empêcher un nouveau dépôt de rouille. Utilisez de la peinture émail pour obtenir un fini durable.

Appliquez la couche d'apprêt et la peinture sur les marches en bois et sur le plancher des entrées en dernier. Ceci permet d'éviter les retouches au cas où la peinture aurait dégoutté. Utilisez la peinture émail spécialement conçue pour les planchers de bois et résistante au trafic intense.

Après les murs et les cadres, vous pouvez apprêter et peindre les murs de fondation. Peignez autour des fenêtres et des portes en utilisant un pinceau à rechampir, puis servez-vous d'un pinceau de 10 cm (4 po) pour peindre les surfaces plus larges en faisant pénétrer la peinture dans les joints de mortier.

PEINDRE LES SOFFITES ET LES BORDURES DE TOIT

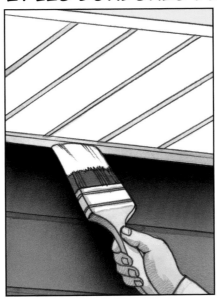

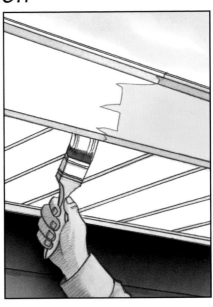

1 Peignez la bordure de soffite et les bords des panneaux avec un rouleau beignet pour les coins ou un pinceau à rechampir. Commencez par peindre les surfaces horizontales. Ainsi, les petits défauts paraîtront moins. Ensuite, peignez les panneaux de soffites avec un pinceau de 10 cm (4 po), en effectuant les raccords.

2 À l'aide d'un rouleau beignet pour les coins ou d'un pinceau à rechampir, peignez les bords inférieurs de la bordure de soffite avant de peindre les faces larges.

3 Peignez ensuite la bordure, puis les gouttières et les tuyaux de descente (commencez par l'arrière et peignez tout autour en allant vers l'avant et en effectuant les raccords autour des angles). Peignez la partie arrière de la bordure et du cadre pour mieux les protéger et assurer l'uniformité.

PEINDRE LES CHAMBRANLES, LES ENCADREMENTS ET LES CADRES

1 Peignez les fenêtres et les portes avec un pinceau à boiseries. Calez les portes et les fenêtres ouvertes de sorte qu'elles demeurent stables pendant les travaux. Recouvrez le sol sous les portes. Peignez les bas de portes pour les rendre étanches et les protéger : glissez un pinceau en mousse sous la porte (p. 52).

2 Dès que la porte ou la fenêtre est sèche, peignez le chambranle. Commencez par le haut à l'intérieur en chargeant modérément un pinceau biseauté à boiseries. Peignez l'arrêt de porte en allant vers l'extérieur. Ensuite, passez au chant intérieur en laissant le chant extérieur pour la fin.

3 Peignez les encadrements tant que les chambranles sont encore humides. Masquez le parement ou utilisez un pinceau. Pénétrez dans les joints à onglets en effectuant un mouvement de balancement ; des linteaux, suivez la ligne de l'onglet en peignant les montants. Lorsque tout est sec, peignez les seuils.

Apprêter et peindre les cadres

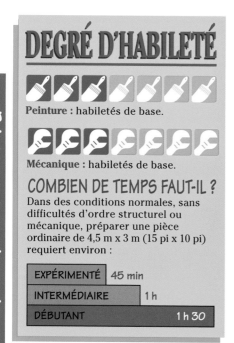
Préparer la surface d'un mur

Une préparation soignée assure la durabilité des travaux de peinture. Avant de commencer, évaluez l'ensemble. Les taches d'humidité ou de rouille peuvent indiquer des dégâts causés par l'eau. Effectuez les réparations avant de peindre et laissez-les sécher complètement.

Avant d'appliquer l'apprêt, lavez, rincez et poncez méticuleusement les murs pour obtenir un fini durable. Lavez les murs à l'aide d'une solution au trisodium de phosphate ou d'un détergent non phosphaté plus récent.

Vérifiez les murs et les plafonds pour déceler les problèmes et les réparer au besoin. Le fait de mettre l'apprêt sur les zones abîmées après les avoir rebouchées empêche celles-ci d'absorber plus de peinture que les zones voisines.

Les rubans gommés en fibre de verre et les produits prémélangés de colmatage sèchent plus vite, et vous reboucherez et peindrez un mur la même journée. Ces produits sèchent rapidement sur vos outils, assurez-vous de les nettoyer tout de suite.

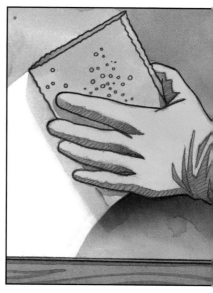

Lavez et poncez avant de repeindre. Pour laver, utilisez une solution au trisodium de phosphate ou un équivalent non phosphaté et une éponge humide. Mettez des gants en caoutchouc et lavez les murs en partant du bas. Rincez abondamment avec de l'eau propre. Lorsque sec, poncez un peu et essuyez toute poussière.

ÉLIMINER LES TACHES

1 Appliquez un détachant sur un chiffon propre et sec et frottez doucement pour enlever la tache.

2 Enduisez la zone tachée de vernis gomme laque pigmenté blanc ou d'un inhibiteur de tache. Le vernis gomme laque pigmenté blanc empêche les taches de dégorger à travers la peinture.

ÉLIMINER LES TACHES DE MOISISSURE

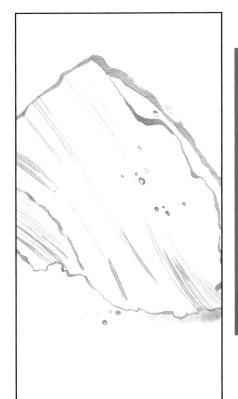

1 Déterminez la nature des taches en lavant la zone à l'eau et au détergent. Les taches de moisissure ne disparaissent pas. Si c'est le cas, faites disparaître la tache en la ponçant ; réparez ensuite le mur en appliquant un apprêt puis en rebouchant.

2 Mettez des gants de caoutchouc et des lunettes de sécurité. Lavez les murs à l'eau de Javel ; ce produit tue les spores de la moisissure. Enlevez les taches de moisissure à l'aide d'une solution au trisodium de phosphate ou d'un équivalent non phosphaté et rincez à l'eau pure. Laissez sécher complètement.

REBOUCHER EN CAS DE PEINTURE ÉCAILLÉE

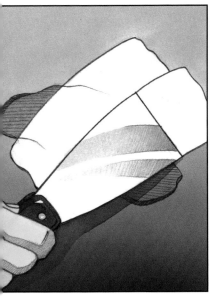

1 Enlevez toute la peinture écaillée à l'aide d'un couteau à mastic ou d'un racloir. Appliquez le plâtre à reboucher sur les bords de la zone de peinture décollée à l'aide d'un couteau à mastiquer ou d'un couteau à enduire souple.

2 Poncez la section réparée à l'aide d'un papier abrasif (150). La section rebouchée doit être lisse au toucher. Si la surface du mur est en relief, vous devez reproduire le motif du relief pour que la réparation ne paraisse pas.

Vérifiez toutes les surfaces à peindre avec un éclairage latéral puissant. Rebouchez tous les points non satisfaisants avec du plâtre et poncez-les pour les lisser. Après avoir appliqué l'apprêt, rebouchez encore au besoin et réappliquez l'apprêt avant de peindre.

Enlever du papier peint

Les nouveaux papiers peints vinyles peuvent souvent être décollés à la main. Les autres types de papiers exigent l'utilisation de solutions dissolvantes qui pénètrent et ramollissent l'adhésif. Laissez aux solutions dissolvantes le temps d'agir. Elles contiennent des agents mouillants qui dissolvent la colle tandis que le papier est sur le mur.

Elles sont aussi efficaces pour dissoudre la colle restante.

Quelquefois, le papier peint a été posé sur des parois non apprêtées et il est pratiquement impossible de l'enlever sans endommager le panneau mural. Vous pourrez peut-être poser le nouveau papier sur l'ancien mais, dans ce cas, la surface doit être lisse.

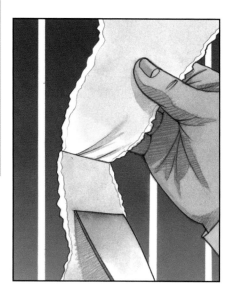

1 Dégagez un coin et commencez à décoller le papier peint. Les papiers vinyles se décollent en général facilement, mais vous devrez peut-être utiliser un couteau à enduire.

2 Si le papier peint ne se décolle pas, recouvrez le sol de journaux ou d'une toile. Ajoutez du dissolvant à papier peint à de l'eau chaude en suivant les instructions du fabricant.

3 Percez la surface du papier peint à l'aide d'un outil à perforation. Ceci permet à la solution dissolvante de pénétrer et de ramollir l'adhésif.

4 À l'aide d'un vaporisateur, d'un rouleau ou d'une éponge, appliquez la solution dissolvante. Laissez-la détremper le papier en suivant les directives du fabricant.

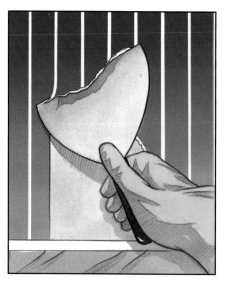

5 Dès que le papier se relâche, décollez-le à l'aide d'un couteau à grosse lame de 15 cm (6 po). Attention de ne pas abîmer le plâtre ou le panneau mural. Enlevez tous les résidus de papier et de colle.

6 Rincez les résidus de colle à l'aide d'une solution dissolvante. Rincez à l'eau pure et laissez sécher les murs complètement.

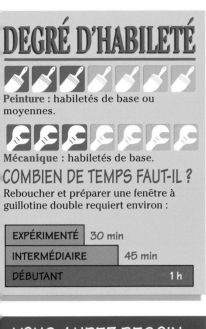
Reboucher et préparer les boiseries

Pour de bons résultats, nettoyez, rebouchez et poncez les boiseries avant de les peindre. Les délustrants matent les surfaces brillantes afin que la peinture adhère, mais vous devez laisser pénétrer le délustrant pendant le temps indiqué par le fabricant. Si vous le laissez trop longtemps, il ne produira pas les résultats escomptés.

Si vous devez installer du nouveau matériel de quincaillerie, vérifiez s'il s'adapte aux anciens trous de vis. Sinon, bouchez les anciens trous avec du mastic à bois ou ordinaire. Vous pouvez utiliser n'importe quel mastic à bois coloré si vous peignez par-dessus. Pour les surfaces à teindre, procurez-vous un mastic assorti ou attendez le coloris définitif et choisissez un mastic assorti à la teinte du bois.

Pour entretenir le bois verni, nettoyez-le avec de l'essence minérale ou un produit pour meubles. Bouchez les trous, poncez le bois et appliquez une ou deux couches de vernis.

Poncez les surfaces lustrées avec du papier de verre fin, puis appliquez une couche d'apprêt afin de bien lier la nouvelle et l'ancienne peinture. Les apprêts « accrochent » la nouvelle couche de peinture.

UTILISEZ UNE PONCEUSE-FINISSEUSE POUR ACTIVER VOS TRAVAUX DE RÉPARATION.

PRÉPARER LES BOISERIES POUR LA PEINTURE

1 Lavez les boiseries avec une solution au trisodium de phosphate ou un équivalent non phosphaté et rincez. Grattez toute écaille ou cloque. Décapez et poncez les copeaux, si nécessaire.

2 À l'aide un couteau à mastic, appliquez le mastic à bois au latex ou le plâtre à reboucher dans les trous de clous et de fentes. Vous pouvez utiliser un plâtre à reboucher pour boiseries teinté. Il ne réapparaîtra pas.

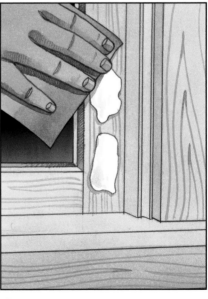

3 Poncez les surfaces avec du papier abrasif (150) jusqu'à ce qu'elles soient lisses au toucher. Essuyez les boiseries à l'aide d'un chiffon à dépoussiérer avant d'appliquer l'apprêt et la peinture.

Peinture et papier peint

Choisir le décapant ou le solvant approprié

Deux types de décapants sont offerts : les décapants chimiques et les solvants. Le choix dépend du fini à décaper. Informez-vous auprès de votre détaillant local sur le type à utiliser.

Les solvants (essence minérale, alcool dénaturé et diluant à peinture-laque) ont un effet immédiat sur le fini à décaper. Enlevez-le sans délai.

Pour dissoudre le fini, les décapants chimiques doivent rester sur la surface du bois pendant un certain délai précis ; laissés trop longtemps, ils sèchent et on doit alors recommencer.

De nombreux décapants offerts sur le marché sont à base d'eau pour faciliter le nettoyage et ne pas mettre l'environnement en danger. Ils demeurent des produits chimiques éventuellement dangereux et devraient être manipulés en conséquence. Assurez-vous de respecter la réglementation applicable lors de la mise au rebut.

Utiliser des décapants chimiques

Les décapants chimiques et les solvants sont des produits liquides ou semi-pâteux qui s'appliquent sur les boiseries, peu importe leur forme ou dimension. Ils assouplissent et détachent les matériaux de finition (peinture, polyuréthanne, vernis, peinture-laque et vernis gomme laque). Il suffit de brosser les boiseries pour enlever les résidus. Lorsqu'ils ont été enlevés, le bois est prêt pour le ponçage et la finition.

1 Versez un peu de décapant dans un contenant pratique (verre ou métal) et appliquez le décapant selon les directives. Laissez-le reposer pendant la durée recommandée. Commencez par le haut et continuez vers le bas.

2 Saupoudrez le décapant d'une mince couche de sciure de bois juste avant d'enlever celui-ci. La sciure épaissit le décapant et en facilite le retrait et la mise au rebut.

3 Effectuez une autre application de décapant sur les zones non décapées. Utilisez des racloirs pour enlever le matériau ramolli. Pressez doucement sur le racloir pour ne pas strier, égratigner ou briser le bois. Si vous n'en avez pas, utilisez le coin d'un couteau à mastiquer.

4 Grattez toute la boiserie à décaper à l'aide de brosses ou de tampons abrasifs afin d'enlever tous les résidus de décapant et toute trace de l'ancien fini.

5 Rincez la boiserie avec de l'alcool dénaturé ou un solvant recommandé par le fabricant de décapants. Ceci permettra de dissoudre et d'enlever les résidus laissés par le décapant, et les opérations de ponçage, de teinture et d'application de la couche de finition seront facilitées.

Le pistolet thermique

L'utilisation d'un pistolet thermique est une méthode efficace pour enlever les couches de peinture multiples et les matériaux de finition. Si les surfaces de finition sont exposées à la chaleur, la peinture ou le vernis s'assouplit et se décolle dès qu'on le gratte. Le décapage au pistolet thermique suivi d'un grattage ou de l'application d'un décapant donne des résultats satisfaisants.

En raison des températures élevées des pistolets thermiques, prenez des précautions : gardez un extincteur à proximité, mettez l'outil hors tension lorsque vous ne l'utilisez plus, portez un vêtement à manches longues pour protéger votre peau de la peinture brûlante, et des lunettes de sécurité et un respirateur conçus pour les travaux de décapage.

Utilisez une rallonge assez longue et appropriée à l'alimentation de votre pistolet thermique.

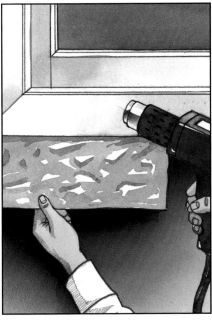

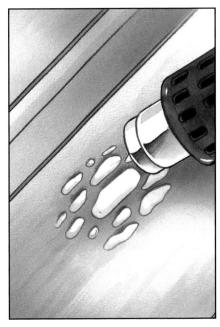

Fabriquez un pare-chaleur en recouvrant du carton d'une feuille d'aluminium. Utilisez-le pour éviter le décapage des zones qui ne doivent pas être décapées. Laissez un espace de 5 cm (2 po) autour de la zone de décapage et utilisez les décapants chimiques à l'intérieur de cette zone.

1 Commencez par les surfaces planes. Pointez le pistolet vers la zone à décaper en le maintenant à environ 5 cm (2 po) de la surface. Faites des allers-retours au-dessus de la surface. Observez la peinture qui se décolle de la surface dès que la température adéquate est atteinte.

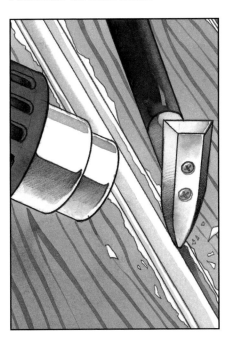

2 Utilisez un racloir en guise de rabot. Faites un angle de 30° avec la surface et repoussez la peinture. Évitez d'endommager le bois ramolli par la chaleur. Maintenez le racloir propre en jetant les résidus. Les racloirs conçus pour cet usage, munis d'une lame inclinée, sont plus efficaces que les racloirs ordinaires.

3 Dirigez à nouveau le pistolet thermique sur les zones travaillées, en utilisant un racloir à moulures qui s'adapte à la zone à décaper. Laissez un espace entre les bords de la section que vous décapez et les zones voisines qui ne doivent pas être décapées.

4 Grattez à sec toute la surface pour enlever toute peinture restante, puis lavez la surface avec de l'alcool dénaturé ou de l'essence minérale. Évitez d'utiliser de l'eau car elle fera ressortir les veines du bois.

Masquer et couvrir

Pour des travaux de peinture rapides et sans dégâts, protégez toute surface qui peut être éclaboussée. Si vous peignez le plafond, couvrez les murs et les boiseries de toiles ; si vous peignez les murs, masquez les plinthes et les encadrements.

Enlevez les meubles les moins encombrants de la pièce ; déplacez les plus lourds vers le centre et couvrez-les de plastique. Laissez un passage pour avoir accès à l'ensemble du plafond. Couvrez le sol de toiles de peintre. Elles sont absorbantes et moins glissantes que les bâches de plastique.

Matériel pour masquer et couvrir – dans le sens des aiguilles d'une montre : plastique et toile de peintre, ruban autocollant, ruban-cache, papier-cache gommé. Il est également possible de se procurer du papier plastique contrecollé.

VOUS AUREZ BESOIN :

☐ **Outils** : *couteau à mastic, marteau, tournevis, aspirateur.*

☐ **Matériel** : *ruban-cache, bâche de plastique, toile de peintre.*

MASQUER LES BOISERIES

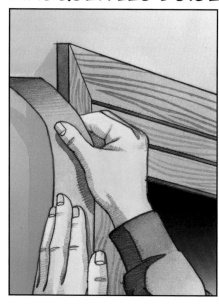

1 Utilisez du papier gommé ou du papier-cache large pour protéger les moulures en bois des éclaboussures de peinture. Ne collez pas le bord extérieur du ruban-cache.

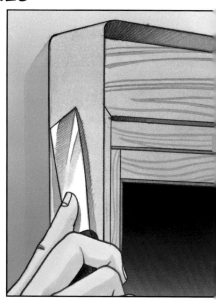

2 Après avoir posé le ruban, faites glisser la lame d'un couteau à mastic le long du bord intérieur du ruban-cache pour empêcher la peinture de suinter. Enlevez le ruban dès que la peinture est trop sèche pour suinter.

PRÉPARER LA PIÈCE

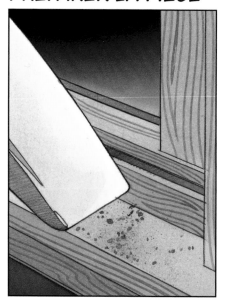

1 À l'aide d'un aspirateur, enlevez la poussière des appuis et des glissières des fenêtres, des plinthes et des châssis.

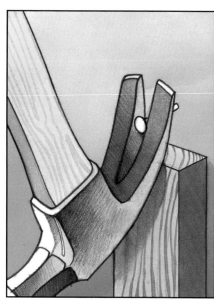

2 Enlevez tous les crochets de tableau, punaises, vis et autre matériel de quincaillerie des surfaces à peindre. Pour ne pas abîmer le plâtre ou le panneau mural, placez un bloc de bois ou un couteau à grosse lame sous la tête du marteau.

3 Enlevez les caches des radiateurs et des conduits de climatiseur afin de les protéger des éclaboussures. Enlevez les thermostats ou utilisez du ruban-cache pour les protéger des coulures de peinture.

4 Coupez le courant. Décrochez les luminaires légers de leur boîtier électrique ou enlevez les luminaires. Recouvrez les luminaires pendants avec des sacs de plastique. Enlevez les couvercles des prises et les plaques des interrupteurs. Replacez les vis des couvercles et des plaques dans leurs trous.

5 Essuyez les boiseries pour enlever la poussière à l'aide d'un chiffon humide ou d'un chiffon propre et d'un délustrant liquide. Assurez-vous d'appliquer la peinture dans les 30 à 60 minutes après le délustrage.

COUVRIR LES MURS

DEGRÉ D'HABILETÉ

Peinture : habiletés de base.

Mécanique : habiletés mécaniques de base.

COMBIEN DE TEMPS FAUT-IL ?
Masquer une pièce ordinaire de 3 m x 4,5 m (10 pi x 15 pi) requiert environ :

EXPÉRIMENTÉ	30 min
INTERMÉDIAIRE	45 min
DÉBUTANT	1 h

1 Appliquez la moitié supérieure d'une bande de ruban-cache de 5 cm (2 po) le long de l'intersection plafond et mur, sans coller l'extrémité inférieure. Utilisez un ruban qui se décolle facilement plutôt que du ruban-cache si vous devez le laisser plus de 12 heures.

2 Accrochez la feuille de plastique sous le ruban-cache et recouvrez les murs et les plinthes. Tirez sur l'extrémité non collée dès que la peinture est trop sèche pour suinter.

Techniques de peinture décorative

La peinture décorative vous permet d'exprimer votre style et d'obtenir un fini personnalisé. La gamme de peintures de finition à appliquer sur le plâtre, le bois et le placoplâtre est vaste. À vous de choisir !

DEGRÉ D'HABILETÉ

Peinture : habiletés moyennes à supérieures.

Mécanique : peu d'habiletés, voire aucune.

COMBIEN DE TEMPS FAUT-IL ?

Appliquer une peinture à motifs pour un mur de 2,4 m x 3 m (8 pi x 10 pi) requiert environ :

EXPÉRIMENTÉ	45 min
INTERMÉDIAIRE	1 h
DÉBUTANT	1 h 15

VOUS AUREZ BESOIN :

☐ **Outils :** rouleau, pinceau, époussette, éponge en cellulose, truelle, éponge marine, pinceau en mousse, plume.

☐ **Matériel :** peinture à motifs, peinture acrylique, agent épaississant de peinture, diluant de peinture, enduit acrylique.

Le glacis

L'aspect moucheté du glacis produit un effet somptueux qui convient particulièrement aux murs et aux surfaces planes (dessus de vaisselier, tiroirs et étagères). Faites des essais au préalable sur un grand carton pour vous exercer et déterminer les couleurs.

APPLIQUER UN GLACIS AU ROULEAU

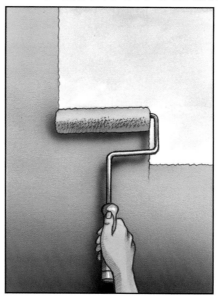

1 À l'aide d'un pinceau ou d'un rouleau, appliquez une couche de base de peinture émail au latex peu lustrée, puis laissez sécher.

2 Mélangez le glacis de base et versez-le dans un bac à peinture. Appliquez le glacis sur la couche de base, à l'aide d'un rouleau ou d'un tampon.

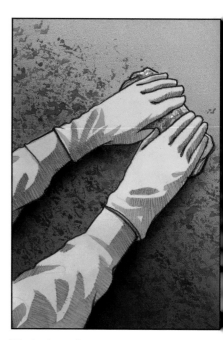

3 Enroulez tout en les chiffonnant des morceaux de chiffon non pelucheux et pliez l'ensemble en deux de sorte qu'il soit de la largeur de vos deux mains. Faites rouler les chiffons sur le glacis, de bas en haut à des angles variés.

Variation : Si vous souhaitez utiliser la méthode du chiffon simple, mélangez le glacis dans un seau. Trempez un chiffon non pelucheux dans le glacis et tordez-le bien. Enroulez-le en le chiffonnant, puis pliez-le en deux. Faites rouler le chiffon de bas en haut sur le mur. Au besoin, remouillez-le et tordez-le.

l'épongeage

L'épongeage donne un effet doux, chiné, et sa technique est l'une des plus faciles à réaliser. Pour obtenir ce type de fini de peinture, utilisez une éponge marine naturelle ou une éponge synthétique modifiée pour tamponner la peinture sur la surface. Les éponges synthétiques ou en cellulose doivent être modifiées avant leur utilisation. Enlevez des petits morceaux des éponges synthétiques carrées afin de leur donner une forme irrégulière.

L'aspect peut varier selon le nombre de couleurs de peinture utilisées, l'ordre dans lequel vous appliquez les couleurs et l'écart entre les motifs effectués à l'éponge. Pour la couche de base et l'épongeage, vous pouvez utiliser une peinture au latex semi-lustrée, satinée ou mate. Pour obtenir un fini transparent, vous pouvez utiliser un glacis comprenant de la peinture, un agent conditionnant et de l'eau.

LE COIN DU DESIGNER

La première couleur que vous appliquez constituera la couleur prédominante sur le mur fini, après avoir tamponné à l'éponge les couleurs de mise en valeur. Choisissez la couleur de base avec précaution. Les effets décoratifs recherchés lorsque vous utilisez une couleur unie devraient également être pris en compte lors de l'application de la peinture à l'éponge. Assurez-vous que la couche de base et les couches successives de mise en valeur produisent un effet qui relève le mobilier ou que les couleurs ne vont pas faire paraître la pièce plus petite.

Pour obtenir un effet plus percutant, choisissez une couleur plus sombre comme couche de base et appliquez une ou plusieurs couleurs plus claires à l'éponge.

APPLIQUER UN FINI À L'ÉPONGE

1 Lorsque la couche de base est sèche, assouplissez l'éponge marine dans de l'eau et essorez-la. Versez de la peinture dans une assiette en carton, trempez l'éponge dans la peinture et appliquez-la par touches légères sur une serviette en papier.

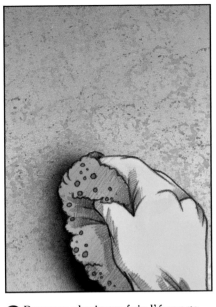

2 Pressez plusieurs fois l'éponge contre la surface tout en adoucissant l'effet à l'aide d'une autre éponge humide. L'aspect obtenu doit être doux et chiné. Continuez d'appliquer la première couleur de peinture sur toute la surface du projet, puis tamponnez avec l'éponge humide.

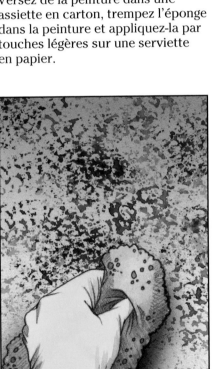

3 Répétez les étapes avec une ou plusieurs couleurs contrastantes. Assurez-vous de laisser sécher complètement chaque couleur avant d'appliquer la suivante.

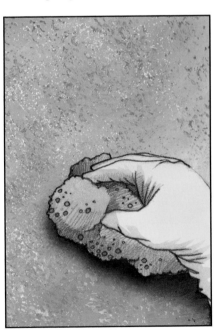

4 Appliquez par touches la couleur de mise en valeur sur toute la surface du projet, en uniformisant et en adoucissant l'effet avec l'autre éponge. Utilisez le ruban-cache et le papier de protection pour créer des limites de section et des effets de panneaux avec les différentes couleurs de mise en valeur.

Faux marbre

Lors de la finition, vous pouvez rapidement obtenir l'aspect du marbre en utilisant une technique dénommée *marbrure* combinée à d'autres techniques, notamment l'épongeage.

Pour créer l'aspect marbré, on utilise une matière de charge ou un agent épaississant d'acrylique avec de la peinture, et une plume que l'on fait trembler de façon irrégulière. La consistance des marbrures va de l'opacité à la transparence.

La création d'un fini faux marbre peut marier plusieurs combinaisons de couleurs. Avant de commencer, exercez-vous sur un grand morceau de carton. Vous prendrez de l'assurance et vous vous habituerez aux matériaux et aux techniques. Définissez un modèle que vous aimez en essayant différents effets. Assurez-vous de demander à votre détaillant d'articles de décoration les coloris à utiliser pour obtenir l'effet souhaité. Ce qui devrait réduire d'autant le nombre d'essais et d'erreurs.

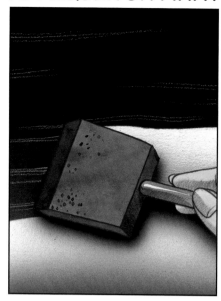

1 Appliquez la couleur de base de peinture acrylique noire ou au latex mate et laissez-la sécher. Versez les peintures vert forêt foncé, vert moyen et bleu-vert pâle dans une assiette en carton, en formant des spirales disposées au hasard, et en faisant se chevaucher les couleurs.

2 Pour distinguer les couleurs, placez les spirales de matière de charge ou d'agent épaississant sur les peintures et inclinez l'assiette de sorte que les couleurs se mélangent et prennent l'aspect du marbre. Trempez-y l'éponge marine humide et appliquez par touches légères sur un essuie-tout pour enlever l'excès.

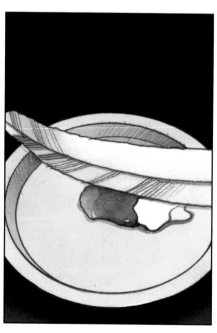

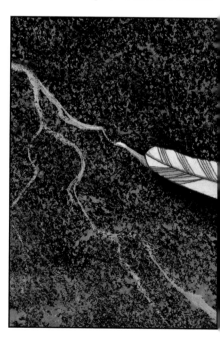

3 De haut en bas, tapotez légèrement avec l'éponge la couche de base noire en effectuant des pointillés et en tournant l'éponge pour exécuter un motif non défini. Laissez apparaître la couche de base par endroits et assurez-vous de ne pas mélanger complètement les peintures.

4 Versez de longues traînées de peinture blanche et vert moyen sur une autre assiette. Versez un peu de matière de charge sur une extrémité de la traînée et un peu d'agent épaississant à l'autre extrémité. Faites courir le bord de la plume sur ces deux matières et sur la peinture.

5 Placez la pointe de la plume sur la surface et effectuez des traînées en la tournant un peu. Tracez des marbrures diagonales ou faites-les s'entrecroiser, selon votre goût. Laissez sécher complètement, puis appliquez plusieurs couches légères d'enduit acrylique brillant en aérosol.

Effets de texture

En décoration, les peintures texturées constituent une solution de rechange aux peintures mates et aux revêtements muraux. La gamme des effets possibles est illimitée. Elles sont offertes selon des formules au latex prémélangées ou sous forme de poudres sèches. Les peintures au latex texturées prémélangées sont fines et donnent des motifs à pointillés légers tandis que les peintures en poudre fournissent des finis plus lourds, de type adobe ou stucco. Ces dernières doivent être additionnées d'eau et mélangées à l'aide d'un embout de mélangeur de peinture et d'une perceuse. Certains finis prémélangés de type adobe ou stucco sont maintenant offerts. Renseignez-vous auprès de votre détaillant.

Faites des essais sur un morceau de carton épais. Le relief de la texture dépend de la rigidité de la peinture texturée, de la quantité appliquée et du type d'outil utilisé.

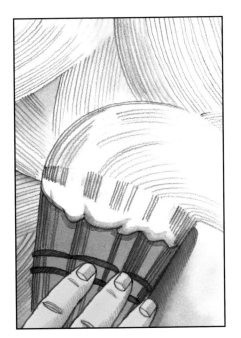

Créez un motif à spirales à l'aide d'une époussette. Appliquez la peinture texturée au rouleau, puis servez-vous de l'époussette pour obtenir le motif souhaité.

Tapotez, traînez ou faites tourner une éponge sur une peinture texturée pour créer un nombre infini de textures. Ou bien, laissez sécher la couche, puis appliquez par-dessus un autre coloris à l'éponge pour obtenir un effet stucco à deux tons.

Utilisez un rouleau à poils longs pour obtenir cet effet moucheté. Pour réaliser différents motifs, variez la pression exercée sur le rouleau et la quantité de peinture appliquée sur la surface.

Créez un motif à pattes d'oie en appliquant la peinture texturée au rouleau, puis en aplanissant la surface au pinceau et en raclant la surface au hasard avec la partie plate du pinceau.

Passez la truelle dès que la peinture a séché en partie pour l'aplanir et obtenir un motif de brocart. Nettoyez la truelle à chaque passage avec un pinceau ou une éponge humide.

DEGRÉ D'HABILETÉ

Peinture : habiletés de base ou moyennes.

Mécanique : habiletés de base.

COMBIEN DE TEMPS FAUT-IL ?

Peindre une porte ordinaire à quatre panneaux requiert environ :

EXPÉRIMENTÉ	30 min
INTERMÉDIAIRE	40 min
DÉBUTANT	45 min

VOUS AUREZ BESOIN :

☐ **Outils :** pinceau, rouleau et manchon, tournevis pour écrou à fente, marteau, couteau à enduire.

☐ **Matériel :** peinture d'intérieur au latex ou peinture émail d'extérieur.

LE CONSEIL D'HOMER

Je pensais que j'étais vraiment doué. En effet, j'avais attendu une journée d'automne pour peindre ma porte d'entrée, pensant que la saison des insectes était terminée. En début de journée, le temps était doux et ensoleillé, mais les jours ayant raccourci, la fraîcheur s'est rapidement installée. Finalement, la porte n'était pas tout à fait sèche quand j'ai dû la fermer pour ne pas geler. Ça m'a fait tout drôle quand je me suis aperçu le lendemain que je ne pouvais pas sortir de chez moi car la peinture avait séché tandis que la porte était fermée.

Les portes et les cadres

La méthode de peinture des portes extérieures est comparable à celle des portes intérieures, à quelques exceptions près.

En général, on ne démonte pas les portes extérieures et elles doivent donc être peintes sur place. Il se peut que la peinture dégoutte ou suinte lorsqu'on peint les portes en position verticale. Pour éviter cela, il suffit de ne pas trop charger le rouleau ou le pinceau et de travailler rapidement pour obtenir une couverture uniforme.

Le type de peinture utilisé est aussi différent. Il est possible d'utiliser une peinture au latex ou une peinture à l'huile pour peindre les portes extérieures, car ces deux types de peintures garantissent une protection et une durabilité excellentes, outre le fait qu'elles sont lavables. Les peintures au latex ont l'avantage d'être beaucoup plus faciles à nettoyer.

PEINDRE DES PORTES PLANES

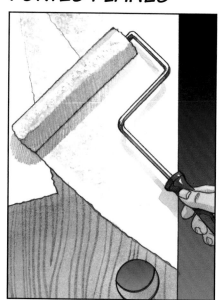

Si la surface de la porte est plane, vous pouvez la peindre au pinceau ou au rouleau de la même façon qu'un mur, après avoir enlevé la poignée. Effectuez la finition sur les bords au pinceau ou au rouleau, avec précaution pour éviter que la peinture dégoutte ou suinte.

PEINDRE LES PORTES EN UN COUP D'ŒIL

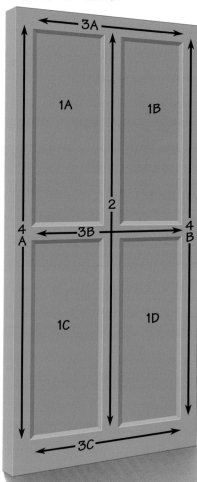

TRAVAILLER EFFICACEMENT

Vous pouvez déterminer le type de peinture de finition qui a été appliqué sur la porte en la frottant avec un chiffon humecté d'alcool dénaturé. Si la couche de finition disparaît, il s'agit d'une peinture à base d'eau.

Préparez correctement le bois de la porte avant de la peindre (p. 43). Si vous devez peindre de nombreuses portes à panneaux, vous préférerez peut-être les enlever des charnières, les poser à plat et les peindre avec un rouleau à poils courts, puis effectuer les finitions au pinceau. Cette méthode permet d'accélérer le processus.

PEINDRE LES PORTES

1 Appliquez la peinture à l'intérieur des panneaux supérieurs (**1A**, **1B**). Étendez la peinture d'abord sur les zones encastrées dans le sens du grain, puis sur les faces des panneaux. Répétez l'opération pour les panneaux restants (**1C**, **1D**).

2 Si la porte est dotée d'un bâti central (élément vertical 2), peignez-le ensuite, puis raccordez les marques de pinceau du bâti central lorsque vous peignez les traverses (**3A**, **3B**, **3C**).

3 Peignez les traverses (éléments du cadre horizontal) en commençant par la traverse supérieure (**3A**) et continuez vers le bas.

4 Peignez les bâtis restants (**4A**, **4B**), en commençant par la gauche. Effectuez les raccords au pinceau sur les traverses humides. Gardez la ligne aussi droite que possible le long du bord où les bâtis croisent les traverses. Peignez les bords au rouleau ou au pinceau, sans faire dégouliner la peinture sur la porte.

PROFITEZ-EN POUR GRAISSER LES AXES DE CHARNIÈRE ET RÉPARER LES CHARNIÈRES DESSERRÉES.

LE CONSEIL
D'HOMER

Gagnez du temps et évitez de vous fatiguer en remplaçant la vieille quincaillerie pendant que votre porte est démontée. C'est le moment où jamais de refaire une beauté à cette antiquité, de déceler les problèmes structuraux et d'effectuer les réparations appropriées. Votre porte sera flambant neuve ! Si votre verrou se bloquait souvent ou si vous vous abîmiez l'épaule ou le nez contre une porte coincée, voici l'occasion de tout réparer ! Le voilement est souvent à l'origine de problèmes de verrou et de blocage. Si la porte est voilée, redressez-la en plaçant le côté courbé sur deux tréteaux. Installez des poids pesants, par exemple des blocs de béton, sur la partie courbée et laissez reposer pendant deux jours environ, jusqu'à ce que la porte soit redressée. Vérifiez-la à l'aide d'une règle de vérification, puis enduisez ou peignez tous les bords et toutes les faces.

GAGNEZ DU TEMPS

Emportez votre ancienne quincaillerie avec vous lorsque vous allez acheter de nouvelles pièces. La longueur de l'axe du pêne demi-tour et la taille des nouvelles charnières devront être appropriées. Si vous achetez des charnières plus grosses, vous pourrez élargir la mortaise, mais vous ne pourrez pas la rapetisser !

PEINDRE LES PORTES INTÉRIEURES

1 Enlevez la porte en soulevant l'axe de la charnière supérieure à l'aide d'un tournevis et d'un marteau. Demandez à quelqu'un de maintenir la porte en place pendant que vous enlevez l'axe de la charnière.

2 Placez la porte à plat sur des tréteaux en vue de la peindre. Peignez les portes à panneaux dans l'ordre suivant : (**1**) panneaux encastrés, (**2**) traverses horizontales (**3**) bâtis verticaux, afin d'éviter de laisser des marques de pinceau inutiles.

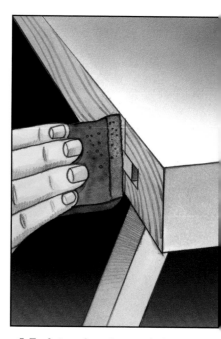

3 Laissez la porte sécher complètement. Si une deuxième couche de peinture doit être appliquée, poncez légèrement la porte et essuyez-la avec un chiffon à dépoussiérer avant de la repeindre.

4 Enduisez les chants de la porte d'un enduit transparent pour bois afin d'éviter que l'humidité ne pénètre le bois. Sinon, l'eau voilera et fera gonfler le bois, et la porte ne se fermera pas correctement.

Protégez la surface des murs et des planchers à l'aide d'un couteau à très grosse lame ou d'un dispositif de protection en plastique.

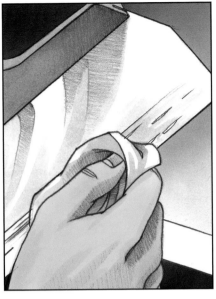

Essuyez le couteau à grosse lame ou le dispositif de protection chaque fois qu'il est déplacé afin d'éviter de tacher de peinture les garnitures ou les zones avoisinantes.

LE COIN DU DESIGNER

Selon le style de design intérieur que vous souhaitez obtenir, les possibilités qui s'offrent à vous sont illimitées en ce qui a trait à la décoration de vos boiseries, garnitures et placards. Sur les boiseries teintées et vernies, il est dorénavant possible d'utiliser de nombreuses combinaisons de coloris de peinture décorative qui rehausseront n'importe quelle pièce et souligneront son originalité. La peinture au pochoir, l'épongeage et les faux finis ne représentent que quelques-unes des techniques spéciales auxquelles vous pouvez avoir recours pour rendre votre projet unique.

Peignez les deux côtés des portes de placard. Ceci permet d'éviter que le bois ne moisisse ou se voile.

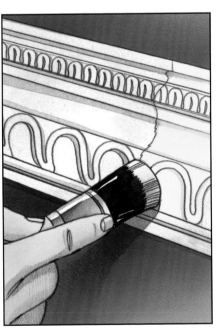

Peignez les surfaces à motifs incrustés avec un pinceau à soies dures, par exemple un pinceau pour la peinture au pochoir. Effectuez de petites passes circulaires pour pénétrer dans les incrustations.

TRAVAILLER EFFICACEMENT

Si elles ne peuvent pas être enlevées, les portes intérieures peuvent être peintes tout en restant fixées sur leurs charnières ; toutefois, vous constaterez que la qualité du fini est bien supérieure et l'application, beaucoup plus aisée si vous pouvez mettre les portes à plat.

Même si vous pensez pouvoir manipuler la porte tout seul, il est préférable de demander de l'aide au moment de l'enlever. Ceci permet d'éviter d'endommager la porte et les murs voisins si elle s'enlève malencontreusement des charnières au moment où vous retirez les axes de celles-ci. La meilleure solution est de demander à quelqu'un de soutenir la porte afin de vous éviter de vous pincer les doigts.

Peinture et papier peint

PEINDRE UN CHÂSSIS DE FENÊTRE

1 Dans la mesure du possible, enlevez les fenêtres à guillotine de leur châssis avant de les peindre. Pour démonter les fenêtres plus récentes, montées sur ressorts, il suffit de pousser contre le châssis. Si vos fenêtres sont plus anciennes, envisagez de les peindre sur place.

2 Afin de faciliter l'application de la peinture, percez des trous et insérez deux clous sur les montants d'un escabeau en bois, pour fabriquer un chevalet. Ou bien, mettez la fenêtre à plat sur un banc ou sur deux tréteaux. Ne peignez pas les côtés ni la base des fenêtres à guillotine.

3 À l'aide d'un pinceau biseauté à rechampir, commencez par peindre le bois qui touche à la vitre. Utilisez l'extrémité étroite du pinceau et peignez de manière que la couche de peinture chevauche la vitre afin de créer un joint d'étanchéité.

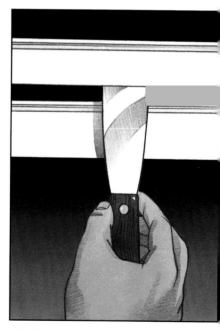

4 Nettoyez la vitre avec un couteau à mastic enveloppé d'un chiffon propre. Utilisez une nouvelle section du tissu à chaque essuyage pour que le chiffon demeure propre. Laissez une bande de peinture d'environ 0,15 cm ($1/16$ po) sur la vitre.

5 Peignez les sections planes du châssis, puis les moulures du cadre, les appuis et l'allège. Travaillez lentement et évitez de mettre de la peinture entre le cadre et le châssis. Ouvrez les fenêtres à battants avant de les peindre. Laissez-les sécher complètement avant de les refermer.

6 Si vous devez peindre les fenêtres en place, ouvrez et refermez les fenêtres déjà peintes à plusieurs reprises pendant la période de séchage afin d'éviter qu'elles se bloquent. Utilisez un couteau à mastic pour éviter de toucher les surfaces peintes.

Appliquer la teinture

La technique de l'essuyage est la méthode de teinture du bois la plus courante et offre le choix d'une vaste variété de coloris. Les teintures actuelles sont offertes sous la forme liquide traditionnelle (à base d'eau et d'huile) ou en gel.

Indépendamment du type choisi, vous obtiendrez plus facilement le coloris souhaité si vous appliquez deux couches fines ou plus, plutôt qu'une couche épaisse. Pour obtenir une couleur uniforme, saturez le grain des bois tendres avec un apprêt pour bois avant d'appliquer la teinture. Sinon, ces bois étant très absorbants, des taches apparaîtront.

Les teintures liquides conviennent aux surfaces faciles à couvrir. Les teintures en gel sont meilleures pour le faux bois dont certaines nouvelles portes sont fabriquées.

Pour teindre une surface plane et horizontale, vous pouvez appliquer la teinture au pinceau. Toutefois, si vous appliquez la teinture sur une surface verticale, comme sur les balustres ci-dessus, appliquez-la avec un chiffon pour l'empêcher de dégoutter et de dégouliner.

DEGRÉ D'HABILETÉ

Peinture : habiletés de base ou moyennes.

COMBIEN DE TEMPS FAUT-IL ?

Teindre une porte intérieure ordinaire requiert environ :

EXPÉRIMENTÉ	45 min
INTERMÉDIAIRE	1 h
DÉBUTANT	1 h 15

VOUS AUREZ BESOIN :

☐ **Outils :** *pinceau, gants de caoutchouc, chiffon à teinture, tampon abrasif.*

☐ **Matériel :** *teinture, diluant.*

APPLIQUER UNE TEINTURE LIQUIDE

1 Mélangez bien la teinture, puis appliquez-en une fine couche à l'aide d'un pinceau ou d'un chiffon. Agitez la teinture de temps en temps afin d'éviter la sédimentation des pigments. Essuyez tout excédent de teinture avec un chiffon propre, d'abord dans le sens inverse du grain, puis dans le sens du grain.

2 Appliquez de fines couches supplémentaires de teinture jusqu'à ce que vous ayez obtenu le coloris souhaité. Il est très difficile de modifier un coloris de teinture ; assurez-vous donc de faire des essais sur un morceau de bois de rebut avant de commencer.

APPLIQUER LA TEINTURE EN GEL

1 Faites pénétrer la teinture en frottant les surfaces de la boiserie à l'aide d'un chiffon à teinture et en effectuant des mouvements circulaires.

2 Couvrez le plus possible de surface accessible avec le chiffon, en repassant sur toute zone qui aurait pu sécher pendant votre travail. La teinture en gel pénètre mieux si on frotte le bois avec le chiffon ou une brosse plutôt que si on essuie simplement la surface.

3 À l'aide d'un pinceau à soies dures, appliquez la teinture en gel dans les endroits difficiles d'accès et là où l'usage du chiffon est incommode.

4 Laissez dégorger la teinture (voir les directives du fabricant). Essuyez le surplus avec un chiffon propre en effectuant un mouvement de polissage. Polissez la surface teinte dans le sens du grain à l'aide d'un chiffon doux et propre.

5 Appliquez autant de couches de teinture qu'il est nécessaire pour obtenir le coloris souhaité. Les fabricants de teinture en gel recommandent trois couches au moins pour protéger le bois contre les égratignures et autres accrocs de surface.

6 Laissez sécher la teinture, puis polissez à l'aide d'un tampon abrasif fin avant d'appliquer la couche de finition.

Appliquer le polyuréthanne

DEGRÉ D'HABILETÉ

Peinture : habiletés moyennes.

COMBIEN DE TEMPS FAUT-IL ?

Appliquer le polyuréthanne sur les boiseries d'une pièce de 3 m x 4,5 m (10 pi x 15 pi), excluant les planchers, requiert environ :

EXPÉRIMENTÉ	1 h
INTERMÉDIAIRE	1 h 15
DÉBUTANT	1 h 30

VOUS AUREZ BESOIN :

☐ **Outils :** chiffon propre, pinceau à soies fines, tampon à peinture fin.

☐ **Matériel :** tampon abrasif n° 00, essence minérale, polyuréthanne, chiffon à dépoussiérer.

Les couches de finition ont pour but de rendre le bois étanche, de protéger le fini des rayures et autres marques d'usure et de rendre le bois plus attrayant. Même si le choix des couches de finition est vaste, la finition au polyuréthanne est la plus couramment utilisée pour les boiseries intérieures et la menuiserie.

Le polyuréthanne est un matériau de finition dur, résistant, couramment utilisé sur les planchers, les traverses, les plinthes, les portes et autres surfaces à utilisation intense. Il ne devrait jamais être ciré.

À base d'eau ou d'huile, le polyuréthanne est un mélange complexe de résines de plastique et de solvants. Une fois sec, il offre un fini léger et durable de couleur ambre. Ce matériau se prêtant difficilement aux retouches, son application doit être effectuée avec précaution. Avant de sécher, il est fort possible qu'il attire toute la poussière de la pièce. Le nettoyage avant l'application est toujours une idée judicieuse.

Les couches de finition au polyuréthanne peuvent être lustrées, semi-lustrées et satinées, ces deux derniers finis étant les plus utilisés. Choisissez le lustre qui répond le mieux à vos besoins.

LE CONSEIL D'HOMER

Je voulais obtenir un fini très lisse sur mes boiseries ; je me suis donc assuré de bien mélanger mon polyuréthanne en l'agitant énergiquement. Quelle erreur ! Des centaines de petites bulles se sont formées. Maintenant, je sais qu'il ne faut jamais agiter le polyuréthanne. Il est très important de le mélanger, mais il faut le remuer doucement ou bien il moussera autant que votre bain.

FINITION DES BOISERIES INTÉRIEURES

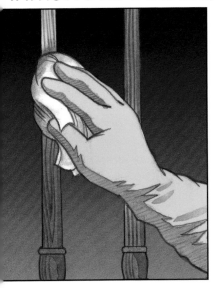

1 Sur le bois nu, utilisez un solvant recommandé par le fabricant pour diluer le vernis. Appliquez le mélange dilué à l'aide d'un chiffon propre pour étanchéiser le grain du bois. N'étanchéisez pas un bois déjà teint ou sur lequel on a appliqué une huile pénétrante.

2 Poncez légèrement la surface sèche avec un papier abrasif extra-fin en partie humidifié. Essuyez avec un chiffon pour enlever toute la poussière. Appliquez une mince couche de polyuréthanne avec un pinceau à soies fines. Les composants du polyuréthanne peuvent se déposer au fond du contenant. Mélangez-le sans arrêt.

3 Poncez légèrement le fini sec à l'aide d'un tampon abrasif extra-fin trempé dans de l'huile au citron pour meubles afin de lisser la surface; enlevez les particules de poussière et créez un fini mat attrayant. Appliquez une couche supplémentaire de polyuréthanne sur les surfaces à usage intense.

L'ABC DE LA POSE DU PAPIER PEINT

Papier peint est un terme ancien désignant des matériaux de la catégorie des revêtements muraux. En fait, très peu de papiers peints modernes sont en papier. Les papiers peints actuels sont à base de vinyle, de papier enduit de vinyle, de tissu, de textiles, de plantes naturelles, de métal ou de Mylar.

Ceux en vinyle sont les plus faciles à manipuler. Les autres, tels que ceux à base de métal, de toile, de liège et de chanvre, confèrent à une pièce un style unique, mais sont plus difficiles à manipuler et plus coûteux.

Votre choix de papier peint est directement lié aux besoins de votre pièce, à votre assurance et à votre habileté.

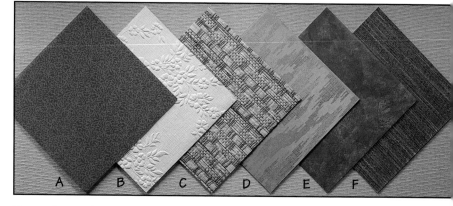

Types de papiers peints : (**A**) Papier en tissu fabriqué de textiles laineux, facile à poser car il n'y a aucun motif à apparier; toutefois le matériau peut se révéler difficile à manipuler et à nettoyer. (**B**) Papier peint à motifs en relief, de style élégant. (**C**) Papier peint paillé en toile de ramie qui adoucit l'aspect de la pièce et constitue un choix judicieux pour les murs présentant des défauts. (**D**) Le papier peint métallique est très réfléchissant et augmente la luminosité d'une pièce, mais il fait ressortir les défauts du mur sur lequel il est posé. (**E** et **F**) Le vinyle est un revêtement durable, facile à poser, à nettoyer et à enlever. Il est offert avec des motifs réguliers ou de forme libre, et certains de ces revêtements sont préencollés.

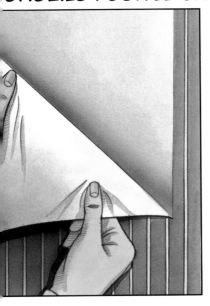

Décollage : Les papiers peints décollables (gauche) peuvent être retirés du mur manuellement et laissent très peu de résidus ou de pellicules, voire pas du tout. Les papiers peints pelables (droite) peuvent être enlevés, mais laissent une mince couche de papier sur le mur, qui peut être facilement retirée au savon et à l'eau chaude. Vérifiez le verso de l'échantillon ou l'emballage du papier peint pour connaître son taux de décollage. Choisissez un produit décollable en vue de faciliter vos prochains travaux de décoration.

Numéro de bain : prenez note des numéros de bain aux fins de référence. Si vous avez besoin de rouleaux supplémentaires, commandez le même bain afin d'éviter de légères différences de tons.

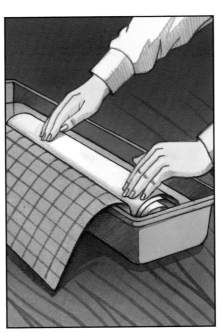

Motifs : En général, les papiers peints à gros motifs entraînent plus de pertes. Un papier peint à gros motifs en biais peut revenir plus cher car il faut plus de papier pour apparier les motifs. De plus, avec les gros motifs, il est parfois plus difficile de dissimuler les interruptions de motif aux plinthes ou aux angles.

Application : Les papiers préencollés (gauche) sont enduits à la fabrication d'une colle à base d'eau qui colle dès que le papier peint est trempé dans un bac à tapisserie rempli d'eau. De nos jours, les produits préencollés tiennent aussi bien que ceux qui requièrent une couche adhésive et sont plus faciles à poser. Les activateurs d'encollage peuvent être ajoutés à l'eau pour ; en général, il est possible de se les procurer chez tous les détaillants de papier peint. Les papiers qui ne sont pas préencollés (droite) doivent recevoir une couche adhésive avant leur pose.

Outils de pose du papier peint

Les outils de pose du papier peint sont des articles courants que vous possédez peut-être déjà. Ayez toujours des crayons n° 2 et un taille-crayon pour effectuer des marques précises lorsque vous étendrez et découperez le papier. N'utilisez jamais de stylo à l'encre ou de stylo à bille car l'encre peut dégorger à travers le papier humecté.

Utilisez un niveau à bulle ou un niveau de menuisier pour tracer les lignes au fil à plomb ou pour découper le papier droit. Ne tracez pas vos lignes à la craie car la craie peut maculer le nouveau papier peint ou suinter sous les joints. Découpez les surplus de papier à l'aide d'un couteau universel à lames à briser, plus facile à utiliser qu'un outil pointu. Utilisez une nouvelle section de lame à chaque coupe ou toutes les deux coupes afin d'éviter d'accrocher ou de déchirer le papier peint.

Assurez-vous d'utiliser des seaux qui ne rouillent pas ainsi qu'une éponge de qualité afin d'éviter d'endommager le papier.

TRAVAILLER EFFICACEMENT

L'utilisation des outils adéquats facilite la pose de papier peint, garantit de meilleurs résultats et génère moins de stress. Utilisez, dans les limites de votre budget, les meilleurs outils et, si possible, demandez de l'aide.

Même si la pose de papier peint a souvent été considérée comme un moyen efficace de tester la solidité des liens du mariage, vous saurez apprécier l'aide d'une paire de bras supplémentaire.

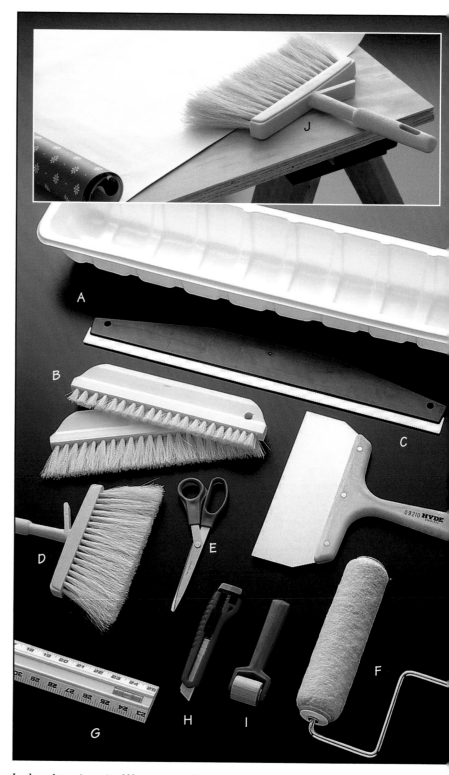

Le bac à tapisserie (**A**) contient l'eau pour mouiller les bandes de papier préencollé. Les brosses à lisser (**B**) sont offertes en différentes longueurs de soies – courtes pour aplanir les papiers peints en vinyle et longues pour les papiers fragiles (papiers veloutés). Il existe des lissoirs flexibles en plastique. Ils sont moins chers et efficaces. Un large couteau à enduire et un outil à araser (**C**) tiennent le papier pendant le découpage. La brosse à colle (**D**) et le rouleau (**F**) servent à appliquer la colle. Les ciseaux (**E**) et le couteau universel à lames à briser (**H**) sont utilisés pour le taillage. Le rouleau à joints (**I**) assure une bonne adhésion des joints. La table à encoller (**J**) offre une surface de travail plane. Vous pouvez la louer ou en fabriquer une. Un niveau à bulle (**G**) sert à vérifier les lignes du fil à plomb et est utilisé comme bordure droite.

Mesurer et évaluer la quantité de papier

Les dimensions de la pièce et l'information sur l'emballage vous aideront à déterminer la quantité exacte de papier à acheter. Le tableau sur cette page vous permet de calculer la superficie des murs et des plafonds et vous aide à calculer la couverture par rouleau.

La couverture par rouleau sera au moins 15 % inférieure à celle indiquée sur l'emballage en raison des pertes. Le pourcentage de perte peut être supérieur selon la quantité de papier requise pour répéter et apparier les motifs. L'excédent pour la répétition du motif est évalué et figure sur l'emballage. Vous pouvez compenser ce facteur de perte en ajoutant cette mesure à la hauteur du mur de la pièce.

MESURE DES ANGLES EXCEPTIONNELS

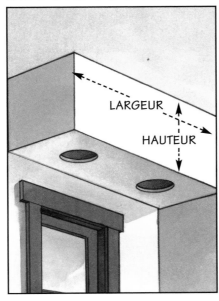

Soffites : Si vous couvrez toutes les faces du soffite, ajoutez la **largeur** et la **hauteur** à la dimension du mur ou du plafond.

Murs triangulaires : Prenez vos mesures comme si la surface était carrée : multipliez la **longueur** par la **hauteur** pour obtenir la quantité nécessaire.

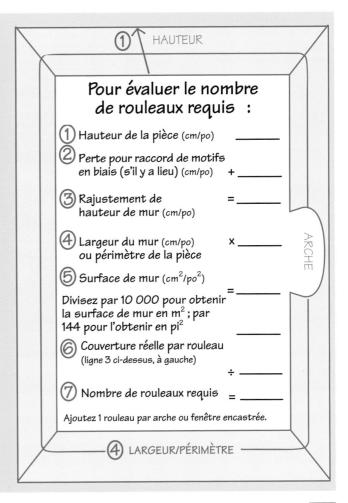

ÉVALUER LA QUANTITÉ DE PAPIER PEINT REQUISE

Pour déterminer la couverture réelle par rouleau :

1. Couverture totale par rouleau (m^2) _____
2. Rajustement pour facteur de perte   x 0,85
3. Couverture réelle par rouleau (m^2) _____

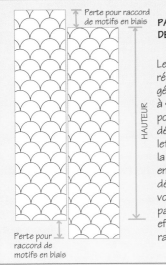

Perte pour raccord de motifs en biais

HAUTEUR

Perte pour raccord de motifs en biais

PAPIER PEINT À RACCORD DE MOTIF EN BIAIS

Les papiers peints à motifs répétitifs en diagonale sont généralement appelés papiers à « motifs en biais ». Si vous posez ce type de papier peint, désignez un rouleau par la lettre « A » et le suivant par la lettre « B ». Alternez ensuite les rouleaux que vous découpez. De cette façon, vous évitez les pertes de papier chaque fois que vous effectuez des coupes pour raccorder les motifs.

Pour évaluer le nombre de rouleaux requis :

1. Hauteur de la pièce (cm/po) _____
2. Perte pour raccord de motifs en biais (s'il y a lieu) (cm/po)   + _____
3. Rajustement de hauteur de mur (cm/po)   = _____
4. Largeur du mur (cm/po) ou périmètre de la pièce   x _____
5. Surface de mur (cm^2/po^2)   = _____

Divisez par 10 000 pour obtenir la surface de mur en m^2 ; par 144 pour l'obtenir en pi^2 _____

6. Couverture réelle par rouleau (ligne 3 ci-dessus, à gauche)   ÷ _____
7. Nombre de rouleaux requis   = _____

Ajoutez 1 rouleau par arche ou fenêtre encastrée.

Préparez-vous

Lors de toute pose d'un papier peint à motifs, pour un des joints, une bande complète est en contact avec une bande partielle. En général, à ce point particulier, le motif n'est pas apparié. Prévoyez cette non-concordance de joint de sorte qu'elle tombe à un endroit dissimulé, derrière une porte ou au-dessus d'une entrée, par exemple.

Tracez les lignes des joints avant de commencer. Éviter les joints difficiles à maîtriser (près du bord d'une fenêtre ou d'une cheminée). Dans les angles, le papier devrait toujours chevaucher légèrement le mur opposé. Si un ou plusieurs joints tombent au mauvais endroit, ajustez votre fil à plomb de quelques centimètres pour compenser.

FAITES VOS MARQUES AU CRAYON CAR L'ENCRE RISQUE DE TRANSPARAÎTRE.

SAVOIR-FAIRE

En fait, le plomb n'est qu'un poids au bout d'un fil. Prenez le modèle pourvu d'un orifice central sur la partie du haut, là où le fil pénètre pour que le plomb soit maintenu droit vers le bas.

Lors de la pose du papier peint, un plomb sert à tracer sur les murs des « lignes du fil à plomb » parfaitement verticales. Pour l'utiliser, placez une punaise ou un clou sur le mur où vous voulez tracer la ligne, près du plafond, et attachez le fil à plomb à la punaise de sorte qu'il pende et touche presque le sol. Dès qu'il arrête de se balancer, marquez le mur sur la longueur du fil (saisissez-le pour qu'il ralentisse plus vite). Alignez ensuite votre première bande de papier peint avec cette ligne.

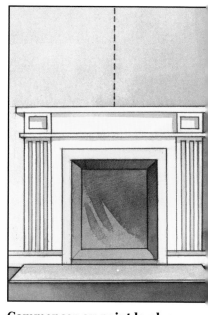

Commencez au point le plus en évidence de la pièce, par exemple au-dessus d'une cheminée ou d'une grande fenêtre. Centrez une ligne à plomb (ligne parfaitement verticale sur ce point (se reporter à la rubrique *Savoir-faire*, ci-contre), pu esquissez un plan de couverture de la pièce dans les deux directions, à partir de ce point.

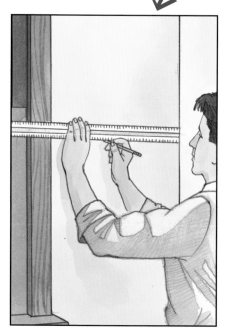

Prévoyez l'endroit de la non-concordance. S'il n'y a pas de réel point en évidence, commencez à l'angle le plus éloigné de l'entrée. Calculez une largeur de papier peint moins 1,25 cm (½ po) et marquez-la. Travaillez dans les deux sens, pour indiquer les raccords.

Effectuez les rajustements aux angles qui tombent exactement sur les lignes des joints. Assurez-vous que vous avez un chevauchement d'au moins 1,25 cm (½ po) sur les angles intérieurs et de 2,5 cm (1 po) sur les angles extérieurs.

Effectuez les rajustements aux joints qui tombent aux endroits difficiles, par exemple près du bord des fenêtres ou des portes. Prévoyez votre point de départ de sorte que les joints vous laissent une largeur de papier suffisante pour contourner les obstacles.

La pose : techniques de base

Si possible, choisissez un papier vinyle préencollé de qualité : sa résistance est supérieure et votre tâche sera simplifiée. Enlevez les meubles faciles à déplacer et étendez des papiers ou des toiles de peintre sur le sol, près des murs.

Pour faciliter la manipulation du papier, louez une table à encoller ou utilisez une surface plane surélevée. Coupez le courant et recouvrez les fentes des prises avec du ruban-cache afin de les préserver contre toute pénétration d'eau ou de colle.

Travaillez à la lumière du jour pour une meilleure visibilité et assurez-vous que chaque bande est parfaitement en place avant de continuer. Si possible, demandez de l'aide, surtout pour le plafond.

GUIDE DES BONS ACHAT$

Les catégories

Les papiers peints à motifs se classent en deux catégories : les motifs droits et les motifs en biais. Parfois, ces indications figurent au verso du papier. Déterminez le type du papier avant de le découper.

Si les composants du motif se font face sur les bords droit et gauche de la bande, il s'agit d'un papier peint à motifs droits qui se répètent horizontalement de bande en bande.

Dans le cas contraire, il s'agit d'un papier peint à motifs en biais. Les composants du motif commencent près du bord d'une feuille et se continuent sur la suivante en se répétant en diagonale. La pose d'un tel papier revient plus cher car cela prend plus de papier pour apparier les motifs. Pour utiliser moins de papier lors de la pose, désignez un rouleau par la lettre « A » et le suivant par la lettre « B » et alternez-les lors de la découpe. Coupez toujours la bande suivante avant de poser la précédente. Il est plus facile de s'assurer que les motifs sont alignés lorsque les bandes ne sont pas déjà collées au mur.

1 Maintenez le papier peint contre le mur. Assurez-vous que vous avez un motif entier sur la ligne de démarcation du plafond et que le papier chevauche d'environ 5 cm (2 po) le plafond et les plinthes. Découpez la bande avec des ciseaux.

2 Pour les bandes suivantes, déterminez le raccord de motif avec la bande posée précédemment, puis mesurez et découpez une nouvelle bande en laissant un surplus de papier d'environ 5 cm (2 po) à chaque extrémité.

TREMPER LES BANDES PRÉENCOLLÉES

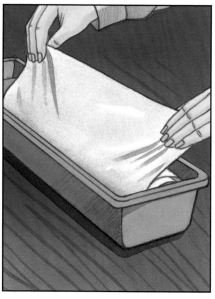

1 Remplissez à moitié le bac à tapisserie avec de l'eau tiède. Enroulez la bande de manière lâche, les motifs à l'intérieur. Tenez-la submergée dans le bac en suivant les directives du fabricant, en général pendant 1 minute environ.

2 En tenant la bande de papier par le bord avec les deux mains, retirez-la de l'eau en la soulevant. Vérifiez le côté encollé afin de vous assurer que la bande est mouillée uniformément. Pliez la bande en suivant les instructions ci-dessous.

Papiers peints non encollés : Étendez la bande, à l'envers, sur la table à encoller ou sur une surface plane. Appliquez la colle uniformément sur la bande à l'aide d'un rouleau à peinture. Essuyez la table avant de continuer pour enlever la colle.

LE CONSEIL D'HOMER

N'oubliez pas que la qualité de la pose de papier peint est liée à l'état des murs. Commencez donc par préparer les murs correctement et votre papier demeurera en place. La meilleure solution consiste à peindre les murs avec de l'apprêt à papier peint avant de commencer. Non seulement le papier adhérera mieux, mais il se décollera plus facilement dans cinq ans, lorsque vous souhaiterez refaire votre décoration. Cette opération ne vous est peut-être pas venue à l'idée, mais croyez-moi, elle en vaut la peine.

PLIER LE PAPIER

Pliez le papier peint en ramenant les deux extrémités de la bande au centre, côté encollé à l'intérieur. N'aplanissez pas les plis. Laissez reposer la bande pendant trois à six minutes. Certains papiers peints ne doivent pas être pliés ; assurez-vous donc de suivre les instructions du fabricant.

Les bandes destinées au plafond ou les frises de papier peint doivent être repliées « en accordéon ». Pliez la bande en allers-retours, côté encollé à l'intérieur afin de faciliter la manipulation. Laissez reposer la bande pendant trois à six minutes ou pendant la durée recommandée par le fabricant.

POSER LE PAPIER PEINT

Dépliez la bande et placez-la pour que la bordure bute contre la ligne à plomb ou contre la bordure précédente. Lissez-la en partant du haut avec un lissoir ou une brosse à lisser, du centre vers l'extérieur. Vérifiez s'il y a des bulles et si les joints sont bien placés. Sinon, décollez le papier et remettez-le en place.

SAVOIR-FAIRE

Jusqu'ici, on utilisait une large brosse à lisser pour le papier. Or, de nouveaux lissoirs souples en plastique sont offerts dans une grande variété de tailles et de formes. Demandez à votre détaillant le type d'outil à utiliser : un lissoir ou une brosse à lisser.

Le choix de l'outil adéquat dépendra du type de papier peint utilisé. Assurez-vous également que cet outil s'adapte confortablement à votre main et qu'il n'est pas trop lourd. Un outil qui peut vous sembler léger au magasin peut se révéler lourd lorsque vous le tenez au-dessus de votre tête pendant plusieurs heures pour lisser le papier peint près du plafond.

Laissez les bandes reposer environ une demi-heure. Avec précaution, passez ensuite le rouleau sur les joints. Ne compressez pas la colle. Ne passez pas la roulette sur les papiers suédés, métallisés, en tissu ou à motifs en relief. Pour ces papiers peints spéciaux, tapotez doucement les joints avec une brosse à lisser.

COUPER LES SURPLUS

1 Maintenez le papier peint contre la moulure ou le plafond à l'aide d'un large couteau à enduire. Coupez tout surplus en vous servant d'un couteau universel pointu. Maintenez la lame du couteau en place pendant que vous changez le couteau à enduire de position.

2 Si du papier peint a été posé au plafond, pliez le bord de la bande murale avec un couteau à enduire et découpez la lisière avec des ciseaux. Si vous utilisiez un couteau universel, vous pourriez percer la bande posée au plafond.

Avec de l'eau claire et une éponge, rincez la colle en surface. Changez l'eau toutes les trois ou quatre bandes. Ne laissez pas l'eau couler sur les joints. Ne mouillez pas les papiers en toile de ramie, les papiers suédés et les papiers à base de tissu.

POSER LE PAPIER PEINT SUR LES MURS

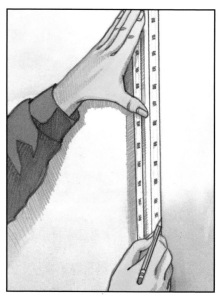

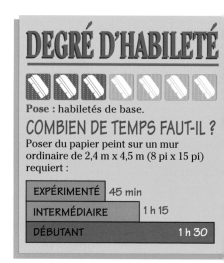
1 Mesurez la distance de la largeur de papier, à partir de l'angle, moins 1,25 cm (½ po) et marquez un point. Marquez tous les emplacements des joints et rajustez au besoin (voir *Préparez-vous*, p. 64).

2 Tracez une ligne à plomb sur le point en vous aidant d'un niveau à bulle. Pour un mur sur lequel le motif doit être apparié avec celui du papier posé au plafond, tracez une ligne à plomb droit vers le bas à partir du premier joint au plafond.

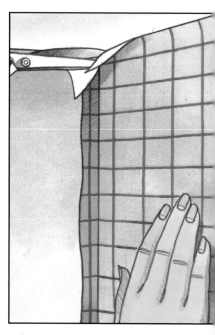

3 Découpez et préparez la première bande. Dépliez la première section de la bande repliée (au repos). Placez-la contre la ligne à plomb pour qu'elle chevauche le plafond d'environ 5 cm (2 po) et qu'un motif soit entier à l'intersection du plafond.

4 À l'aide de la brosse à lisser, aplanissez le papier contre le haut du mur. Lissez ensuite le papier en effectuant des mouvements vers le bas, en partant du centre vers l'extérieur.

5 Incisez l'angle supérieur de la bande de sorte que le papier peint recouvre l'angle sans former de rides. Appuyez sur le papier avec la paume de la main pour faire glisser la bande en place, de manière qu'elle affleure la ligne à plomb. Aplanissez la bande avec une brosse à lisser.

SAVOIR-FAIRE

Les lignes de démarcation verticales et horizontales peuvent être tracées à l'aide d'un niveau à bulle ou d'un niveau de menuisier. Le niveau à bulle est préférable pour la plupart des travaux de pose de papier peint car il n'est pas aussi lourd et encombrant que le niveau de menuisier. Ces marques vous permettent d'effectuer les repères sur les murs, plafonds et bandes de papier peint avec précision.

TRAVAILLER Efficacement

La taille des surplus de papier est définitive. Assurez-vous d'apparier les motifs et d'aligner les joints avant de couper trop de surplus.

6 Dépliez le bas de la bande et appuyez avec vos paumes pour qu'elle glisse en place et qu'elle affleure la ligne à plomb. Aplanissez la bande avec une brosse à lisser. Vérifiez si le papier forme des bulles.

7 En partant du centre vers les bords, lissez la bande avec une éponge humide afin d'éliminer les particules de colle et les bulles d'air. Ne coupez pas les surplus tant que vous n'avez pas posé l'autre bande.

ATTENTION
Coupez toujours le courant aux prises et aux interrupteurs avant d'enlever les plaques et les couvercles.
DANGER

8 Posez toutes les autres bandes, en faisant affleurer les bords pour aligner le motif. Laissez les bandes reposer pendant une demi-heure environ, puis passez doucement le rouleau à joints sur les joints. Sur les papiers peints suédés ou à base de tissu, tapotez légèrement les joints avec une brosse à lisser.

9 Coupez les surplus de papier peint avec un couteau universel. Si le plafond est recouvert de papier peint, pliez le bord de la bande murale avec un couteau à enduire et découpez la lisière avec des ciseaux pour éviter de percer le papier. Rincez les surfaces pour enlever la colle.

10 Tandis que le courant est coupé, posez le papier peint sur les prises et les interrupteurs. Entaillez le papier en diagonale de manière à découvrir la prise. Taillez le papier peint sur les bords de l'ouverture avec un couteau universel ou un couteau à enduire.

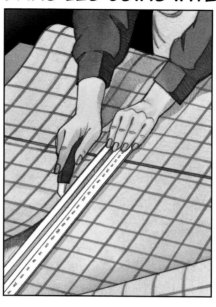

1 Découpez et repliez une bande complète. Pendant que la bande repose, mesurez la distance du bord de la bande précédente au coin, au haut, au centre et au bas du mur. Ajoutez 1,25 cm (½ po) à la dimension la plus grande.

2 Alignez les bords de la bande qui était pliée. Du bord, mesurez à partir de deux points une distance égale à celle trouvée à l'étape 1. Appuyez une règle de vérification pour maintenir la bande contre les deux points marqués et coupez la bande de papier peint à l'aide d'un couteau universel.

3 Placez la bande sur le mur de sorte que le motif s'apparie avec celui de la bande précédente, en la faisant chevaucher d'environ 5 cm (2 po) le plafond.

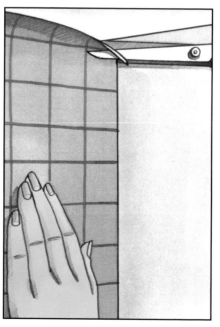

4 Appuyez doucement avec la paume des mains sur les bords de la bande. La bande doit chevaucher légèrement le mur nu.

5 Effectuez de petites entailles dans les angles, sur les bords supérieurs et inférieurs de la bande, de sorte que le papier recouvre l'angle sans former de rides.

6 Aplanissez la bande avec une brosse à lisser, puis coupez l'excédent de papier à la hauteur du plafond et de la plinthe.

7 Mesurez la largeur de la bande suivante. Tracez le repère au crayon sur le mur nu à une largeur de bande en partant du coin. Tracez une ligne à plomb du plafond au sol sur cette nouvelle partie du mur, à l'aide du niveau à bulle.

8 Placez la bande sur le mur avec le bord découpé du côté du coin et le bord découpé à l'usine contre la nouvelle ligne à plomb. Aplanissez la bande avec une brosse à lisser. Coupez l'excédent de papier à la hauteur du plafond et de la plinthe.

9 Si vous utilisez du papier peint en vinyle, décollez le coin et appliquez la colle entre les deux sections en vinyle. Aplanissez la section des joints. Laissez les bandes reposer pendant une demi-heure, puis passez le rouleau à joints sur les joints. Rincez les surfaces avec une éponge humide.

POSER LE PAPIER PEINT SUR LES COINS EXTÉRIEURS

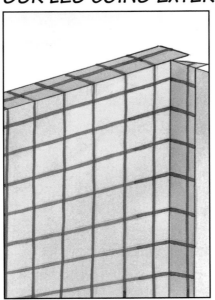

1 Mesurez la distance entre la dernière bande et le coin à trois hauteurs : bord supérieur, centre et bord inférieur. Ajoutez 2,5 cm (1 po) pour recouvrir le coin. Si le papier est rigide, ajoutez de 10 à 15 cm (de 4 à 6 po) pour le chevauchement afin qu'il adhère correctement.

2 Si le coin n'est pas d'équerre, ajoutez plus de 2,5 cm (1 po) à la mesure de l'étape 1 pour mieux recouvrir le coin. Lissez la bande en place et entaillez les bandes supérieure et inférieure aux coins du plafond et de la plinthe. Repliez la bande sur le coin et coupez le surplus au haut et au bas.

3 Mesurez la largeur de la prochaine bande et ajoutez 0,6 cm (¼ po). Mesurez cette distance à partir du coin le long de la nouvelle section de mur et tracez une ligne à plomb. Posez la bande suivante et, en l'alignant verticalement, appariez les motifs le mieux possible en faisant chevaucher le papier.

La pose : techniques de base **71**

Autour des portes et des fenêtres

Une erreur courante consiste à prédécouper les bandes pour les adapter aux portes et fenêtres. Ceci oblige inévitablement à refaire la zone au complet car vous ne pouvez jamais bien découper le papier sans le poser sur le mur. N'oubliez pas les ouvertures des portes et des fenêtres et les prises électriques de plus grande dimension sur lesquelles il faut replier le papier.

La meilleure méthode consiste à poser la bande directement sur l'encadrement de porte ou de fenêtre. Avec une brosse à lisser, lissez la bande avant de découper les bords. Pour ne pas endommager le bois, utilisez des ciseaux plutôt qu'un couteau universel et essuyez l'encadrement pour enlever tout surplus de colle à l'aide d'une éponge humide.

DEGRÉ D'HABILETÉ

Pose : habiletés de base ou moyennes.

TRAVAILLER EFFICACEMENT

Si vous posez des bandes courtes directement au-dessus et au-dessous d'une ouverture, ces bandes doivent être parfaitement posées à la verticale afin que le motif soit bien apparié avec la prochaine bande complète. Lorsque vous couperez les surplus, vous aurez peu ou pas de possibilités d'ajuster la bande pour apparier le motif. Ne coupez pas les surplus des bandes courtes tant que les bandes complètes n'ont pas été posées de façon à vous réserver la possibilité de faire quelques ajustements mineurs au besoin.

POURTOUR DES OUVERTURES

1 Posez la bande sur le mur, directement sur l'encadrement. Faites affleurer avec précaution le joint contre le bord de la bande précédente.

2 Lissez les sections planes du papier peint avec une brosse à lisser. Appuyez fort sur la bande contre le plafond.

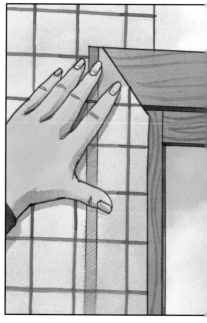

3 Avec les ciseaux, coupez le papier en diagonale en partant du bord de la bande vers l'angle de l'encadrement. Si vous posez le papier autour d'une fenêtre, effectuez une entaille similaire dans le bas de l'angle.

4 Coupez tous les surplus de papier peint avec les ciseaux à l'intérieur de l'encadrement à environ 2,5 cm (1 po) du bord. Lissez le papier peint pour enlever toutes les bulles au fur et à mesure.

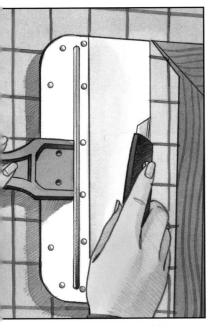

5 Maintenez le papier peint contre l'encadrement à l'aide d'un couteau à enduire et coupez les surplus de papier avec un couteau universel. Coupez les bandes de papier qui chevauchent le plafond et la plinthe, puis rincez le papier et les encadrements avec une éponge humide.

6 Découpez de petites bandes pour les sections au-dessus et, dans le cas d'une fenêtre, au-dessous. Certaines chutes seront utilisables pour apparier le motif. Assurez-vous que ces petites bandes sont posées parfaitement à la verticale afin que le motif soit bien apparié avec celui de la prochaine bande complète.

7 Découpez et préparez la prochaine bande complète. Placez-la sur le mur, le bord contre la bande précédente, de manière à apparier le motif.

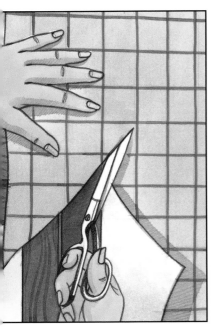

8 Entaillez les coins supérieur et inférieur en diagonale en partant du bord vers les angles de l'encadrement. Coupez tous les surplus de papier peint avec les ciseaux à environ 2,5 cm (1 po) autour de l'intérieur de l'encadrement.

9 Appariez le joint sur la moitié inférieure de la bande. Avec les ciseaux, coupez les surplus de papier peint à environ 2,5 cm (1 po). Aplanissez la bande avec la brosse à lisser.

10 Maintenez le papier peint contre l'encadrement à l'aide d'un couteau à enduire et coupez les surplus avec un couteau universel. Coupez les parties qui chevauchent à la hauteur du plafond et de la plinthe. Rincez le papier peint et les encadrements avec une éponge humide.

Autour des portes et des fenêtres **73**

POURTOUR D'UNE FENÊTRE ENCASTRÉE

1 Posez les bandes pour qu'elles chevauchent la section en retrait. Lissez-les et coupez le surplus au plafond et à la plinthe. Pour recouvrir les parties supérieure et inférieure de la section en retrait, effectuez une entaille horizontale au centre jusqu'à environ 1,25 cm (½ po) du mur.

2 À partir de l'entaille horizontale (étape 1), effectuez des entailles verticales vers le bas et vers le haut de la section en retrait. Effectuez de petites entailles en diagonale aux angles de la section en retrait.

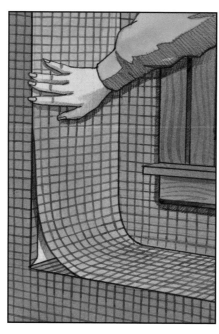

3 Repliez les lisières supérieure et inférieure sur les surfaces en retrait. Lissez les bandes et coupez le surplus de papier sur le bord arrière. Repliez le bord vertical autour du coin. Au besoin, posez le papier autour de la fenêtre (p. 72 et 73).

4 Mesurez, découpez et préparez un morceau raccordant le motif pour recouvrir la paroi de la section en retrait. Les bandes posées sur la paroi doivent chevaucher un peu le haut et la base de la section en retrait et la lisière verticale repliée. Utilisez de la colle vinylique pour coller les joints.

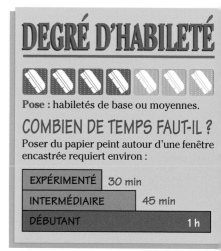

DEGRÉ D'HABILETÉ

Pose : habiletés de base ou moyennes.

COMBIEN DE TEMPS FAUT-IL ?

Poser du papier peint autour d'une fenêtre encastrée requiert environ :

EXPÉRIMENTÉ	30 min
INTERMÉDIAIRE	45 min
DÉBUTANT	1 h

LE COIN DU DESIGNER

Si vous souhaitez habiller ou mettre en évidence les pourtours des fenêtres encastrées ou de l'arche, il suffit de doubler leurs faces intérieures de papier peint aux couleurs ou aux motifs assortis. Ce type de contraste permet de faire ressortir cette section spéciale.

POSER LE PAPIER PEINT À L'INTÉRIEUR D'UNE ARCHE

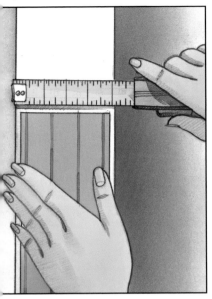

1 Certains papiers sont offerts avec des frises assorties pour couvrir l'intérieur d'une arche. Ou sinon, mesurez l'intérieur de l'arche et découpez une bande dans le papier peint utilisé pour la pièce. Cette bande devrait être de 0,6 cm (¼ po) plus étroite que la largeur intérieure de l'arche.

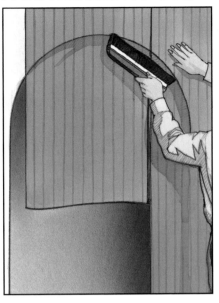

2 Posez le papier peint des deux côtés de l'arche en faisant chevaucher les bandes sur l'ouverture. Lissez les bandes et coupez les surplus de papier à la hauteur du plafond et de la plinthe.

3 Avec les ciseaux, coupez la lisière de papier qui chevauche l'intérieur de l'arche en laissant un surplus d'environ 2,5 cm (1 po).

4 Effectuez de petites entailles dans le papier le long de la section cintrée de l'arche, en coupant le papier peint aussi près que possible du bord du mur.

5 Avec les bandes incisées, recouvrez l'intérieur de l'arche et aplanissez le papier. Si vous devez poser du papier peint dans la pièce adjacente, repliez le papier sur les bords de l'arche, des deux côtés.

6 Enduisez de colle vinylique l'envers de la bande destinée à l'arche. Placez la bande le long de l'intérieur en laissant un espace de 0,3 cm (⅛ po) de chaque côté de la bande. Lissez la bande à l'aide d'une brosse à lisser. Rincez la bande avec une éponge humide.

Pose : habiletés moyennes.

COMBIEN DE TEMPS FAUT-IL ?

Poser du papier peint autour d'un évier mural classique requiert :

EXPÉRIMENTÉ	30 min
INTERMÉDIAIRE	45 min
DÉBUTANT	1 h

VOUS AUREZ BESOIN :

☐ **Outils :** brosse à lisser, couteau universel, règle de 1 m (36 po).

☐ **Matériel :** bandes de papier peint.

Poser le papier peint autour des tuyaux, des appareils et des obstacles

Lors de la pose du papier peint autour des éviers, tuyaux et autres obstacles, découpez les bandes dans le papier avec précaution. Tenez la bande de sorte que les motifs soient appariés et coupez à partir du bord le plus proche de l'appareil.

Si possible, coupez le long d'une ligne de motifs afin de cacher la ligne de coupe. Coupez autour de l'appareil sans l'endommager.

Pour les éviers scellés contre le mur, repliez les petits bouts de papier peint derrière l'évier plutôt que de les tailler en suivant le contour de l'évier. La pose semblera plus professionnelle.

Résistance du papier

Assurez-vous de choisir un papier peint bien adapté à la zone particulière où il sera utilisé. Pour certains endroits particuliers, il doit avant tout être lavable.

Le papier peint lavable peut être nettoyé à l'eau et au savon doux. Le papier peint qui résiste au lavage à la brosse est assez résistant pour être lavé souvent avec une brosse à soies souples.

Choisissez un papier résistant au lavage à la brosse pour les endroits très exposés aux salissures tels que les vestibules ou les entrées de service. Le papier lavable convient particulièrement aux salles de bain ou aux buanderies où les murs sont exposés aux éclaboussures d'eau ou exigent un nettoyage léger.

POSER LE PAPIER PEINT AUTOUR D'UN TUYAU

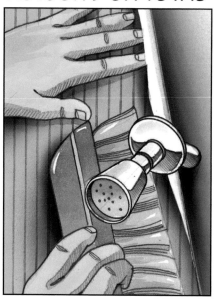

1 Détachez la rosace du mur. Maintenez la bande de papier peint contre le mur de sorte que le motif s'apparie avec celui de la bande précédente. À partir du bord le plus proche de la bande, effectuez une entaille afin de pouvoir accéder au tuyau.

2 Aplanissez la bande jusqu'au tuyau à l'aide d'une brosse à lisser.

3 Découpez un trou à l'extrémité de l'entaille pour faire passer le tuyau. Faites joindre les côtés de l'entaille et lissez à la brosse.

POSER LE PAPIER PEINT AUTOUR D'UN ÉVIER MURAL

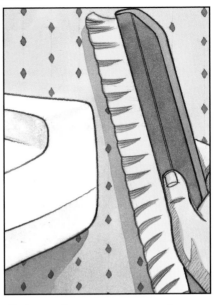

1 Passez la brosse à lisser sur la bande jusqu'à l'évier. Faites des entailles horizontales qui chevauchent de 6 cm (2¼ po) au-dessus et au-dessous de l'évier.

2 Coupez le surplus de papier sur les côtés de l'évier en laissant le papier légèrement dépasser. Attention à ne pas rayer l'évier.

3 Lissez le papier avec une brosse à lisser et repoussez l'excédent de papier peint entre l'évier et le mur, si possible. Sinon, découpez-le.

LA PRUDENCE EST DE MISE LORSQUE VOUS TRAVAILLEZ À PROXIMITÉ DES APPAREILS TRÈS CHAUDS TELS QUE LES RADIATEURS OU LES PLINTHES ÉLECTRIQUES.

POSER LE PAPIER PEINT DERRIÈRE UN RADIATEUR

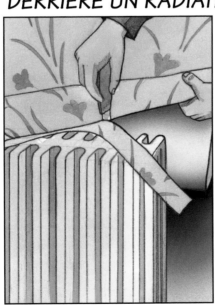

1 Dépliez la bande au complet et placez-la sur le mur. Lissez la bande en partant du plafond vers le haut du radiateur. À l'aide d'une règle plate de 1 m (36 po) en bois, lissez légèrement la bande derrière le radiateur. En maintenant la règle contre le papier peint, repliez le papier peint le long de la plinthe.

2 Relevez le bas de la bande de derrière le radiateur. Coupez le surplus de papier peint le long de la ligne de pliage. Replacez le papier derrière le radiateur et lissez-le avec la règle de 1 m (36 po).

La pose du papier peint derrière les plinthes électriques devrait être effectuée comme pour les autres appareils au mur. Brossez la bande jusqu'au haut du radiateur et coupez le surplus autour en laissant dépasser une mince lisière que vous pousserez derrière l'appareil.

Au plafond

Demandez de l'aide au moment de poser le papier peint au plafond. Si vous essayez de vous acquitter seul de cette tâche, non seulement vous aurez l'air d'une momie, mais vous risquez d'abîmer le papier peint, voire de vous blesser.

DEGRÉ D'HABILETÉ

Pose : habiletés moyennes.

Aide. Demandez de l'aide lors de pose au plafond.

COMBIEN DE TEMPS FAUT-IL ?

Poser du papier peint sur un plafond ordinaire de 3 m x 4,5 m (10 pi x 15 pi), avec l'aide d'une autre personne, requiert environ :

EXPÉRIMENTÉ	1 h 30
INTERMÉDIAIRE	2 h
DÉBUTANT	2 h 30

POSER LE PAPIER PEINT AU PLAFOND

1 Mesurez la largeur de la bande de papier et soustrayez 1,25 cm (½ po). De l'angle, mesurez cette dimension (dans le sens opposé au mur) en plusieurs points et marquez des repères sur le plafond. Les bandes dont le motif doit être coupé pour s'adapter au plafond doivent finir sur le mur ou à la porte.

2 En vous aidant des repères, tracez une ligne guide le long de la longueur du plafond à l'aide d'une règle de vérification et d'un crayon. Découpez et préparez la première bande de papier peint (p. 66).

3 Travaillez par petites sections et placez la bande contre la ligne guide. Faites-la chevaucher de 1,25 cm (½ po) le mur latéral et de 5 cm (2 po) le mur du bout. Graduellement, aplanissez la bande avec une brosse à lisser puis coupez les surplus.

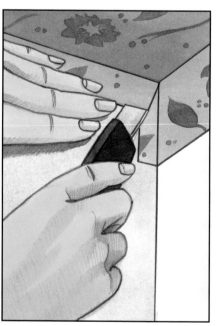

4 Effectuez une entaille en biseau dans le papier peint, dans l'angle, de sorte que la bande s'étende sans plisser. Appuyez sur le papier dans l'angle avec un couteau à enduire.

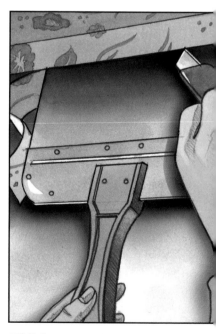

5 Si les murs doivent être aussi recouverts, coupez le surplus à la hauteur du plafond en le laissant chevaucher de 1,25 cm (½ po). Sur les murs qui ne sont pas revêtus, coupez le surplus avec un couteau universel tout en maintenant un couteau à enduire contre l'angle.

Manipulation des papiers spéciaux

Certains papiers peints peuvent accentuer l'intérêt d'une pièce, mais ils exigent des techniques de manipulation particulières. Les papiers peints réfléchissants tels que les revêtements métalliques ou en Mylar peuvent éclairer les pièces les plus sombres, mais les murs doivent être parfaitement lisses avant de recevoir le papier. Les revêtements en tissu ou en ramie peuvent atténuer et dissimuler les défauts des murs irréguliers, mais ils sont salissants.

MANIPULEZ LES PAPIERS MÉTALLIQUES AVEC PRÉCAUTION ! ILS S'ABÎMENT FACILEMENT.

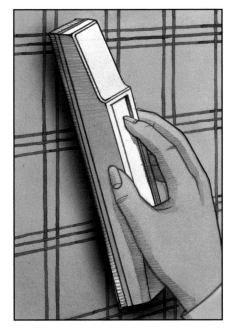

Utilisez une brosse à lisser à soies souples pour éviter de rayer ou de polir la surface réfléchissante des papiers métalliques. Ne passez pas le rouleau à joints : tapotez légèrement les joints avec la brosse à lisser pour les coller. Assurez-vous d'aplanir toutes les bulles dès que vous avez posé le revêtement.

Utilisez une colle transparente ou une colle traditionnelle à base de blé selon les directives du fabricant. La colle transparente ne dégorge pas sous le revêtement et ne le tache pas. Les fabricants de certains papiers peints peuvent recommander d'appliquer la colle sur les murs plutôt que sur les bandes.

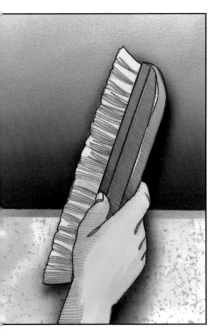

Posez un sous-papier sur les surfaces irrégulières ou rugueuses (murs à panneaux, texturés ou en maçonnerie) et sur lesquelles vous souhaitez poser un papier métallique, afin d'obtenir une base lisse. Les sous-papiers se posent à l'horizontale de sorte que leurs joints ne s'alignent jamais sur ceux du papier peint.

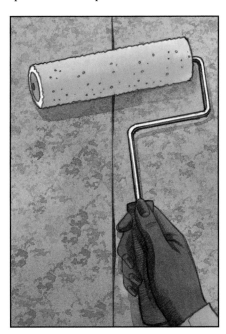

Utilisez un rouleau sec doté d'une garniture douce aux soies naturelles pour aplanir les papiers veloutés et les revêtements en tissu afin de ne pas les endommager. Évitez de mettre de la colle sur l'endroit de ces revêtements. Au besoin, enlevez la colle humide avec une éponge légèrement humectée.

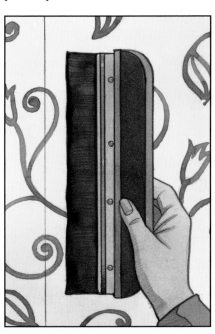

Tapotez les joints pour les joindre avec une brosse à lisser ou avec vos doigts. N'utilisez pas de rouleau à joints sur les joints des papiers peints veloutés, en tissu et autres papiers peints spéciaux.

Touches de finition

Dès que vous avez terminé la pose de papier peint dans une pièce, vérifiez si vous devez effectuer certaines retouches tant que le travail est encore frais. Portez une attention particulière aux joints. Si vous avez passé le rouleau à joints sur les joints en appuyant trop fort ou avant que la colle n'ait eu le temps de se fixer, vous avez peut-être trop compressé la colle sous les bords du revêtement. Ces bords paraîtront justes tant qu'ils sont humides, mais formeront des bulles dès que le papier peint sera sec.

Tout en vous tenant près du mur, examinez le papier peint sur toute sa longueur, à contre-jour, afin de repérer les imperfections. Vous pouvez également vous servir d'un éclairage latéral puissant pour repérer les bulles et les manques éventuels afin d'apporter les corrections requises.

APPARIER LES PLAQUES D'INTERRUPTEURS ET LES COUVERCLES DE PRISES

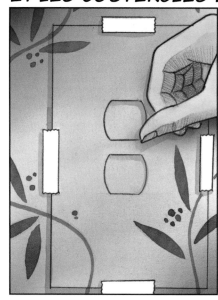

1 Enlevez la plaque et réinsérez les vis. Posez le papier peint sur le dispositif de sorte que les motifs soient appariés. Frottez la surface du papier peint pour bien incruster la marque du rebord de la plaque.

2 Retournez la plaque sur le papier en alignant les marques faites à l'étape 1. Marquez au crayon les angles de la plaque. Coupez le surplus pour qu'il dépasse de 1,25 c (½ po) autour de la plaque et dans les angles, en taillant juste à l'extérieur des repères des angles.

RÉPARER LES JOINTS

3 Appliquez une colle vinylique sur la plaque et le papier. Fixez la plaque sur le papier et lissez-le pour supprimer les bulles. Repliez la lisière de chevauchement par-dessus la plaque et collez-la. Découpez les ouvertures avec un couteau universel et remettez la plaque en place.

Pour accélérer le processus d'appariement, achetez des plaques en plastique transparent. Coupez le papier aux dimensions requises pour l'insérer à l'intérieur et découpez les ouvertures des boutons d'interrupteur et des faces de prise.

Humectez le papier afin de travailler plus aisément. Soulevez le bord du papier et insérez la pointe de l'applicateur de colle. Appliquez un jet de colle vinylique sur le mur et aplanissez le joint délicatement. Laissez reposer une demi-heure, lissez doucement avec un rouleau et essuyez avec une éponge humide.

ÉLIMINER UNE BULLE

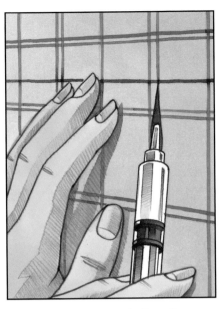

1 Entaillez le papier peint sur la bulle avec un couteau universel. S'il s'agit d'un papier peint à motifs, taillez le long de la ligne du motif pour dissimuler l'entaille.

2 Insérez la pointe de l'applicateur dans l'entaille et appliquez la colle sur le mur, sous le papier, avec modération.

3 Appuyez doucement sur le papier peint pour le recoller. Utilisez une éponge propre pour replacer la bande entaillée et essuyez tout surplus de colle.

RAPIÉCER LE PAPIER PEINT

1 Fixez un morceau de papier peint sur la section endommagée à l'aide d'une bande adhésive, en alignant le morceau de sorte que les motifs soient appariés.

2 En tenant le couteau universel contre le mur selon un angle de 90°, taillez les deux couches de papier. Si les motifs du papier peint sont délimités par des lignes, coupez le long des lignes pour dissimuler les joints. Avec des motifs moins définis, coupez des lignes irrégulières.

3 Enlevez le morceau et effectuez le rapiéçage. Décollez la section de papier peint endommagée. Appliquez la colle au verso du nouveau morceau et placez-le dans le trou de sorte que les motifs soient appariés. Rincez la section rapiécée avec une éponge humide.

Poser une frise de papier peint

Les frises en papier peint rehaussent les murs peints ou revêtus de papier peint. Posez une frise en tant que moulure autour du plafond ou en guise d'encadrement autour des fenêtres, portes ou cheminées.

Vous pouvez également poser une frise au-dessus d'un lambris, ou en guise de cimaise décorative sur les murs peints. Les frises peuvent aussi servir à encadrer un objet d'art.

De nombreux papiers peints sont offerts avec des frises assorties qui peuvent être vendues au mètre ou à la verge. Vous pouvez également créer votre propre frise en découpant des bandes étroites dans des morceaux de papier peint pleine longueur.

Pour poser une frise, il est préférable d'appliquer une colle vinylique.

ATTENTION
Demandez toujours de l'aide pour la pose d'une frise et utilisez une échelle ou un échafaudage stable.
DANGER

DEGRÉ D'HABILETÉ

Pose : habiletés de base.

COMBIEN DE TEMPS FAUT-IL ?

Poser une frise de cimaise décorative dans une pièce de 3 m x 4,5 m (10 pi x 15 pi) requiert environ :

EXPÉRIMENTÉ	1 h
INTERMÉDIAIRE	1 h 30
DÉBUTANT	2 h

POSER UNE FRISE

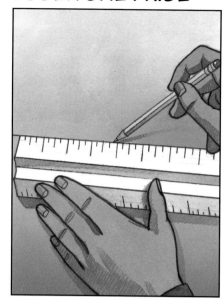

1 Prévoyez le point de départ de sorte que le joint non concordant tombe à un endroit qui ne soit pas en évidence. Pour les cimaises décoratives, tracez une ligne au crayon, en vous servant d'un niveau, autour de la pièce, à la hauteur souhaitée.

2 Coupez et préparez la première bande. Commencez à un angle et faites chevaucher la frise de 0,6 cm (¼ po) sur le mur adjacent. Demandez à quelqu'un de vous aider à maintenir la section de la bordure pliée en accordéon lorsque vous l'appliquez et la lissez.

3 Pour les joints qui tombent au milieu des murs, faites chevaucher les bandes de frise de sorte que les motifs s'apparient. Coupez le joint en taillant avec un couteau universel à travers les deux couches. Décollez la frise et enlevez les extrémités découpées. Appuyez sur la frise pour l'aplanir.

4 Afin de couper la frise de sorte qu'elle affleure le papier peint, faites-la chevaucher celui-ci. Utilisez une règle de vérification et un couteau universel pour couper à travers le papier posé sous la frise, le long du bord de celle-ci.

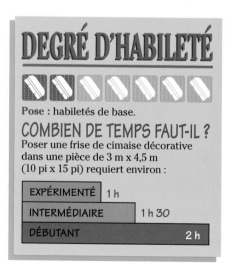

MESURER LES COINS DE FRISE

5 Soulevez la frise et enlevez la lisière de papier peint découpée. Avec la main, appuyez sur la frise pour l'aplanir et finissez de la lisser à l'aide de la brosse à lisser.

1 Posez les bandes de frise horizontales de sorte qu'elles chevauchent les coins d'une largeur supérieure à celle de la frise. Posez les frises verticales le long des contre-chambranles latéraux, en faisant chevaucher les parties supérieure et inférieure.

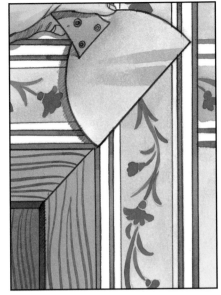

2 Vérifiez l'emplacement de la bande de frise afin de vous assurer que les motifs principaux demeurent intacts à l'endroit des coupes diagonales. Au besoin, enlevez et ajustez les bandes.

3 Tout en maintenant une règle de vérification de sorte qu'elle forme un angle de 45° avec l'angle du contre-chambranle, coupez à travers les deux couches de papier peint à l'aide d'un couteau universel.

4 Décollez les extrémités de la frise et enlevez les morceaux découpés.

5 Appuyez sur la frise pour la remettre en place et laissez-la reposer pendant une demi-heure. Passez doucement le rouleau à joints sur les joints et rincez la frise avec une éponge humide.

L'ABC DE LA PLOMBERIE

La plomberie n'est rien de plus qu'une façon de retenir et de contrôler l'alimentation en eau d'une maison. L'idée que l'eau voyage dans des tuyaux est facile à comprendre, et la plupart des appareils de plomberie sont simples.

En revanche, les pièces de plomberie ne sont pas du tout normalisées. Alors que les composants électriques faits par différents fabricants sont si normalisés qu'ils sont pratiquement identiques, les pièces utilisées en plomberie ont des variations importantes. Si possible, apportez vos vieilles pièces au magasin lorsque vous voulez les remplacer.

Certains projets présentés dans ce livre décrivent des réparations rapides pouvant être faites avec un minimum d'outils et ne requérant pas d'expérience. Les projets plus difficiles nécessiteront des outils de base, des outils spéciaux et une certaine expérience. Aucun projet de ce livre n'est au-dessus de vos capacités. Prenez tout simplement votre temps.

Lisez attentivement toutes les étapes. Si vous doutez de vos habiletés pour un certain travail, exercez-vous avec des pièces à jeter. Un bon jugement, de l'attention et l'équipement de sécurité approprié sont indispensables.

Les instructions sont conformes aux normes nationales, mais les codes peuvent varier selon les provinces ou les municipalités. Informez-vous pour savoir quels réglementations, codes ou permis s'appliquent à votre projet.

LE CONSEIL D'HOMER

La plomberie, c'est comme dans la vie : une chose mène à une autre... Il m'est arrivé une fois d'entreprendre une réparation un dimanche après-midi et un sérieux problème s'est présenté, juste au moment où fermaient les magasins.

Comme il y a souvent des imprévus, commencez vos travaux de plomberie quand les magasins sont ouverts et que vous avez amplement le temps de compléter le travail.

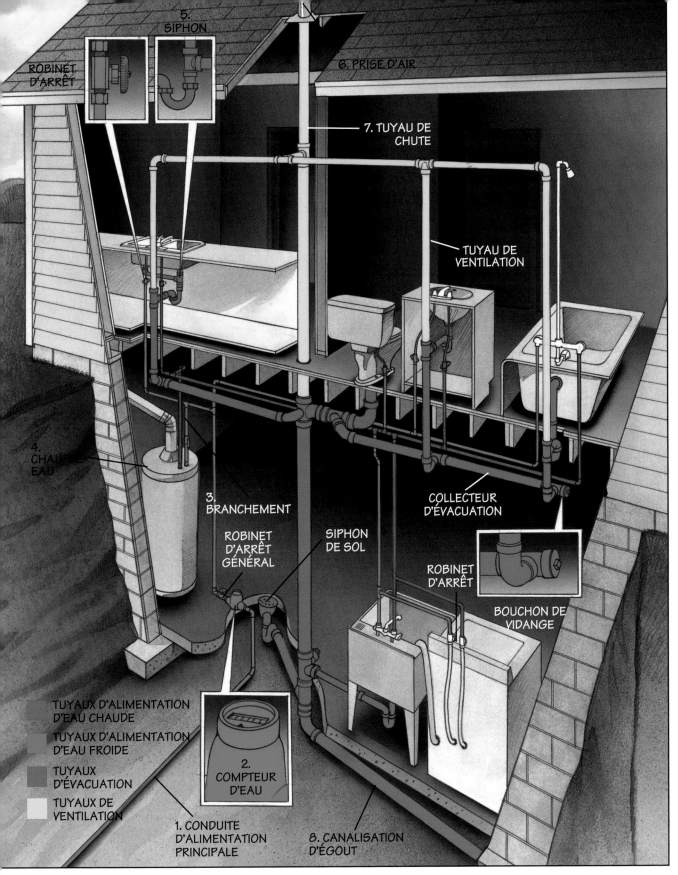

5. SIPHON

ROBINET D'ARRÊT

6. PRISE D'AIR

7. TUYAU DE CHUTE

TUYAU DE VENTILATION

4. CHAUFFE-EAU

3. BRANCHEMENT

ROBINET D'ARRÊT GÉNÉRAL

SIPHON DE SOL

COLLECTEUR D'ÉVACUATION

ROBINET D'ARRÊT

BOUCHON DE VIDANGE

TUYAUX D'ALIMENTATION D'EAU CHAUDE

TUYAUX D'ALIMENTATION D'EAU FROIDE

TUYAUX D'ÉVACUATION

TUYAUX DE VENTILATION

2. COMPTEUR D'EAU

1. CONDUITE D'ALIMENTATION PRINCIPALE

8. CANALISATION D'ÉGOUT

Description du système de plomberie. L'eau arrive dans votre maison par la conduite d'alimentation principale (**1**). Elle passe dans le compteur d'eau (**2**), s'il y en a un. Un branchement (**3**) amène de l'eau au chauffe-eau (**4**). L'eau chauffée et l'eau froide sont distribuées dans la maison. Les toilettes n'utilisent que de l'eau froide. Les eaux usées voyagent par gravité après avoir passé par un siphon (**5**) situé sous les appareils qui permet à l'eau de s'écouler tout en empêchant les gaz d'égout de remonter. Des prises d'air sur le toit (**6**) permettant aux eaux usées de s'écouler dans le tuyau de chute (**7**), puis dans la canalisation d'égout (**8**).

Coffre à outils

OUTILS DE BASE : ▶

A. **Débouchoir à ventouse :** pour les tuyaux bouchés.

B. **Scie à métaux :** coupe les tuyaux en métal ou en plastique.

C. **Clés à tuyaux :** pour serrer ou desserrer les tuyaux et raccords.

D. **Limes rondes et plates :** pour lisser métal, bois ou plastique.

E. **Pince multiprise :** à mâchoires ajustables.

F. **Tournevis Phillips et à pointe plate.**

G. **Clé à molette :** les mâchoires sont mobiles.

H. **Clé à cliquet et douilles :** pour les boulons et écrous. Parfois avec douilles profondes.

I. **Niveau :** pour vérifier l'inclinaison des tuyaux.

J. **Marteau à panne ronde :** pour enfoncer des objets métalliques.

K. **Ciseau à froid :** pour couper du métal, de la céramique ou du mortier.

L. **Petite brosse métallique :** pour nettoyer le métal.

M. **Couteau à mastic :** pour gratter.

N. **Couteau universel :** pour tailler les tuyaux de plastique.

O. **Clés hexagonales :** pour serrer et desserrer les vis de blocage.

P. **Ruban à mesurer :** en choisir un d'au moins 5 m (16 pi).

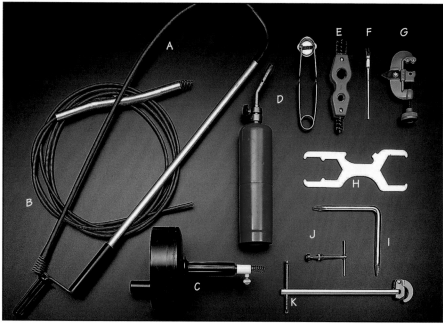

◀**OUTILS SPÉCIAUX :**

A. **Furet pour toilettes.**

B. **Furet pour tuyau d'évacuation.**

C. **Furet avec dévidoir.**

D. **Chalumeau au propane et briquet :** pour souder les tuyaux et les raccords de cuivre.

E. **Brosse métallique combinée :** nettoie les tuyaux et raccords de cuivre.

F. **Brosse pour flux.**

G. **Coupe-tuyau souple :** fait des coupes droites et lisses dans les tuyaux de cuivre ou de plastique.

H. **Clé à écrou :** pour enlever ou resserrer les très gros écrous (5 à 10 cm ou 2 à 4 po).

I. **Clé pour siège de robinet.**

J. **Outil de dressage pour siège de robinet.**

K. **Clé coudée :** assemblages de robinets difficiles à atteindre.

Matériel

MATÉRIEL DE PLOMBERIE DE BASE : ▶

- **Huile pénétrante :** pour desserrer les écrous et les tuyaux filetés grippés.
- **Graisse résistant à la chaleur :** lubrifie.
- **Matériau d'étanchéité pour tuyaux :** pour les raccords filetés.
- et E. **Flux et soudure sans plomb :** pour les raccords en cuivre.
- **Ruban au téflon :** remplace **C**.
- **Mastic de plombier :** assure l'étanchéité.

PIÈCES DE RECHANGE POUR TOILETTES : ▶

- **Rondelles assorties :** assurent l'étanchéité.
- **Rondelle conique :** pour le clapet.
- **Ensemble pour robinet à flotteur à piston.**
- **Trousse de réparation du robinet à flotteur à diaphragme.**
- **Clapet :** assure l'étanchéité du réservoir.

PIÈCES DE RECHANGE POUR ROBINETS : ▶

- **Ensemble pour aérateur de bec.**
- **Cartouches pour robinets.**
- **Trousse de réparation des robinets à bille.**
- **Rondelles assorties.**
- **Sièges de robinets.**

Plomberie

◀ TUYAUX ET RACCORDS : ▶

- A. **Fonte :** pour le système d'égout. Solide, mais lourde et difficile à couper. Réparer ou remplacer avec du PVC ou de la fonte sans emboîtement et des bagues.
- B. **Cuivre :** le meilleur pour l'alimentation en eau. Lisse et résistant à la corrosion. Faire des joints avec de la soudure sans plomb.
- C. **Tuyaux et robinets d'arrêt en cuivre chromé :** pour les pièces d'alimentation en eau exposées.
- D. **Siphons :** en laiton chromé ou en plastique.
- E. **ABS :** plastique rigide pour les égouts. Fort, mais léger et facile à couper. Interdit dans certaines régions.
- F. **Bagues de raccordement :** bagues ajustables en acier inoxydable et en néoprène pour raccorder la fonte ou la fonte et le plastique.
- G. **PVC :** pour les égouts. Résistant à la chaleur et aux produits chimiques.
- H. **Colle à solvant et apprêt :** pour raccorder les tuyaux de plastique rigide. Utiliser une colle appropriée.
- I. **Plastique souple en polybutylène :** pliable, pour l'alimentation en eau. Interdit dans certaines régions.

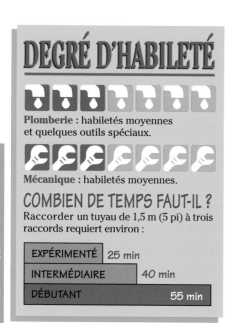
Les tuyaux de plastique rigide

Ils sont utilisés pour les systèmes d'évacuation et de ventilation. Ils sont offerts avec les raccords, dans ces diamètres : 1¼, 1½, 2, 3 et 4 po. Ceux de 1¼ et 1½ po sont pour les siphons d'éviers et de lavabos ; ceux de 1½ et 2 po pour les baignoires et les douches ; ceux de 4 po pour les renvois des toilettes ; et ceux de 2, et 4 po pour les tuyaux d'évacuation et de ventilation. Vos coupes doivent être bien droites (voir ci-dessous) pour faciliter la pose des raccords et assurer des joints étanches.

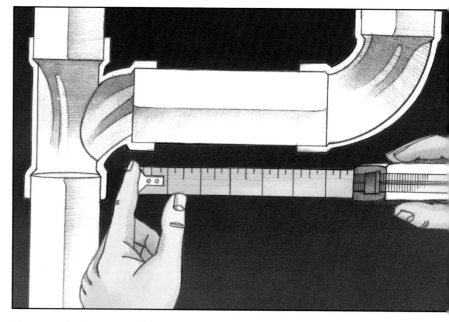

Mesurez la longueur de tuyau requise en mesurant la distance entre les fonds des emboîtements (raccords montrés en coupe). Marquez la longueur sur le tuyau avec un crayon feutre.

COMMENT COUPER UN TUYAU DE PLASTIQUE RIGIDE

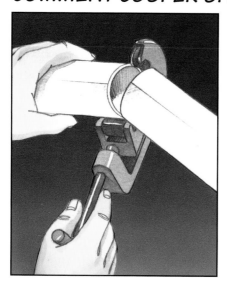

Coupe-tuyau. Serrez le couteau autour du tuyau pour que la roulette coupante soit sur la marque (p. 92). Tournez en serrant la vis à chaque deux tours, jusqu'à ce que le tuyau se sépare.

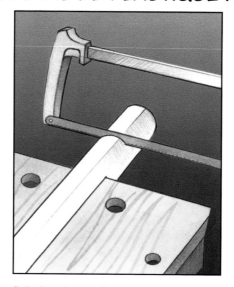

Scie à métaux. Serrez le tuyau dans un étau ou un établi-étau portatif. Assurez-vous que la lame est droite lorsque vous sciez.

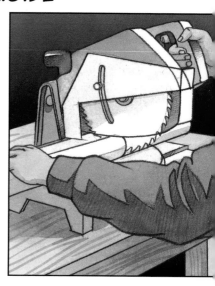

Boîte à onglets. Utilisez une boîte à onglets manuelle ou électrique pour faire des coupes droites dans tous les types de tuyaux de plastique. Les lames possédant un grand nombre de dents par pouce (TPI) assurent des coupes plus nettes.

RACCORDER LE PLASTIQUE RIGIDE

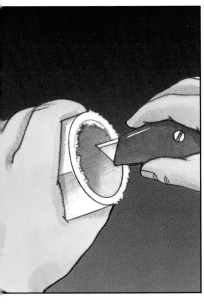

Coupez, marquez et ajustez toute la longueur du tuyau avant d'appliquer la colle à solvant. Il est plus facile d'ajuster et de tailler avec exactitude que de couper des sections déjà collées. Au magasin, achetez quelques raccords supplémentaires. Vous éviterez d'avoir à y retourner en plein travail, et vous pouvez généralement retourner le surplus.

Au moyen d'un couteau universel, ébarbez l'intérieur es bouts du tuyau.

2 Vérifiez tous les tuyaux et raccords. Les tuyaux doivent s'ajuster serré contre l'épaulement du bourrelet.

ES COUPES DROITES ONT ESSENTIELLES À UN BON AJUSTEMENT.

ZUT ! La colle à solvant est permanente. En cas d'erreur, vous devrez couper la longueur droite la plus proche. Utilisez alors un raccord droit et assez de tuyau pour couvrir la longueur voulue.

Plomberie

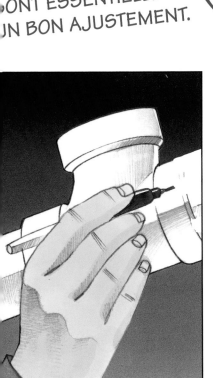

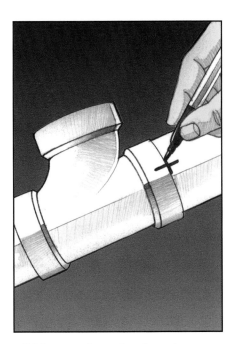

3 Marquez l'alignement de chaque joint avec un crayon feutre.

4 Marquez la profondeur des tuyaux dans les raccords et démontez-les.

5 La toile d'émeri ne doit être utilisée que pour ébarber la lèvre du tuyau. La surface doit être la plus lisse possible pour recevoir l'apprêt.

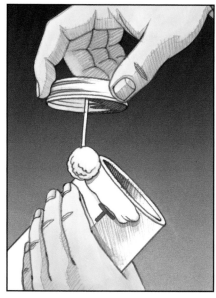

ATTENTION

Méfiez-vous des vapeurs agressives. Travaillez toujours dans des endroits bien ventilés.

DANGER

6 Appliquez de l'apprêt sur les bouts du tuyau. Ceci rend la surface mate et vous assure une bonne étanchéité.

7 Appliquez de l'apprêt à l'intérieur des bourrelets des raccords.

8 Appliquez une couche épaisse de colle à solvant sur le bout du tuyau et une couche mince à l'intérieur du raccord. Travaillez vite car ce produit durcit en 30 secondes environ.

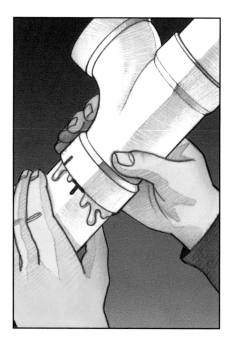

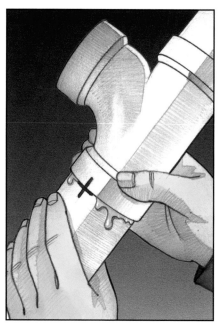

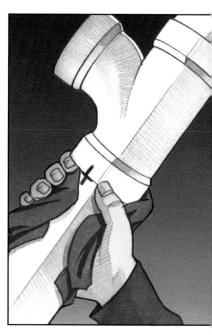

9 Insérez lentement le tuyau et positionnez-le dans le raccord en le faisant tourner sur environ 4 cm (2 po), puis poussez-le au fond jusqu'à l'intérieur de l'épaulement.

10 Répartissez la colle en tournant les pièces l'une sur l'autre et alignez les marques. Tenez-les pendant 20 secondes pour empêcher qu'elles ne se déplacent.

11 Essuyez le surplus de colle avec un chiffon. Assurez-vous que les pièces demeurent en place pendant environ 30 secondes après les avoir collées.

Plomberie

Les tuyaux de plastique souple

Ils sont faits de polybutylène (PB), sont utilisés pour l'alimentation en eau. Il sont fabriqués dans des diamètres de ⅜, ½ et ¾ po et sont plus faciles à manipuler que les tuyaux de cuivre : ils s'assemblent avec des raccords à compression et les seuls outils nécessaires sont un coupe-tuyau et des clés à molette. Leur souplesse vous permet de manœuvrer sans avoir à poser des raccords. Comme tous les codes n'autorisent pas leur usage, vérifiez auprès de votre inspecteur en bâtiments. Vous pouvez utiliser des tuyaux de plastique rigide de petit diamètre (CPVC), souvent acceptés par les codes. Ces tuyaux s'utilisent comme les tuyaux de plastique rigide de plus grand diamètre (p. 88 à 90). Ils ont des raccords qui s'adaptent aux tuyaux de cuivre, ce qui permet d'en ajouter sans avoir à souder.

RACCORDER DES TUYAUX DE PLASTIQUE SOUPLE

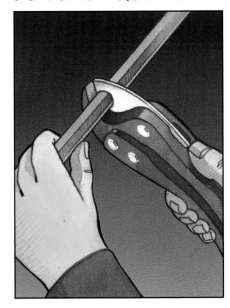

1 Coupez le tuyaux de PB à l'aide d'un coupe-tuyau ou d'une boîte à onglets et d'un couteau coupant. Ébarbez-le avec un couteau universel.

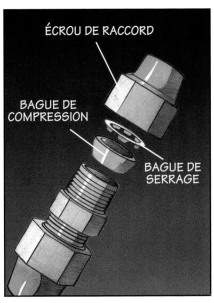

ÉCROU DE RACCORD

BAGUE DE COMPRESSION

BAGUE DE SERRAGE

2 Démontez chaque raccord et assurez-vous que les bagues de serrage et les bagues de compression (ou bagues O), sont bien placées. Puis, assemblez sans serrer.

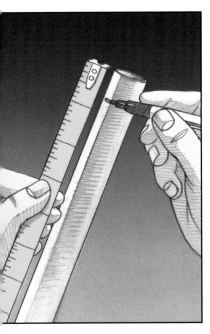

3 Avec un crayon feutre, marquez sur le tuyau la profondeur de emboîture du raccord. Adoucissez le bord du tuyau avec une toile d'émeri.

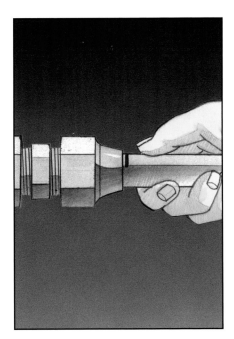

4 Lubrifiez le bout du tuyau avec de la gelée de pétrole pour faciliter son insertion dans le raccord. Forcez le tuyau dans le raccord jusqu'à la marque.

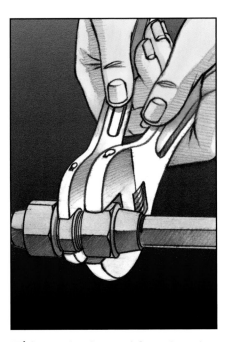

5 Serrez les écrous à la main puis, avec deux clés à molette, serrez un autre quart de tour.

DEGRÉ D'HABILETÉ

Plomberie : habiletés supérieures requises, mais le tour se prend vite.

Mécanique : habiletés de base.

COMBIEN DE TEMPS FAUT-IL ?

Souder un tuyau de cuivre de 1,5 m (5 pi) à trois raccords requiert environ :

EXPÉRIMENTÉ	30 min
INTERMÉDIAIRE	50 min
DÉBUTANT	1 h 10

VOUS AUREZ BESOIN :

☐ **Outils :** outils de plomberie (p. 86), chalumeau au propane, briquet, brosse métallique ronde et pour flux, coupe-tuyau.

☐ **Matériel :** tuyau et raccords en cuivre, toile d'émeri, flux sans plomb, soudure sans plomb, chiffon.

ACHETEZ UN COUPE-TUYAU DE QUALITÉ. IL FERA UN MEILLEUR TRAVAIL ET DURERA TOUTE LA VIE.

TRAVAILLER Efficacement

Avant de commencer à souder, coupez, appliquez le flux et assemblez toute la longueur de tuyau pour vous assurer que tout fonctionne et paraît bien. Commencez ensuite à souder au point le plus élevé en allant vers le bas.

Les tuyaux de cuivre

Avec un peu d'effort, vous aussi pouvez apprendre à travailler avec les tuyaux de cuivre. Le travail terminé aura l'air plus professionn et peut-être que pour cette seule raison, vous serez plus satisfait.

SAVOIR-FAIRE

COMMENT UTILISER UN COUPE-TUYAU

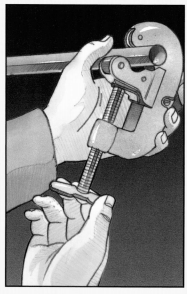

1 Serrez la manette jusqu'à ce que le tuyau vienne s'appuyer sur les deux rouleaux et que la roulette coupante soit sur la marque.

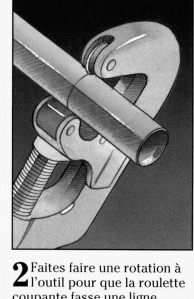

2 Faites faire une rotation à l'outil pour que la roulette coupante fasse une ligne droite autour du tuyau.

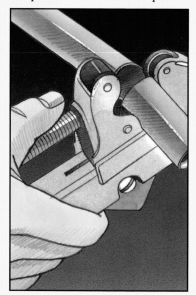

3 Tournez l'outil dans la direction opposée, serrez légèrement la manette à tous les deux tours jusqu'à ce que le tuyau se sépare.

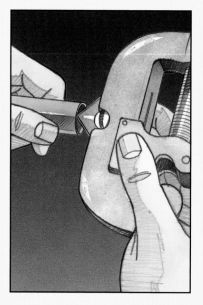

4 Utilisez la pointe à ébarber du coupe-tuyau ou une lime ronde pour enlever les ébarbures à l'intérieur du tuyau.

SOUDER UN TUYAU DE CUIVRE

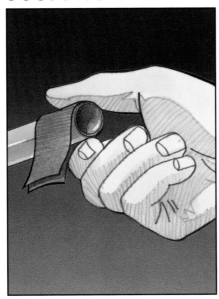

1 Poncez le bout de chaque tuyau avec une toile d'émeri ou une laine d'acier. Les bouts doivent être très propres et exempts de graisse pour assurer une bonne étanchéité.

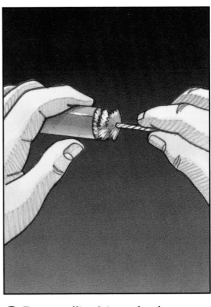

2 Brossez l'intérieur de chaque raccord avec une brosse métallique ou une toile d'émeri.

UTILISEZ TOUJOURS UNE SOUDURE SANS PLOMB.

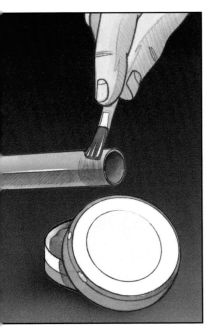

3 Appliquez une fine couche de pâte à souder sans plomb (flux) au bout de chaque tuyau et à intérieur de chaque raccord avec ne brosse pour flux. La pâte devrait ouvrir environ 2,5 cm (1 po).

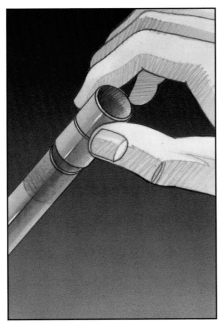

4 Insérez le tuyau dans le raccord jusqu'au fond de l'emboîture des raccords. Tournez légèrement chaque raccord pour bien étaler la pâte.

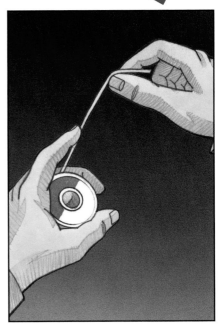

5 Préparer le fil à souder en déroulant une longueur de 20 à 25 cm (8 à 10 po). Pliez les cinq premiers centimètres (deux premiers pouces) de fil à un angle de 90°.

SOUDER UN TUYAU DE CUIVRE (suite)

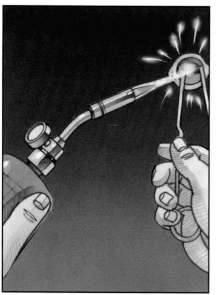

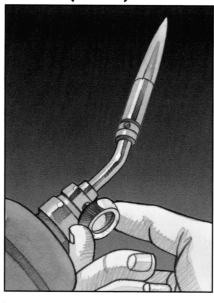

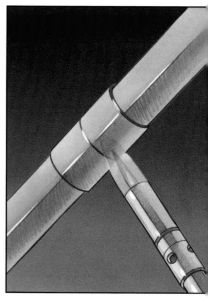

6 Allumez le chalumeau au propane avec une allumette ou en faisant des étincelles avec le briquet devant le bout du chalumeau.

7 Ajustez le robinet de façon à obtenir une flamme bleue de 2,5 à 5 cm (1 à 2 po) de hauteur.

8 Placez la pointe de la flamme devant le milieu du raccord pendant 4 ou 5 secondes, jusqu'à ce que la pâte à souder commence à grésiller.

UTILISEZ UN ÉCRAN FAIT D'UNE FEUILLE DE MÉTAL SI VOUS FAITES DE LA SOUDURE PRÈS DE MATIÈRES INFLAMMABLES.

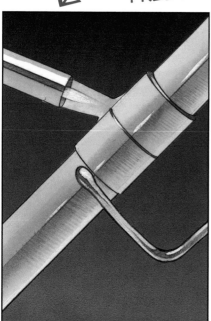

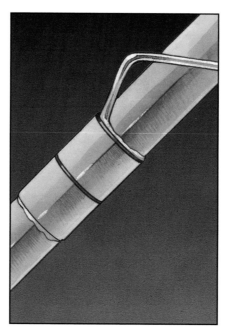

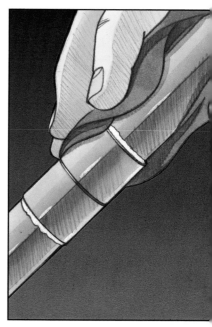

9 Chauffez l'autre côté du raccord pour que la chaleur soit distribuée également. Touchez le tuyau avec la soudure : si elle fond, le tuyau est prêt à être soudé.

10 Quand le tuyau est assez chaud pour faire fondre la soudure, placez rapidement de 1 à 2 cm (½ à ¾ po) de soudure dans chaque joint qui se remplira par action capillaire. Un joint bien fait laisse paraître une mince lisière de soudure sur le bord du raccord.

11 Essuyez le surplus de soudure avec un chiffon sec. **Soyez prudent car les tuyaux sont brûlants.** Quand tous les tuyaux auront refroidis, ouvrez l'eau et vérifiez s'il y a des fuites. Si un joint coule, défaites-le (étapes 1 à 4, p. 95) et refaites la soudure.

Plomberie

DÉFAIRE DES JOINTS SOUDÉS

Souder des robinets de laiton

Enlevez la tige du robinet avec une clé à molette. Ceci empêchera la chaleur d'endommager les pièces en caoutchouc ou en plastique de la tige pendant que vous

souderez. Si vous soudez un robinet à bille et que la tige ne peut être enlevée, ouvrez le robinet au complet pour éviter que la chaleur ne l'endommage. Videz l'eau, préparez les tuyaux de cuivre et faites les joints.

2 Allumez le chalumeau. Chauffez le corps du robinet en déplaçant la flamme afin de distribuer la chaleur également. N'oubliez pas que le laiton est plus dense que le cuivre : il lui faut donc plus de chaleur avant que les joints n'attirent la soudure. Appliquez la soudure (p. 94). Une fois le métal refroidi, assemblez le robinet.

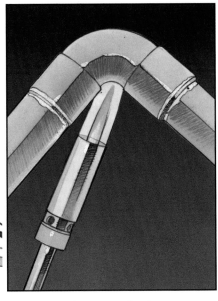

1 Fermez l'eau et videz les tuyaux en ouvrant le robinet le plus élevé et celui le moins élevé de la maison. Allumez le chalumeau au propane. Placez la flamme sur le raccord jusqu'à ce que la soudure devienne luisante et commence à fondre.

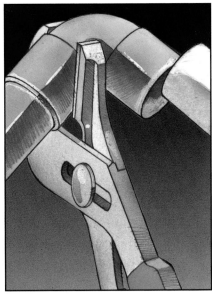

2 Avec une pince multiprise, séparez le raccord des tuyaux. Ne serrez pas trop car vous pourriez endommager le raccord ou les tuyaux.

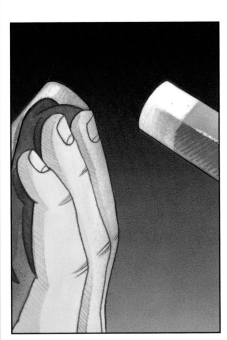

3 Enlevez la vieille soudure en chauffant les bouts des tuyaux avec le chalumeau. Avec un chiffon sec, essuyez rapidement la soudure fondue. Soyez prudent car les tuyaux seront brûlants.

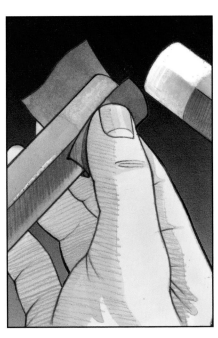

4 Avec une toile d'émeri, poncez les bouts des tuyaux afin de mettre le métal à nu. Un autre conseil : ne réutilisez jamais un vieux raccord.

Les robinets d'arrêt et tuyaux d'alimentation

Les robinets d'arrêt et les tuyaux d'alimentation usés peuvent couler. Essayez d'abord de serrer les raccords avec une clé à molette. Si cela ne fonctionne pas, il vous faudra remplacer les robinets ou les tuyaux. Pour les tuyaux de cuivre, les robinets à raccords à compression sont les plus faciles à installer. Pour ceux de plastique, utilisez les robinets à bague de serrage. La plupart des vieux systèmes de plomberie n'ont pas de robinet d'arrêt. Si vous n'avez pas de robinet d'arrêt, songez à en installer un.

DEGRÉ D'HABILETÉ

Plomberie : habiletés moyennes.

Mécanique : habiletés moyennes.

COMBIEN DE TEMPS FAUT-IL ?

Installer de nouveaux tuyaux d'alimentation et robinets d'arrêt pour un évier requiert environ :

EXPÉRIMENTÉ	30 min
INTERMÉDIAIRE	45 min
DÉBUTANT	1 h

VOUS AUREZ BESOIN :

☐ **Outils :** outils de base (p. 86), coupe-tuyau.

☐ **Matériel :** robinets d'arrêt (en plastique ou en laiton chromé) et, si vous utilisez des robinets de plastique, de la gelée de pétrole.

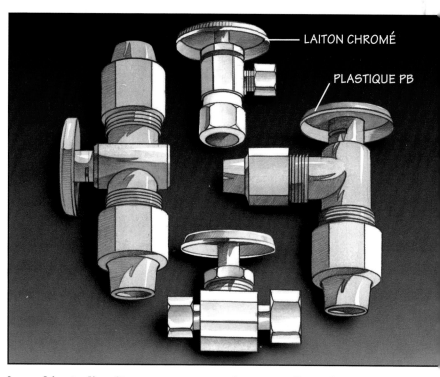

Les **robinets d'arrêt** vous permettent de couper l'eau d'un appareil pour le réparer sans fermer le robinet d'arrêt général, ce qui priverait d'eau toute la maison aussi longtemps que dure la réparation. Ils sont faits de laiton chromé durable ou de plastique léger. Ils ont des diamètre de ⅜, ½ et ¾ po qui s'adaptent aux tuyaux d'alimentation d'eau courants.

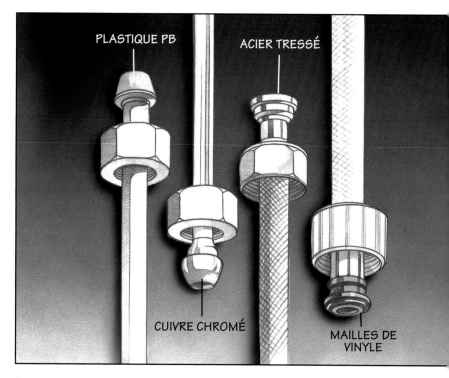

Les **tuyaux d'alimentation** sont utilisés pour amener l'eau aux robinets, aux toilettes et aux appareils. Ils sont offerts dans une variété de longueurs (les tuyaux de plastique ou de cuivre chromé peuvent être coupés à la longueur désirée). Lorsque vous pliez les tuyaux chromés pour les assembler, prenez soin de ne pas les plisser. Les tuyaux de plastique, d'acier tressé et de maille de vinyle sont faciles à installer car ils sont souples.

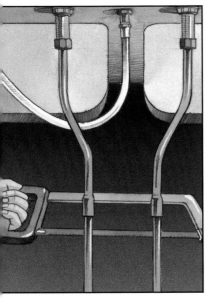

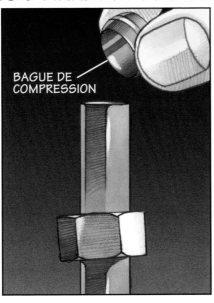

BAGUE DE
COMPRESSION

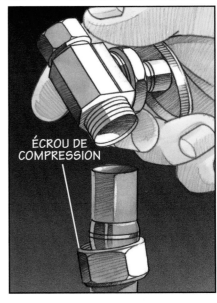

ÉCROU DE
COMPRESSION

Coupez l'eau au robinet d'arrêt principal. Enlevez les vieux tuyaux d'alimentation. Si les tuyaux sont faits de cuivre soudé, coupez-les juste sous le joint soudé avec une scie à métaux ou un coupe-tuyau. Assurez-vous que les coupes sont droites. Dévissez les écrous des raccords et retirez les vieux tuyaux.

2 Faites glisser un écrou et une bague de compression sur le tuyau de cuivre. Le filetage de l'écrou doit faire face au bout du tuyau.

3 Faites glisser un robinet d'arrêt sur le tuyau. Appliquez une couche de matériau d'étanchéité pour tuyaux sur la bague de compression. Vissez l'écrou de compression sur le robinet et serrez-le avec une clé à molette.

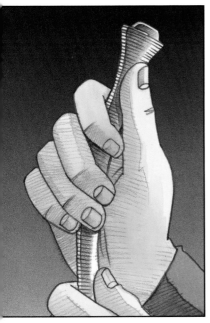

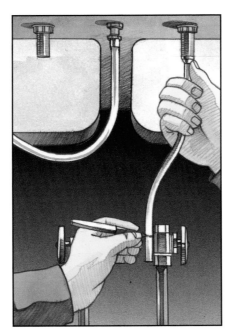

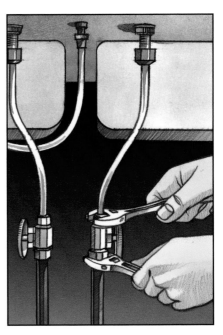

4 Pliez le tuyau d'alimentation en cuivre chromé pour joindre l'about de l'appareil au robinet d'arrêt à l'aide d'un outil spécial appelé cintreuse. En utilisant une cintreuse et en pliant le tuyau lentement, vous éviterez de plisser le métal.

5 Positionnez le tuyau d'alimentation entre l'about et le robinet d'arrêt, marquez la longueur de tuyau nécessaire, puis coupez-le avec le coupe-tuyau.

6 Fixez le bout en forme de cloche du tuyau d'alimentation à l'about de l'appareil de plomberie à l'aide d'un écrou de raccord, et fixez l'autre bout au robinet d'arrêt avec une bague et un écrou de compression. Serrez tous les raccords en vous servant de clés à molette.

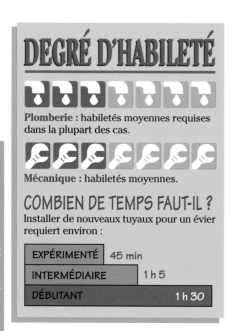

Plomberie : habiletés moyennes requises dans la plupart des cas.

Mécanique : habiletés moyennes.

COMBIEN DE TEMPS FAUT-IL ?

Installer de nouveaux tuyaux pour un évier requiert environ :

EXPÉRIMENTÉ	45 min
INTERMÉDIAIRE	1 h 5
DÉBUTANT	1 h 30

PLANIFIEZ BIEN LE PARCOURS POUR PASSER AUTOUR DES TUYAUX.

L'alimentation en eau

Remplacer un évier ou un autre appareil de plomberie est simple car les branchements avec les tuyaux d'alimentation et d'évacuation sont déjà en place. Mais il se peut que vous désiriez installer un appareil là où il n'y en a jamais eu auparavant. Dans ce cas, vous devrez rallonger les tuyaux d'alimentation pour qu'ils puissent se rattacher à votre appareil. Avant de couper quoi que ce soit, évaluez la situation. Évidemment, vous devrez vous brancher aux tuyaux d'eau chaude et d'eau froide à un endroit assez proche, mais pas nécessairement le plus près de votre nouvelle installation. Un endroit plus éloigné peut être plus facilement accessible et causer moins de dommages. N'oubliez pas que les tuyaux sont bon marché.

Normalement, vos nouveaux tuyaux devraient être posés de chaque côté du renvoi. D'ici à ce que le nouvel appareil soit en place posez des robinets d'arrêt aux tuyaux d'alimentation (et assurez-vous qu'ils sont fermés).

Les instructions présentées ici concernent les tuyaux de plastique rigide (CPVC), mais les mêmes principes s'appliquent aux tuyaux de cuivre. Voir les techniques de coupe et de soudure des tuyaux de cuivre (p. 92 à 95).

VOUS AUREZ BESOIN :

☐ **Outils :** outils de base (p. 86).

☐ **Matériel :** matériau d'étanchéité pour tuyaux, brides pour tuyaux, colle à solvant, tuyaux et raccords en plastique.

L'ALIMENTATION EN EAU

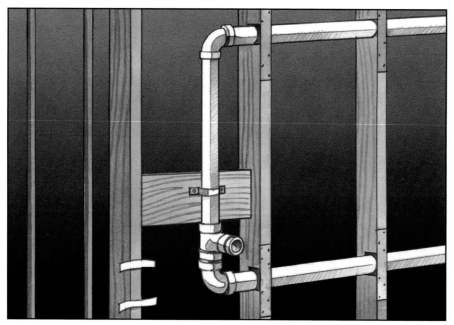

1 Indiquez l'emplacement des nouveaux tuyaux sur les colombages à l'aide de ruban-cache. Les tuyaux d'alimentation en eau sont généralement placés autour du renvoi, et espacés d'environ 20 cm (8 po). La sortie d'eau chaude devrait être placée à gauche et celle d'eau froide devrait être à droite de la sortie du renvoi. Fermez le robinet d'arrêt principal et faites couler les robinets afin de purger les tuyaux.

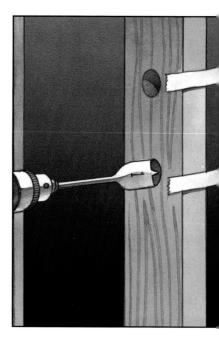

2 Percez des trous au centre des colombages pour faire passer les nouveaux tuyaux. Le diamètre de ces derniers ne doit pas être plus gros que celui des tuyaux existants.

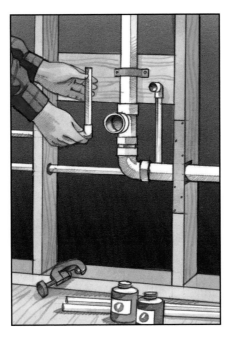

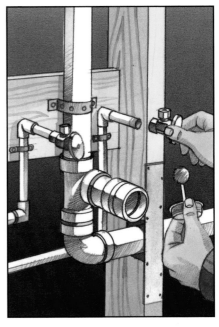

3 Coupez les sections des tuyaux existants à l'aide du coupe-tuyau et posez des raccords en T qui recevront les nouveaux tuyaux en plastique.

4 Coupez et essayez les tuyaux et raccords. Lorsque vous serez satisfait de la mise en place, collez les pièces ensemble avec de la colle à solvant.

5 Fixez les tuyaux aux entretoises avec des bandes de suspension, puis posez les robinets d'arrêt à chacun. (Certains robinets d'arrêt sont collés, d'autres posés avec des raccords à compression.)

Remplacer un chauffe-eau

Vous pouvez enlever votre vieux chauffe-eau pour le remplacer par un nouveau s'ils sont semblables. Fermez d'abord la source d'énergie (gaz ou électricité), puis débranchez le chauffe-eau ainsi que le conduit d'échappement s'il fonctionne au gaz. Pour installer le nouveau chauffe-eau, vous n'avez qu'à rebrancher la source d'énergie de la même façon qu'avec l'ancien appareil, en suivant les directives du fabricant.

Si vous devez passer d'un appareil au gaz à un appareil électrique, ou le contraire, faites faire le travail par un spécialiste. La plupart des codes de construction exigent qu'un installateur autorisé enlève ou installe les conduites de gaz.

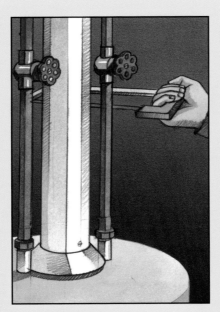

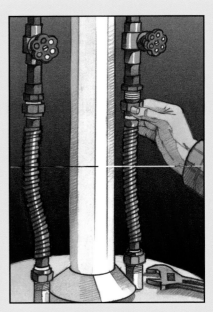

1 Après avoir fermé et débranché la source d'énergie et coupé le robinet d'alimentation en eau, coupez bien droit les tuyaux, sous le robinet d'arrêt. Voir aux pages 92 à 95 pour les travaux avec les tuyaux de cuivre ou à la page 91 pour les tuyaux de plastique. Purgez le chauffe-eau et retirez-le en vous servant d'un diable.

2 Vous devrez poser un raccord fileté au bout de chaque tuyau pour pouvoir brancher votre nouveau chauffe-eau aux tuyaux d'alimentation. Replacez le conduit d'échappement si le chauffe-eau fonctionne au gaz. Suivez les directives du fabricant pour la mise en marche du nouvel appareil.

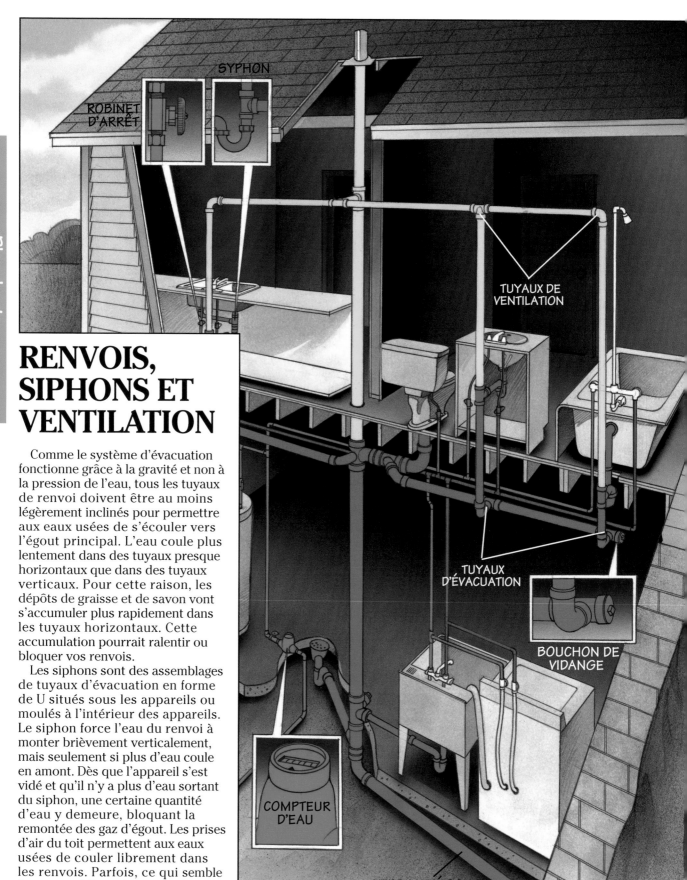

ROBINET D'ARRÊT

SYPHON

TUYAUX DE VENTILATION

TUYAUX D'ÉVACUATION

BOUCHON DE VIDANGE

COMPTEUR D'EAU

VERS LES ÉGOUTS MUNICIPAUX

RENVOIS, SIPHONS ET VENTILATION

Comme le système d'évacuation fonctionne grâce à la gravité et non à la pression de l'eau, tous les tuyaux de renvoi doivent être au moins légèrement inclinés pour permettre aux eaux usées de s'écouler vers l'égout principal. L'eau coule plus lentement dans des tuyaux presque horizontaux que dans des tuyaux verticaux. Pour cette raison, les dépôts de graisse et de savon vont s'accumuler plus rapidement dans les tuyaux horizontaux. Cette accumulation pourrait ralentir ou bloquer vos renvois.

Les siphons sont des assemblages de tuyaux d'évacuation en forme de U situés sous les appareils ou moulés à l'intérieur des appareils. Le siphon force l'eau du renvoi à monter brièvement verticalement, mais seulement si plus d'eau coule en amont. Dès que l'appareil s'est vidé et qu'il n'y a plus d'eau sortant du siphon, une certaine quantité d'eau y demeure, bloquant la remontée des gaz d'égout. Les prises d'air du toit permettent aux eaux usées de couler librement dans les renvois. Parfois, ce qui semble être un problème de renvoi peut en être un de ventilation.

Remplacer les siphons

Remplacez les siphons qui coulent ou qui sont gravement corrodés. S'ils ne sont pas apparents, ceux de plastique sont parfaits. S'ils sont exposés à la vue, choisissez des siphons en laiton chromé. Les siphons ont un diamètre intérieur (DI) de 1¼ po et de 1½ po.

REMPLACER UN SIPHON

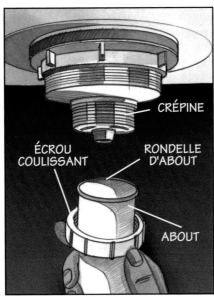

CRÉPINE

ÉCROU COULISSANT

RONDELLE D'ABOUT

ABOUT

1 Retirez complètement l'assemblage du siphon. Inutile de récupérer certaines pièces : elles n'en valent pas la peine. Remplacez-les par des pièces neuves.

2 Placez la rondelle contre la partie évasée de l'about puis, avec l'écrou coulissant, fixez l'about sur la crépine de l'évier.

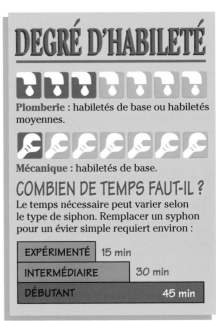

DEGRÉ D'HABILETÉ

Plomberie : habiletés de base ou habiletés moyennes.

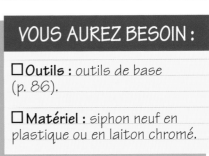

Mécanique : habiletés de base.

COMBIEN DE TEMPS FAUT-IL ?

Le temps nécessaire peut varier selon le type de siphon. Remplacer un syphon pour un évier simple requiert environ :

EXPÉRIMENTÉ	15 min
INTERMÉDIAIRE	30 min
DÉBUTANT	45 min

VOUS AUREZ BESOIN :

☐ **Outils :** outils de base (p. 86).

☐ **Matériel :** siphon neuf en plastique ou en laiton chromé.

RONDELLE COULISSANTE

RACCORD DE SIPHON EN T

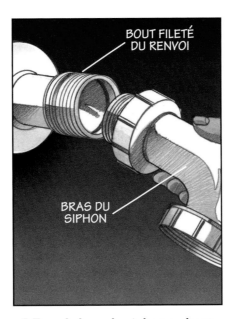

BOUT FILETÉ DU RENVOI

BRAS DU SIPHON

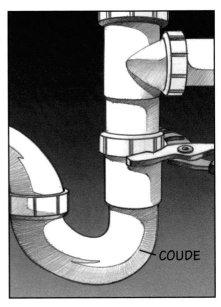

COUDE

3 Pour les éviers à deux cuves, utilisez un raccord en T. Fixez-le avec des rondelles et des écrous coulissants. La partie biseautée des rondelles doit faire face à la partie filetée des tuyaux. Appliquer un lubrifiant sur les rondelles.

4 Fixez le bras du siphon au bout du renvoi avec la rondelle et l'écrou coulissants. La partie biseautée de la rondelle doit faire face au bout fileté du renvoi. Au besoin, coupez le bras avec une scie à métaux.

5 Fixez le coude au bras, avec des rondelles et écrous coulissants. La partie biseautée des rondelles doit faire face au coude. Serrez avec une pince multiprise. N'utilisez pas de ruban en téflon sur les filets et les raccords en plastique blanc.

Déboucher et réparer les renvois d'évier

Les éviers se bouchent souvent quand du savon et des cheveux s'accumulent dans le renvoi. Essayez d'abord ce bon vieil outil qu'est le débouchoir à ventouse. Si cela ne fonctionne pas, démontez et nettoyez le renvoi (p. 104) ou utilisez un furet. Plusieurs éviers possèdent un bouchon mécanique appelé bouchon à tête mobile. S'il ne retient pas l'eau dans l'évier, ou si l'eau s'écoule trop lentement, il doit être nettoyé et ajusté (p. 106).

DEGRÉ D'HABILETÉ

Plomberie : habiletés de base ou moyennes.

Mécanique : habiletés de base.

COMBIEN DE TEMPS FAUT-IL ?

Enlever le siphon d'un évier simple et nettoyer le renvoi requièrent environ :

EXPÉRIMENTÉ	30 min
INTERMÉDIAIRE	45 min
DÉBUTANT	1 h

VOUS AUREZ BESOIN :

☐ **Outils :** outils de base (p. 86), débouchoirs, clé à écrou, furet.

☐ **Matériel :** mastic de plombier.

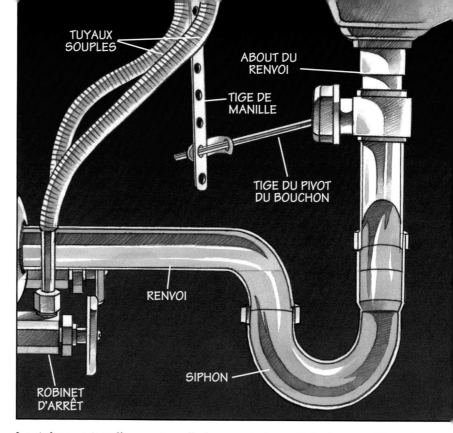

TUYAUX SOUPLES

ABOUT DU RENVOI

TIGE DE MANILLE

TIGE DU PIVOT DU BOUCHON

RENVOI

SIPHON

ROBINET D'ARRÊT

Le siphon retient l'eau qui scelle le renvoi et empêche les gaz d'égout d'entrer dans la maison. Chaque fois que le renvoi est utilisé, l'eau du siphon est évacuée et remplacée par de l'eau nouvelle. La forme du siphon et du renvoi peut ressembler à la lettre P, et les siphons sont parfois appelés siphons en P.

DÉBOUCHER UN RENVOI D'ÉVIER

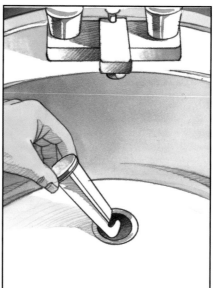

1 Retirez le bouchon. Certains bouchons à tête mobile s'enlèvent directement, tandis que d'autres doivent être dévissés. Il existe aussi des bouchons anciens dont la tige doit être enlevée avant que le bouchon puisse être retiré.

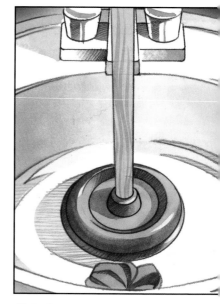

2 Enfoncez un chiffon mouillé dan l'ouverture du trop-plein pour garder l'effet de succion. Placez la ventouse sur l'ouverture du renvoi et faites couler assez d'eau pour la recouvrir. Activez le manche de haut en bas rapidement pour désobstruer le renvoi.

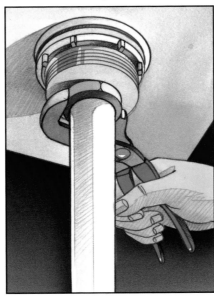

L'assemblage de la crépine raccorde l'évier au renvoi. Les fuites peuvent se produire là où le corps de la crépine se joint au rebord de l'ouverture du renvoi, ou n'importe où le long de l'assemblage. Vous devrez le démonter.

1 Avec une pince multiprise, dévissez l'écrou coulissant aux deux extrémités de l'about. Débranchez et retirez l'about de la crépine et du siphon.

2 Enlevez l'écrou de blocage avec une clé à écrou. Les écrous grippés s'enlèvent parfois en tapant sur les oreilles de fixation avec un marteau. Dévissez l'écrou et enlevez la crépine.

3 Enlevez le vieux mastic de l'ouverture du renvoi avec un couteau à mastic. Si vous réutilisez la même crépine, enlevez le mastic de sous la bride. Vous devriez aussi remplacer les vieilles garnitures d'étanchéité et les rondelles.

4 Appliquez une lisière de mastic de plombier puis remettez la crépine. Sous l'évier, placez une garniture d'étanchéité en caoutchouc, puis une bague de métal ou de fibre sur la crépine. Replacez l'écrou de blocage et resserrez. Reposez l'about.

TRAVAILLER EFFICACEMENT

L'entretien régulier permet d'éviter plusieurs problèmes. Les renvois de cuisine, qui reçoivent le plus de matières grasses et collantes, devraient être nettoyés avec de l'eau très chaude une fois par semaine. Les renvois de douche ou de baignoire devraient recevoir une dose occasionnelle d'eau de Javel. Et si votre laveuse se déverse dans une cuve de lessivage, recouvrez le bout du tuyau d'un vieux bas de nylon : la charpie de l'eau de lavage peut s'accumuler dans les renvois et éventuellement les bloquer.

Déboucher et réparer les renvois d'évier

Choisir le bon débouche-tuyaux

Contrairement à ce que certaines publicités télévisées vous disent, les plombiers ne détestent pas les débouche-tuyaux. Pas du tout. Aussi longtemps que les gens les utiliseront pour les obstructions, les plombiers auront du travail !

Il est vrai que les débouche-tuyaux à base de produits chimiques acides et caustiques dissolvent parfois les obstructions, mais ils dissolvent aussi vos tuyaux. Qui y gagne ?

Vous ne devriez jamais recourir à ces produits. Un peu d'entretien régulier maintiendra vos renvois en bon état. Une fois par semaine, faites couler de l'eau très chaude dans les renvois pour déloger le savon et la graisse. Et, une fois tous les six mois, utilisez un débouche-tuyaux non caustique (à base de sulfure de cuivre ou d'hydroxyde de sodium) qui n'abîmera pas vos tuyaux.

Plomberie

LE CONSEIL D'HOMER

J'avais devant moi un évier plein d'eau qui ne s'écoulait pas. J'ai versé le nettoyant le plus puissant que j'ai pu trouver...

Plus tard, comme l'évier ne se vidait pas, j'ai dû enlever le siphon pour le déboucher. Mais j'ai d'abord dû vider l'évier de ce nettoyant super puissant. Dès le départ, j'aurais dû enlever le siphon.

DÉBOUCHER UN SIPHON D'ÉVIER

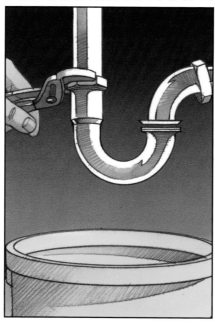

1 Placez un seau sous le siphon pour recevoir l'eau et les saletés. Avec une pince multiprise, desserrez les écrous coulissants, puis dévissez-les à la main et éloignez-les des raccordements.

2 Nettoyez le siphon avec une petite brosse métallique. Au besoin remplacez les rondelles. Réinstallez le siphon et les écrous. Si l'accumulation a lieu au premier raccord, suivez les instructions ci-dessous.

DÉBOUCHEZ UN RENVOI D'APPAREIL

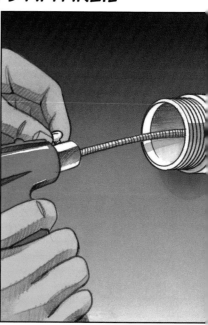

1 Enlevez le siphon, poussez le bout du furet dans le renvoi jusqu'à ce que vous sentiez une résistance. Cela signifie généralement que le bout du furet a atteint le coude.

2 Ajustez le furet de façon à avoir au moins 15 cm (6 po) de tige entre l'entrée du renvoi et le furet, et verrouillez-le. Tournez la manivelle vers la droite en poussant pour que la tige dépasse le coude.

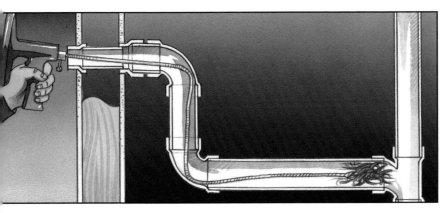

3 Déverrouillez la tige et continuez de la pousser jusqu'à ce que vous sentiez une bonne résistance. Verrouillez la tige à nouveau et tournez la manivelle vers la droite. Une grande résistance qui empêche le furet d'avancer signifie qu'il y a obstruction. Certains obstacles, comme une éponge ou une accumulation de cheveux, peuvent être retirés (étape 4). Si la tige avance lentement, il y a probablement accumulation de savon (étape 5).

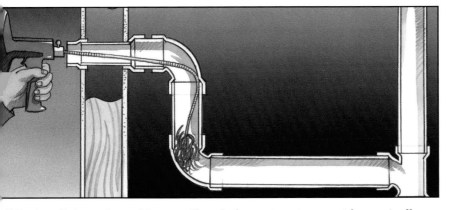

4 Retirez l'obstacle en déverrouillant le furet et en tournant la manivelle vers la droite. Si aucun objet ne peut être retiré, réassemblez le siphon et, avec le furet, débouchez l'embranchement ou le tuyau d'évacuation et de ventilation le plus près.

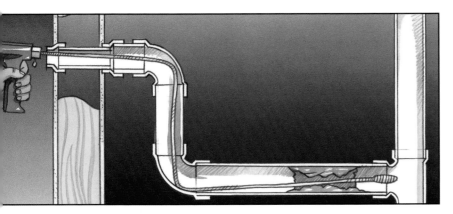

5 Percez le bouchon de savon en tournant la manivelle du furet vers la droite tout en appliquant une pression égale sur la poignée. Répétez l'opération plusieurs fois, puis retirez le furet. Raccordez le siphon et faites couler de l'eau très chaude pour chasser les débris.

Les furets

Avoir quelques furets (aussi appelés « serpentins ») à usage spécial dans votre outillage de plomberie vous permet de déboucher vos tuyaux dès que survient un blocage.

Les **furets pour toilettes** ont un coude qui se place au fond de la cuvette qui est généralement recouvert d'une gaine de protection en caoutchouc. Une manivelle permet de faire tourner la tige.

Les **furets avec dévidoir**, ou « serpentins manuels », sont utilisés pour les renvois. La poignée de type pistolet permet de contenir la tige souple en acier dans un disque. La forme en pistolet facilite l'application d'une pression sur la tige.

Les **furets enroulés pour renvois**, un autre type de furet manuel, ont l'avantage d'être bon marché. Une poignée déportée permet le blocage de la tige grâce à une vis papillon.

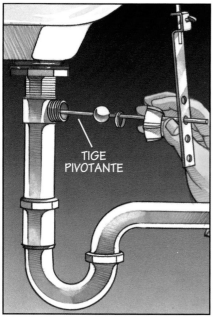

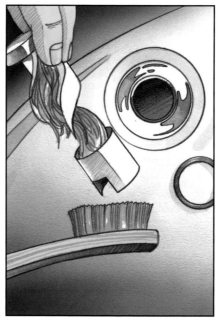

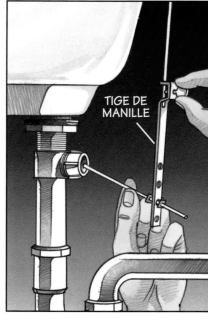

1 Placez la tige à la position la plus élevée (fermée). Dévissez l'écrou de retenue qui tient la tige pivotante en position. Retirez la tige pivotante du tuyau pour dégager le bouchon.

2 Enlevez le bouchon. Nettoyez les saletés avec une petite brosse métallique. Inspectez la garniture d'étanchéité et remplacez-la au besoin. Replacez le bouchon.

3 Si l'évier ne se vide pas bien, ajustez la tige de manille en desserrant la vis et en la faisant glisser vers le haut ou le bas sur la tige du bouchon. Resserrez ensuite la vis de la tige de manille.

Déboucher un renvoi de baignoire

Si l'eau de votre baignoire s'écoule lentement ou pas du tout, vous devez enlever et inspecter l'assemblage du renvoi. Il en existe deux types : à piston ou à tête mobile.

Si le renvoi est muni d'un bouchon de métal visible, il a une tête mobile. S'il semble toujours ouvert, le bouchon est à piston : un bouchon de laiton situé dans le tuyau de trop-plein ouvre et ferme le renvoi. Les deux types de mécanismes retiennent les cheveux et les débris.

Si enlever le mécanisme ne suffit pas, le renvoi est probablement bouché. Essayez d'abord de le déboucher avec un débouchoir à ventouse ou un furet. Pour le débouchoir, bouchez l'ouverture du trop-plein avec un chiffon mouillé pour créer une bonne succion. Quant au furet, insérez-le toujours par l'ouverture du trop-plein.

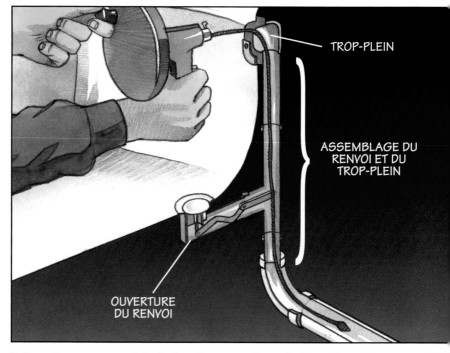

Débouchez un renvoi de baignoire en insérant le furet dans l'ouverture du trop-plein. Retirez d'abord l'applique et retirez doucement la tringlerie (page opposée). Poussez le furet jusqu'à ce que vous sentiez une résistance. Après avoir utilisé le furet, replacez la tringlerie. Soulevez le bouchon et faites couler de l'eau très chaude pour chasser les saletés.

Plomberie

NETTOYER ET AJUSTER UN BOUCHON À PISTON

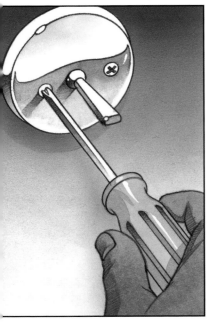

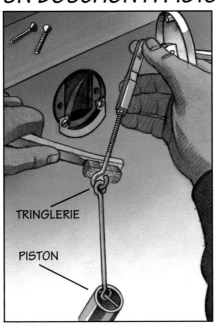

TRINGLERIE

PISTON

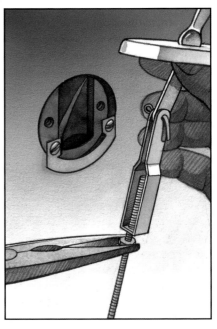

1 Retirez les vis de l'applique et retirez doucement l'applique, la tringlerie et le piston de l'ouverture du trop-plein.

2 Nettoyez la tringlerie et le piston avec une petite brosse en métal trempée dans du vinaigre. Lubrifiez l'assemblage avec une graisse résistant à la chaleur.

3 Ajustez le débit du renvoi et réparez toute fuite en ajustant la tringlerie. Dévissez l'écrou de blocage de la tige de levage avec une pince pointue. Vissez la tige 3 mm (⅛ po) plus bas, puis resserrez l'écrou et réinstallez l'assemblage.

NETTOYER ET AJUSTER UN BOUCHON À TÊTE MOBILE (baignoire)

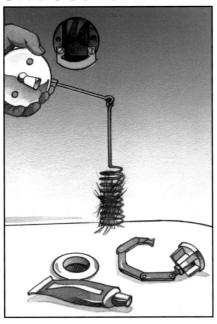

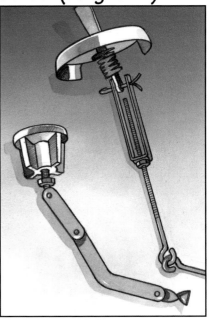

1 Placez le levier en position ouverte et retirez doucement le bouchon et l'assemblage mobile du bras. Nettoyez avec une petite brosse métallique.

2 Dévissez l'applique et retirez-la avec le levier et la tringlerie. Enlevez les cheveux et les débris, et brossez toute corrosion avec une petite brosse métallique et du vinaigre. Lubrifiez la tringlerie avec une graisse résistant à la chaleur.

3 Ajustez le débit et corrigez toute fuite en ajustant la tringlerie. Pour ce faire, dévissez l'écrou de blocage de la tige de levage filetée et vissez-la à environ 3 mm (⅛ po) vers le haut. Resserrez l'écrou et réinstallez les éléments.

Déboucher un renvoi de douche

Le système d'évacuation d'une douche consiste en un plancher incliné, une ouverture de renvoi, un siphon et un tuyau d'évacuation branché au collecteur d'évacuation ou au tuyau d'évacuation et de ventilation. Les obstructions sont souvent causées par l'accumulation de cheveux dans le renvoi. Retirez la crépine et voyez avec une lampe de poche où se trouve l'obstruction. Utilisez une brosse métallique ou un fil métallique dur pour déboucher le renvoi.

Si cela ne suffit pas, utilisez un débouchoir à ventouse. Placez la ventouse sur l'ouverture du renvoi et faites couler suffisamment d'eau pour en couvrir le rebord. Faites de rapides mouvements de va-et-vient. Au besoin, utilisez un furet.

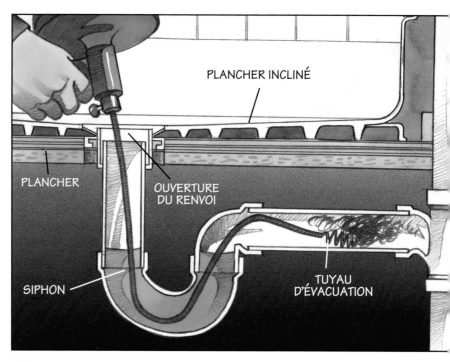

Déboucher un renvoi de douche. Le système d'évacuation d'une douche consiste en un plancher incliné, une ouverture de renvoi, un siphon et un tuyau d'évacuation qui est branché au collecteur d'évacuation ou au tuyau d'évacuation et de ventilation.

DÉBOUCHER UN RENVOI DE DOUCHE

Vérifier où se trouve l'obstruction. Enlevez la crépine avec un tournevis. Avec une lampe de poche, voyez où se trouve l'accumulation de cheveux. Utilisez un fil métallique dur pour dégager le renvoi.

Utiliser un débouchoir à ventouse. Éliminez la plupart des obstructions en plaçant la ventouse en caoutchouc du débouchoir sur l'ouverture du renvoi. Faites couler assez d'eau pour couvrir le rebord de la ventouse. Faites de rapides mouvements de va-et-vient.

Déboucher les obstructions tenaces. Si le débouchoir à ventouse ne suffit pas, utilisez le furet à dévidoir de la façon décrite aux pages 104 et 105.

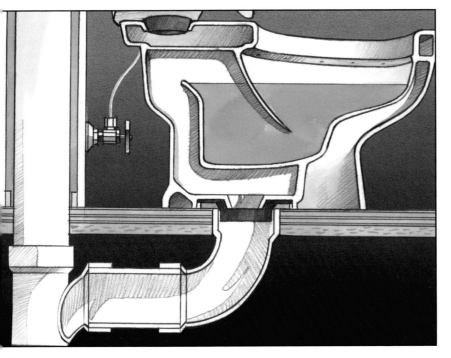

Déboucher une toilette

Une toilette bouchée est l'un des problèmes les plus courants en plomberie : c'est pourquoi nous vous recommandons d'avoir un débouchoir à ventouse et un furet dans votre outillage de base. Si votre toilette déborde ou se vide mal, essayez d'abord le débouchoir à ventouse. La pression de l'air poussé dans le renvoi est assez forte, mais elle ne peut endommager la cuvette. Si cela ne fonctionne pas, utilisez un furet pour toilettes.

Les renvois de toilettes sont gros (généralement 4 po), mais le siphon intégré est difficile à atteindre, même avec le furet conçu pour cet usage.

Si vous ne pouvez atteindre ou dégager l'obstacle avec le furet, vous devrez retirer la toilette (p. 138 et 139), ce qui facilitera le travail avec le furet dans le tuyau de 4 po. Après avoir débouché le renvoi, replacez la toilette (p. 140 et 141). Si vous n'avez pas trouvé l'obstacle et que la toilette ne fonctionne toujours pas bien, l'obstruction a peut-être lieu dans le tuyaux principal d'évacuation et de ventilation. Dans ce cas, il est préférable d'appeler un spécialiste, car les obstacles dans les tuyaux verticaux sont souvent hors de portée des furets à manivelle.

Déboucher une toilette. Le système de renvoi d'une toilette comprend une sortie au fond de la cuvette et un siphon intégré. Le renvoi est raccordé à un tuyau collecteur et à un tuyau principal d'évacuation et de ventilation.

DÉBOUCHER UNE TOILETTE

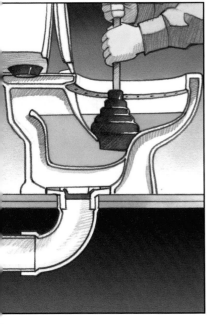

Déboucher une toilette avec un débouchoir à ventouse. Placez la ventouse dans l'ouverture de la cuvette et, pendant une minute ou deux, faites des mouvements de va-et-vient en la maintenant sous l'eau et en ne la soulevant que d'environ cm (ou 1 po). Si cela ne fonctionne pas, utilisez un furet pour toilettes.

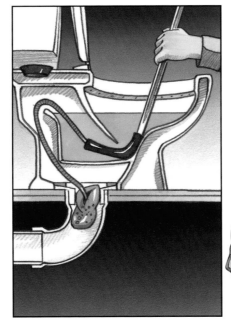

Déboucher une toilette avec un furet. Insérez le furet dans la cuvette, en prenant soin de ne pas l'égratigner. Tournez la manivelle vers la droite pour accrocher la tige à l'obstacle. Continuez de tourner tout en retirant l'obstacle.

LE CONSEIL D'HOMER

Tout a commencé par une simple obstruction, mais ça s'est terminé par un tas de porcelaine brisée. Une toilette peut sembler grosse et robuste, mais n'utilisez pas le furet comme un bélier : vous pourriez fissurer et même briser la cuvette, surtout si elle est bon marché. Et il est impossible de réparer une cuvette fissurée : vous devrez la remplacer au complet.

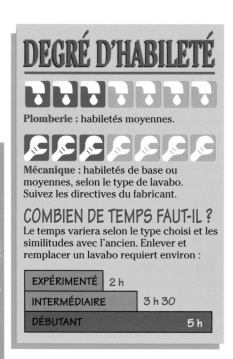

DEGRÉ D'HABILETÉ

Plomberie : habiletés moyennes.

Mécanique : habiletés de base ou moyennes, selon le type de lavabo. Suivez les directives du fabricant.

COMBIEN DE TEMPS FAUT-IL ?

Le temps variera selon le type choisi et les similitudes avec l'ancien. Enlever et remplacer un lavabo requiert environ :

EXPÉRIMENTÉ	2 h
INTERMÉDIAIRE	3 h 30
DÉBUTANT	5 h

Enlever et remplacer un lavabo

VOUS AUREZ BESOIN :

☐ **Outils :** outils de base (p. 86), clé pour lavabo.

☐ **Matériel :** matériau d'étanchéité à la silicone, seau, mastic de plombier, tuyaux et robinet d'arrêt neufs, si nécessaire.

À moins d'avoir un vrai problème, pourquoi remplacer votre lavabo ? Après tout, il y a des façons plus intéressantes de passer un samedi. Cependant, remplacer un lavabo ordinaire ou un lavabo avec dessus de meuble est une façon relativement rapide et bon marché d'apporter une grande amélioration. Et c'en est une que vous pouvez faire rapidement.

Évidemment, il est préférable d'avoir le nouveau lavabo près de soi avant d'enlever le vieux. Si le nouveau lavabo est semblable à l'ancien, le remplacement devrait être simple. Si vous voulez faire un changement radical de style, vous aurez peut-être un surplus de travail parce qu'il vous faudra faire les modifications nécessaires à la plomberie ou des réparations aux murs cachés par l'ancien lavabo.

N'OUBLIEZ PAS LE SEAU CAR LE SIPHON CONTIENT DE L'EAU.

ENLEVER UN LAVABO

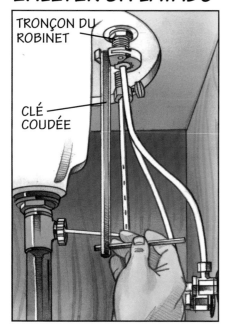

TRONÇON DU ROBINET

CLÉ COUDÉE

1 Fermez les robinets d'arrêt puis, avec une clé coudée, enlevez les écrous qui retiennent les tuyaux d'alimentation aux abouts du robinet. Si les tuyaux sont soudés, coupez-les au-dessus des robinets d'arrêt.

SIPHON

2 Placez un seau sous le siphon et retirez le siphon après avoir desserré les écrous à chaque extrémités. Si les écrous sont grippés, coupez le siphon avec une scie à métaux en prenant garde de ne pas endommager le bras du siphon qui traverse le mur.

Variantes :

TRINGLERIE DU BOUCHON

Lavabo avec robinet monté sur le dessus du meuble-lavabo. Retirez de l'about du renvoi la tringlerie du bouchon à tête mobile en dévissant l'écrou qui le retient.

Lavabo encastré à rebord.
Débranchez la plomberie et, avec un couteau universel, coupez dans le matériau d'étanchéité situé entre le lavabo et le dessus du meuble. Soulevez le lavabo.

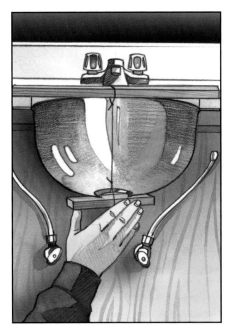

Lavabo encastré sans rebord.
Débranchez la plomberie et soutenez le lavabo avec du fil de fer et des chutes de bois. Tordez le fil jusqu'à ce qu'il soit tendu et détachez les attaches. Coupez le matériau d'étanchéité, desserrez lentement le fil, et retirez le lavabo.

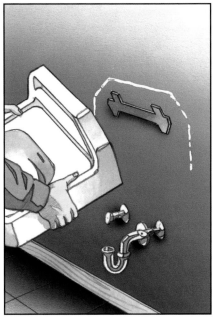

Lavabo monté au mur.
Débranchez la plomberie et coupez dans le matériau d'étanchéité. Soulevez le lavabo des attaches murales. (S'il est fixé au mur avec des vis tire-fond, calez des 2x4 entre le lavabo et le plancher.)

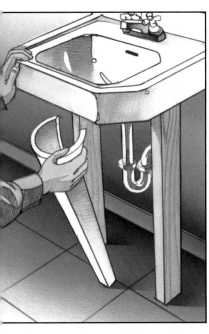

Lavabo sur colonne. Débranchez la plomberie. Si le lavabo et la colonne sont boulonnés ensemble, séparez-les. Enlevez d'abord la colonne, en soutenant le lavabo avec des 2x4, puis soulevez le lavabo des attaches murales.

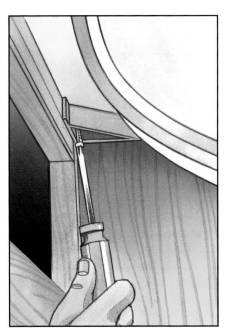

Lavabo avec dessus de meuble incorporé. Débranchez la plomberie puis démontez les attaches. Coupez dans le matériau d'étanchéité situé entre le dessus du meuble et le mur, et entre le dessus du meuble et le meuble. Soulevez le lavabo et le dessus de meuble incorporé.

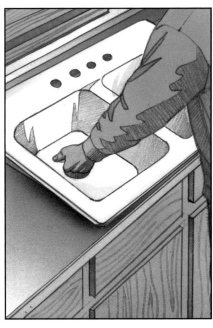

Évier de cuisine. Il est semblable au lavabo à rebord (haut, gauche). Si l'évier est branché à un broyeur à déchets ou à un lave-vaisselle, le débranchement de la plomberie sera un peu plus compliqué et plus long. Si l'accès au dessous de l'évier est difficile, posez le robinet avant de réinstaller l'évier.

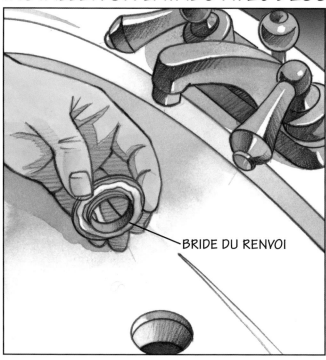

BRIDE DU RENVOI

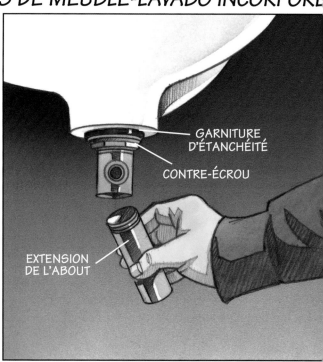

GARNITURE D'ÉTANCHÉITÉ

CONTRE-ÉCROU

EXTENSION DE L'ABOUT

1 Placez le lavabo avec dessus de meuble sur des chevalets. Fixez le robinet et insérez le levier qui actionne le bouchon dans le corps du robinet. Déposez une lisière de mastic de plombier sous la bride du renvoi, puis placez-la dans l'ouverture du renvoi. Utilisez du matériau d'étanchéité à la silicone si le lavabo est fait de similimarbre.

2 Placez la garniture d'étanchéité sur l'about du renvoi et vissez le contre-écrou. Insérez l'about dans l'ouverture du renvoi et vissez-le sur la bride. Serrez le contre-écrou fermement. Fixez l'extension de l'about. Insérez la tringlerie sur le bouchon à tête mobile.

3 Appliquez une couche de matériau d'étanchéité pour baignoires et céramiques (ou un adhésif, si cela est spécifié par le fabricant) sur les bords supérieurs du meuble et sur les tasseaux.

4 Centrez le lavabo avec dessus de meuble incorporé de manière que la saillie soit égale des deux côtés et que le dosseret soit bien appuyé contre le mur. Pressez également le dessus du meuble dans le matériau d'étanchéité.

Variante :

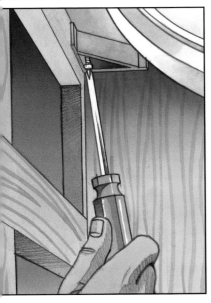

Meuble avec tasseaux. Fixez le dessus du meuble au moyen de vis de montage dans chaque tasseau et vers le haut.

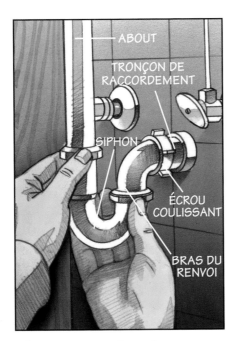

ABOUT

TRONÇON DE RACCORDEMENT

SIPHON

ÉCROU COULISSANT

BRAS DU RENVOI

5 Fixez le bras du siphon au tronçon de raccordement du renvoi avec un écrou coulissant. Fixez un bout du siphon au bras du renvoi, et l'autre à l'about du renvoi du lavabo au moyen d'écrous coulissants. Branchez les tuyaux d'alimentation aux abouts des robinets.

6 Scellez l'espace entre le dosseret et le mur avec un matériau d'étanchéité.

UTILISEZ UN MATÉRIAU D'ÉTANCHÉITÉ DE QUALITÉ POUR UNE PROTECTION QUI DURE LONGTEMPS.

INSTALLER UN LAVABO À REBORD

1 Utilisez un gabarit de 1,25 cm (½ po) plus étroit que le rebord du lavabo pour marquer la découpe. Percez d'abord un trou de 1 cm (⅜ po), puis coupez avec une scie à chantourner. (Pour les robinets montés sur le meuble, percez des trous pour les abouts en suivant les directives du fabricant.)

2 Appliquez une lisière de matériau d'étanchéité sur le pourtour de l'ouverture. Avant de mettre le lavabo en place, fixez le corps du robinet au lavabo ou au dessus du meuble (p. 118 et 119), puis installez l'about et la bride du renvoi ainsi que l'assemblage du bouchon à tête mobile.

3 Placez le lavabo dans l'ouverture et pressez doucement le rebord dans le matériau d'étanchéité. Branchez les raccords du renvoi et de l'alimentation, puis scellez le pourtour du lavabo.

Installer un lavabo à colonne

1 Posez une entretoise faite d'un 2x4 entre les colombages du mur, derrière l'emplacement du lavabo. Recouvrez les colombages d'un panneau mural résistant à l'eau.

2 Mettez en place le lavabo et la colonne, en soutenant le lavabo au moyen de deux 2x4. Marquez le pourtour du lavabo sur le mur et celui de la colonne sur le plancher. Faites des marques de référence sur le mur et le plancher dans les trous de montage situés sous le dos du lavabo et derrière la base de la colonne.

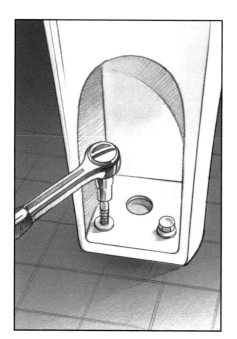

3 Mettez le lavabo et la colonne de côté. Percez des avant-trous dans le mur et le plancher aux points de référence, replacez la colonne et fixez-la avec des vis tire-fond. Ne serrez pas trop.

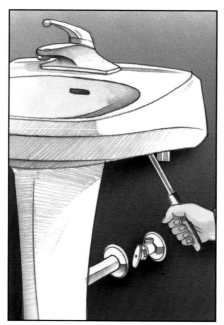

4 Installez le robinet (p. 118 et 119) et placez-le sur la colonne. Alignez les trous de l'arrière du lavabo sur les avant-trous percés dans le mur puis, avec une clé à cliquet, vissez des vis tire-fond et des rondelles dans l'entretoise du mur. Ne serrez pas trop.

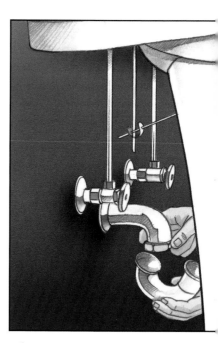

5 Installez le renvoi et les raccords d'alimentation (p. 97 à 101). Calfeutrez entre le dos du lavabo et le mur lorsque l'installation est terminée (p. 113).

Installer un évier

Si votre évier de cuisine acquis une patine peu jolie, rien e rafraîchira plus rapidement apparence de votre cuisine qu'un vier neuf. Heureusement, il est acile de remplacer un évier.

Les éviers sont faits de fonte ecouverte d'émail, d'acier émaillé u d'acier inoxydable. Certains viers bon marché sont faits l'acier mince et fragile qui se léforme à l'usage. Évitez-les.

Évaluez le traitement que subira évier. Les enfants sont parfois lurs avec eux et ils n'hésitent pas y lancer des ustensiles ou a y léposer des piles de vaisselle sale. Choisissez un évier solide avec un ini de haute qualité.

A FONTE EST OURDE. FAITES-VOUS AIDER. ⬈

INSTALLER UN ÉVIER SANS CADRE

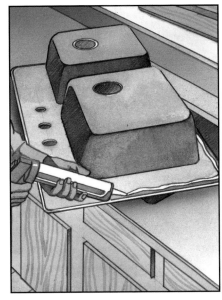

1 Après avoir découpé l'ouverture, placez l'évier à l'envers. Appliquez une lisière de 6 mm (¼ po) de matériau d'étanchéité à la silicone ou de mastic de plombier sur le pourtour du dessous de l'évier.

2 Placez l'évier au-dessus de l'ouverture faite dans le plan de travail en le tenant par les ouvertures du renvoi. Abaissez-le lentement en position. Pressez dessus pour créer un joint étanche, puis essuyez le surplus de matériau d'étanchéité.

INSTALLER UN ÉVIER AVEC CADRE

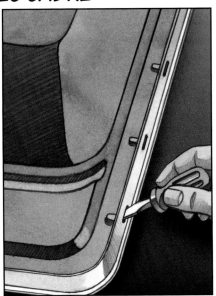

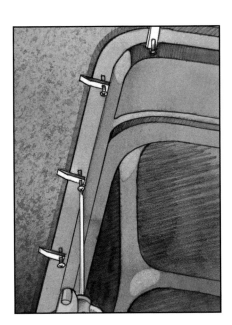

1 Tournez le cadre à l'envers. Appliquez une lisière de 6 mm (¼ po) de matériau d'étanchéité ou de mastic de plombier des deux côtés du rebord vertical.

2 Placez l'évier à l'envers à l'intérieur du cadre. Pliez les languettes du cadre pour retenir l'évier. Placez soigneusement l'évier dans l'ouverture et pressez dessus pour créer un joint étanche.

3 Accrochez des agrafes à tous les 15 à 20 cm (6 à 8 po) autour du cadre en travaillant sous le plan de travail. Serrez les vis de montage. Essuyez le surplus de matériau d'étanchéité.

Réparer et remplacer les robinets

Installer un nouveau robinet est un travail facile qui devrait prendre environ 1 heure. Avant d'acheter un nouveau robinet, mesurez le diamètre des ouvertures de l'évier et l'entraxe des abouts du robinet. Assurez-vous que les abouts du nouveau robinet sont compatibles avec les ouvertures de l'évier.

Achetez un robinet fabriqué par une entreprise réputée : c'est peut-être cher, mais il vous sera plus facile de trouver des pièces de rechange le temps venu. Les meilleurs robinets ont des corps en laiton solide. Ils sont plus faciles à installer et procurent des années de service sans problème. Certains robinets sans rondelles sont garantis à vie.

Remplacez toujours les tuyaux d'alimentation quand vous remplacez les robinets car ils s'usent aussi et la partie la plus ardue du travail est d'enlever les robinets. De plus, vous minimiserez le nombre de fois que vous devrez ramper dans cet endroit restreint qu'est le dessous d'un évier. Si les tuyaux d'alimentation sous l'évier n'ont pas de robinet d'arrêt (p. 97), vous voudrez certainement en installer un.

Choisir le bon robine

À part le prix, quelle est la différence entre le bas et le haut de gamme pour les robinets ? Certains diront que c'est une question de style mais cela, bien sûr, est matière de goût. La différence concerne surtout la qualité. Les robinets plus chers ont des corps en laiton et des cartouches antifuites. Les robinets bon marché sont faits de plastique et sont pratiquement jetables. Votre choix dépendra de la nature et de la fréquence d'utilisation.

ANATOMIE D'UN ROBINET (vue de l'arrière de l'évier)

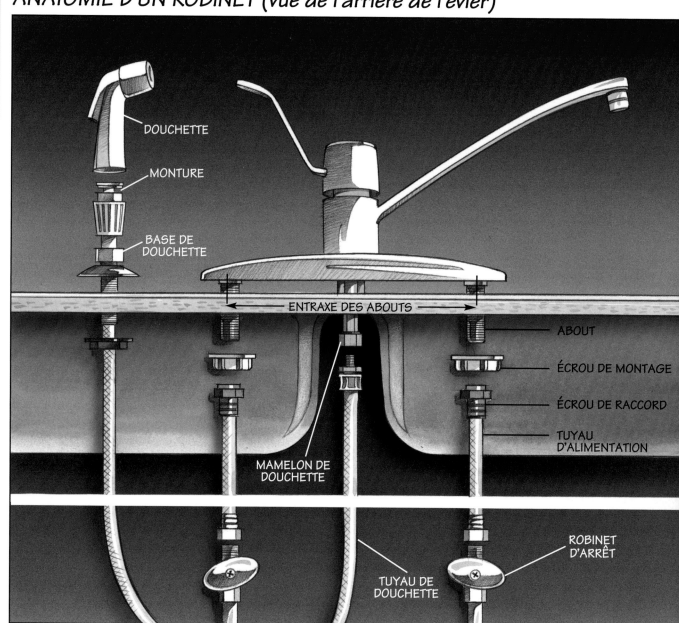

DOUCHETTE

MONTURE

BASE DE DOUCHETTE

ENTRAXE DES ABOUTS

ABOUT

ÉCROU DE MONTAGE

ÉCROU DE RACCORD

TUYAU D'ALIMENTATION

MAMELON DE DOUCHETTE

TUYAU DE DOUCHETTE

ROBINET D'ARRÊT

COMMENT ENLEVER UN VIEUX ROBINET D'ÉVIER

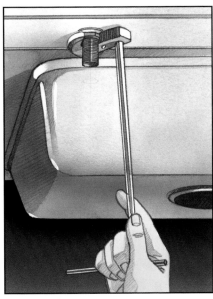

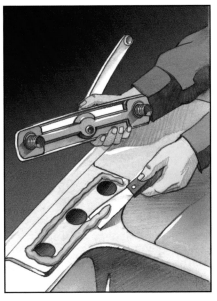

1 Appliquez une huile pénétrante sur les écrous de montage des bouts de robinets et les écrous de accord du tuyau d'alimentation. nlevez les écrous avec une clé oudée ou une pince multiprise.

2 Retirez les écrous de montage de l'about de la même manière. (Une clé coudée est munie d'une longue poignée qui facilite son usage dans les endroits restreints.)

3 Retirez le robinet. Avec un couteau à mastic, retirez l'ancien mastic de la surface de l'évier.

DEGRÉ D'HABILETÉ

Plomberie : il n'est pas plus difficile de remplacer un robinet que de le réparer.

Mécanique : l'accès aux pièces est le plus grand défi ! Pas d'aide nécessaire.

COMBIEN DE TEMPS FAUT-IL ?

Remplacer un robinet par un autre ayant le bon entraxe requiert environ :

EXPÉRIMENTÉ	35 min
INTERMÉDIAIRE	50 min
DÉBUTANT	1 h

VOUS AUREZ BESOIN :

☐ **Outils :** *outils de de base (p. 86).*

☐ **Matériel :** *mastic de plombier.*

VARIANTES DE RACCORDEMENTS

Nouveau robinet sans tuyaux d'alimentation. Achetez deux tuyaux d'alimentation. Ils sont offerts en acier tressé, en mailles de vinyle, en plastique PB ou en cuivre chromé. Plus le tuyau est souple, plus il est facile à installer.

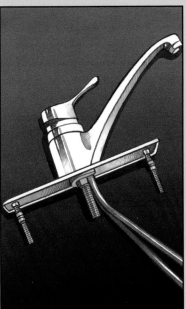

Nouveau robinet avec tuyaux préassemblés. Raccordez directement les tuyaux d'alimentation aux robinets d'arrêt avec des raccords à compression. Du tuyau supplémentaire peut être nécessaire pour rejoindre les tuyaux d'alimentation.

Installer un robinet neuf

Les robinets, comme toute chose, se démodent. Si les vôtres sont démodés – et que cela vous ennuie –, vous voudrez peut-être les remplacer. Et n'oubliez pas que plus ils sont vieux, plus il peut être difficile de trouver des pièces de rechange.

Que vous remplaciez un robinet d'évier ou de lavabo, le processus est essentiellement le même. Bien sûr, pour un évier de cuisine, il y aura sans doute une douchette et, pour un lavabo de salle de bain, un bouchon à tête mobile à installer, mais rien que vous ne puissiez faire.

Lisez les directives du fabricant concernant l'installation : vous connaîtrez ainsi à l'avance toutes les petites complications qui pourraient survenir.

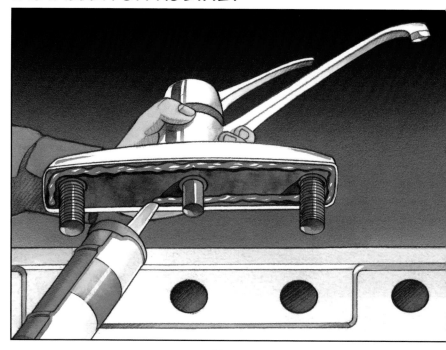

1 Appliquez une lisière de 6 mm (¼ po) de mastic de plombier (ou de matériau d'étanchéité s'il s'agit de similimarbre) sous le pourtour de la base du robinet. Insérez les abouts du robinet dans les ouvertures de l'évier. Positionnez le robinet de manière que la base soit parallèle au dos de l'évier. Pressez sur le robinet pour vous assurer que le mastic forme un joint étanche.

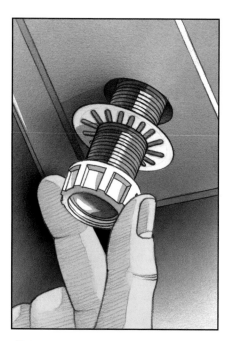

2 Vissez les rondelles à friction et les écrous de montage sur les abouts, puis serrez avec une clé coudée ou une pince multiprise. Essuyez le surplus de mastic autour de la base du robinet.

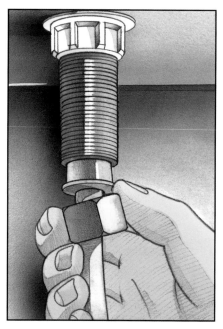

3 Branchez le tuyau d'alimentation souple aux abouts du robinet. Serrez les écrous de raccord avec une clé coudée ou une pince multiprise.

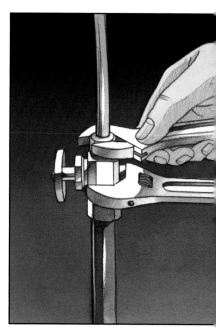

4 Branchez les tuyaux d'alimentation aux robinets d'arrêt avec des raccords à compression. Serrez les écrous à la main, puis donnez-leur un quart de tour supplémentaire avec une clé à molette. (Au besoin, tenez les robinets avec une autre clé pendant que vous les serrez.)

Plomberie

INSTALLER UN ROBINET AVEC TUYAUX D'ALIMENTATION PRÉASSEMBLÉS

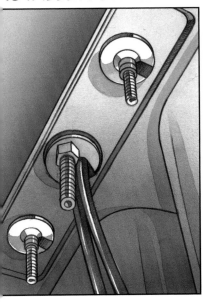

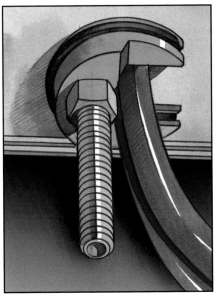

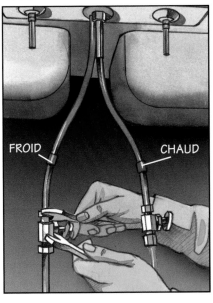

Installez le robinet sur l'évier après avoir placé une garniture de caoutchouc, un anneau de retenue et un contre-écrou sur les bouts filetés. Serrez les contre-écrous avec une clé coudée ou une pince multiprise.

2 Certains robinets à montage central sont dotés d'une applique décorative. Fixez-la par le dessous au moyen de rondelles et de contre-écrous vissés sur les boulons de l'applique.

3 Branchez les tuyaux préassemblés aux robinets d'arrêt au moyen de raccords à compression. Le tuyau marqué de rouge doit être branché à l'alimentation d'eau chaude et celui marqué de bleu à l'alimentation d'eau froide.

BRANCHER UNE DOUCHETTE D'ÉVIER

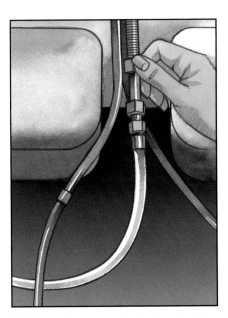

Appliquez une lisière de 6 mm (¼ po) de mastic de plombier sous le bord de la base de la douchette. Insérez l'about de la base de la douchette dans l'ouverture de l'évier.

2 Placez une rondelle à friction sur l'about. Vissez ensuite un écrou de montage et serrez-le avec une clé coudée ou une pince multiprise. Essuyez le surplus de mastic.

3 Vissez le tuyau de la douchette sur le mamelon au bas du robinet. Serrez d'un quart de tour en vous servant d'une clé coudée ou d'une pince multiprise.

Réparer vos robinets

Votre robinet coule goutte à goutte. C'est heureusement l'un des problèmes de plomberie les plus faciles à résoudre. Si votre première tentative de réparation – remplacer la rondelle, le joint torique ou les joints d'étanchéité – est infructueuse, remplacez tout l'ensemble : cela ne devrait pas prendre plus d'une heure.

Sachez d'abord de quel type de robinet il s'agit : à cartouche (soit à disque ou à manchon), à bille ou à compression. Cela est important car les réparations et les pièces diffèrent. Si vous le pouvez, trouvez la marque et même le numéro de modèle du robinet. Plusieurs magasins ont en main des trousses complètes de réparation pour les robinets de fabricants précis.

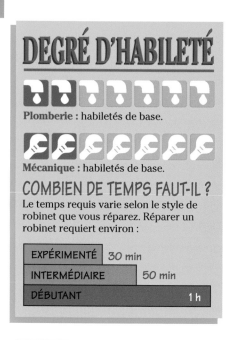

DEGRÉ D'HABILETÉ

Plomberie : habiletés de base.

Mécanique : habiletés de base.

COMBIEN DE TEMPS FAUT-IL ?

Le temps requis varie selon le style de robinet que vous réparez. Réparer un robinet requiert environ :

EXPÉRIMENTÉ	30 min	
INTERMÉDIAIRE	50 min	
DÉBUTANT		1 h

VOUS AUREZ BESOIN :

☐ **Outils :** outils de base (p. 86).

☐ **Matériel :** mastic de plombier.

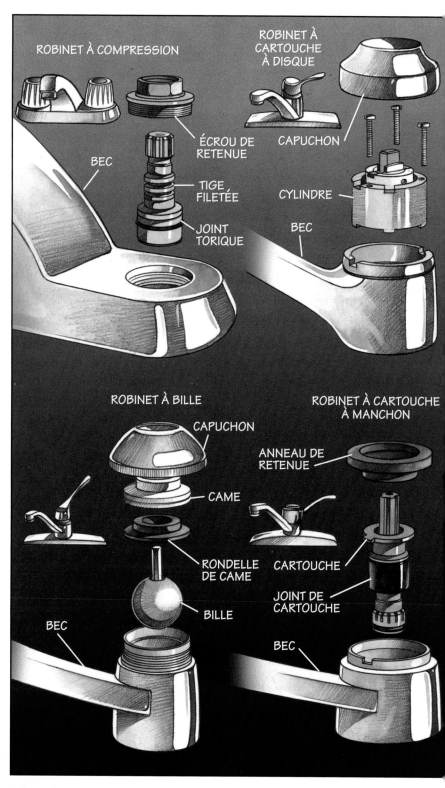

Déterminez le type de votre robinet. Les robinets peuvent être groupés en quatre types distincts. La marche à suivre pour les réparer varie selon chacun. **Les robinets à compression** ont généralement des manettes d'eau chaude et d'eau froide séparées. La réparation consiste le plus souvent à remplacer les rondelles fendues ou usées. **Les robinets à cartouche à disque** n'ont qu'une seule manette qui lève et tourne. Il faut habituellement remplacer la cartouche. **Les robinets à bille** ont une seule manette au-dessus d'un capuchon en forme de dôme. Il se vend des trousses de réparation. **Les robinets à cartouche à manchon** peuvent avoir une ou deux manettes, mais n'ont pas de rondelles. Il faut remplacer la cartouche.

Nettoyer un aérateur bouché

Si votre robinet ne produit pas un jet d'eau régulier ou si la pression semble basse, dévissez le

manchon, séparez les pièces et faites-les tremper toute la nuit dans une solution qui dissout le calcaire. Ou remplacez les pièces bouchées par des neuves bon marché. Réassemblez dans le bon ordre.

RÉPARER UN ROBINET À COMPRESSION

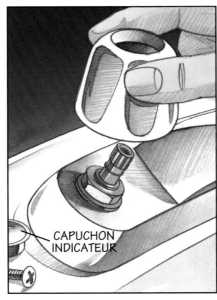

CAPUCHON INDICATEUR

1 Retirez le capuchon indicateur du dessus de la manette et enlevez la vis. Enlevez la manette en la tirant par le haut. Au besoin, utilisez un tire-manette pour l'enlever (p. 122).

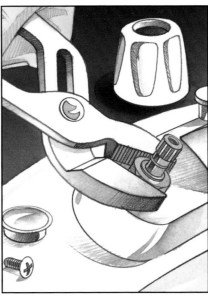

2 Dévissez l'assemblage de la tige du corps du robinet en utilisant une pince multiprise. Vérifiez l'usure du siège du robinet et remplacez-le ou rodez-le au besoin (p. 122). Si le corps ou les tiges sont très usés, il est généralement préférable de remplacer le robinet (p. 116 à 119).

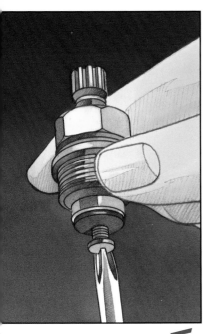

3 Retirez la vis de laiton de l'assemblage de la tige. Enlevez la rondelle usée de la tige.

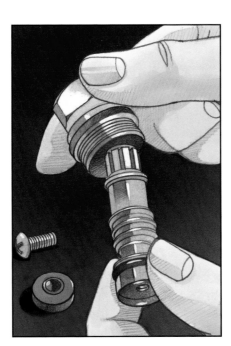

4 Dévissez la tige filetée de l'écrou de retenue.

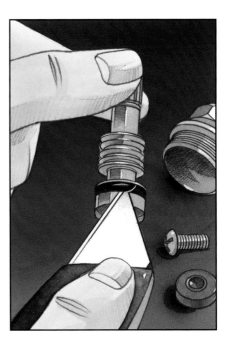

5 Coupez le joint torique et remplacez-le par un autre en tout point semblable. Posez une rondelle et une vis de tige neuves. Recouvrez toutes les pièces d'une graisse résistant à la chaleur et remontez le robinet.

À MOINS DE VOULOIR PRENDRE UNE DOUCHE, FERMEZ TOUJOURS L'EAU AUX TUYAUX D'ALIMENTATION AVANT DE DÉMONTER VOTRE ROBINET.

Réparez vos robinets

REMPLACER LES SIÈGES DE ROBINETS USÉS

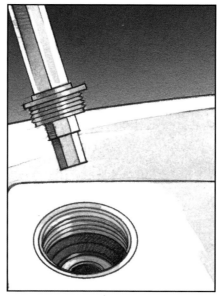

1 Palpez le pourtour du siège : si vous sentez qu'il est raboteux, remplacez-le s'il a des bords plats. Un siège rond ne se remplace pas. Vérifiez à nouveau en regardant à l'intérieur du robinet avec une lampe de poche.

2 Insérez le bout de la clé pour siège qui s'adapte dans le siège du robinet et dévissez-le dans le sens contraire des aiguilles d'une montre pour l'enlever. Posez ensuite un siège neuf, exactement semblable. Lubrifiez les filets du siège avant de l'insérer. Si le siège ne peut être enlevé, usez-le avec un rodoir.

RODER LES SIÈGES DE ROBINETS

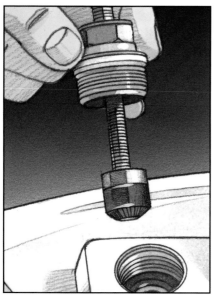

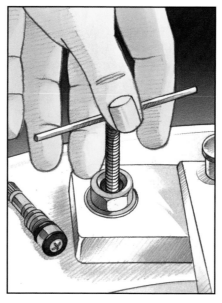

1 Choisissez un rodoir qui s'adapte au diamètre intérieur de l'écrou de retenue. Glissez l'écrou sur la tige filetée du rodoir puis fixez l'écrou et la fraise.

2 Vissez légèrement l'écrou de retenue dans le corps du robinet. Pressez doucement l'outil vers le bas en tournant la poignée vers la droite deux ou trois tours. Réassemblez le robinet.

Outils spéciaux pour robinets.
En plus de vos outils de base, quelques outils spéciaux pourraient vous être utiles. Quand vous en avez besoin, rien ne travaille aussi bien, mais il se peut que vous n'en ayez pas besoin avant des années. Attendez d'en avoir vraiment besoin avant de les acheter. Et, auparavant, tâchez de les emprunter.

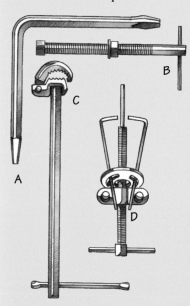

A) Une **clé pour siège** permet d'atteindre l'intérieur des emboîtures pour enlever ou serrer les sièges amovibles.
B) Un **rodoir** permet de lisser et de rectifier les sièges non amovibles des robinets.
C) Une **clé coudée** permet de rejoindre et d'enlever plus facilement les écrous de montage des robinets.
D) Un **tire-manette** enlève les manettes récalcitrantes sans les endommager.

SI LE SIÈGE DU ROBINET EST TRÈS ÉBRÉCHÉ OU RABOTEUX, IL NE POURRA PAS ÊTRE RODÉ.

Plomberie

RÉPARER UN ROBINET À DISQUE DE CÉRAMIQUE

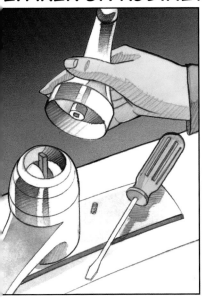

Tournez le bec vers le côté et soulevez la manette. Enlevez la vis de serrage et retirez la manette.

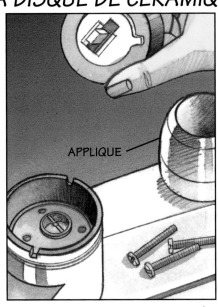

APPLIQUE

2 Enlevez l'applique, puis les vis de la cartouche. Retirez ensuite le cylindre.

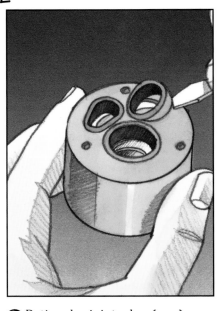

3 Retirez les joints de néoprène des ouvertures du cylindre.

Nettoyez les ouvertures du cylindre et les joints en néoprène avec un tampon à récurer. Rincez le cylindre à l'eau claire.

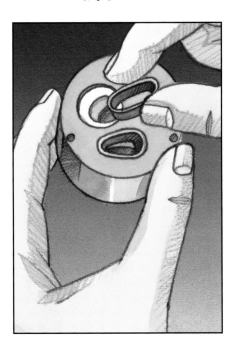

5 Replacez les joints dans les ouvertures et réassemblez le robinet. Placez la manette en position « ouvert », puis ouvrez DOUCEMENT les robinets d'arrêt. Lorsque l'eau coule normalement, refermez le robinet.

Installez un cylindre neuf seulement si le robinet continue de couler une fois nettoyé.

BOUCHEZ LE RENVOI AVANT DE DÉMONTER LE ROBINET POUR NE PAS DEVOIR ALLER « PÊCHER » LES PIÈCES DANS LE SIPHON !

Plomberie

RÉPARER UN ROBINET À CARTOUCHE

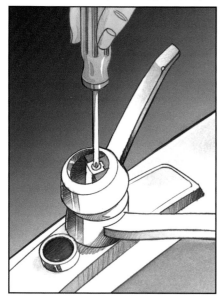

1 Soulevez et enlevez le capuchon indicateur du dessus du robinet, et enlevez la vis de la manette située sous le capuchon.

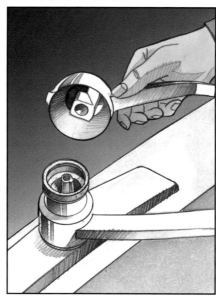

2 Enlevez la manette du robinet en la soulevant et en l'inclinant vers l'arrière.

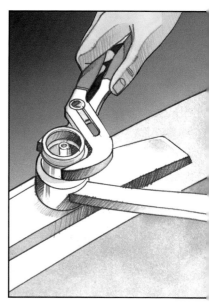

3 Enlevez l'anneau de retenue fileté avec une pince multiprise. Enlevez toute autre fixation qui retiendrait la cartouche.

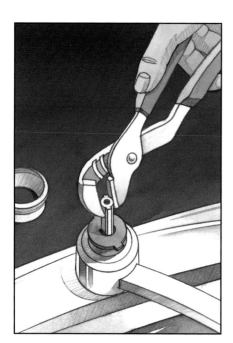

4 Serrez le dessus de la cartouche avec une pince et tirez vers le haut pour l'enlever. Installez la cartouche de remplacement de manière que la patte soit dirigée vers l'avant.

5 Enlevez le bec en le tirant vers le haut et en le faisant tourner, puis coupez les vieux joints toriques avec un couteau universel. Enduisez les nouveaux joints toriques de graisse résistant à la chaleur.

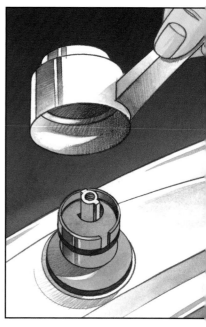

6 Remettez le bec en place. Vissez l'anneau de retenue sur le robinet et serrez avec une pince multiprise. Posez la manette, sa vis et le capuchon indicateur.

RÉPARER UN ROBINET À BILLE

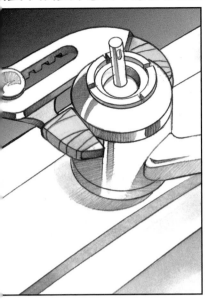

Desserrez la vis de serrage et retirez la manette. Enlevez le capuchon avec une pince multiprise. Assurez-vous d'entourer les mâchoires de la pince avec un ruban-cache ou un tissu pour ne pas égratigner ou creuser le capuchon.

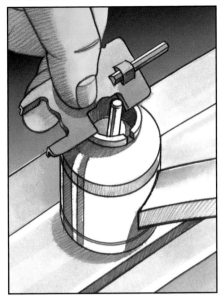

2 Avec l'outil à came spécial inclus dans la trousse de réparation, desserrez la came du robinet.

3 Retirez la came et sa rondelle, ainsi que la bille rotative. Regardez si la bille porte des signes d'usure.

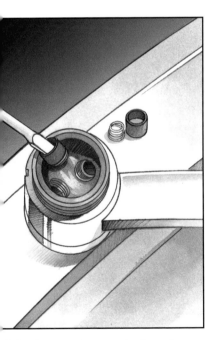

Insérez un tournevis dans le robinet et retirez les ressorts et les sièges en néoprène. Enlevez le bec en le tournant d'un côté et de l'autre et vers le haut.

5 Coupez les vieux joints toriques. Appliquez de la graisse résistant à la chaleur sur les joints neufs et mettez-les en place.

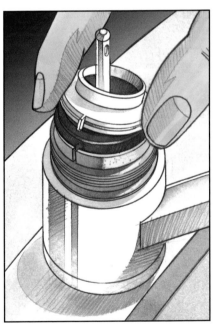

6 Insérez la bille, la nouvelle rondelle de came et la came. La petite oreille de fixation de la came doit s'insérer dans l'encoche du corps du robinet. Vissez le capuchon sur le robinet et posez la manette.

Remplacer une baignoire

Si personne ne vous l'a dit, mettons les choses au clair : enlever une baignoire est une grosse affaire.

Vous avez certainement observé que les baignoires sont grosses, et en avez peut-être conclu qu'elles étaient lourdes. Vous avez raison. Dans les anciennes maisons, elles sont généralement faites de fonte.

Naturellement, elles doivent être débranchées de l'alimentation en eau et des renvois. Comme les salles de bain ne sont généralement pas spacieuses, songez à enlever le lavabo et la toilette pour faire de la place, en plus de faire une ouverture dans le mur et le plancher pour pouvoir sortir la baignoire. En d'autres mots, ce n'est pas un projet à entreprendre si votre famille ne vous appuie pas entièrement.

Une fois que la baignoire est hors de la salle de bain, le problème est de s'en défaire. Vous n'en voulez plus, et il est probable que personne d'autre n'en voudra. Les baignoires en fibre de verre ou en polymère peuvent être découpées avec une scie alternative. Pour défaire en pièces une baignoire de fonte, couvrez-la d'une grosse toile épaisse et utilisez une masse.

VOUS AUREZ BESOIN :

☐ **Outils :** Outils de base (p. 86), scie à coulis, taloche, perceuse électrique et foret.

☐ **Matériel :** matériau d'étanchéité, coulis, éponge, chiffon propre.

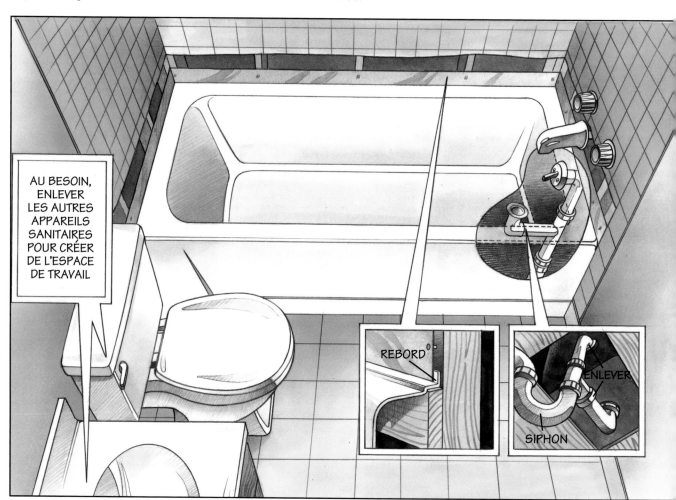

AU BESOIN, ENLEVER LES AUTRES APPAREILS SANITAIRES POUR CRÉER DE L'ESPACE DE TRAVAIL

REBORD

ENLEVER

SIPHON

Remplacer une baignoire est un travail difficile. Il est faux de prétendre qu'en divisant le travail en deux opérations plus petites, enlever l'ancienne baignoire et installer la nouvelle, la tâche sera dans l'ensemble plus facile. Ce sont deux tâches difficiles. Mais puisque vous y tenez, voici ce qu'il faut faire pour commencer.

Coupez d'abord une lisière d'au moins 15 cm (6 po) dans le mur tout le tour du bain après avoir enlevé les manettes du robinet, le bec et le renvoi. Retirez ensuite les vis ou les clous qui retiennent le rebord de la baignoire aux colombages. Vous verrez peut-être une bande de métal galvanisé le long du rebord. Enlevez-la avec un levier et décollez la baignoire. Soulevez l'avan de la baignoire avec un levier et glissez deux planches de 1x4 qui serviront de patins.

Faites-vous toujours aider pour enlever une baignoire de fonte. Un mal de dos vous durera bien plus longtemp que cette baignoire. Enfin, coupez ou cassez la baignoir en petits morceaux pour en disposer. C'est le temps d se défouler !

Les directives qui suivent valent pour les baignoires dont le cadre est fait de plusieurs pièces. Les pourtours en une seule pièce varient selon le fabricant et sont fournis avec des instructions de montage.

Plomberie

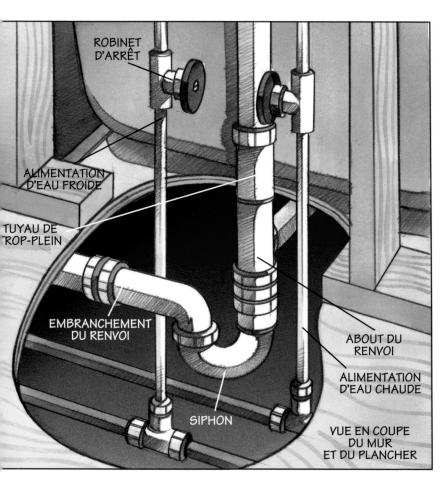

ROBINET D'ARRÊT

ALIMENTATION D'EAU FROIDE

TUYAU DE TROP-PLEIN

EMBRANCHEMENT DU RENVOI

SIPHON

ABOUT DU RENVOI

ALIMENTATION D'EAU CHAUDE

VUE EN COUPE DU MUR ET DU PLANCHER

Le système d'alimentation comprend les tuyaux d'eau chaude et d'eau froide, habituellement faits de cuivre ou de plastique polybutylène, et les robinets d'arrêt. Ces tuyaux doivent être installés avant de poser la baignoire, mais assurez-vous de prendre les bonnes mesures pour ne pas endommager les raccords. Les tuyaux d'eau chaude et d'eau froide fonctionnent en tandem. D'ordinaire, les tuyaux d'alimentation passent à l'intérieur des murs, ou sont attachés sous les solives de plancher. Les robinets, manettes et becs sont installés une fois la baignoire en place.

Le système de renvoi et de trop-plein comprend le tuyau de trop-plein, le T du renvoi, le siphon et l'embranchement du renvoi. Un ensemble comprenant le mécanisme de renvoi et de trop-plein et le bouchon à tête mobile doit être acheté séparément et posé avant que la baignoire soit installée. La plupart de ces ensembles sont en laiton ou en plastique.

DEGRÉ D'HABILETÉ

Plomberie : enlever ou installer une baignoire peut être difficile.

Mécanique : enlever et remplacer une baignoire est plutôt compliqué.

Menuiserie : habiletés générales requises.

 Aide : les baignoires peuvent être très lourdes et difficiles à manipuler. Faites-vous aider d'un ami.

COMBIEN DE TEMPS FAUT-IL ?

Enlever la baignoire prend à peu près la moitié du temps indiqué. En installer une nouvelle prend l'autre moitié. Enlever et installer une baignoire est un gros travail et requiert environ :

EXPÉRIMENTÉ	8 h
INTERMÉDIAIRE	11 h
DÉBUTANT	14 h

INSTALLER UNE BAIGNOIRE DANS UNE ALCÔVE

1 Avant d'installer la baignoire, fixez le corps du robinet et la pomme de douche aux tuyaux d'alimentation, puis l'ensemble aux entretoises de 1x4. Coupez le renvoi à la hauteur spécifiée par le fabricant.

2 Placez dans la baignoire un protecteur qui peut être fait du carton d'emballage de la baignoire. Vérifiez si la baignoire se place bien dans l'alcôve, qu'elle repose sur le sous-plancher et contre les colombages du mur.

INSTALLER UNE BAIGNOIRE DANS UNE ALCÔVE (suite)

3 Vérifiez si le rebord est de niveau. Au besoin, placez des cales sous la baignoire. Sur chaque colombage, faites une marque au-dessus de la bride de clouage.

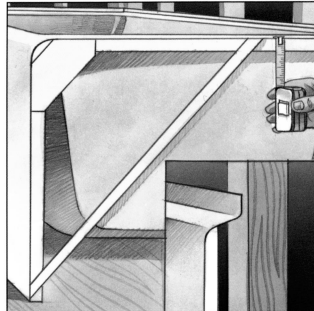

4 Mesurez la distance qui sépare le dessus de la bride de clouage et le dessous du rebord (encadré) et soustrayez cette donnée (d'habitude 2,5 cm ou 1 po) des marques faites sur le colombage.

LES ROBINETS D'ARRÊT DOIVENT ÊTRE ACCESSIBLES.

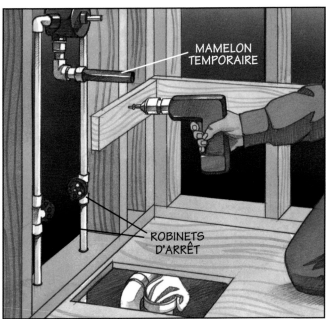

MAMELON TEMPORAIRE

ROBINETS D'ARRÊT

5 Avec des planches, faites des lambourdes pour le dessous du bord de la baignoire et fixez-les aux colombages tout juste sous les marques (étape 4). Il se peut que vous deviez poser les supports en sections pour faire de la place à des renforts structurels aux extrémités de la baignoire.

ASSEMBLAGE DE RENVOI ET DE TROP-PLEIN

6 Ajustez l'assemblage de renvoi et de trop-plein (un ensemble généralement vendu séparément) pour qu'il s'adapte aux ouvertures. Placez les joints et rondelles en suivant les directives du fabricant et placez l'assemblage sur les ouvertures de renvoi et de trop-plein.

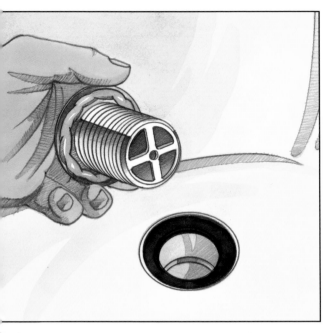

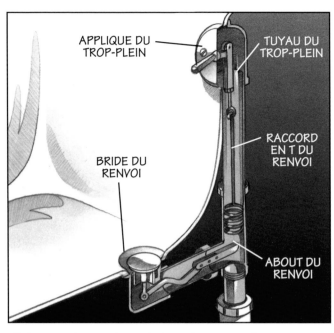

APPLIQUE DU
TROP-PLEIN

TUYAU DU
TROP-PLEIN

RACCORD
EN T DU
RENVOI

BRIDE DU
RENVOI

ABOUT DU
RENVOI

7 Appliquez une lisière de mastic de plombier sous la bride de l'about du renvoi puis insérez-le dans l'ouverture de la baignoire. Vissez l'about de la bride dans l'about du renvoi et serrez.

8 Insérez la tringlerie du bouchon dans l'ouverture du trop-plein et fixez l'applique au moyen de longues vis insérées dans la bride de montage du tuyau de trop-plein. Ajustez la tringlerie du bouchon en suivant les directives du fabricant.

9 Appliquez une couche de 1,25 cm ($\frac{1}{2}$ po) de mortier épais sur le sous-plancher pour recouvrir toute la surface où reposera la baignoire. Dans le cas d'une baignoire en métal, il n'est pas nécessaire d'utiliser de mortier.

10 Placez des patins faits de 1x4 enduits de savon en travers de l'alcôve, appuyés sur la lisse arrière. Ces patins vous permettront de faire glisser la baignoire dans l'alcôve sans défaire la couche de mortier. Faites glisser à sa place la baignoire et retirez les patins, ce qui lui permettra de caler dans le mortier. Appuyez également sur les bords de la baignoire jusqu'à ce qu'ils touchent les lambourdes.

Remplacer une baignoire **129**

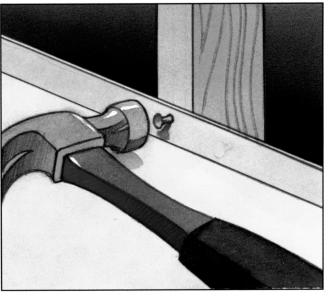

11 Avant que le mortier durcisse, clouez le rebord de la baignoire aux colombages des murs en posant des clous galvanisés dans les trous déjà percés.

12 Si le rebord n'est pas déjà percé, posez les clous galvanisés dans les colombages de manière que les têtes de clous recouvrent le rebord. Une fois le rebord fixé, laissez sécher le mortier pendant 6 à 8 heures.

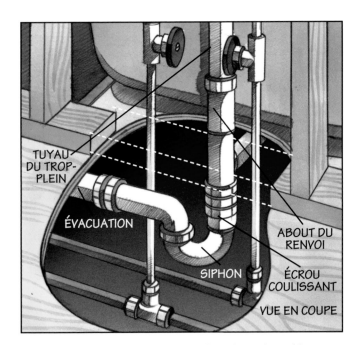

TUYAU DU TROP-PLEIN

ÉVACUATION

ABOUT DU RENVOI

SIPHON

ÉCROU COULISSANT

VUE EN COUPE

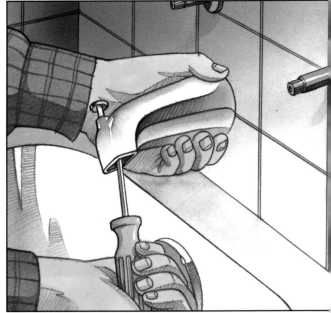

13 Ajustez l'about du renvoi dans le siphon (il est possible que vous deviez le couper avec une scie à métaux).

14 Installez ensuite les manettes et le bec de la baignoire. Enfin, calfeutrez le pourtour du dessus de la baignoire, les bouts et les bords du bas avec un matériau d'étanchéité pour baignoires et céramiques de bonne qualité.

INSTALLER UN POURTOUR DE BAIGNOIRE

Dans un carton, faites un gabarit pour les ouvertures puis fixez-le au moyen de ruban gommé au panneau qui recouvrira le mur où se trouve la plomberie. Découpez les ouvertures dans le panneau avec une scie-cloche ou une scie sauteuse.

2 Mettez les panneaux en place en suivant les étapes suggérées par le fabricant, puis fixez-les au moyen de ruban gommé. Tirez des lignes le long du dessus des panneaux, sur les rives extérieures des côtés des panneaux et, au bas, le long du bord de la baignoire.

3 Enlevez les panneaux en ordre inversé, un à la fois. Au fur et à mesure que leur rive intérieure est exposée, tracez une marque sur le mur.

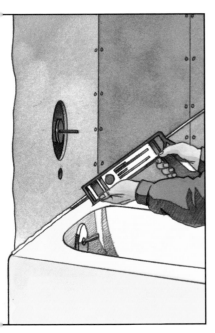

4 Appliquez une grosse lisière de matériau d'étanchéité pour baignoires et céramiques sur le bord de la baignoire, en suivant les marques indiquant l'endroit où les panneaux seront posés.

5 Appliquez sur le mur un adhésif à panneau recommandé par le fabricant, à l'intérieur de la surface déterminée pour le premier panneau. Posez le panneau et pressez-le avec soin contre l'adhésif.

6 Posez les autres panneaux dans l'ordre, en suivant les directives du fabricant pour joindre les panneaux et sceller les joints. Pressez les panneaux dans l'adhésif et posez des entretoises le temps qu'ils sèchent.

Entretien de la baignoire et de la douche

Calfeutrer les joints, sceller les carreaux et le coulis, poser des porte-serviettes et des miroirs sont des petits travaux d'entretien qui ont leur importance.

Il est préférable d'utiliser un matériau d'étanchéité pour baignoires et céramiques. La plupart de ces scellants sont faits d'un mélange de silicone et de latex. Vous profitez ainsi des qualités des deux matières : la silicone est durable et elle prend de l'expansion et se contracte avec les appareils, tandis que le latex est facile à appliquer et retient bien la peinture.

Dans les endroits propices à la moisissure ou à une forte concentration de dépôts de minéraux et de tartre, utilisez chaque semaine un bon nettoyant et un dissolvant de minéraux. Cela protégera les appareils, et le nettoyage sera plus facile et rapide.

DEGRÉ D'HABILETÉ

Mécanique : travail facile mais pas très amusant.

COMBIEN DE TEMPS FAUT-IL ?

Cela dépend de ce que vous avez à faire. Nettoyer et refaire le coulis d'une surface de 2,5 m² (25 pi²) requiert environ :

EXPÉRIMENTÉ	1 h
INTERMÉDIAIRE	1 h 15
DÉBUTANT	1 h 30

VOUS AUREZ BESOIN :

☐ **Outils :** outils de base (p. 86), scie à coulis, taloche, perceuse électrique et foret.

☐ **Matériel :** matériau d'étanchéité, coulis, éponge, chiffon propre.

APPLIQUER UN MATÉRIAU D'ÉTANCHÉITÉ

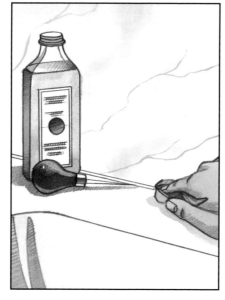

1 Gratter le vieux coulis ou le matériau d'étanchéité avec un poinçon ou un ouvre-boîtes. Essuyez les dépôts de savon dans les joints avec de l'alcool à friction ou un chiffon propre.

2 Remplissez la baignoire d'eau afin qu'elle soit assez lourde pour s'éloigner de la céramique. Remplissez le joint avec un matériau d'étanchéité à la silicone ou au latex qui ne deviendra pas cassant.

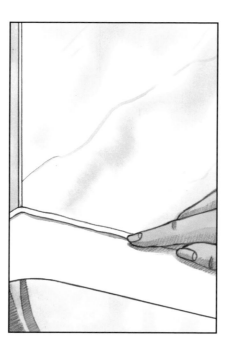

3 Lissez le matériau d'étanchéité en forme de doucine après avoir mouillé votre doigt d'eau froide pour que le matériau ne colle pas. Laissez durcir le produit et enlevez le surplus avec un couteau universel.

Les matériaux d'étanchéité de type « pelez et collez » sont déjà préparés, ce qui réduit le nettoyage des joints et du nouveau matériau. Pelez l'endos et pressez le produit pour le mettre en place.

REFAIRE LE COULIS DES CARREAUX DE CÉRAMIQUE

Grattez le vieux coulis avec un poinçon ou un couteau universel afin de laisser des joints bien propres. Enlevez et remplacez les carreaux brisés.

2 Nettoyez et rincez les joints de coulis avec une éponge. Choisissez un coulis prémélangé résistant à la moisissure et aux taches.

3 Avec une taloche en mousse de caoutchouc ou une éponge, étendez le coulis sur toute la surface en le faisant bien pénétrer dans les interstices. Laissez le coulis prendre légèrement jusqu'à ce qu'il devienne ferme, puis essuyez le surplus avec un chiffon humide.

INSÉRER DES PIÈCES D'ANCRAGE

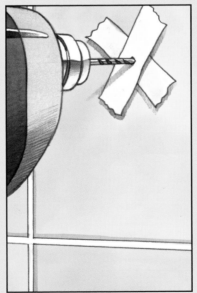

4 Laissez le coulis sécher complètement. Essuyez le résidu poudreux et polissez la céramique avec un chiffon sec et propre. Appliquez le matériau d'étanchéité autour de la baignoire ou de la cabine de douche (p. 132). N'utilisez pas la baignoire ou la douche pendant 24 heures.

1 Posez du ruban-cache. Percez un trou avec un foret au carbure du même diamètre que l'ancrage et une perceuse de 1 cm ($\frac{3}{4}$ po) à vitesse variable. Utilisez une vitesse faible pour éviter les glissements sur la céramique.

2 Enfoncez une pièce d'ancrage en plastique ou en plomb dans le trou et fixez l'accessoire au moyen d'une vis. Faites attention de ne pas ébrécher la céramique.

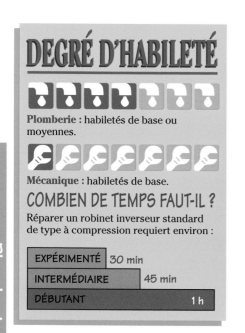

DEGRÉ D'HABILETÉ

Plomberie : habiletés de base ou moyennes.

Mécanique : habiletés de base.

COMBIEN DE TEMPS FAUT-IL ?

Réparer un robinet inverseur standard de type à compression requiert environ :

EXPÉRIMENTÉ	30 min
INTERMÉDIAIRE	45 min
DÉBUTANT	1 h

VOUS AUREZ BESOIN :

☐ **Outils :** outils de base (p. 86).

☐ **Matériel :** vinaigre, matériau d'étanchéité, graisse.

Réparer les accessoires de douche

Les robinets de baignoires et de douches se réparent comme les robinets d'éviers. Quand la baignoire et la douche sont combinées, la pomme de douche et le bec partagent les mêmes tuyaux d'alimentation d'eau chaude et d'eau froide et les mêmes manettes. Les robinets combinés ont généralement deux manettes.

Avec les robinets combinés, un inverseur (pour les robinets à trois manettes) ou un inverseur à clapet (pour les robinets à une ou deux manettes) dirige l'eau vers le bec ou la pomme de douche. La manette du milieu, lorsqu'il y en a trois, contrôle l'inverseur. Lorsqu'il y a une ou deux manettes, l'inverseur à clapet est situé dans le bec.

Les autres inverseurs et les pommes de douche ont besoin d'être réparés à cause de l'usure normale ou des dépôts calcaires.

Les pommes de douche standard se désassemblent facilement pour être nettoyées ou réparées. Certaines ont un levier à came qui permet de modifier l'intensité du jet

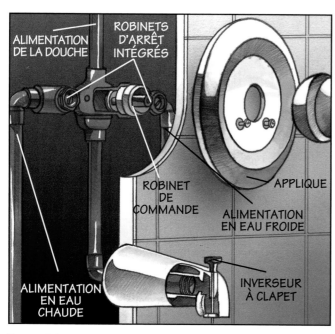

Les robinets à une manette, comme ceux à deux manettes, utilisent un inverseur à clapet pour diriger l'eau vers la pomme de douche ou vers le bec de la baignoire. Au lieu d'avoir des manettes séparées pour l'eau chaude et l'eau froide, les robinets à une manette sont dotés de robinets d'arrêt intégrés qui dirigent l'eau à un robinet de commande pour sélectionner le mélange d'eau chaude et d'eau froide désiré.

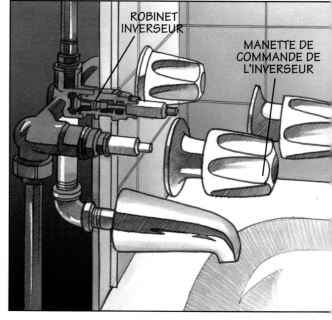

Les robinets à trois manettes ont deux manettes qui permettent le contrôle de l'eau chaude et de l'eau froide, et une troisième qui commande l'inverseur. Les manettes séparées d'eau chaude et d'eau froide nous indiquent que les robinets sont à cartouche ou à compression. La plupart des inverseurs sont semblables aux robinets à compression ou à cartouche. Les inverseurs à compression peuvent être réparés, mais ceux à cartouche doivent être remplacés.

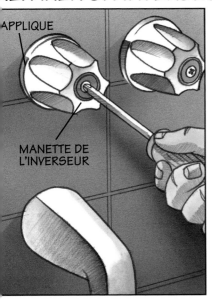

APPLIQUE

MANETTE DE
L'INVERSEUR

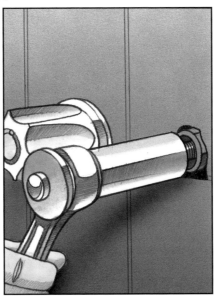

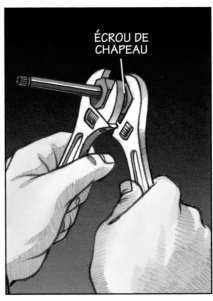

ÉCROU DE
CHAPEAU

1 Enlevez le capuchon indicateur de la manette en prenant soin de ne pas l'égratigner. Ensuite, avec un tournevis, retirez la manette de l'inverseur et dévissez et enlevez l'applique.

2 Retirez l'écrou de chapeau avec une clé à molette, une pince multiprise ou une clé à cliquet et une douille longue. Attention aux écrous grippés : si vous frappez trop dessus, vous pourriez non seulement desserrer l'écrou, mais aussi les joints de soudure des tuyaux d'alimentation.

3 Dévissez l'assemblage de la tige de l'écrou de chapeau en vous servant de deux clés à molette.

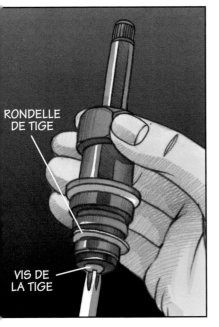

RONDELLE
DE TIGE

VIS DE
LA TIGE

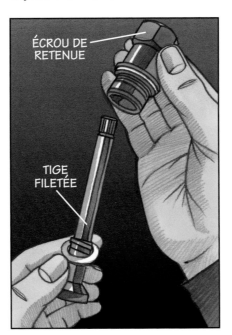

ÉCROU DE
RETENUE

TIGE
FILETÉE

4 Retirez la vis de laiton de la tige. Remplacez la rondelle de la tige avec une rondelle identique et si la vis est usée, remplacez-la aussi.

5 Dévissez la tige filetée et séparez-la de l'écrou de retenue.

6 Nettoyez tout dépôt calcaire ou sédiment sur l'écrou au moyen d'une petite brosse métallique trempée dans du vinaigre. Enduisez toute les pièces de graisse résistant à la chaleur puis réassemblez l'inverseur.

Plomberie

Réparer les accessoires de douche

NETTOYER ET RÉPARER UNE POMME DE DOUCHE

Plomberie

ÉCROU À ROTULE

ÉCROU À COLLET

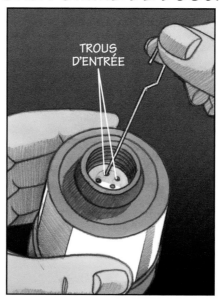

TROUS D'ENTRÉE

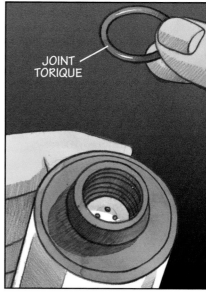

JOINT TORIQUE

1 Dévissez l'écrou à rotule avec une clé à molette ou une pince multiprise. Enveloppez les mâchoires de la pince de ruban-cache pour ne pas abîmer le fini. Dévissez l'écrou à collet de la pomme de douche.

2 Nettoyez les trous d'entrée et de sortie d'eau avec un mince fil de fer. Rincez à l'eau claire.

3 Au besoin, remplacez le joint torique. Lubrifiez le nouveau joint torique avec de la graisse résistant à la chaleur avant de l'installer dans la pomme de douche.

REMPLACER UN BEC DE BAIGNOIRE ET UN INVERSEUR À CLAPET

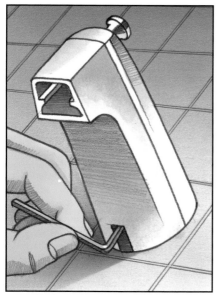

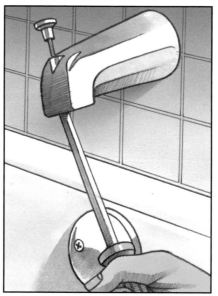

MAMELON DU BEC

Cherchez sous le bec une petite fente d'accès. La fente nous indique que le bec est maintenu en place au moyen d'une vis Allen (ou vis creuse). Avec une clé Allen, dévissez la vis et retirez le bec en le glissant hors du mamelon.

Les becs qui sont vissés sur les mamelons doivent être dévissés pour être enlevés. Insérez une clé à tuyau, un gros tournevis ou un manche de marteau dans l'ouverture du bec, et dévissez.

Appliquez du matériau d'étanchéité pour tuyaux sur les filets du mamelon du bec avant de remplacer le bec pour vous assurer d'un raccord sans fuites.

RÉPARER UN ROBINET À CARTOUCHE ET À MANETTE UNIQUE

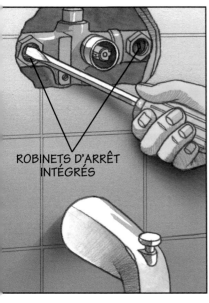

ROBINETS D'ARRÊT INTÉGRÉS

ÉCROU DE CHAPEAU

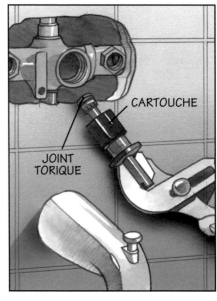

CARTOUCHE

JOINT TORIQUE

1 Avec un tournevis, retirez la manette et l'applique. Fermez l'eau aux robinets d'arrêt intégrés ou au robinet d'arrêt principal.

2 Dévissez et retirez l'anneau de retenue ou l'écrou de chapeau avec une clé à molette.

3 Enlevez l'assemblage de la cartouche en saisissant le bout du robinet avec une pince multiprise et en le tirant doucement. Rincez le corps du robinet à l'eau claire pour retirer tout dépôt. Remplacez les joints toriques usés puis replacez la cartouche et vérifiez si le robinet fonctionne correctement. Au besoin, remplacez la cartouche.

ENLEVER UN ROBINET EN RETRAIT

APPLIQUE   RUBAN-CACHE

MAMELON DE LA TIGE

ÉCROU DE CHAPEAU

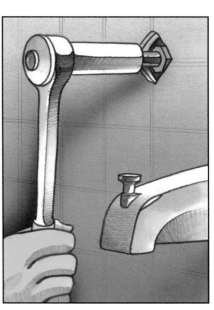

1 Retirez la manette et dévissez l'applique avec une pince multiprise. N'oubliez pas de recouvrir les mâchoires de ruban-cache pour ne pas abîmer l'applique.

2 Avec un marteau à penne ronde et un petit ciseau à froid, brisez le mortier entourant l'écrou de chapeau.

3 Dévissez l'écrou de chapeau avec une douille longue et une clé à cliquet. Enlevez l'écrou de presse-garniture puis retirez la tige du corps du robinet.

DEGRÉ D'HABILETÉ

Plomberie : habiletés de base.

Mécanique : les raccords rouillés peuvent compliquer la tâche.

Aide : les toilettes peuvent peser de 30 à 45 kg (70 à 100 lb). Faites-vous aider.

COMBIEN DE TEMPS FAUT-IL ?

Les deux travaux prennent environ le même temps : divisez en deux pour une seule des tâches. Enlever et installer une toilette requiert environ :

EXPÉRIMENTÉ	2 h
INTERMÉDIAIRE	3 h
DÉBUTANT	5 h

VOUS AUREZ BESOIN :

☐ **Outils :** outils de base (p. 86), coupe-tuyau et coupe-écrou.

☐ **Outils spéciaux :** clé coudée, coupe-écrou, clé à écrou, coupe-tuyau.

☐ **Matériel :** chiffon, seau, ruban, plastique, anneau et manchon de cire, mastic, boulons, écrous, robinet de chasse, robinet d'arrêt et tuyau.

GAGNEZ DU TEMPS

Certaines toilettes sont plus « standard » que d'autres. Aussi, à moins de vouloir déplacer le renvoi, mesurez la distance entre les boulons de plancher et le mur (et non la plinthe) avant d'aller au magasin. Assurez-vous que la nouvelle toilette correspond à cette distance. Si la distance n'est pas de 30 cm (1 pi), votre toilette n'est probablement pas standard.

Les toilettes

À moins qu'il ne se fissure, le corps principal de la toilette – la cuvette et le réservoir – ne s'usera jamais. Ce n'est que de la porcelaine inerte. Mais toutes les pièces mobiles, dont la plupart sont immergées dans l'eau et sujettes à un usage continu, devront être remplacées périodiquement.

Même si votre toilette n'est pas brisée, vous voudrez peut-être la remplacer. Il arrive qu'il soit nécessaire de l'enlever le temps d'une rénovation. Vous voudrez peut-être même vous débarrasser d'une toilette blanche pour la remplacer par une autre, plus à la mode.

Le remplacement d'une toilette n'est pas une tâche aussi compliquée qu'elle en a l'air. Le plus difficile est sans doute de desserrer les boulons et écrous rouillés qui retiennent la cuvette au plancher et, s'ils vous causent trop de problèmes, vous pouvez tout simplement les couper. Les instructions qui suivent vous expliquent tout ce qu'il faut savoir.

Ce qui rend les travaux de plomberie que l'on fait soi-même si passionnants, c'est l'inattendu. Si vous découvrez que le plancher est pourri ou que la plomberie est bizarre, il vaut la peine de demander l'aide d'un spécialiste. N'allez pas au delà de vos habiletés.

Avant de débrancher la plomberie, vous devriez vous poser ces questions :
1. Avez-vous une autre toilette que vous pouvez utiliser pendant que celle-ci sera hors d'usage ?
2. Êtes-vous certain de pouvoir tout faire tout seul ? (C'est lourd…) Pouvez-vous compter sur de l'aide au besoin ?
3. Comment pensez-vous jeter l'ancienne toilette ? Les éboueurs vont-ils la prendre ? En faire un ornement de pelouse ? Pas du meilleur goût…

ENLEVER UNE TOILETTE

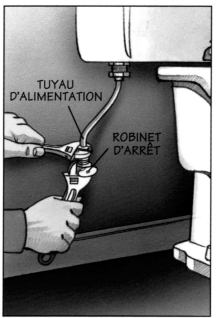

TUYAU D'ALIMENTATION

ROBINET D'ARRÊT

1 Fermez le robinet d'alimentation d'eau. Chassez l'eau, ce qui videra le réservoir et la cuvette. Asséchez ces derniers avec une éponge. Débranchez les deux bouts du tuyau d'alimentation d'eau, au robinet d'arrêt et au réservoir.

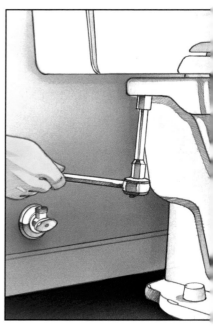

2 Avec une clé à cliquet ou une clé coudée, enlevez les écrous des boulons qui retiennent le réservoir sur la cuvette. Soulevez doucement le réservoir et déposez-le là où il ne nuira pas.

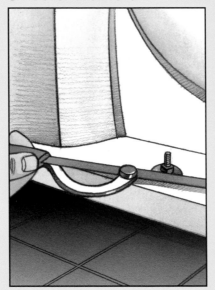

SI LES ÉCROUS NE CÈDENT PAS

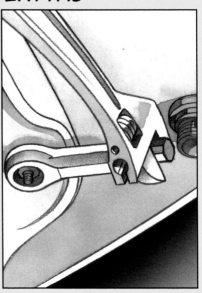

3 Si les boulons de plancher sont encore dotés de capuchons, soulevez-les et retirez-les en vous servant d'une clé à molette. Si es écrous ne cèdent pas, voir i-contre.

Les écrous et boulons des toilettes se corrodent rapidement (mais il vaut mieux ne pas trop y penser). Vous pourriez passer une journée entière à tenter de les dévisser avec toutes les clés que vous possédez ou que vous pourriez emprunter. Cela vous permettrait d'élargir votre vocabulaire... Mais si vous avez la chance d'avoir un coupe-écrou dans les outils que vous utilisez pour votre voiture, servez-vous-en. Sinon, attaquez-vous aux petits démons avec une scie à métaux, et utilisez le temps économisé pour parfaire votre vocabulaire d'une autre façon !

ANNEAU DE CIRE

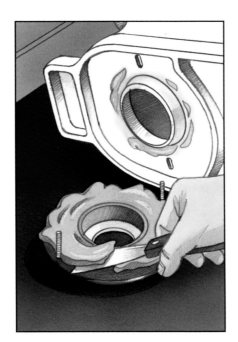

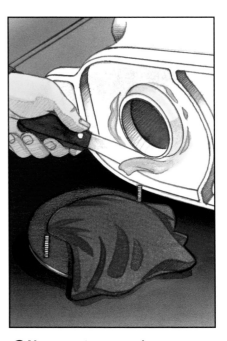

4 Un anneau de cire scelle le joint entre le fond de la cuvette et la bride (sous la toilette). Pour briser e sceau, enfourchez la cuvette et faites-la basculer doucement. Enlevez-la et déposez-la quelque art où elle ne vous nuira pas.

5 Avec un couteau à mastic, grattez la vieille cire de la bride de la cuvette et du renvoi (vous saurez ce que c'est lorsque vous les verrez), puis nettoyez-les avec une brosse métallique à poils rigides. Désinfectez la bride avec de l'eau de Javel.

6 Vous sentirez sans doute une forte odeur peu agréable (ce sont les gaz de l'égout). Bouchez le trou avec une guenille. Couvrez la bride et la guenille d'un seau renversé.

Plomberie

Les toilettes **139**

GUIDE
DES BONS ACHAT$

Il existe une grande gamme de styles et de couleurs de toilettes. La gamme des prix peut elle aussi être étourdissante. Quelques éléments à considérer :
a) on en a toujours pour son argent ;
b) plusieurs codes de construction exigent des toilettes qui utilisent moins d'eau ;
c) les toilettes monobloc sont mieux profilées, plus faciles à nettoyer, à l'épreuve des fuites et plus coûteuses.

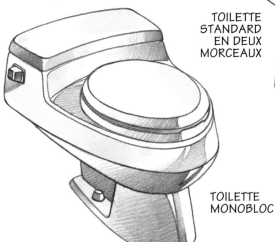

TOILETTE STANDARD EN DEUX MORCEAUX

TOILETTE MONOBLOC

LE COIN DU DESIGNER

Les toilett durent longtemps Aussi, mêm si le turquoi vous semble dans une salle montre, préférez couleurs neutres. Util des couleurs à la mode pou accessoires de salle de bair comme les serviettes. Il est p facile et meilleur marché de remplacer si vous avez env d'un changement.

ZUT ! Vous pensiez avoir terminé, mais vous remarquez une fuite d'eau. Fermez le robinet d'arrêt. Si la fuite se produit le long du tuyau d'alimentation, serrez les écrous d'un autre quart de tour. Si elle vient du fond du réservoir, fermez l'eau et videz-le. Vérifiez si les rondelles sont bien posées et, si c'est le cas, serrez les boulons d'un autre quart de tour.

INSTALLER UNE TOILETTE

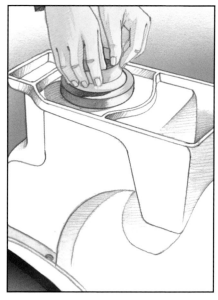

1 Si vous réinstallez l'ancienne toilette, enlevez la cire et autres matières du fond. Puis, que la toilette soit vieille ou neuve, retournez la cuvette à l'envers et posez un anneau de cire et un manchon neufs sur le renvoi.

2 Assurez-vous que la bride est propre et que les boulons pointent vers le haut. (N'oubliez pas d'enlever la guenille !) Posez soigneusement la cuvette sur la bride en plaçant les trous au-dessus des boulons. Si le plancher est inégal, appliquez une mince couche de plâtre au bas de la cuvette.

3 Pressez la cuvette contre l'anneau de cire pour assurer un joint étanche. Placez les rondelles et les écrous sur les boulons du plancher et serrez-les avec une clé à molette. (Ne serrez pas trop car la base de la cuvette pourrait craquer !) Placez les capuchons enjoliveurs.

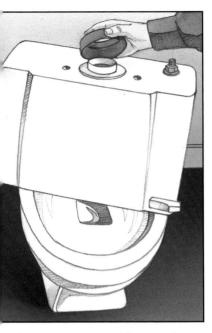

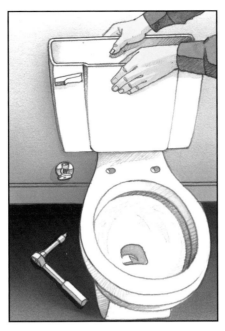

1 Ça y est presque ! Il reste le réservoir. Sur certains, vous devrez installer la manette de chasse, le robinet à flotteur et le clapet. Retournez le réservoir à l'envers et posez une rondelle sur l'about du siège du clapet.

5 Remettez le réservoir à l'endroit et placez-le sur la cuvette en centrant la rondelle sur l'entrée d'eau située près du bord arrière de la cuvette.

6 Aligner les deux trous du réservoir sur ceux de la cuvette. Mettez soigneusement le réservoir en place, puis posez une rondelle de caoutchouc sur chacun des boulons du réservoir et insérez-les dans les trous.

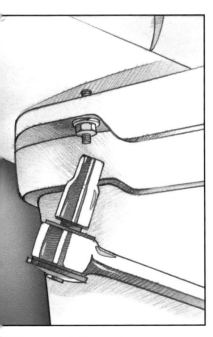

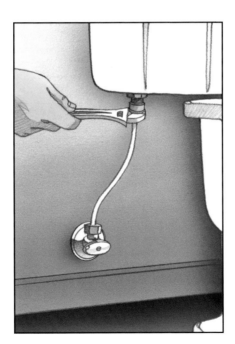

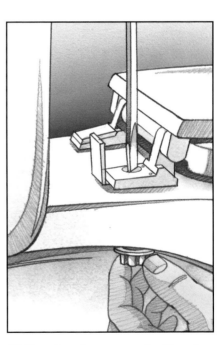

7 Fixez rondelles et écrous sur ces boulons, sous le rebord de la cuvette, et serrez-les bien avec une clé à cliquet ou un clé coudée. (N'oubliez pas : ne serrez pas trop !)

8 Coupez un tuyau d'alimentation de la bonne longueur afin de joindre le robinet d'arrêt et le réservoir. Fixez d'abord le tuyau au robinet d'arrêt, puis à l'about du robinet à flotteur. Serrez les écrous avec des clés à molette. Tenez le robinet à flotteur, puis serrez l'écrou (p. 144). Ouvrez le robinet : le réservoir se remplira.

9 Pour terminer, posez le siège de toilette. Insérez les boulons du siège dans les trous de la cuvette, vissez les écrous de montage sur les boulons du siège, puis serrez-les.

Réparer les toilettes

Lorsque, tard dans la nuit, vous êtes couché dans votre lit et écoutez les gargouillements de votre toilette qui fuit, consolez-vous en vous disant que vous pourrez probablement la réparer. Ou alors, donnez-vous un coup de pied au derrière pour ne pas l'avoir fait plus tôt. Tout dépend de votre caractère...

Les fuites peuvent avoir lieu à l'intérieur ou à l'extérieur de la toilette. Déterminez l'endroit où se trouve la fuite et la moitié de votre problème sera résolu.

Enlevez le couvercle du réservoir et regardez le tuyau de trop-plein (schéma). Si de l'eau coule de ce tuyau, c'est que le réservoir est trop plein parce que trop d'eau y entre ou parce que le niveau d'eau est trop haut. Vous avez un problème avec le robinet à flotteur ou le flotteur.

Si tout va bien du côté du tuyau de trop-plein, c'est que l'eau coule vers l'extérieur. Vous avez un problème avec la tige ou la chaîne de levage, ou avec le clapet.

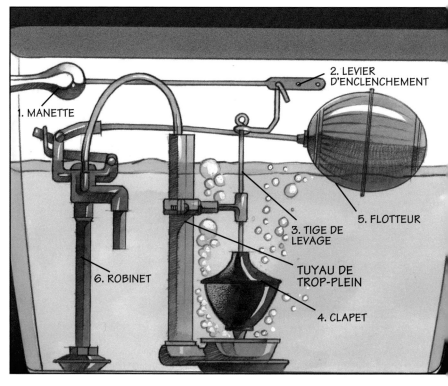

1. MANETTE

2. LEVIER D'ENCLENCHEMENT

3. TIGE DE LEVAGE

5. FLOTTEUR

TUYAU DE TROP-PLEIN

4. CLAPET

6. ROBINET

Tous les réservoirs de toilettes opèrent de la même façon. Quand vous abaissez la manette (**1**), le levier d'enclenchement (**2**) attaché à la chaîne ou aux tiges de levage (**3**) soulève le clapet (**4**). L'eau fraîche coule alors dans la cuvette. Lorsque le niveau d'eau baisse, le flotteur (**5**) ouvre le robinet (**6**) qui laisse entrer l'eau fraîche pour remplir le réservoir et la cuvette, et soulève le flotteur pour fermer le robinet.

APPORTER DES AJUSTEMENTS MINEURS

POUR SERRER LA MANETTE, TOURNEZ VERS LA GAUCHE

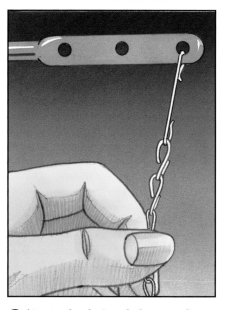

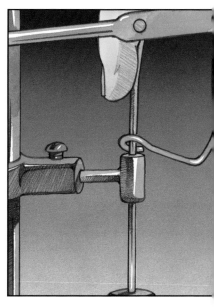

1 Nettoyez et ajustez l'écrou de montage de la manette afin qu'elle fonctionne bien. L'écrou de montage a des filets inversés. Desserrez l'écrou en tournant vers la droite et serrez-le en tournant vers la gauche.

2 Ajustez la chaîne de levage afin qu'elle pende en ligne droite du levier de déclenchement, avec environ 1,25 cm (½ po) de jeu. Au besoin, accrochez la chaîne dans un autre trou du levier ou retirez des maillons. Ajustez le clapet.

3 Ajustez les tiges de levage (dans les réservoirs sans chaîne) de manière qu'elles soient droites et fonctionnent bien lorsque la manette est actionnée. Une manette qui colle se répare souvent en redressant les tiges de levage pliées.

DEGRÉ D'HABILETÉ

Plomberie : les réparations les plus simples sont des ajustements mécaniques et requièrent des habiletés de base en plomberie.

Mécanique : les mécanismes sont faciles à rafistoler. Quelques boulons et écrous suffisent.

COMBIEN DE TEMPS FAUT-IL ?

Allouez une heure. Si cela n'est pas suffisant, vous devrez vider le réservoir et l'enlever pour remplacer des pièces. Vous aurez alors besoin d'un après-midi.

EXPÉRIMENTÉ	10 MIN
INTERMÉDIAIRE	20 min
DÉBUTANT	30 min

VOUS AUREZ BESOIN :

☐ **Outils :** outils de base (p. 86), clé coudée, clé à écrou.

☐ **Matériel :** seau, pièces de rechange, si nécessaire.

LE CONSEIL D'HOMER

Le bruit de la toilette qui coule ne me dérangeait pas du tout : c'était comme avoir une petite fontaine. Puis, j'ai eu des remords. L'eau est une ressource précieuse qu'il faut économiser.

AJUSTER LE NIVEAU D'EAU

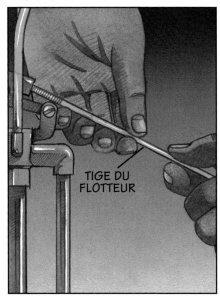

TIGE DU FLOTTEUR

Les robinets à flotteur à piston sont généralement faits de laiton. L'entrée d'eau est contrôlée par un piston fixé à la tige du flotteur. Pour abaisser le niveau d'eau, pliez la tige légèrement vers le bas. Pour le hausser, pliez-la vers le haut.

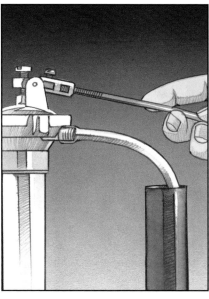

Les robinets à flotteur à diaphragme sont généralement faits de plastique et ont un genre de chapeau qui renferme un diaphragme en caoutchouc. Abaissez le niveau d'eau en pliant la tige légèrement vers le bas et haussez-le en pliant la tige vers le haut.

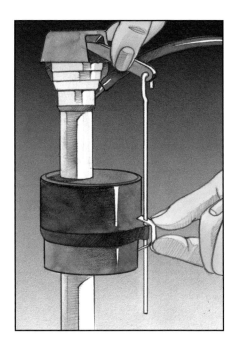

Les robinets à flotteur à cylindre sont faits de plastique et sont faciles à ajuster. Pour baisser le niveau d'eau, pincez l'attache à ressort de la tige et déplacez le flotteur vers le bas. Pour le hausser, déplacez le flotteur vers le haut.

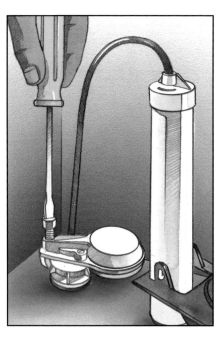

Les robinets sans flotteur ont un senseur à pression qui contrôle le niveau d'eau. Abaissez le niveau d'eau en tournant la vis d'ajustement vers la gauche, un demi-tour à la foi. Haussez-le en tournant vers la droite.

RÉPARER UN ROBINET À FLOTTEUR À PISTON

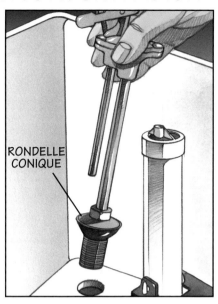

RONDELLE CONIQUE

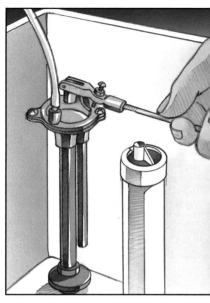

VUE EN COUPE

1 Fermez l'eau et tirez la chasse pour vider le réservoir. Desserrez l'écrou qui retient le robinet à flotteur avec une clé à molette et retirez le vieil assemblage.

2 Placez la rondelle conique sur l'about du nouveau robinet à flotteur et insérez-le dans l'ouverture du réservoir.

3 Alignez l'emboîture du levier du flotteur de manière que le levier passe derrière le tuyau de trop-plein. Vissez le levier sur le robinet à flotteur.

RÉPARER UN ROBINET À FLOTTEUR À DIAPHRAGME

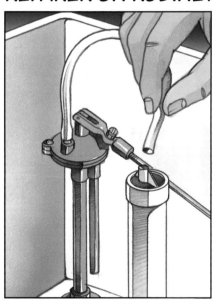

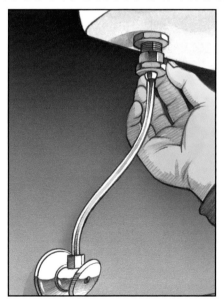

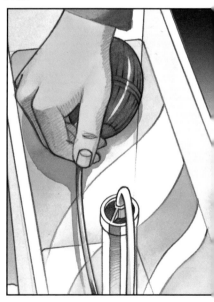

1 Pliez ou agrafez le tuyau de remplissage de manière que le bout soit à l'intérieur du tuyau de trop-plein.

2 Vissez l'écrou de montage et l'écrou de raccord à l'alimentation sur l'about du robinet à flotteur et serrez-les avec une clé à molette. Ouvrez l'eau et voyez s'il y a des fuites.

3 Ajustez le niveau d'eau du réservoir afin qu'il soit à environ 1,25 cm (½ po) sous le bord du tuyau de trop-plein (p. 143).

RÉPARER UN ASSEMBLAGE DE CLAPET QUI FUIT

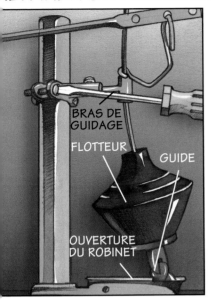

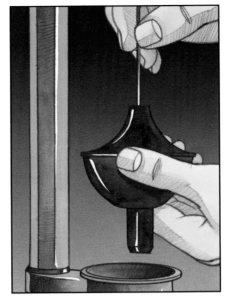

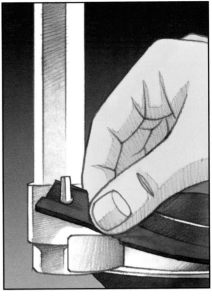

Ajustez le flotteur (ou le clapet) pour qu'il se trouve directement au-dessus du robinet de chasse. Le flotteur peut être repositionné au moyen d'un bras de guidage que l'on desserre. (Certains ont un guide qui les aide à se poser sur le siège de l'ouverture du robinet de chasse.)

Remplacez le flotteur s'il est fendu ou usé. Les flotteurs ont un raccord fileté qui se visse sur la tige de levage. Nettoyez l'ouverture du robinet de chasse avec une toile d'émeri (robinets en laiton) ou un tampon à récurer (robinets en plastique).

Remplacez le clapet s'il est usé. Les clapets sont fixés à des pattes d'attaches situées sur les côtés du tuyau de trop-plein.

INSTALLER UN NOUVEAU ROBINET DE CHASSE

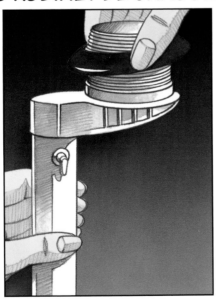

1 Fermez l'eau, débranchez le robinet à flotteur (page opposée, étape 1), et enlevez le réservoir (étapes 1 et 2, p. 138). Enlevez le vieux robinet de chasse en dévissant le gros écrou avec une clé à écrou ou une pince multiprise.

2 Faites glisser la rondelle conique sur l'about du nouveau robinet de chasse, le côté biseauté faisant face au bout de l'about. Insérez le robinet de chasse dans l'ouverture du réservoir afin que le tuyau de trop-plein soit face au robinet à flotteur.

3 Vissez le gros écrou sur l'about du robinet de chasse, et serrez-le avec une clé à écrou ou une pince multiprise. Placez la rondelle molle sur l'about, et replacez le réservoir (p. 140).

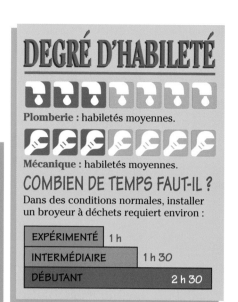

DEGRÉ D'HABILETÉ

Plomberie : habiletés moyennes.

Mécanique : habiletés moyennes.

COMBIEN DE TEMPS FAUT-IL ?

Dans des conditions normales, installer un broyeur à déchets requiert environ :

EXPÉRIMENTÉ	1 h
INTERMÉDIAIRE	1 h 30
DÉBUTANT	2 h 30

VOUS AUREZ BESOIN :

☐ **Outils :** outils de base (p. 86).

☐ **Matériel :** mastic de plombier, colliers de serrage pour tuyaux.

CONNEXIONS

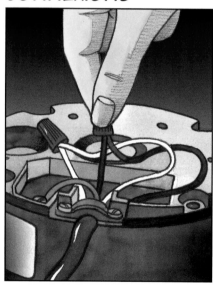

Enlevez la plaque de fond. Avec une pince universelle, retirez 1,25 cm (½ po) d'isolant de chaque fil du cordon électrique de l'appareil. Joignez les fils blancs dans un serre-fils puis, joignez les fils noirs dans un serre-fils. Branchez le fil vert isolé à la vis de mise à la terre verte. Rentrez les fils et replacez la plaque.

Installer un broyeur à déchets

Ces appareils broient les ordures qui sont ensuite chassées à l'égout. N'oubliez pas qu'ils ne sont pas conçus pour broyer les os de viande comme le ferait un broyeur industriel.

Assurez-vous d'acheter un broyeur muni d'un moteur qui ait une puissance nominale d'au moins ½ HP (*horsepower*) et qui soit autoréversible, afin de débloquer tout bouchon, au besoin. Les autres caractéristiques à rechercher sont : une isolation en mousse, un anneau de broyage en fonte, et une protection contre les surcharges qui vous permettra de remettre le moteur en marche s'il surchauffe. La plupart des broyeurs sont garantis pendant cinq ans par le fabricant.

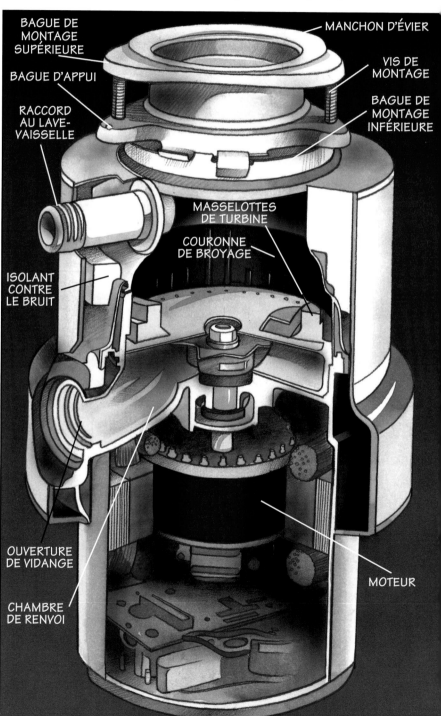

BAGUE DE MONTAGE SUPÉRIEURE

BAGUE D'APPUI

RACCORD AU LAVE-VAISSELLE

MANCHON D'ÉVIER

VIS DE MONTAGE

BAGUE DE MONTAGE INFÉRIEURE

MASSELOTTES DE TURBINE

COURONNE DE BROYAGE

ISOLANT CONTRE LE BRUIT

MOTEUR

OUVERTURE DE VIDANGE

CHAMBRE DE RENVOI

MONTER ET INSTALLER UN BROYEUR À DÉCHETS

BRIDE
MANCHON
JOINT EN FIBRE
BAGUE D'APPUI
BAGUE DE MONTAGE SUPÉRIEURE
BAGUE D'ARRÊT

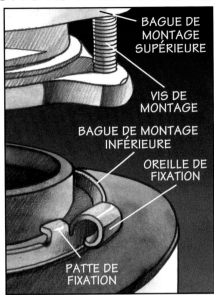

BAGUE DE MONTAGE SUPÉRIEURE
VIS DE MONTAGE
BAGUE DE MONTAGE INFÉRIEURE
OREILLE DE FIXATION
PATTE DE FIXATION

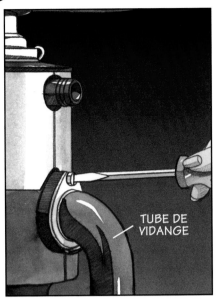

TUBE DE VIDANGE

1 Appliquez une lisière de 6 mm (¼ po) de mastic sous la bride du manchon. Insérez le manchon dans l'ouverture du renvoi. Faites glisser le joint d'étanchéité en fibre et la bague d'appui sur le manchon. Placez la bride de montage supérieure et faites glisser la bague d'arrêt dans la rainure.

2 Serrez les trois vis de montage. Tenez le broyeur contre la bague supérieure de manière que les pattes de la bague inférieure se trouvent directement sous les vis de montage. Tournez la bague inférieure vers la droite jusqu'à ce que le broyeur soit fixé à l'assemblage.

3 Fixez le tube de vidange à l'ouverture de vidange qui est située sur le côté du broyeur en posant une rondelle de caoutchouc et une bride de métal.

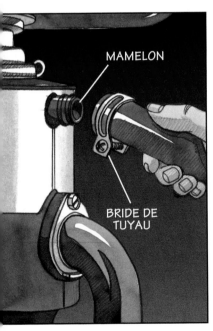

MAMELON
BRIDE DE TUYAU

RENVOI CONTINU

OREILLE DE FIXATION
BAGUE DE MONTAGE INFÉRIEURE

4 Si on doit brancher un lave-vaisselle, enlevez le bouchon du mamelon du raccord au lave-vaisselle au moyen d'un tournevis. Fixez le tuyau de vidange au mamelon avec une bride de tuyau.

5 Branchez le tuyau de vidange au tuyau de renvoi continu au moyen d'une rondelle et d'un écrou coulissants. Si le tuyau de vidange est trop long, coupez-le avec une scie à métaux ou un coupe-tuyau.

6 Fixez le broyeur à sa place. Insérez un tournevis ou une clé pour broyeur dans une oreille de fixation de la bague inférieure et tournez vers la droite jusqu'à ce que les fixations soient enclenchées. Avec une pince multiprise, serrez les écrous coulissants du renvoi.

Installer un lave-vaisselle

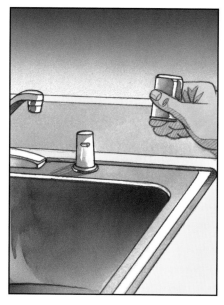

Un lave-vaisselle, comme vous le savez, nettoie la vaisselle, les ustensiles et les verres... Mais vous constaterez aussi qu'il nettoie les plans de travail ! En éliminant les piles de vaisselle sale qui débordent de l'évier, le lave-vaisselle est un aide précieux dans vos travaux ménagers quotidiens.

Tout ce dont vous avez besoin pour installer une de ces merveilles est un raccord au tuyau d'alimentation d'eau chaude, un raccord au renvoi et un branchement électrique. L'installation est plus facile lorsque le lave-vaisselle est situé à côté de l'évier.

Plusieurs lave-vaisselle se vident directement dans le broyeur et d'autres se vident en faisant passer la vidange par une colonne d'air fixée à l'évier ou sur le plan de travail. Grâce à cette colonne d'air, un renvoi bloqué ne peut repousser l'eau dans le lave-vaisselle.

1 Installez la colonne d'air en vous servant d'une des ouvertures déjà percées de l'évier, ou percez un trou dans le plan de travail avec une perceuse et une scie-cloche. Avec une pince multiprise, fixez la colonne d'air en serrant l'écrou de montage sur l'about.

2 Avec une perceuse et une scie-cloche, percez les ouvertures dans l'armoire de l'évier pour les tuyaux et fils électriques. Les directives du fabricant précisent leur taille et leur emplacement. Faites glisser l'appareil à sa place en passant le tuyau de vidange, qui doit être de niveau, dans le trou.

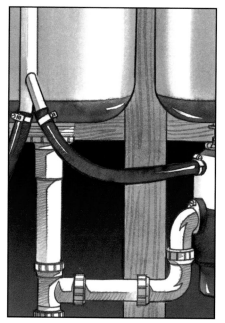

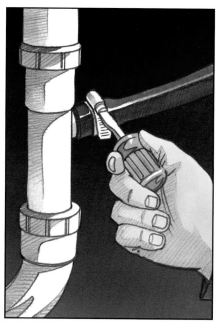

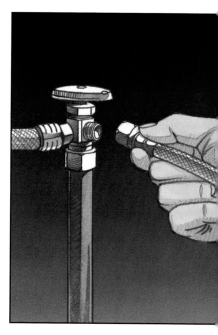

3 Avec une bride de tuyau, branchez le tuyau de vidange du lave-vaisselle au mamelon droit (plus petit) de la colonne d'air. Coupez une autre longueur de tuyau de caoutchouc et fixez-en un bout au mamelon à angle du broyeur (plus gros) et l'autre à la colonne d'air.

Pour les éviers qui n'ont pas de broyeur, fixez un about en T spécial à la crépine de l'évier. Fixez le tuyau de renvoi au mamelon en T au moyen d'une bride de serrage.

4 Branchez le tuyau d'alimentation au robinet d'arrêt de l'eau chaude en vous servant d'un scellant et d'une pince multiprise. C'est plus facile à faire si le robinet a plusieurs sorties ou un raccord en T en laiton. Ou alors, installez deux robinets après la pose du raccord en T au bout du tuyau d'eau chaude.

Plomberie

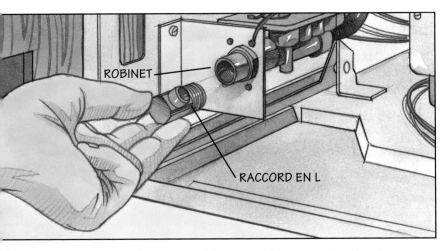

ROBINET

RACCORD EN L

5 Retirez le panneau d'accès situé à l'avant du lave-vaisselle. Posez un raccord en L dans l'ouverture filetée du robinet du lave-vaisselle en vous servant d'un matériau d'étanchéité et en serrant avec une pince multiprise.

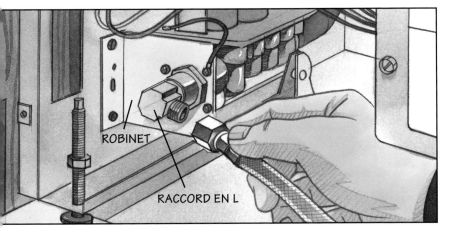

ROBINET

RACCORD EN L

6 Branchez le tuyau en acier tressé de l'alimentation d'eau chaude au robinet du lave-vaisselle. Fixez le tuyau d'alimentation au raccord en L en vous servant d'un matériau d'étanchéité et d'une clé à molette ou d'une pince multiprise.

ATTENTION
Assurez-vous d'avoir coupé le courant avant de faire des branchements électriques.
DANGER

7 Retirez le couvercle de la boîte électrique. Faites courir le cordon d'alimentation de l'orifice de sortie jusqu'à la boîte électrique. Dénudez environ 1,25 cm (½ po) d'isolant de chaque fil en vous servant d'une pince universelle. Joignez les fils rouges dans un serre-fils. Joignez les fils blancs dans un serre-fils, puis connectez le fil isolé vert à la vis de mise à la terre. Replacez le couvercle et le panneau d'accès.

DEGRÉ D'HABILETÉ

Plomberie : habiletés moyennes.

Mécanique : habiletés moyennes.

Aide : faites-vous aider (pour mettre le lave-vaisselle en place).

COMBIEN DE TEMPS FAUT-IL ?

Installer un lave-vaisselle requiert environ :

EXPÉRIMENTÉ	2 h
INTERMÉDIAIRE	2 h 30
DÉBUTANT	3 h

VOUS AUREZ BESOIN :

☐ **Outils :** outils de base (p. 86).

☐ **Matériel :** matériau d'étanchéité pour tuyaux, tuyau d'alimentation en acier tressé, bride de tuyau.

ZUT! Si vous n'enlevez pas le bouchon du mamelon du broyeur, vous obtiendrez un lave-vaisselle plein de l'eau du renvoi et un raz-de-marée lorsque vous ouvrirez la porte. Il n'y a qu'une chose à faire : assécher le lave-vaisselle puis le débrancher pour avoir accès au tuyau de vidange. Enlevez le bouchon et rebranchez.

L'ABC DE L'ÉLECTRICITÉ

Un système électrique et un système de plomberie résidentiels sont comparables : le courant électrique circule dans les fils comme l'eau circule dans les tuyaux. Les deux pénètrent dans votre maison, sont distribués, accomplissent leur « tâche » et sont réacheminés vers l'extérieur.

En plomberie, l'eau circule dans un circuit d'eau sous pression, tandis qu'en électricité, le courant sous tension est acheminé dans des fils également sous tension. Les volts expriment la tension du courant électrique.

Les tuyaux larges peuvent acheminer plus d'eau que les petits. Aussi, les fils électriques plus gros acheminent plus de courant que les plus petits. L'ampérage est la quantité de courant acheminée.

À la maison, l'eau arrive par les robinets et la douche, et l'électricité par les prises de courant, les interrupteurs et les luminaires. Finalement, l'eau ressort de la maison par un réseau d'égouts qui n'est pas sous pression. L'électricité est acheminée vers sa source par des fils neutres. Le courant qui circule dans les fils neutres n'est pas sous tension. On qualifie ce type de tension de « tension neutre ».

La sécurité est la préoccupation majeure de tous ceux qui effectuent des travaux d'électricité. Même si cela semble simple, prenez toutes les précautions nécessaires et faites appel à votre bon sens. Ici, la règle de sécurité fondamentale est la suivante : coupez toujours le courant où vous travaillez ou mettez le dispositif hors tension.

Au tableau de distribution principal, ôtez le fusible ou déclenchez le disjoncteur qui contrôle le circuit sur lequel vous travaillez. Assurez-vous toujours que le courant est coupé en testant le circuit avec un vérificateur de tension au néon. Ne rétablissez le courant que quand la réparation est finie.Les améliorations et les réparations électriques sont rigoureusement régies par des codes qui diffèrent d'une région à l'autre. Reportez-vous toujours à ces codes avant de commencer.

ÉLECTRICITÉ : OUTILS DE BASE

A) Pince universelle : pour mesurer, dénuder et sectionner les fils et les câbles.
B) Pince à bec long : pour plier et mettre les fils en forme.
C) Pince d'électricien : pour les fils lourds et saisir les écrous à conduit.
D) Pince arrache-fusible : pour enlever les fusibles de type cartouche.
E) Marteau : pour saisir les clous cavaliers et ouvrir les alvéoles défonçables.
F) Ruban isolant : pour marquer les fils et attacher les câbles à l'aiguille.
G) Dénudeur de câble : pour enlever le gainage des câbles NM.
H) Ruban à mesurer : pour mesurer la hauteur des nouvelles boîtes électrique.
I) Tournevis isolants : pour minimiser les risques de choc électrique.
J) Perceuse et forets avec rallonge : pour percer les trous.
K) Câble de traction : pour installer le câble et le faire courir.
L) Évaluateur de tension : outil qui mesure la tension de 1 à 1 000 volts.
M) Vérificateur de tension au néon : pour vérifier si le fil est alimenté.
N) Vérificateur de continuité : pour détecter les défaillances.

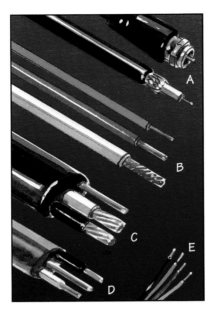

GUIDE DES BONS ACHAT$

Choix des fils

Les fils en cuivre massif sont les [m]eilleurs conducteurs électriques. [A]chetez des fils assez larges pour le [fl]ux d'ampérage du circuit complet. [U]n fil trop petit surchauffe et [de]vient dangereux. Les calibres de [fil]s sont désignés par un chiffre. [Pl]us le chiffre est élevé, plus le fil [e]st petit. Le calibre d'un fil figure [su]r l'isolant.

Les câblages en aluminium [ex]igent des raccordements spéciaux [p]ermettant d'installer du nouveau [câ]blage en cuivre. Dans ce cas, [fa]ites appel à un électricien.

[M]ATÉRIEL ÉLECTRIQUE DE BASE ▶

[(A]) Boîtes électriques : les boîtes en métal sont utilisées avec les conduits mais aussi dans les murs finis. Celles en plastique ont des clous préfixés et s'utilisent avec des colliers de câble intérieurs dans les murs finis. On utilise les boîtes de dérivation pour ajouter une prise ou un interrupteur dans un mur existant.

[(B]) Prises de courant : standard ou à disjoncteur détecteur de fuites à la terre (DDFT).

[(C]) Interrupteurs : standard, pour un circuit d'interrupteur unipolaire ; tripolaire, pour les circuits d'interrupteurs multiples ; spéciaux, (interrupteurs temporisés ou programmables).

◀ TYPES ET CALIBRES DE FILS

A) Câble coaxial : pour raccorder les jacks de télévision. Offerts avec raccords préassemblés.

B) Câble THHN/THWN : utilisé dans les conduits ; illustré de haut en bas dans des jauges n° 14, 12, 10.

C) Câble gainé de papier NMB : pour les câblages intérieurs dans les endroits secs. Deux modèles : à 2 fils et un fil de terre, et à 3 fils et un fil de terre.

D) Câble enfoui : utilisé dans les endroits humides. Si le code l'autorise, enterrez-le à 61 cm (2 pi) et protégez-le par un panneau enfoui.

E) Fil à faible tension : plusieurs jauges sont utilisées pour les applications à faible tension comme les thermostats. **Non illustré : câble métallique (CM) :** utilisé si un isolant de câble résistant est requis.

Électricité

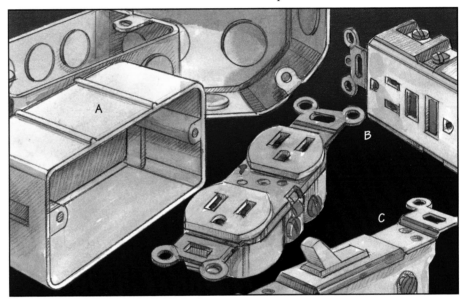

◀ SERRE-FILS

Les serre-fils, verrouillables par rotation ou ordinaires, sont calibrés en fonction de la jauge et du nombre de fils à raccorder. Suivez les indications de calibrage du fabricant quant à la capacité des fils. Les serre-fils verts sont uniquement utilisés pour raccorder les fils de mise à la terre.

COLLIERS ET CLOUS CAVALIERS ▶

Les clous cavaliers des câbles en plastique servent à fixer les câbles sur les côtés des éléments de structure et sont adaptés au calibre et à la quantité de câbles à fixer. Les colliers de câble sont adaptés au calibre du câble et à l'ouverture de la boîte en métal.

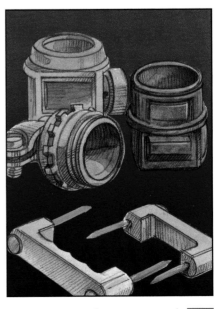

Les conduits

Le câblage utilisé dans les endroits exposés doit être protégé par des conduits. On utilisera un conduit si le câblage court sur les murs en maçonnerie d'une buanderie, dans un sous-sol, ou pour protéger un câblage extérieur non dissimulé. Les câbles THHN et THWN sont installés dans un conduit.

Il existe plusieurs types de conduits ; vous devez donc vous adresser à votre inspecteur en électricité pour connaître le type de conduit qui est conforme aux codes.

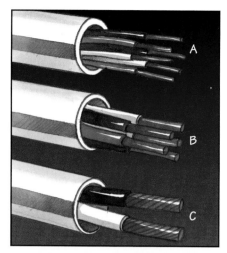

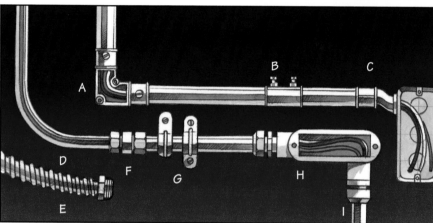

CAPACITÉ DES CONDUITS EN FIL

À l'achat, n'oubliez pas que la capacité du conduit est déterminée par la jauge des fils, la dimension du conduit et les codes. Un conduit de 1,25 cm ($\frac{1}{2}$ po) convient à ces câbles :
A) THHN/THWN (6 fils, jauge 14 ou 1
B) THHN/THWN (5 fils, jauge 10)
C) THHN/THWN (2 fils, jauge 8)
Si le nombre de fils requis est supérieur, procurez-vous un condu de 2 cm ($\frac{3}{4}$ po). Vérifiez toujours le codes et évaluez vos besoins en conduit et en raccords de conduit avant d'acheter.

RACCORDS DE CONDUITS

A) Raccord coudé : utilisé dans les coins. Le couvercle s'enlève pour tirer les fils.
B) Manchon à vis de blocage : raccorde les conduits en métal.
C) Raccord compensateur : raccorde une boîte électrique intérieure en métal à un conduit affleurant le mur.
D) Raccord coudé à 90° : courbe graduelle de 90° pour tirer les fils facilement.
E) Conduit en métal flexible : endroits exposés où les conduit rigides sont difficiles à installer.
F) Raccord à compression : manchon étanche pour l'extérieur
G) Bride de conduit : maintient le conduit en place contre le mur.
H) Raccord en coude intérieur : coude étanche pour l'extérieur.
I) Tube électrique métallique : pour les installations intérieures exposées.

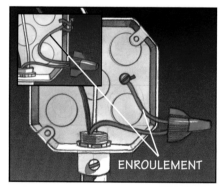

ENROULEMENT

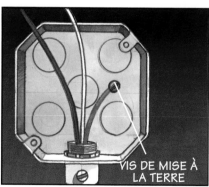

VIS DE MISE À LA TERRE

MISE À LA TERRE DANS UN CONDUIT EN MÉTAL

Même si la plupart des codes permettent de se servir du conduit en métal comme conducteur de mise à la terre, les électriciens installent un fil vert isolé pour plus de sécurité. Les fils de terre doivent être raccordés aux boîtes en métal par enroulement autour d'une vis de mise à la terre (gauche, haut) ou avec une bride de mise à la terre (encart). Au Canada, le fil de terre peut aussi s'installer directement à la vis de mise à la terre (gauche, bas).

CONDUIT EN PLASTIQUE

Le conduit PVC en plastique est souvent autorisé par les codes. Utilisé dans les enfouissements, il est assemblé à l'aide d'une colle à solvant et de raccords en PVC. On peut utiliser des adaptateurs spéciaux pour le fixer aux boîtes en métal. Si vous installez du câblage dans un conduit en PVC, utilisez un fil de terre vert pour chaque circuit.

INSTALLER UN CONDUIT EN MÉTAL

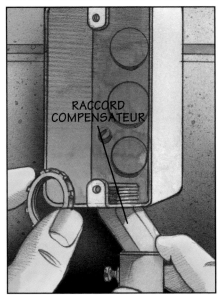

RACCORD COMPENSATEUR

1 Ouvrez une alvéole défonçable pour chaque longueur de conduit raccordée à la boîte. Raccordez un raccord compensateur à chaque alvéole en utilisant un écrou de blocage. Les bords coupants endommagent l'isolant des fils. Ébavurez toujours le conduit sectionné avant de tirer les fils.

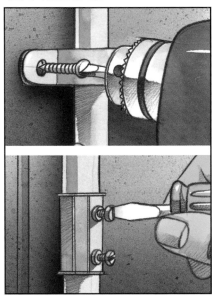

2 Fixez le conduit avec des étriers plats à pattes et des pièces d'ancrage de maçonnerie. Le conduit se fixe à une distance max. de 0,91 m (3 pi) de chaque boîte et de chaque raccord puis tous les 3 m (10 pi). Faites courir le conduit en ajoutant des longueurs avec des vis de blocage ou des raccords à compression.

3 Utilisez un raccord coudé dans les chemins de conduits qui comportent beaucoup de courbures ou devant acheminer des fils très longs. Le couvercle de coude peut être enlevé pour rallonger le câble de traction et tirer les fils plus facilement.

4 Au tableau des disjoncteurs, ouvrez l'alvéole défonçable. Raccordez un raccord à vis de blocage et installez une longueur de conduit.

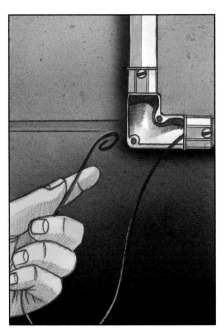

5 Déroulez le câble de traction et faites-le passer dans le conduit à partir du tableau de disjoncteurs, vers l'extérieur. Enlevez le couvercle de coude d'un raccord coudé lorsque vous rallongez le câble de traction dans les coins.

VOUS AUREZ BESOIN :

☐ **Outils :** câble de traction, perceuse avec forêts, couteau, pince à bec long.

☐ **Matériel :** lubrifiant de câble de traction, ruban isolant, ruban non métallique.

Acheminer les fils de circuits

Le câble NM est utilisé pour tous les travaux de câblage intérieurs, sauf pour ceux qui exigent un conduit. « NM » signifie non métallique et se rapporte à la gaine extérieure du câble. Il est facile à installer si les murs et les plafonds ne sont pas finis ; cependant, le câble doit parfois courir dans les murs finis. Dans ce cas-là, effectuez une planification plus poussée et demandez de l'aide. Il est parfois possible d'utiliser les vides autour d'une cheminée ou le long des tuyaux de chute.

Reportez-vous à votre plan de câblage pour vous assurer que chaque longueur de câble correspond aux dimensions et à la configuration du circuit. Les chemins de câbles sont difficiles à mesurer exactement ; réservez donc un important surplus de fil lors de la coupe d'une longueur. **Le épissures de câbles dans les murs sont interdites par le code.** Les boîtes de jonction, dans lesquelles les fils sont raccordés, doivent demeurer accessibles. Adressez-vous à votre inspecteur en électricité local lorsque vous envisagez des travaux de câblage.

ATTENTION
Ne raccordez jamais des fils de cuivre et d'aluminium. Leur incompatibilité cause des défaillances électriques.
DANGER

POUR TIRER LES CÂBLES, N'UTILISEZ PAS D'HUILE NI DE PÉTROLATUM COMME LUBRIFIANT ; ILS PEUVENT ENDOMMAGER LE GAINAGE THERMOPLASTIQUE DES CÂBLE

ACHEMINER UN CÂBLE NM DANS UN MUR FINI

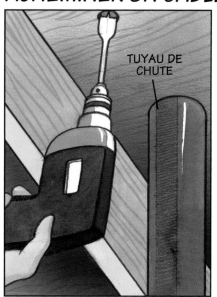

TUYAU DE CHUTE

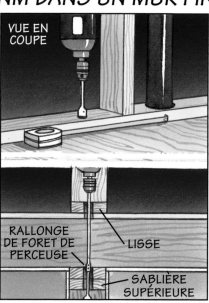

VUE EN COUPE

RALLONGE DE FORET DE PERCEUSE

LISSE

SABLIÈRE SUPÉRIEURE

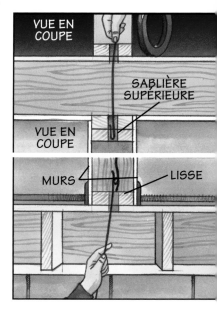

VUE EN COUPE

SABLIÈRE SUPÉRIEURE

VUE EN COUPE

MURS

LISSE

1 De l'espace au-dessous du mur, trouvez un point de repère : un tuyau de chute, des tuyaux de plomberie ou des câbles électriques qui indiquent l'emplacement du mur au-dessus. Le câble ne doit pas gêner les installations existantes. Percez un trou de 2,5 cm (1 po) dans le creux du montant.

2 De l'espace non fini situé au-dessus du mur fini, repérez le haut du creux du montant en mesurant du même point de repère fixe utilisé à l'étape 1. Percez un trou de 2,5 cm (1 po) vers le bas à travers la sablière supérieure et dans le creux du montant en utilisant une rallonge de foret de perceuse.

3 Déroulez un câble de traction vers le bas à travers la sablière supérieure, en le tordant jusqu'à ce qu'il atteigne le bas du creux du montant. De l'espace non fini au-dessous du mur, récupérez le câble de traction par le trou percé dans la lisse à l'aide d'un morceau de câble rigide pourvu d'un crochet.

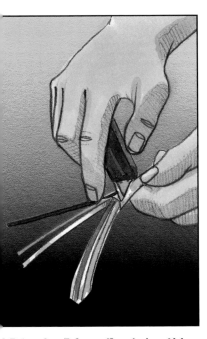

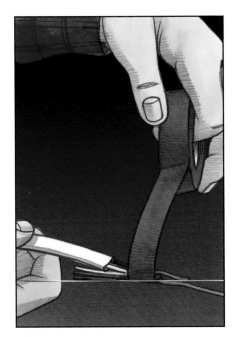

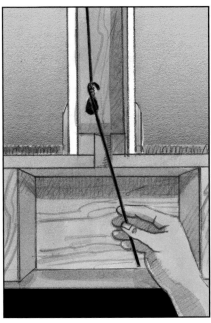

Dénudez 7,6 cm (3 po) du câble NM en commençant à l'extrémité u câble NM. Vérifiez les câbles afin e vous assurer que vous n'avez as malencontreusement entaillé u coupé l'isolant en enlevant le inage extérieur. Insérez les fils ans la boucle, à l'extrémité du ble de traction.

5 Pliez les fils contre le câble. Attachez-les ensemble bien serrés avec du ruban isolant.

Si vous n'avez pas de câble de traction, utilisez une longueur de corde de maçon robuste et une masse de plomb de pêche, ou une rondelle lourde, pour récupérer le câble dans le creux du montant. Lancez la ligne dans le montant, du dessus. Avec un morceau de fil rigide, accrochez la ligne par le bas.

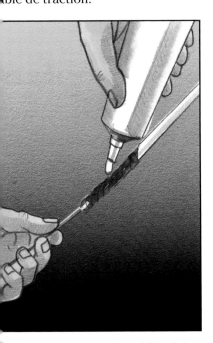

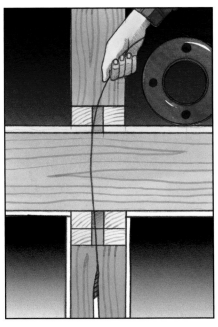

TRAVAILLER
EFFICACEMENT

Selon la longueur et la complexité du chemin de câble, vous envisagerez de demander de l'aide au moment de tirer le câble. Quelquefois, le câble peut se coincer et se tordre au point d'entrée si vous le tirez seul. Si quelqu'un fait avancer le câble dans le creux du mur, le câble remonte sans accroc et les risques de torsion et de tassement sont éliminés. Si le câble se tord ou se plie trop, le gainage peut s'abîmer.

 Si vous éprouvez des difficultés à tirer le câble, appliquez un brifiant de tirage de câble aux xtrémités rubanées du câble de action. Ceci peut se révéler utile le câble est tiré dans une courbe ès prononcée.

7 Par le dessus du mur fini, tirez régulièrement sur le câble de traction pour remonter le câble par le creux du montant. Cette tâche vous semblera plus facile si quelqu'un peut faire avancer le câble au fur et à mesure que vous tirez.

CÂBLES DE TRACTION : LES DESSOUS DE L'HISTOIRE

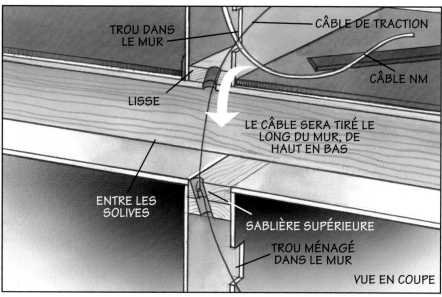

TROU DANS LE MUR

CÂBLE DE TRACTION

CÂBLE NM

LISSE

LE CÂBLE SERA TIRÉ LE LONG DU MUR, DE HAUT EN BAS

ENTRE LES SOLIVES

SABLIÈRE SUPÉRIEURE

TROU MÉNAGÉ DANS LE MUR

VUE EN COUPE

CÂBLE DE TRACTION

VIDE DE SOLIVE

LE CÂBLE SERA TIRÉ DANS LE VIDE DE LA SOLIVE LE LONG DU MUR, DE HAUT EN BAS

VUE EN COUPE

Murs finis alignés : si l'accès est impossible du haut ou du bas du mur, ménagez des ouvertures dans les murs finis pour acheminer le câble. Ce cas se présente fréquemment dans les maisons à étages lorsqu'un câble est déroulé d'un mur du haut vers un mur du bas. Ménagez de petites ouvertures dans le mur du bas, près de la sablière supérieure et aussi près du mur du haut, près de la lisse, puis percez un trou incliné de 2,5 cm (1 po) dans chaque partie. Faites courir le câble de traction dans le vide de la solive, entre les murs, et utilisez-le pour tirer le câble d'un mur à l'autre. Si les murs se font face, récupérez le câble de traction à l'aide d'un morceau de fil rigide.

Si les murs ne sont pas alignés, utilisez un deuxième câble de traction pour récupérer le premier. Après avoir fait courir le câble, réparez les trous dans les murs avec du plâtre ou des chutes de panneau mural et un enduit.

INSTALLER UN CÂBLE NM DANS DE NOUVEAUX MURS

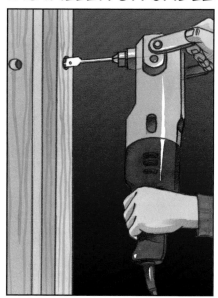

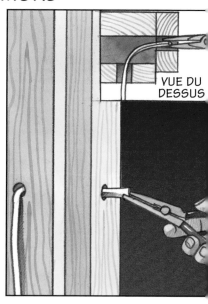

VUE DU DESSUS

1 Percez un trou de 1,6 cm ($\frac{5}{8}$ po) sur chaque élément de structure afin d'acheminer le câble. Les trous doivent être en retrait d'au moins 3 cm ($1\frac{1}{4}$ po). Là où les câbles contournent les coins, percez des trous d'intersection dans les faces des montants voisins.

2 Évitez les coudes brusques en redressant le câble avant de le tirer à travers les montants. C'est plus facile lorsque les trous sont lisses, droits et à la même hauteur. Fixez des plaques de clouterie à l'avant des montants afin de protéger le câble des clous et des vis.

3 Dans les coins, formez un coude légèrement en L à l'extrémité du câble et insérez le câble dans le trou. Récupérez le câble par les autres trous à l'aide d'une pince à bec long.

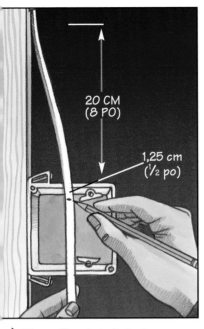

À 20 cm (8 po) de la boîte, agrafez le câble à l'élément de ~~st~~ructure. Maintenez le câble tendu ~~e~~ntre la face de la boîte et marquez ~~u~~ repère sur le câble, à 1,25 cm ~~(½~~ po) après le bord. Sectionnez le ~~câ~~ble à 30,5 cm (12 po). Dénudez ~~le~~ câble de la ligne à l'extrémité et ~~ag~~rafez le surplus de gainage.

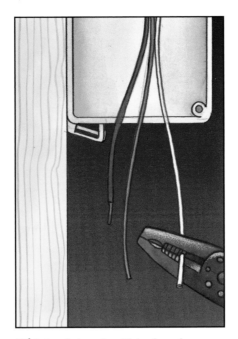

5 Introduisez le câble dans la boîte, par l'alvéole défonçable. Agrafez chaque fil de sorte que 20 cm (8 po) de fil utilisable dépasse de la boîte. Dénudez 2 cm (¾ po) de chaque fil. Continuez le circuit en acheminant le câble entre chaque paire de boîtes, laissant 30,5 cm (12 po) de câble à chaque extrémité.

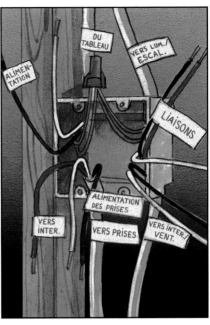

6 Étiquetez les câbles dans chaque boîte pour indiquer leur destination. Si la configuration est complexe, désignez également les fils pour faciliter les branchements définitifs. Dès que tous les câbles sont installés, votre travail de raccordement est prêt à être vérifié par l'inspecteur en électricité.

~~A~~U TABLEAU DES DISJONCTEURS DU CIRCUIT

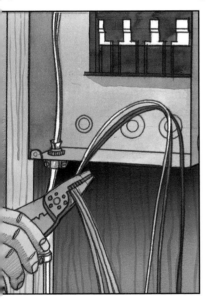

1 **Coupez le courant au tableau des disjoncteurs du circuit.** ~~Dé~~nudez le câble en laissant ~~1,~~25 cm (½ po) de gainage pour ~~qu~~'il entre dans la boîte. Ouvrez ~~un~~e alvéole défonçable de la boîte ~~du~~ tableau à l'aide d'un marteau ~~et~~ d'un tournevis.

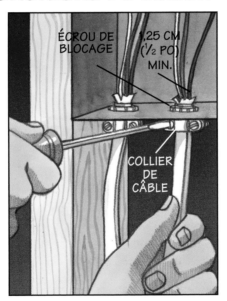

2 Insérez un collier de câble dans l'alvéole défonçable et fixez-le avec un écrou de blocage. Insérez le câble dans le collier de sorte que 1,25 cm (½ po) du gainage soit exposé. Serrez les vis de fixation du collier, mais ne compressez pas le gainage.

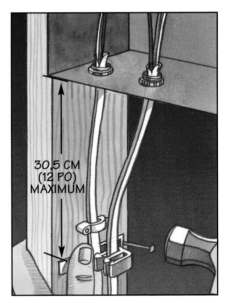

3 Fixez le câble au centre d'un élément de structure, à 30,5 cm (12 po) maximum de la boîte du tableau à l'aide d'agrafes de câble. Si deux câbles ou plus doivent être fixés au même montant, utilisez plusieurs agrafes.

Vérifier les circuits

Un vérificateur de tension au néon peu coûteux vérifie le courant, la mise à la terre et la polarité des circuits. Attention : il ne s'allume que s'il est raccordé à un circuit complet. Si vous touchez une sonde d'un fil sous tension et si vous n'effectuez pas le bon contact avec l'autre, il ne s'allume pas, même s'il y a du courant.

Lorsque vous vérifiez si le courant a été coupé ou si la prise est mise à la terre, enlevez toujours la plaque de prise et examinez la prise pour vérifier si tous les fils sont intacts et correctement raccordés. Ne touchez à aucun fil sans avoir au préalable coupé le courant au tableau de distribution principal.

ATTENTION
Coupez toujours le courant au tableau de distribution principal avant de toucher à un fil.
DANGER

DEGRÉ D'HABILETÉ

Électricité : habiletés de base.

Mécanique : habiletés mécaniques de base.

COMBIEN DE TEMPS FAUT-IL ?
Vérifier un circuit standard de trois prises requiert environ :

EXPÉRIMENTÉ	15 min
INTERMÉDIAIRE	20 min
DÉBUTANT	40 min

VOUS AUREZ BESOIN :

☐ **Outils :** vérificateur de tension au néon, tournevis, vérificateur de continuité.

LE COURANT EST-IL COUPÉ ?

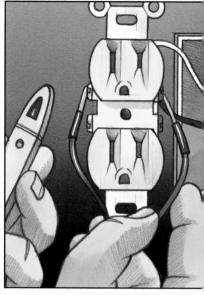

1 Coupez le courant au tableau de distribution principal. Introduisez une sonde dans chaque fente. Le vérificateur ne doit pas s'allumer. S'il s'allume, vérifiez encore le tableau de distribution et fermez le bon circuit. Testez les deux bouts de la prise double. Il s'agit d'une vérification préliminaire ; continuez à l'étape 2.

2 Enlevez la plaque et les vis de fixation. Sortez doucement la prise. Ne touchez à aucun fil ou borne à vis. Avec une sonde, touchez une borne en laiton, et avec l'autre, une argentée. Le vérificateur ne doit pas s'allumer. S'il s'allume, fermez le bon circuit sur le tableau. Vérifiez les deux ensembles de bornes.

MISE À LA TERRE

FENTE NEUTRE

FILS SOUS TENSION

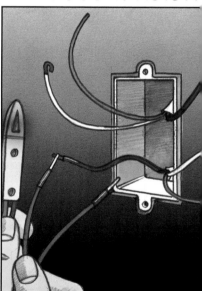

Ne coupez pas le courant. Glissez une sonde dans la petite fente (sous tension) et l'autre dans le U de mise à la terre. Le vérificateur doit s'allumer. Sinon, glissez une sonde dans la fente longue (neutre) et l'autre dans le U de mise à la terre. S'il s'allume (illustré), les fils sont inversés. S'il ne s'allume dans aucun cas, la prise n'est pas mise à la terre.

Coupez le courant. Écartez les fils de sorte qu'ils ne touchent à rien. Allumez le courant. Avec une sonde, touchez le fil de terre dénudé ou la boîte en métal mise à la terre et, avec l'autre, touchez les bouts de chaque fil. Vérifiez tous les fils. Le fil est sous tension si le vérificateur s'allume. Coupez le courant et étiquetez le fil sous tension avant de poursuivre.

NTERRUPTEUR MURAL

PRISE DOUBLE

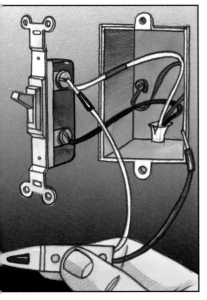

rifiez s'il y a du courant : avec
ne sonde, touchez la boîte en métal
ise à la terre ou le fil dénudé de
rre de mise à la terre en cuivre et, avec
utre, touchez chaque borne à
s. Le vérificateur ne devrait pas
allumer. S'il s'allume, il y a du
urant. Retournez au tableau de
stribution et fermez le bon circuit.

Ne coupez pas le courant. Placez
une sonde du vérificateur sur
chaque fente. S'il ne s'allume pas, il
n'y a pas de courant à la prise. Pour
vérifier la mise à la terre, glissez une
sonde dans la fente courte (sous
tension) et touchez l'autre sur la
vis de la plaque non peinte. S'il
s'allume, la prise est à la terre.

LE CONSEIL D'HOMER

Un adaptateur à trois pointes
qui convient aux fentes doubles
semble utile mais, mal installé, il ne
donnera aucun résultat.

L'adaptateur est mis à la
terre seulement si la vis
de la plaque est mise à
la terre sur une
boîte électrique
qui l'est aussi. Si
vous l'utilisez sans
le mettre à la terre
et branchez un moteur
électrique, vous risquez
d'être secoué en cas
de court-circuit dans
le moteur.

Électricité

OUILLE DE LAMPE

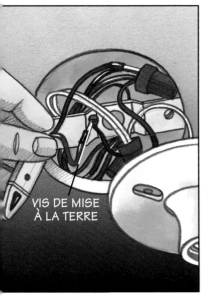

VIS DE MISE
À LA TERRE

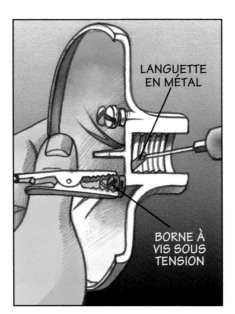

LANGUETTE
EN MÉTAL

BORNE À
VIS SOUS
TENSION

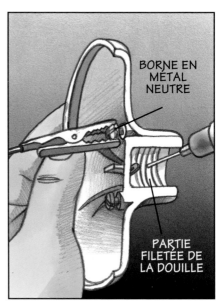

BORNE EN
MÉTAL
NEUTRE

PARTIE
FILETÉE DE
LA DOUILLE

Touchez la borne à vis reliée
à un fil noir avec une sonde du
rificateur de tension. Avec l'autre
nde, touchez la vis de mise à la
rre, le fil de cuivre dénudé ou la
oîte en métal. Répétez l'opération
ec les autres bornes. Si le
rificateur ne s'allume jamais, le
urant ne parvient pas à la boîte.

2 Vérifiez la douille (illustrée) avec
un vérificateur de continuité en
reliant la pince du vérificateur à la
borne à vis sous tension (ou fil noir
thermique) et en appuyant la sonde
sur la languette en métal située au
bas de la douille. Il doit s'allumer ;
sinon, la douille est défectueuse et
doit être remplacée.

3 Raccordez la pince du
vérificateur à la borne en métal
neutre (ou fil blanc conducteur) et
avec la sonde, touchez la section
filetée de la douille. Le vérificateur
devrait s'allumer ; sinon, la douille est
défectueuse et doit être remplacée.
Si la douille est incorporée au
luminaire, remplacez le luminaire.

Vérifier les circuits **159**

Effectuer les raccordements

Les raccordements s'effectuent plus aisément à l'aide de quelques outils simples – autrement, ils peuvent se révéler très laborieux. L'achat de ces outils peu coûteux quoique d'une valeur inestimable vous évitera d'ébranler votre confiance et de vous couper ou de vous entailler les doigts et les mains.

Lorsque vous dénudez les fils et travaillez avec des fils de cuivre, prenez garde à ne pas écraser le gainage et à ne pas entailler ou abîmer le fil de cuivre avec les outils. Ceci pourrait entraîner d'autres problèmes au moment d'alimenter le circuit.

DEGRÉ D'HABILETÉ

Électricité : habiletés de base.

Mécanique : habiletés de base.

COMBIEN DE TEMPS FAUT-IL ?

Effectuer les raccordements électriques d'un circuit standard de trois prises requiert environ :

EXPÉRIMENTÉ	30 min
INTERMÉDIAIRE	45 min
DÉBUTANT	1 h

VOUS AUREZ BESOIN :

☐ **Outils :** dénudeur de câble, pince universelle, pince d'électricien, tournevis.

DÉNUDER UN CÂBLE NM

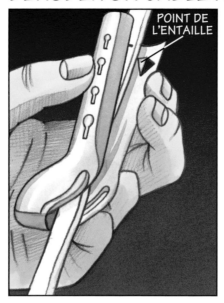

POINT DE L'ENTAILLE

1 Mesurez et effectuez un repère sur le câble à une distance de 20 cm à 25 cm (8 po à 10 po) de l'extrémité. Enfilez le dénudeur sur le câble et compressez-le fermement pour que sa lame perce le gainage de plastique.

2 Saisissez fermement le câble d'une main et tirez le dénudeur de câble vers l'extrémité du câble pour entailler le gainage de plastique.

MÂCHOIRES COUPANTES

3 Enlevez le gainage de plastique et le revêtement en papier en « pelant » chaque câble. Coupez le surplus de gainage de plastique et de revêtement en papier avec la partie coupante des mâchoires d'une pince universelle.

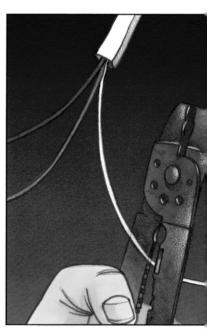

4 Au besoin, coupez chaque fil avec la partie coupante des mâchoires d'une pince universelle.

RACCORDER LES FILS AUX BORNES

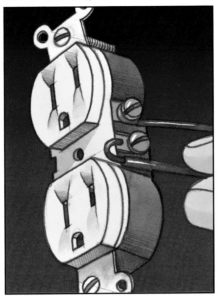

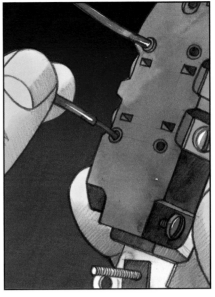

1 Dénudez environ 2 cm (¾ po) de chaque fil avec une pince universelle. Sur le dénudeur, choisissez un trou approprié à la jauge du fil. Coincez le fil dans l'outil. Tirez fermement le câble pour enlever l'isolant de plastique.

2 Formez un crochet sur chaque fil avec la pince à bec long. Enroulez le crochet autour de la borne à vis pour former une boucle dans le sens horaire. Serrez bien la vis. L'isolant devrait juste toucher la tête de la vis. Ne placez jamais les extrémités de deux fils sous une seule borne ; utilisez plutôt un fil enroulé.

Pour utiliser les raccords à poussoirs, glissez énergiquement les fils de cuivre dénudés dans les raccords situés à l'arrière de l'interrupteur ou de la prise. Une fois introduits, les fils ne doivent pas exposer de cuivre dénudé. Les raccords à poussoirs ne s'utilisent qu'avec du fil de jauge 14.

UTILISER LES SERRE-FILS

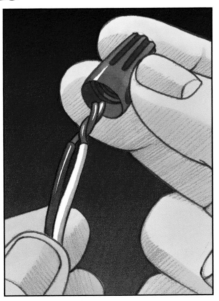

ENROULER LES FILS

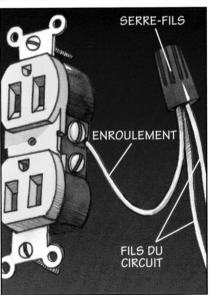

SERRE-FILS

ENROULEMENT

FILS DU CIRCUIT

1 Dénudez chaque fil d'environ 1,25 cm (½ po) à l'aide d'une pince universelle. Maintenez les fils parallèles et tordez-les ensemble dans le sens des aiguilles d'une montre avec une pince d'électricien ou une pince universelle.

2 Vissez le serre-fils sur les fils tordus. Appuyez doucement sur chaque fil pour vous assurer de sa solidité. Un raccordement adéquat n'expose pas de fil dénudé en dehors du serre-fils.

Raccordez deux fils ou plus à une seule borne à vis en les enroulant. Un fil enroulé se raccorde à une borne à vis et aux fils du circuit à l'aide d'un serre-fils. Il peut aussi servir à rallonger les fils du circuit trop courts qui doivent avoir la même capacité électrique que les fils à raccorder.

Installer une boîte de jonction

Installez une boîte de jonction si vous repérez des raccordements de fils ou des épissures de câble non protégés. C'est souvent le cas là où le câble NM court dans les solives ou dans les montants des murs non finis (sous-sol ou buanderie).

À l'installation, disposez d'assez de câble pour introduire 20 cm (8 po) de fil dans la boîte. S'ils sont trop courts, enroulez-les pour les rallonger. Les raccordements doivent cependant s'intégrer dans la boîte. Si la boîte est en métal, les fils de mise à la terre du circuit devront aussi s'intégrer dans la boîte.

VOUS AUREZ BESOIN :

☐ **Outils :** vérificateur de tension au néon, pince universelle, tournevis, marteau.

☐ **Matériel :** vis ou clous, boîte électrique, serre-câbles, fils enroulés, serre-fils.

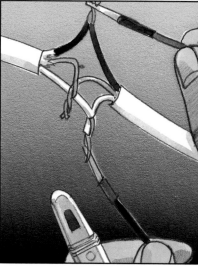

Avec un vérificateur de tension au néon, vérifiez s'il y a du courant. Au tableau de distribution principal fermez le circuit. Enlevez tout ruban ou serre-fils de l'épissure non protégée. Évitez tout contact avec les extrémités de fil dénudées tant que vous n'avez pas vérifié s'il y a du courant. Dès que le courant est coupé, débranchez les fils épissés.

INSTALLER UNE BOÎTE ÉLECTRIQUE POUR LES ÉPISSURES DE CÂBLE

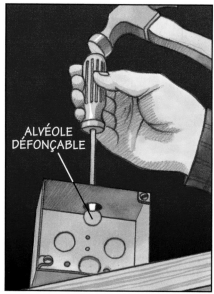

ALVÉOLE DÉFONÇABLE

1 À l'aide d'un marteau et d'un tournevis, ouvrez une alvéole pour chaque câble à introduire dans la boîte. Toutes les alvéoles non ouvertes doivent demeurer hermétiques.

2 Fixez la boîte électrique à un élément de structure en bois à l'aide de vis ou de clous.

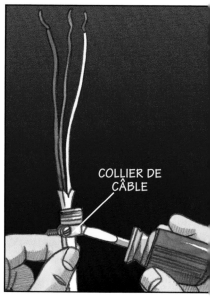

COLLIER DE CÂBLE

3 Enfilez chaque câble dans un collier de câble. Serrez le collier avec un tournevis. Ne serrez pas trop fort, vous pourriez endommager le gainage.

NSTALLER UNE BOÎTE ÉLECTRIQUE (suite)

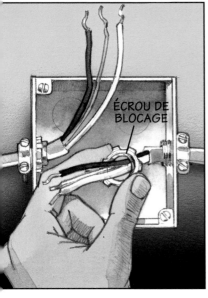

ÉCROU DE BLOCAGE

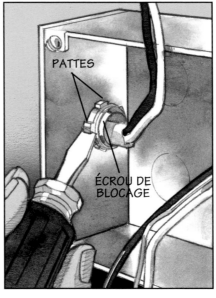

PATTES

ÉCROU DE BLOCAGE

4 Introduisez les câbles dans la boîte électrique et vissez un crou de blocage sur chaque collier le câble.

5 Serrez les écrous de blocage en poussant contre les pattes avec la lame d'un tournevis.

Un câble introduit dans une boîte en métal doit être doté de colliers. Plusieurs types sont offerts (plastique ou métal fileté). Les boîtes dont les dimensions dépassent 5 cm x 10 cm (2 po x 4 po), et les boîtes de dérivation, doivent être pourvues de colliers de câble intérieurs. Après avoir installé les câbles dans la boîte, vissez les colliers sur les câbles, sans trop serrer. Les boîtes en métal doivent être mises à la terre au système de mise à la terre du circuit. Raccordez les fils de mise à la terre à la boîte avec les fils enroulés verts et des écrous.

VIS DE MISE À LA TERRE

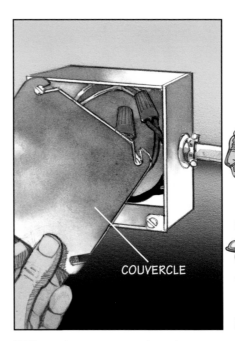

COUVERCLE

6 Reconnectez les fils avec des serre-fils. Enroulez les fils de nise à la terre en métal autour le la vis de mise à la terre située à l'arrière de la boîte.

7 Introduisez avec précaution les fils dans la boîte et fixez le couvercle. Rétablissez le courant du circuit au tableau de distribution principal. Assurez-vous que la boîte demeure accessible et qu'elle n'est pas recouverte lors de la finition des murs ou des plafonds.

LE CONSEIL D'HOMER

Ma première tâche était pourtant simple : vérifier un circuit et installer une boîte de jonction là où il y avait un raccordement rubané et torsadé. J'ai enlevé le ruban et, grâce à mon vérificateur de tension, j'ai constaté que le courant avait été coupé. J'ai commencé à enlever les fils et, malheureusement, j'en ai mis deux en contact ; je suis tombé des nues lorsque j'ai réalisé qu'ils étaient sous tension. Heureusement, ce jour-là, grâce au disjoncteur, seule ma fierté en a pris un coup. En fait, je ne m'étais pas aperçu que le ruban avait laissé tant de résidus sur les raccordements que les sondes de mon vérificateur ne pouvaient toucher les fils nus de façon fiable.

Électricité

Installer des boîtes sur les murs neufs

Pour la plupart des installations effectuées avec du câble NM, utilisez des boîtes électriques en plastique qui sont peu coûteuses, légères et faciles à installer. Certains électriciens préfèrent les boîtes en métal lorsqu'elles doivent supporter des plafonniers lourds. Si vous avez le choix, et si les dimensions sont appropriées, sélectionnez les boîtes les plus profondes. Les raccordements de fils sont ainsi plus faciles à effectuer.

Une boîte en plastique carrée de 10 cm (4 po) de côté x 7 cm (3 po) de profondeur offre cet espace supplémentaire. Elle est pourvue de clous préfixés. Un vaste choix de plaques d'adaptateur est offert pour les boîtes carrées de 10 cm (4 po) : simples, doubles et plaques de boîtes de raccordement. Elles sont disponibles en plusieurs épaisseurs.

DEGRÉ D'HABILETÉ

Électricité : peu d'habiletés en électricité, voire aucune.

Mécanique : habiletés de base.

COMBIEN DE TEMPS FAUT-IL ?

Installer des boîtes destinées à un circuit standard requiert environ :

EXPÉRIMENTÉ	20 min
INTERMÉDIAIRE	30 min
DÉBUTANT	45 min

VOUS AUREZ BESOIN :

☐ **Outils** : marteau, tournevis, ruban à mesurer.

☐ **Matériel** : boîtes d'appareillage électrique, supports robustes.

INSTALLER LES BOÎTES DE PRISES

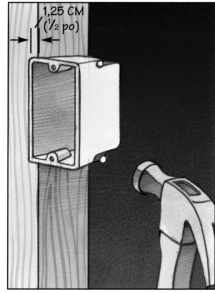

1 Placez chaque boîte contre un montant de sorte que l'avant affleure le mur fini. Par exemple, si vous devez poser 1,25 cm (½ po) de plâtre, placez la boîte de sorte qu'elle dépasse de 1,25 cm (½ po) la face du montant. Fixez la boîte en enfonçant les clous de fixation dans le montant.

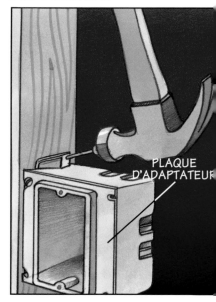

PLAQUE D'ADAPTATEUR

2 Si vous installez des boîtes de 10 cm (4 po) de côté, fixez les plaques d'adaptateur avant de mettre en place les boîtes. Utilisez des plaques appropriées à l'épaisseur du mur fini. Fixez la boîte en enfonçant les clous de fixation dans le montant.

3 Ouvrez une alvéole défonçable pour chaque câble devant pénétrer dans la boîte à l'aide d'un marteau et d'un tournevis.

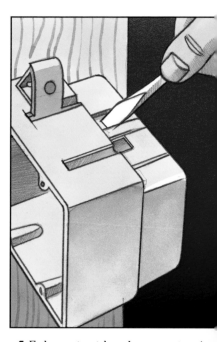

4 Enlevez tout bord coupant qui pourrait endommager le gainage du câble en vinyle en faisant tourner le tournevis dans l'alvéole.

INSTALLER LES BOÎTES POUR LUMINAIRES

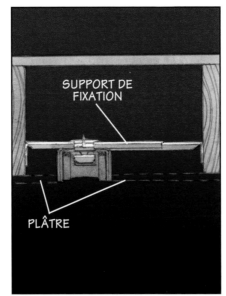

Placez une boîte de luminaire de salle de bain au-dessus de l'ouverture du cadre pour un miroir ou une armoire à pharmacie. Installez la boîte au centre de la pièce. Placez chaque boîte contre un élément de structure de sorte que l'avant de la boîte affleure le mur ou le plafond fini.

Pour placer un luminaire entre des solives, fixez la boîte électrique à un support réglable. Fixez avec des clous le support aux solives de sorte que l'avant de la boîte affleure la surface finie du plafond. Faites glisser la boîte le long du support jusqu'à l'emplacement souhaité ; serrez les vis de fixation.

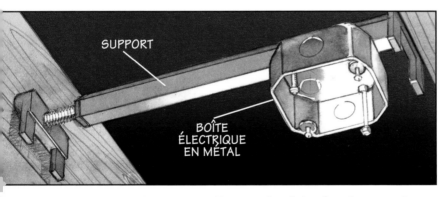

Pour les luminaires lourds et les ventilateurs de plafond, utilisez une boîte en métal et un support conçu pour les charges lourdes.

Pour une boîte d'interrupteurs placée entre des montants, installez une traverse entre les montants pour que le dessus soit à 117 cm (46 po) du sol. Placez la boîte sur la traverse pour que l'avant affleure le mur fini et que les clous de fixation s'enfoncent dans la traverse.

TRAVAILLER EFFICACEMENT

Installez les boîtes électriques de prises, d'interrupteurs et de luminaires après l'approbation du projet par un inspecteur. Suivez votre plan de câblage et les codes d'électricité (hauteur et espacement) lorsque vous disposez les boîtes. Utilisez les boîtes les plus profondes. Vous serez assuré de respecter les codes en regard de leur capacité et vos raccordements de fils seront plus faciles à effectuer.

Certains appareils électriques (appareils encastrés, de chauffage et ventilateurs) sont pourvus de boîtes de raccordement de fils intégrées. Installez la charpente autour de ces appareils, au moment même où vous installez les autres boîtes.

Les boîtes des pièces voisines doivent être placées à proximité les unes des autres si elles sont situées sur le même mur et commandées par le même circuit. Ceci simplifie le câblage et réduit la quantité de câble requise. Marquez l'emplacement de chaque boîte sur les montants. Les boîtes de prises standard doivent être fixées afin qu'elles dépassent de 25 cm (10 po) le niveau du sol. Les boîtes de prises DDFT dans les salles de bain doivent être fixées à 25 cm (10 po) au-dessus du comptoir. Les boîtes octogonales d'entretoisement se fixent entre les solives du plafond. Les supports de métal s'allongent pour s'adapter et se fixent aux éléments de charpente à l'aide de clous ou de vis.

UNE SUITE DE TROIS BOÎTES REQUIERT DEUX SUPPORTS.

Boîtes sur murs et plafonds existants

L'installation d'une boîte électrique sur un mur ou un plafond existant n'est pas une tâche trop difficile. Avec un bon câble de traction, du câble NM et une boîte de dérivation en plastique, votre famille sera en admiration devant vos prouesses en électricité. Attention : assurez-vous qu'il n'y pas de montant ou de conduite d'eau là où vous prévoyez loger votre boîte de dérivation ; sinon, vous devrez aussi démontrer vos talents en menuiserie et en plomberie !

DEGRÉ D'HABILETÉ

Électricité : habiletés de base.

Mécanique : habiletés mécaniques de base ou habiletés moyennes.

COMBIEN DE TEMPS FAUT-IL ?
Installer une boîte électrique sur un mur existant requiert environ :

EXPÉRIMENTÉ	1 h
INTERMÉDIAIRE	1 h 30
DÉBUTANT	2 h

VOUS AUREZ BESOIN :

☐ **Outils :** perceuse, forets, scie sauteuse, scie à panneau mural, tournevis, marteau, câble de traction, pinces.

☐ **Matériel :** boîtes électriques de dérivation en plastique, matériau d'étanchéité à la silicone, vis en acier galvanisé, câble NM.

MATÉRIEL

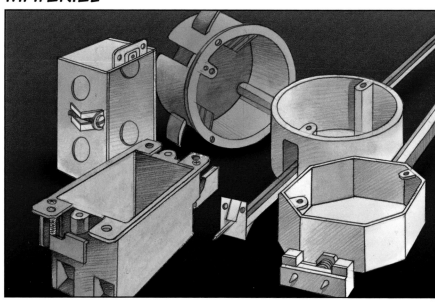

Les boîtes électriques de dérivation sont offertes en différentes tailles et formes. Les boîtes octogonales à entretoisement s'adaptent entre les solives du plafond ou du sol si le câblage doit être installé à l'étage ou au sous-sol. Les supports en métal s'allongent pour se fixer entre les solives et aux éléments de structure à l'aide de vis ou de clous. Les boîtes de dérivation permettent d'augmenter la capacité des anciennes boîtes. Certaines (ci-dessus) ont des brides incorporées (ou pattes) repliables qui se vissent contre le mur intérieur pour maintenir la boîte en place. L'illustration ci-dessus montre entre autres choses une boîte de dérivation pourvue de ferrures flexibles.

BOÎTES EXTÉRIEURES

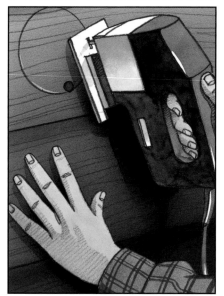

1 Dehors, faites le logement du nouveau dispositif dans le vide de montant là où l'interrupteur a été aménagé. Tracez le pourtour de la boîte de l'appareil sur le mur, puis percez un trou de guidage et finissez l'emplacement à l'aide d'une scie à panneau mural ou d'une scie sauteuse.

2 Évaluez la distance entre la boîte d'interrupteur intérieure et la boîte extérieure et sectionnez une longueur de câble NM d'environ 61 cm (2 pi) plus longue que la mesure obtenue. À l'aide d'un câble de traction, tirez le câble de la boîte d'interrupteur à la boîte du luminaire.

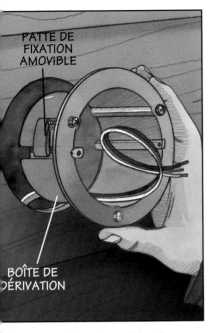

PATTE DE FIXATION AMOVIBLE

BOÎTE DE DÉRIVATION

3 Avec un dénudeur, dénudez environ 25 cm (10 po) de câble pour enlever l'isolant de l'extrémité du câble. Ouvrez une alvéole défonçable de la boîte de dérivation du luminaire à l'aide d'un tournevis. Introduisez le câble dans la boîte de sorte qu'au moins 6 mm (¼ po) du gainage se trouve dans la boîte.

VIS DE FIXATION

4 Insérez la boîte dans le logement, appliquez une couche de matériau d'étanchéité à la silicone autour du collet et serrez les vis de fixation jusqu'à ce que les pattes calent solidement le collet extérieur contre le parement.

Les boîtes de dérivation augmentent la capacité des anciennes boîtes et permettent l'installation des interrupteurs, prises et luminaires sur les murs existants sans reconstruction. La plupart ont des brides incorporées qui se vissent contre un mur intérieur.

Les boîtes électriques de circuit extérieur doivent être étanches. Sauf lorsque spécifié par le code, utilisez celles en aluminium moulé et à joints étanches pour les luminaires extérieurs, et installez un conduit métallique pour protéger les câbles exposés. Les boîtes standard (métal ou plastique) ne sont pas étanches. Ne les utilisez jamais à l'extérieur.

Quelques codes locaux exigent l'installation de conduits pour protéger tous les câbles enfouis, mais dans la plupart des régions, ce n'est pas nécessaire. Certains codes locaux permettent d'utiliser des boîtes et des conduits en plastique PVC.

Électricité

BOÎTES INTÉRIEURES

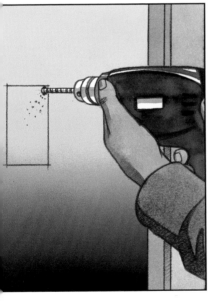

1 Tracez le pourtour de la boîte sur le mur. Percez un trou de guidage et finissez le logement à l'aide d'une scie à panneau mural ou d'une scie sauteuse.

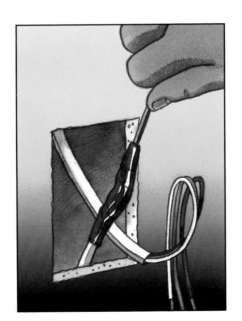

2 Évaluez la distance entre les boîtes et sectionnez une longueur de câble NM d'environ 61 cm (2 pi) plus longue que la mesure obtenue. À l'aide d'un câble de traction, tirez le câble du logement de la prise au logement de l'interrupteur. Dénudez 25 cm (10 po) de câble à chaque extrémité.

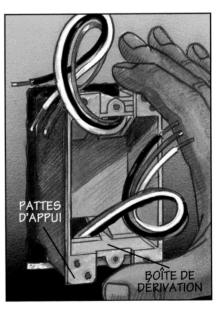

PATTES D'APPUI

BOÎTE DE DÉRIVATION

3 Ouvrez une alvéole défonçable pour chaque câble à introduire dans la boîte. Au moins 6 mm (¼ po) de gainage doit se trouver à l'intérieur. Insérez la boîte dans le logement et serrez les vis jusqu'à ce que les pattes se déplient et calent les pattes d'appui au mur. Serrez les colliers de câble intérieurs.

DEGRÉ D'HABILETÉ

Électricité : habiletés de base.

Mécanique : habiletés de base.

COMBIEN DE TEMPS FAUT-IL ?

Installer une prise standard requiert environ :

EXPÉRIMENTÉ	15 min
INTERMÉDIAIRE	20 min
DÉBUTANT	30 min

VOUS AUREZ BESOIN :

☐ **Outils :** tournevis, pince à bec long, pince universelle.

☐ **Matériel :** prises standard ou à disjoncteur détecteur de fuites à la terre (DDFT), serre-fils.

Installer des prises standard ou DDFT

Si vous souhaitez remplacer une prise, votre nouvelle prise doit avoir les mêmes caractéristiques que l'ancien modèle. N'installez jamais de prise à trois fentes là où il n'y a pas de mise à la terre. Installez plutôt une prise polarisée à deux fentes ou une prise à disjoncteur détecteur de fuites à la terre (DDFT). Vous pouvez raccorder les fils aux bornes de raccordement appropriées ou simplement enlever 2 cm (¾ po) d'isolant et utiliser les connecteurs à poussoirs.

La prise DDFT est un dispositif sûr qui assure une protection contre les chocs électriques provoqués par un appareil défaillant, une rallonge ou une prise. Le DDFT décèle les légères variations dans le passage du courant. Il peut couper le courant en moins de $\frac{1}{40}$ de seconde. Cette sensibilité extrême le rend plus efficace s'il est branché pour protéger un seul endroit. Plus le DDFT protège de prises, plus il risque de se déclencher pour rien

ATTENTION
Coupez toujours le courant au tableau de distribution principal avant d'essayer de réparer des prises.
DANGER

et couper le courant en raison d'une fluctuation minime ou normale du passage du courant.

Les prises sont branchées en mode intermédiaire ou en mode terminal. Ces deux configurations de base sont facilement reconnaissable si on enlève la plaque et les fils de fixation et si on compte le nombre de câbles qui pénètrent dans la boîte de la prise.

Le câblage terminal n'est constitu que d'un seul câble, indiquant que le circuit se termine. Le câblage intermédiaire est constitué de deux câbles, indiquant que le circuit continue sur d'autres prises, interrupteurs ou luminaires.

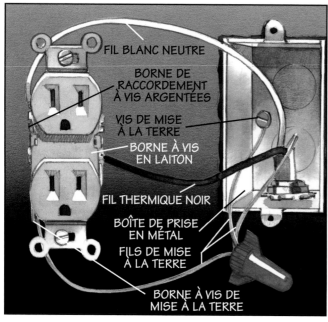

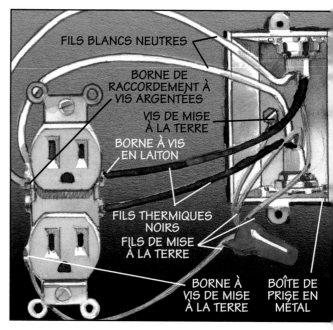

Un seul câble pénètre dans la boîte : il s'agit d'un câblage terminal. Le fil thermique noir est raccordé à la vis de borne en laiton tandis que le fil blanc neutre est raccordé à la vis de borne argentée. Dans une boîte en métal, le fil de terre est enroulé aux vis de mise à la terre de la prise et de la boîte. Dans celle de plastique, le fil de terre est directement raccordé à la borne de la prise.

Deux câbles pénètrent dans la boîte : il s'agit d'un câblage intermédiaire. Les fils thermiques noirs sont raccordés aux vis de borne en laiton tandis que les fils neutres blancs sont enroulés autour des vis de borne argentée. Le fil de terre est enroulé autour des vis de mise à la terre de la prise et de la boîte.

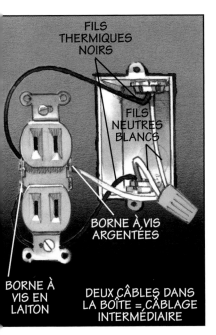

FILS
THERMIQUES
NOIRS

FILS
NEUTRES
BLANCS

BORNE À VIS
ARGENTÉES

BORNE À
VIS EN
LAITON

DEUX CÂBLES DANS
LA BOÎTE = CÂBLAGE
INTERMÉDIAIRE

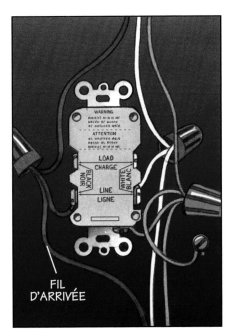

FIL
D'ARRIVÉE

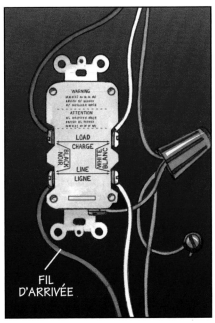

FIL
D'ARRIVÉE

On trouve des prises à deux fentes dans les habitations plus anciennes. Les fils thermiques noirs se raccordent à la vis de borne en laiton ; les fils neutres blancs sont enroulés autour de la vis de borne argentée. On peut les remplacer par des prises à trois fentes si la boîte a un dispositif de mise à la terre.

Un câblage DDFT protégeant un seul point (illustré de l'arrière) est constitué de fils thermiques noirs et de fils neutres raccordés seulement aux bornes à vis marquées LIGNE. Une prise DDFT peut être raccordée tant en mode terminal qu'intermédiaire.

Un câblage DDFT protégeant plusieurs points (illustré de l'arrière) est constitué d'un ensemble de fils thermiques et de fils neutres raccordés aux deux bornes à vis LIGNE tandis que les fils de l'autre ensemble sont raccordés aux deux bornes à vis CHARGE.

INSTALLER UNE PRISE DDFT DE POINT UNIQUE

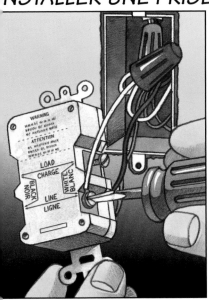

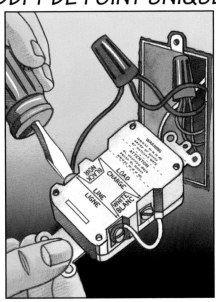

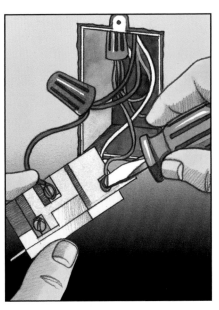

1 Coupez le courant au tableau de distribution principal et à l'aide l'un vérificateur de tension au néon, assurez-vous que le circuit n'est pas alimenté. Enlevez l'ancienne prise. Tordez tous les fils neutres blancs ensemble en les enroulant et raccordez-les à la borne marquée LIGNE-BLANC sur la prise DDFT.

2 Tordez tous les fils thermiques noirs ensemble en les enroulant et raccordez-les à la borne marquée LIGNE-CHARGE sur la prise DDFT.

3 Raccordez le fil de terre à la borne à vis verte de mise à la terre sur la prise DDFT. Fixez la prise DDFT dans la boîte de prise et replacez la plaque. Rétablissez le courant et vérifiez la prise DDFT en vous conformant aux directives du fabricant.

GUIDE DES BONS ACHAT$

Assurez-vous d'acheter l'interrupteur approprié au circuit. Plusieurs indications figurent à l'arrière de l'interrupteur et sur les pattes de fixation. Le voltage et l'ampérage maximums sont indiqués sur les interrupteurs. Les interrupteurs standard muraux sont de 15 A et 125 V. Les voltages 100, 120 et 125 sont considérés comme identiques aux fins de désignation. Les lettres CSA indiquent que l'interrupteur a été vérifié et qu'il est conforme aux normes du *Canadian Standards Association.*

Remplacer ou installer un interrupteur mural standard

La plupart des défaillances d'interrupteur proviennent de raccordements de fils lâches. Si un fusible saute ou si un disjoncteur se déclenche lorsqu'on utilise un interrupteur, un fil lâche contacte peut-être la boîte en métal. Ils peuvent faire surchauffer les interrupteurs ou causer un bourdonnement. L'usure des pièces intérieures de l'interrupteur peut aussi être à l'origine de sa défaillance. Pour vérifier l'usure, enlevez tout l'interrupteur et vérifiez la continuité. Si le vérificateur de continuité démontre que l'interrupteur est défaillant, remplacez-le. Les interrupteurs unipolaires sont les plus courants parmi les interrupteurs muraux. En général, les mentions ON et OFF figurent sur ce type d'interrupteur, utilisé pour contrôler un ensemble de luminaires, un appareil ou une prise.

Un interrupteur unipolaire est pourvu de deux bornes à vis. Certains sont également dotés d'une vis de mise à la terre. Lors de l'installation d'un interrupteur unipolaire, assurez-vous que le rupteur est relevé (ON). Sur un circuit d'interrupteur unipolaire correctement câblé, un fil de tension est raccordé à chaque borne à vis. Toutefois, la couleur et le nombre de fils se trouvant à l'intérieur de la boîte de l'interrupteur varient selon l'emplacement de l'interrupteur sur le circuit électrique. Si deux câbles pénètrent dans la boîte, l'interrupteur se situe au milieu du circuit. Si un seul fil pénètre dans la boîte, l'interrupteur est situé à l'extrémité du circuit.

ATTENTION
Coupez toujours le courant au tableau principal avant de réparer ou de remplacer un interrupteur.
DANGER

FIL DE TERRE   CÂBLE NM

FIL DE TERRE   CÂBLE

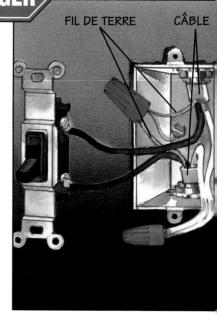

Un câble pénètre dans la boîte si l'interrupteur est situé au bout du circuit. Il est constitué d'un fil blanc et d'un fil noir isolés et d'un fil de terre dénudé en cuivre. Dans ce cas, les deux fils isolés sont des fils thermiques. Le fil blanc devrait être désigné fil thermique par un ruban noir ou par de la peinture noire.

Deux câbles pénètrent dans la boîte si l'interrupteur est situé au milieu du circuit. Chacun est fait d'un fil blanc et d'un fil noir isolés et d'un fil de terre dénudé en cuivre. Les noirs sont des fils thermiques raccordés aux bornes à vis sur l'interrupteur. Les blancs, neutres, sont rassemblés avec un serre-fils.

REMPLACER UN INTERRUPTEUR STANDARD

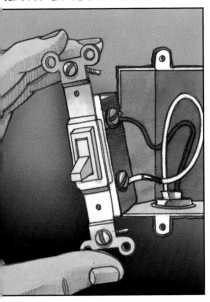

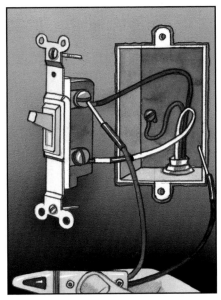

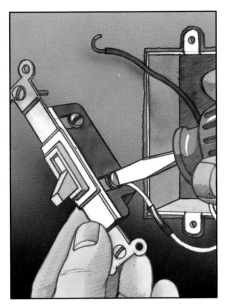

1 Enlevez les vis de fixation fixant l'interrupteur à la boîte électrique. En le saisissant avec précaution par les pattes de fixation, retirez l'interrupteur de la boîte. Ne touchez pas de fils dénudés ou de bornes à vis tant que l'interrupteur n'a pas été soumis au vérificateur de tension.

2 Avec une sonde du vérificateur de tension, touchez la boîte en métal mise à la terre ou le fil de terre dénudé et avec l'autre sonde, touchez chaque borne à vis. **S'il s'allume, il y a encore du courant.** Coupez le courant au circuit approprié du tableau principal avant de poursuivre.

3 Vérifiez à nouveau les raccords de fil. Le fil noir doit être sur une borne en laiton et le fil blanc, désigné comme un fil noir, doit être sur l'autre borne. Débranchez les fils des deux bornes et enlevez l'interrupteur.

SI LES FILS SONT CASSÉS OU ENTAILLÉS, SECTIONNEZ LA PARTIE ENDOMMAGÉE À L'AIDE D'UNE PINCE UNIVERSELLE. DÉNUDEZ LES FILS SUR ENVIRON 2 CM (³⁄₄ PO) À PARTIR DE L'EXTRÉMITÉ DU FIL.

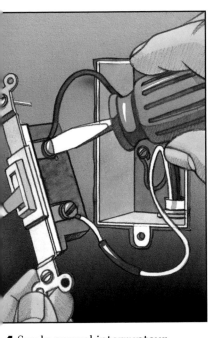

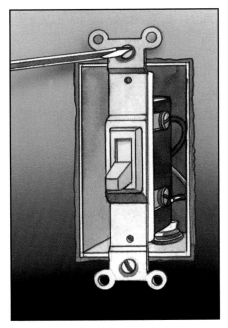

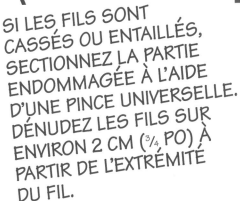

GAGNEZ DU TEMPS

4 Sur le nouvel interrupteur, raccordez les fils de circuit aux bornes à vis appropriées. Serrez solidement les vis, mais ne les serrez pas trop fort pour ne pas ébavurer le filetage. Ne raccordez jamais plus d'un fil à une borne, enroulez-les plutôt (p. 161).

5 Remontez l'interrupteur, en rassemblant avec précaution les fils dans la boîte. Prenez garde à ne pas briser le gainage de protection des fils lorsque vous les repoussez dans la boîte. Fixez la plaque de la prise et rétablissez le courant du tableau de distribution principal.

Lors de l'achat d'un interrupteur de rechange, apportez l'ancien interrupteur de façon à choisir le même interrupteur, avec le même nombre de bornes à vis. L'emplacement des vis sur l'interrupteur varie selon les marques, mais ces différences n'influent pas sur le fonctionnement de l'interrupteur.

Interrupteurs tripolaires

Les interrupteurs tripolaires peuvent prêter à confusion ; à la différence des interrupteurs standard, ils ont trois bornes à vis et n'ont pas les indications ON-OFF. Ils sont installés par paire et contrôlent un ensemble de luminaires à partir de deux endroits.

Une des bornes à vis est plus foncée que les autres. Il s'agit de la borne à vis commune. Avant de déconnecter un interrupteur tripolaire, indiquez, sur une étiquette apposée sur le fil, qu'il est raccordé à la borne à vis commune. Il doit être à nouveau raccordé à cette borne sur le nouvel interrupteur.

Les deux bornes à vis de couleur plus claire, appelées « bornes de liaison », sont interchangeables. Il n'est donc pas nécessaire d'étiqueter leurs fils.

DEGRÉ D'HABILETÉ

Électricité : habiletés de base.

Mécanique : habiletés de base.

COMBIEN DE TEMPS FAUT-IL ?

Installer un interrupteur tripolaire requiert environ :

EXPÉRIMENTÉ	15 min
INTERMÉDIAIRE	20 min
DÉBUTANT	30 min

VOUS AUREZ BESOIN :

☐ **Outils :** tournevis, pince universelle, vérificateur de tension au néon, pince à bec long.

☐ **Matériel :** interrupteur tripolaire, serre-fils.

BORNE À VIS COMMUNE

1 Raccordez le fil commun à la borne à vis commune noire de l'interrupteur. Sur la plupart des interrupteurs, la borne commune est en cuivre ou bien elle peut être désignée par le terme COMMON (COMMUNE), apposé à l'arrière de l'interrupteur.

2 Raccordez les fils restants aux bornes en laiton ou argentées. Ces fils peuvent être raccordés à n'importe quelle borne. Rassemble avec précaution les fils dans la boîte. Remontez l'interrupteur et fixez la boîte. Rétablissez le couran au tableau de distribution principa

INTERRUPTEUR TRIPOLAIRE STANDARD

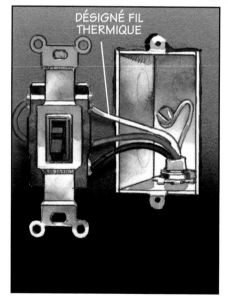

DÉSIGNÉ FIL THERMIQUE

Un interrupteur tripolaire situé à l'extrémité d'un circuit n'a qu'un seul câble qui pénètre dans la boîte. Le fil noir doit être raccordé à la borne foncée commune. Les fils rouge et blanc sont raccordés aux deux bornes de liaison argentées et le fil de cuivre dénudé est raccordé à la boîte de mise à la terre.

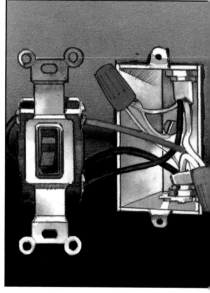

Un interrupteur tripolaire situé au milieu d'un circuit a deux câbles : un de deux fils et l'autre de trois. Le fil noir du câble à deux fils est raccordé à la borne foncée commune et les fils rouge et noir du câble à trois fils, aux deux bornes de liaison. Les fils blancs sont rassemblés et les fils de mise à la terre sont enroulés à la boîte.

LUMINAIRE ENTRE LES INTERRUPTEURS

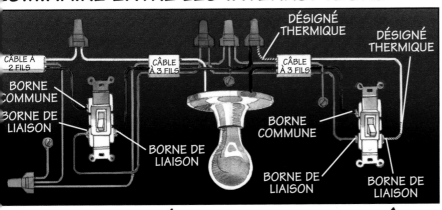

CÂBLE À 2 FILS
BORNE COMMUNE
BORNE DE LIAISON
CÂBLE À 3 FILS
BORNE DE LIAISON
DÉSIGNÉ THERMIQUE
DÉSIGNÉ THERMIQUE
CÂBLE À 3 FILS
BORNE COMMUNE
BORNE DE LIAISON
BORNE DE LIAISON

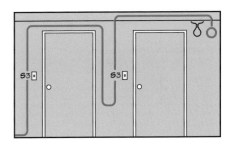

LUMINAIRE
S3
S3
INTERRUPTEUR TRIPOLAIRE

Cette disposition permet de commander un luminaire de deux endroits distincts. Elle exige un câble à deux fils et un câble à trois fils.

LUMINAIRE AU DÉBUT DU CHEMIN DE CÂBLE

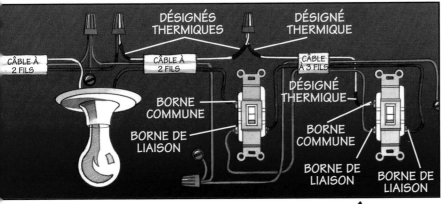

DÉSIGNÉS THERMIQUES
DÉSIGNÉ THERMIQUE
CÂBLE À 2 FILS
CÂBLE À 2 FILS
CÂBLE À 3 FILS
DÉSIGNÉ THERMIQUE
BORNE COMMUNE
BORNE DE LIAISON
BORNE COMMUNE
BORNE DE LIAISON
BORNE DE LIAISON

S3
S3

Utilisez cette disposition s'il est plus pratique d'installer le luminaire au-dessus des interrupteurs tripolaires sur le chemin de câble. Elle exige un câble à deux fils et un câble à trois fils.

LUMINAIRE EN FIN DU CHEMIN DE CÂBLE

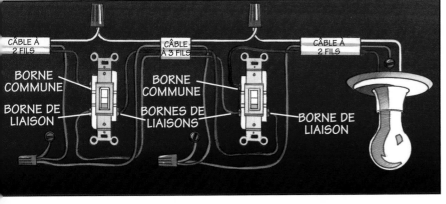

CÂBLE À 2 FILS
CÂBLE À 3 FILS
CÂBLE À 2 FILS
BORNE COMMUNE
BORNE DE LIAISON
BORNE COMMUNE
BORNES DE LIAISONS
BORNE DE LIAISON

S3
S3

On choisit cette disposition s'il est plus pratique d'installer le luminaire à la fin du chemin de câble. Elle exige également un câble à deux fils et un câble à trois fils.

DEUX LUMINAIRES ENTRE LES INTERRUPTEURS

CÂBLE À 3 FILS
CÂBLE À 2 FILS
CÂBLE À 4 FILS
CÂBLE À 3 FILS
BORNE COMMUNE
BORNE DE LIAISON
BORNE COMMUNE
BORNE DE LIAISON

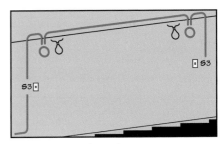

S3
S3

Commander deux luminaires de deux interrupteurs. Cette disposition est courante dans les escaliers et exige des câbles à deux, à trois et à quatre fils.

Interrupteurs spéciaux et gradateurs

Les interrupteurs spéciaux sont offerts en plusieurs modèles. Les minuteries et les interrupteurs temporisés servent à commander automatiquement les luminaires et les ventilateurs d'évacuation. Les interrupteurs électroniques sont pratiques ; ils améliorent la sécurité de la maison et sont faciles à poser. Ils sont résistants et rarement défaillants. Ils peuvent remplacer la plupart des interrupteurs unipolaires standard.

Les interrupteurs spéciaux sont pourvus de fils conducteurs pré-raccordés (et non de bornes à vis) qui se raccordent aux fils du circuit à l'aide de serre-fils. Toutefois, une minuterie ne peut être installée dans une boîte non pourvue de fils neutres. Par contre, un interrupteur temporisé n'a pas besoin d'être raccordé à un fil neutre et peut donc être introduit dans une boîte d'interrupteur contenant un ou deux câbles. Un gradateur permet de varier l'intensité de la lumière d'un luminaire. Il peut remplacer tout interrupteur unipolaire standard du moment que la boîte a les bonnes dimensions. Les gradateurs ne doivent pas être installés dans des boîtes électriques trop petites ou encombrées de fils.

Dans les configurations de luminaires impliquant des interrupteurs tripolaires, un de ces interrupteurs peut être remplacé. Dans ce cas, tous les interrupteurs commandent le luminaire, mais l'intensité de la lumière est commandée par le gradateur.

Plusieurs modèles de gradateurs sont offerts, mais ils sont tous équipés de bornes de fils et non de bornes à vis. Ces interrupteurs doivent être raccordés aux fils du circuit à l'aide de serre-fils. Certains modèles sont dotés de fils de terre verts et doivent être raccordés à la boîte de mise à la terre en métal ou aux fils de terre dénudés en cuivre.

MODÈLES D'INTERRUPTEURS SPÉCIAUX

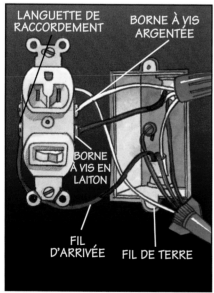

Les interrupteurs et les prises exigent un raccordement de fil neutre. Le fil noir d'arrivée est raccordé à la borne en laiton sur le côté doté d'une languette à cette fin ; le fil de sortie noir est raccordé à la borne en laiton du côté opposé. Le fil blanc neutre est enroulé autour de la borne argentée.

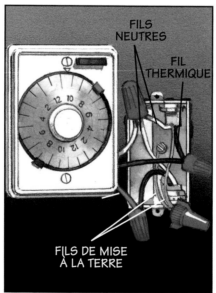

Les minuteries sont dotées de fils conducteurs raccordés aux fils thermiques du circuit. Le noir est raccordé au fil thermique et le rouge est raccordé au fil acheminant le courant hors du luminaire. Le fil neutre restant est raccordé aux fils neutres du circuit. Après une panne, l'horloge doit à nouveau être réglée.

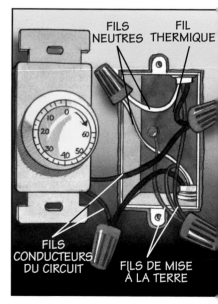

Les interrupteurs temporisés sont dotés de fils conducteurs noirs raccordés aux fils thermiques du circuit. Les fils de cuivre dénudés sont enroulés à la boîte de mise à la terre en métal. Raccordez les fils neutres blancs ensemble avec un serre-fils.

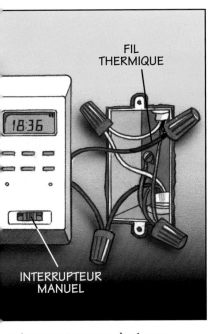

FIL
THERMIQUE

INTERRUPTEUR
MANUEL

Les interrupteurs analogiques mécaniques exigent un raccordement au fil neutre, à l'opposé des **interrupteurs programmables à semi-conducteurs.** Ceux-ci se posent dans des boîtes d'interrupteur ayant un ou deux câbles. Sur l'interrupteur, les bornes de fils sont raccordées aux fils thermiques par des serre-fils.

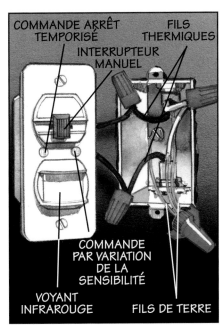

COMMANDE ARRÊT
TEMPORISÉ

FILS
THERMIQUES

INTERRUPTEUR
MANUEL

COMMANDE
PAR VARIATION
DE LA
SENSIBILITÉ

VOYANT
INFRAROUGE

FILS DE TERRE

Les commutateurs de détecteur de mouvement n'ont pas à être raccordés aux fils neutres. Ils peuvent être installés dans des boîtes d'interrupteur contenant un ou deux câbles. Sur ces commutateurs, les bornes de fils sont raccordées aux fils thermiques du circuit par des serre-fils.

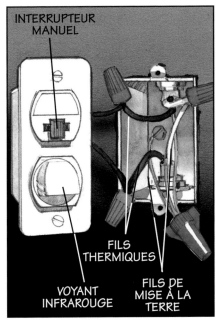

INTERRUPTEUR
MANUEL

FILS
THERMIQUES

VOYANT
INFRAROUGE

FILS DE
MISE À LA
TERRE

Les commutateurs automatiques n'ont pas à être raccordés aux fils neutres. En conséquence, un commutateur automatique peut être installé dans une boîte d'interrupteur contenant un ou deux câbles. Sur ces commutateurs, les bornes de fils sont raccordées aux fils thermiques du circuit par des serre-fils.

INSTALLER UN GRADATEUR

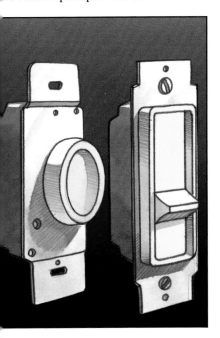

Plusieurs modèles de gradateurs sont offerts. Ceux à cadran sont les plus courants. Pour augmenter l'intensité, il suffit de tourner le cadran. Les gradateurs à glissière sont dotés d'une face luminescente qui permet de les repérer dans l'obscurité. Utilisez-les uniquement avec les ampoules incandescentes.

FILS
THERMIQUES

1 Coupez le courant au tableau principal. Vérifiez le circuit à l'aide d'un vérificateur de tension pour vous assurer que le courant est coupé. Raccordez les bornes de fils du variateur au fils du circuit à l'aide de serre-fils. Les bornes de fils sont interchangeables et se raccordent à l'un ou l'autre des deux fils du circuit.

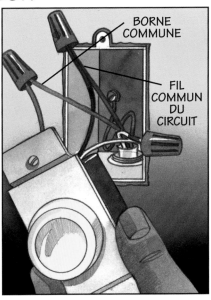

BORNE
COMMUNE

FIL
COMMUN
DU
CIRCUIT

2 Un gradateur tripolaire est doté d'un fil conducteur de plus. Ce fil commun est raccordé au fil commun du circuit. N'oubliez pas que le fil commun du circuit est celui raccordé à la borne à vis la plus foncée sur l'ancien interrupteur. Un seul des commutateurs tripolaires peut être un gradateur.

Enlever les anciens luminaires

Enlever des anciens luminaires fixés au mur ou au plafond constitue l'une des tâches les plus faciles dans le domaine de l'électricité résidentielle et ne nécessite que des outils de base et un peu de bon sens. Les luminaires sont en général pourvus de deux fils raccordés aux fils du circuit par des serre-fils. Si vous enlevez des luminaires de plafond, utilisez une échelle stable et demandez de l'aide pour les appareils plus lourds.

N'oubliez jamais de couper le courant au circuit avant de commencer à enlever un luminaire.

Électricité

DEGRÉ D'HABILETÉ

Électricité : habiletés de base.

Mécanique : habiletés de base ou habiletés moyennes.

COMBIEN DE TEMPS FAUT-IL ?

Enlever un ancien luminaire requiert environ :

EXPÉRIMENTÉ	25 min
INTERMÉDIAIRE	35 min
DÉBUTANT	45 min

VOUS AUREZ BESOIN :

☐ **Outils :** tournevis à pointe cruciforme, tournevis ordinaire, vérificateur de tension au néon, pince ordinaire, pince à bec long.

ENLEVER UN LUSTRE

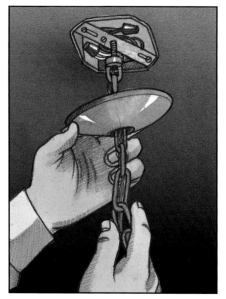

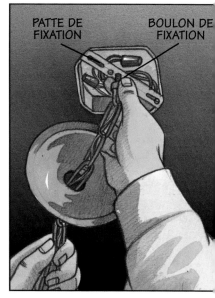

PATTE DE FIXATION   BOULON DE FIXATION

1 Coupez le courant du circuit du luminaire au tableau principal. Enlevez l'écrou qui fixe la garniture et abaissez celle-ci. Enlevez les serre-fils afin d'exposer les fils du circuit. Ne touchez pas les fils dénudés tant que vous ne les avez pas vérifiés pour vous assurer que le courant est coupé.

2 Vérifiez le circuit avec un vérificateur de tension au néon. Actionnez l'interrupteur mural et assurez-vous à nouveau que le courant est coupé. Débranchez les fils du circuit. Enlevez la vis de fixation maintenant le luminaire et, avec précaution, posez celui-ci sur le sol.

ENLEVER UN PLAFONNIER

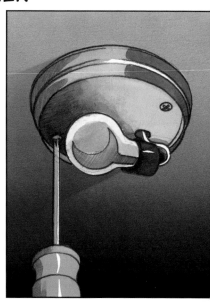

1 Coupez le courant du circuit du luminaire au tableau de distribution principal. Enlevez le globe en desserrant les vis de fixation.

2 Enlevez les vis de fixation ou faites pivoter légèrement le plafonnier pour le dégager des vis dévissées.

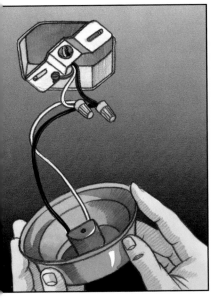

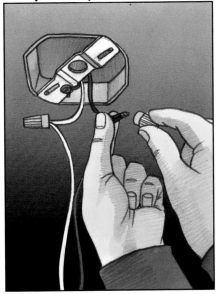

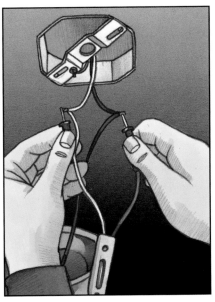

3 Tirez doucement le plafonnier hors de la boîte afin d'exposer les fils du circuit. Prenez garde de ne pas toucher de bornes sur le plafonnier, ni les fils dénudés, tant que vous ne les avez pas vérifiés pour vous assurer que le courant est bien coupé.

4 Détendez les serre-fils afin d'exposer les fils dénudés. À nouveau, prenez garde de ne pas toucher les fils dénudés.

5 À l'aide du vérificateur de tension, vérifiez si le courant est coupé. Il ne doit pas s'allumer. Actionnez l'interrupteur mural et revérifiez. Si le vérificateur s'allume, coupez le courant sur le bon circuit du tableau principal, et vérifiez à nouveau. S'il ne s'allume pas, séparez les fils et enlevez le luminaire.

ENLEVER UN PLAFONNIER ENCASTRÉ

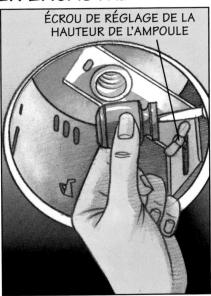

ÉCROU DE RÉGLAGE DE LA HAUTEUR DE L'AMPOULE

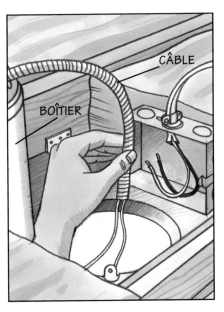

CÂBLE

BOÎTIER

RESSORTS

1 Coupez le courant du circuit du luminaire au tableau de distribution principal. Enlevez la garniture, l'ampoule et le réflecteur. Le réflecteur est fixé dans le boîtier par de petits ressorts ou par des agrafes de fixation.

2 Desserrez les vis ou les agrafes fixant le boîtier au cadre. Soulevez le boîtier et déplacez-le hors de l'ouverture. Enlevez la plaque de la boîte de fils. À l'aide du vérificateur de tension, assurez-vous que le circuit est coupé. Sinon, coupez le courant sur le bon circuit du tableau principal.

3 Débranchez les fils blanc et noir en enlevant les serre-fils. Tirez le câble armé hors de la boîte et enlevez le boîtier par l'ouverture du cadre.

Installer les lustres

L'installation d'un lustre, selon le modèle et l'emplacement, peut présenter quelques difficultés. Certains lustres sont très lourds, trop lourds pour être installés par une seule personne.

Les lustres à plusieurs branches sont non seulement encombrants et lourds, mais en raison de la hauteur à laquelle ils doivent être suspendus, vous devez utiliser un escabeau pour disposer de l'espace requis pour vous-même et pour la personne qui vous aide à effectuer les raccordements.

En général, vous pouvez installer facilement de petits lustres tout seul. Ils sont en principe installés sur des plafonds pas trop hauts et ne sont pas trop lourds. Décidez du style du luminaire et de l'emplacement avant de commencer l'installation.

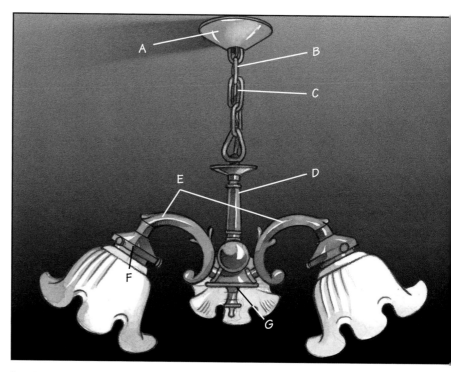

Les lustres à branches sont offerts dans plusieurs dimensions et styles mais sont tous dotés des mêmes composants. La plaque (**A**) est un couvercle décoratif qui cache les fils et la boîte électrique, et s'abaisse rapidement. La chaîne de suspension (**B**) est un support de fixation pour le luminaire, tandis que les fils (**C**) acheminent l'électricité de la boîte à la base (**D**). Certaines branches (**E**) permettent d'acheminer les fils de douille et les fixations des globes (**F**). Le capuchon décoratif (**G**) cache les raccordements de fils.

INSTALLER UN LUSTRE : VARIANTES

DEGRÉ D'HABILETÉ

Électricité : habiletés de base ou habiletés moyennes.

Mécanique : habiletés de base ou habiletés moyennes.

COMBIEN DE TEMPS FAUT-IL ?

Installer un nouveau luminaire requiert environ :

EXPÉRIMENTÉ	25 min
INTERMÉDIAIRE	35 min
DÉBUTANT	45 min

VOUS AUREZ BESOIN :

☐ **Outils :** tournevis à pointe cruciforme, tournevis ordinaire, vérificateur de tension au néon, pince ordinaire, pince à bec long.

☐ **Matériel :** patte de fixation, serre-fils.

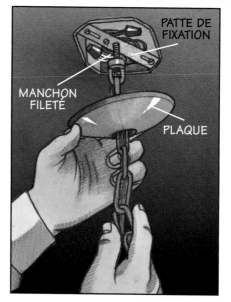

La plupart des lustres sont soutenus par un manchon fileté attaché à une patte de fixation de la boîte électrique.

Certains lustres sont soutenus par des boulons filetés maintenus dans des pattes de fixation pivotantes. Ces luminaires ne sont pas dotés de manchon fileté et sont suspendus à partir de la plaque.

NSTALLER UN LUMINAIRE À MANCHON FILETÉ

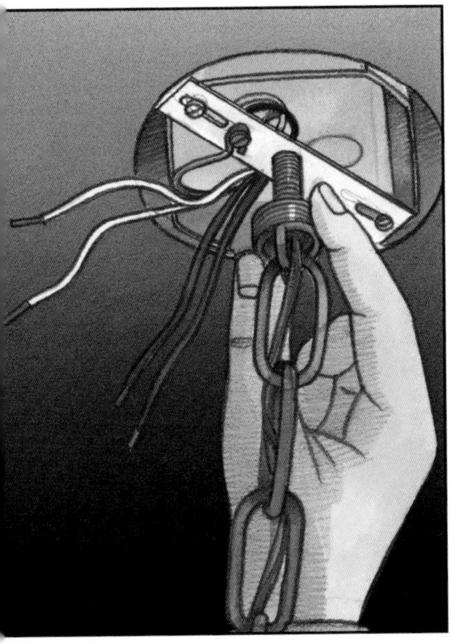

1 Tandis que le courant est coupé au tableau de distribution principal, fixez la patte de fixation à la boîte électrique et enfilez le manchon dans la patte de sorte que 2 cm (¾ po) du manchon demeure au-dessous de la patte. Vissez l'écrou de fixation du luminaire dans le manchon fileté.

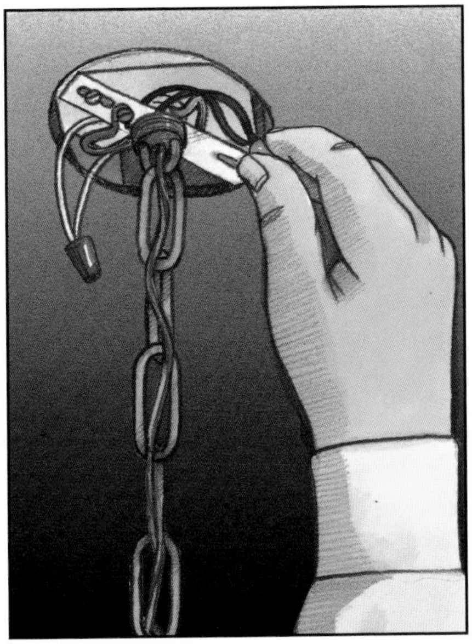

2 Raccordez les fils du luminaire avec des serre-fils. Le fil désigné du luminaire est un fil neutre et doit être raccordé au fil blanc du circuit. Le fil non désigné du luminaire est un fil thermique et doit être raccordé au fil noir du circuit.

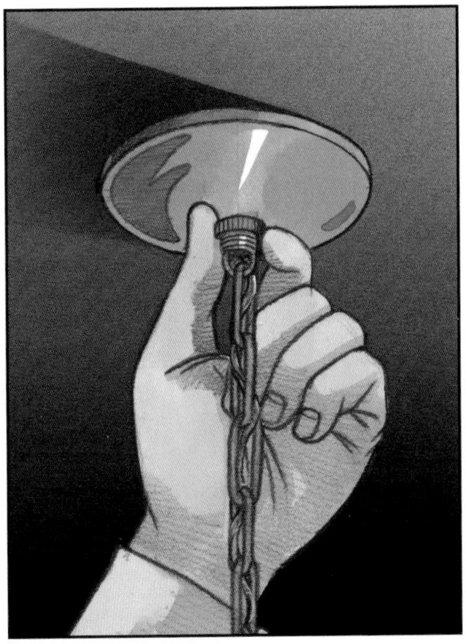

3 Introduisez les fils dans la boîte électrique. Installez la plaque décorative sur la boîte électrique et vissez l'écrou de fixation pour la maintenir en place.

NSTALLER UN LUMINAIRE À PATTE DE FIXATION

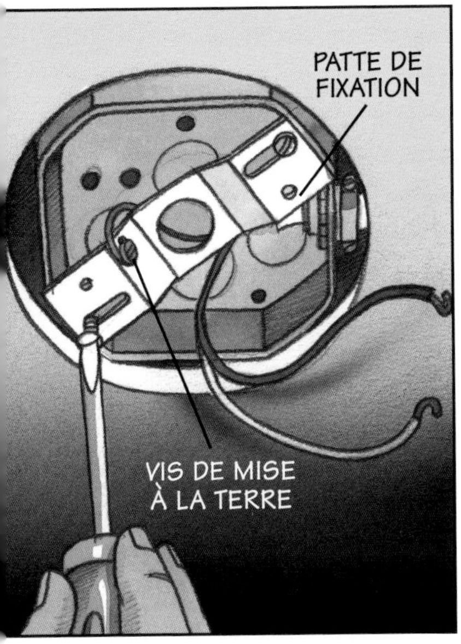

1 Tandis que le courant est coupé au tableau de distribution principal, fixez la patte de fixation à la boîte électrique si la boîte n'est pas déjà dotée de ce type de patte. La patte de fixation est pourvue d'une vis de mise à la terre préinstallée.

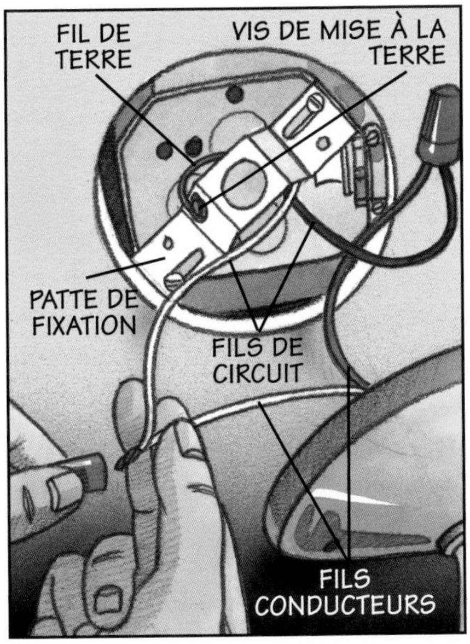

2 Raccordez les fils du circuit à la base du nouveau luminaire à l'aide des serre-fils. Raccordez le fil conducteur blanc au fil blanc du circuit et le fil conducteur noir au fil noir du circuit. Raccordez le fil de cuivre dénudé de mise à la terre à la vis de mise à la terre située sur la patte de fixation.

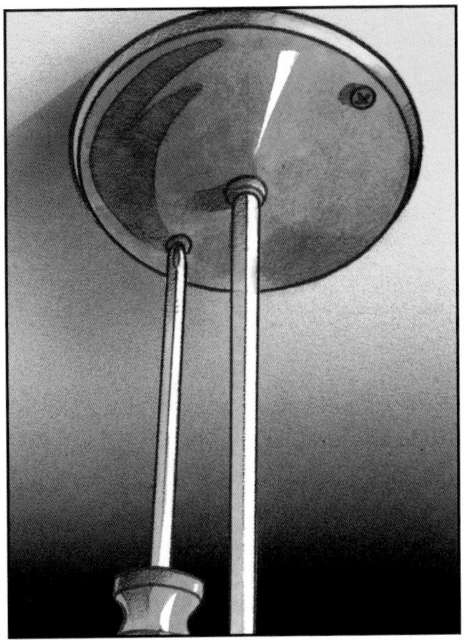

3 Fixez la base du luminaire à l'attache de fixation. Installez une ampoule de même wattage ou d'un wattage inférieur à celui indiqué sur le luminaire. Rétablissez le courant au tableau de distribution principal.

Installer des luminaires muraux ou encastrés

L'installation ou le remplacement de luminaires muraux ou encastrés est relativement facile à réaliser dès que vous avez déterminé l'emplacement. S'il s'agit d'un remplacement, vérifiez si la patte de fixation s'adapte au nouveau luminaire. Si ce n'est pas le cas, remplacez la patte de fixation.

Lors de l'installation d'un nouveau luminaire encastré dans un plafond existant, attention de ne pas marteler trop fort lorsque vous fixez le cadre aux solives du plafond. Une pression excessive peut faire craqueler le matériau d'étanchéité sur les joints de la cloison sèche, ce qui bouche alors les trous de clous et de vis.

DEGRÉ D'HABILETÉ

Électricité : habiletés de base ou habiletés moyennes.

Mécanique : habiletés de base.

COMBIEN DE TEMPS FAUT-IL ?

Installer un luminaire encastré requiert environ :

EXPÉRIMENTÉ	2 h
INTERMÉDIAIRE	2 h 30
DÉBUTANT	3 h

VOUS AUREZ BESOIN :

☐ **Outils :** tournevis, pince universelle, pince à bec long, scie à panneau mural, marteau.

☐ **Matériel :** boîte électrique, câble NM, serre-fils.

INSTALLER UN ÉCLARAGE MURAL

GOUJONS DE FIXATION

PATTES DE FIXATION PIVOTANTES

1 Tandis que le courant est coupé au tableau principal, acheminez un fil et installez une boîte électrique à l'emplacement souhaité (p. 166 et 178). Fixez la patte de fixation pivotante à la boîte électrique et insérez les goujons de fixation filetés.

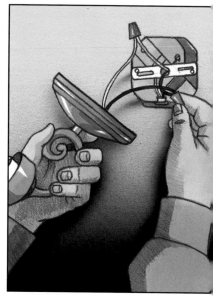

2 Raccordez le fil noir du circuit au fil noir du luminaire et le fil blanc du circuit au fil blanc du luminaire. Si le luminaire est pourvu d'un fil vert de mise à la terre ou d'un fil dénudé en cuivre de mise à la terre, raccordez-le à la boîte électrique.

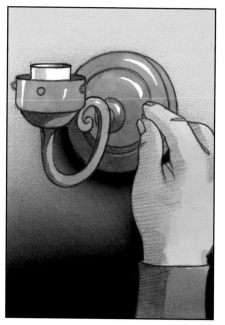

3 Introduisez à nouveau les fils dans la boîte électrique. Placez la patte de fixation pivotante à l'horizontale. Alignez les trous de fixation du luminaire avec les goujons de fixation filetés et placez le luminaire sur le boîtier électrique. Fixez le luminaire à l'aide des écrous de fixation.

4 Installez une ampoule dont le wattage correspond à celui indiqué sur le luminaire. Installez la coupe du luminaire en place et fixez-la à l'aide des vis de fixation. Effectuez les raccordements de câble et d'interrupteur appropriés. Rétablissez le courant au tableau de distribution principal.

NSTALLER UN LUMINAIRE ENCASTRÉ

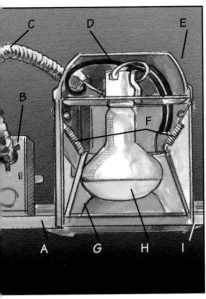

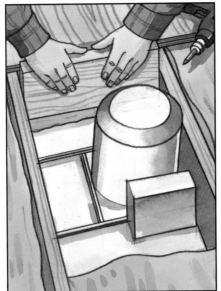

Un luminaire encastré comprend le cadre (A), la boîte de jonction des fils (B), le câble armé (C) et la douille (D), dans le boîtier (E). Les ressorts (F) gardent le réflecteur (G) en place ; l'ampoule (H) éclaire la zone souhaitée ; la garniture (I) recouvre le trou dans lequel est fixé le luminaire au plafond.

1 Enlevez tout isolant de l'endroit où vous installez le luminaire encastré. Tandis qu'il est en place, tracez le pourtour de l'ouverture et découpez-la. Fixez le cadre aux solives. Certains luminaires encastrés sont compatibles aux matériaux isolants et il n'est donc pas nécessaire d'enlever l'isolation.

2 Tandis que le courant est coupé au tableau de distribution principal, introduisez le câble armé du boîtier dans la boîte de jonction des fils et fixez-le en place.

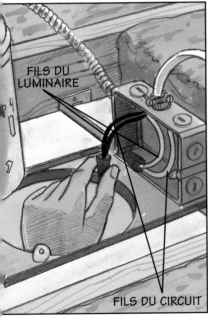

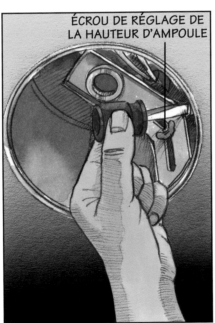

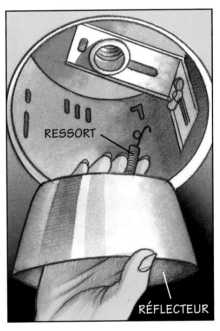

3 Faites courir une longueur de câble de l'interrupteur mural à la boîte de jonction des fils et fixez-le à l'aide des colliers. Raccordez le fil noir du circuit au fil noir du luminaire et le fil blanc du circuit au fil blanc du luminaire avec les serre-fils. Vissez la plaque sur la boîte de jonction des fils.

4 Placez le boîtier à l'intérieur du cadre. Lorsque vous replacez l'isolation des combles, assurez-vous de la poser à 15 cm (6 po) au moins du boîtier. Vissez les vis ou accrochez les agrafes pour maintenir le boîtier dans le cadre.

5 Fixez le réflecteur et la garniture. Les éclairages encastrés dans des boîtiers doivent être équipés d'ampoules à wattage spécifique. Suivez les directives du fabricant lors du choix des ampoules. N'utilisez jamais d'ampoule avec un wattage supérieur. Rétablissez le courant au tableau principal.

Installer un rail d'éclairage

Deux types de rail d'éclairage sont offerts : l'un est équipé d'un cordon d'alimentation que vous branchez simplement à une prise et l'autre doit être directement raccordé à une boîte de circuit.

Le premier modèle est assez simple à installer ; il suffit de disposer d'une prise à proximité du rail. Les rallonges qui courent sur le plafond et en bas des murs ne susciteront certainement pas l'admiration de vos voisins !

Les installations les plus nettes et les plus professionnelles sont celles qui permettent de raccorder directement les rails à une boîte de circuit. Vous pouvez utiliser une boîte électrique d'un éclairage que vous remplacez ou, si vous installez le rail dans une nouvelle section, vous devrez ajouter une boîte électrique sur le mur ou le plafond actuel et faire courir un câble.

DEGRÉ D'HABILETÉ

Électricité : habiletés de base ou habiletés moyennes.

Mécanique : habiletés de base.

COMBIEN DE TEMPS FAUT-IL ?

Installer un rail d'éclairage requiert environ :

EXPÉRIMENTÉ	1 h
INTERMÉDIAIRE	1 h 30
DÉBUTANT	2 h

VOUS AUREZ BESOIN :

☐ **Outils :** tournevis, pince universelle, pince d'électricien.

☐ **Matériel :** fil enroulé, serre-fils.

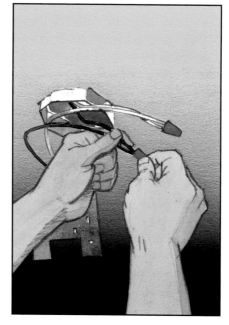

1 Coupez le courant au tableau principal ; raccordez les fils du circuit aux fils du luminaire avec des serre-fils : le fil blanc du circuit au fil blanc du luminaire et le fil noir du circuit au fil noir du luminaire. Enroulez le fil vert de mise à la terre de l'éclairage avec le fil de cuivre dénudé de mise à la terre et raccordez-le à la boîte en métal.

PLAQUE DE FIXATION

2 Introduisez avec précaution les fils du circuit et les fils du luminaire dans la boîte électrique. Fixez la plaque de fixation à la boîte du plafonnier.

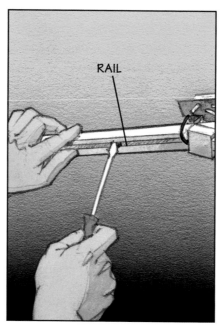

RAIL

3 Encliquetez le rail d'éclairage sur la plaque de fixation et positionnez la plaque. Vissez le rail au plafond avec les vis et les dispositifs d'ancrage ou les boulons à ailettes. Pour une installation plus solide, positionnez le rail sous les solives du plafond.

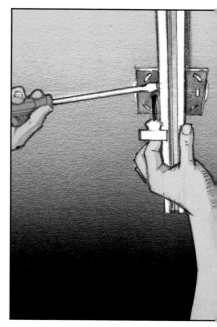

4 Dès que le rail est en place, serrez les vis de blocage du rail sur la plaque de fixation. Ne serrez pas trop les vis de blocage, vous pourriez endommager le rail.

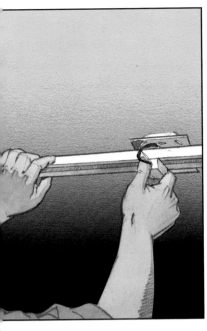

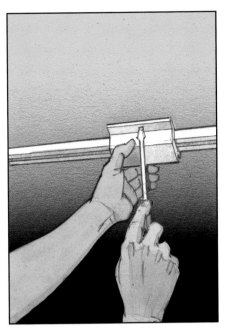

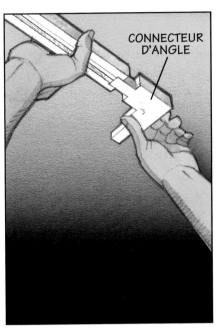

5 Insérez le connecteur à verrouillage dans le rail et faites-le pivoter à 90° pour le bloquer en place. Assurez-vous que les contacts situés sur le connecteur sont bien en place dans le rail. Ne forcez pas le connecteur ; s'il ne s'encliquette pas bien, tournez-le simplement dans le sens opposé.

6 Fixez le cache-alimentation au connecteur à verrouillage par rotation puis fixez-le à la boîte du plafonnier. Assurez-vous qu'il recouvre complètement la boîte du plafonnier.

7 Fixez les connecteurs de rail pour toutes les sections de rail et pièces d'angles supplémentaires requises en cas de dispositions spécifiques.

CONNECTEUR D'ANGLE

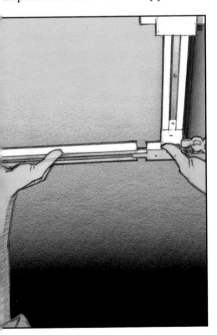

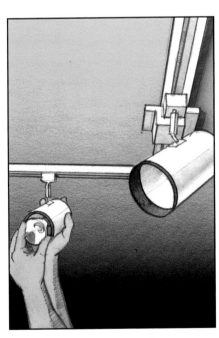

8 Fixez les sections de rail supplémentaires au plafond. Fermez les extrémités ouvertes du rail à l'aide de pièces d'extrémité.

9 Insérez les spots dans le rail et faites-les pivoter pour les bloquer en place.

10 Installez les ampoules appropriées et rétablissez le courant du circuit au tableau de distribution principal. Allumez le luminaire à l'interrupteur et orientez le faisceau lumineux pour obtenir l'effet souhaité.

Installer un rail d'éclairage **183**

DEGRÉ D'HABILETÉ

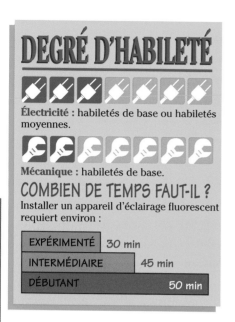

Électricité : habiletés de base ou habiletés moyennes.

Mécanique : habiletés de base.

COMBIEN DE TEMPS FAUT-IL ?

Installer un appareil d'éclairage fluorescent requiert environ :

EXPÉRIMENTÉ	30 min
INTERMÉDIAIRE	45 min
DÉBUTANT	50 min

VOUS AUREZ BESOIN :

☐ **Outils :** tournevis à pointe cruciforme et tournevis ordinaire, vérificateur de tension au néon, pince ordinaire, pince à bec long.

☐ **Matériel :** colliers de câble, serre-fils.

GUIDE DES BONS ACHAT$

Nouveau tube ou nouveau luminaire?

Même si les tubes sont facilement remplaçables, il est parfois préférable de vérifier les prix avant d'acheter un nouveau tube. Dans de nombreux cas, il revient moins cher d'acheter et d'installer un nouvel appareil d'éclairage fluorescent au complet que de remplacer le régulateur ; de nombreux magasins de bricolage vendent des modèles à prix très abordable. En comparaison, certaines pièces de rechange semblent parfois bien chères.

Réparer et remplacer un appareil d'éclairage fluorescent

Les éclairages fluorescents sont rarement défaillants et consomment moins d'énergie que les éclairages incandescents. Un tube fluorescent dure environ 20 000 heures et produit deux à quatre fois plus de lumière par watt qu'une ampoule ordinaire. L'usure du tube est le principal inconvénient de l'éclairage fluorescent. S'il commence à clignoter ou si la lumière devient moins intense, démontez le tube et examinez-le. Si les tenons sont courbés ou cassés ou si les bouts du tube sont noirâtres, remplacez-le. Une couleur grisâtre est normale sur les tubes fluorescents allumés.

Lors du remplacement d'un vieux tube, le wattage du nouveau tube doit être identique à celui imprimé sur la partie en verre de l'ancien tube. Ne cassez jamais les tubes lorsque vous les mettez au rebut. Les tubes fluorescents contiennent une petite quantité de dangereux mercure. Informez-vous auprès de l'organisme de contrôle de l'environnement local ou du ministère de la Santé sur les directives de mise au rebut.

Les défaillances peuvent aussi provenir d'une douille fissurée ou usée. On installe facilement de nouvelles douilles bon marché. Si ça ne fonctionne pas malgré un tube et des douilles neufs, le régulateur est sûrement défectueux. Un régulateur défectueux peut dégager une substance graisseuse noire et causer un bourdonnement.

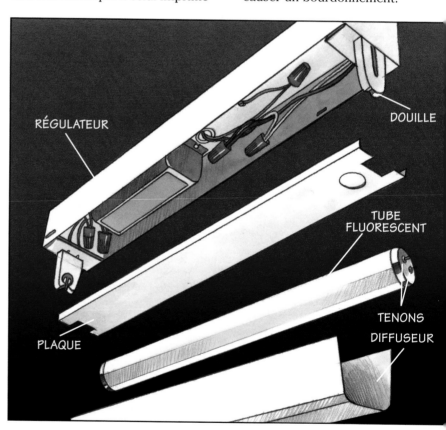

Un éclairage fluorescent achemine le courant électrique dans un tube qui renferme un gaz spécial et qui s'allume lorsqu'il est alimenté. Un diffuseur translucide blanc protège le tube fluorescent et adoucit l'intensité de la lumière. Une plaque protège un régulateur spécial qui dirige le flux du courant domestique de 120 volts vers les douilles. Les douilles transfèrent l'alimentation vers les tenons en métal situés à l'extrémité du tube.

ÉCLAIRAGE FLUORESCENT : DÉPANNAGE

	PROBLÈMES	SOLUTIONS
	Le tube clignote ou ne s'allume pas complètement.	1. Faites tourner le tube afin de vous assurer qu'il est bien en place dans les douilles. 2. Remplacez le tube et le démarreur (s'il y a lieu) si le tube est décoloré ou si les tenons sont courbés ou cassés. 3. Remplacez le régulateur si le prix est abordable. Sinon, remplacez l'appareil au complet.
	Le tube ne s'allume pas.	1. Vérifiez l'interrupteur mural, réparez-le ou remplacez-le. 2. Faites tourner le tube afin de vous assurer qu'il est bien en place dans les douilles. 3. Remplacez le tube et le démarreur (s'il y a lieu) si le tube est décoloré ou si les tenons sont courbés ou cassés. 4. Remplacez les douilles si elles sont fissurées ou si le tube ne se met pas correctement en place. 5. Remplacez le régulateur ou l'appareil au complet.
	Une substance noirâtre apparaît autour du régulateur. L'appareil émet un bourdonnement.	1. Remplacez le régulateur si son prix est abordable. Sinon, remplacez l'appareil au complet. Un léger bourdonnement est normal.

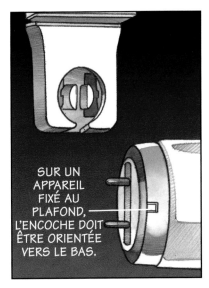

SUR UN APPAREIL FIXÉ AU PLAFOND, L'ENCOCHE DOIT ÊTRE ORIENTÉE VERS LE BAS.

Les anciens éclairages fluorescents peuvent être dotés d'un petit dispositif cylindrique appelé « démarreur », situé à proximité d'une douille. Lorsque le tube commence à clignoter, remplacez le tube et le démarreur. Coupez le courant. Appuyez légèrement sur le démarreur et faites-le tourner dans le sens inverse des aiguilles d'une montre pour l'enlever. Installez une pièce de rechange ayant les mêmes caractéristiques que l'ancien démarreur.

Installez un nouveau tube du même wattage que l'ancien. Insérez le tube pour que les tenons glissent au complet dans les douilles ; faites tourner le tube d'un quart de tour dans l'une ou l'autre direction jusqu'à ce qu'il se bloque solidement.

Électricité

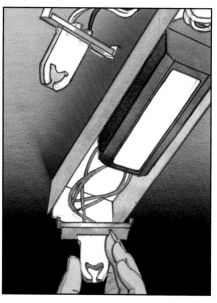

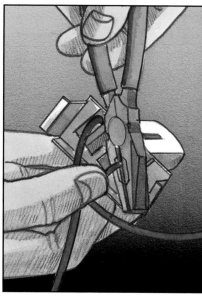

1 Coupez le courant au tableau de distribution principal. Enlevez le diffuseur, le tube fluorescent et la plaque.

2 Une fois que vous vous êtes assuré que le courant est coupé, enlevez les douilles du coffre de l'appareil en les faisant glisser ou en enlevant les vis de fixation et en soulevant les douilles.

3 Débranchez les fils raccordés aux douilles en les coupant avec une pince d'électricien ou une pince universelle.

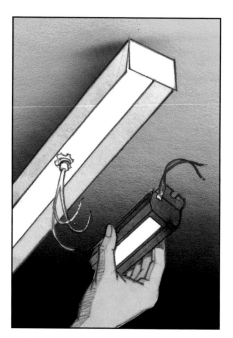

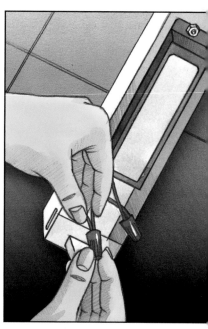

4 Enlevez l'ancien régulateur à l'aide d'une clé à rochet ou d'un tournevis. Assurez-vous de soutenir le régulateur pour éviter sa chute.

5 Installez le nouveau régulateur et assurez-vous qu'il a les mêmes caractéristiques que l'ancien modèle. Vous devrez peut-être percer de nouveaux trous car les anciens trous pourraient ne pas être adaptés au nouveau régulateur.

6 Raccordez les fils du régulateur aux fils de douille à l'aide de serre-fils, de raccordements de borne à vis ou de raccords à poussoirs. Remettez la plaque, le tube fluorescent et le diffuseur. Rétablissez le courant de l'appareil au tableau de distribution principal.

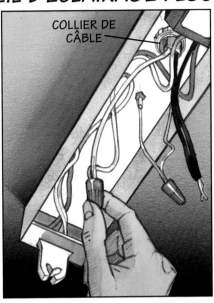

COLLIER DE
CÂBLE

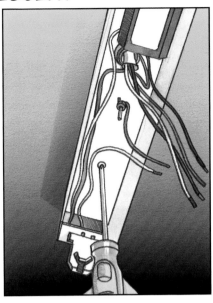

Coupez le courant de l'appareil, au tableau de distribution principal. Enlevez le diffuseur, les tubes et la plaque. Vérifiez s'il y a du courant à l'aide d'un vérificateur de tension au néon.

2 Débranchez les fils isolés du circuit et le fil dénudé en cuivre de mise à la terre de l'appareil d'éclairage. Desserrez le collier de câble qui maintient les fils du circuit.

3 Déboulonnez l'appareil du mur ou du plafond et enlevez-le avec précaution. Assurez-vous de soutenir le régulateur pour éviter sa chute.

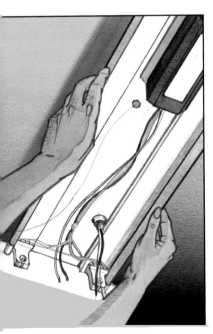

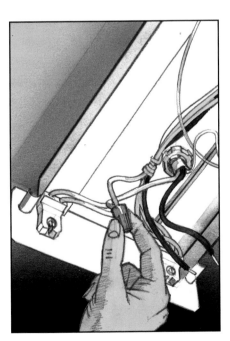

4 Positionnez le nouvel appareil en introduisant les fils du circuit dans l'ouverture de l'alvéole défonçable située à l'arrière de l'appareil. Boulonnez l'appareil en place de sorte qu'il soit solidement fixé aux éléments de structure.

5 Raccordez les fils du circuit aux fils de l'appareil à l'aide de serre-fils. Suivez les directives du diagramme de câblage fourni avec le nouvel appareil. Serrez le collier de câble maintenant les fils du circuit.

6 Fixez la plaque de l'appareil d'éclairage. Installez les tubes fluorescents et fixez le diffuseur. Rétablissez le courant de l'appareil au tableau de distribution principal.

Électricité

Le ventilateur de plafond

Les ventilateurs permettent de réduire les coûts de chauffage et de climatisation en faisant circuler l'air pour améliorer la température de la pièce sans augmenter le chauffage ou la climatisation. Les ventilateurs sont offerts en une variété de modèles et de dimensions, avec des commandes de variation de vitesse et des éclairages incorporés. On peut remplacer un ventilateur ou en installer un nouveau. Les ventilateurs de plafond sont souvent fixés à la place d'un luminaire et, ici, l'éclairage incorporé représente une nécessité plus qu'un luxe. Si vous remplacez un luminaire par un ventilateur, augmentez la capacité de la boîte électrique. Si le ventilateur et le luminaire ont des interrupteurs muraux distincts, un nouveau fil doit être acheminé de l'interrupteur à la boîte électrique. Consultez le diagramme de câblage fourni avec le ventilateur.

DEGRÉ D'HABILETÉ

Électricité : habiletés moyennes.

Mécanique : habiletés de base.

COMBIEN DE TEMPS FAUT-IL ?

Installer un ventilateur de plafond requiert environ :

EXPÉRIMENTÉ	1 h 30
INTERMÉDIAIRE	2 h
DÉBUTANT	2 h 30

VOUS AUREZ BESOIN :

☐ **Outils :** *tournevis, clef anglaise, tourne-écrou.*

☐ **Matériel :** *boîte électrique pour l'appareil, support en métal, serre-fils.*

VUE EN COUPE — SUPPORT

Utilisez un support fixé aux éléments de structure pour les ventilateurs de plafond et les gros luminaires trop lourds pour être supportés par une boîte électrique. Si vous avez accès à la boîte par les combles, utilisez une boîte de fixation aux normes CSA au plafond plutôt qu'un support en métal.

FIXER LE VENTILATEUR

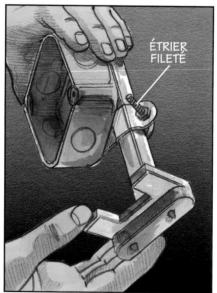

ÉTRIER FILETÉ

1 Coupez le courant au luminaire du tableau de distribution principal ; assurez-vous que le courant est coupé et enlevez le luminaire de la boîte électrique. Fixez une boîte de luminaire, en métal, de 3,8 cm (1½ po) de profondeur au support à l'aide d'un étrier fileté et de deux écrous.

Choisir un ventilateu de bonne dimensior

À l'achat d'un ventilateur de plafond, suivez ces simples directives permettant de détermine la dimension du ventilateur en fonction des dimensions de la pièce

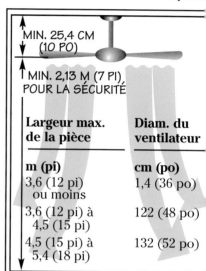

MIN. 25,4 CM (10 PO)

MIN. 2,13 M (7 PI) POUR LA SÉCURITÉ

Largeur max. de la pièce	Diam. du ventilateur
m (pi)	cm (po)
3,6 (12 pi) ou moins	1,4 (36 po)
3,6 (12 pi) à 4,5 (15 pi)	122 (48 po)
4,5 (15 pi) à 5,4 (18 pi)	132 (52 po)

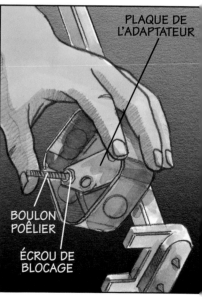

PLAQUE DE L'ADAPTATEUR

BOULON POÊLIER

ÉCROU DE BLOCAGE

2 Fixez les boulons poêliers fournis, à la plaque de l'adaptateur à l'aide des écrous de blocage. Ces boulons supporteront le ventilateur. Insérez la plaque de l'adaptateur dans la boîte de sorte que les extrémités de l'étrier fileté passent dans les trous de la plaque

---

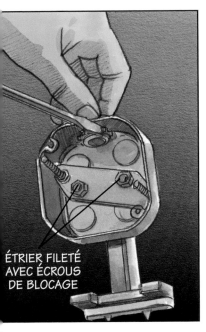

ÉTRIER FILETÉ
AVEC ÉCROUS
DE BLOCAGE

3 Fixez la plaque de l'adaptateur en vissant deux écrous de blocage sur l'étrier fileté. Ouvrez une alvéole défonçable pour chaque câble à introduire dans la boîte électrique et fixez le collier de câble à chaque alvéole.

PATTES INFÉRIEURES

CRAMPONS D'EXTRÉMITÉ

4 Des combles, placez le support entre les solives de sorte que les pattes inférieures affleurent le bas des solives. Faites tourner à la main le support pour introduire les crampons d'extrémité dans les solives. L'avant de la boîte doit se trouver au-dessous des solives et affleurer la surface du plafond fini.

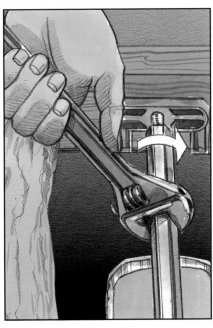

5 Tournez le support d'un tour complet avec une clé pour le fixer solidement contre les solives. Introduisez le câble du circuit actuel dans la boîte du luminaire et fixez-le à l'aide d'un collier de câble.

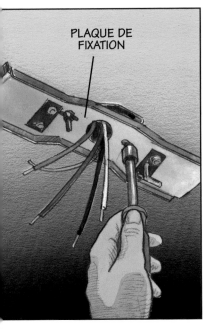

PLAQUE DE FIXATION

6 Placez la plaque de fixation du ventilateur de plafond sur les boulons poêliers qui dépassent de la boîte électrique. Tirez les fils du circuit par le trou du centre de la plaque de fixation. Fixez les écrous de fixation et vissez-les à l'aide d'un tourne-écrou.

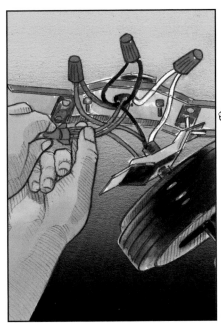

7 Suspendez le moteur à un crochet de fixation. Raccordez les fils conducteurs à l'aide de serre-fils : le fil noir du circuit au fil conducteur noir du ventilateur ; le fil blanc du circuit au fil conducteur blanc et les fils de terre au fil conducteur vert. Posez le ventilateur et le luminaire selon les directives du fabricant.

LE CONSEIL D'HOMER

En été, les ventilateurs de plafond sont très efficaces pour rafraîchir une pièce, mais en installer un pour la première fois peut nous donner des chaleurs ! Le câblage ne m'a posé aucun problème puisque je remplaçais un luminaire. Tout s'est bien passé jusqu'à ce que je mette le tout en marche. J'ai bien cru que l'appareil allait décoller. Evidemment, je pensais que cette ondulation était due à un défaut de fabrication. J'ai desserré les pales et essayé de les ajuster, mais en vain. Finalement, très déçu, je suis revenu au magasin, où j'ai découvert, dans la section des accessoires, une petite trousse appelée trousse d'équilibrage de ventilateur de plafond. Après avoir équilibré les pales, je n'y ai plus touché sauf pour les épousseter !

Le ventilateur de plafond **189**

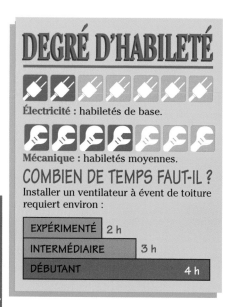

DEGRÉ D'HABILETÉ

Électricité : habiletés de base.

Mécanique : habiletés moyennes.

COMBIEN DE TEMPS FAUT-IL ?

Installer un ventilateur à évent de toiture requiert environ :

EXPÉRIMENTÉ	2 h
INTERMÉDIAIRE	3 h
DÉBUTANT	4 h

VOUS AUREZ BESOIN :

☐ **Outils** : crayon, perceuse, scie sauteuse, marteau, tournevis, pistolet à calfeutrer, scie alternative, dénudeur, pince.

☐ **Matériel** : 5 cm (2 po) de bois d'échantillon, câble NM, serre-fils, colliers de tuyau, colle pour toiture, isolation de tuyaux, clous à toiture autobloquants.

GUIDE DES BONS ACHAT$

Choix d'un ventilateur à évent

Vérifiez l'information figurant sur l'étiquette de chaque ventilateur. Choisissez un modèle dont la puissance est au moins de 2,5 l/s (5 pi^3/min) supérieure à la superficie de la salle de bain. L'unité SONE indique la discrétion relative du modèle sur une échelle de 1 à 7 (les ventilateurs les plus silencieux ont un indice SONE plus bas).

Le ventilateur à évent

Un ventilateur à évent assainira votre salle de bain en aspirant chaleur, humidité et odeurs. En général, les codes du bâtiment exigent que les salles de bain non ventilées naturellement soient équipées d'un ventilateur à évent, mais même s'il y a une fenêtre ou une fenêtre de toit, un ventilateur à évent est une idée judicieuse.

Ils sont offerts en plusieurs modèles : ventilateur seulement ; ventilateur et éclairage ; éclairage, ventilateur et lampes caloriques ou dispositifs insufflant de la chaleur. Ceux constitués d'un ventilateur et ceux également dotés d'un éclairage peuvent en général être câblés au circuit électrique de votre salle de bain. Ceux pourvus de lampes caloriques ou de dispositifs insufflant de la chaleur se raccordent à un circuit électrique distinct.

La plupart sont installés au plafo de la salle de bain, au centre ou au-dessus des toilettes. Ils peuvent êt ventilés du plafond, du toit ou du mur extérieur (le plus accessible), selon l'emplacement de la pièce. N'installez-en pas au-dessus d'une baignoire ou d'une douche sauf lorsque protégé d'un disjoncteur détecteur de fuites à la terre (DDFT et conçu pour les endroits humide Si celui que vous avez n'a pas de trousse de montage complète, achetez-en une à part. Ces trousses comprennent : un conduit d'évent, un raccord d'évent et un bouchon d'évent extérieur. Les ventilateurs se posent lorsque les parements de murs sont enlevés, ou ultérieureme

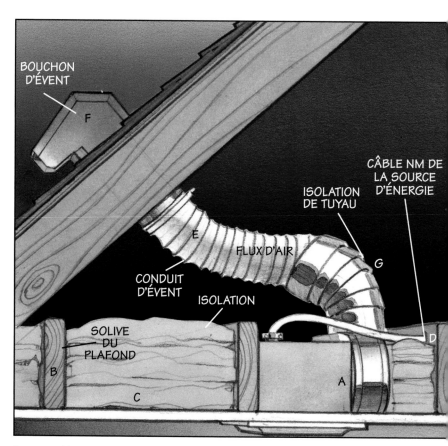

Les ventilateurs à évent de toiture sont dotés d'un ventilateur (**A**) monté entre les solives (**B**) du plafond, entourées d'isolation (**C**). Le câble NM, de la source d'alimentation (**D**), fournit l'électricité au ventilateur tandis que l'air est aspiré à l'extérieur de la pièce et évacué par le conduit d'évent (**E**) et le bouchon d'évent (**F**). L'isolation (**G**) du tuyau empêche l'air humide qui circule dans le conduit de condenser et de dégoutter dans le moteur du ventilateur.

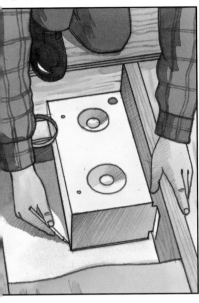

Placez le ventilateur à évent contre une solive du plafond. ...acez le pourtour du ventilateur, ...-dessus du plafond. Enlevez le ...ntilateur, percez les trous aux ...gles du tracé et découpez le ...orceau à l'aide d'une scie ...uteuse ou d'une scie à ...nneau mural.

Les ventilateurs à évent équipés de dispositifs de chauffage ou d'éclairage exigent un cadre en plus. Certains fabricants conseillent du bois de 5 cm (2 po) pour faire un logement entre les solives du toit et maintenir l'isolation à 15 cm (6 po) au moins du ventilateur et du dispositif de chauffage.

2 Enlever la grille du ventilateur et fixez le ventilateur à la solive de sorte que le bord de celui-ci s'encastre de 6 mm ($\frac{1}{4}$ po) dans la surface finie du plafond (pour faire affleurer la grille). Coupez le courant avant de câbler le ventilateur.

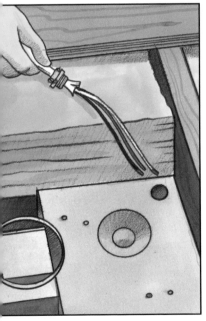

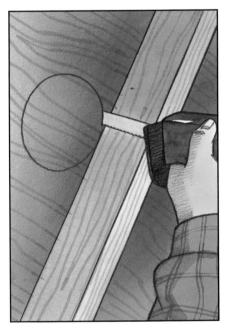

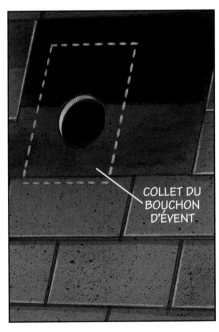

COLLET DU
BOUCHON
D'ÉVENT

3 Faites courir une longueur de ...câble NM de l'interrupteur actuel ...u du luminaire jusqu'au ventilateur. ...énudez le câble du ventilateur sur ...5 cm (10 po) en partant du bout du ...âble, puis attachez-le à l'aide d'un ...llier. Introduisez le câble dans le ...entilateur. De l'intérieur, vissez un ...rou de blocage sur le bout fileté ...e l'attache.

4 Marquez l'endroit de sortie du conduit d'évent dans la toiture, près d'un chevron. Percez un trou de guidage ; sciez à travers le support et le matériau de couverture à l'aide d'une scie alternative pour ménager le logement du raccord de l'évent.

5 De l'extérieur, enlevez la section des bardeaux autour du logement, en laissant le papier toiture intact. La surface des bardeaux enlevés doit être égale à celle du collet du bouchon d'évent. Faites toujours preuve de prudence lorsque vous travaillez sur le toit.

Électricité

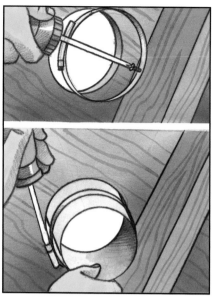

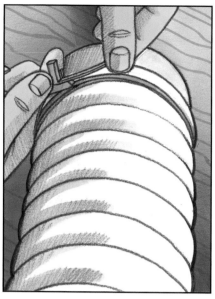

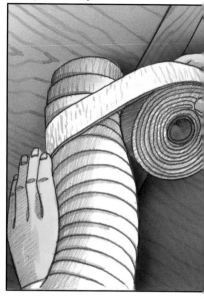

6 Fixez un collier de conduit au chevron, près du logement ménagé dans le toit, à environ 2,5 cm (1 po) au-dessous du support de couverture. Introduisez le raccord d'évent dans le logement, par le collier de conduit. Serrez la vis du collier.

7 Faites glisser une extrémité du conduit d'évent sur le raccord et l'autre sur l'orifice de sortie du ventilateur. Glissez les colliers ou les étriers plats autour de chaque extrémité du conduit d'évent et serrez pour fixer le conduit en place.

8 Enrubannez le conduit d'évent d'isolant pour tuyau afin d'empêcher l'air humide qui circu dans le conduit de condenser et de dégoutter dans le moteur du ventilateur.

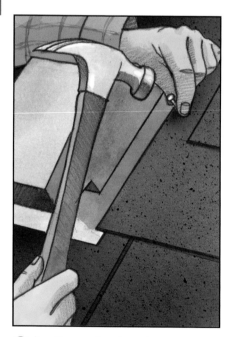

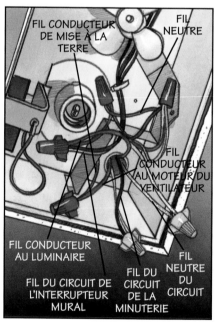

FIL CONDUCTEUR DE MISE À LA TERRE

FIL NEUTRE

FIL CONDUCTEUR AU MOTEUR DU VENTILATEUR

FIL CONDUCTEUR AU LUMINAIRE

FIL DU CIRCUIT DE L'INTERRUPTEUR MURAL

FIL DU CIRCUIT DE LA MINUTERIE

FIL NEUTRE DU CIRCUIT

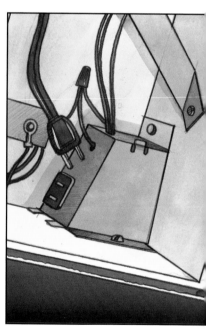

9 Appliquez du ciment pour toiture sur la base du collet du bouchon d'évent et faites glisser le bouchon sur le raccord. Fixez le collet du bouchon en place avec des clous autobloquants de toiture et rebouchez le pourtour du bouchon avec les bardeaux.

10 Raccordement : fil noir (circuit minuterie) au fil conducteur (moteur) ; fil rouge (circuit de l'interrupteur mural unipolaire) au fil conducteur (luminaire) ; fil blanc neutre (circuit) au fil neutre conducteur et fil de terre (circuit) au fil conducteur (mise à la terre dans la boîte). Ensuite, fixez la plaque sur la boîte.

11 Raccordez la fiche du moteur du ventilateur à la prise incorporée de la boîte de jonction des fils et fixez la grille au cadre à l'aide des agrafes fournies avec la trousse. Si les parements du mur et du plafond ont été enlevés pour la pose, installez les nouveaux parements avant cette étape.

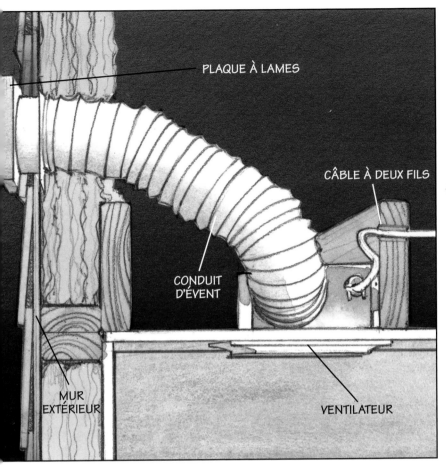

PLAQUE À LAMES

CÂBLE À DEUX FILS

CONDUIT
D'ÉVENT

MUR
EXTÉRIEUR

VENTILATEUR

◀ **La mise à l'air libre d'un tuyau d'évacuation à travers un mur** est comparable à la technique utilisée pour une mise à l'air libre en toiture. Les ventilateurs sont comparables à un moteur et à une souffleuse qui extraient l'air chargé d'humidité de la salle de bain et l'évacuent à l'extérieur par un conduit d'évent en plastique. Un câble à deux fils d'une minuterie fixée au mur, ou d'un interrupteur unipolaire, est fixé à la boîte de jonction des fils du ventilateur avec un collier de câble. Une plaque à lames fixée sur le mur extérieur empêche l'air extérieur de pénétrer dans le tuyau quand le moteur est arrêté.

NSTALLER UN VENTILATEUR À ÉVENT MURAL

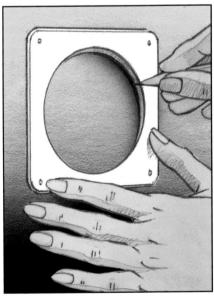

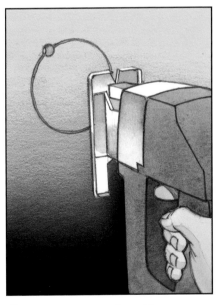

1 Coupez le courant au circuit du tableau de distribution principal. Placez le cadre du ventilateur contre une solive du plafond de sorte que le bord dépasse de 6 mm (¼ po) la base de la solive pour garantir l'espace nécessaire au bouchon de la grille. Fixez le cadre avec les vis de panneau mural.

2 Déterminez l'emplacement de l'orifice de sortie du conduit d'évent. Enlevez temporairement l'isolation et tracez le pourtour de l'ouverture du collet d'évent sur le revêtement mural.

3 Percez un trou de guidage puis effectuez le logement en sciant à travers le revêtement et le parement à l'aide d'une scie sauteuse. Maintenez la lame sur le bord extérieur du tracé.

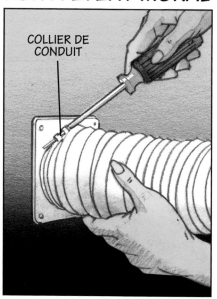

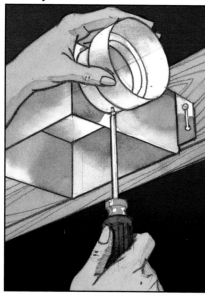

4 Insérez le raccord d'évent dans le logement et fixez-le au mur en introduisant les vis de panneau mural dans le collet pour les visser dans le revêtement mural.

5 Faites glisser une extrémité du conduit d'évent sur le raccord. Placez l'un des colliers autour de l'extrémité du conduit et serrez à l'aide d'un tournevis. Replacez l'isolation contre le revêtement mural.

6 Fixez un adaptateur de conduit à l'orifice de mise à l'air libre situé sur le cadre du ventilateur en vissant les vis à tôle dans l'adaptateur et dans le collet de mise à l'air libre.

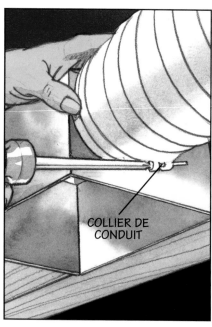

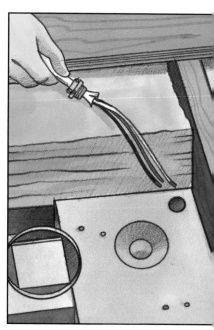

7 Faites glisser le conduit d'évent sur l'adaptateur. Placez un collier autour de l'extrémité du conduit et serrez-le avec un tournevis. Le code de bâtiment peut exiger que vous isoliez le conduit d'évent pour empêcher les problèmes de condensation.

8 Sur le mur extérieur, placez le couvercle d'évent à lames sur le raccord de conduit en vous assurant que les lames sont orientées vers le bas. Fixez le couvercle au mur à l'aide de vis galvanisées. Appliquez une couche épaisse de matériau d'étanchéité autour des bords du couvercle.

9 Faites courir une longueur de câble NM de l'interrupteur d'éclairage au ventilateur. Dénudez le câble à partir du bout et fixez un collier de câble. Introduisez le câble dans le ventilateur et vissez un écrou de blocage sur le bout fileté du collier. Faites les raccordements (étapes 10 et 11, p. 192).

Électricité

Le ventilateur électrique de combles

Même si, en général, l'été est une période agréable, il en est quelquefois tout autrement dans les combles ! En effet, la température peut facilement atteindre 65 °C (150 °F) et même si l'air extérieur circule par les lames fixes et les évents, cela ne change pas grand chose. La température élevée des combles surcharge votre système de refroidissement et peut même endommager les matériaux de revêtement et de toiture.

Il suffit souvent d'installer un ventilateur électrique dans les combles pour éviter ces inconvénients. En été, un ventilateur commandé par un thermostat augmente le confort de la maison et permet de réduire votre facture de climatisation jusqu'à 30 pour cent.

OPTIONS D'INSTALLATION

Les évents de toiture statiques (par conduction naturelle) actuels ou nouvellement installés garantissent une évacuation rapide et facile de l'air provenant des ventilateurs de combles montés directement au-dessous.

Les évents triangulaires à lames garantissent un volume d'extraction élevé de l'air aux ventilateurs électriques de combles.

Les évents rectangulaires à lames peuvent être ajoutés pour fournir un volume d'extraction de l'air élevé aux ventilateurs électriques de combles.

Les ventilateurs électriques de combles montés directement sous les évents statiques de toit s'installent sur les chevrons. Dans ce cas, les supports sont en général espacés de 40,5 cm (16 po).

Sur montants ou sur chevrons : encadrez le ventilateur électrique de combles avec des 2x4 horizontaux. Fixez l'appareil sur les bandes horizontales pour que les brides de fixation soient verticales.

Sur montants : dans les combles, fixez le ventilateur sur les montants, derrière les lames murales actuelles. Les supports sont en général préperforés pour les montants centraux de 40,5 cm (16 po).

MONTER UN VENTILATEUR DE COMBLES

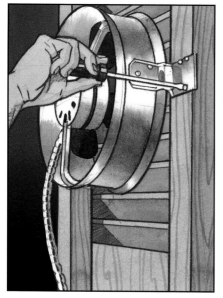

1 Montez le ventilateur sur l'ouverture à lames. Fixez-le aux montants ou aux chevrons à l'aide de vis. Si la disposition des montants ou des chevrons empêche le ventilateur d'être centré sur l'ouverture, ajoutez des montants de traverse.

2 Enlevez le couvercle du régulateur et fixez le régulateur à un montant ou à un chevron à portée du câble du ventilateur.

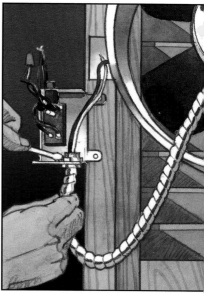

3 Introduisez le câble du ventilateur dans le régulateur et serrez le collier ou l'écrou de blocage.

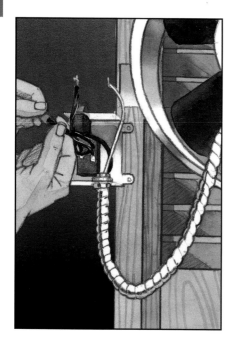

4 Raccordez les fils de ventilateur aux fils du régulateur selon le diagramme de câblage du fabricant : le fil noir du ventilateur au fil noir du régulateur et le fil blanc du ventilateur au fil rouge. S'il n'y a pas de fil rouge, raccordez le fil blanc du ventilateur au fil blanc du régulateur.

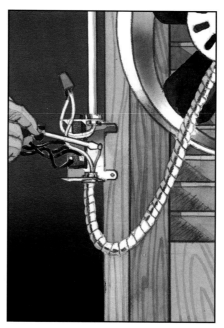

5 Coupez le courant et introduisez le câble d'alimentation dans le régulateur, puis serrez le collier de câble. Raccordez le fil blanc d'alimentation au fil blanc du régulateur, et le fil noir d'alimentation au fil noir du régulateur. Raccordez le fil de terre à la vis de mise à la terre.

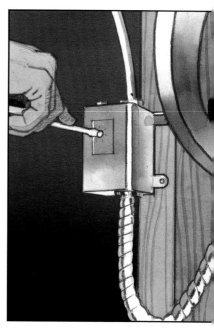

6 Replacez le couvercle du régulateur et réglez la commande de la température. Le ventilateur devrait se mettre en marche à 35 °C (95 °F) et continuer à fonctionner jusqu'à ce que la température des combles baisse au-dessous de 35 °C (95 °F).

es systèmes asse tension

Les prises de téléphone, de élévision et les fils de thermostat et e sonnette sont faciles à installer. nstallez le câble dans la charpente xposée et faites les raccordements éfinitifs après la finition.

Les lignes téléphoniques utilisent es câbles de quatre ou six fils ouvent appelés « fils de sonnerie » andis que les lignes de télévision tilisent un câble coaxial armé doté e raccords à l'extrémité filetée ppelés « connecteurs – série ». our faire des épissures dans votre gne de télévision, utilisez un accord appelé « aiguilleur de ignaux ». Les aiguilleurs sont fferts avec 2, 3 ou 4 mamelons. e câble coaxial est parfois difficile à dénuder. Demandez une émonstration lors de l'achat.

DEGRÉ D'HABILETÉ

Électricité : habiletés de base.

Mécanique : habiletés de base.

COMBIEN DE TEMPS FAUT-IL ?
Installer une prise basse tension sur un mur actuel requiert environ :

EXPÉRIMENTÉ	35 min
INTERMÉDIAIRE	45 min
DÉBUTANT	1 h

VOUS AUREZ BESOIN :

☐ **Outils :** tournevis, scie à panneau mural, pince universelle, pince à bec long, câble d'extraction, clef anglaise.

☐ **Matériel :** plaques de prises de téléphone et de télévision, commutateur de sonnette, thermostat, ruban-cache.

INSTALLER UN CÂBLE COAXIAL DE TÉLÉVISION

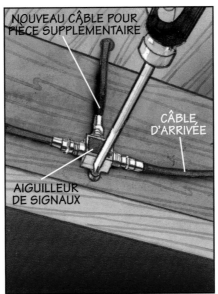

NOUVEAU CÂBLE POUR PIÈCE SUPPLÉMENTAIRE

CÂBLE D'ARRIVÉE

AIGUILLEUR DE SIGNAUX

PRISE TÉLÉ

1 Installez un aiguilleur de signaux à l'endroit où le câble d'arrivée est raccordé aux câbles intérieurs de télévision, souvent au sous-sol. Raccordez une extrémité d'un nouveau câble coaxial à un mamelon de prise, sur l'aiguilleur. Fixez l'aiguilleur à la charpente à l'aide de vis pour panneau mural.

2 Faites courir le câble coaxial jusqu'à la nouvelle prise de télévision ; au besoin, utilisez un câble de traction. Maintenez le câble coaxial à au moins 15 cm (6 po) du câblage électrique pour éviter les interférences. Pour les nouvelles constructions, marquez un repère sur le sol afin de trouver le câble après la finition des murs.

RACCORDER UNE PRISE DE CÂBLE

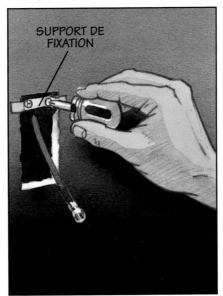

SUPPORT DE FIXATION

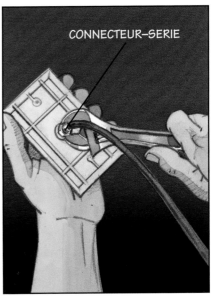

CONNECTEUR–SERIE

1 Ménagez une ouverture de 3,8 cm (1½ po) de large et de 8,9 cm (3¾ po) de haut à la prise de télévision. Tirez le câble par l'ouverture. Installez deux supports de fixation de prise de télévision dans le logement. Différents types de plaques de fixation de basse tension sont offerts.

2 À l'aide d'une clé, fixez le connecteur – série à l'arrière de la prise de télévision. Fixez la prise au mur en la vissant sur les supports de fixation.

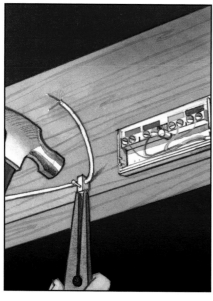

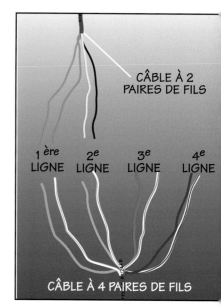

1 Repérez la boîte de jonction de téléphone dans votre sous-sol ou autre pièce utilitaire. Enlevez la plaque. À l'aide d'agrafes de câble, fixez une extrémité du câble à un élément de charpente à proximité de la boîte de jonction, en laissant de 15 cm à 20 cm (6 po à 8 po) de surplus de câble.

2 Faites courir le câble de la boîte de jonction à l'emplacement de la prise téléphonique. Laissez une distance d'au moins 15 cm (6 po) entre le câble et le câblage du circuit afin d'éviter les interférences. Marquez un repère sur le sol afin de retrouver facilement le câble.

Les systèmes de câble standard à deux paires de fils utilisent les fils rouge et vert comme première ligne et les fils jaune et noir comme deuxième. Dans les habitations récentes, les lignes sont acheminées par 4 paires (illustré). On utilise ces lignes pour le téléphone ou le télécopieur et le modem.

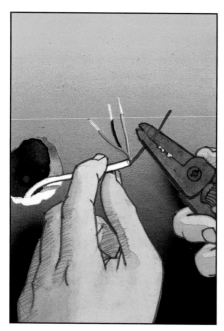

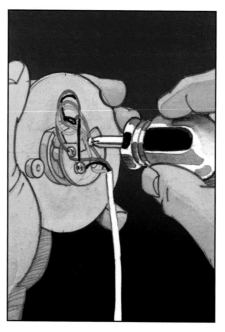

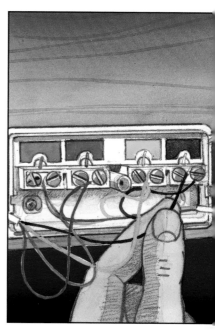

3 À chaque extrémité de câble, enlevez environ 5 cm (2 po) de gainage. Enlevez environ 2 cm (¾ po) d'isolant de chaque fil à l'aide d'une pince universelle.

4 Raccordez les fils aux fils conducteurs de même couleur dans la prise téléphonique. S'il y a des fils en trop, rassemblez-les avec un ruban adhésif à l'arrière de la prise. Placez la prise téléphonique sur le logement du mur et fixez-la au panneau mural.

5 À la boîte de jonction du téléphone, raccordez les fils du câble aux bornes à vis codées par couleur. S'il y a des fils en trop, rassemblez-les avec un ruban adhésif et introduisez-les dans la boîte de jonction. Replacez la plaque de la boîte.

REMPLACER UNE SONNETTE

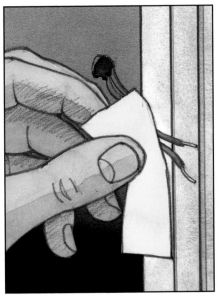

1 Coupez le courant au système de sonnette du tableau de distribution principal. Enlevez les vis de fixation du bouton de la sonnette, et retirez le bouton du mur avec précaution.

2 Débranchez les fils du bouton et assurez-vous de les regrouper avec du ruban et de les fixer à la porte pour les empêcher de glisser dans le mur. Raccordez les fils aux bornes à vis du nouveau bouton. Enlevez la plaque de l'ancienne sonnerie située dans la maison.

3 Dévissez les vis de fixation et retirez l'ancienne sonnerie. Débranchez les fils et étiquetez-les pour repérer ultérieurement la borne à vis appropriée ; collez-les sur le mur pour les empêcher de glisser dans le mur. Introduisez les fils par la base de la nouvelle sonnerie.

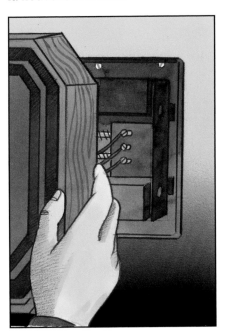

4 Fixez la nouvelle sonnette au mur à l'aide des vis de fixation fournies avec la trousse d'installation.

5 Raccordez les fils aux bornes appropriées sur la nouvelle sonnette.

6 Fixez la plaque et rétablissez le courant au tableau de distribution principal.

Choix d'un thermostat

Lorsque vous achetez un nouveau thermostat, assurez-vous qu'il est compatible avec vos systèmes de chauffage et de climatisation. Apportez le nom de la marque et le numéro de l'ancien thermostat. Si vous remplacez le transformateur, assurez-vous de choisir un modèle dont l'ampérage convient au thermostat que vous allez utiliser.

Un thermostat basse tension commande les systèmes de chauffage et de climatisation d'un endroit unique. Il est alimenté par un transformateur qui diminue le courant de 120 volts à 24 volts.

Un thermostat basse tension est relativement facile à changer et remplaçable par un thermostat programmable réducteur. Ce type de thermostat peut réduire de 35 pour cent les coûts d'électricité dans certaines zones.

INSTALLER UN THERMOSTAT PROGRAMMABL

BOÎTIER

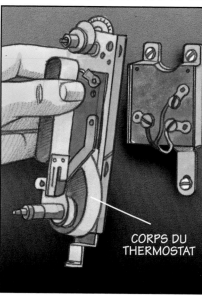

CORPS DU THERMOSTAT

1 Coupez le courant au système de chauffage et de climatisation du tableau de distribution principal. Retirez le boîtier du thermostat.

2 Dévissez les vis de fixation du thermostat et enlevez le corps du thermostat.

LES POMPES À CHALEUR DOIVENT ÊTRE ÉQUIPÉES DE THERMOSTATS SPÉCIAUX.

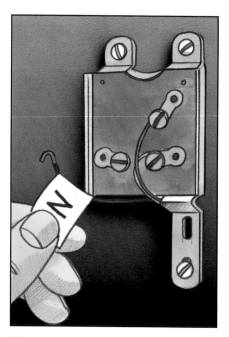

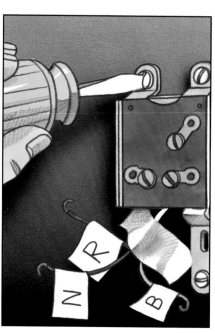

BASE DU THERMOSTAT

3 Avec du ruban-cache, étiquetez les fils basse tension pour repérer leur emplacement sur les bornes à vis. Débranchez tous les fils basse tension.

4 Enlevez la base du thermostat en desserrant les vis de fixation. Collez les fils contre le mur pour les empêcher de glisser dans le mur.

5 Introduisez les fils basse tension par la base du nouveau thermostat. Fixez la base du thermostat au mur à l'aide des vis fournies avec le thermostat.

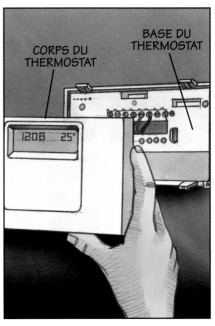

6 Raccordez les fils basse tension aux bornes à vis situées sur la base du thermostat. Suivez les indications figurant sur le tableau de raccordement du fabricant.

7 Repérez le transformateur basse tension qui alimente le thermostat. Il est en général situé à proximité du système de chauffage et de climatisation ou sur un panneau d'accès à la chaudière. Serrez tous les raccordements au besoin et assurez-vous que les fils et le gainage sont en bon état.

8 Installez les piles dans le corps du thermostat ; fixez le corps du thermostat à la base. Rétablissez le courant et programmez le thermostat.

VÉRIFIER LE THERMOSTAT

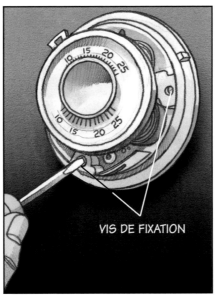

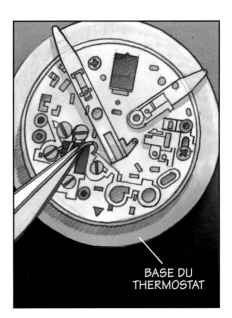

1 Coupez le courant au système de chauffage et de climatisation du tableau de distribution principal. Retirez le boîtier du thermostat.

2 Enlevez le corps du thermostat en desserrant les vis de fixation avec un tournevis.

3 Vérifiez les raccordements de fils sur la base du thermostat. Raccordez tout fil débranché. Si les fils sont brisés ou corrodés, ils doivent être agrafés, dénudés et à nouveau raccordés aux bornes à vis. Replacez le corps du thermostat et le coffre. Rétablissez le courant au tableau d'alimentation principal.

Planifier l'éclairage

La planification d'un éclairage ne commence pas par le choix des luminaires, mais par une étude de certains éléments : circulation dans la pièce, fonction de la pièce et préférences visuelles des habitants de la maison. Prenez en compte les facteurs importants tels que la capacité à se déplacer rapidement et en toute sécurité d'une pièce à l'autre, les besoins d'éclairage quant aux objets et aux meubles, la polyvalence des pièces (cuisine et salles communes) et les économies d'énergie. Tout comme les autres éléments de l'aménagement, la lumière influe sur la sensation qui se dégage de la zone éclairée de la pièce. La définition et le caractère de chaque zone varient selon la répartition et le mode d'éclairage. Vous pouvez facilement transformer une pièce bien éclairée en une pièce dont l'atmosphère est relaxante et douillette en ajoutant quelques gradateurs (p. 175).

TYPES D'ÉCLAIRAGE

Les luminaires de plafond éclairent en général une zone précise. Exemples : les lustres et les globes.

Les éclairages d'accentuation ajoutent une source de lumière secondaire à une zone particulière. Exemple : les lampes de table.

Les éclairages des aires de travail éclairent directement les zones réservées à des tâches spécifiques : bureaux, établis, tables à couture et coins de lecture. Les éclairages des aires de travail peuvent être incandescents ou fluorescents. Exemples : les lampes de bureau et les éclairages d'armoire.

Les luminaires éclairant vers le bas éclairent une zone particulière. Exemples : les éclairages encastrés et les rails d'éclairage.

Les projecteurs muraux – les appliques, les lampes de table et les rails de projecteurs encastrés – éclairent les murs. Les éclairages ascendants comprennent les lampadaires à vasque, les lampes de table et les suspensions. Les éclairages près du plafond sont utilisés dans la cuisine et le couloir.

L'ÉCLAIRAGE INFLUE SUR LES COULEURS

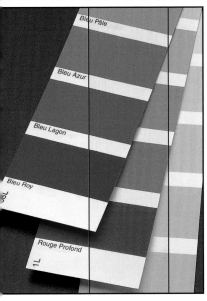

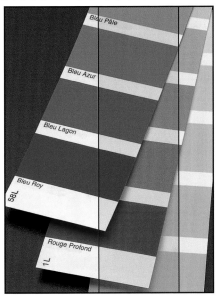

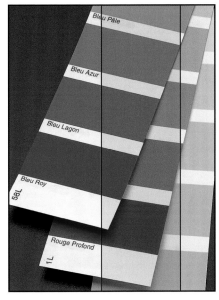

L'éclairage incandescent est l'éclairage résidentiel le plus couramment utilisé. Il fournit une lumière chaleureuse et douce pendant la journée et donne aux teintes couleur de chair une apparence naturelle.

L'éclairage fluorescent chaleureux (*blanc doux*). Économique, il ne chauffe pas et est souvent utilisé dans les vitrines. L'éclairage fluorescent moderne est coloré et crée une sensation de chaleur et de naturel ; les tubes non colorés à reflets bleutés sont plus courants car ils sont moins chers.

L'éclairage fluorescent standard (*lumière du jour*) comprend les habituels tubes, les globes d'une seule pièce et une variété d'ampoules destinées à être utilisées sur plusieurs lampes traditionnelles. Les éclairages fluorescents ne peuvent pas être tamisés.

TYPES ET FORMES D'AMPOULES LES PLUS COURANTES

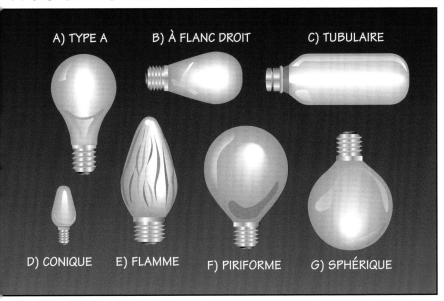

A) TYPE A   B) À FLANC DROIT   C) TUBULAIRE
D) CONIQUE   E) FLAMME   F) PIRIFORME   G) SPHÉRIQUE

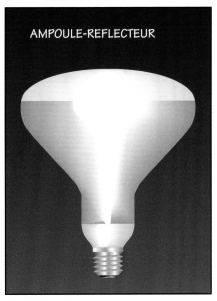

AMPOULE-REFLECTEUR

Formes d'ampoules les plus courantes : l'ampoule de forme A (**A**) est la forme la plus utilisée sur la plupart des éclairages résidentiels. Les ampoules à flanc droit (**B**), tubulaires (**C**) et coniques (**D**) sont destinées à des utilisations spéciales : appareils ou luminaires spéciaux. Les ampoules flammes (**E**), piriformes (**F**) et sphériques (**G**) sont des ampoules décoratives utilisées sur certains luminaires spéciaux.

Les ampoules-réflecteurs sont en partie enduites pour éclairer dans la direction souhaitée. Le faisceau de ces ampoules est large (lumière d'ambiance) ou étroit (spot) et elles sont offertes en une grande variété de modèles et de dimensions.

Éclairages fonctionnels et effets

Plusieurs facteurs comme l'emplacement influent sur l'intensité de la lumière d'un luminaire. Si le luminaire est haut, il éclaire une vaste zone ; s'il est bas, il éclaire une zone plus restreinte. Derrière une cloison, il sera dirigé vers une zone spécifique.

Planifiez votre éclairage selon la fonction de la pièce : plus intense pour les zones de travail, moins puissant pour la détente. Déterminez l'intensité requise (luminosité), le type d'éclairage (direct ou indirect) et la meilleure source de lumière (incandescente ou fluorescente).

L'éclairage direct crée des zones de lumière vive et des zones d'ombre très prononcée. L'éclairage indirect crée encore plus de luminosité et des ombres plus atténuées. Diffusé, il élimine les reflets et l'ombre très prononcée.

Séjours

Les lampes de table et les lampadaires produisent un éclairage général approprié ; les luminaires dotés d'ampoules à trois voies garantissent plus de polyvalence à l'éclairage d'une zone. L'éclairage vers le haut illumine et agrandit la pièce. Une luminosité de 150 watts dirigée vers le plafond est douce et plus uniforme. Les projecteurs muraux confèrent à la pièce une ambiance chaleureuse et invitante.

L'éclairage d'un seul mur au moyen de deux lampes de 75 watts crée une ambiance différente. Les rails d'éclairage mettent l'accent sur certains points d'intérêt : sculpture ou objet d'art. Les mini-rails ont des ampoules-réflecteurs de 40 watts pour mettre en valeur des objets tels une pièce murale ou une vitrine.

L'éclairage vers le bas permet d'éclairer plus intensément les zones de lecture, de détente ou de jeu. Utilisez des éclairages encastrés de 150 watts pour donner plus de lumière. Les ampoules de couleur agrémentent votre décoration et mettent vos meubles en valeur.

Salles à manger

L'éclairage vers le haut fournit une lumière indirecte. Un seul lustre de 200 à 300 watts peut projeter la lumière sur le plafond et adoucir l'éclairage. Les éclairages vers le bas éclairent la table de façon plus directe. Les gradateurs permettent d'augmenter ou de tamiser la lumière. Les éclairages muraux procurent une sensation d'espace et d'ouverture. Les luminaires semi-encastrés diffusent un éclairage doux. Les éclairages d'accentuation peuvent être agencés pour créer une ambiance intime, un bel effet ou une atmosphère de fête.

Les ampoules dépassant l'abat-jour peuvent éblouir. Pour palier cet inconvénient, soulevez ou abaissez l'abat-jour ou remplacez l'ampoule. Les salles à manger et de détente exigent moins de luminosité selon l'ambiance souhaitée. Pour un éclairage polyvalent, raccordez des éclairages aux gradateurs pour que leur intensité puisse varier selon l'effet souhaité.

Entrées et couloirs

Les entrées et les couloirs sont les endroits qui exigent un éclairage moins intense, mais assurant confort et sécurité. Un éclairage monté près du plafond et de 80 watts à 120 watts fournit un éclairage adéquat à une entrée classique. Les éclairages muraux rehaussent la luminosité et l'atmosphère chaleureuse. Pour équilibrer l'éclairage, il suffit de poser deux appliques dotées chacune d'une ampoule de 40 watts.

Dans les couloirs, mettez les objets de décoration en valeur grâce à un éclairage encastré. Des spots de 75 watts peuvent être dirigés pour attirer l'attention sur un objet d'art, un meuble ou d'autres objets dignes d'intérêt. Les éclairages dirigés vers le haut font paraître le couloir plus spacieux. Une seule lampe pourvue d'une ampoule de 100 watts suffit pour faire paraître un espace restreint plus vaste.

Zones de lecture

L'éclairage pour l'étude et la lecture doit être de moyenne intensité. L'éclairage direct (lampe de bureau de 100 watts) éclaire directement la zone ; l'éclairage vers le bas d'un luminaire encastré (150 watts) éblouit moins et offre plus de lumière ; les rails d'éclairage créent des zones d'étude. Des éclairages de 75 watts qui se chevauchent, distribuent un flot de lumière. Le meilleur éclairage pour la lecture provient de plusieurs sources équilibrées ; l'éblouissement et l'ombre sont réduits et les yeux se fatiguent moins.

Zones de divertissement

Les zones réservées au divertissement et aux travaux minutieux exigent beaucoup de luminosité. L'éclairage de la zone de travail provenant d'une lampe d'architecte de 100 watts concentre la lumière sur un point précis tandis que les panneaux d'éclairage fluorescent procurent de la luminosité à l'ensemble de la zone.

L'éclairage d'accentuation, dont les ampoules sont du même wattage, élimine les ombres et permet d'uniformiser l'éclairage de toute la zone, ce qui augmente la visibilité et diminue la fatigue des yeux pendant les activités. Un petit projecteur peut être dirigé sur un point pour faciliter les tâches minutieuses.

Des luminaires de fantaisie fournissent l'éclairage et rehaussent du même coup le caractère d'une pièce pour permettre de dégager l'impression voulue.

Cuisines

Les cuisines devraient être parmi les pièces les plus éclairées de la maison. La préparation des mets exige un éclairage plus intense qui permet d'effectuer le travail sans se fatiguer les yeux. Un éclairage unique près du plafond fournit l'éclairage général.

Les éclairages fluorescents installés sous les armoires éclairent les dessus de comptoir tandis que l'éclairage incandescent éclaire le dessus de la cuisinière et les planches de travail. Les projecteurs emboîtés dotés d'ampoules-réflecteurs éclairent l'évier et les comptoirs.

Pour les zones de cuisson, envisagez l'utilisation de luminaires à lentilles claires et amovibles que vous pourrez enlever pour nettoyer et qui fournissent la luminosité requise à la zone de travail. Les luminaires à lentille scellée empêchent l'humidité et les résidus de cuisson de pénétrer dans le luminaire, ce qui permet d'en réduire le nettoyage et d'en prolonger la durée de vie.

Éclairages spéciaux

Certains éclairages permettent de créer des effets spéciaux. Les éclairages d'armoires peuvent éclairer une bibliothèque, tandis que les spots semi-intégrés peuvent mettre en relief un objet d'art. Les projecteurs à réflecteur emboîté peuvent éclairer une niche d'angle ou des bibelots. Les appliques servent à créer de belles ombres sur les éléments architecturaux.

◀ **L'éclairage direct** constitue une variante d'éclairage spécial.

◀ **Cette rampe lumineuse** à basse tension permet de vous aider à gravir les marches en toute sécurité. Elle forme un cordon de lumière qui procure un effet théâtral.

Les luminaires de style « marquise » permettent de rehausser l'atmosphère théâtrale et captivante des zones de détente. ▼

Planifier l'éclairage

Avant de vous précipiter pour acheter vos luminaires, élaborez un plan d'éclairage de toute la pièce. Si celle-ci s'ouvre sur d'autres pièces et si les luminaires vont être visibles, incorporez les pièces voisines à votre plan. Suivez ces instructions simples lorsque vous planifiez votre système d'éclairage :

1) Sur du papier quadrillé, tracez un plan du type de celui de droite, illustrant la configuration de la pièce au complet. Indiquez l'emplacement des meubles, des éléments architecturaux et de tous les dispositifs spéciaux.

2) Indiquez la fonction probable de chaque zone de la pièce.

3) Attribuez l'éclairage approprié à chaque zone.

4) Déterminez les éclairages qui devraient être allumés en même temps.

5) Déterminez l'emplacement des interrupteurs et des prises.

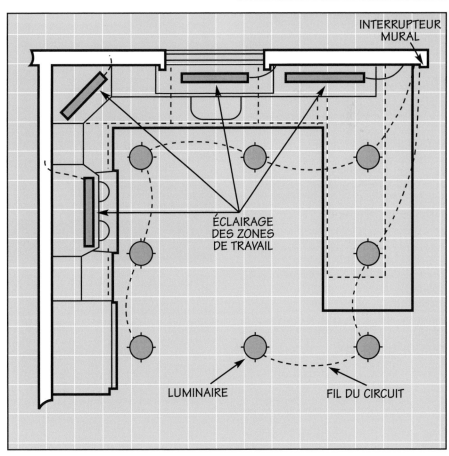

INTERRUPTEUR MURAL

ÉCLAIRAGE DES ZONES DE TRAVAIL

LUMINAIRE

FIL DU CIRCUIT

PLAFONDS ET MURS : L'ABC DES TRAVAUX

Personne ne vous complimentera sur l'état de vos murs. Le lissage et la finition ne constituent pas un projet captivant dont le propriétaire d'une maison est spécialement fier. Cependant, un trou ou une fissure au plafond, ou sur un mur, attire tous les regards ; mais ces réparations sont en général simples et rapides.

Dans une certaine mesure, la nature et le fini d'un mur intérieur dépendent de l'ancienneté de la construction et de la fonction du mur au sein de l'ossature. En général, la structure des murs porteurs et des cloisons non porteuses est en bois. Elle peut se caractériser par une sablière double et davantage de contreventements pour les murs porteurs. En général, les centres des montants de murs sont espacés de 40,64 cm (16 po) et cloués à la sablière et à la lisse. Sur certaines cloisons non porteuses, ils sont espacés de 60,96 cm (24 po).

Dans les maisons plus anciennes, les lattes en bois minces et rapprochées sont clouées à l'ossature et servent de structure au plâtre. Le plâtre est habituellement appliqué en deux couches : une sous-couche de plâtre marron et une couche de finition de plâtre blanc.

Dans la plupart des maisons construites après la Seconde Guerre mondiale, la structure des murs intérieurs est en bois, habillée d'un panneau mural. Le panneau est cloué à la structure du mur et les joints sont finis avec un enduit à panneau.

Outils manuels courants : serre-joints en C (**A**), pistolet à calfeutrer (**B**), clé à cliquet et douilles (**C**), ciseaux à froid (**D**), leviers (**E**), pistolet encolleur thermofusible (**F**), cisaille de ferblantier (**G**), fil à plomb et cordeau de craie (**H**), couteau universel (**I**), agrafeuse (**J**), rabot (**K**), bloc de ponçage (**L**), niveau de menuisier (**M**), équerre de charpentier (**N**), détecteur de montant (**O**), fausse équerre (**P**), marteau (**Q**), ciseaux à bois (**R**), tournevis (**S**), chasse-clous (**T**), équerre combinée (**U**), niveau pour cordeau (**V**), scie à chantourner (**W**), ruban à mesurer (**X**), égoïne (**Y**).

Outils électriques courants et équipement de protection : scie circulaire (**A**), ponceuse vibrante (**B**), toupie avec mèche (**C**), scie sauteuse (**D**), outil à usages multiples (**E**), perceuse (**F**), perceuse sans fil avec forets (**G**), protecteur d'oreilles (**H**), masque antipoussières (**I**), lunettes de sécurité (**J**), gants (**K**).

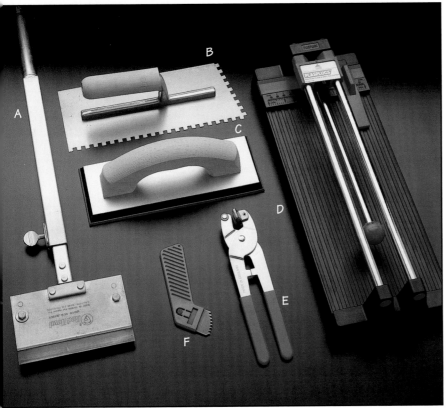

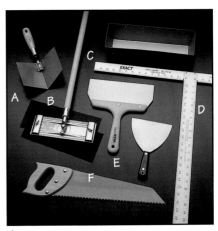

Outils courants pour panneaux muraux : truelle d'angle (**A**), bloc à poncer pour panneau mural avec grilles à poncer (**B**), bac à enduit de jointoiement (**C**), équerre pour panneau mural (**D**), couteaux à joints (**E**), scie à panneau mural (**F**).

Outils de pose de carreaux de céramique : grattoir de plancher (**A**), truelle crantée (**B**), taloche à coulis (**C**), coupe-carreaux coulissant (**D**), pince coupante (**E**), grattoir à coulis (**F**).

Plafonds, murs et planchers

Revêtements muraux : panneau mural de 16 mm (⅝ po) ou cloison sèche (**A**), panneau mural étanche de 13 mm (½ po) ou panneau vert (**B**), panneau d'appui en ciment, en général utilisé pour poser des carreaux (**C**), baguette d'angle (**D**), vis à panneau mural (**E**), lambris nervuré à rainure et languette en pin (**F**), lambris nervuré à rainure et languette en chêne (**G**), lambris nervuré en chêne (**H**), lambris « grange » en chêne (**I**), lambris en chêne (**J**). Dans les habitations modernes, le panneau mural est le matériau le plus utilisé sur les murs et au plafond. Votre choix peut être déterminé par l'emplacement, le matériau ou son épaisseur. Vous pouvez demander conseil à votre détaillant de matériaux. Les panneaux sont vendus en différentes épaisseurs, ce qui peut déterminer leur mode de fixation sur le mur et la nature du mur sur lequel ils peuvent être posés. À l'achat du lambris, demandez conseil à un représentant.

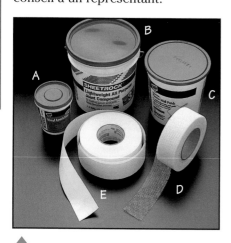

Matériaux et rubans à joints de panneaux muraux : matériau reboucheur au vinyle (**A**), matériau d'étanchéité pour joints (**B**), reboucheur de panneau de plâtre (**C**), ruban à joints, adhésif en fibre de verre (**D**), ruban de papier à joints standard (**E**).

Matériaux pour plafond : carreaux décoratifs de 305 mm (12 po) (**A**) ou de 610 mm (24 po) (**B**), panneau suspendu isolé (**C**), panneau suspendu insonorisant (**D**), cornière (**E**), coulisseaux pour plafond suspendu (**F**), profilés 610 mm (24 po) et 1220 mm (48 po) (**G**).

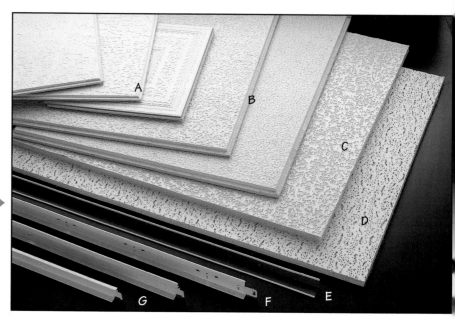

Les carreaux muraux décoratifs sont offerts dans de nombreux styles, couleurs et dimensions : feuille de carreaux de mosaïque de 6,5 cm (2½ po) (**A**), carreaux lisses assortis de 20 cm (8 po) (**B**), carreaux de mosaïque à motifs assortis de 9 cm (3½ po) (**C**), carreau lisse de 11,5 cm (4½ po) (**D**), carreau de marbre de 15 cm (6 po) (**E**), carreaux en pierre naturelle de 15 cm (6 po) (**F**), carreaux brillants de 10 cm (4 po) (**G**), carreaux texturés de 20 cm (8 po) (**H**), bordure de 10 cm (4 po) (**I**), carreaux en brique naturelle de 7,5 cm x 20 cm (3 po x 8 po) (**J**), carreaux peints de 10 cm (4 po) (**K**), carreau en brique naturelle de 10 cm x 20 cm (4 po x 8 po) (**L**), carreau de marbre naturel de 20 cm (8 po) (**M**).

Les moulures décoratives et garnitures sont offertes dans de nombreuses formes et dimensions et dans différents types de bois : moulure de coin arrondi et encadrement en chêne (**A**), encadrement de porte et de fenêtre en chêne (**B**), encadrement « ranch » en chêne (**C**), encadrement « colonial » en chêne (**D**), moulure à gorge incurvée en chêne (**E**), moulure couronne en sapin (**F**), rosace en chêne (**G**), quart-de-rond en chêne (**H**), quart-de-rond de coin extérieur en chêne (**I**), quart-de-rond de coin intérieur en chêne (**J**), moulure de coin intérieur en chêne (**K**), moulure de coin extérieur en pin (**L**), garniture en pin sculptée (**M**).

DEGRÉ D'HABILETÉ

Menuiserie : habiletés moyennes.

COMBIEN DE TEMPS FAUT-IL ?

Installer des carreaux sur un plafond de
3 m x 4,5 m (10 pi x 15 pi) requiert :

EXPÉRIMENTÉ	4 h
INTERMÉDIAIRE	6 h
DÉBUTANT	8 h

VOUS AUREZ BESOIN :

☐ **Outils :** cordeau de craie,
cordeau de maçon, agrafeuse,
égoïne, marteau, ruban à
mesurer, niveau de menuisier,
couteau universel.

☐ **Matériel :** fourrures, cales
en bois, carreaux de plafond,
agrafes, moulure à gorge,
clous de finition.

Installer des carreaux de plafond

Les carreaux de plafond sont
souvent utilisés pour recouvrir un
plafond peu esthétique ou pour
minimiser les bruits. Ils sont fixés
en permanence à des fourrures
à l'aide de clous, d'agrafes ou
d'adhésif. Si vous devez en installer
ou en remplacer, **mettez des
lunettes de sécurité** pour vous
protéger contre l'effritement et la
désagrégation des carreaux. Les
carreaux de plafond sont fabriqués
à base de bois ou de fibres
minérales et de fibres de verre.
Certains, plus anciens, peuvent
contenir des fibres d'amiante.
Portez toujours un respirateur et
des gants de protection. Utilisez
une échelle stable lorsque vous
les installez ou les remplacez, et si
possible, demandez de l'aide. La
longueur des agrafes est un facteur
important ; utilisez toujours celles
recommandées par le fabricant.

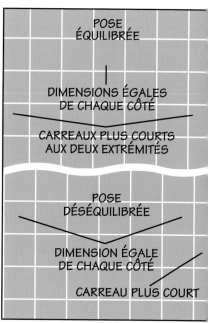

POSE
ÉQUILIBRÉE

DIMENSIONS ÉGALES
DE CHAQUE CÔTÉ

CARREAUX PLUS COURTS
AUX DEUX EXTRÉMITÉS

POSE
DÉSÉQUILIBRÉE

DIMENSION ÉGALE
DE CHAQUE CÔTÉ

CARREAU PLUS COURT

**La pose des carreaux de plafond
(ou de plancher)** doit être planifiée
Les carreaux de dimensions égales
doivent être posés sur les bordures
opposées s'il est impossible
d'utiliser des carreaux entiers sur
toute la surface. Ne déséquilibrez
pas l'ensemble en posant un
carreau plus court d'un côté.

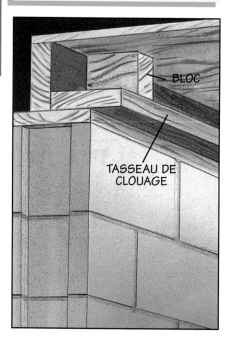

BLOC

TASSEAU DE
CLOUAGE

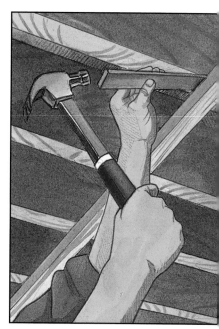

1 Coincez un bloc de bois entre les
solives qui reposent sur le mur
pour garantir une base de clouage
aux fourrures. Pour fixer ce bloc
aux solives, vous pouvez le clouer
droit ou en biais.

2 Mesurez la distance du centre
du plafond aux murs extérieurs
à intervalles de 30,5 cm (12 po).
Pour obtenir un effet d'équilibre,
positionnez le centre de sorte qu'un
nombre égal de carreaux sectionnés
soient posés de chaque côté de la
pièce (voir plus haut, à droite).

3 Cinglez un cordeau de craie sur
la longueur et sur la largeur des
solives ; utilisez ces repères pour
fixer les fourrures. Fixez la première
fourrure au point le plus bas du
plafond et calez les autres en
fonction de ce niveau.

CALE

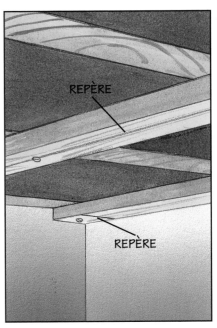

REPÈRE

REPÈRE

1 Utilisez un niveau de menuisier pour repérer la hauteur adéquate des fourrures suivantes dès que vous avez fixé et calé la première fourrure.

Ajoutez une seconde rangée de fourrures, fixée perpendiculairement à la première, ou utilisez des fourrures plus épaisses si vous devez abaisser le plafond au-dessous des saillies et des luminaires.

5 Des murs adjacents, mesurez une distance égale à la dimension des carreaux de bordure dont l'emplacement a été déterminé à l'étape 2. Marquez ces dimensions sur les cales le long des deux murs adjacents. Vous utiliserez ces repères pour vérifier l'alignement du début des rangées de carreaux.

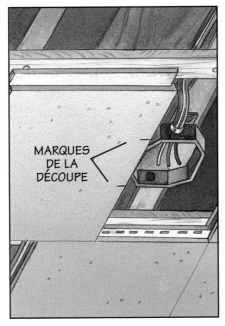

MARQUES DE LA DÉCOUPE

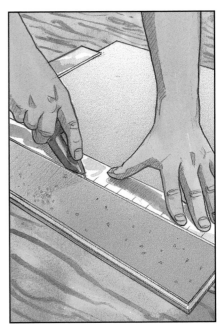

6 Placez le premier carreau dans le coin. Si vous découpez des carreaux, placez les bords coupés contre les murs adjacents. Agrafez le carreau en place le long du bord à rainure. Poursuivez l'opération jusqu'à ce que la première rangée de carreaux de bordure soit posée, puis installez les carreaux entiers.

7 Pour faire une découpe dans un carreau, placez-le et marquez un repère sur le bord, presqu'au centre de la boîte électrique. Replacez le carreau et répétez l'opération sur le bord du carreau voisin. Marquez l'intersection des lignes à l'endos. Tracez le pourtour de la boîte de ce point central et découpez la zone.

8 Mesurez et marquez les carreaux de bordure aux dimensions. Coupez le surplus sur le bord à rainure. Installez le bord coupé contre le mur. Clouez perpendiculairement les carreaux avec les clous de panneau droits ou collez-les avec de l'adhésif pour panneau. Fixez la moulure à gorge.

Installer des carreaux de plafond **213**

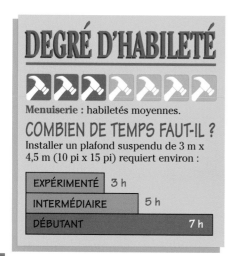
VOUS AUREZ BESOIN :

☐ **Outils :** *cordeau de craie, cordeau de maçon, cisailles, niveau, marteau, ruban à mesurer.*

☐ **Matériel :** *câble, coulisseaux, profilés, cornière, carreaux de plafond suspendus, clous ordinaires.*

TRAVAILLER EFFICACEMENT

Sur certains plafonds texturés, il est parfois difficile de repérer les solives avec un détecteur de montant. Le moyen le plus simple et le plus rapide est de repérer des combles, si vous y avez accès, le sens des solives. Si vous rénovez un sous-sol, n'oubliez pas que les solives de plancher sont habituellement orientées des murs extérieurs avant et arrière vers le mur porteur central.

L'espacement entre les solives est de 40,64 cm (16 po) à 60,96 cm (24 po) ; lorsque vous avez déterminé le sens, il vous suffit donc de mesurer, du dernier mur, une distance de 40,64 cm (16 po) ou de 60,96 cm (24 po) et de sonder le plafond avec un clou que vous déplacez à tous les 1,27 cm (½ po) jusqu'à ce que vous repériez la solive.

Installer un plafond suspendu

Les plafonds suspendus sont constitués de sections en métal qui confèrent une structure assez légère aux panneaux insonorisants, translucides ou décoratifs. Ils sont en général assez faciles à installer.

L'armature en alliage est formée de trois composants principaux : les cornières, fixées aux murs, les coulisseaux, semblables aux solives de plafond et qui sont en général installés sur la portée la plus longue de la pièce, et les profilés, installés perpendiculairement entre les coulisseaux et qui relient l'ensemble de l'armature. Si vous ne posez pas les coulisseaux sur la longueur, ce sera plus compliqué.

Les panneaux de plafond sont posés sur les rebords de l'armature. Ils peuvent facilement être enlevés pour permettre l'accès au réseau de gaines, d'électricité ou de plomberie. Assurez-vous de ne laisser en aucun cas moins de 10 cm (4 po) d'espace au-dessus de l'armature afin de garantir l'espace nécessaire à la manipulation des panneaux.

MATÉRIEL

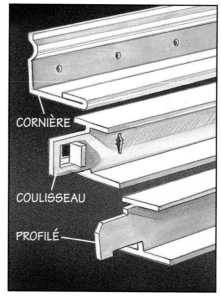

La cornière, les coulisseaux et les profilés constituent les trois principaux éléments légers d'une armature de plafond suspendu. Les panneaux de plafond sont étudiés pour reposer sur les rebords de ces trois éléments.

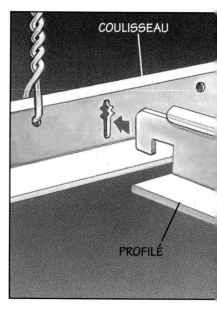

Mesurez la pièce et esquissez le plan de la disposition des panneaux de plafond pour que les panneaux de dimensions égales demeurent de part et d'autre de la pièce. Orientez les coulisseaux perpendiculairement aux solives du plafond.

Les coulisseaux sont dotés d'encoches disposées à quelques centimètres les unes des autres et dans lesquelles s'emboîtent les profilés. Les profilés conçus pour s'appuyer contre le mur reposent sur la cornière murale.

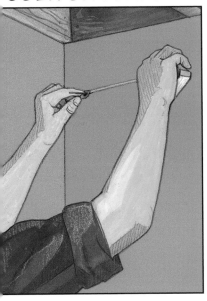

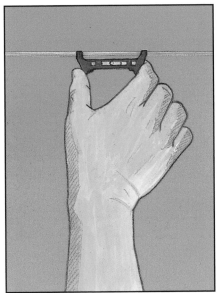

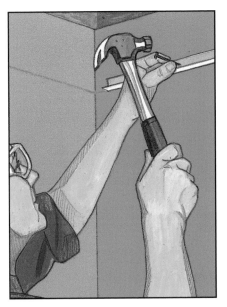

Marquez d'un repère la hauteur du plafond prévue dans un coin de la pièce. Laissez au moins 10 cm (4 po) entre le nouveau plafond et le plafond actuel ou les solives pour manipuler les nouveaux panneaux. Enfoncez à moitié un clou dans le repère et fixez une extrémité du cordeau de craie au clou.

2 Tendez le cordeau de craie jusqu'au coin suivant. Placez un niveau sur le cordeau pour repérer un point de niveau avec l'extrémité du cordeau. Cinglez un cordeau sur la largeur du mur. En utilisant ce cordeau de craie comme point de départ, cinglez les lignes de niveau tout autour de la pièce.

3 À l'aide de clous ou de vis, fixez les cornières aux montants de tous les murs de sorte que la base des cornières repose sur le cordeau de craie. Taillez l'extérieur en biseau et faites chevaucher les coins intérieurs.

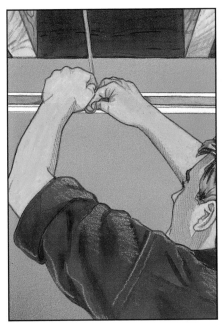

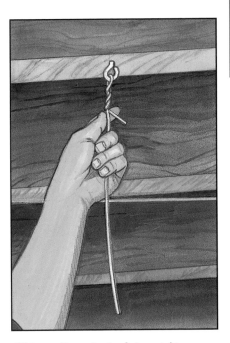

4 Cinglez un cordeau de craie en travers du plafond, à chaque emplacement de profilé.

5 Attachez un cordeau de maçon aux emplacements des profilés, de l'endroit où les clous seront enfoncés dans le mur, à la base de la cornière. Ce repère indiquera l'emplacement des profilés et le niveau des coulisseaux. Le cordeau de maçon est efficace car il ne fléchit pas lorsque tendu vers le haut.

6 Les pitons à vis doivent être vissés droits, dans la base des solives. Attachez-y un fil et tordez le bout pour bien le fixer. Le fil doit être suspendu à 12,7 cm (5 po) au moins au-dessous des cordeaux des profilés. Fixez les pitons sous les solives, là où les lignes des profilés et des coulisseaux se croisent.

POSER UN PLAFOND SUSPENDU (suite)

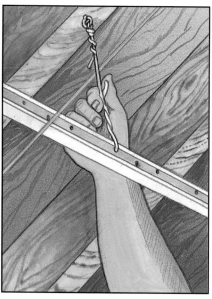

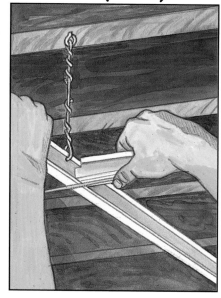

7 Suspendre les coulisseaux. Les bouts doivent reposer sur les cornières. Aboutter-les pour les longs plafonds. Pour bien les emboîter, coupez-les avec des cisailles de ferblantier si vous avez des carreaux complets sur une extrémité et des coupés sur l'autre. Fixez-les avec des fils, de niveau avec les cordeaux.

8 Suspendez les profilés. Les T doivent s'emboîter dans les encoches des coulisseaux. Si les profilés sont sectionnés pour s'adapter aux bordures plus courtes des murs, placez les extrémités coupées dans les cornières.

9 Installez les panneaux éclairants ou les luminaires (page ci-contre) puis poursuivez avec les panneaux de plafond en les installant dans l'armature.

RECOUVRIR LES OBSTACLES AVEC DES PANNEAUX DE PLAFOND

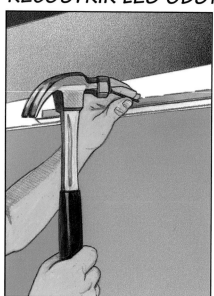

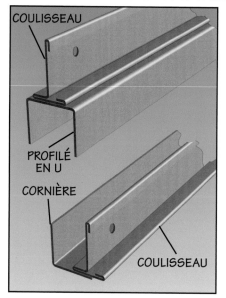

COULISSEAU

PROFILÉ EN U

CORNIÈRE

COULISSEAU

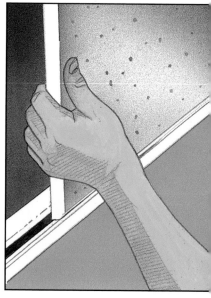

1 Fixez la cornière à la hauteur souhaitée au-dessous de l'obstacle. Utilisez un niveau de menuisier pour vous assurer qu'elle est de niveau. Suspendez les coulisseaux au-dessous de l'obstacle, des fils attachés au-dessus des bords du plafond principal.

2 Fixez les profilés destinés aux panneaux verticaux en rivetant les profilés en U aux coulisseaux, sur le plafond principal, de chaque côté de l'obstacle. Ensuite, rivetez la cornière aux coulisseaux suspendus au-dessous de l'obstacle.

3 Coupez les panneaux de plafond aux dimensions et insérez-les dans la cornière et dans le profilé en U. Sectionnez les profilés pour les insérer à la verticale entre le profilé en U et la cornière. L'assemblage tiendra bien si vous rivetez les profilés sectionnés à la charnière et le profilé en U sur les coulisseaux

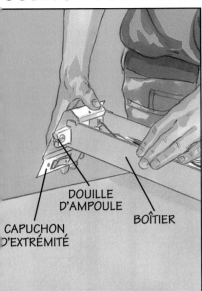

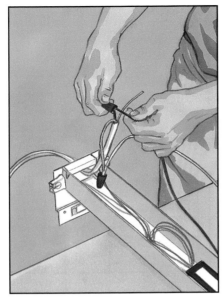

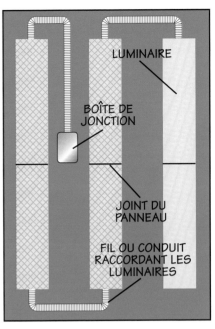

LUMINAIRE

BOÎTE DE JONCTION

JOINT DU PANNEAU

FIL OU CONDUIT RACCORDANT LES LUMINAIRES

DOUILLE D'AMPOULE

BOÎTIER

CAPUCHON D'EXTRÉMITÉ

1 Les luminaires doivent souvent être assemblés : suivez les directives du fabricant. Il se vend en pièces détachées : boîtier, deux douilles par ampoule, réflecteur, deux capuchons d'extrémité et supports de fixation. Emboîtez les supports, placez les capuchons sur le boîtier et vissez-les.

GUIDE DES BONS ACHAT$

Il existe plusieurs moyens d'éclairer une pièce équipée d'un plafond suspendu. Vous pouvez fixer les luminaires fluorescents sur les solives du plafond et poser les panneaux de plastique translucides dans l'armature du plafond, directement au-dessous des luminaires. Vous pouvez aussi créer un plafond lumineux. Pour cela, il faut des tubes fluorescents que vous installerez sur toute la zone et un plafond constitué uniquement de panneaux translucides.

Pour un plafond lumineux, le meilleur éclairage fluorescent consiste en une unité à allumage rapide de 1,21 m (4 pi) de long et de 40 watts. Pour déterminer le nombre de luminaires requis, faites un plan indiquant l'emplacement des luminaires en rangées parallèles espacées de 46 cm à 61 cm (18 à 24 po). Plus l'espacement est étroit, plus la lumière est intense, mais c'est plus cher. Aux deux extrémités, laissez environ 20 cm (8 po) entre le bout et le mur.

2 En général, vous devez raccorder le luminaire avant de fixer le réflecteur. Acheminez d'abord le câble par l'ouverture du luminaire. Raccordez le fil noir du luminaire au fil de câble noir, puis raccordez le câble blanc aux fils du luminaire. Vissez le fil de terre au luminaire.

3 Fixez le réflecteur aux capuchons d'extrémité. Le support de fixation diffère selon les marques. Sur l'illustration, le luminaire est doté d'un support en T fixé à chaque capuchon. Fixez les supports et soulevez le luminaire pour le fixer en place.

Pour les longues séries d'éclairages fluorescents, gagnez du temps en raccordant les luminaires bout à bout, à l'aide d'écrous de blocage spéciaux et de connecteurs achetés au même endroit. Il est plus efficace de les raccorder en série que de raccorder chaque rangée à une boîte de raccordement unique.

4 Pour recouvrir le luminaire, faites glisser le panneau en plastique translucide en place, sous le luminaire. Inclinez-le pour pouvoir placer la première partie, puis la deuxième, sur la grille. Au besoin, enlevez temporairement un panneau de plafond voisin du luminaire.

Construction d'un mur standard

L'ossature en bois est la structure la plus courante des murs intérieurs porteurs ou non. Seuls, une sablière double et, parfois, un contreventement (dans le cas de murs porteurs), peuvent faire la différence. Les centres des montants de murs sont espacés de 40,64 cm (16 po) ; les montants sont cloués aux solives de plafond et de plancher. Pour certains murs non porteurs, les centres des montants sont espacés de 60,96 cm (24 po). Le placoplâtre est fixé aux montants avec des vis ou des clous de panneau mural tandis que les joints et les trous sont recouverts de pâte à joints de panneau. La moulure est posée pour fin de décoration.

Dans les maisons anciennes, de minces lattes en bois sont clouées à l'ossature du mur pour servir de support au plâtre. En général, le plâtre est appliqué en deux couches : une sous-couche de plâtre marron et une couche de finition de plâtre blanc. Dans les édifices plus récents, il est appliqué sur un treillis de fils de métal.

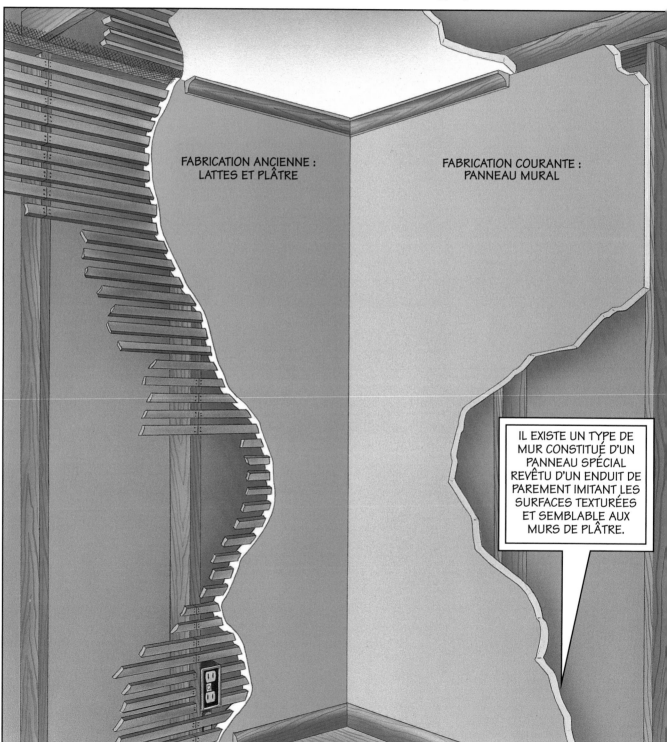

FABRICATION ANCIENNE : LATTES ET PLÂTRE

FABRICATION COURANTE : PANNEAU MURAL

IL EXISTE UN TYPE DE MUR CONSTITUÉ D'UN PANNEAU SPÉCIAL REVÊTU D'UN ENDUIT DE PAREMENT IMITANT LES SURFACES TEXTURÉES ET SEMBLABLE AUX MURS DE PLÂTRE.

Construction d'un plafond standard

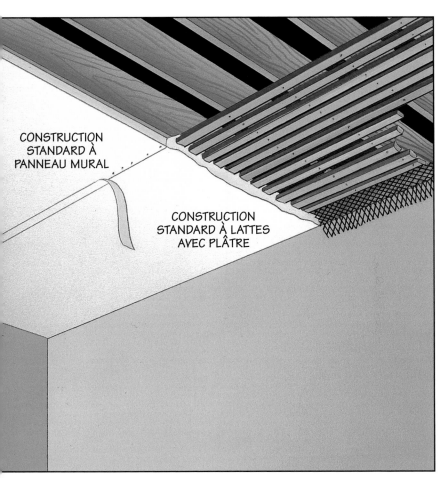

CONSTRUCTION STANDARD À PANNEAU MURAL

CONSTRUCTION STANDARD À LATTES AVEC PLÂTRE

◀ **Les plafonds** sont construits à base de plâtre ou de placoplâtre. Les plafonds en plâtre sont constitués de lattes de bois ou de métal fixées aux solives de plafond à l'aide de deux couches de plâtre, le gobetis et la couche de finition, qui sont ensuite peintes.

Les plafonds en placoplâtre sont constitués de panneaux muraux fixés aux solives de plafond à l'aide de vis à panneau mural. Les joints et les trous sont recouverts de pâte à joints de panneau mural ; on applique ensuite la peinture ou une texture sur la totalité de la surface.

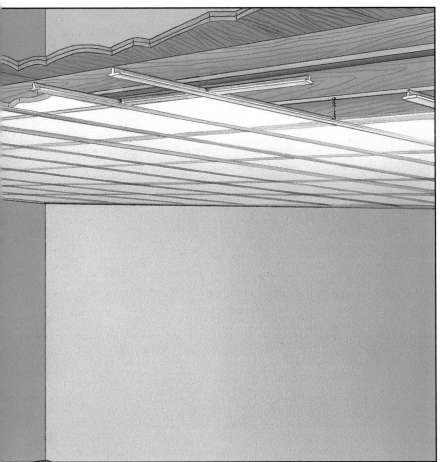

◀ **Les plafonds suspendus** sont constitués d'un système de coulisseaux et de profilés suspendus aux solives de plafond et d'une cornière fixée dans les coins. Ces éléments forment l'armature qui supporte les carreaux du plafond suspendu, les luminaires et les conduits de chauffage et de ventilation. Les plafonds suspendus conviennent particulièrement pour dissimuler les éléments de structure, les conduites de plomberie et les réseaux de gaines de chauffage et de ventilation, tout en permettant l'accès en cas de réparation ou de rénovation.

Réparer les panneaux muraux

Les réparations de panneaux muraux sont souvent nécessaires. Des déménageurs négligents peuvent provoquer des dommages sur les murs tandis que le tassement normal de la maison peut entraîner de légères fissures des joints et détacher ou déformer les panneaux. D'autre part, si des enfants habitent la maison, vous pouvez compter sur des dommages « inévitables » !

Reboucher les trous et dissimuler les clous et les vis qui ressortent sont les tâches de réparation les plus courantes. Sur les panneaux, au contraire du plâtre, les matériaux adhèrent aux surfaces peintes. Donc, vous pouvez les appliquer sur la peinture pour cacher les imperfections, reboucher les joints ou les trous des clous, puis repeindre pour effacer les traces de la réparation.

DEGRÉ D'HABILETÉ

Menuiserie : habiletés moyennes.

COMBIEN DE TEMPS FAUT-IL ?
Reboucher un petit trou dans un panneau mural requiert environ :

EXPÉRIMENTÉ	1 h
INTERMÉDIAIRE	1 h 30
DÉBUTANT	2 h

VOUS AUREZ BESOIN :

☐ **Outils :** *équerre de charpentier, visseuse, marteau, couteau à mastic, couteau à panneau mural.*

☐ **Matériel :** *vis à panneau, panneau mural, ruban à joints, pâte à joints de panneau, reboucheur, clous à panneau.*

REBOUCHER LES GROS TROUS

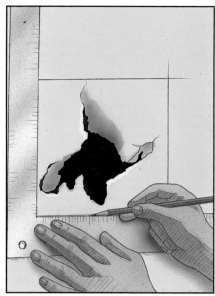

1 Tracez le pourtour de la zone endommagée à l'aide d'une équerre de menuisier. Avec une scie à panneau mural, une scie sauteuse ou un couteau universel, découpez la section endommagée.

2 Pour soutenir le panneau mural sciez des bandes de contre-plaqué ou de fourrures de 2 cm (¾ po) aux dimensions requises, selon la superficie de la zone à reboucher. Fixez les bandes de support à l'aide d'une visseuse et de vis à panneau de 1¼ po.

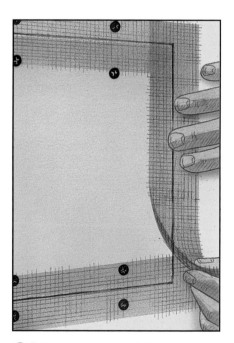

3 Découpez un carré de panneau mural à la dimension et vissez-le sur les bandes de support. Appliquez du ruban adhésif en fibre de verre sur les fissures et une fine couche d'enduit à panneau sur les joints. Poncez la zone et appliquez les couches de pâte requises pour obtenir un fini lisse.

4 Sur les trous inférieurs à 7,5 cm (3 po) ou 10 cm (4 po), découpez sans traverser, l'endos d'une pièce de rapiéçage dans un morceau de panneau. Coupez pour qu'il soit de 4 à 5 cm (1½ à 2 po) plus grand que le trou et soulevez le surplus avec un couteau à mastic. Insérez et finissez avec de la pâte à joints.

REBOUCHER LES PETITS TROUS

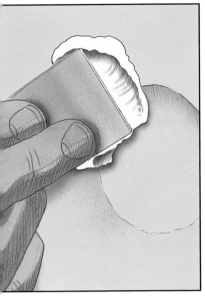

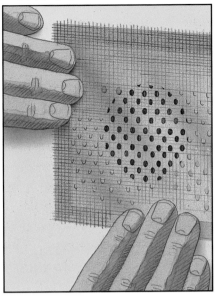

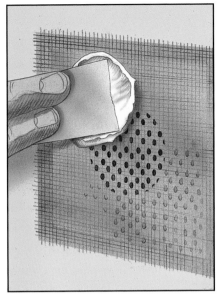

Vérifiez la zone endommagée. Si le pourtour du trou n'est pas fissuré, comblez simplement le trou de reboucheur, laissez sécher et poncez pour obtenir un fini lisse.

2 Si le pourtour est fissuré, recouvrez le trou avec une pièce à rapiécer collable, à pellicule détachable. Le centre de la pièce est en toile métallique pour plus de solidité. Découpez ou mettez la pièce en forme en fonction de la zone à réparer.

3 Recouvrez la pièce avec du reboucheur ou de la pâte à joints. Laissez sécher. Avec une éponge humide, lissez la zone réparée pour enlever la poussière produite par le ponçage. Appliquez les couches de reboucheur requises et lissez avec un couteau à mastic à large lame.

REMETTRE EN PLACE LES CLOUS SORTIS

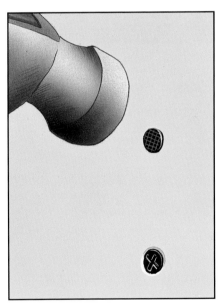

es fixations ressortent si elles ont pas été fixées correctement u si le bois a séché, provoquant n rétrécissement depuis installation du panneau. Pour ffectuer des réparations, utilisez ujours des vis à panneau car les xtrémités filetés maintiennent le anneau mural plus solidement et nt moins tendance à ressortir.

1 Appuyez légèrement sur le panneau mural, contre le montant ou la solive. Vissez une nouvelle vis à environ 5 cm (2 po) de la fixation qui est ressortie. La tête de la vis doit s'enfoncer légèrement.

2 Si possible, enlevez le clou sans endommager le panneau mural ou tapez avec le marteau sur la pièce qui est ressortie, en l'enfonçant légèrement. Remplir les creux avec de la pâte à joints, laissez sécher, puis peignez la zone réparée.

Réparer les murs de plâtre

Les fissures des murs de plâtre sont généralement provoquées par l'ossature de la maison qui bouge. Pour les réparer, consolidez ces fissures avec du ruban de rapiéçage en fibre de verre ou à pellicule décollable. La réparation est souvent temporaire. Parfois, les fissures sont inévitables (tremblement de terre) surtout si vous habitez dans une zone à risques. Mais elles sont souvent dues au tassement de l'habitation. Quelle qu'en soit la nature, si la fissure revient, soit vous décidez qu'elle crée un style, soit vous appelez un professionnel pour en connaître la raison.

Les trous dans le plâtre sont dus à des chocs, au vieillissement ou à une exposition à l'eau. Si le plâtre se couvre de taches brunâtres ou de résidus poudreux, il s'agit d'un dégât d'eau. Vérifiez si votre toit est endommagé ou s'il y a des fuites et éliminez le problème avant de réparer le plâtre.

DEGRÉ D'HABILETÉ

Mécanique : habiletés de base.

COMBIEN DE TEMPS FAUT-IL ?

Reboucher un petit trou sur un mur en plâtre requiert environ :

EXPÉRIMENTÉ	1 h
INTERMÉDIAIRE	1 h 30
DÉBUTANT	2 h

VOUS AUREZ BESOIN :

☐ **Outils :** couteau à mastic, couteau à panneau mural, pinceau, rouleau, ouvre-boîte.

☐ **Matériel :** plâtre de rebouchage, ruban de rebouchage, liant liquide au latex, peinture.

RÉPARER LE PLÂTRE FISSURÉ

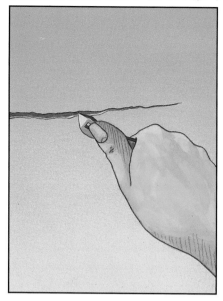

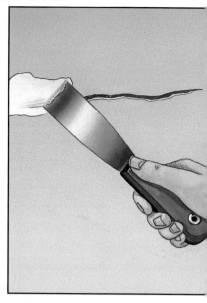

1 Avec un grattoir ou la pointe d'un ouvre-boîte, grattez le plâtre cloqué le long de la fissure et allongez-la. Élargissez-la un peu pour garantir une bonne base au matériau de rebouchage. Si elle est située autour d'une porte ou d'une fenêtre, utilisez du ruban métallique pour l'empêcher de craquer encore.

2 Étalez la pâte à joints ou le reboucheur vinylique sur la longueur de la fissure. Faites chevaucher le plâtre solide le long des bords et aux deux extrémités de la fissure. Appliquez le nombre de couches de reboucheur requises. Lorsque la dernière est sèche, lissez au papier de verre fin.

RÉPARER DE PETITS TROUS DANS LE PLÂTR

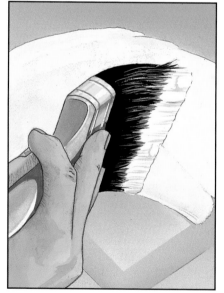

Le ruban de rebouchage à pellicule décollable est constitué d'une fine pellicule de plastique très résistante. Ce procédé peu courant vous permet de reboucher les fissures et de repeindre pardessus sans utiliser de plâtre ou de reboucheur.

Le ruban autocollant en fibre de verre est conçu pour empêcher les fissures de craquer de nouveau. Il est posé directement sur le mur. Le reboucheur est appliqué en une ou deux fines couches avec un couteau à joints. La zone complète est alors légèrement poncée pour obtenir un fini lisse, puis elle est repeinte.

RÉPARER DE GROS TROUS DANS LE PLÂTRE

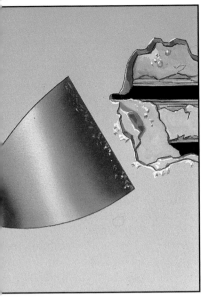

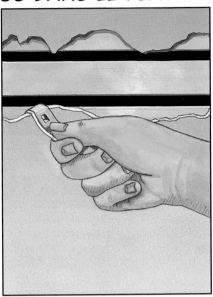

1 Grattez le plâtre cloqué ou décollé pour exposer la base rigide du plâtre ou la latte. Assurez-vous que la zone endommagée ne s'étend pas au-delà de la zone que vous avez grattée.

2 Avec l'angle d'un couteau à mastic ou la pointe d'un ouvre-boîte, creusez les bords du trou afin d'enclaver le matériau de rebouchage dans le trou.

3 Appliquez au pinceau le liant liquide au latex sur la zone à reboucher. Recouvrez complètement les limites de l'ancien plâtre. Ne mouillez pas la zone à reboucher après l'application. Mélangez le plâtre à reboucher de sorte qu'il forme une substance assez épaisse pour l'appliquer à la truelle.

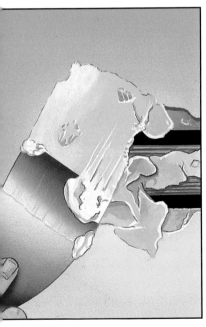

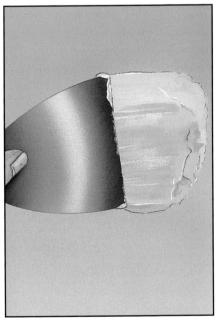

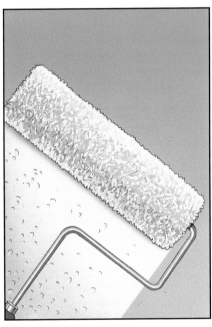

4 Remplissez le trou de plâtre de rebouchage avec un couteau à joints, en balayant. Travaillez bien le plâtre sur le pourtour pour obtenir un bon liant. Pour les trous de 6 mm (¼ po) de profondeur, une couche de plâtre suffit. Laissez reposer. Sur une zone plus vaste, mettez plusieurs couches à cause du rétrécissement du plâtre.

5 Pour les trous de plus de 6 mm (¼ po) de profondeur, appliquez une seconde couche de plâtre. Appliquez un liant au latex entre les couches et laissez sécher pendant 24 h au moins. Rebouchez la zone avec du vernis gomme-laque blanc et repeignez la zone.

Utilisez une peinture texturée ou un matériau de rebouchage de panneau mural pour reconstituer la texture afin qu'elle se fonde dans l'ensemble de la surface.

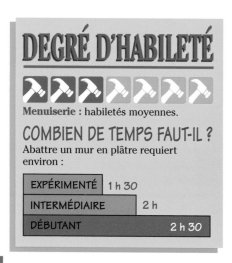

Abattre un mur

Abattre un mur peut permettre d'agrandir considérablement votre surface habitable et améliorer la circulation : salle à manger ou séjour. Cette tâche, quoique de plus grande envergure, est comparable à l'aménagement d'un passe-plat ou à la création d'une nouvelle porte. Abattre un mur est certes une entreprise de taille, mais réalisable. Si vous suivez quelques règles fondamentales en matière de sécurité et de structure, le travail s'effectue assez rapidement, même si vous devez être confronté à certains inconvénients. Par contre, abattre ou modifier un mur porteur n'est pas une mince affaire. Dans ce cas, il est préférable de consulter un professionnel. Avant de commencer, planifiez votre projet au complet et consultez votre inspecteur en bâtiment local pour prendre connaissance des codes appropriés. Vous devez obtenir un permis de construire avant d'abattre un mur porteur. Pour ce faire, vous devez fournir les plans

détaillés de la structure existante et les spécifications relatives à l'installation qui supportera la nouvelle structure. Même si un bricoleur averti peut réaliser de tels plans, consultez un architecte ou un ingénieur en structure avant de vous lancer dans un projet impliquant la modification de certains éléments de la structure de votre maison. Un mur porteur intérieur supporte en général le poids de l'étage supérieur et quelquefois, selon la conception, une partie du poids du toit. Lorsqu'un mur porteur est abattu, des dispositions doivent être prises pour faire supporter les charges de ce mur. En général, une poutre horizontale est installée dans la partie où les solives du plancher supérieur reposent sur la sablière du mur abattu. La poutre est soutenue par des poteaux verticaux qui répartissent la charge sur les fondations et sur les autres éléments de structure de l'ossature de la maison.

REPÉRER UN MUR PORTEUR OU UNE CLOISON DE SÉPARATION

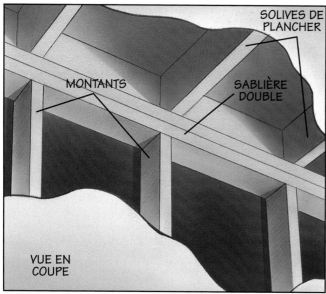

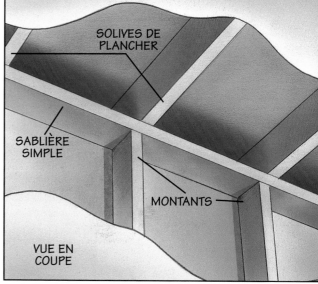

Les murs porteurs supportent le poids de l'ossature de votre maison et se caractérisent par des sablières doubles constituées de deux épaisseurs de bois de charpente. Ils comprennent tous les murs extérieurs et tous les murs intérieurs alignés au-dessus des poutres de soutien ou visant à soutenir les joints chevauchés des solives de plafond ou de plancher.

Les cloisons de séparation sont des murs intérieurs non porteurs. Tout mur intérieur parallèle aux solives de plancher et de plafond en est une. Elles sont pourvues d'une sablière simple et peuvent être perpendiculaires aux solives de plancher et de plafond mais elles ne sont pas alignées au-dessus des poutres de soutien. Les murs de séparation perpendiculaires aux solives peuvent être porteurs ou non porteurs. Si le mur est perpendiculaire, considérez-le comme un mur porteur tant qu'un professionnel n'a pas déterminé sa nature.

CHARPENTE À PLATE-FORME

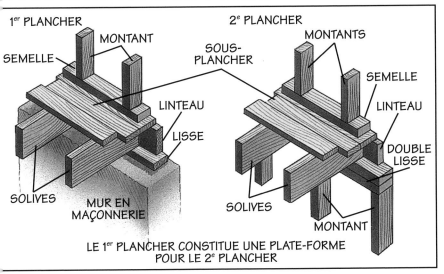

1er PLANCHER

SEMELLE
MONTANT
SOUS-PLANCHER
2e PLANCHER
MONTANTS
SEMELLE
LINTEAU
LISSE
LINTEAU
DOUBLE LISSE
SOLIVES
MUR EN MAÇONNERIE
SOLIVES
MONTANT

LE 1er PLANCHER CONSTITUE UNE PLATE-FORME
POUR LE 2e PLANCHER

CHARPENTE À CLAIRE-VOIE

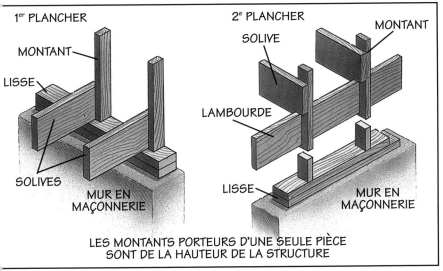

1er PLANCHER

MONTANT
LISSE
SOLIVES
MUR EN MAÇONNERIE
2e PLANCHER
SOLIVE
MONTANT
LAMBOURDE
LISSE
MUR EN MAÇONNERIE

LES MONTANTS PORTEURS D'UNE SEULE PIÈCE
SONT DE LA HAUTEUR DE LA STRUCTURE

CHARPENTE À POTEAUX ET À POUTRES

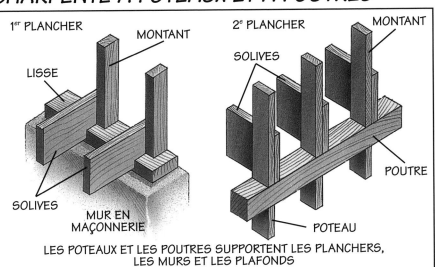

1er PLANCHER

MONTANT
LISSE
SOLIVES
MUR EN MAÇONNERIE
2e PLANCHER
MONTANT
SOLIVES
POUTRE
POTEAU

LES POTEAUX ET LES POUTRES SUPPORTENT LES PLANCHERS,
LES MURS ET LES PLAFONDS

La charpente à plate-forme, souvent appelée plate-forme à poteaux ou construction à plate-forme, est la plus courante pour les bâtiments à rez-de-chaussée. Ce type de conception se caractérise par des solives de plancher, des montants à hauteur d'étage dont les centres sont espacés de 40,64 cm (16 po) ou de 60,96 cm (40 po), des fermes dont les centres sont espacés de 1,21 m (4 pi) et de panneaux de revêtement tels que le contre-plaqué ou le panneau de fibres. Les renforts d'angle et les contreventements sont éliminés. Le plancher constitue une plate-forme de travail qui garantit une ossature de mur fiable de type levier.

La charpente à claire-voie traditionnelle, apparue vers 1850, se caractérise par des solives individuelles, des chevrons et des montants de la hauteur de l'édifice et dont les centres sont espacés de 40,64 cm (16 po) ou de 60,96 cm (40 po), des solives de 2e étage supportées par des lambourdes enclavées dans les montants, du lambrissage en guise de revêtement, un sous-plancher, un contreventement et un renfort d'angle.

La charpente à poteaux et à poutres est constituée de poteaux, de poutres et de planches. Les charges du toit et du plancher sont réparties sur les poutres par l'intermédiaire de planches. Les poutres transmettent directement leurs charges aux poteaux. Les murs extérieurs non porteurs jouent seulement le rôle de murs-rideaux et de renfort de charpente.

ABATTRE UN MUR OU UNE SECTION DE MUR

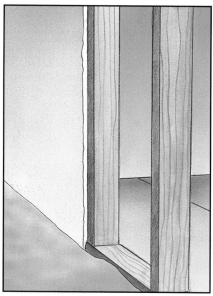

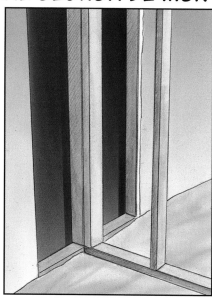

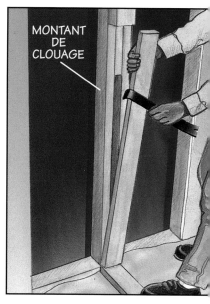

MONTANT
DE
CLOUAGE

Lorsque vous enlevez des parements de mur, exposez le mur jusqu'au premier montant permanent, de chaque côté de l'ouverture.

1 Préparez les lieux en enlevant les parements du mur à abattre. Enlevez ou réacheminez tous câblages, conduites de plomberie ou réseaux de gaines. Enlevez les parements des murs adjacents pour exposer les montants permanents.

2 Enlevez les montants en les ouvrant au milieu et en les détachant de la lisse et de la sablière. Enlevez chaque extrémité du montant à chaque extrémité du mur. Si c'est un mur porteur, enlevez aussi les montants de clouage ou les cales des murs adjacents, derrière le mur à abattre

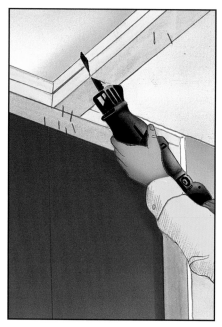

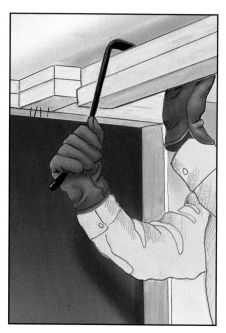

3 Faites deux entailles dans la sablière, espacées d'au moins 7,5 cm (3 po), à l'aide d'une scie alternative ou d'une égoïne.

4 Avec un levier, enlevez la section découpée, puis enlevez les autres sections de la sablière.

5 Avec une scie alternative ou une égoïne, enlevez une section de 7,5 cm (3 po) de large. Soulevez toute la lisse, à l'aide du levier. Si le mur abattu était un mur porteur, construisez et installez un linteau. Suivez le code de construction local pour déterminer les dimensions du linteau (p. 305 et 306).

FAIRE UN SUPPORT TEMPORAIRE AUX SOLIVES PERPENDICULAIRES

1 Construire un mur de montants de 2x4 dont la longueur est au moins égale à celle du mur à abattre et de 4,5 cm (1¾ po) plus court que la distance du plancher au plafond.

2 Soulevez le mur de montants et placez-le à 0,91m (3 pi) du mur, centré sur l'emplacement de la future ouverture.

3 Faites glisser une sablière de 2x4 entre le mur temporaire et le plafond. Assurez-vous que le mur est d'aplomb, puis insérez des cales sous la sablière, à intervalles de 30,5 cm (12 po), jusqu'à ce que le mur soit solidement fixé en place.

FAIRE UN SUPPORT TEMPORAIRE POUR LES SOLIVES PARALLÈLES

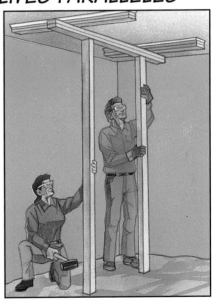

1 À l'aide de quatre 2x4 cloués ensemble, fabriquez deux traverses de 1,2 m (4 pi) de long. Fixez les traverses à une sablière double, à 30,5 cm (12 po) des extrémités, à l'aide de tire-fond à tête noyée. Vous souhaiterez peut-être ajouter du tapis ou un coussinet en chiffon sur le dessus du renfort pour protéger le plafond.

2 Placez les supports directement sur une solive de plancher. Chaque poteau du cadre d'appui doit être de 1,25 cm (½ po) plus long que la distance entre les poteaux au sol. Tenez compte du tapis ou du coussinet en chiffon. Clouez les poteaux à la sablière, à 60,96 cm (24 po) des extrémités.

3 Ajustez le cadre d'appui de sorte que les poteaux soient pratiquement d'aplomb, puis tapez sur les poteaux, vers l'intérieur, jusqu'à ce que les traverses commencent à soulever le plafond. Ne soulevez pas trop haut, vous pourriez endommager le plancher ou le plafond.

Élargir une ouverture

La rénovation d'une pièce englobe des tâches de construction et de démolition – élargir une ouverture de porte ou une arche, ou enlever le mur au complet. Les ouvertures des fenêtres peuvent être agrandies pour obtenir plus de lumière ou agrandir la pièce. Indépendamment de l'envergure des transformations, vous utiliserez les notions de base en menuiserie : démolition, charpente, installation et revêtement des panneaux muraux, boiseries.

Même si les étapes sont relativement simples, l'élargissement d'une ouverture constitue une tâche imposante. La durée des travaux dépendra de votre énergie et de votre enthousiasme. Quelquefois, maintenir son enthousiasme n'est pas facile non plus. Mais au bout du compte, le jeu en vaut la chandelle.

DEGRÉ D'HABILETÉ

Menuiserie : habiletés moyennes.

COMBIEN DE TEMPS FAUT-IL ?
Élargir une ouverture requiert environ :

EXPÉRIMENTÉ	2 h
INTERMÉDIAIRE	3 h
DÉBUTANT	4 h

VOUS AUREZ BESOIN :

☐ **Outils :** *équerre de charpentier, levier, scie alternative, visseuse, marteau, couteau à panneau.*

☐ **Matériel :** *vis à panneau mural, panneaux muraux, ruban à joints, enduit.*

1 Préparez les lieux : enlevez les moulures. Coupez le courant et l'eau aux zones des murs à modifier Enlevez les plaques des prises et des interrupteurs et les couvercles des bouches de chaleur. Protégez les planchers avec des toiles et recouvrez les portes de plastique pour les protéger de la poussière.

2 Marquez l'emplacement des nouvelles ouvertures, portes ou fenêtres et enlevez les parements des murs intérieurs. Portez des lunettes de sécurité et un masque antipoussières. Assurez-vous d'enlever suffisamment de parements pour permettre facilement l'accès lors de l'installation des nouveaux éléments de structure. Après avoir enlevé les parements, enlevez les anciennes portes et fenêtres (p. 325), s'il y a lieu. Enlevez tous les décombres avant de poursuivre l'opération.

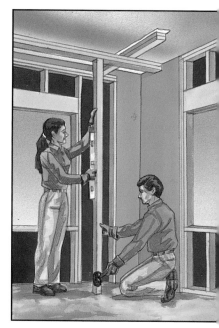

3 Fabriquez des supports temporaires (p. 227) si vous devez enlever plus d'un montant d'un mur porteur. Les supports temporaires permettent de renforcer l'ossature supérieure de votre maison pendant toute la durée du travail de charpente.

1 Si vous enlevez un mur non porteur, enlevez simplement les parements des murs et sectionnez es montants pour les enlever. Toutefois, si vous nlevez un mur porteur, fabriquez des supports emporaires et remplacez le mur par un linteau ermanent et des poteaux robustes qui supporteront e poids préalablement supporté par le mur abattu.

5 Posez les encadrements des portes (p. 312) et de fenêtres (p. 326). Ensuite, enlevez les parements extérieurs.

6 Installez les portes et les fenêtres (p. 314), puis terminez le travail de finition extérieure ussi vite que possible pour protéger les vides des nurs de l'humidité.

7 Rebouchez et peignez les parements extérieurs et fixez toutes les moulures extérieures. Terminez le travail intérieur par l'installation des panneaux muraux et le fini et la peinture des murs.

DEGRÉ D'HABILETÉ

Menuiserie : habiletés moyennes.

COMBIEN DE TEMPS FAUT-IL ?

Construire une cloison de 3 m (10 pi) requiert environ :

EXPÉRIMENTÉ	1 h 30
INTERMÉDIAIRE	2 h
DÉBUTANT	2 h 30

VOUS AUREZ BESOIN :

☐ **Outils :** *équerre de charpentier, marteau, équerre combinée, égoïne, ruban à mesurer, perceuse, cordeau de craie.*

☐ **Matériel :** *bois de construction, clous de 3½ po.*

Construire une cloison

Les cloisons redéfinissent les surfaces habitables et ont souvent pour but de créer de nouvelles pièces dans les sous-sols. Pour ce faire, vous pouvez construire la structure sur place ou en assembler les éléments sur le sol puis la soulever afin de la mettre en place. C'est souvent l'emplacement de la nouvelle cloison qui dicte la méthode à adopter. La première est souvent la plus rapide (p. 233). Après avoir élaboré votre plan et construit la cloison, au besoin, consultez les chapitres sur la plomberie et l'électricité. Avant de poser les panneaux muraux (p. 235), demandez à l'inspecteur en bâtiment local de vérifier la cloison. Il doit aussi s'assurer que toutes les modifications en matière d'électricité et de plomberie sont adéquates.

TRAVAILLER EFFICACEMENT

Les cloisons intérieures sont en général construites avec des 2x4, mais dans certains cas, les 2x6 sont plus efficaces, notamment si la cloison doit supporter de gros tuyaux de plomberie (vidange ou drainage). Dans les parties où les lambourdes doivent être percées pour acheminer les tuyaux et autres dispositifs mécaniques, assemblez les éléments de structure avec des attaches en métal.

Si votre pièce est, par exemple, destinée à la pratique de la batterie, vous envisagerez sûrement d'insonoriser la nouvelle cloison. Il vous suffit de combler le mur d'isolation en fibre de verre (p. 232) avant de poser les panneaux muraux.

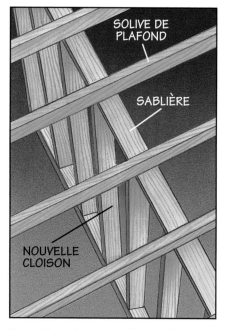

Pour fixer les nouvelles cloisons perpendiculaires aux solives, fixez la sablière directement sur les solives de plafond et la lisse sur les solives de plancher avec des clous de 3½ po.

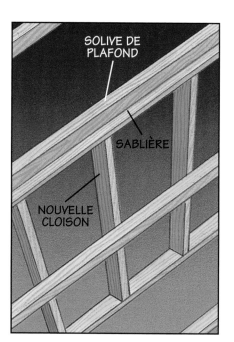

Pour fixer les nouvelles cloisons parallèles aux solives, fixez la sablière directement sur la solive de plafond et la lisse sur les solives de plancher avec des clous de 3½ po. C'est la méthode la plus facile pour vous permettre de construire la cloison sous une solive, sans trop modifier votre design.

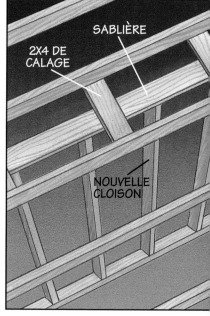

Pour les nouvelles cloisons parallèles, mais non alignées avec les solives, ajoutez des cales. Faites un contreventement si vous accédez aux solives supérieures. Installez des cales de 2x4 chaque 60 cm (2 pi) entre les solives, à l'aide de clous de 3½ po. La base des cales doit affleurer les bords des solives.

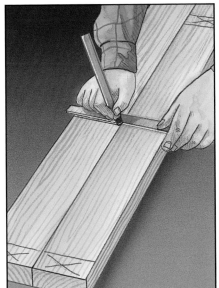

1 Marquez le nouveau mur sur le plafond, puis cinglez deux cordeaux de craie pour indiquer la position de la nouvelle sablière. Repérez la première solive ou le contreventement en perçant dans le plafond entre les cordeaux, puis mesurez pour trouver et marquer les solives restantes.

2 Fabriquez la sablière et la lisse en coupant deux 2x4 à la longueur du mur. Mettez les planches côte à côte et, avec une équerre combinée, tracez l'emplacement des montants dont les centres doivent être espacés de 40,64 cm (16 po).

3 À l'aide d'une équerre de charpentier, assurez-vous que la sablière est perpendiculaire aux murs adjacents et surtout au mur opposé. Mesurez une distance égale du mur opposé et fixez la sablière sur ces marques. Clouez-la au plafond avec des clous de 3½ po.

4 Déterminez l'emplacement de la lisse en suspendant un plomb au bord de la sablière de sorte qu'il touche presque le sol. Marquez l'emplacement sur le sol. Répétez l'opération du côté opposé à la sablière et cinglez un cordeau de craie entre les marques pour indiquer l'emplacement de la lisse.

5 Sur les planchers de bois, ancrez la lisse avec des clous de 3½ po ; vissez dans les solives de plancher. Sur les sols de béton, fixez la solive avec un pistolet à masselotte, offert en location. Il projette de la poudre noire qui permet aux clous à maçonnerie de s'enfoncer dans l'élément et dans le béton.

6 Déterminez la longueur du premier montant en mesurant la distance entre la lisse et la sablière au premier montant. Ajoutez 3 mm (⅛ po) pour garantir un ajustement serré et sciez le montant à la longueur.

Plafonds, murs et planchers

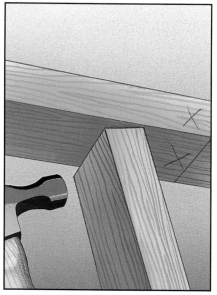

7 Placez le montant entre la sablière et la lisse de façon à recouvrir les marques des montants.

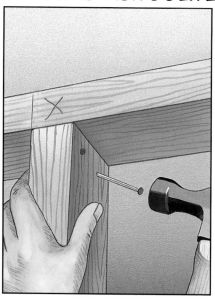

8 Fixez le montant en clouant en biais à travers les parois de celui-ci et dans la sablière et la lisse. Mesurez, sciez et installez tous les montants restants individuellement.

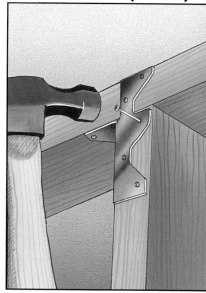

Option : fixez les montants à la lisse et à la sablière avec des connecteurs métalliques et des clous de 1½ po.

9 Installez des cales de 2x4 entre les montants, à 1,21 m (4 pi) du sol. Les cales, ou « calage en cas d'incendie », empêchent le feu de se propager rapidement dans les murs. Finissez votre câblage et les tâches relatives aux services publics, puis faites inspecter. Posez les panneaux muraux et les boiseries.

INSONORISER UNE CLOISON

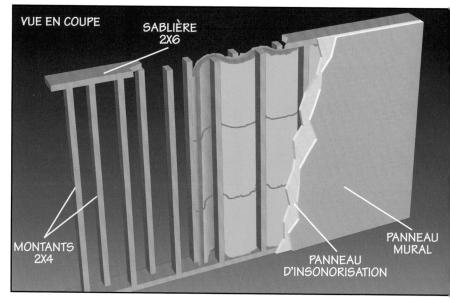

VUE EN COUPE
SABLIÈRE 2X6
MONTANTS 2X4
PANNEAU D'INSONORISATION
PANNEAU MURAL

L'insonorisation d'un mur est une tâche relativement facile ; il suffit de modifier la nouvelle cloison. Utilisez une sablière et une lisse plus larges que les montants. Espacez les montants de 20 cm (8 po) à partir de leur centre, mais décalez-les pour qu'ils alternent et s'alignent sur les bords opposés de la sablière. Passez la natte isolante en fibre de verre de l'armure entre les montants, le long de la cloison, et sur la hauteur des montants. Terminez l'isolation en posant une couche de panneau insonorisant sur les montants, puis recouvrez de panneaux muraux. Si vous n'avez pas de panneau insonorisant, utilisez une double couche de panneaux muraux.

CONSTRUIRE LA STRUCTURE D'UNE CLOISON SUR LE SOL

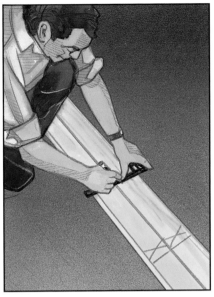

1 Sur le sol, tracez la ligne de l'emplacement de la lisse sur laquelle la nouvelle cloison va reposer. Mesurez du mur opposé à la nouvelle cloison, marquez un repère sur le sol à chaque extrémité de celle-ci. Cinglez un cordeau de craie entre les deux repères.

2 Au plafond, tracez l'emplacement de la sablière. Mesurez du mur opposé à la nouvelle cloison, marquez un repère sur le plafond à chaque extrémité de la future cloison. Cinglez un cordeau de craie entre les deux repères.

3 Déterminez la longueur du mur et coupez les deux extrémités des 2x4 côte à côte ; couchez la sablière et la lisse, en espaçant les montants de 40,64 cm (16 po) à partir de leur centre ; marquez les emplacements des montants haut et nain pour les entrées de porte.

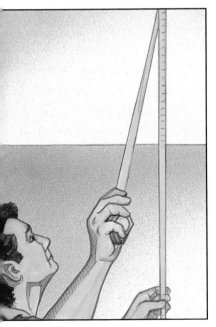

4 Mesurez la hauteur entre le sol et le plafond, ou les solives, à différents endroits sur la longueur de la future cloison. Prenez la mesure la plus courte et enlevez 7,93 cm (3⅛ po) soit 3,81cm (1½ po) pour la sablière et 3,81cm (1½ po) pour la lisse. Le 3 mm (⅛ po) restant permet de mettre le mur en place. Il s'agit de la longueur du montant.

5 Comptez le nombre de montants requis en fonction de la lisse et de la sablière. Vérifiez chaque montant pour repérer un gauchissement et marquez le sens de celui-ci sur la face du montant.

6 Couchez la lisse sur le côté, le long de la ligne tracée sur le plancher. Placez le premier montant sur le bord, le gauchissement dirigé vers le haut. Clouez la lisse et le montant ensemble avec des clous de 3½ po.

CONSTRUIRE LA STRUCTURE D'UNE CLOISON SUR LE SOL (suite)

7 Couchez la sablière sur le côté, les repères de l'assemblage face à la lisse et clouez au premier montant à l'aide des clous de 3½ po. Insérez les montants restants, la couronne dirigée vers le haut. Clouez en place avec des clous de 3½ po.

8 Une fois que les montants ont été fixés à la sablière et à la lisse, soulevez la cloison et placez la sablière et la lisse sur les lignes du plafond et du plancher, respectivement.

9 Si la cloison n'est pas assez ajustée, calez la lisse. Utilisez des clous de 3½ po pour fixer la cloison entre le sol et le plafond.

CONSTRUIRE LES COINS DE LA CLOISON (vues en coupe)

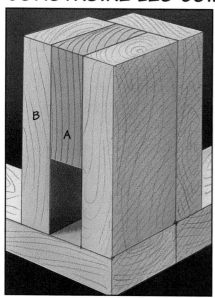

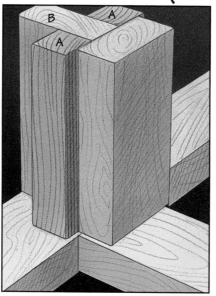

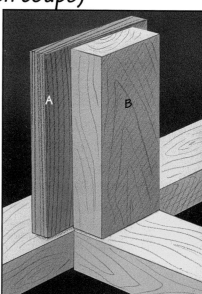

Pour construire les coins intérieurs, clouez les entretoises 2x4 (**A**) à l'intérieur du montant d'extrémité. Clouez un montant supplémentaire (**B**) aux entretoises pour clouer le panneau sur le coin intérieur.

Aux endroits où un coin extérieur croise un montant, fixez les appuis 2x2 (**A**) de chaque côté du montant latéral (**B**) pour pouvoir clouer le panneau mural sur le coin intérieur.

Aux endroits où un coin extérieur se trouve entre les montants, fixez un appui 1x6 (**A**) au montant d'extrémité (**B**) avec des vis à panneau mural pour ménager une surface de clouage sur le panneau.

nstaller les panneaux muraux

Les panneaux muraux sont abituellement offerts en 4x8 u 4x12 et en 1, 1,25, 1,5 ou 1,9 cm ⅜, ½, ⅝ ou ¾ po) d'épaisseur. Pour nieux les manipuler, utilisez les anneaux 4x8 avec 1,25 cm (½ po) 'épaisseur. Pour une meilleure rotection contre le feu, si les codes le permettent, ou pour insonoriser, utilisez des panneaux de 1,5 cm (⅝ po) ou de 1,9 cm (¾ po) d'épaisseur. Les panneaux sont très lourds, demandez de l'aide. Ils peuvent être installés avec des clous à panneau et un marteau. Mais on utilise des vis à panneau et une perceuse ou une visseuse équipée d'une lame de tournevis magnétique. Les espaces entre les clous et les vis varient selon les codes du bâtiment. Les panneaux peuvent aussi être installés avec de l'adhésif et des vis à panneau. Les entretoises adhésives minimisent

les porosités et garantissent une surface lisse et facile à finir, d'où les clous ou les dispositifs de fixation ne ressortent pas.

Les bords longs des panneaux muraux sont effilés de sorte que les panneaux adjacents forment un joint un peu en retrait pouvant être recouvert de papier et de matériau à joint. Les panneaux joints bout à bout sont plus difficiles à finir, évitez donc les joints rognés.

Avant de les poser, repérez les coins brisés ou les fissures. Les panneaux endommagés sont difficiles à poser et peuvent causer des problèmes lors de la finition.

Le panneau peut être coupé avec une scie à panneau ou un couteau universel. Il doit être maintenu, face avant vers le haut, sur les longueurs de bois couchées sur le banc de sciage. La scie doit être maintenue selon un angle faible par rapport à la surface. Un aide devrait tenir les gros morceaux pour les empêcher de casser vers la fin de la coupe.

PRÉPARATION AVANT L'INSTALLATION DES PANNEAUX

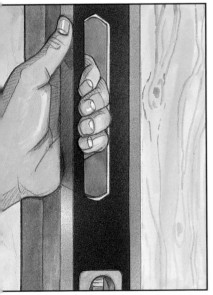

1 Vérifiez l'alignement des montants à l'aide d'une règle de vérification d'environ 1,21 m (4 pi) de long. Enlevez et remplacez tout montant gauchi.

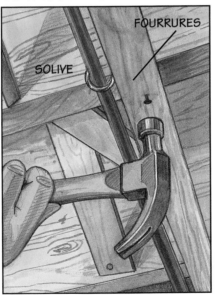

FOURRURES

SOLIVE

2 Repérez toute obstruction éventuelle (tuyaux, conduits de chauffage suspendus au-dessous des solives). Clouez les fourrures aux éléments de structure pour agrandir la surface de la cloison ou du plafond ou, si possible, déplacez les obstacles.

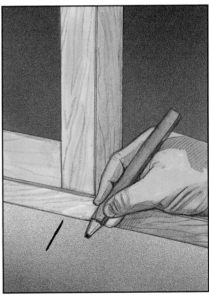

3 Sur le sol, marquez les emplacements des montants avec un crayon ou du ruban-cache. Le panneau recouvrira les montants : ces emplacements indiquent où vous devez clouer.

INSTALLER DES PANNEAUX AU PLAFOND

1 Les panneaux de plafond doivent être installés avant les panneaux muraux. Marquez l'emplacement des solives de plafond sur la sablière en guise de guide de clouage pour installer les panneaux.

2 Demandez de l'aide pour l'installation de panneaux au plafond. Fabriquez un étai en T avec un 2x4. L'aide s'en servira pour maintenir le panneau. Fabriquez un échafaudage avec un banc de sciage, du bois et du contre-plaqué, suffisamment grand pour que, lorsque vous êtes dessus, le dessus de votre tête touche juste le dessous des solives de plafond. Levez le panneau et placez-le perpendiculairement aux solives. Maintenez bien le panneau contre les solives avec le dessus de votre tête. Vos mains sont ainsi libérées pour fixer le panneau. Clouez le panneau en place avec des clous à panneau et finissez l'installation avec des vis à panneau.

SOULEVER LES PANNEAUX À UNE MAIN

Variante : appliquez l'adhésif à la base des solives. Placez une éponge dans votre casquette pour former un coussin et protéger votre tête tandis que vous maintenez le panneau.

1 Clouez temporairement un tasseau de 1x4 sur les montants. Le tasseau doit représenter l'épaisseur du panneau au-dessous des solives de plafond. Ainsi, on maintient l'extrémité du panneau en place pour le soulever jusqu'aux solives. Il s'agit d'une idée judicieuse, même avec de l'aide.

2 Avant de soulever la seconde feuille, clouez un tasseau de 1x4 dans les solives de plafond, sur l'extrémité du premier panneau. Fixez le tasseau pour que la moitié de sa largeur dépasse l'extrémité du premier panneau afin de maintenir l'extrémité du panneau en place quand vous le soulevez.

INSTALLER DES PANNEAUX MURAUX

Plusieurs outils sont offerts en location pour vous faciliter la tâche, notamment le monte-panneau. Cet appareil très simple vous permet de soulever facilement et en toute sécurité un panneau 4x8. Il suffit de poser le panneau sur l'appareil qui le soulève à une hauteur de plafond de 3,34 m (11 pi). Ces appareils sont sur roulettes. Vous pouvez donc les rouler jusqu'à l'emplacement souhaité, mettre les freins et placer le panneau. La plupart sont équipés d'une plate-forme pivotante qui vous permet d'installer facilement le panneau sur les plafonds en pente et porter un panneau 4x16 complet.

1 Mesurez la zone pour déterminer les dimensions des panneaux muraux. Les joints devraient tomber sur les montants ou sur les lattis de clouage, mais ne pas s'aligner avec les coins des fenêtres ou des portes. Laissez un espace maximum de 6 mm (¼ po) entre le panneau et le montant de la fenêtre.

2 Posez le panneau mural sur un banc de sciage, le côté lisse sur le dessus. Marquez les repères de sciage selon vos mesures.

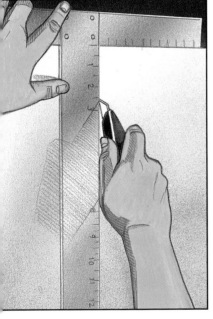

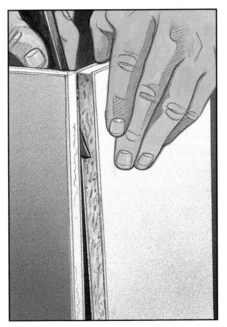

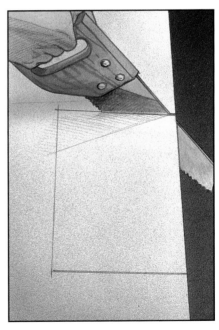

3 Pour scier droit, entaillez le papier de la surface avec un couteau universel en vous servant d'une équerre en T de panneau mural comme guide, puis taillez de plus en plus profond dans le plâtre. Par mesure de sécurité, éloignez votre autre main du couteau universel.

4 Finissez de scier droit en inclinant le panneau hors de la ligne d'entaille jusqu'à ce qu'il casse. Coupez le papier arrière avec un couteau universel bien affûté pour séparer les morceaux de panneau mural.

5 Sciez les sections avec une scie à panneau afin d'effectuer des coupes parallèles. Entaillez l'autre ligne avec un couteau universel, détachez la section vers l'arrière et coupez à travers le papier arrière.

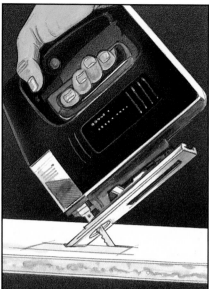

ZUT!

L'adhé
à panneau cc
définitivement le panneau aux élémen
de structure. En cas d'erreur, vous
devrez découper et enlever le
panneau, et sûrement les
montants !

6 Pour effectuer les logements des prises, les fenêtres en arrondi ou autres, marquez les coins extérieurs avec de la craie. Appuyez le panneau contre l'élément pour transférer la marque de craie. Enlevez-le et découpez juste à l'extérieur des marques avec une scie sauteuse ou une scie à guichet.

7 Si vous utilisez un adhésif à panneau, appliquez une couche d'adhésif le long de chaque montant. Appuyez bien le panneau contre les éléments de structure. Pour les grands panneaux, vous pouvez utiliser un monte-panneau ou des cales de bois pour bien les ajuster contre le plafond.

SAVOIR-FAIRE

Le panneau peut être fixé à l'aide de différents outils, selon la qualité du panneau à installer et votre budget en matière d'outils. La méthode la plus économique consiste à utiliser un marteau fendu et des clous à panneau. Dans la plupart des cas, cette méthode est efficace.

Vous pouvez aussi acheter un marteau pour cloisons sèches à utiliser avec les clous à panneau. Ce type de marteau est pourvu d'une tête beaucoup plus large que le marteau fendu et sa forme permet d'enfoncer les clous à la profondeur adéquate sans trop laisser de trace. Il est aussi doté, à l'autre extrémité, d'un bord coupant similaire à celui d'une hache pour effectuer les logements sans avoir à marquer le panneau et à l'enlever pour le découper avec un couteau ou une scie. Quel que soit le marteau, vous devez doubler les clous pour maintenir solidement le panneau en place.

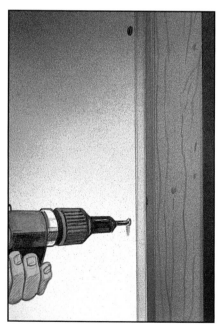

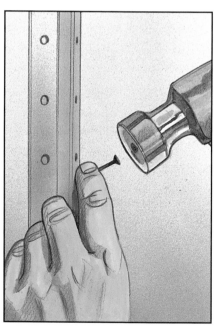

Une autre méthode de plus en plus utilisée consiste à utiliser une visseuse et des vis à panneau. Les vis maintiennent les panneaux plus solidement et sont plus vite installées et plus facilement finies. La visseuse est dotée d'une bague réglable qui permet de régler la profondeur de la tête de vis, quel que soit le matériau utilisé.

8 Ancrez les panneaux en insérant des vis à panneau, chaque 25 cm (10 po), dans les éléments de structure. Les têtes de vis doivent être enfoncées dans la surface du panneau, mais elles ne doivent pas traverser le papier.

9 Aux coins extérieurs, sectionnez la baguette d'angle métallique aux dimensions et fixez-la avec des clous à panneau, espacés selon les indications du code local. Appliquez une double épaisseur de pâte à joints de chaque côté du coin, avec un couteau à mastic de 15 cm (6 po).

Plafonds, murs et planchers

Finir les murs

Pour finir les panneaux, appliquez de la pâte à joints sur tous les joints, les trous de clous et de vis et sur les coins. La pâte à joints rétrécit en séchant : trois couches sont donc nécessaires pour compenser cet effet. Appliquez la première couche avec un couteau à mastic de 10 cm à 15 cm (4 po à 6 po) et laissez sécher complètement. Appliquez les deux dernières couches avec un couteau de 25 cm (10 po) pour faire pénétrer le matériau et aplanir toute irrégularité. Pour éviter les fissures, renforcez tous les joints. Sur les coins extérieurs, clouez une baguette métallique sur le panneau avant d'appliquer la pâte. Sur les coins intérieurs et les joints plats, appliquez une première fine couche de pâte à joints, puis appuyez sur les bandes de papier ou sur le ruban en fibre de verre pour le faire pénétrer dans la pâte humide.

DEGRÉ D'HABILETÉ

Menuiserie : habiletés moyennes.

COMBIEN DE TEMPS FAUT-IL ?
La finition des panneaux muraux d'un mur de 3 m (10 pi) requiert environ :

EXPÉRIMENTÉ	2 h
INTERMÉDIAIRE	3 h
DÉBUTANT	4 h

VOUS AUREZ BESOIN :

☐ **Outils :** couteau à mastic, ponceuse à long manche.

☐ **Matériel :** ruban à joints, pâte à joints, papier de verre ou écrans de ponçage.

MATÉRIAUX DE FINITION

Si possible, utilisez une pâte à joints prémélangée pour appliquer le ruban à joints et exécuter les finitions afin d'éviter le mixage, très salissant. Vous pouvez acheter un produit de base ou de couche de finition. Utilisez du ruban à joints si vous utilisez de la pâte prémélangée.

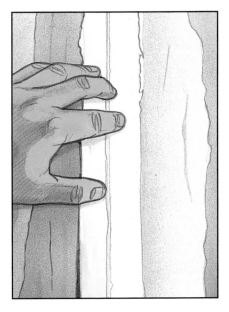

Pour les projets de petite envergure, utilisez la pâte à joints à prise rapide qui se mélange à l'eau. Ce matériau durcit en 1 h ou 2 h. Utilisez le ruban à joints en fibre de verre si vous utilisez la pâte à prise rapide.

ENDUIRE LES JOINTS

1 Avec un couteau à mastic de 25 cm à 30 cm (10 po à 12 po), appliquez une fine couche de pâte sur le joint.

2 Faites immédiatement pénétrer le ruban à joints, dans le matériau, en le centrant sur le joint. Essuyez le surplus de pâte, lissez le joint avec un couteau à mastic de 15 cm (6 po) et laissez sécher.

ENDUIRE LES JOINTS (suite)

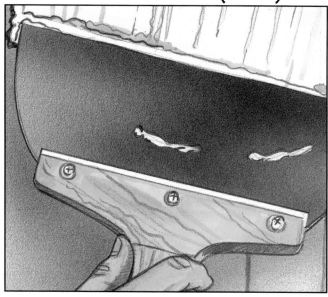

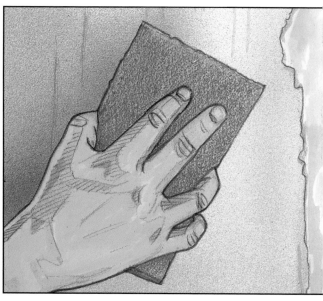

3 Appliquez une couche de pâte à joints à l'aide d'un couteau à mastic de 25 cm à 30 cm (10 po à 12 po). Laissez sécher 24 h avant d'appliquer la couche de finition.

4 Appliquez la couche de finition et lissez. En cas de poussière (le ponçage crée beaucoup de poussière), fermez les ouvertures des pièces voisines avec une toile de plastique ou utilisez une éponge humide.

COINS INTÉRIEURS

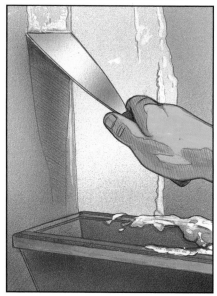

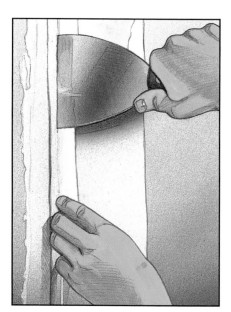

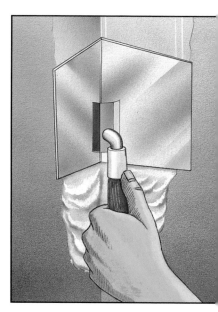

1 Appliquez une fine couche de pâte à joints prémélangée des deux côtés du coin intérieur, à l'aide d'un couteau à mastic de 10 cm.

2 Pliez une bande de ruban à panneau en deux parties égales en pinçant la bande et en la tirant entre le pouce et l'index. Placez le bout de la bande au haut du joint. Appuyez sur la bande pour qu'elle pénètre dans la pâte humide à l'aide d'un couteau à mastic et lissez les deux côtés du coin.

3 Appliquez une seconde couche de pâte à joints avec une truelle d'angle. Dès que la seconde couche est sèche, appliquez la dernière couche de pâte. Lissez avec une ponceuse humide.

FINIR LES COINS EXTÉRIEURS

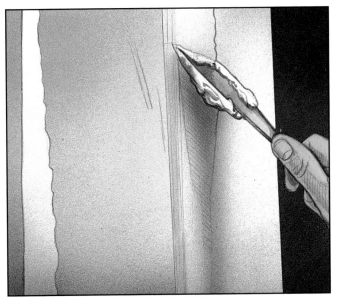

1 Placez la baguette d'angle métallique sur les coins extérieurs. Ajustez-la avec un niveau de sorte que le coin soit d'aplomb. Clouez la moulure en métal en place avec les clous à panneau espacés selon les indications énoncées dans les codes du bâtiment local.

2 Couvrez la baguette d'angle de trois couches de pâte à joints, à l'aide d'un couteau à mastic de 25 cm à 30 cm (10 po à 12 po). Laissez sécher et rétrécir chaque couche 24 h avant d'appliquer la suivante. Lissez la couche de finition à l'aide d'une ponceuse humide.

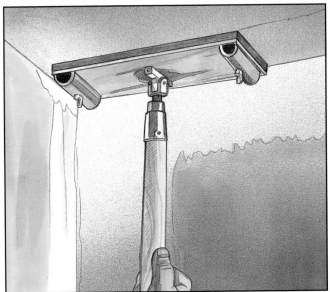

COMBLER LES CREUX DES CLOUS ET DES VIS

PONCER LES JOINTS

Couvrez les têtes de clous ou de vis avec trois couches de pâte à joints, à l'aide d'un couteau à mastic de 10 cm à 15 cm (4 po à 6 po). Laissez sécher et rétrécir chaque couche 24 h avant d'appliquer la suivante. Si le clou ou la vis n'est pas enfoncé dans le montant, retirez-le et ne recouvrez pas.

Poncez légèrement les joints dès que la pâte est sèche. Utilisez un bloc à poncer pourvu d'un manche pour accéder aux zones hautes sans échelle. Portez un masque antipoussières lorsque vous poncez.

Plafonds, murs et planchers

Installer du lambris

Les murs en mauvais état peuvent être couverts de lambris. C'est un matériau décoratif qui « habille » les murs. Il est surtout très pratique s'il est utilisé avec une isolation. De plus, il constitue un moyen facile d'habiller un sous-sol non fini. Différents types de lambris décoratifs sont offerts pour les murs : lambris massif et panneaux plaqués décoratifs de formes variées.

Le lambris massif est constitué de planches dont les bords à rainure et languette permettent de le fixer au mur et de laisser bouger le bois en cas de variation du taux d'humidité pour éviter qu'il se fissure. La plupart des lambris massifs sont fabriqués en bois tendre (pin, sequoia, cèdre et sapin).

Un vaste choix de lambris plaqué est offert : à veines véritables ou à motifs imprimés, ces panneaux imitent le grain du bois, la brique, la pierre et autres types de revêtement.

Laissez les panneaux décoratifs quelques jours dans la pièce où ils doivent être installés. Superposez-les pour permettre à l'air de circuler de tous les côtés et maintenez-les pour ne pas qu'ils glissent ou s'abîment.

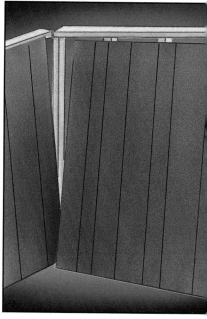

Disposez les panneaux en place avant l'installation pour déterminer la couleur et le motif du grain. Si vous les prenez au hasard, directement de la pile, la combinaison des motifs peut se révéler décevante.

DEGRÉ D'HABILETÉ

Menuiserie : habiletés moyennes.

COMBIEN DE TEMPS FAUT-IL ?

Installer du lambris dans une pièce de 3 m x 4,5 m (10 pi x 15 pi) requiert environ :

EXPÉRIMENTÉ	4 h
INTERMÉDIAIRE	6 h
DÉBUTANT	8 h

VOUS AUREZ BESOIN :

☐ **Outils :** marteau, levier, scie sauteuse, compas, scie circulaire, cordeau de craie, détecteur électronique de montant, ruban à mesurer.

☐ **Matériel :** lambris, clous à lambris.

COUPER ET INSTALLER LE LAMBRIS

1 Enlevez toutes les boiseries et les moulures des plinthes, fenêtres, portes et plafonds. Placez une cale en bois sous le levier pour protéger les murs. Si vous souhaitez changer les moulures, c'est le moment. Vous pouvez poser du lambris autour de la moulure actuelle, mais il faut enlever la plinthe.

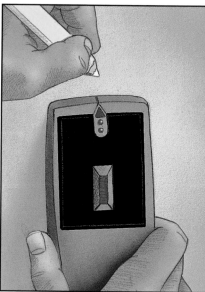

2 Avec un détecteur de montant, localisez les montants. Commencez dans les coins les plus éloignés du point d'entrée et repérez le montant le plus proche, mais à moins de 1,21 m (48 po) du coin. Localisez et marquez les montants chaque 1,21 m (48 po), du premier montant marqué.

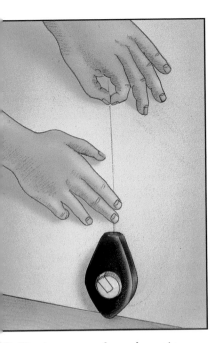

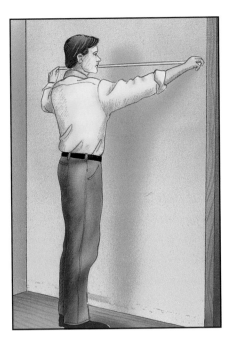

3 Cinglez un cordeau de craie sur le mur pour marquer les lignes à plomb sur les repères des montants. Les joints du lambris doivent tomber le long de ces lignes.

4 Mesurez la distance entre le coin et la première marque de ligne à plomb et ajoutez 2,5 cm (1 po) afin de laisser l'espace requis pour le traçage au compas.

5 Couchez le premier panneau de lambris à l'envers pour éviter d'abîmer la face décorative avec la lame de la scie. Utilisez une scie circulaire et une règle encastrée pour couper les panneaux aux dimensions.

RÈGLE DROITE

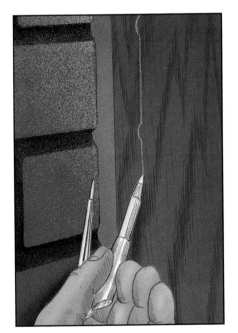

6 Placez le premier panneau de lambris contre le mur de sorte que le bord coupé soit à 2,5 cm (1 po) du coin, et que le bord opposé, fini, soit d'aplomb. Posez temporairement le dessus du lambris contre le mur.

7 Écartez les branches d'un compas de 3 cm (1¼ po). Tandis que la pointe du compas est contre le coin du mur et le crayon contre le lambris, dirigez le compas vers le bas sur toute la hauteur du mur. Les irrégularités du coin s'inscriront sur la face du lambris. Enlevez le lambris du mur.

8 Couchez le lambris à l'endroit et coupez le long de la ligne décrite par le compas, à l'aide d'une scie sauteuse. Pour ne pas former de copeaux, utilisez une scie à bois à dents fines. Le bord scié devrait parfaitement s'appuyer contre le mur.

INSTALLER DU LAMBRIS

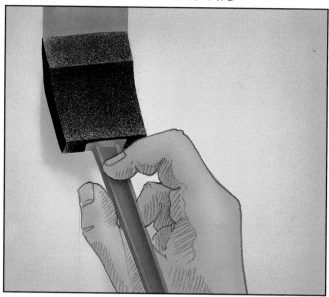

1 Appliquez la teinture sur le mur le long de la ligne à plomb pour éviter que les sections claires apparaissent à travers les joints du lambris. Choisissez un coloris assorti aux bords du lambris ; ils peuvent être plus sombres que la surface.

2 À l'aide d'un pistolet à calfeutrer, appliquez sur le mur, chaque 15 cm (6 po), des gouttes d'adhésif à panneau de 2,5 cm (1 po) de long. Les gouttes doivent être à environ 2,5 cm (1 po) des lignes de plomb pour empêcher l'adhésif de suinter sur les joints. Pour les nouvelles installations, appliquez l'adhésif directement sur les montants.

3 Fixez le lambris sur la partie supérieure du mur avec des clous de 1½ po que vous enfoncez chaque 40,5 cm (16 po). Appuyez le lambris contre l'adhésif, puis retirez-le du mur. Appuyez le lambris à nouveau contre le mur lorsque l'adhésif est gluant, soit après 2 minutes environ.

4 Posez le lambris en laissant un léger espace entre les joints. Cet espace permet au lambris de gonfler par temps humide. Utilisez une pièce de dix sous pour mesurer l'espacement.

OUVERTURES DANS LE LAMBRIS

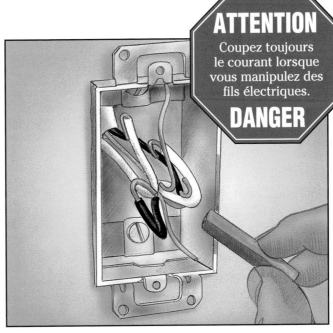

1 Mesurez les ouvertures des fenêtres et des portes et marquez les dimensions des périmètres au dos du lambris.

2 Recouvrez de craie ou de rouge à lèvres le pourtour des prises électriques et téléphoniques ainsi que des sorties de chauffage.

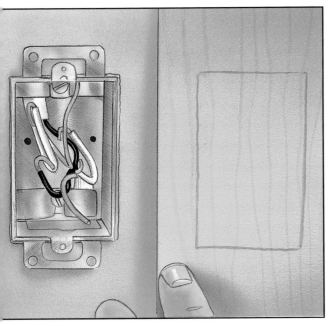

3 Appuyez l'endos du lambris contre le mur. Les marques des prises et des sorties de chauffage se transféreront sur le lambris.

4 Couchez le lambris à l'envers. Percez des trous de guidage à un angle de chaque pourtour. Utilisez une scie sauteuse et une lame à découper le bois à dents fines pour effectuer les ouvertures.

Plafonds, murs et planchers

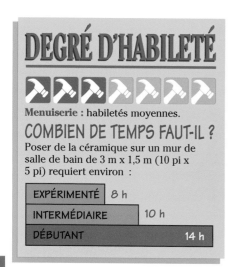
VOUS AUREZ BESOIN :

☐ **Outils** : cordeau de craie, ruban à mesurer, pince coupante, coupe-carreaux, taloche à face caoutchoutée, truelle crantée.

☐ **Matériel** : carreaux, adhésif à carreaux, coulis, additif d'adhésif au latex, agent d'étanchéité à la silicone.

LE CONSEIL D'HOMER

Les panneaux qui résistent à l'humidité, ou « panneaux verts », sont spécialement conçus pour les salles de bain ou les buanderies souvent exposées à l'humidité. Le panneau de ciment est un autre type de panneau utilisé avec les carreaux de céramique. Si j'avais connu l'existence de ces produits, je n'aurais pas eu à remplacer les panneaux de la salle de bain de mon sous-sol. Les dégâts que peut causer une faible quantité d'eau sur un simple panneau mural sont inimaginables. Quel bourbier pour enlever les fragments de panneau désagrégés ! Je suis soulagé de savoir que je n'aurai pas à recommencer !

Les carreaux de céramique

Les carreaux de céramique sont utilisés sur les murs des salles de bain, des cabines de douche, des buanderies ou des cuisines, sur les dosserets anti-éclaboussures de plan de travail et au-dessous des armoires supérieures. Bien posés, ils durent plus longtemps que tout autre matériau de revêtement. Sur les murs, les carreaux de 15 cm (6 po) sont plus faciles à poser car ils requièrent moins de découpe et couvrent plus. Les plus petits permettent de former des motifs complexes, mais plus ils sont petits, plus ils sont nombreux à installer.

Les murs doivent toujours être propres, sains et secs car vous ne pouvez poser correctement des carreaux sur du papier peint ou sur de la peinture écaillée ou poudreuse. Aplanissez la surface au maximum pour que les carreaux adhèrent bien. Utilisez toujours des carreaux muraux sur les murs et des carreaux de plancher sur le sol.

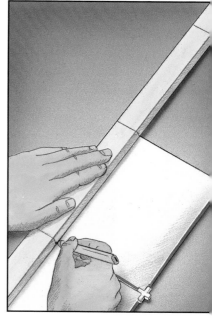

Faites une jauge pour marquer la disposition des carreaux. Placez une rangée de carreaux et d'espaceurs en plastique selon votre disposition, sur une surface plane. Marquez un 1x2 selon l'espacement des carreaux. Faites deux jauges pour les dispositions verticale et horizontale des carreaux angulaires.

INDIQUER LES REPÈRES SUR LES MURS

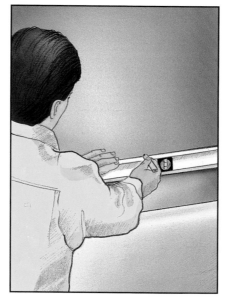

1 Marquez le mur pour indiquer l'emplacement des armoires, des appareils encastrés et des accessoires. Mesurez et marquez d'un repère la hauteur d'un carreau au-dessus du bord de la baignoire. S'il n'est pas droit, mesurez-le de l'endroit le plus bas. Tracez une ligne à ce point, autour de la pièce.

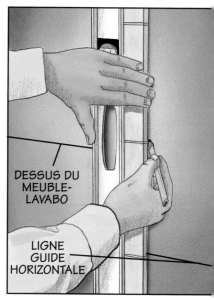

DESSUS DU MEUBLE-LAVABO

LIGNE GUIDE HORIZONTALE

2 Utilisez la jauge pour déterminer la disposition des carreaux en fonction des autres éléments (comptoirs, encadrement des fenêtres et de la porte, armoires). Tenez la jauge perpendiculairement à la ligne guide horizontale, pour qu'un repère du joint touche la ligne et notez l'emplacement des joints.

LIGNE GUIDE
AJUSTÉE SELON
LE DESSOUS

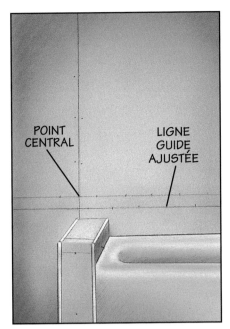

POINT
CENTRAL

LIGNE
GUIDE
AJUSTÉE

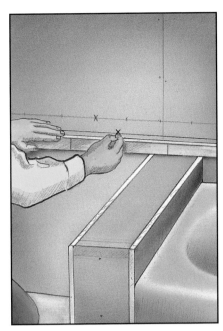

3 Ajustez la ligne guide horizontale si la jauge indique que les joints des carreaux vont tomber à des endroits malencontreux.

4 Sur chaque mur, mesurez et indiquez le point central de la ligne guide horizontale. Avec la jauge, marquez les lignes dans chaque sens du point central, pour indiquer où les joints des lignes de coulis seront situés. Si elle indique que les carreaux d'angle seront à moins de 1,25 cm (½ po) d'un carreau entier, ajustez la disposition tel qu'indiqué à l'étape suivante.

5 Ajustez la disposition des joints verticaux en déplaçant le point central de la moitié de la largeur d'un carreau dans chaque direction. À l'aide d'un niveau de menuisier, tracez une ligne guide verticale passant par ce point, de la rangée du sol à la rangée de carreaux supérieure.

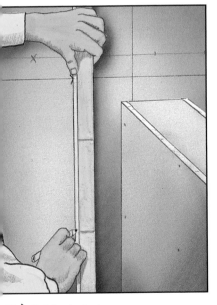

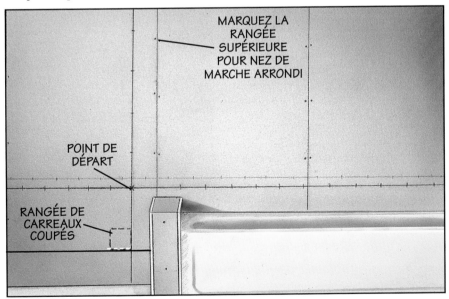

MARQUEZ LA
RANGÉE
SUPÉRIEURE
POUR NEZ DE
MARCHE ARRONDI

POINT DE
DÉPART

RANGÉE DE
CARREAUX
COUPÉS

6 À l'aide de la jauge, mesurez du plancher, le long de la ligne guide verticale, une distance égale à la hauteur d'un carreau plus 1,25 cm (½ po) et marquez un repère sur le mur. Tracez une ligne guide droite passant sur ce point, sur le mur.

7 Marquez les lignes guides pour indiquer l'emplacement des joints des carreaux restants, en commençant au point d'intersection des lignes guides horizontale et verticale. Tenez compte de toute bordure décorative ou de carreau à motif. Si vous ne pouvez éviter d'avoir une rangée de carreaux coupés, placez-la près du sol, entre la première et la troisième rangée, ou sur la partie supérieure, près des carreaux de bordure. Continuez toutes les lignes guides horizontales sur les murs adjacents devant recevoir des carreaux et répétez les étapes 4 et 7 pour tous les murs.

INSTALLER DES CARREAUX MURAUX

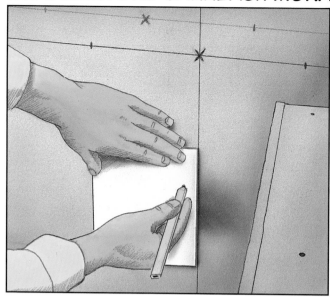

1 Marquez la disposition et commencez l'installation par la deuxième rangée de carreaux à partir du sol. Si des carreaux doivent être coupés pour cette rangée, marquez et coupez les carreaux pour toute la rangée en une seule fois.

2 Avec un coupe-carreaux, effectuez des coupes droites. Placez le carreau à l'endroit sur le coupe-carreaux de sorte qu'un côté affleure le guide de coupe. Réglez l'outil à la profondeur souhaitée, puis faites une entaille en tirant fermement la molette le long du carreau. Cassez nettement le carreau le long de l'entaille, selon les directives du fabricant.

Inspirez-vous des brochures et des catalogues de décoration pour choisir les modèles de pose et les bordures. Ils sont offerts gratuitement par de nombreux fabricants.

La plupart des magasins qui vendent des carreaux offrent ce type de brochure et certains ont même des designers sur place qui pourront vous aider. Essayez de visualiser le résultat de votre plan de pose avant d'acheter les carreaux. Emportez quelques échantillons chez vous pour déterminer si la couleur convient à la pièce.

La source de lumière influant sur les couleurs, observez les carreaux à la lumière du jour et à la lumière de la pièce. N'oubliez pas qu'une fois les carreaux installés, la couleur répartie sur une vaste surface peut sembler différente de celle de l'échantillon.

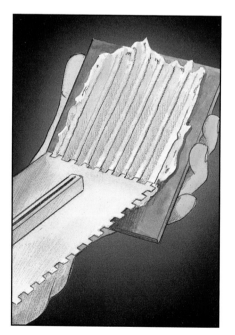

3 Mélangez une petite quantité de mortier à prise rapide contenant un adhésif au latex. Certains mortiers contiennent déjà l'additif, d'autres doivent être mélangés à l'additif séparément. Couvrez l'envers du premier carreau d'adhésif, à l'aide d'une truelle crantée.

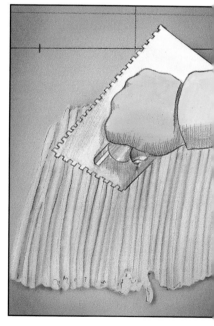

Variante : étalez l'adhésif sur une petite section du mur et disposez les carreaux sur l'adhésif. Les adhésifs qui sèchent vite exigent une manipulation rapide.

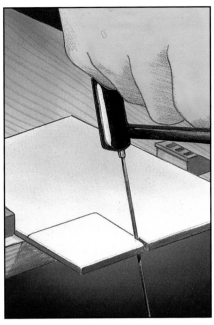

4 Fixez un panneau d'appui de niveau, au mur, sous la première rangée de carreaux. Il supportera le poids jusqu'à ce que l'adhésif soit assez sec pour les maintenir. Posez le premier carreau en effectuant un léger mouvement de torsion pour le fixer en l'alignant avec les lignes guides horizontale et verticale.

5 Continuez à poser les carreaux en les alignant avec les lignes guides. Travaillez du centre vers les côtés, en formant une pyramide. Utilisez des espaceurs insérés dans les joints d'angle pour maintenir l'alignement (encart). Enlevez le panneau d'appui et posez la rangée inférieure soit la dernière rangée.

6 Pour les tailles et les coupes en arrondi, bloquez le carreau sur une surface plane et coupez-le avec une scie au carbure dotée d'une lame pour carreaux. Si vous en avez beaucoup, faites-les couper au magasin ou louez un coupe-carreaux à scie humide car les coupes manuelles exigent de la patience.

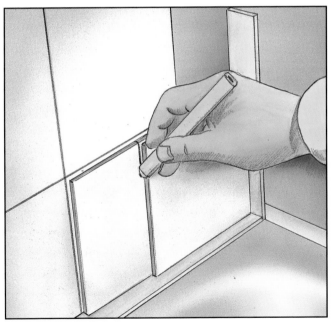

7 Au fur et à mesure que vous terminez les petites sections, placez le carreau à l'aide d'un bloc de 2x4 recouvert de tapis ou de chiffon. Frappez le bloc de petits coups de maillet ou de marteau pour encastrer solidement le carreau dans l'adhésif et aplanir uniformément la surface.

8 Pour marquer les lignes afin d'effectuer des coupes droites, posez du ruban sur le côté du carreau. Placez directement un carreau sur le dernier carreau entier installé, puis le troisième de sorte que le bord bute contre les espaceurs. Tracez le bord du carreau supérieur sur le carreau central pour marquer l'endroit de la coupe.

Les carreaux de céramique

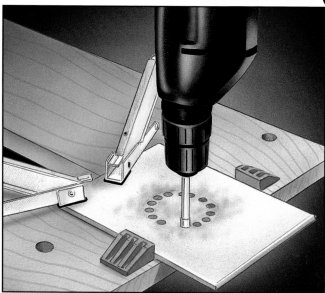

9 Découpez les orifices pour acheminer les tubulures de raccordement de plomberie : tracez le pourtour du trou, puis percez sur le pourtour à l'aide d'un foret pour carreau de céramique. Avec un marteau, enlevez avec précaution le surplus de matériau. À très peu de frais, vous pouvez vous procurer une scie emporte-pièce qui vous permettra d'effectuer un trou en une seule tentative. Les bords irréguliers du trou seront cachés par les rosaces des appareils.

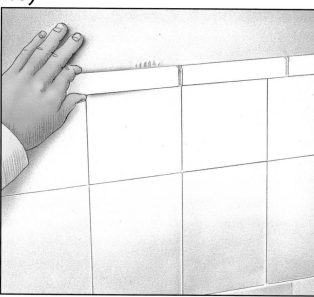

10 Installez les bordures, par exemple les bordures à angle arrondi, sur le bord des sections. Essuyez tout surplus de mortier le long de la bordure supérieure de carreaux.

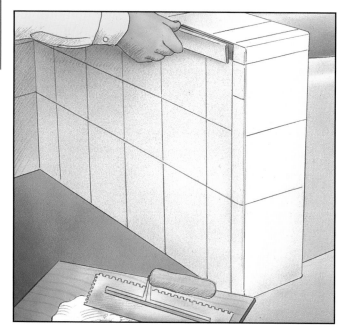

11 Utilisez des bordures à angle arrondi simples ou doubles pour cacher les bords irréguliers des carreaux adjacents.

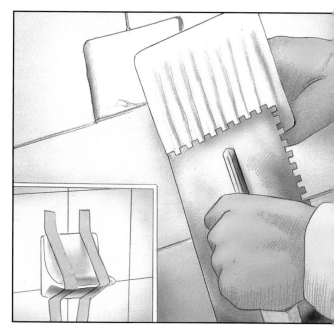

12 Installez les accessoires : appliquez du mortier à prise rapide au dos de l'accessoire, appuyez sur l'accessoire pour le mettre en place. Maintenez-le avec du ruban-cache jusqu'à ce que l'adhésif soit sec.

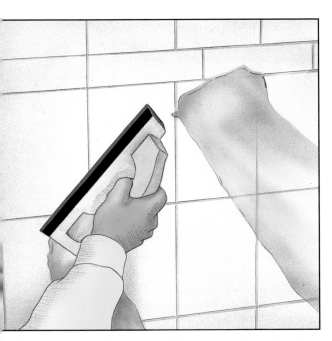

3 Laissez complètement sécher le mortier selon les directives du fabricant, puis mélangez du coulis contenant un additif au latex. Appliquez le coulis avec une taloche à face caoutchoutée en effectuant des mouvements de balayage à angle de 45° par rapport aux lignes de coulis pour le faire pénétrer dans les joints. N'appliquez pas de coulis le long de la baignoire, du plancher et des coins de la pièce.

14 Au terme du délai recommandé de séchage du coulis, essuyez tout surplus de coulis avec une éponge humide, puis nettoyez les lignes de coulis en passant un goujon le long des joints.

15 Quand le coulis est complètement sec (ce qui peut prendre 2 semaines), appliquez un agent d'étanchéité à la silicone sur les joints à l'aide d'un petit pinceau ou d'une brosse. S'il y a beaucoup de joints, l'utilisation d'une meule à coulis peut accélérer le processus. Les agents d'étanchéité à la silicone permettent d'empêcher la formation de taches de moisissure sur le coulis.

16 Comblez les joints de dilatation autour de la baignoire, du plancher et des coins de la pièce avec une pâte à joints en tube. Dès que la pâte est sèche, polissez le carreau avec un chiffon sec et doux.

L'ABC DES PLANCHERS

La pose et la réparation des revêtements de sol peuvent s'effectuer facilement si le travail est rigoureusement planifié, si vous utilisez les outils adéquats et si vous prenez le temps qu'il faut. Utilisez toujours l'équipement de sécurité approprié et, si possible, demandez de l'aide. La pose de certains types de revêtements de sol, notamment la moquette de grande largeur, sera grandement facilitée si vous demandez à quelqu'un de vous aider, tandis que la pose de carreaux peut facilement être effectuée par une seule personne.

N'hésitez pas à consacrer un peu plus d'argent à la location d'outils appropriés à la tâche : celle-ci sera plus agréable sinon, elle peut tourner au cauchemar et la qualité du travail sera fort décevante. Surtout, prenez tout votre temps et ne paniquez pas. Après tout, il ne s'agit que d'un plancher !

Outils à main : boîte à onglets et scie à dos (**A**), ciseau à froid (**B**), marteau à panne ronde (**C**), marteau à panne fendue (**D**), chasse-clous (**E**), levier (**F**) arrache-clou (**G**), cordeau de craie (**H**), équerre combinée (**I**), équerre de charpentier (**J**), égoïne (**K**), tournevis (**L**), ruban à mesurer (**M**), ciseaux à bois (**N**), couteau universel (**O**), agrafeuse (**P**), couteau à panneau mural (**Q**), couteau à mastic (**R**).

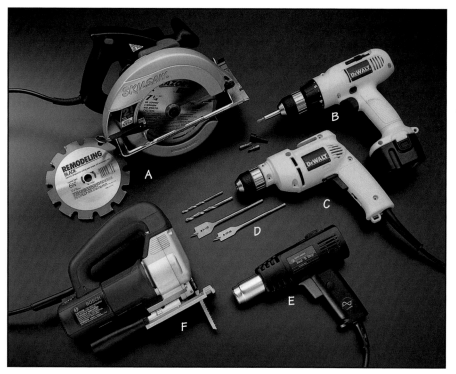

◀ **Outils électriques :** scie circulaire avec lame à parqueterie (**A**), perceuse-visseuse sans fil avec foret (**B**), perceuse électrique (**C**), forets (**D**), pistolet thermique (**E**), scie sauteuse (**F**).

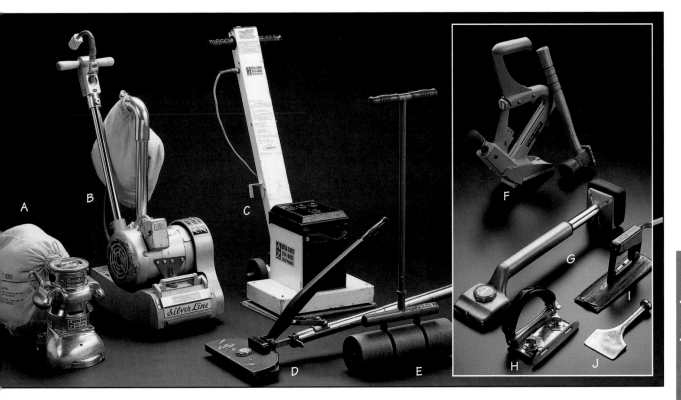

Outils à louer : (photo principale) ponceuse de bordure (**A**), ponceuse à tambour (**B**), ponceuse orbitale de plancher (**C**), tendeur de moquette (**D**), rouleur (**E**) **(photo en encart)** cloueuse mécanique (**F**), coup de genou (**G**), outil à tailler pour finition le long du mur (**H**), jointeuse à moquette (**I**), outil pour marche d'escalier (**J**).

OUTILS SPÉCIAUX POUR LE PLANCHER

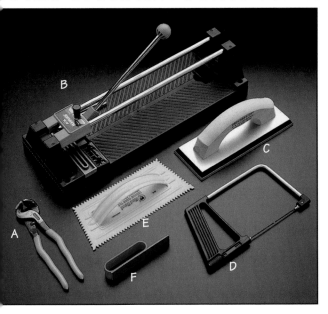

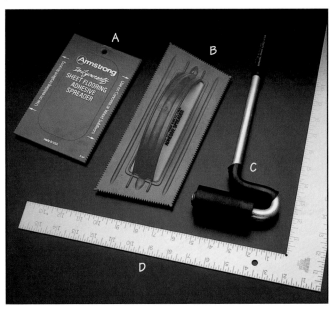

Outils spéciaux : pince coupante (**A**), coupe-carreaux (**B**), cloche à face caoutchoutée (**C**), scie à carreaux (**D**), truelle crantée (**E**), ponceuse pour carreaux (**F**).

Outils spéciaux pour les planchers en vinyle : étaleuse crantée (**A**), truelle crantée (**B**), rouleur en J (**C**), règle droite ou équerre de charpentier (**D**).

Revêtements de sol

Les revêtements de sol sont offerts dans une grande variété de couleurs, de styles, de dimensions et de types et dans une vaste gamme de prix. Chaque type, carreau de céramique, frise de bois dur, carreau de vinyle, moquette ou vinyle en feuille, est associé à une catégorie et à un coût unitaire liés à la qualité de fabrication.

Le choix du revêtement est déterminant. C'est lors de la pose, puis au fil du temps, que l'on se rend compte de l'efficacité du matériau. La qualité inférieure d'un revêtement se révèle assez rapidement s'il est quotidiennement utilisé ; il ne vous restera plus qu'à recommencer le processus !

Matériaux courants de revêtement de sol : carreaux de vinyle autocollants (A), vinyle en feuilles (**B**), sous-couche en mousse (**C**), parquet mosaïque (**D**), lames de parquet de bois dur préfini (**E**), lames de parquet préfinies en bois dur (**F**), lames de parquet de bois dur brut (**G**), moquette (**H**), bandes à griff et thibaude (**I**), carreau de céramique (**J**), carreau en ardoise (**K**), carreau de marbre (**L**).

CHOIX DU REVÊTEMENT APPROPRIÉ

Matériau	Carreaux céramique	Moquette	Carreaux de vinyle	Vinyle en feuille	Parquet mosaïque	Bois dur
Installation	Manipulation et installation faciles	Manipulation et installation quelque peu difficiles	Manipulation et installation faciles	Manipulation et installation quelque peu difficiles	Manipulation et installation relativement faciles	Manipulation et installation relativement faciles
Durabilité	Très résistant	En fonction de la catégorie	Assez résistant	Assez résistant	Assez résistant	Assez résistant
Entretien	Relativement facile	Plus difficile	Assez facile	Facile	Facile	Facile
Étanchéité	Étanche			Étanche		
Coût	Modéré à élevé	Modéré à élevé	Bas à élevé	Bas à élevé	Modéré à élevé	Modéré à élevé

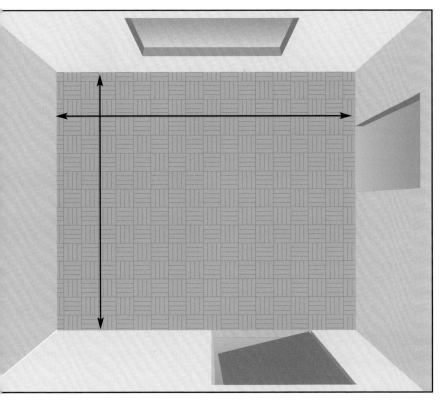

Mesurer les pièces

Avant de commencer, mesurez et déterminez la quantité de revêtement requise. Utilisez ces dimensions pour dessiner un plan de la pièce à l'échelle qui constituera un outil indispensable pendant la phase de planification du projet.

Le plan doit préciser la forme et les dimensions de la pièce. Indiquez les ouvertures des placards et des portes ainsi que l'emplacement exact des éléments fixes : armoires intégrées, âtre, cheminée, tuyau et grilles à registre des appareils de chauffage au sol. Ce plan servira de modèle pour la planification et la pose, et vous permettra d'évaluer le coût du revêtement et la couverture maximale en regard de votre investissement.

Les pièces sont de dimensions et de formes différentes. Les murs de certaines sont droits, d'autres comportent de nombreuses niches et avancées en raison des armoires encastrées et des placards. Toutes les irrégularités en surface doivent être prises en compte lors de la planification.

Pour les pièces sans appareil encastré, il est assez facile de déterminer la superficie et les quantités de matériaux requises. Il suffit de multiplier la largeur par la longueur. Exemple : une pièce de 3 m x 4,5 m (10 pi x 15 pi) requiert 13,5 m² (150 pi²) de revêtement de sol. Ajoutez 10 % de chute pour disposer d'assez de matériau. Certains magasins reprennent les restants.

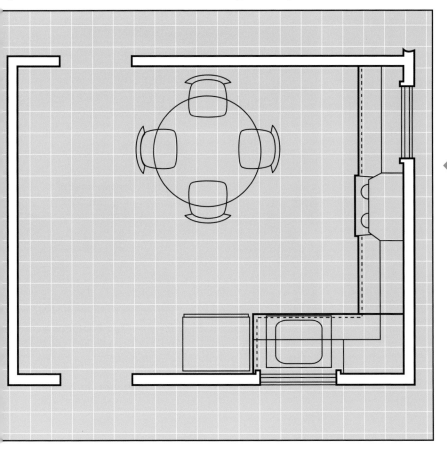

◀ **Les mesures des pièces avec appareils encastrés** doivent d'abord inclure les dimensions hors tout. Mesurez les plus grandes longueur et largeur, puis multipliez-les l'une par l'autre pour obtenir la superficie. Mesurez ensuite la longueur de la base de chaque appareil et multipliez-la par sa largeur. Soustrayez la mesure obtenue de la superficie totale de la pièce. Mesurez ensuite la superficie de chaque placard, baie et avancée dans lesquels le revêtement sera installé et ajoutez-le à la superficie totale de la pièce. Le résultat constitue la quantité de revêtement requise.

Éliminer les craquements

Les planchers et les marches craquent si les lames ou les poutres frottent les unes contre les autres. Le contreventement des solives peut craquer si le plancher posé au-dessus fléchit quand on marche. Les lames peuvent craquer si elles n'ont pas été bien clouées au sous-plancher. Les conduites d'eau ou d'aération peuvent aussi frotter contre les solives de plancher.

Si possible, éliminez les craquements par le dessous. Si la semelle est recouverte d'un plafond fini, travaillez sur le dessus. S'il s'agit d'un plancher à lames, introduisez les clous de finition dans les joints, entre les lames, pour éliminer les craquements. Vérifiez les supports de tuyau, les conduits de chauffage et les contreventements pour déceler tout frottement. Desserrez les supports de tuyau trop serrés et séparez les éléments de contreventement en bois pour éliminer le bruit. Les sols recouverts de moquette peuvent parfois être réparés sur le sol si l'accès par en-dessous est impossible.

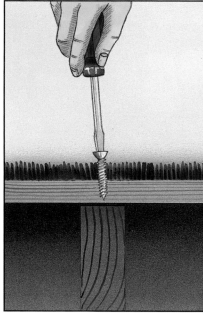

Les craquements des planchers recouverts d'un tapis à longs poils peuvent être éliminés comme suit : enfoncez une vis à panneau dans la solive de plancher, à travers le tapis et la thibaude. Noyez la tête de la vis dans le sous-plancher. Ceci libère le tapis coincé sous la tête de vis et permet d'aplanir celle-ci.

DEGRÉ D'HABILETÉ

Menuiserie : habiletés de base.

COMBIEN DE TEMPS FAUT-IL ?
Éliminer les craquements requiert environ :

EXPÉRIMENTÉ	1 h
INTERMÉDIAIRE	1 h 30
DÉBUTANT	2 h

VOUS AUREZ BESOIN :

☐ **Outils** : *marteau, tournevis.*

☐ **Matériel** : *cales en bois, clous, vis à bois.*

CALER LE SOUS-PLANCHER

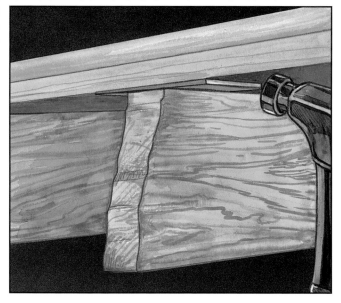

Si les solives de plancher n'adhèrent pas au sous-plancher dans la zone qui craque, le calage peut représenter une solution. Enfoncez les cales entre la solive et le sous-plancher et mettez-les en place à l'aide d'un marteau. Ne les forcez pas car elles soulèveraient le plancher et les craquements seraient amplifiés.

FIXER UN TASSEAU

Si plusieurs lames du sous-plancher bougent au-dessus d'une solive, l'installation d'un tasseau est plus efficace qu'un calage individuel pour maintenir les lames. Un 1x4 calé contre le sous-plancher et cloué à la solive suffit pour empêcher le sous-plancher de bouger.

RENFORCER LES SOLIVES

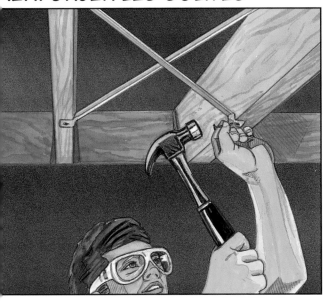

Les craquements d'une grande section peuvent indiquer que les solives situées au-dessous du plancher soulèvent légèrement celui-ci et ne supportent pas correctement le sous-plancher. La pose de contreventements d'acier fixés entre les solives empêche celles-ci de bouger latéralement et stabilise le sous-plancher.

VISSER PAR EN-DESSOUS

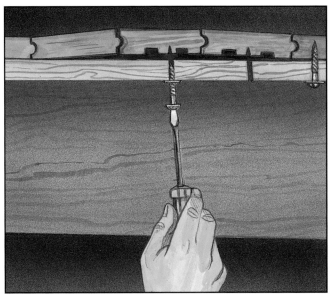

Percez un trou de guidage à travers le sous-plancher, puis un plus petit trou dans le plancher fini. Demandez à quelqu'un de demeurer sur les lames surélevées tandis que vous tirez les lames lâches vers le bas en serrant les vis à bois.

CLOUAGE DU REVÊTEMENT

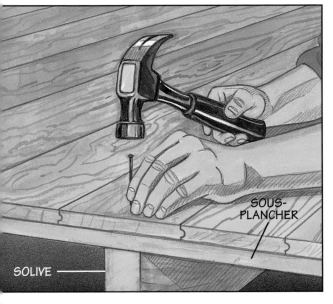

SOUS-PLANCHER

SOLIVE

Sur le plancher (si vous ne pouvez pas y accéder par en-dessous), clouez avec des clous de 2½ po. Repérez les solives de plancher et clouez directement dans celles-ci pour les fixer plus solidement et éviter qu'elles se relâchent.

Ancrez les girons à la contremarche en enfonçant les clous à parquet (vrillés) dans des directions opposées pour éviter tout relâchement. Dans le cas de girons en bois dur, percez des trous de guidage pour les clous à finir, plantez les clous dans les contremarches et utilisez un chasse-clou pour les enfoncer. Comblez ensuite les trous de clous à l'aide d'un mastic à bois.

Enlever le plancher actuel

Le plancher actuel peut être enlevé si le matériau a été très abîmé ou s'il n'adhère pas en permanence au sous-plancher. Les anciens revêtements de sol souples, en relief ou à thibaude, doivent être enlevés ou recouverts d'une nouvelle épaisseur de contre-plaqué avant l'installation du nouveau revêtement.

Les carreaux de céramique endommagés ou décollés doivent tous être enlevés. Il est plus facile de les casser avec un marteau puis de soulever les morceaux avec un ciseau à froid et un marteau. Si le carreau a été posé au mortier, enlevez-le à l'aide d'un marteau de maçon et d'un ciseau à bois. Découpez ensuite l'ancien sous-plancher en petites sections au moyen d'une scie circulaire (la lame sera certainement inutilisable par la suite) et enlevez les sections avec un levier.

Certains produits sont offerts pour aplanir le plancher actuel si vous n'avez pas le courage d'enlever tout le plancher. Si l'état du plancher actuel est assez satisfaisant pour recevoir un nouveau revêtement, vous pouvez utiliser un enduit de lissage sur l'ancien plancher pour obtenir une surface lisse sur laquelle vous poserez le nouveau revêtement de sol. Si la surface du sol actuel est trop abîmée, vous devrez sûrement installer une nouvelle sous-couche sur toute la zone. Quelquefois, cela est plus facile que d'enlever le plancher actuel. N'oubliez pas que les différentes épaisseurs de revêtement de sol et de sous-couche augmentent la hauteur du sol. En conséquence, vous devrez couper les montants et les arrêts de portes pour les ajuster. Vous devrez également raccourcir les plinthes des armoires si le revêtement de sol et la sous-couche sont posés autour de celles-ci. Étudiez toutes les solutions et leurs conséquences avant de commencer le processus.

LE CONSEIL D'HOMER

L'installation d'un nouveau revêtement de sol paraît simple. En fait, il suffit d'enlever l'ancien revêtement et de poser le nouveau. C'est exactement ce que je pensais avant de me lancer dans un tel projet. Il s'agissait d'enlever des carreaux de céramique et d'en poser de nouveaux sur un sous-plancher de béton. J'ai commencé au marteau et au ciseau à froid. Après deux jours de travaux manuels, j'ai fini par louer un marteau perforateur pour enlever l'adhésif et les carreaux restants. Comparativement, l'installation du nouveau revêtement s'est avérée beaucoup plus facile.

DEGRÉ D'HABILETÉ

Menuiserie : habiletés moyennes.

COMBIEN DE TEMPS FAUT-IL ?

Enlever un plancher de 3 m x 4,5 m (10 pi x 15 pi) requiert environ :

EXPÉRIMENTÉ	4 h
INTERMÉDIAIRE	6 h
DÉBUTANT	8 h

VOUS AUREZ BESOIN :

☐ **Outils :** marteau, levier, perceuse, ciseau à bois, pistolet thermique, couteau à mastic, grattoir de plancher, rouleau, scie circulaire, égoïne.

SEUILS

Enlevez les seuils en les soulevant avec un levier en métal. Si les montants de porte ont été coupés pour loger le seuil, sciez le seuil en deux sections que vous enlèverez séparément.

ENCADREMENTS

Placez un morceau du nouveau revêtement sur le sol, à côté de l'encadrement de porte, et marquez l'épaisseur de l'encadrement. Sciez-le à l'aide d'une égoïne à denture fine.

PLINTHE EN VINYLE

Détachez la plinthe du mur à l'aide d'un couteau à mastic à large lame et enlevez-la. Grattez le mur avec le couteau à mastic pour enlever tout adhésif restant.

PLINTHE EN CARREAUX

Détachez chaque carreau du mur à l'aide d'un levier en métal. Si vous craignez d'égratigner ou d'abîmer le mur, insérez un morceau de bois derrière le levier. Grattez le mur pour enlever tout adhésif ou coulis restant.

ARMOIRES

Enlevez le revêtement de vinyle autour des armoires : avec un couteau universel, coupez le long de la plinthe des armoires. S'il y a des carreaux de céramique ou du plancher de bois sous les armoires, il faudra sûrement détacher celles-ci du mur pour soulever le revêtement.

ENLEVER LA MOQUETTE

1 Pour enlever la moquette fixée à une bande à griffes, enlevez toutes les bordures métalliques et coupez la moquette en bandes faciles à manipuler avec un couteau universel. Soulevez le coin de la moquette et détachez-la de la bande le long des deux murs. Répétez l'opération jusqu'à ce que toute la moquette soit détachée.

2 Pour enlever la moquette installée avec des clous à tapis, il suffit de faire glisser un arrache-clou sous un bord de la moquette et de soulever plusieurs clous. Continuez l'opération pour enlever tous les clous.

3 Si vous souhaitez garder la moquette en un seul morceau, soulevez un coin et continuez tout le long de la moquette. Une fois détachée, roulez-la et rangez-la.

ENLEVER DES CARREAUX DE CÉRAMIQUE

1 Burinez le coulis le long des lignes de coulis. Enlevez les morceaux à l'aide d'un marteau et d'un ciseau à froid. Pour ce type de tâche, portez des lunettes de sécurité. Dans certains cas vous ne pourrez enlever les carreaux qu'à l'aide d'un équipement lourd, par exemple un marteau perforateur.

Enlevez les carreaux de céramique fixés à l'adhésif avec un marteau de maçon et un ciseau à froid. Utilisez un grattoir de plancher à long manche pour enlever les fragments de carreaux et les résidus d'adhésif. Utilisez une ponceuse de plancher pour lisser la surface du sous-plancher, si besoin.

Pour enlever les carreaux de céramique fixés au mortier, découpez l'ancien sous-plancher en sections avec une scie circulaire dotée d'une vieille lame au carbure. Soulevez-les avec un levier. Si les carreaux sont sur la sous-couche, coupez la sous-couche et le mortier, mais pas le sous-plancher.

ENLEVER UN PARQUET DE BOIS

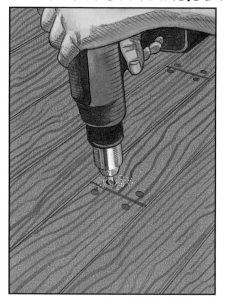  

1 Avant de soulever le parquet à lames, percez toutes les chevilles et enlevez les vis utilisées pour les fixations supplémentaires.

2 Introduisez un levier sous la première lame et soulevez-la en forçant. Si vous manquez d'espace pour le levier, découpez la section de la première lame avec une scie circulaire. Enlevez la section découpée et introduisez le levier dans l'ouverture ; soulevez les lames restantes.

3 Continuez l'opération en soulevant une lame à la fois. Soulevez la lame sur la longueur en introduisant le levier directement sous le clouage dissimulé. Si le parquet de bois a été collé, coupez la base de chaque lame avec un ciseau à bois et tapez avec un marteau pour la détacher.

Plafonds, murs et planchers

LE CONSEIL
D'HOMER

Certains anciens revêtements de sol en vinyle peuvent contenir de l'amiante, un produit cancérigène. En suspension dans l'air, l'amiante n'est pas une particule mais une fibre. Grossies au microscope, les fibres d'amiante ressemblent à de minuscules épées. La forme de ces fibres permet à l'amiante de pénétrer profondément dans les poumons, où elles s'emprisonnent et s'enveloppent. Un tissu cicatriciel se forme autour de la fibre et cause des dommages irréversibles pouvant provoquer un cancer.

Vous connaissez donc les risques encourus lorsque vous vous exposez à l'amiante : évitez-le. Si vous envisagez de retirer un vieux revêtement en vinyle, il est préférable que le travail soit fait par une entreprise spécialisée. Consultez votre annuaire Pages Jaunes sous la rubrique « Amiante – Réduction et enlèvement » pour trouver des entreprises qui testeront votre revêtement de sol, l'enlèveront et le mettront au rebut.

Toutefois, si vous voulez faire vous-même ce travail, il faut porter les vêtements requis, disposer de l'équipement nécessaire et en connaître le fonctionnement, et être conscient du danger encouru. Pour vous informer, consultez la Commission de la santé et de la sécurité du travail (CSST). Si vous souhaitez effectuer vos propres essais sans enlever le revêtement, communiquez avec la CSST, procurez-vous des vêtements de sécurité et assurez-vous d'avoir le respirateur approprié. Testez l'étanchéité du respirateur avant de l'utiliser. La poussière d'amiante est très fine et peut s'infiltrer par le bord du respirateur s'il est mal ajusté.

CHOIX DE SOUS-COUCHES

TRAVAILLER EFFICACEMENT

Lorsque vous enlevez un revêtement de sol, vous avez le choix entre plusieurs options. Déterminez l'état du sol et la mesure à prendre. Si le sol est légèrement usé ou abîmé, utilisez un enduit de lissage pour aplanir la surface et garantir une base stable au nouveau revêtement. Enlevez le revêtement actuel s'il est trop abîmé et s'il est facile à enlever. Sinon, recouvrez le matériau actuel d'une nouvelle sous-couche.

Utilisez un enduit de lissage si votre revêtement actuel est peu abîmé. Vérifiez la marque de la taloche pour vous assurer qu'elle est compatible au matériau de votre revêtement.

Appliquez une nouvelle sous-couche sur le plancher actuel si le matériau est trop difficile à enlever ou trop abîmé pour l'application d'un enduit de lissage. Assurez-vous de disposer d'assez d'espace pour poser la sous-couche sous les armoires et les appareils.

Remplacer la sous-couche

Afin de garantir une surface plane et de niveau au revêtement en vinyle ou en céramique, vous devez recouvrir le sol d'une sous-couche en contre-plaqué suffisamment épaisse. Clouez toute section lâche avec des clous de 2 po à anneaux. Noyez les têtes de clous et comblez toute fissure ou trous avec du bouche-pores plastique.

Certains outils et fournitures sont pratiques pour installer ou réparer les sous-couches : sous-couche au latex prête à l'emploi, bouche-pores plastique, truelle plate.

Utilisez un contre-plaqué en lauan de ¼ po si vous remplacez ou installez une nouvelle sous-couche. Il garantit une surface plane, uniforme, idéale pour poser la plupart des matériaux. Toutefois, les codes locaux peuvent exiger un autre type de sous-couche et les fabricants recommandent les panneaux d'appui en ciment pour les carreaux de céramique.

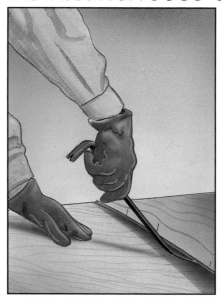

1 Utilisez un arrache-clou pour enlever l'ancienne sous-couche du plancher.

2 Clouez tout panneau d'appui avec des clous à anneaux. Remplacez les panneaux gauchis, déformés ou abîmés.

DEGRÉ D'HABILETÉ

Menuiserie : habiletés moyennes.

COMBIEN DE TEMPS FAUT-IL ?

Installer une sous-couche de 3 m x 4,5 m (10 pi x 15 pi) requiert environ :

EXPÉRIMENTÉ	4 h
INTERMÉDIAIRE	6 h
DÉBUTANT	8 h

VOUS AUREZ BESOIN :

☐ **Outils :** marteau, levier, scie sauteuse, ruban à mesurer, égoïne, truelle, lunettes de sécurité.

☐ **Matériel :** sous-couche au latex prête à l'emploi, clous de 2 po à anneaux.

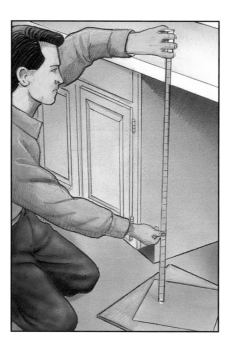

3 Assurez-vous que la hauteur définitive du nouveau sol garantira assez d'espace pour le remplacement des appareils. Vous devrez peut-être caler le comptoir ou enlever l'ancien revêtement de sol pour encastrer les appareils.

4 Enlevez la plinthe puis coupez les extrémités des encadrements de porte pour garantir l'espace à la sous-couche et au revêtement de sol. Utilisez de petits morceaux de sous-couche et de revêtement comme guide d'espacement, puis sciez les encadrements avec une égoïne.

5 Vérifiez le sous-plancher pour repérer toute zone creuse. Comblez les zones creuses de sous-couche au latex prête à l'emploi. Laissez sécher la sous-couche, puis poncez et lissez.

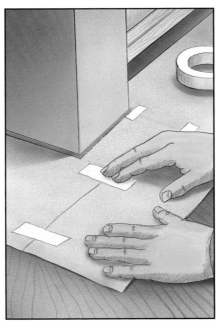

6 Pour les zones irrégulières, fabriquez un gabarit avec du carton ou du papier, puis tracez le pourtour du gabarit sur la sous-couche.

7 Sciez la sous-couche avec une scie circulaire pour effectuer de longues coupes droites et utilisez une scie sauteuse pour les coupes irrégulières.

8 Mettez des lunettes de sécurité et installez la sous-couche en contre-plaqué de lauan sur la plus grande longueur du mur.

9 Fixez la sous-couche avec les clous à anneaux de 2 po en les plantant chaque 15 cm (6 po) le long des bords du contre-plaqué et chaque 5 cm (2 po) sur le périmètre du plancher. Laissez 3 mm (⅛ po) entre les panneaux de sous-couche pour tenir compte de la dilatation.

10 Recouvrez les zones restantes en disposant les joints du contre-plaqué en quinconce. Comblez tous les creux du contre-plaqué avec une sous-couche au latex prête à l'emploi avant d'installer le matériau de revêtement. Laissez sécher, poncez et lissez puis nettoyez bien le revêtement.

Les feuilles de vinyle doublées

Les feuilles de vinyle et les revêtements souples en feuilles sont faits de vinyle et sont offerts dans des largeurs de 1,8 m (6 pi) ou de 3,6 m (12 pi). Servez-vous du plan de votre cuisine pour déterminer si le revêtement en feuille peut être posé sans joints. Vous devrez peut-être joindre des morceaux sur de grandes sections ; il vous faut donc prévoir les joints dans les zones les moins évidentes. Les feuilles de vinyle conviennent mieux aux petites surfaces.

Pour éviter les erreurs de coupe, fabriquez le gabarit de votre cuisine avec du papier épais ou une trousse à gabarit vendue par certains fabricants. Le gabarit vous permet de tracer le pourtour de votre cuisine sur le nouveau revêtement de sol. Étalez le gabarit sur une vaste zone de niveau pour transférer les marques du gabarit.

DEGRÉ D'HABILETÉ

Menuiserie : habiletés moyennes.

COMBIEN DE TEMPS FAUT-IL ?

Poser des feuilles de vinyle sur un sol de 3 m x 3 m (10 pi x 10 pi) requiert environ :

EXPÉRIMENTÉ	2 h
INTERMÉDIAIRE	6 h
DÉBUTANT	8 h

VOUS AUREZ BESOIN :

☐ **Outils :** rouleur en J, agrafeuse, couteau à mastic, truelle crantée, couteau à revêtement de sol, compas, équerre de charpentier, rouleau.

☐ **Matériel :** adhésif pour revêtement de sol, ruban-cache, papier épais, revêtement de sol en vinyle, pâte à joints.

FABRIQUER UN GABARIT DE PLANCHER

1 Utilisez des feuilles de gros papier de construction ou de boucherie. Placez les bords du papier contre les murs, en laissant une marge de 3 mm ($\frac{1}{8}$ po). Découpez des orifices triangulaires dans le papier à l'aide d'un couteau universel. Fixez le gabarit au sol en plaçant le ruban-cache sur les trous.

TRAVAILLER EFFICACEMENT

L'adhésif de revêtement de sol souple et la pâte à joints doivent être spécialement conçus pour le revêtement de sol que vous installez. Évitez tout problème d'adhérence en prenant le temps nécessaire pour choisir les matériaux appropriés. Adressez-vous à votre détaillant de revêtements local pour vous assurer que vos matériaux sont compatibles.

Il est préférable de choisir des fournitures de même marque. Tous les matériaux et fournitures ne sont pas compatibles, mais si vous achetez des produits d'un même fabricant (revêtement de sol, adhésif, pâte à joints, produit de nettoyage), votre revêtement devrait demeurer là où vous le posez.

2 Tracez le pourtour de la pièce en travaillant avec une feuille à la fois. Faites chevaucher les bords des feuilles adjacentes de 5 cm (2 po) et joignez-les avec du ruban-cache.

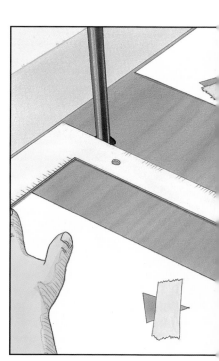

3 Pour poser le gabarit autour des tuyaux, collez les feuilles de papier sur chaque côté. Mesurez la distance du mur au centre du tuyau, en utilisant une équerre de charpentier ou une équerre combinée, et enlevez 3 mm ($\frac{1}{8}$ po).

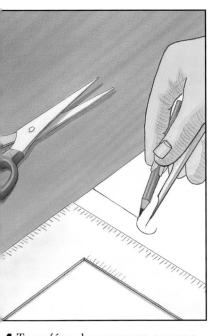

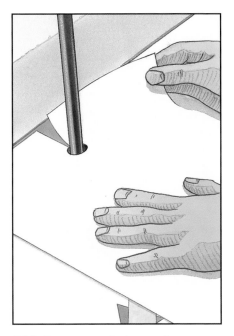

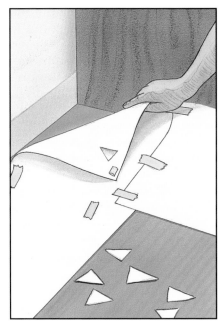

4 Transférez les mesures sur une feuille de papier distincte. Avec un compas, tracez le diamètre du tuyau sur le papier et découpez un orifice avec les ciseaux ou avec un couteau universel. Faites une entaille du bord du papier à l'orifice.

5 Faites passer le tuyau dans l'orifice. Fixez le gabarit comportant le trou aux feuilles adjacentes avec du ruban adhésif.

6 Lorsque le gabarit est fini, roulez ou pliez le papier de façon lâche pour pouvoir le transporter. Demandez de l'aide pour étaler les feuilles de revêtement sur une surface plane et de niveau.

MATÉRIEL DE POSE DE FEUILLES DE VINYLE DOUBLÉES DE FEUTRE

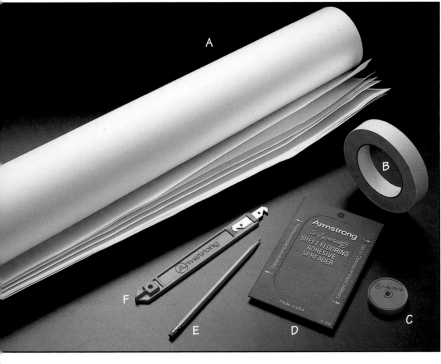

Matériel : gros papier de boucherie (**A**), ruban-cache (**B**), guide de marquage (**C**), outil à encoller (**D**), crayon (**E**), couteau à gabarit (**F**).

GUIDE DES BONS ACHAT$

Trousse d'installation

De nombreux fabricants de revêtement de sol en vinyle fournissent ou vendent des trousses à gabarit d'installation complètes qui comprennent tout le matériel requis pour fabriquer des gabarits de revêtement de sol. En général, ces trousses comprennent un rouleau de papier épais, du ruban-cache, un guide de marquage, un couteau à rogner et toutes les instructions. Cette trousse complète permet de poser facilement le revêtement de sol et peut même vous faire réaliser des économies en vous évitant de gaspiller des feuilles de vinyle par suite d'erreurs de mesure et de coupe. Pour éviter ces dépenses, suivez rigoureusement les instructions.

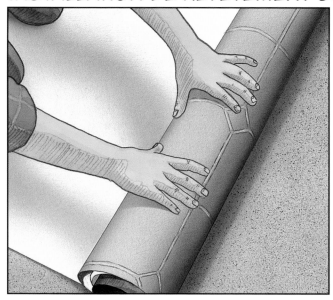

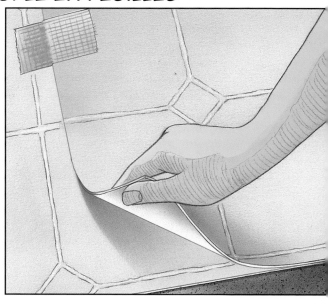

1 Déroulez le revêtement de sol sur une surface plane, vaste et propre. Pour éviter la formation de plis, les revêtements en feuilles sont livrés roulés avec le motif à l'intérieur. Déroulez la feuille et placez le motif sur le dessus pour marquer les repères.

Pour les installations en deux morceaux, faites chevaucher les bords des feuilles d'au moins 5 cm (2 po). Prévoyez faire tomber les joints le long des lignes du motif ou des fausses lignes de coulis. Alignez les feuilles de sorte que les motifs soient appariés et fixez les bandes ensemble avec du ruban adhésif.

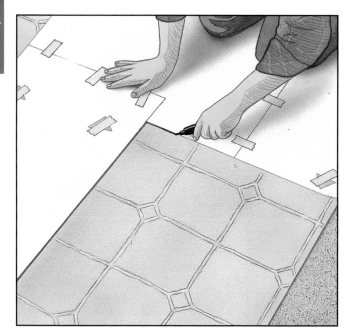

2 Placez le gabarit de papier sur le revêtement en feuilles et fixez-le avec du ruban adhésif. Tracez le pourtour du gabarit sur le revêtement avec un stylo feutre.

3 Enlevez le gabarit. Découpez le revêtement en feuilles avec un couteau pour revêtement de sol ou un couteau universel à lame neuve, le long des marques effectuées sur le pourtour du gabarit.

4 Découpez les orifices pour faire passer les tuyaux ou les poteaux à l'aide d'un couteau pour revêtement de sol ou d'un couteau universel. Si possible, faites ensuite une entaille de l'orifice au bord le plus proche du revêtement en feuilles. Faites les entailles le long d'un bord des lignes de motifs, elles se dissimuleront mieux dans le motif du plancher.

5 Enroulez le revêtement de sol de façon lâche pour le transporter à la cuisine. Ne le pliez pas. Déroulez-le et posez-le avec précaution. Faites glisser les bords sous les encadrements de porte sciés.

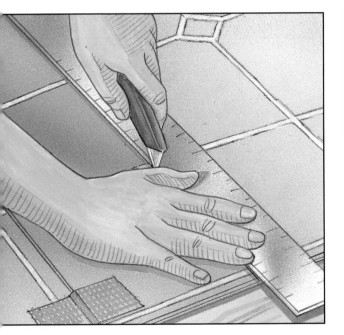

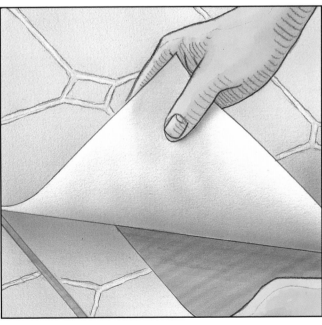

6 Si vous avez utilisé deux morceaux de revêtement de sol, coupez les joints en utilisant une règle comme guide. Maintenez fermement la règle contre le revêtement et coupez le long des lignes du motif, à travers les deux morceaux de revêtement en vinyle.

7 Enlevez les deux morceaux et mettez les chutes au rebut. Les motifs du revêtement en feuilles sont maintenant appariés.

Les feuilles de vinyle doublées

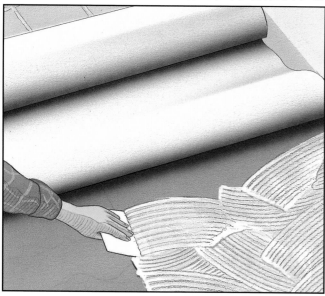

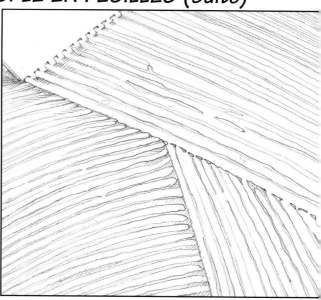

8 Pour certains types de revêtements en feuilles, on doit étaler une couche généreuse d'adhésif sous le revêtement. Collez les feuilles par moitié. Disposez le revêtement sur le sol, repliez la moitié de la feuille et appliquez l'adhésif sur le sol avec une truelle crantée.

9 Assurez-vous de laisser sécher l'adhésif pendant 10 à 15 minutes, jusqu'à ce qu'il soit collant. Lissez l'adhésif pour éviter la formation de bulles, puis pliez le revêtement de sol sur l'adhésif.

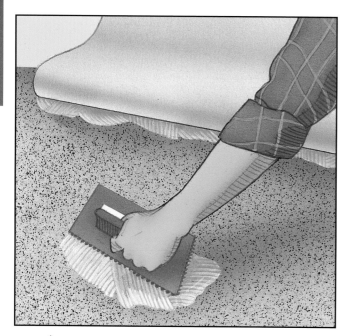

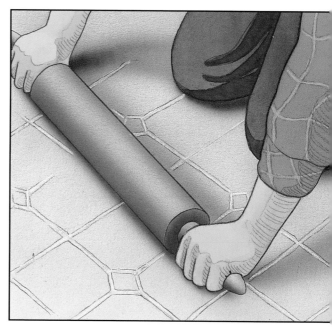

10 Étalez le revêtement sur l'adhésif et répétez l'opération pour l'autre moitié de la feuille. Repliez le bord et appliquez l'adhésif sur la zone. Assurez-vous que l'adhésif est approprié au type de matériau de revêtement et de sous-couche que vous utilisez, sinon il pourrait s'enlever de la sous-couche après un certain temps.

11 Faites adhérer les feuilles avec un rouleau à pâtisserie ou un rouleur en J. Lissez à partir du milieu, puis travaillez vers l'extérieur. Vous pouvez simplement utiliser un 2x4 enveloppé dans une serviette humide. Il tournera facilement et vous ne dérangerez pas le pâtissier de la maison.

Plafonds, murs et planchers

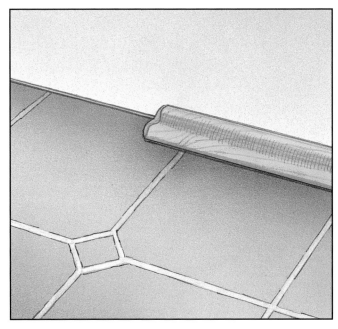

12 Si vous devez utiliser deux morceaux de revêtement de sol, assurez-vous que les joints adhèrent à la sous-couche en faisant rouler un rouleur en J sur les joints.

13 Utilisez un quart-de-rond pour compenser les joints de dilatation contre les murs. Posez-le au-dessus du revêtement de sol, à une distance égale à l'épaisseur du revêtement. N'oubliez pas que la moulure est posée pour des raisons esthétiques et non pour maintenir le revêtement vers le bas.

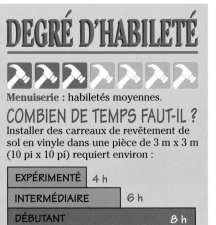

DEGRÉ D'HABILETÉ

Menuiserie : habiletés moyennes.

COMBIEN DE TEMPS FAUT-IL ?

Installer des carreaux de revêtement de sol en vinyle dans une pièce de 3 m x 3 m (10 pi x 10 pi) requiert environ :

EXPÉRIMENTÉ	4 h
INTERMÉDIAIRE	6 h
DÉBUTANT	8 h

VOUS AUREZ BESOIN :

☐ **Outils :** cordeau de craie, rouleur, truelle dentée, ruban à mesurer, équerre de charpentier, couteau à revêtement de sol.

☐ **Matériel :** carreaux de sol en vinyle, adhésif pour carreaux de sol, ruban-cache, papier épais, pâte à joints.

Poser des carreaux de vinyle souples

Les carreaux de vinyle souples sont relativement faciles à installer. Ils sont offerts en plusieurs styles ; certains sont autocollants et prêts à l'emploi. Toutefois, certains carreaux souples doivent être fixés avec un adhésif pour revêtement de sol.

Les carreaux de vinyle ont des surfaces en relief qui permettent de dissimuler les marques d'usure et les joints, les irrégularités et les empreintes de meubles. Les surfaces à incrustations, texturées ou granitées, sont non seulement esthétiques, mais aussi plus faciles à entretenir car la saleté demeure dans les parties creuses et ne se déplace pas pour s'incruster dans le carreau.

Posez le revêtement en effectuant des lignes perpendiculaires pour guider votre installation de carreaux. Les carreaux devraient être disposés sur le sol avant d'être collés pour garantir un fini satisfaisant. Commencez la pose à partir du centre et continuez en vous dirigeant vers les murs.

LIGNES DE POSE

1 Définissez une ligne de pose : mesurez les côtés opposés de la pièce et marquez le centre de chaque côté. Cinglez un cordeau de craie entre les marques.

LIGNES DE POSE (suite)

2 Mesurez et marquez le centre du cordeau de craie. De ce point, définissez une deuxième ligne perpendiculaire à la première à l'aide d'une équerre de charpentier. Cinglez une deuxième ligne de pose en travers de la pièce.

3 Vérifiez la perpendicularité à l'aide d'un « triangle de menuisier ». Mesurez et marquez une ligne de pose à 3 pi du point central. Mesurez et marquez la ligne de pose perpendiculaire à 4 pi du point central.

4 Mesurez la distance entre les marques. Si les lignes de pose sont perpendiculaires, elle est de 5 pi. Pour faire le triangle en mesures métriques, utilisez les mêmes chiffres, soit 3, 4, et 5 m ou 30, 40, et 50 cm.

CONSEILS POUR LA POSE DE CARREAUX

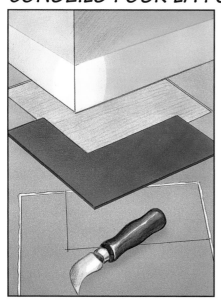

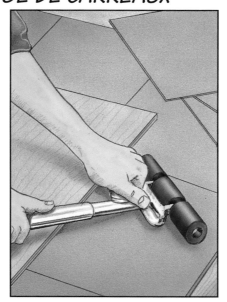

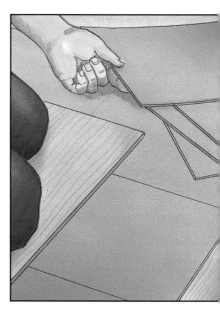

Fabriquez des gabarits en carton, de la même dimension que le carreau. Utilisez le gabarit pour déterminer si les coupes sont satisfaisantes aux coins des murs ou autour des tuyaux et des poteaux. Tracez le pourtour du gabarit sur le carreau afin de le découper.

Faites adhérer le revêtement de sol en appliquant une pression sur le sol avec un rouleur ou un rouleau à pâtisserie.

Glissez des chutes de contre-plaqué sous les genoux tandis que vous installez les carreaux. Le contre-plaqué répartit le poids pour empêcher les carreaux de glisser.

INSTALLER DES CARREAUX DE VINYLE SOUPLES

1 Disposez les carreaux le long des lignes de pose, dans les deux sens. Assurez-vous qu'une fois terminée, la disposition vous convient avant de fixer les carreaux de façon permanente.

2 Au besoin, ajustez la disposition. Cinglez un nouveau cordeau de craie parallèlement au cordeau initial. Disposez les carreaux sur la nouvelle ligne.

NETTOYEZ RIGOUREUSEMENT ! SI LA SOUS-COUCHE N'EST PAS PROPRE, LES CARREAUX N'ADHÉRERONT PAS.

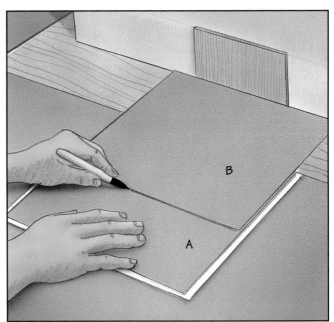

3 Disposez les carreaux sur le centre des lignes de pose. Posez les carreaux sur une section du sol, en les alignant tel qu'illustré. Répétez l'opération sur les sections restantes.

4 Marquez les carreaux de bordure pour les couper. Pour permettre à la sous-couche de se dilater ou de se contracter, laissez un espace de 6 mm (¼ po) le long des murs. Placez un espaceur de 6 mm (¼ po) en haut à droite contre le mur. Posez un carreau (**A**) sur le dernier carreau entier, puis un autre carreau (**B**) contre l'espaceur, sur le carreau A. Marquez le carreau A tel qu'illustré et coupez avec un couteau universel.

Installer un parquet mosaïque

Le parquet mosaïque est un revêtement décoratif de sol en bois dur (chêne, bouleau, cerisier, acajou et teck). Ces bois sont utilisés en raison de la beauté de leur grain et de leur riche coloris.

Votre choix sera déterminé par les modèles offerts et, évidemment, par le prix. Vous devez aussi tenir compte de la pose, qui dépendra du type de sous-plancher. Les parquets mosaïque sont faciles à installer.

Les parquets de bois peuvent aussi être constitués de carreaux à rainure et languette, ouvrés à partir de bois massif ou fabriqués en contre-plaqué veiné. Ils peuvent être cloués à un plancher de bois ou demeurer flottants.

L'épaisseur des parquets mosaïque varie de 6 mm (¼ po) à 22 mm (⅞ po). Vous pouvez les disposer en bandes parallèles ou selon différentes combinaisons, en motifs à chevrons ou motifs tissés.

DEGRÉ D'HABILETÉ

Menuiserie : habiletés moyennes.

COMBIEN DE TEMPS FAUT-IL ?

Installer un parquet mosaïque de 3 m x 4,5 m (10 pi x 15 pi) requiert environ :

EXPÉRIMENTÉ	4 h
INTERMÉDIAIRE	6 h
DÉBUTANT	8 h

VOUS AUREZ BESOIN :

☐ **Outils :** cordeau de craie, rouleur, truelle crantée, ruban à mesurer, équerre de charpentier, couteau à revêtement de sol, égoïne.

☐ **Matériel :** carreaux de parquet mosaïque, adhésif pour carreaux de sol.

POSER UN PARQUET MOSAÏQUE

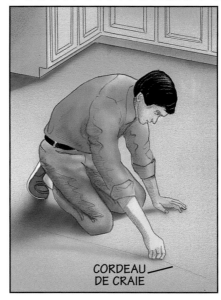

CORDEAU DE CRAIE

1 Planifiez rigoureusement la pose de votre parquet mosaïque. À cette étape, les mesures doivent être précises. Pour déterminer le point de départ, quadrillez la pièce avec des cordeaux de craie cinglés des coins opposés ou du centre des murs opposés.

2 Disposez les carreaux le long des lignes de pose, dans les deux sens. Assurez-vous que la disposition vous convient avant de fixer les carreaux de façon permanente.

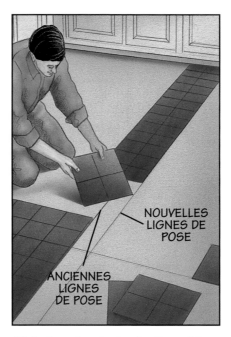

NOUVELLES LIGNES DE POSE

ANCIENNES LIGNES DE POSE

3 Au besoin, ajustez la disposition. Cinglez un nouveau cordeau de craie, parallèlement au cordeau initial. Disposez les carreaux sur la nouvelle ligne de pose.

4 Avec une truelle crantée, étalez l'adhésif du revêtement de sol selon les directives du fabricant. Attention à ne pas recouvrir d'adhésif les lignes de pose.

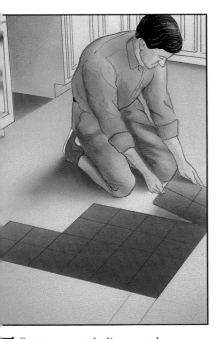

5 Commencez à disposer les carreaux au centre des lignes de pose. Posez les carreaux sur une section du sol, en les alignant tel qu'illustré. Répétez l'opération sur les sections restantes.

6 Glissez des chutes de contre-plaqué sous les genoux tandis que vous installez les carreaux. Le contre-plaqué répartit le poids et empêche les carreaux de glisser.

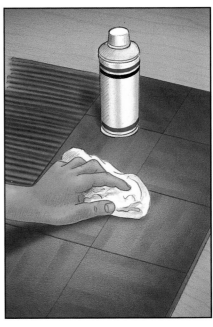

7 Essuyez immédiatement les bavures d'adhésif sur les joints. Utilisez le solvant recommandé par le fabricant d'adhésifs. Assurez-vous que le produit de nettoyage ne va pas abîmer le fini du parquet mosaïque.

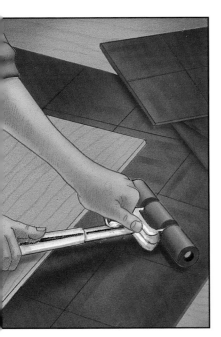

8 Faites adhérer le revêtement de sol en appliquant une pression sur le sol avec un rouleur ou un rouleau à pâtisserie.

9 Fabriquez un gabarit en carton pour les zones irrégulières. Coupez le carton de sorte qu'il épouse la forme et prévoyez toute dilatation en laissant un espace près du mur (p. 275). Tracez le pourtour du gabarit sur le carreau, puis coupez le carreau avec une égoïne ou d'une scie à chantourner.

10 Pour scier un montant de porte, placez un carreau, à l'envers, contre le montant et sciez. Vous pouvez alors glisser le revêtement de sol sous le montant de porte. Utilisez une moulure pour cacher l'espace entre le revêtement de sol et le mur.

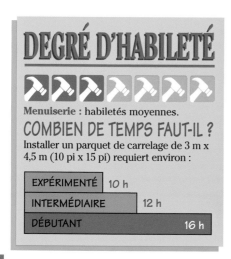

DEGRÉ D'HABILETÉ

Menuiserie : habiletés moyennes.

COMBIEN DE TEMPS FAUT-IL ?

Installer un parquet de carrelage de 3 m x 4,5 m (10 pi x 15 pi) requiert environ :

EXPÉRIMENTÉ	10 h
INTERMÉDIAIRE	12 h
DÉBUTANT	16 h

VOUS AUREZ BESOIN :

☐ **Outils :** cordeau de craie, ruban à mesurer, pince coupante, coupe-carreaux, taloche à coulis, truelle crantée.

☐ **Matériel :** carreaux de céramique, adhésif pour carreaux de céramique, coulis.

Poser du carrelage

Le carrelage est une décoration de sol très prisée. La gamme de couleurs, de textures et de motifs est infinie, selon le degré de résistance requis. Les carreaux peuvent être coupés et s'adapter aux zones les plus complexes, beaucoup plus facilement que les matériaux en feuilles.

Les carreaux de céramique devraient être posés sur des sous-plancher d'au moins 3 cm (1⅛ po) d'épaisseur totale. Les sous-planchers plus minces peuvent fléchir et provoquer des bris de carreaux ou des fissures de coulis. La plupart des fabricants de carreaux recommandent une pose sur panneau de ciment.

Si vous devez poser des carreaux sur une grande surface, envisagez d'acheter ou de louer un bac à mortier pour mélanger les grosses quantités de coulis. Balayez soigneusement le sous-plancher avant de poser les carreaux.

Les carreaux de céramique sont offerts dans de nombreux styles, couleurs et motifs. Les carreaux vitrifiés sont dotés d'une couche de finition dure et peuvent être brillants, mats ou texturés. Les carreaux non vitrifiés, ou carreaux de carrière, sont teintés sur toute l'épaisseur et se manipulent plus facilement.

Ils sont généralement plus épais et plus difficiles à couper. Il est préférable de les utiliser là où les coupes ne seront pas compliquées. Les carreaux en pierre ou en ardoise sont très beaux, mais très chers ! Leur dimension et leur épaisseur varient selon les fabricants. Certains sont si coûteux qu'il est plus prudent de les faire poser par un professionnel.

Les sols de carrelage ont deux inconvénients : ils sont froids pour les pieds nus et vos lunettes se briseront si vous les laissez échapper sur le sol.

POSER DES CARREAUX DE CÉRAMIQUE SUR LE SOL

NOUVELLES LIGNES DE POSE

ANCIENNES LIGNES DE POSE

1 Définissez les lignes de pose (p. 269) et disposez les carreaux le long des lignes, dans les deux sens. Assurez-vous que l'ensemble de la disposition vous convient avant de fixer les carreaux de façon permanente.

2 Au besoin, ajustez la disposition. Cinglez un nouveau cordeau de craie, parallèlement au cordeau initial. Disposez les carreaux sur la nouvelle ligne de pose.

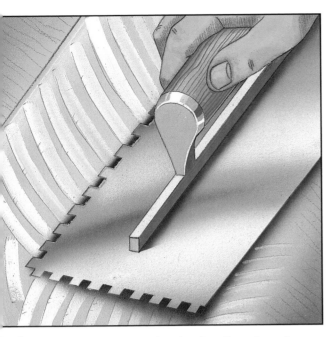

3 Étalez l'adhésif sur le sol, selon les directives du fabricant. Commencez au centre des lignes de pose. Utilisez une truelle crantée et ne recouvrez pas les lignes de pose.

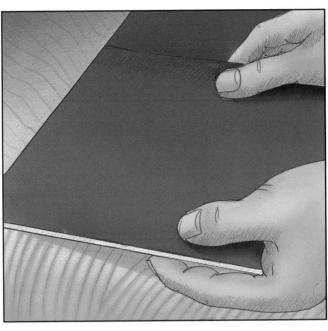

4 Commencez à poser les carreaux au centre, en plaçant les bords contre les lignes de pose. Utilisez des espaceurs en plastique pour que les lignes de coulis demeurent régulières entre les carreaux.

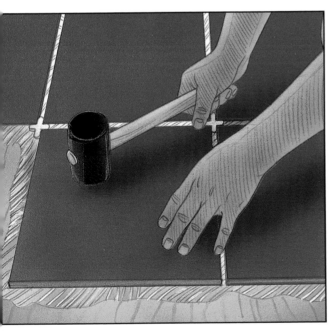

5 Afin de fixer les carreaux en place, de les faire adhérer correctement et d'obtenir un plancher de niveau, tapez sur les carreaux avec un maillet.

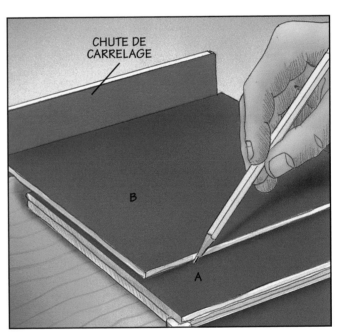

CHUTE DE CARRELAGE

B

A

6 Marquez les carreaux de bordure pour la coupe. Laissez un espace pour le coulis, placez une chute de carrelage contre le mur, orientée vers le haut. Placez un carreau non collé (**A**) directement sur le dernier carreau entier (**B**), contre la chute de carrelage et sur le carreau A. Marquez le carreau A et coupez-le de sorte qu'il s'adapte à l'espace de la bordure.

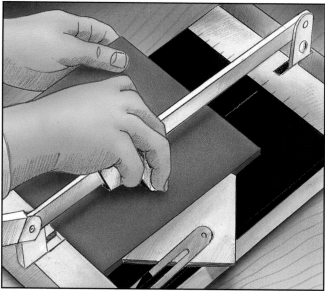

7 Pour effectuer des coupes droites, insérez le carreau à l'endroit dans le coupe-carreaux. Ajustez l'outil à la profondeur adéquate et effectuez une rayure continue en tirant la mollette le long du carreau. Coupez le carreau le long de la rayure. Lissez les bords coupés avec une ponceuse.

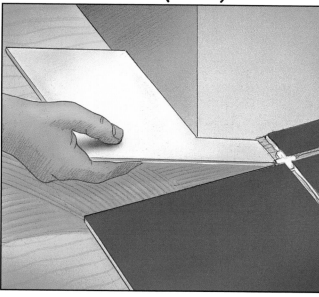

8 Utilisez un gabarit en carton pour poser les carreaux dans les zones complexes. Découpez le gabarit de sorte qu'il s'adapte à la zone en tenant compte des lignes de coulis. Tracez le pourtour du gabarit sur le carreau et coupez celui-ci aux dimensions.

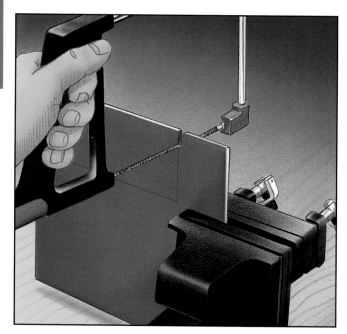

9 Pour les coupes complexes, maintenez le carreau dans un étau ou avec des pinces. Les pinces de l'étau doivent être doublées de caoutchouc ou de bois pour ne pas rayer les carreaux. Coupez le long du pourtour avec une scie à carreaux. Lissez les bords des carreaux coupés avec une ponceuse. Les coupes manuelles prennent du temps. Si vous en avez beaucoup, achetez ou louez une scie humide pour couper les carreaux.

10 Mélangez le coulis et l'additif au latex selon les directives du fabricant. Si votre coulis est coloré, mélangez tous les matériaux secs avant d'ajouter l'eau pour uniformiser la couleur. Appliquez-le sur le sol avec une taloche en caoutchouc. Effectuez des mouvements de balayage pour l'étaler sur les lignes de coulis, en formant un angle de 45° pour faire pénétrer. Les taloches en téflon sont plus chères, mais vous évitent les corvées de nettoyage car elles essuient mieux.

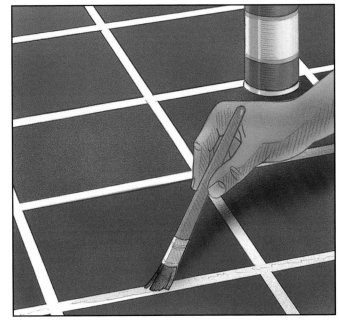

11 Enlevez le surplus de coulis avec une éponge humide, spécialement conçue pour le coulis. Laissez sécher légèrement le coulis, puis essuyez les résidus poudreux. Laissez durcir le coulis selon les directives du fabricant. Vous devrez peut-être répéter l'opération deux ou trois fois pour enlever complètement le coulis de la surface des carreaux.

12 Pendant trois jours, mouillez le sol deux fois par jour avec un balai laveur puis laissez durcir le coulis pendant sept à dix jours. Le coulis sera plus dur, plus résistant et fissurera moins. Appliquez ensuite au pinceau un agent d'étanchéité à base de silicone. Laissez sécher et appliquez une deuxième couche. Appliquez l'agent sur le coulis et non sur le carreau.

Pose de moquette et de thibaude

De nombreux facteurs sont à prendre en considération lors de l'achat d'une moquette à installer soi-même, notamment la nature de la fibre, le velours et la résistance. Les moquettes les plus performantes sont en général en laine et fibres. La moquette en laine est relativement chère, mais les moquettes actuelles, fabriquées à partir de mélanges de nylon, de polypropylène, d'acrylique, de rayonne et de polyester sont conçues pour résister aux taches, à l'usure et sont vendues à des prix abordables. Si la pose implique des joints, envisagez de faire effectuer la pose par un professionnel.

Sur le plan technique, la pose de la moquette n'est pas difficile, mais elle peut se révéler plus compliquée sur les surfaces très vastes dont l'accès est limité. La moquette est vendue sous forme de rouleaux de 3,6 m (12 pi) de long, parfois lourds et difficiles à manipuler. Si vous devez effectuer des joints, assurez-vous d'apparier le grain ou la texture du coloris.

GUIDE DES BONS ACHAT$

La moquette ne se limite pas à un usage intérieur. Les moquettes à usages intérieur et extérieur, qui ressemblaient jadis à du gazon artificiel, sont maintenant offertes en de nombreux motifs, modèles et textures colorés qui de plus, sont plus agréables à fouler nu-pieds.

Les moquettes à usages intérieur et extérieur sont souvent utilisées là où la résistance à l'usure et à l'eau constituent des facteurs essentiels. Elles sont fabriquées à partir d'un velours court, facile à entretenir.

La pose est très similaire à celle des revêtements en vinyle doublé de feutre, sauf que l'adhésif est spécialement conçu pour une utilisation intérieure et extérieure. Exécutez les étapes de pose de feuilles de revêtement en vinyle doublé de feutre (p. 264).

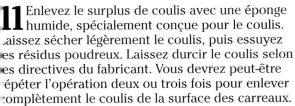

DEGRÉ D'HABILETÉ

Menuiserie : habiletés moyennes.

COMBIEN DE TEMPS FAUT-IL ?
Poser une moquette dans une pièce de 3 m x 4,5 m (10 pi x 15 pi) requiert environ :

EXPÉRIMENTÉ	4 h
INTERMÉDIAIRE	5 h
DÉBUTANT	7 h

VOUS AUREZ BESOIN :

☐ **Outils :** ruban à mesurer, coup de genou, outil pour marche d'escalier, tendeur à levier, piqueuse, outil à tailler pour finition le long du mur.

☐ **Matériel :** moquette, thibaude, bandes à griffes.

POSER LA MOQUETTE ET LA THIBAUDE

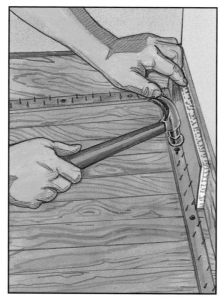

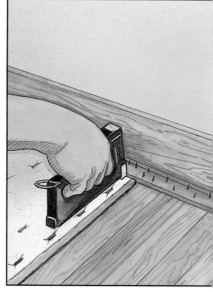

1 Coupez les bandes à griffes pour couvrir le périmètre total de la pièce, y compris les emplacements des portes.

2 Clouez les bandes sur le plancher, en utilisant un marteau. Placez les bandes avec les pointes face au mur. Laissez un espace égal à l'épaisseur de la moquette entre les murs et les bandes. Utilisez des clous à béton si vous effectuez la pose sur une dalle.

3 Étalez la thibaude sur le plancher, à l'intérieur des bandes. Coupez le surplus avec un couteau universel et collez les joints avec un ruban adhésif en toile. Agrafez la thibaude chaque 25 – 30 cm (10 – 12 po) pour la fixer ou utilisez de la colle à thibaude si la pose se fait sur une dalle.

LE CONSEIL D'HOMER

En général, la thibaude n'attire pas les regards car elle est invisible sous la moquette. Pourtant, les conséquences de la pose d'une thibaude ne passent pas inaperçues. Comme je ne disposais que d'un budget restreint, j'avais décidé d'acheter une thibaude bon marché et de consacrer mon argent à une moquette de qualité supérieure. La pose s'est déroulée sans problème et j'étais assez impressionné par le résultat. Malheureusement, après quelques mois, ma moquette de qualité supérieure faisait pitié tant elle paraissait usée en raison de la thibaude bon marché sur laquelle elle reposait. La leçon a été pas mal coûteuse, mais j'ai au moins appris que la qualité de la thibaude est aussi importante que la qualité de la moquette !

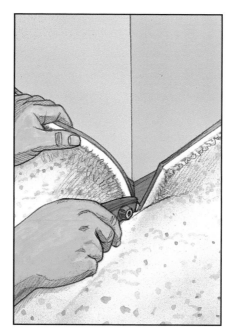

4 Mesurez et coupez la moquette en laissant 7,5 cm en plus (3 po) de chaque côté. Étalez la moquette et faites des entailles dans les deux sens pour la mettre à plat.

5 Faites tomber les joints là où il y a peu de trafic et où on les voit moins. Placez-les perpendiculaires à la plus large fenêtre ou à la source de lumière de la pièce. Faites courir la pointe d'un crayon sur la ligne de joint prévue pour séparer les fibres du velours. Ainsi, seul l'endos de la moquette est taillé et non le velours.

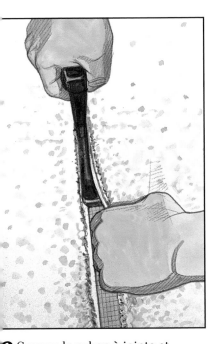

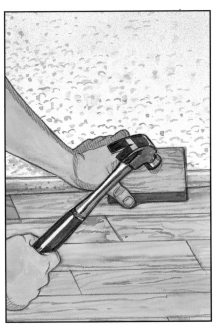

6 Coupez le ruban à joints et posez-le entre les sections. Avec un fer à joint faites fondre l'adhésif. Déplacez lentement le fer et pincez le joint avec le fer en repoussant les sections dans l'adhésif avant qu'il ne refroidisse. Certaines moquettes ont des joints spéciaux. Vérifiez auprès du fabricant.

7 Étirez la moquette sur les bandes, dans un coin, à une extrémité étroite de la pièce. Utilisez un coup de genou pour la repousser le long d'un mur, dans un coin, sur les bandes. Fixez la moquette sur les bandes en tapant avec le côté plat d'un marteau. Répétez le long du mur adjacent pour consolider.

8 Avec un tendeur à levier, fixez les coins opposés. Placez le levier contre le premier mur consolidé et réglez-le pour que la tête soit à environ à 15 cm (6 po) du mur opposé. Appuyez dessus pour le remettre en place et tendre la moquette sur les bandes. Répétez contre le deuxième mur.

9 Replacez le tendeur à levier pour fixer le coin restant, puis finissez de tendre la moquette en la martelant sur les bandes, des murs finis au coin le plus éloigné.

10 Coupez les bords de la moquette avec l'outil à tailler pour finition le long du mur et repoussez les bords dans l'espace entre les bandes et le mur, avec l'outil pour marche d'escalier ou le couteau à large lame.

11 Lorsque la moquette touche un autre revêtement de sol, installez un seuil de lisière. Martelez la moquette sur les crochets, dans le seuil à lisière, puis fixez-la en place en refermant le rebord en métal avec un marteau. Placez un bloc de bois sur le rebord pour ne pas bosseler le rebord.

Installer un parquet à lames de bois dur

Les parquets de bois sont attrayants. La chaleur qu'ils dégagent et leur résistance dénotent le travail bien fait et la tradition ancestrale, même s'ils conviennent aussi au style contemporain. Bien installé et entretenu, un parquet peut durer aussi longtemps que la maison.

Les parquets de bois sont de plus en plus prisés et, au cours des trente dernières années, ils ont bénéficié de nombreux progrès techniques. Le parquet de bois moderne est offert en lames de bois massif brut de 5 cm (2 po) ou de 10 cm (4 po) de large et en planches de 20 cm (8 po) dotées d'un placage de bois dur préfini. Les planches sont constituées de plusieurs épaisseurs de bois dur de 5 cm (2 po) de large stratifiées en contre-plaqué et préfinies dans des teintes moirées recouvertes de couches de finition de vernis au polyuréthanne. Les lames brutes sont offertes dans des longueurs variées, tandis que les planches préfinies

sont disponibles en une longueur standard de 20 cm (8 po). Tous les parquets à lames sont à rainure et languette, ce qui facilite le jointage.

Le parquet à lames se pose en rangées sur le sous-plancher couvert de papier de construction puis se fixe à l'aide de clous. Les planches préfinies de certains parquets sont collées ensemble et posées sur une mince sous-finition de mousse sans être fixées.

Les bords sont dissimulés par des quarts-de-rond contre les murs et par des seuils aux portes tandis que les surfaces brutes sont teintées et recouvertes d'une couche de finition résistante au polyuréthanne.

Si le fini se raie ou s'amincit, remettez en état les sections abîmées ou réappliquez une couche de finition. Si le parquet est en si mauvais état que la surface du bois inférieure est usée et décolorée, vous devez remettre en état le parquet au complet.

Plafonds, murs et planchers

DEGRÉ D'HABILETÉ

Menuiserie : habiletés moyennes.

COMBIEN DE TEMPS FAUT-IL ?

Poser une parquet de bois dur de 3 m x 4,5 m (10 pi x 15 pi) requiert environ :

EXPÉRIMENTÉ	8 h
INTERMÉDIAIRE	10 h
DÉBUTANT	14 h

VOUS AUREZ BESOIN :

☐ **Outils :** ruban à mesurer, égoïne, scie circulaire, marteau, chasse-clou, cloueuse, perceuse avec forets.

☐ **Matériel :** lames de parquet de bois dur, clous à parquet, papier de construction ou sous-finition en mousse.

PRÉPARER LA SURFACE

Pour un parquet à planches clouées : étalez le papier de construction sur le sous-plancher en le faisant chevaucher de 7,5 cm (3 po) sur les joints. Ajustez le papier correctement autour des obstacles, agrafez les feuilles et marquez l'emplacement des solives sur le papier.

Pour les parquets flottants : déroulez la sous-finition de mousse et découpez-la aux dimensions de la pièce. Fixez les joints avec du ruban-cache.

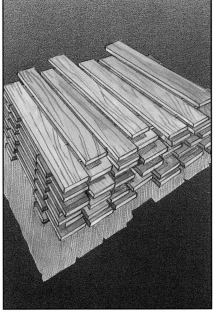

Exécutez la pose du parquet comme si vous posiez une moulure de garnissage, par exemple autour d'un foyer. Mesurez les plinthes et arrachez les languettes au besoin.

Les lames de parquet à planches devraient être livrées au moins quatre jours avant la pose et entreposées là où elles seront installées. Le degré de température et d'humidité devrait être proche de celui utilisé dans la pièce. Défaites les paquets et empilez les planches sans les serrer pour que l'air circule à travers les piles.

GAGNEZ DU TEMPS

Les outils requis pour poser un parquet ou le réparer sont offerts dans la plupart des magasins de bricolage ou de matériaux de construction. La plupart des réparations peuvent être effectuées à l'aide d'outils de menuiserie courants, mais si vous louez les outils, assurez-vous que vous savez vous en servir. Sinon, non seulement vous devrez retourner au magasin pour consulter les directives, mais vous risquez aussi de gaspiller du parquet coûteux.

Dans la majorité des cas, demandez au préposé aux locations une démonstration complète de l'outil avant d'emporter celui-ci. Suivez rigoureusement les directives et les conseils de sécurité du fabricant lorsque vous utilisez l'équipement.

LE CLOUAGE

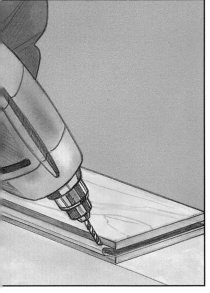

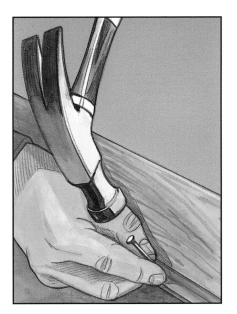

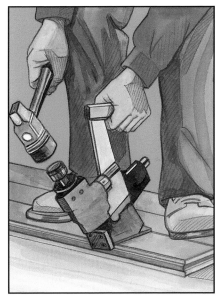

1 Prépercez les trous de guidage sur les repères indiquant emplacement des solives de plancher. Les languettes des planches sont assez fragiles : le préperçage est donc conseillé pour éviter qu'elles ne se fendent.

2 Placez le clou dans le trou à percer et enfoncez-le pratiquement jusqu'au bout dans la lame de parquet. Finissez d'enfoncer la pointe avec un chasse-clou.

Une cloueuse spéciale, offerte en location, permet de poser les lames de parquet en bois dur plus rapidement qu'en clouant chaque lame. Posez quelques lames, éloignez-vous du mur, posez la cloueuse sur le bord de la lame, sur le repère de la solive de plancher, et tapez la tête avec un maillet.

INSTALLER UN PARQUET À LAMES DE BOIS DUR

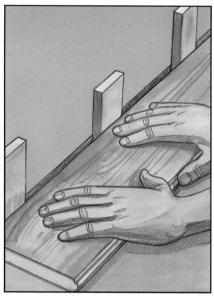

1 Commencez près du mur le plus long. Placez des espaceurs de 1,25 cm (½ po) pour les dilatations saisonnières du parquet. Avant l'installation, appliquez de la colle de menuisier à l'extrémité à rainures de chaque section. Sur les parquets flottants, collez les côtés à languette et à rainure.

2 Retournez la dernière lame de la rangée de sorte que la languette repose contre le mur. Marquez et sciez la lame à la longueur. Placez la lame pour que l'extrémité coupée se trouve contre le mur. Si vous utilisez une égoïne, sciez avec le côté fini sur le dessus. Avec une scie électrique, le côté fini est dessous.

3 Compressez les dernières lames ensemble à l'aide d'un levier calé entre l'extrémité de la lame et la base du mur. Attention à ne pas endommager le panneau mural. Certains fabricants de parquets de bois dur offrent une barre de tirage (telle qu'illustrée) qui simplifie la tâche.

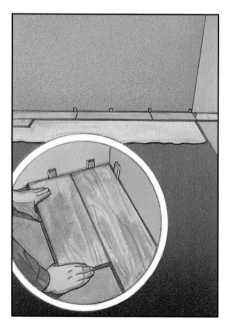

4 Commencez la rangée suivante avec la lame restante. Si elle est inférieure à 20 cm (8 po), prenez-en une autre, scier-la en deux sections égales et commencez la rangée avec l'une de ces sections. Continuez ensuite avec la section entière. Il faut laisser une longueur de 20 cm (8 po) de lame entre les joints.

5 Utilisez un butoir ou une chute de parquet pour taper sur les lames assemblées parallèlement avant de commencer à clouer chaque rangée. Le butoir protège les languettes des coups de marteau.

6 Lorsque vous devez poser une lame autour d'une zone de forme complexe (entrée de porte), mesurez à l'aide d'une équerre combinée (ci-dessus). Tracez le pourtour pour que la lame s'adapte parfaitement. Dans le cas d'une courbe, tracez le pourtour au compas.

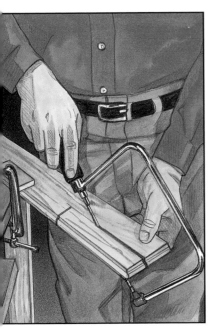

7 À l'aide d'une scie à chantourner ou d'une scie sauteuse, sciez le long des lignes tracées. Utilisez un serre-joint en C pour maintenir la section sur un établi pendant que vous sciez. Protégez la face de la lame du serre-joint avec un petit morceau de bois.

Utilisez un gabarit en carton pour poser les lames dans les zones de forme complexe. Coupez le gabarit aux bonnes dimensions et laissez un écart contre le mur en vue du joint de dilatation. Tracez le pourtour du gabarit sur la lame et sciez-la avec une scie sauteuse.

8 Pour scier un montant de porte, placez une lame sur le sol, à l'envers, et sciez. Faites glisser ensuite le parquet sous le montant de porte.

9 Les lames de la dernière rangée doivent souvent être sciées dans le sens de la longueur. Placez la dernière lame sur le dessus, bord à bord avec celle de la rangée voisine. Tracez le pourtour du mur sur la dernière lame en vous servant d'un morceau de lame comme guide et sciez la lame.

10 Pour que cette dernière rangée adhère bien au sol, utilisez un levier entre le mur et la dernière rangée pour la caler en place. Cette dernière rangée de lames doit souvent être clouée droit.

Pour les parquets flottants, appuyez la lame sciée en place et finissez en soulevant les lames ensemble. Laissez sécher la colle pendant 12 heures avant d'utiliser le plancher. Le surplus de colle peut être enlevé avec du solvant ménager ou de l'acétone.

Remettre en état les parquets de bois dur

La remise en état des parquets de bois dur est une tâche courante. En effet, peu de travaux offrent un tel résultat en si peu de temps et d'argent. Sur les parquets de bois dur, la remise en état est la seule solution pour enlever les rayures et les zones d'usure. Toutefois, de nombreux parquets ne nécessitent pas de ponçage car les imperfections ne sont que superficielles. Le décapage de l'ancienne couche de finition et l'application d'un nouveau fini suffisent souvent.

La remise en état peut se révéler relativement simple, mais vous devez porter un masque antipoussières et des lunettes de sécurité pour vous protéger de la poussière lorsque vous poncez.

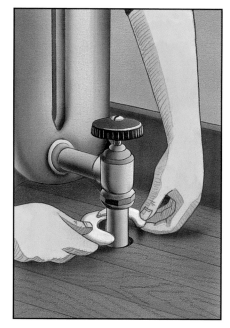

1 Enlevez les grilles des bouches de chaleur, les colliers de tuyau et tous les autres obstacles.

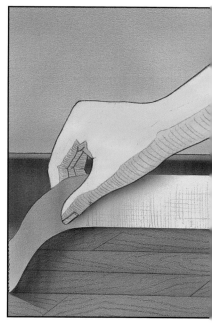

2 Utilisez un papier gommé ou du ruban-cache large pour protéger les moulures des plinthes en bois.

DEGRÉ D'HABILETÉ

Menuiserie : habiletés moyennes.

COMBIEN DE TEMPS FAUT-IL ?

Remettre en état un parquet de bois dur de 3 m x 4,5 m (10 pi x 15 pi) requiert environ :

EXPÉRIMENTÉ	9 h
INTERMÉDIAIRE	11 h
DÉBUTANT	15 h

VOUS AUREZ BESOIN :

☐ **Outils :** ponceuse à parquet, ponceuse de bordure, ponceuse orbitale, grattoir à main, tampon pour peinture, marteau, chasse-clou.

☐ **Matériel :** décapant chimique, papier de verre, vernis au polyuréthanne.

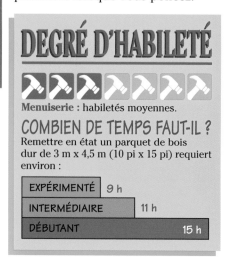

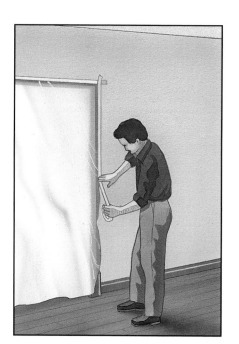

3 Aérez la zone de travail en ouvrant les fenêtres et les portes extérieures. Fermez les portes intérieures et recouvrez les ouvertures avec des feuilles de plastique.

4 Noyez les têtes de clous et de vis de sorte qu'elles soient enfoncées de 6 mm (¼ po).

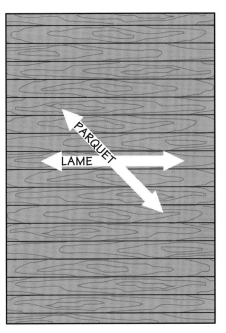

5 Placez du papier de verre (n° 80) sur la ponceuse à tambour. Il est préférable d'essayer la ponceuse sur un morceau de contre-plaqué pour vous familiariser avec l'appareil.

6 Planifiez le ponçage en fonction du parquet et de son état. S'il est peu abîmé, poncer une seule fois avec un papier de verre fin. Pour un parquet à lames, poncez en aller-retour dans le sens du grain. Pour un parquet mosaïque, passez la ponceuse en aller-retour en diagonale sur les lames.

7 Sur les planchers abîmés, faites deux passages. Utilisez du papier de verre à gros grain puis du fin. Sur les parquets à lames, faites la première passe en diagonale dans le sens opposé au grain et la deuxième dans le sens du grain. Sur ceux en mosaïque, faites la première passe en diagonale dans un sens et la deuxième dans l'autre sens.

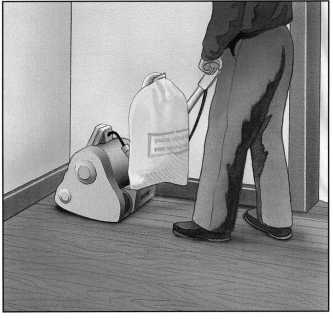

8 Commencez à poncer le parquet en plaçant la ponceuse à tambour au centre de la pièce, à environ 15 cm (6 po) du mur. Soulevez-la et mettez-la sous tension ; avancez en abaissant le tambour au fur et à mesure que la machine se déplace. Poncez un passage droit, dans le sens des lames et déplacez constamment la machine.

9 Finissez le premier passage. Poncez jusqu'à environ 2,5 cm (1 po) du mur pour le premier passage en soulevant la machine dès que vous êtes à proximité du coin. Si la ponceuse s'engorge rapidement ou laisse des manques sur la surface, utilisez un grain de papier plus gros. En général, là où plusieurs grosseurs de grain sont appropriées, le grain le plus fin est le plus efficace.

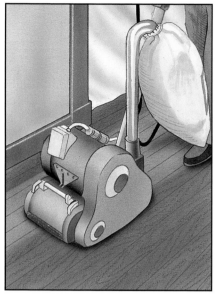

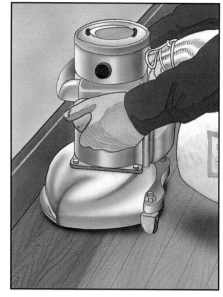

10 Effectuez un deuxième passage avec la ponceuse, du point de départ pour que le suivant chevauche de 1,25 cm (½ po) le premier. Recommencez. Au besoin, remplacez le papier et poncez en recouvrant un peu le passage d'avant, jusqu'à l'autre côté du mur, puis poncez le reste.

11 Poncez les bordures avec une ponceuse de bordure. Lorsque vous la branchez, assurez-vous qu'il n'y a pas de papier de verre sur le parquet et maintenez une pression légère et uniforme sur la machine pendant que vous travaillez. Utilisez le même papier verre qu'avec la ponceuse à tambour.

SAVOIR-FAIRE

Les ponceuses de bordure servent à poncer efficacement les zones difficilement accessibles. On peut les louer aisément et elles sont faciles à utiliser.

Saisissez tout d'abord les poignées situées sur le dessus de la machine et faites passer le cordon d'alimentation sur votre épaule pour éviter qu'il ne se coince dans la ponceuse.

Basculez la ponceuse sur les roulettes arrière pour soulever le disque. Mettez la ponceuse sous tension et abaissez-la. Dès qu'elle touche les lames, faites glisser la machine dans un sens ou dans l'autre, mais déplacez-la en permanence. Il n'est pas nécessaire d'appuyer sur la ponceuse. Dès que vous avez fini, inclinez la machine et mettez-la hors tension, en laissant le moteur s'arrêter avant de la déplacer.

12 Grattez et poncez les zones peu accessibles. Utilisez un grattoir affûté dans les zones de forme complexe et qui sont inaccessibles avec une ponceuse électrique. Passez un papier de verre (n° 180) dans les zones irrégulières et sur les stries restantes.

TRAVAILLER EFFICACEMENT

Les ponceuses orbitales vibrantes, également appelées ponceuses à sautillement, sont offertes dans de nombreux centres de location. Elles permettent d'accéder près des bords de la pièce et sont moins susceptibles d'endommager le parquet que les ponceuses à tambour ou les ponceuses de chant. Équipées d'un papier de verre de grain moyen, elles enlèvent plus rapidement l'ancien fini et uniformise l'aspect du parquet.

Après avoir poncé avec un papier de verre n° 80, utilisez un papier de verre n° 120 lors du deuxième passage. La plupart des anciens finis devraient être enlevés avant de changer le papier de verre. Au besoin, effectuez des passages supplémentaires avec des papiers de verre n° 150 et n° 180.

DÉCAPER UN PARQUET DE BOIS

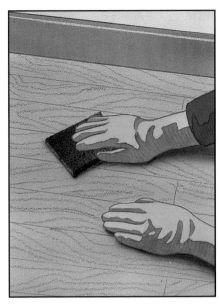

Appliquez un décapant chimique sur la partie de la section du parquet que vous pouvez gratter dans le délai indiqué sur l'étiquette apposée sur le contenant du décapant utilisé. En général, une section de 5 cm (2 po) x 15 cm (6 po) correspond à un délai de 10 minutes.

2 Grattez le décapant et l'ancien fini. Utilisez un grattoir en plastique pour enlever les résidus pâteux, en grattant dans le sens du grain des lames. Servez-vous d'un vieux journal pour déposer les résidus. Répétez les étapes 1 et 2 pour le reste du parquet.

3 Grattez le parquet avec un tampon abrasif trempé dans de l'essence minérale. Enlevez les résidus laissés par le grattoir et les résidus de la couche de finition dissoute.

Nettoyez les espaces entre les lames. Lors du décapage, les espaces et les joints du parquet se remplissent de décapant et d'ancien fini. Ces produits chimiques peuvent détruire la nouvelle couche de finition. Enlevez simplement les résidus avec un couteau à mastic ou un couteau à palette.

5 Poncez les taches sur les lames. L'eau de Javel et l'acide oxalique sont efficaces sur certaines teintes. Effectuez les retouches avec une teinture correspondante. Dès que la teinture est sèche, appliquez trois couches de finition au polyuréthanne.

LE CONSEIL D'HOMER

Les décapants de peinture et les solvants sont de moins en moins dangereux pour les utilisateurs et pour l'environnement, mais nombreux sont encore ceux qui doivent être utilisés et mis au rebut avec la plus grande précaution.

S'il vous reste du décapant, fermez le couvercle du contenant hermétiquement et conservez-le pour une utilisation ultérieure ou communiquez avec votre service de collecte des ordures pour vous informer sur la méthode de mise au rebut du type de solvant ou de décapant que vous avez utilisé.

APPLIQUER UN POLYURÉTHANNE À BASE D'EAU SUR LE PARQUET

1 Scellez le parquet de bois poncé avec un mélange de polyuréthanne à l'eau et d'eau, qui s'applique à l'aide d'un tampon à peinture muni d'un manche. Reportez-vous aux directives du fabricant pour choisir le mélange approprié. Laissez sécher, puis polissez la surface avec un tampon abrasif moyen pour enlever tout grain du bois décollé par l'eau. Dépoussiérez à l'aspirateur en utilisant la brosse à soies ou essuyez avec un chiffon.

2 Appliquez, dans le sens du grain, une fine couche de polyuréthanne à base d'eau non dilué. Évitez de trop brosser la finition. Pour ce faire, appliquez la couche aussi uniformément que possible lors du premier passage.

3 Laissez sécher, puis polissez le parquet avec un tampon abrasif. Passez l'aspirateur ou balayez le parquet puis appliquez les couches de polyuréthanne à base d'eau requises en vue d'obtenir l'épaisseur de couche de finition souhaitée. Polissez après chaque couche. La plupart des parquets requièrent au moins trois couches de polyuréthanne à base d'eau pour que le fini soit dur et résistant.

4 Dès que la dernière couche de polyuréthanne à base d'eau est sèche, polissez la surface en utilisant de l'eau et un tampon abrasif fin pour enlever les imperfections et, au besoin, altérer le lustre.

Seuils et lames de parquet

Les seuils recouvrent les extrémités des lames de parquet à l'emplacement des portes et servent d'élément de transition avec tout autre revêtement de sol (moquette, vinyle, céramique, bois dur). Les seuils sont généralement en bois, quoique certains, plus modernes, sont dotés d'un dessus en plastique comparable au matériau des dessus de comptoir. Indépendamment du matériau, les seuils sont des éléments décoratifs, mais assurent également la transition entre les pièces. Lors de la pose d'un nouveau parquet, leur emplacement et leur installation sont faciles.

DEGRÉ D'HABILETÉ

Menuiserie : habiletés de base.

COMBIEN DE TEMPS FAUT-IL ?

Installer un seuil requiert environ :

EXPÉRIMENTÉ	1 h
INTERMÉDIAIRE	1 h 30
DÉBUTANT	2 h

VOUS AUREZ BESOIN :

☐ **Outils :** *égoïne, ruban à mesurer, marteau, levier, chasse-clou.*

☐ **Matériel :** *lames de parquet, seuils, clous.*

ENLEVER LES SEUILS

1 Enlevez le seuil en soulevant le parquet avec un marteau et un levier en métal si les arrêts de porte ne sont pas sciés.

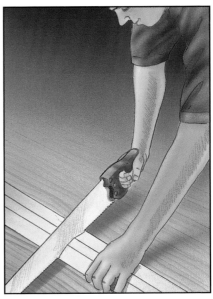

2 Si les montants de porte ont été sciés pour loger le seuil, sciez le seuil en deux sections et enlevez chacune séparément ou utilisez une gueule de raie pour enlever les clous de finition du seuil puis un marteau pour les détacher des arrêts de porte.

INSTALLER UN NOUVEAU SEUIL

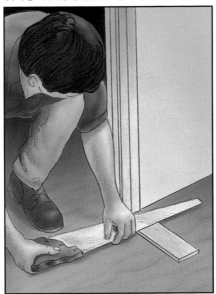

1 Avant d'installer un nouveau seuil en bois, sciez les arrêts de porte, au besoin, puis sciez le seuil aux dimensions.

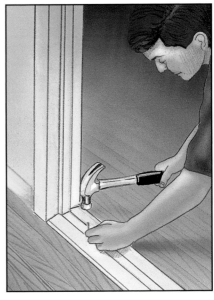

2 Prépercez les trous de guidage et clouez le seuil sur le parquet avec des clous de finition de 2½ po ou chambrez les trous dans le seuil et fixez-le avec des vis à bois fraisées.

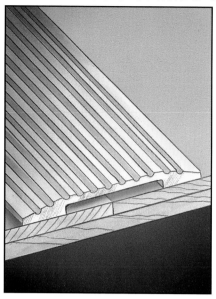

Les couvre-joints sont utilisés pour recouvrir les joints ou les revêtements de sol de ce type. Ils sont offerts en métal, en plastique, en bois ou plaqués.

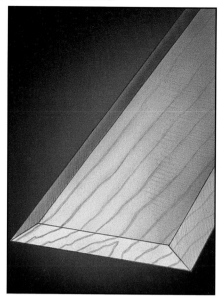

Les seuils sont spécialement utilisés dans les entrées de porte pour servir de transition entre les différents types de revêtement de sol et les pièces. Ils sont en général en bois ou plaqués.

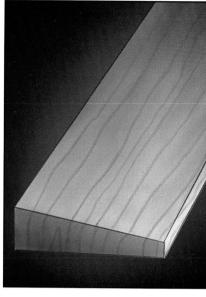

Les compensateurs servent de transition entre les revêtements de sol dont la hauteur diffère selon le matériau ou après une rénovation.

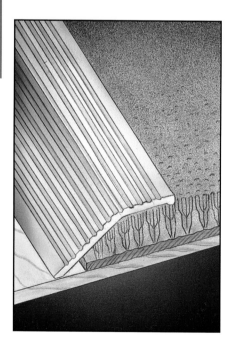

Les garnitures de moquette servent de bordure décorative à une surface moquettée et à dissimuler le joint entre deux matériaux de revêtement de sol différents.

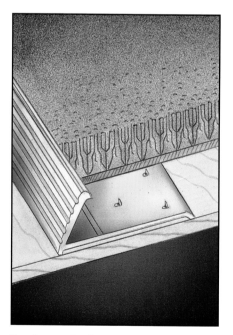

Les lattes de fixation de moquette sont utilisées à la fois comme bande à griffes et comme bordure décorative à l'endroit où la moquette avoisine un revêtement de sol différent.

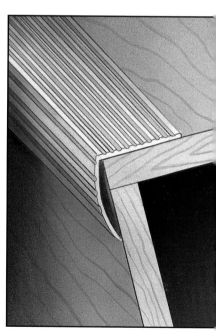

Les contremarches permettent de protéger le devant des marches en moquette ou en bois dur d'une usure excessive.

Plinthes, moulures à gorge et cimaises

Un crayon et une scie affûtés dans une boîte à onglets de qualité constituent les principaux outils de pose des moulures. Ils vous permettent de marquer et de couper avec précision les joints à onglets. L'essentiel est d'obtenir les joints bien ajustés. Ce but est souvent difficile à atteindre sauf si vous utilisez une scie à dosseret de qualité et une boîte à onglets ou une scie à onglets électrique.

L'installation des garnitures et des moulures n'est pas si difficile si vous suivez les directives adéquates et utilisez les outils appropriés. La combinaison de styles de boiseries décoratives ou de différentes formes de moulures est une idée judicieuse pour personnaliser l'ensemble.

DEGRÉ D'HABILETÉ

Menuiserie : habiletés de base.

COMBIEN DE TEMPS FAUT-IL ?

Installer les plinthes, moulures et cimaises dans une pièce de 3 m x 4,5 m (10 pi x 15 pi) requiert environ :

EXPÉRIMENTÉ	4 h
INTERMÉDIAIRE	6 h
DÉBUTANT	8 h

VOUS AUREZ BESOIN :

☐ **Outils :** ruban à mesurer, scie à onglets manuelle ou électrique, marteau, chasse-clou, scie à chantourner.

☐ **Matériel :** moulures, clous de finition.

DÉFINIR LES TYPES DE BOISERIES

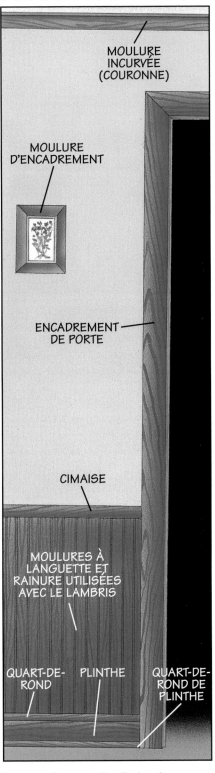

MOULURE INCURVÉE (COURONNE)

MOULURE D'ENCADREMENT

ENCADREMENT DE PORTE

CIMAISE

MOULURES À LANGUETTE ET RAINURE UTILISÉES AVEC LE LAMBRIS

QUART-DE-ROND

PLINTHE

QUART-DE-ROND DE PLINTHE

Les moulures et les boiseries standard, installées correctement, confèrent une touche professionnelle à une pièce.

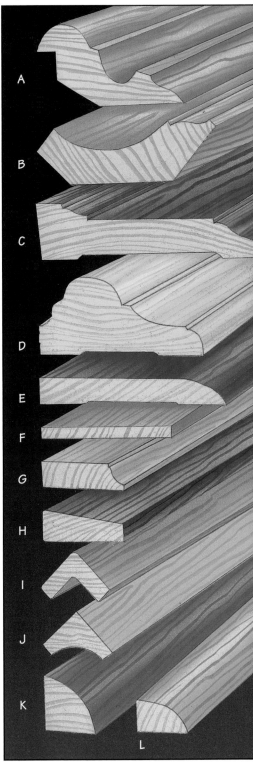

Boiseries et moulures standard : moulure supérieure (**A**), couronne (**B**), plinthe (**C**), cimaise (**D**), plinthe « ranch » (**E**), latte (**F**), lame « coloniale » (**G**), arrêt de porte pour portes pliantes (**H**), coin extérieur (**I**), coin intérieur (**J**), quart-de-rond (**K**), quart-de-rond de plinthe (**L**).

COMBINER LES MOULURES

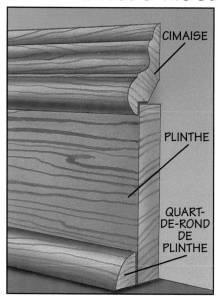

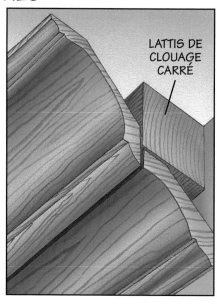

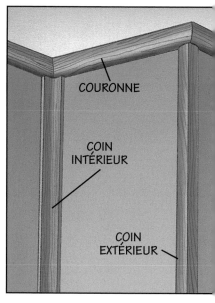

Vous pouvez créer des styles de boiseries décoratives en combinant plusieurs types de moulures standard. Les styles de moulures qui ne sont plus fabriqués peuvent être ainsi reproduits.

La couronne décorative peut être créée en combinant deux moulures à gorge incurvée. Le lattis de clouage carré, dans l'angle, garantit une surface de clouage aux deux moulures.

Les moulures de coins intérieur et extérieur confèrent une touche d'élégance à une pièce. Sur les murs, les moulures de coin sont souvent utilisées avec une moulure à gorge ou une couronne le long du plafond.

SCIER LES ONGLETS DE MOULURES

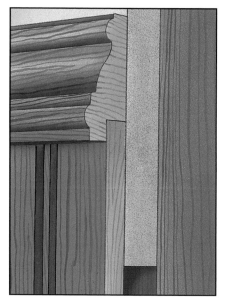

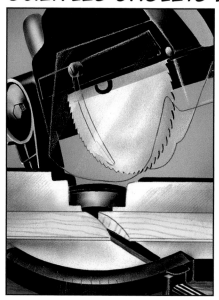

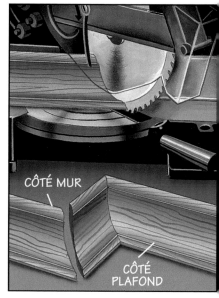

Les moulures de bordure, ou cimaise, peuvent servir de bordure décorative sur le lambris et sur les murs recouverts partiellement de panneaux.

1 Sciez les encadrements en formant un angle de 45° avec le bord arrière plat bien appuyé contre la base arrière de la boîte à onglets. Les onglets des plinthes sont coupés tandis que le bord arrière plat de la plinthe est bien appuyé contre la base arrière verticale de la boîte à onglets.

2 La moulure à gorge incurvée se coupe tandis que le côté plafond de la moulure est bien appuyé contre la base arrière de la boîte à onglets. Le côté mur de la moulure doit être bien appuyé contre la base arrière verticale de la boîte à onglets.

COUPER ET POSER LES PLINTHES

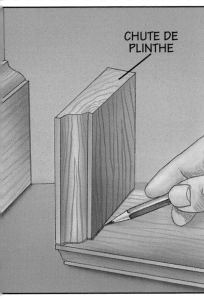

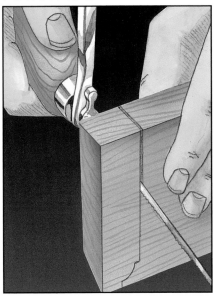

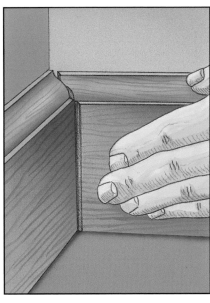

1 Aux coins intérieurs, faites buter une extrémité de la plinthe contre l'angle. Sur l'arrière de la plinthe adjacente, tracez le pourtour du profil de la plinthe avec un crayon.

2 Avec une scie à chantourner, ébarbez la plinthe le long du tracé du profil. Coincez la plinthe dans un étau et maintenez la lame perpendiculaire à la face de la plinthe.

3 Positionnez les sections de plinthes dans le coin. La plinthe dont l'extrémité est sciée doit bien épouser le profil.

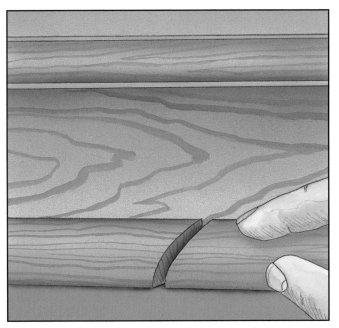

4 Positionnez les coins extérieurs en coupant les extrémités des plinthes selon des onglets opposés de 45°. Fixez la bordure avec des clous de finition et noyez les têtes de clous avec un chasse-clous.

5 Pour les très longues moulures, assemblez des pièces plus courtes en sciant les extrémités en onglets selon des angles de 45°. Ainsi, le joint à onglet dissimulera l'espace si le bois se rétracte. Prépercez les bois durs avant de clouer pour ne pas fendre le bois.

INSTALLER LES COURONNES

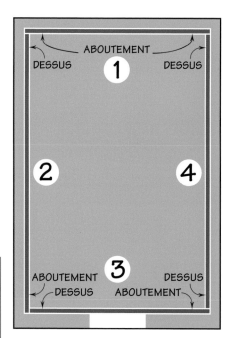

Planifiez la pose de la couronne dans une pièce en commençant par la section opposée à la porte (**1**). La meilleure face des assemblages à contre-profil de cette section sera vue tous ceux qui y entreront. Ce n'est pas facile car la dernière section à installer (**4**) devra être contre-profilée aux deux extrémités.

1 La première section de moulure est coupée à l'équerre et posée dans le coin. La deuxième section est coupée dans le sens du profil de la moulure (contre-profilée) et épousera la forme de l'autre. Dans le bas du joint, le minuscule point à la jonction des deux sections fera ressembler le joint à un onglet.

2 Avant de contre-profiler la couronne, l'extrémité doit être coupée pour qu'elle forme un onglet exposant le profil. Positionnez la boîte à onglets de la bonne façon (p. 292) ; la moulure doit s'appuyer contre la base horizontale du dessous et contre la base arrière verticale de la boîte à onglets.

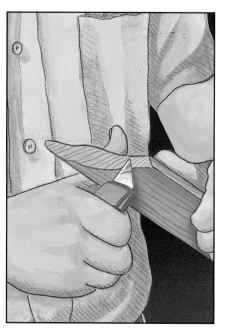

3 Lorsque le profil de la couronne est exposé, la partie arrière du corps de la moulure est taillée avec une scie à chantourner. L'angle doit être rigoureusement droit, sinon l'assemblage contre-profilé ne s'adaptera pas.

4 Même en effectuant un angle très droit avec la scie à chantourner, il est difficile d'enlever assez de bois sur la partie en S de la couronne. Pour ce faire, utilisez un couteau universel.

Pour éviter que la dernière section soit contre-profilée sur les deux bouts, placez temporairement un petit morceau contre la première section pour qu'il l'épouse. Contre-profilez la première section, retirez le morceau puis posez la dernière section. Cet aboutement doit être réussi, car il sera bien en vue.

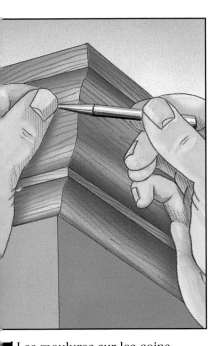

5 Les moulures sur les coins extérieurs doivent être taillées en onglet. Si un onglet extérieur est légèrement ouvert, vous pouvez le refermer en lissant le coin avec un chasse-clou.

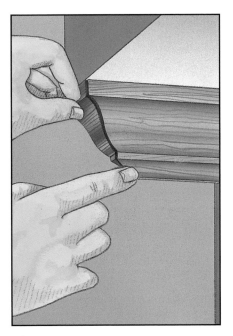

6 Si une ligne de la couronne doit être très nette sur un mur ouvert, effectuez des onglets sur l'extrémité et « retournez-la » dans le mur avec un petit morceau de moulure. Pour éviter de fendre un aussi petit morceau, collez-le simplement en place.

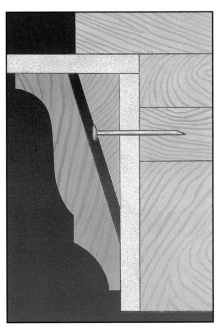

Lors du clouage de la couronne, les murs parallèles aux solives de plafond peuvent poser un problème. Coupez un 2x4 pour combler l'espace à l'arrière et fournir une surface de clouage pour la couronne.

INSTALLER UNE CIMAISE

Installez une cale pour stabiliser la structure devant supporter la cimaise. Enlevez le panneau et installez la cale à la bonne hauteur, en général à 80 cm (32 po) au-dessus du sol fini. Si vous posez du lambris, vous devez également installer une cale à mi-chemin entre le sol et la cale pour la cimaise.

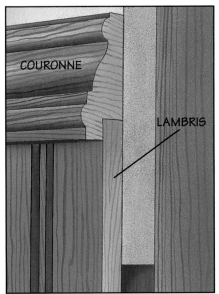

COURONNE

LAMBRIS

Lorsque le lambris est posé et le panneau remplacé, fixez la cimaise sur le panneau et dans la cale avec des clous espacés de 20 cm (8 po). Utilisez la couronne pour finir le dessus du lambris et former une cimaise solide.

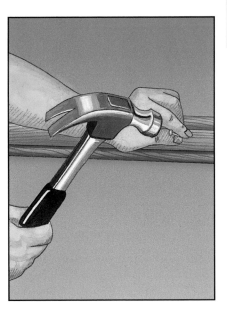

Utilisez la cimaise sans lambris pour créer une coupure visuelle sur le mur tout en protégeant la surface de celui-ci.

L'ABC DES TRAVAUX

Les portes et fenêtres finissent par souffrir d'une usure normale et elles subissent les effets destructeurs des intempéries. Un entretien régulier assurera leur bon fonctionnement, mais il vous faudra éventuellement les remplacer, ce qui améliorera l'efficacité énergétique, le confort, la commodité et l'apparence de votre maison.

Heureusement, installer une porte ou une fenêtre neuve est un travail relativement facile qui se fait en un jour, surtout si vous ne changez pas les dimensions de l'ouverture.

1,25 CM (½ PO)

1,25 CM (½ PO)   1,25 CM (½ PO)

PAREMENT IMBRIQUÉ

L'OUVERTURE BRUTE DEVRAIT ÊTRE 1,25 CM (½ PO) PLUS HAUTE ET, DE CHAQUE CÔTÉ, 1,25 CM (½ PO) PLUS LARGE QUE LA FENÊTRE OU LA PORTE.

OUVERTURE

Mesurez l'ouverture brute une fois la vieille porte ou fenêtre enlevée ou, pour une construction nouvelle, une fois la charpente terminée. Mesurez l'ouverture d'un côté à l'autre et de haut en bas, et achetez une porte ou une fenêtre qui convient à ces dimensions. N'oubliez pas que l'ouverture brute devrait être un peu plus large que la porte ou la fenêtre pour permettre l'isolation, l'étanchéisation des joints et l'ajustement de l'aplomb et du niveau

OUTILS ET MATÉRIEL POUR INSTALLER UNE PORTE ET UNE FENÊTRE

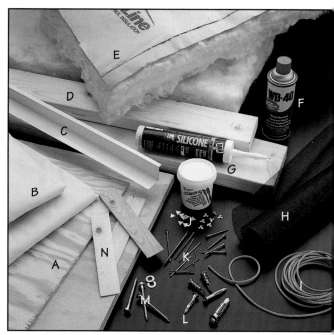

Outils : pistolet à calfeutrer (**A**), arrache-clou (**B**), boîte à onglets et scie à dos (**C**), scie à métaux (**D**), ciseaux à bois (**E**), tournevis (**F**), pinces (**G**), pince-étau (**H**), ciseau à tôle (**I**), cordeau à craie (**J**), outils à languettes (**K**), chasse-clous (**L**), agrafeuse (**M**), couteau universel (**N**), clé à cliquet et douilles (**O**), marteau (**P**), équerre de charpentier (**Q**), scie à main (**R**), équerre combinée (**S**), ruban à mesurer (**T**), niveau (**U**).

Matériel : contreplaqué (**A**), toile (**B**), larmier (**C**), bois de charpente (**D**), isolant en fibre de verre (**E**), lubrifiant en aérosol (**F**), matériau d'étanchéité à la silicone (**G**), grillage pour moustiquaire (**H**), languette pour rainures (**I**), mastic et pointes de vitrier (**J**), vis à bois, clous ordinaires, à boiseries et à finir (**K**), pièces d'ancrage pour mur creux (**L**), tire-fonds (**M**), cales en bois (**N**).

Anatomie

Les portes et fenêtres sont des ouvertures dans la structure de votre maison, un point faible qui doit être renforcé afin de soutenir la charge qui se trouve au-dessus. Les portes extérieures requièrent des jambages assez solides pour soutenir une lourde porte sans distorsion et permettre l'installation de serrures à pêne dormant.

Comment savoir si le support structurel est suffisant ? Inspectez l'ouverture pour chercher des signes indiquant des problèmes. Si la porte ou la fenêtre actuelle fonctionne correctement, il y a de fortes chances pour que le support structurel soit bon. Si vous avez eu des difficultés, c'est le temps de corriger les problèmes de structure avant d'installer une porte ou une fenêtre neuve.

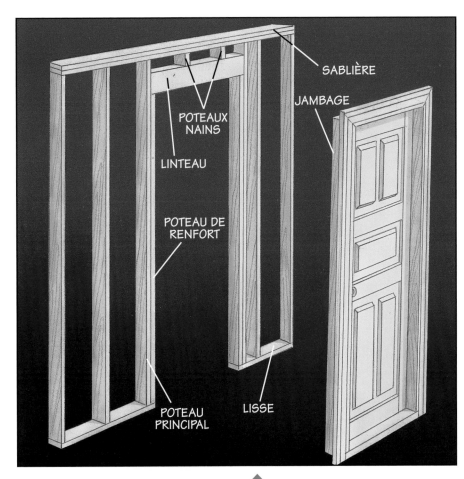

Les ouvertures de portes sont conçues pour que la charge structurelle au-dessus de la porte soit supportée par des poteaux nains qui reposent sur un linteau. Les bouts du linteau sont soutenus par des poteaux principaux jumelés à des poteaux de renfort qui transmettent la charge à la lisse basse et aux fondations.

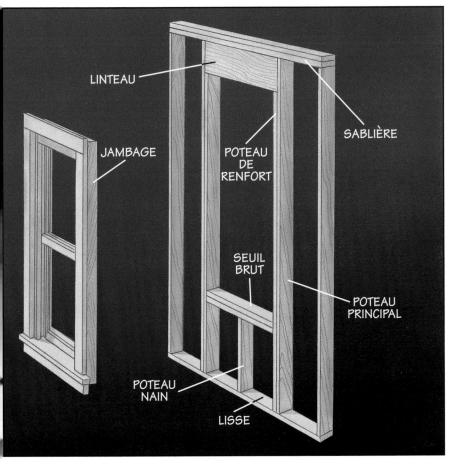

◄ **Les ouvertures de fenêtres** sont semblables à celles des portes : la charge structurelle au-dessus de la fenêtre est portée par des poteaux nains qui reposent sur le linteau. Les bouts du linteau sont soutenus par des poteaux principaux et des poteaux de renfort qui transfèrent la charge aux fondations et à la lisse. Le seuil brut qui ancre la fenêtre, mais qui ne porte pas de charge structurelle, est soutenu par des poteaux nains.

Afin d'avoir assez d'espace pour faire des ajustements au cours de l'installation, les ouvertures brutes devraient être 2,5 cm (1 po) plus larges et 1,25 cm ($\frac{1}{2}$ po) plus hautes que les portes et fenêtres, en incluant les poteaux nains.

Faire un bon choix

Les fenêtres et portes-fenêtres à cadre de bois sont un bon choix. Leurs moulures extérieures prémontées se marient bien aux fenêtres existantes. Il existe aussi des châssis de remplacement qui peuvent améliorer les fenêtres existantes. Plutôt utilisées dans les constructions neuves, certaines portes et fenêtres à revêtement en aluminium ou en vinyle sont fixées au moyen de bandes de clouage qui viennent s'ajuster sous le parement. Les fenêtres recouvertes de vinyle sont offertes dans une gamme de couleurs et n'ont pas besoin de peinture.

Il existe plusieurs types de vitrages. Les vitrages simples sont démodés et ne conviennent que dans les climats très doux ou pour les dépendances. Les vitrages doubles comprennent un espace d'air scellé qui réduit les pertes de chaleur. Ils sont offerts en plusieurs modèles à isolation améliorée, incluant le vitrage à faible émissivité dont une surface possède une couche métallique, ou contenant un gaz inerte comme l'argon. Dans les climats chauds, les vitrages doubles teintés réduisent l'accumulation de chaleur. Le verre trempé est plus fort et est utilisé pour les portes-fenêtres et les grandes fenêtres panoramiques. La valeur R indique l'efficacité énergétique : les valeurs élevées indiquent que les propriétés isolantes sont meilleures. La valeur R de certaines fenêtres de qualité supérieure peut aller jusqu'à 4.0. Quant aux portes extérieures, celles ayant une valeur R au-dessus de 10 sont efficaces au plan énergétique. En bloquant les rayons nuisibles du soleil, les vitrages à faible émissivité aident à prévenir les dommages causés aux tissus de rembourrage, draperies et tapis.

Mesurez la largeur des jambages avant de commander des portes ou fenêtres neuves. Les fabricants feront des cadres sur mesure.

LES STYLES DE FENÊTRES

Les fenêtres à battants pivotent sur des charnières montées sur les côtés du châssis. Elles sont offertes en plusieurs grandeurs, et des modèles peuvent avoir jusqu'à cinq battants distincts. Elles ont une allure contemporaine et procurent une vue non obstruée et une bonne ventilation.

Les fenêtres à guillotine ont deux châssis mobiles qui glissent vers le haut et le bas, et ont une apparence plus traditionnelle. Les nouveaux modèles possèdent un mécanisme à ressort au lieu des contrepoids que l'on retrouve sur les anciens modèles.

Les fenêtres coulissantes sont meilleur marché et requièrent peu d'entretien, mais elles ne permettent pas une aussi bonne ventilation que les fenêtres à battants car une seule moitié de la fenêtre peut être ouverte à la fois. Elles procurent cependant une vue non obstruée.

Les fenêtres en saillie, aussi appelées baies vitrées, font paraître une maison plus grande sans que des changements structuraux coûteux aient été apportés. Elles sont offertes dans des dizaines de grandeurs et de styles.

STYLES DE PORTES COURANTS

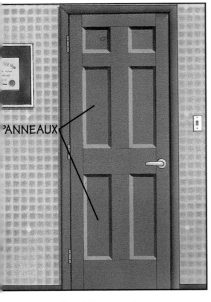

Les portes intérieures à panneaux ont une allure élégante et traditionnelle. Elles sont très durables et assurent une bonne insonorisation.

Les portes intérieures à âme creuse prémontées ont une allure contemporaine et sont offertes en plusieurs formats courants. Elles sont légères et bon marché.

Les contre-portes décoratives peuvent améliorer la sécurité, l'efficacité énergétique et l'apparence de votre entrée. Elles prolongent la durée des portes d'entrée en les protégeant des intempéries.

Les portes avec vitrage latéral éclairent les halls d'entrée et ont une allure soignée et invitante. Les modèles de bonne qualité ont des panneaux à double vitrage trempé qui améliorent la sécurité et l'efficacité énergétique.

Les portes-fenêtres coulissantes assurent une bonne visibilité et un bon éclairage. Parce qu'elles glissent sur des rails et ne prennent pas d'espace, elles sont un bon choix dans les endroits exigus où les portes battantes ne font pas.

Les portes-fenêtres à charnières ont une allure élégante. Il existe des modèles pour l'intérieur et des modèles étanches aux intempéries pour l'extérieur. Comme elles ont des charnières, il leur faut de l'espace pour s'ouvrir.

Les portes et fenêtres

Les serrures et verrous

Il existe trois grands types de serrures et de verrous : les serrures de couloirs, dont le mécanisme sert à maintenir une porte fermée ; les serrures d'entrées, qui assurent la fermeture, mais qui ont aussi un mécanisme de verrouillage à clé ; et les verrous de sûreté, ou à pêne dormant, qui assurent une meilleure protection et qui n'ont ni poignées ni pênes à ressort.

La plupart des serrures actuelles sont interchangeables lorsqu'elles sont du même type. En revanche, les serrures plus anciennes sont à mortaiser, ce qui est incompatible avec les nouvelles méthodes d'installation. Vous devrez sans doute remplacer la porte si vous ne pouvez réparer l'ancienne serrure.

Mesurez bien la distance qui sépare l'axe de la poignée à la rive de la porte. Lors du choix d'une serrure de remplacement, assurez-vous qu'elle correspond à cette distance.

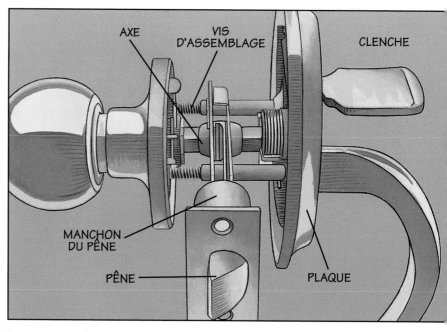

Les serrures fonctionnent en faisant glisser un pêne dans une gâche (voir page opposée) fixée dans l'encadrement d'une porte. Le pêne bouge latéralement grâce à un axe ou une bielle actionné par une clenche, une poignée ou une clé de barillet. Si la poignée ou la clé ne tourne pas bien, le problème réside d'ordinaire dans le mécanisme de l'axe et du pêne. La plupart du temps, ce problème peut être corrigé par un nettoyage et une lubrification.

TYPES DE SERRURES

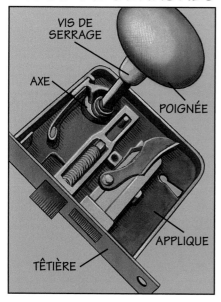

Les mécanismes de serrures plus anciens sont faciles à nettoyer et lubrifier. Il suffit de desserrer la vis d'une poignée, d'enlever les poignées et l'axe. Desserrez les vis de la têtière et retirez la serrure. Retirez l'applique, lubrifiez toutes les pièces et réassemblez.

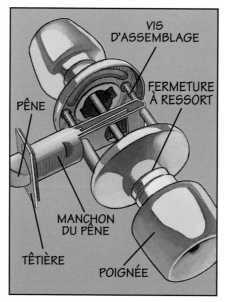

Les serrures de couloir modernes ne requièrent généralement pas beaucoup d'entretien. Au besoin, nettoyez-les et lubrifiez-les en débloquant la fermeture à ressort et en retirant les vis d'assemblage et les poignées. Retirez la têtière et le pêne, lubrifiez les pièces et réassemblez.

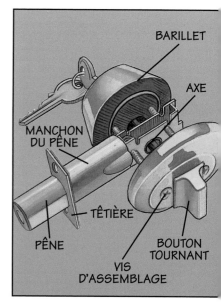

Les verrous de sûreté, tout comme les serrures de couloirs, ne devraient pas exiger beaucoup d'entretien. Au besoin, retirez les vis d'assemblage, le barillet, la têtière et le pêne. Lubrifiez les pièces et réassemblez.

Les problèmes d'engagement des pênes

Lorsque qu'un pêne ne s'engage pas, c'est généralement à cause d'un mauvais alignement. Déterminez dans quelle direction le pêne se dirige. S'il touche au-dessus ou au-dessous du centre de la gâche, le problème peut être corrigé en calant une charnière de la porte afin de modifier son angle. Une cale peut régler le problème, mais elle peut aussi coincer le jambage de la porte. Si l'alignement semble bon, mais que le pêne ne s'enclenche pas ou qu'il faut pousser fermement la porte pour y arriver, c'est que celle-ci est probablement gauchie, signe possible d'un problème d'humidité. Vérifiez les rives de la porte pour vous assurer qu'elles sont bien scellées. Placer la porte sur deux chevalets avec un poids pour en abaisser le centre peut contrer le gauchissement. Songez tout de même à vous procurer une porte neuve.

DEGRÉ D'HABILETÉ

Menuiserie : habiletés de base.

COMBIEN DE TEMPS FAUT-IL ?
Aligner un pêne et une gâche requiert environ :

EXPÉRIMENTÉ	30 min
INTERMÉDIAIRE	50 min
DÉBUTANT	1 h

VOUS AUREZ BESOIN :

☐ **Outils** : lime, équerre combinée, tournevis.

☐ **Matériel** : huile pénétrante, cales.

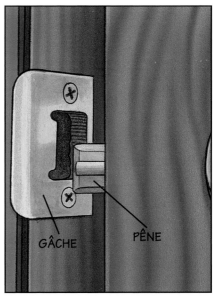

GÂCHE   PÊNE

Un mauvais alignement avec la gâche empêche le pêne d'entrer dans l'ouverture de la gâche. Assurez-vous qu'il n'y a pas de charnières mal vissées et alignez correctement le pêne et la gâche. Parfois, élargir légèrement l'ouverture de la gâche avec une lime suffit.

ALIGNER LE PÊNE ET LA GÂCHE

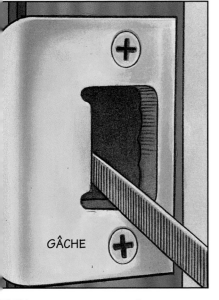

GÂCHE

1 Réparez et resserrez les charnières mal vissées, puis faites un test. Si le pêne ne s'engage toujours pas bien, réparez tout problème mineur d'alignement en limant la gâche.

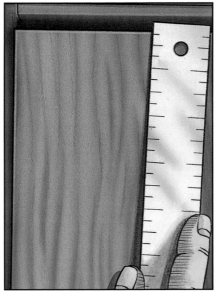

2 Assurez-vous que la porte est d'équerre. Si elle est trop inclinée, retirez-la et calez la charnière du haut ou du bas afin de corriger le problème.

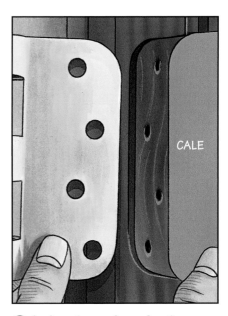

CALE

3 Au besoin, soulevez le pêne en insérant une mince cale de carton sous la charnière du bas. Pour abaisser la position du pêne, insérez une cale sous la charnière du haut.

DEGRÉ D'HABILETÉ

Menuiserie : habiletés de base.

COMBIEN DE TEMPS FAUT-IL ?

Dégager une porte qui coince requiert environ :

EXPÉRIMENTÉ	30 min
INTERMÉDIAIRE	45 min
DÉBUTANT	1 h

VOUS AUREZ BESOIN :

☐ **Outils** : tournevis, perceuse, foret, couteau universel.

☐ **Matériel** : colle à bois, goujons de bois.

Dégager une porte qui coince

Les portes coincent lorsque les charnières s'affaissent, que le cadre se déplace ou que l'humidité fait gonfler les matériaux.

Si la porte s'affaisse dans son cadre, serrez bien les vis des charnières. Si elle coince toujours, poncez ou rabotez la rive. Ne faites pas ce travail en période de forte humidité car vous pourriez raboter plus que nécessaire ! Attendez que le temps soit sec et assurez-vous que la porte coince toujours. Scellez ensuite les rives de la porte pour éviter les futurs problèmes d'humidité.

N'ABÎMEZ PAS LE FINI DES CHARNIÈRES.

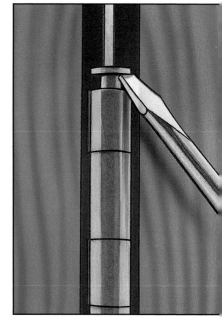

1 Avec un tournevis et un marteau, poussez la goupille hors de la charnière du bas. Tenez la porte et faites de même avec la charnière du haut. Pour ne pas abîmer le fini de la charnière, insérez un clou ou un petit tournevis Phillips pour pousser la goupille.

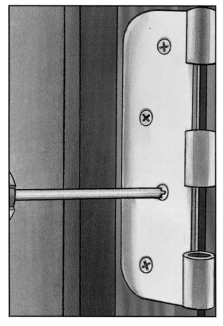

2 Une fois la porte détachée de ses charnières, resserrez bien les vis. Si le bois ne retient pas bien les vis, retirez les charnières complètement.

3 Enduisez de colle à bois des chevilles ou des tés de golf en bois et enfoncez-les dans les trous de vis usés. Laissez la colle sécher et coupez la partie qui dépasse.

4 Percez des avant-trous dans le bois neuf et posez à nouveau les charnières.

Installer un verrou de sûreté

Les verrous à pêne dormant ont un ou deux barillets et sont offerts dans un choix de styles. Vous devez tout d'abord choisir lequel des deux types vous convient.

Les verrous à un barillet peuvent s'ouvrir de l'intérieur avec une manette, et ceux à barillet double s'ouvrent avec une clé, des deux côtés.

Les verrous de sûreté, ou à pêne dormant, constituent un obstacle supplémentaire pour les intrus, et ils sont relativement faciles à installer.

POSER UN VERROU DE SÛRETÉ

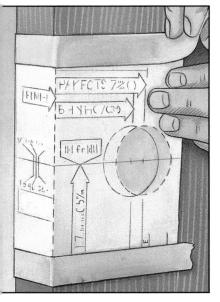

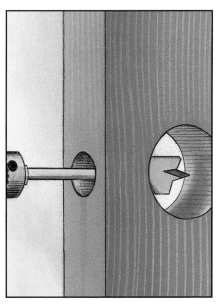

1 Déterminez l'emplacement du verrou. Collez le gabarit de carton sur la porte. Avec un clou ou un poinçon, faites une marque sur l'emplacement du centre du barillet et de la gâche.

2 Percez un trou de barillet avec une scie-cloche et une perceuse. Pour éviter d'abîmer le bois, percez d'un côté jusqu'à ce que le guide de la scie-cloche commence à ressortir par l'autre côté. Complétez le trou de l'autre côté de la porte.

3 Avec une perceuse et un foret à trois pointes, percez un trou pour le pêne sur la rive de la porte pour atteindre le trou du barillet. Tenez la perceuse perpendiculairement à la rive.

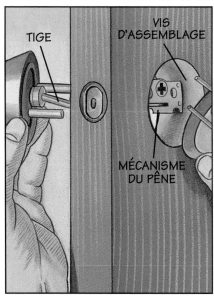

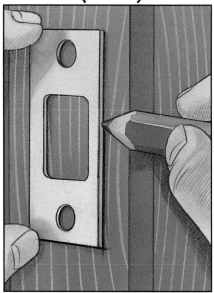

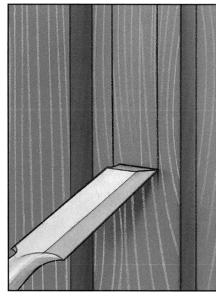

4 Insérez le pêne dans le trou. Insérez la tige de la serrure et les vis d'assemblage dans le mécanisme du pêne, puis vissez les deux parties ensemble. Fermez la porte pour trouver l'endroit où le pêne touche le jambage.

5 Tracez le contour de la mortaise avec un crayon. Utilisez les ferrures comme gabarits pour tracer le contour de la gâche et des charnières.

6 Découpez le contour de la mortaise avec un ciseau (partie biseautée vers l'intérieur) et tapez doucement sur le bout du manche avec un maillet jusqu'à la bonne profondeur.

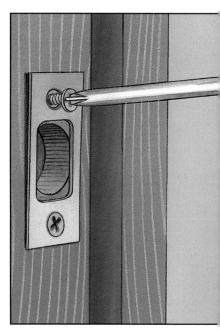

7 Faites une série de coupes parallèles espacées de 6 mm (¼ po) en tenant le ciseau à un angle de 45° et en tapant doucement sur le bout de son manche avec un maillet.

8 Enlevez les copeaux en tenant le ciseau légèrement incliné, le côté biseauté face au bois. Vissez la gâche.

9 Percez le trou du pêne au centre de la mortaise avec un foret à trois pointes. Vissez la gâche.

Pratiquer une ouverture

Vous devrez peut-être élargir l'ouverture brute ou en pratiquer une nouvelle pour recevoir la nouvelle porte ou fenêtre. Pratiquer une ouverture plus grande n'est pas particulièrement difficile, qu'il s'agisse d'un mur porteur ou non.

Pour un mur non porteur, vous aurez besoin de supports temporaires (p. 227) pour les solives du haut, jusqu'à ce que la structure permanente soit terminée. Si possible, servez-vous des poteaux existants comme supports principaux. Une fois la vieille porte ou fenêtre enlevée et les supports en place, il faut déplacer quelques poteaux, fabriquer un nouveau linteau et enlever un peu de parement. Dans le cas d'une ouverture extérieure, assurez-vous que le temps est clément !

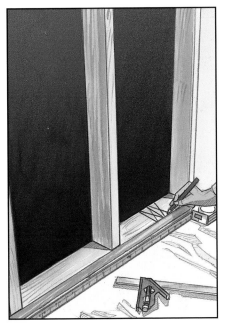

1 Enlevez les panneaux muraux intérieurs. Mesurez et marquez la largeur de l'ouverture brute sur la lisse. Marquez l'emplacement des poteaux de renfort et principaux. Si possible, servez-vous des poteaux existants comme supports principaux.

2 Mesurez et coupez les poteaux principaux pour qu'ils s'ajustent entre la lisse et la sablière. Clouez-les en biais dans la lisse avec des clous de 3½ po.

DEGRÉ D'HABILETÉ

Menuiserie : habiletés de base.

COMBIEN DE TEMPS FAUT-IL ?

Agrandir une ouverture requiert environ :

EXPÉRIMENTÉ	4 h
INTERMÉDIAIRE	6 h
DÉBUTANT	8 h

VOUS AUREZ BESOIN :

☐ **Outils :** marteau, niveau, levier, ruban à mesurer, crayon, équerre combinée, scie circulaire ou alternative.

☐ **Matériel :** bois de construction, clous de 3½ po.

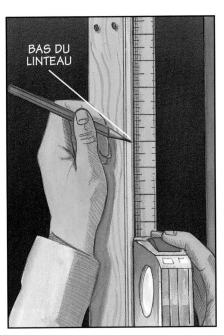

BAS DU LINTEAU

3 À partir du plafond, mesurez la position du linteau afin qu'il soit de la même longueur que ceux des autres fenêtres, et faites une marque sur un des poteaux principaux pour indiquer le bas du linteau. Une ouverture brute de 1,25 cm (½ po) plus haute que le cadre de la fenêtre est recommandée.

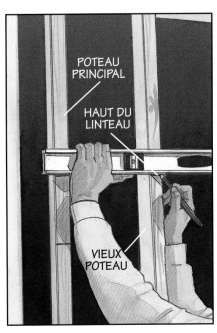

POTEAU PRINCIPAL

HAUT DU LINTEAU

VIEUX POTEAU

4 Avec un niveau, prolongez les lignes sur les poteaux à couper, jusqu'à l'autre poteau principal.

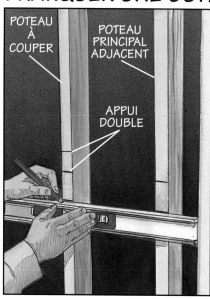

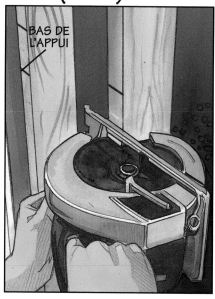

5 À partir de la marque sur le linteau, mesurez et marquez le seuil double sur le poteau principal. Avec un niveau, prolongez les lignes sur les poteaux à couper jusqu'à l'autre poteau principal. Installez des supports temporaires si vous devez enlever plus d'un poteau.

6 Avec une scie circulaire réglée à la profondeur de lame maximale, sciez dans les poteaux le long des marques. Ne coupez pas les poteaux principaux. Soyez prudent afin d'éviter tout recul de la scie. Au besoin, terminez avec une égoïne.

7 Enlevez les pièces coupées avec un levier. Avec deux pièces de bois de 5 cm (2 po) entourant un contreplaqué de 1 cm ($\frac{3}{8}$ de po), fabriquez un linteau qui s'ajustera entre les poteaux principaux, au-dessus des poteaux de renfort.

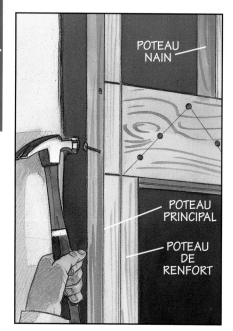

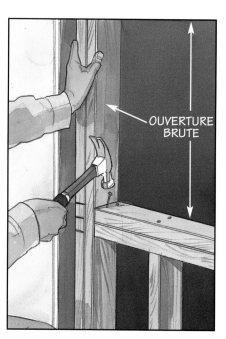

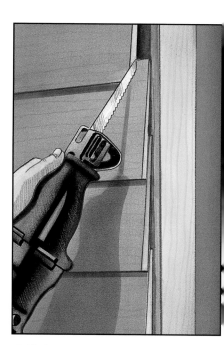

8 Coupez deux supports de renfort couvrant la distance de la lisse aux lignes du bas sur le linteau, et clouez-les aux poteaux principaux (clous de 3½ po) tous les 30,5 cm (12 po). Placez-y le linteau et fixez-le aux poteaux principaux, de renfort et nains avec des clous de 3½ po.

9 Fabriquez l'appui brut entre les poteaux de renfort en clouant ensemble deux 2x4. Placez-le sur les poteaux nains et clouez-le aux poteaux de renfort et nains avec des clous de 3½ po.

10 Avec une scie alternative ou circulaire, coupez le parement et le revêtement intermédiaire. Posez de nouveaux panneaux muraux sur les surfaces intérieures (p. 236). Attention au filage.

Enlever une porte d'entrée

Avant de poser une porte neuve, il faut d'abord enlever l'ancienne porte et son cadre. La tâche est facile et exige moins d'habileté qu'un peu de muscle.

Si vous ne conservez pas les éléments de l'ancienne porte (à part la moulure), inutile d'éviter de les endommager. Avec une scie alternative et une lame pour métaux, coupez les clous qui ne s'enlèvent pas facilement puis, avec un marteau, enfoncez les tiges dans l'ouverture brute. Au besoin, sciez le cadre et retirez les morceaux en vous servant d'un levier. C'est l'occasion de vous défouler !

DEGRÉ D'HABILETÉ

Menuiserie : habiletés de base.

COMBIEN DE TEMPS FAUT-IL ?
Enlever une porte d'entrée requiert environ :

EXPÉRIMENTÉ	30 min
INTERMÉDIAIRE	45 min
DÉBUTANT	1 h

VOUS AUREZ BESOIN :

☐ **Outils :** levier, couteau universel, marteau, scie alternative.

☐ **Matériel :** chutes de bois.

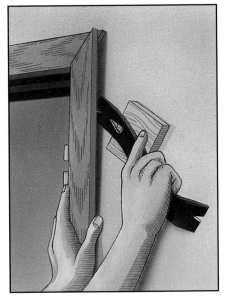

1 Avec un couteau universel, faites une rainure entre la moulure et le mur. Avec un levier et un marteau, retirez la moulure. Protégez le panneau mural en plaçant une chute de bois sous le levier. Conservez la moulure pour la réinstaller autour de la nouvelle porte.

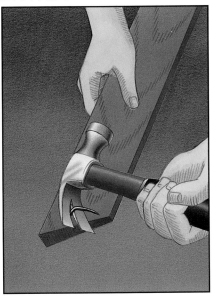

2 Pour éviter d'abîmer la face de la moulure, enlevez tous les clous de finition par l'arrière, avec un marteau.

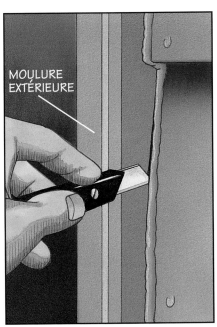

MOULURE EXTÉRIEURE

3 Avec un couteau universel, coupez dans l'ancien matériau d'étanchéité posé entre le parement et la moulure extérieure.

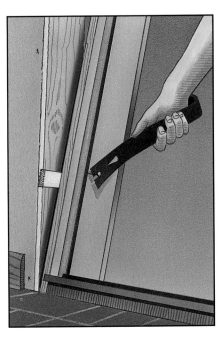

4 Avec un levier, enlevez le vieux cadre et le seuil. Les clous qui résistent peuvent être coupés avec une scie circulaire.

Poser une porte d'entrée prémontée

Avec leur isolation et leur calfeutrage à haut rendement énergétique, leur couche de fond et la grande variété de styles offerts, les portes d'entrée neuves en acier peuvent améliorer grandement le confort, la sécurité et l'apparence de votre maison. Comme elles sont munies d'un cadre, de moulures extérieures et de ferrures, les installer n'est pas difficile. En revanche, elles sont lourdes : faites-vous aider !

Certaines portes sont faites de bois ou de fibre de verre. Consultez le détaillant pour savoir quelle porte vous convient le mieux.

Les portes et fenêtres

DEGRÉ D'HABILETÉ

Menuiserie : habiletés de base.

Aide : les portes sont difficiles à manipuler. Faites-vous aider.

COMBIEN DE TEMPS FAUT-IL ?

Poser une porte d'entrée requiert environ :

EXPÉRIMENTÉ	1 h
INTERMÉDIAIRE	1 h 30
DÉBUTANT	2 h

VOUS AUREZ BESOIN :

☐ **Outils :** cisailles, marteau, niveau, crayon, scie circulaire, ciseau à bois, chasse-clou, pistolet à calfeutrer.

☐ **Matériel :** papier de construction, larmier, cales, isolant, clous à boiseries, silicone.

1 Retirez le bloc-porte de son emballage. N'enlevez pas les lattes de fixations qui maintiennent la porte fermée : elles doivent demeurer en place pour permettre des manipulations sécuritaires.

2 Ajustez le bloc-porte en le centrant dans l'ouverture. Au besoin, calez un jambage pour que la porte soit d'aplomb et de niveau. Assurez-vous aussi que l'espacement entre la porte et le jambage est égal.

GUIDE DES BONS ACHAT$

Choisir une porte

Pour savoir si elle doit s'ouvrir à gauche ou à droite, vers l'intérieur ou l'extérieur, imaginez-vous dans l'entrée, la porte ouverte devant vous. Une porte qui s'ouvre par la gauche aura une poignée à gauche, une porte qui s'ouvre par la droite aura une poignée à droite.

Si vous remplacez une porte existante, assurez-vous d'acheter une nouvelle porte qui a exactement les mêmes dimensions que l'ancienne. Les panneaux vitrés latéraux ne comptent pas dans les dimensions de la porte, mais il faut en tenir compte lorsqu'on détermine les dimensions de l'ouverture brute. Les portes en acier sont les plus durables et les plus sécuritaires.

MOULURE EXTÉRIEURE

3 Tracez le contour de la moulure extérieure sur le parement. S'il est fait de vinyle ou de métal, tracez un contour plus large car des moulures additionnelles seront nécessaires. Enlevez le bloc-porte.

4 Avec une scie circulaire, coupez le parement sur le contour tracé, sans couper le revêtement intermédiaire. Arrêtez avant les coins et terminez avec un ciseau à bois. Attention au recul de la scie, aux clous et au filage. Portez des lunettes de sécurité.

5 Coupez des bandes de papier de construction de 20 cm (8 po) de largeur et glissez-les entre le parement et le revêtement intermédiaire, dans le haut et sur les côtés de l'ouverture, afin de protéger la charpente de l'humidité. Repliez le papier et agrafez-le.

LARMIER

6 Coupez un morceau de larmier de la largeur de l'ouverture brute puis faites-le glisser entre le parement et le papier de construction dans le haut de l'ouverture. Ne clouez pas le larmier.

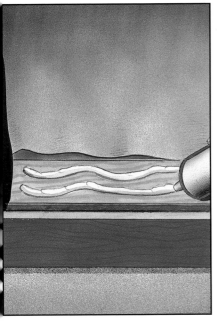

7 Appliquez plusieurs lisières épaisses de silicone sur le sous-plancher, au bas de l'ouverture, ainsi que sur le papier de construction et les rives avant des poteaux de renfort et du linteau.

8 Centrez le bloc-porte dans l'ouverture et poussez bien la moulure extérieure contre le revêtement intermédiaire. Un aide la tiendra en place jusqu'à ce qu'elle soit clouée.

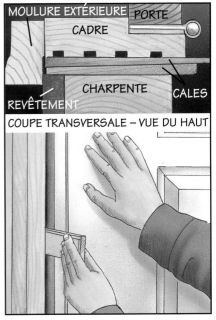

MOULURE EXTÉRIEURE PORTE
CADRE
CHARPENTE CALES
REVÊTEMENT
COUPE TRANSVERSALE – VUE DU HAUT

9 De l'intérieur, placez des cales de bois plates faites de paires de cales (illustration du bas) dans les espaces entre le cadre et la charpente tous les 30,5 cm (12 po) ainsi qu'à l'emplacement de la serrure et des charnières.

Poser une porte d'entrée prémontée

Les portes et fenêtres

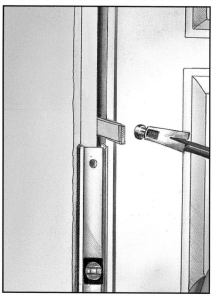

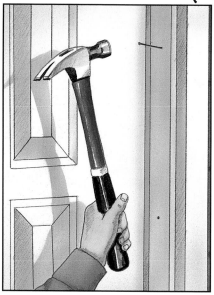

10 Avec un niveau, assurez-vous que la porte est d'aplomb et de niveau ; au besoin, ajustez les cales. Remplissez l'espace entre le cadre et la charpente avec de l'isolant en fibre de verre non compressé.

11 De l'extérieur, clouez à moitié le cadre à la charpente avec des clous à boiseries de 3 po, à chaque cale. Assurez-vous que la porte s'ouvre bien, puis plantez complètement les clous. Avec un chasse-clou, enfoncez les têtes de clous.

12 Enlevez les fixations posées par le fabricant, et assurez-vous que la porte s'ouvre et se ferme correctement.

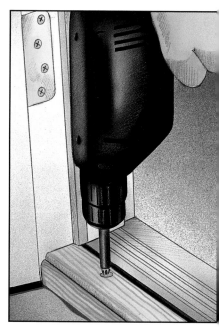

13 Enlevez deux des vis de la charnière du haut et remplacez-les par de longues vis d'ancrage (généralement vendues avec le bloc-porte).

14 Fixez la moulure extérieure au cadre avec des clous à boiseries galvanisés de 3 po posés tous les 30,5 cm (12 po). Avec un chasse-clou, enfoncez les têtes de clous.

15 Ajustez le seuil pour assurer une bonne étanchéité. Il ne doit pas être trop élevé : la porte serait difficile à ouvrir et cela userait prématurément le bas de la porte.

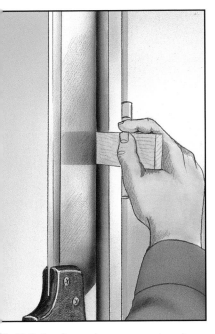

16 Sciez les cales avec une scie à main pour qu'elles arrivent à égalité avec la charpente.

17 Appliquez de la silicone autour du bloc-porte et dans les trous de clous. Installez les poignées et la serrure en suivant les directives du fabricant.

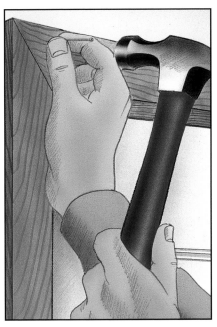

18 Replacez la boiserie sur le cadre intérieur. Si les moulures ont été endommagées, coupez et posez de nouvelles moulures.

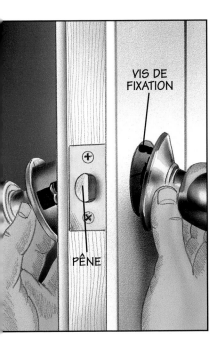

19 Posez la nouvelle serrure. Insérez le mécanisme du pêne, puis les tiges dans le mécanisme, et vissez les poignées ensemble avec des vis de fixation.

20 Vissez la gâche sur le cadre de manière que le pêne s'y engage bien. Calfeutrez les espaces entre le parement et la moulure.

21 Si vous le désirez, ajoutez des coupe-froid et des bas de porte isolants.

Poser une porte d'entrée prémontée

Construire une ouverture de porte

Une ouverture bien construite renforce le mur au-dessus et sur les côtés de la porte, ce qui est essentiel dans un mur porteur car des poteaux ont été enlevés. Dans un mur de séparation, l'ouverture doit être solide afin d'empêcher les joints des panneaux muraux de se fissurer suite à une utilisation fréquente de la porte.

Il est préférable d'acheter le bloc-porte avant de construire l'ouverture. Celle-ci devrait être 2 cm (¾ po) plus large que le cadre à installer afin de faciliter la mise en place du bloc-porte et de laisser assez d'espace pour faire les ajustements.

Dans les sous-sols très humides, utilisez du bois traité sous pression pour la lisse.

1 Avec un cordeau, marquez sur le plafond l'emplacement de la sablière. Clouez la sablière dans les solives ou les lambourdes, avec des clous posés en biais pour plus de solidité.

2 Avec un fil à plomb, indiquez l'emplacement de la lisse, qui sera clouée aux solives du plancher ou aux lambourdes avec des clous posés en biais. Ne la clouez pas entre les poteaux de renfort car cette section sera enlevée.

DEGRÉ D'HABILETÉ

Menuiserie : habiletés de base.

COMBIEN DE TEMPS FAUT-IL ?

La construction d'une ouverture de porte intérieure prémontée requiert environ :

EXPÉRIMENTÉ	30 min	
INTERMÉDIAIRE	45 min	
DÉBUTANT		1 h

VOUS AUREZ BESOIN :

☐ **Outils :** marteau, équerre, ruban à mesurer, fil à plomb, crayon.

☐ **Matériel :** clous, bois de construction.

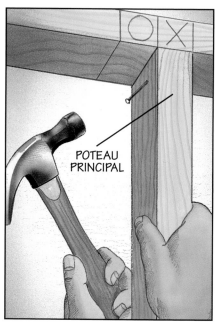

POTEAU PRINCIPAL

3 Mesurez et coupez les poteaux principaux, et placez-les sur les marques. Clouez-les à un angle de 45° ou fixez-les avec des attaches métalliques.

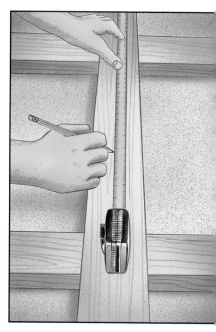

4 Mesurez et marquez les poteaux de renfort à 205 cm (80⅞ po), et coupez-les de cette longueur.

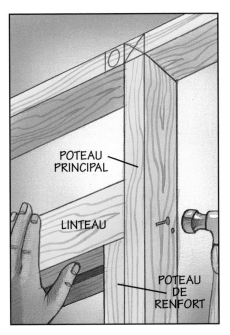

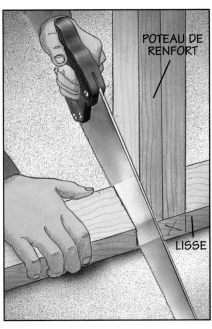

5 Posez un poteau nain à mi-chemin entre les poteaux principaux et clouez-le en biais à la sablière et dans le linteau. Les linteaux sont faits d'un contreplaqué de 2 cm (¾ po) inséré entre deux 2x4.

6 Placez les poteaux de renfort contre l'intérieur des poteaux principaux, et clouez-les. Clouez les poteaux principaux au linteau.

7 Sciez la lisse faite d'un 2x4 à l'intérieur des rives des poteaux de renfort et enlevez la partie coupée.

RACCOURCIR UNE PORTE INTÉRIEURE

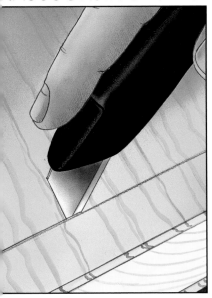

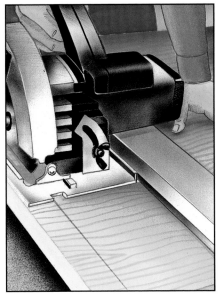

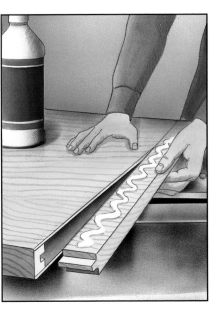

1 La porte en place, faites une marque à 1 cm (⅜ po) du plancher. Retirez la porte des charnières, tracez une ligne complète et coupez le placage avec un couteau universel bien aiguisé pour éviter les éclats lors du sciage.

2 Vous pouvez aussi poser du ruban-cache sur la ligne de coupe pour empêcher les éclats de bois. Placez la porte sur des chevalets et, avec des serre-joints, fixez une règle qui servira de guide. Sciez le bas de la porte. L'âme creuse pourrait être exposée.

3 Pour finir le bas de la porte, enlevez le placage des deux côtés avec un ciseau. Étalez de la colle à bois sur la pièce coupée et insérez-la dans l'ouverture. Pressez avec des serre-joints, essuyez le surplus de colle et laissez sécher toute une nuit.

Poser une porte intérieure prémontée

Les portes prémontées facilitent l'installation ou le remplacement d'une porte intérieure. Une fois l'ouverture faite, on fait glisser à sa place le bloc-porte, qui sera calé pour être de niveau et d'aplomb, puis cloué. Les charnières sont déjà mortaisées et posées, et les trous percés. Il ne reste qu'à poser la serrure et le pêne !

Si vous voulez peindre ou teindre la porte ou la boiserie, faites-le avant d'installer le bloc-porte pour éviter que les produits ne coulent d'une surface verticale.

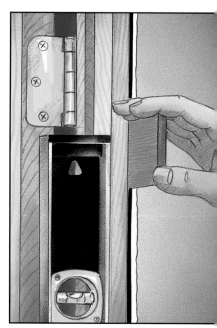

Les portes prémontées standard ont un cadre de 11,5 cm ($4\frac{9}{16}$ de po) de largeur et elles sont conçues pour des murs faits de 2x4 et de panneaux muraux de 1,25 cm ($\frac{1}{2}$ po). Si vos murs sont plus épais, vous devrez rallonger le cadre en fixant des baguettes de bois sur ses rives, sauf si la porte a un jambage en deux pièces. Vous pouvez aussi commander une porte sur mesure.

POSER UNE PORTE INTÉRIEURE À CADRE PLAT

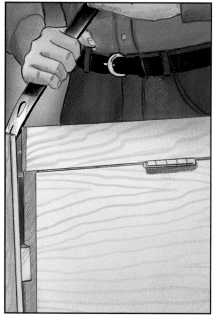

1 À l'achat, un jambage est fixé à un côté de la porte. L'autre jambage déjà coupé à onglet devra être installé.

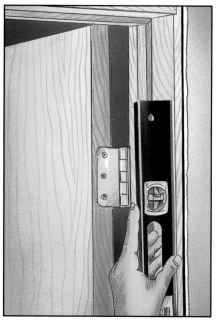

2 Placez le bloc-porte dans l'ouverture et vérifiez-en l'aplomb avec un niveau de menuisier.

3 Au besoin, insérez des cales de bois entre le cadre et la charpente, côté charnières, avec un marteau, et vérifiez l'aplomb avec un niveau.

Les portes et fenêtres

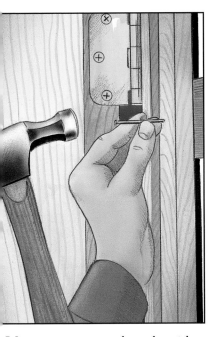

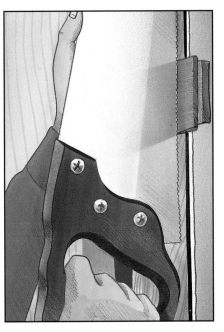

1 Les espaces entre le cadre et la charpente, à l'emplacement des charnières et de la serrure, doivent être calés. Clouez le cadre dans la charpente avec des clous à finir de 2 po, à travers les cales.

5 Coupez les cales avec une scie à main tenue verticalement pour éviter d'endommager le cadre ou le mur.

6 Clouez la boiserie coupée à onglet dans le cadre avec des clous à finir de 1½ po posés tous les 40 cm (16 po). Enfoncez les têtes de clous avec un chasse-clou.

POSER UNE PORTE À CADRE EN DEUX PIÈCES

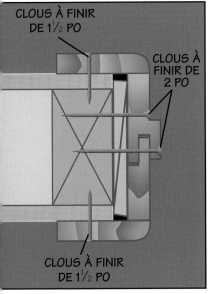

CLOUS À FINIR
DE 1½ PO

CLOUS À
FINIR DE
2 PO

CLOUS À FINIR
DE 1½ PO

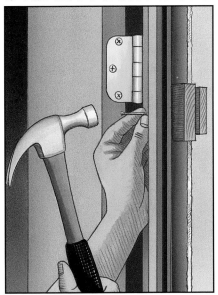

Avec une porte prémontée à cadre en deux pièces, le cadre entoure le mur et est déjà monté : inutile de faire des coupes à onglet précises pour que l'installation ait belle apparence.

1 Séparez le cadre en deux, posez le butoir de porte et clouez partiellement le cadre à 30,5 cm (12 po) du haut. Posez des cales aux charnières et jambages, et sur la partie supérieure du cadre. Vérifiez l'aplomb et le niveau. Clouez le cadre (pas le butoir) à la charpente avec des clous à finir de 2 po.

2 Coupez les cales à égalité avec la première moitié du cadre. Insérez l'autre moitié et poussez jusqu'à ce que le cadre touche le mur. Clouez les deux moitiés du cadre dans le centre du butoir avec des clous à finir de 2 po. Clouez le cadre au mur avec des clous à finir de 1½ po.

Les portes et fenêtres

Poser une porte intérieure prémontée **315**

Poser des moulures à des portes intérieures

Les bloc-portes sont en général vendus avec les moulures de finition. Si la porte est d'équerre, les coins à onglet devraient s'ajuster parfaitement. Par contre, si vous remplacez des moulures existantes ou si vous préférez un style de moulure différent de celui du bloc-porte, vous devrez mesurer et couper vous-même les moulures.

Un angle de 45° convient à un cadre parfaitement d'équerre ce qui, dans les plus vieilles maisons, est plus fréquemment l'exception que la règle. Placez une équerre de charpentier sur un coin du cadre pour voir si vous devrez ajuster l'onglet. À chaque coin supérieur, coupez le bout d'une moulure à un angle de 45°. Pour déterminer l'angle de la moulure contiguë, utilisez d'abord une retaille.

COUPER À ONGLET

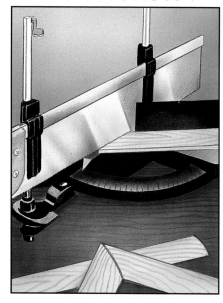

Une boîte à onglets manuelle et une scie à dos permettent de couper des angles précis. Ils conviennent aux petits travaux.

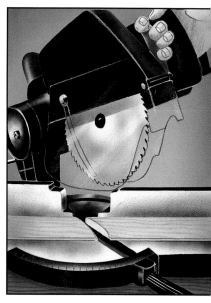

Une boîte à onglets électrique permet de couper des angles uniques ou composés et de travailler rapidement à de plus gros projets.

DEGRÉ D'HABILETÉ

Menuiserie : habiletés de base.

COMBIEN DE TEMPS FAUT-IL ?
Poser des moulures à une porte requiert environ :

EXPÉRIMENTÉ	30 min
INTERMÉDIAIRE	45 min
DÉBUTANT	1 h

VOUS AUREZ BESOIN :

□ **Outils :** boîte à onglets, scie à dos, ruban à mesurer, crayon, équerre, marteau, chasse-clou.

□ **Matériel :** moulures, clous à boiseries, bouche-pores.

POSER DES MOULURES

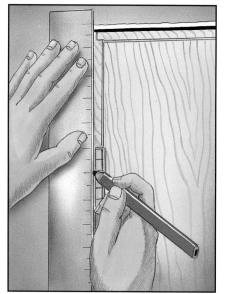

1 Sur chaque côté et sur le dessus du cadre, tracez une ligne en retrait de 3mm à 6mm ($\frac{1}{8}$ à $\frac{1}{4}$ po) du bord intérieur. Les moulures seront posées à égalité avec ces lignes.

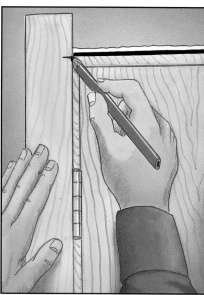

2 Placez une moulure sur un des côtés du cadre, contre la ligne, et marquez le point de rencontre des lignes verticale et horizontale.

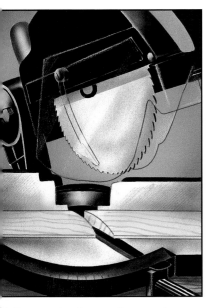

3 Coupez les bouts des moulures à un angle de 45° à l'aide de la scie à onglets.

4 Percez des avant-trous tous les 30,5 cm (12 po) sur les moulures verticales. Clouez-les aux jambages avec des clous à finir de 1½ po et à la charpente avec des clous de 2 po posés près de la rive extérieure de la moulure.

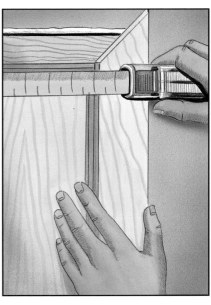

5 Mesurez la distance qui sépare les deux moulures (aux lignes en retrait), et coupez la moulure du dessus à un angles de 45°.

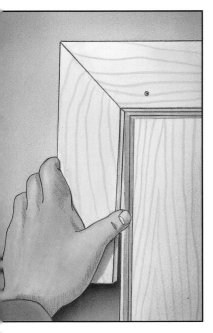

6 Si la porte n'est pas d'équerre, utilisez des retailles pour trouver l'angle contigu qui convient. Percez des avant-trous et fixez la moulure avec des clous à finir de 1½ et 2 po.

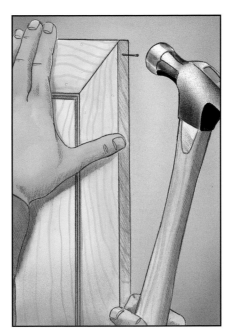

7 Dans chaque coin, percez des avant-trous et enfoncez des clous de 1½ po dans la jonction des moulures.

8 Enfoncez les têtes de clous sous la surface du bois avec un chasse-clou puis remplissez de bouche-pores pour bois.

Poser des moulures à des portes intérieures

VOUS AUREZ BESOIN :

☐ **Outils :** scie à métaux, marteau, ruban à mesurer, crayon, perceuse, forets, tournevis.

☐ **Matériel :** contre-porte, espaceurs, clous à boiseries.

Poser une contre-porte

La pose d'une contre-porte est avantageuse. Elle prolonge la vie de votre porte d'entrée, aide à l'isoler et à la protéger des intempéries, et assure une plus grande sécurité tout en améliorant l'apparence de votre maison.

Il existe des contre-portes dans tous les styles. Recherchez de préférence un modèle à âme pleine, à coquille extérieure sans joints et dont le fini est facile d'entretien. Mesurez soigneusement l'ouverture de votre porte à partir des bords internes de la moulure et soustrayez environ 6 mm (¼ po) de la largeur pour obtenir une dimension de contre-porte convenable. Les différences de dimensions pourront facilement être compensées lors de la pose du cadre de la contre-porte.

Lorsque vous choisissez ou commandez une contre-porte, n'oubliez pas que la poignée doit être du même côté que celle de votre porte d'entrée.

Parce que les contre-portes sont dotées d'une grande surface vitrée et de coupe-froid étanches, il s'accumule beaucoup de chaleur dans l'espace entre les deux portes. En hiver, c'est peut être une bonne chose mais, en plein été, cela risque d'endommager les moulures de plastique des portes d'entrée. Pour cette raison, certains fabricants de portes d'entrée ne recommandent pas l'utilisation d'une contre-porte avec leurs produits.

Lisez les recommandations et spécifications du fabricant de votre porte d'entrée avant d'acheter une contre-porte.

POSER UN CADRE DE CONTRE-PORTE DANS L'OUVERTURE

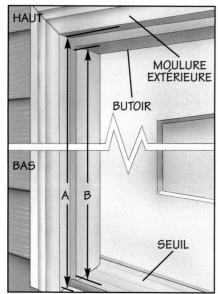

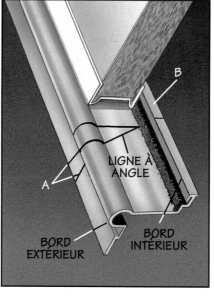

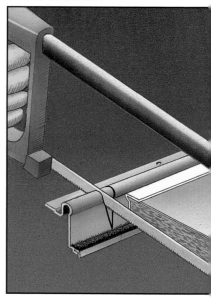

1 Mesurez la distance qui sépare le seuil et le haut de l'ouverture le long de la moulure extérieure (**A**) et le long de la rive avant du butoir de la porte d'entrée (**B**). Soustrayez 3 mm (⅛ po) pour permettre les petits ajustements.

2 En partant du haut du cadre, marquez les points ajustés sur le bourrelet du coin. Tracez une ligne du point A jusqu'au bord extérieur du cadre, et du point B jusqu'au bord intérieur. Tracez une ligne à angle du point A sur le bourrelet jusqu'au point B sur le bord intérieur.

3 Avec une scie à métaux, coupez le bas du cadre, sur la ligne à angle. Donnez à la scie la même inclinaison que la ligne à angle pour une coupe douce et droite.

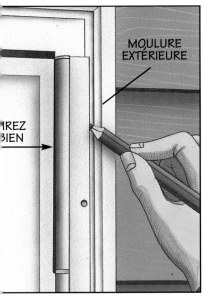

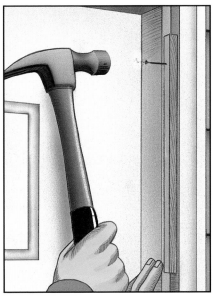

1 Placez la contre-porte dans l'ouverture et tirez le cadre contre la moulure extérieure, côté charnières. Tracez une ligne de référence sur la moulure en suivant le bord du cadre.

2 Poussez la contre-porte contre la moulure, côté serrure, puis mesurez l'espace entre la ligne de référence et le côté charnières du cadre. Si la distance est supérieure à 1 cm (³⁄₈ po), posez des espaceurs.

3 Retirez la porte, percez des avant-trous et clouez de minces baguettes de bois sur la face intérieure de la moulure extérieure, côté charnières. Les baguettes devraient être 3 mm (¹⁄₈ po) plus minces que l'espace mesuré à l'étape 2.

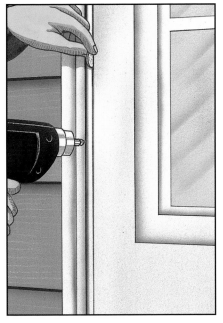

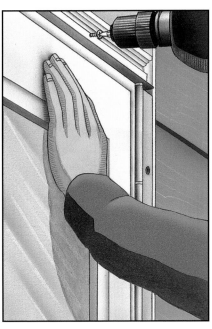

4 Replacez la contre-porte et poussez-la bien contre la moulure extérieure, côté charnières. Percez des avant-trous dans la moulure extérieure et fixez le cadre avec des vis de montage tous les 30,5 cm (12 po).

5 Retirez toute agrafe d'espacement qui retiendrait le cadre. La contre-porte fermée, percez des avant-trous et fixez le cadre, côté serrure, à la moulure. Avec une pièce de monnaie, assurez un espacement égal.

6 Centrez le dessus du cadre sur les côtés du cadre. Percez des avant-trous et vissez sur la moulure extérieure. Ajustez le seuil et posez ferrures et serrure.

Les portes et fenêtres

Poser une porte-fenêtre

En permettant un accès direct à votre terrasse, les portes-fenêtres prolongent votre espace habitable. Pour une pose simplifiée, achetez une porte dont les panneaux sont prémontés dans un cadre. Assurez-vous que la porte-fenêtre est de niveau et d'aplomb et fixez l'ensemble solidement à la charpente pour empêcher les déformations du cadre, dont le haut et le bas sont très longs. Un calfeutrage annuel et un peu de peinture empêchent l'humidité de tordre les jambages.

DEGRÉ D'HABILETÉ

Menuiserie : habiletés moyennes.

Aide : faites-vous aider

COMBIEN DE TEMPS FAUT-IL ?

Poser une porte-fenêtre requiert environ :

EXPÉRIMENTÉ	4 h
INTERMÉDIAIRE	6 h
DÉBUTANT	8 h

VOUS AUREZ BESOIN :

☐ **Outils :** marteau, scie circulaire, ciseau à bois, agrafeuse, pistolet à calfeutrer, niveau, visseuse sans fil, scie à main, perceuse, forets.

☐ **Matériel :** cales, larmier, papier de construction, matériau d'étanchéité, clous à boiseries, vis à bois, barre de seuil.

CONSEILS D'INSTALLATION

Les lourds panneaux de verre peuvent être enlevés si vous n'avez pas d'aide. Le cadre doit d'abord être posé dans l'ouverture brute, et cloué dans les coins opposés. Pour enlever et replacer les panneaux, retirez le rail d'arrêt, au haut du cadre.

Ajustez les roulettes du bas une fois l'installation terminée. Enlevez la plaque située sur le bord intérieur du rail et tournez la vis peu à peu, jusqu'à ce que la porte roule doucement sur le rail.

LES PORTES-FENÊTRES À CHARNIÈRES

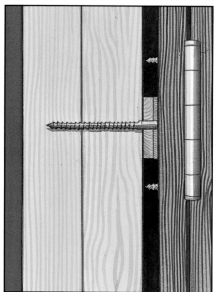

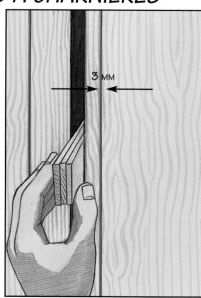

Renforcez les charnières en remplaçant la vis du centre par une vis à bois de 3 po.

Maintenez un espace uniforme de 3 mm (¹⁄₈ po) entre la porte et les jambages et le haut de la porte lorsque vous posez des cales, pour qu'elle puisse s'ouvrir sans se coincer.

POSER UNE PORTE-FENÊTRE

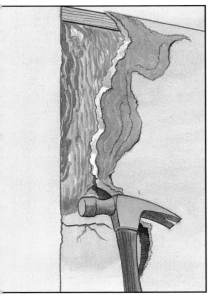

1 Enlevez les surfaces du mur intérieur, construisez une ouverture brute, puis enlevez les surfaces du mur extérieur, à l'intérieur de cette ouverture.

2 Essayez le bloc-porte en le centrant dans l'ouverture et assurez-vous qu'il est d'aplomb et de niveau. Au besoin, calez un jambage. Faites-vous aider tant que la porte n'est pas fixée.

LES PORTES À CHARNIÈRES PEUVENT REMPLACER LES PORTES COULISSANTES.

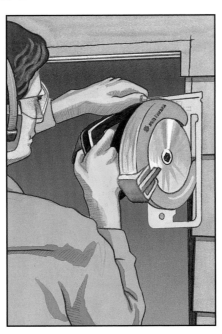

3 Tracez le contour de la moulure extérieure sur le parement, puis retirez le bloc-porte. Si le parement est en vinyle ou en métal, tracez un contour élargi pour faire place à des moulures additionnelles.

4 Avec une scie circulaire, coupez le parement le long du contour, jusqu'au revêtement intermédiaire. Arrêtez avant les coins et terminez avec un couteau à bois. Attention au recul de la scie et au filage à l'intérieur des murs.

5 Coupez un larmier de la largeur de l'ouverture brute et faites-le glisser entre le parement et le papier de construction, au haut de l'ouverture. Ne le clouez pas.

POSER UNE PORTE-FENÊTRE (suite)

6 Taillez des bandes de papier de construction de 20 cm (8 po) de largeur et glissez-les entre le parement et le revêtement intermédiaire. Repliez autour de la charpente et agrafez.

7 Appliquez plusieurs lisières épaisses de matériau d'étanchéité à la silicone sur le sous-plancher, dans le bas de l'ouverture.

8 Appliquez de la silicone autour de la rive des poteaux de charpente, là où le parement rejoint le papier de construction.

9 Centrez le bloc-porte dans l'ouverture afin que la moulure extérieure s'appuie contre le revêtement intermédiaire. Demandez à un aide de tenir le bloc-porte de l'extérieur jusqu'à ce qu'il soit calé et cloué.

10 Assurez-vous que le seuil est de niveau. Au besoin, calez le jambage le plus bas.

11 S'il y a des espaces entre le seuil et le sous-plancher, insérez des cales enduites de matériau d'étanchéité à la silicone tous les 15 cm (6 po), sans ajuster trop étroitement, ce qui ferait bomber le seuil. Essuyez le surplus immédiatement.

12 Placez des paires de cales ensemble pour former des cales plates et insérez-les dans les espaces entre les jambages et les poteaux de renfort, tous les 30,5 cm (12 po). Pour les portes coulissantes, placez des cales derrière la gâche.

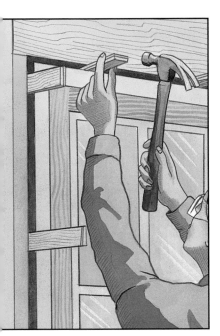

13 Insérez des cales tous les 30,5 cm (12 po) entre le linteau et le haut du cadre.

14 De l'extérieur, clouez la moulure à la charpente tous les 30,5 cm (12 po), avec des clous à boiseries de 3 po. Avec un chasse-clou, enfoncez les têtes de clous.

15 De l'intérieur, clouez le cadre à la charpente à l'emplacement des cales, avec des clous à boiseries de 3 po. Avec un chasse-clou, enfoncez les têtes de clous.

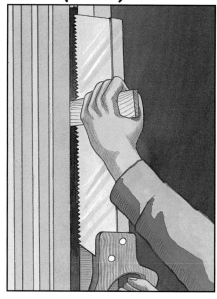

16 Enlevez une vis du butoir au centre du seuil et remplacez-la par une vis à bois de 3 po qui, vissée dans le sous-plancher, servira d'ancrage.

17 Sciez les cales à égalité avec la charpente. Mettez des gants et remplissez l'espace autour du cadre et le dessous du seuil d'isolant en fibre de verre non compressé.

18 Renforcez et scellez la rive du seuil en fixant une barre de seuil sous le seuil et contre le mur avec des clous à boiseries de 3 po.

19 Assurez-vous que le larmier est bien appuyé contre la moulure extérieure. Appliquez de la silicone le long du dessus du larmier et du bord extérieur de la moulure. Bouchez les trous de clous.

20 Calfeutrer le long de la barre du seuil. Utilisez votre doigt ou un outil bon marché pour presser le matériau d'étanchéité dans les fentes. Dès qu'il est sec, peignez la barre du seuil. Posez la serrure et apportez la finition en suivant les directives du fabricant.

Enlever une fenêtre

Avec le temps, il peut arriver qu'une fenêtre se détériore ou devienne si inefficace qu'il est plus économique et plus facile de la remplacer que de la réparer. Ou alors, pour améliorer l'apparence et l'efficacité énergétique de votre maison, vous désirez remplacer de vieilles fenêtres par des fenêtres prémontées plus contemporaines.

Enlever une vieille fenêtre peut sembler compliqué, mais c'est au contraire très simple. Ce qui est plus difficile, par contre, c'est d'enlever une fenêtre en hauteur : vous devez alors louer un échafaudage ou avoir une échelle solide. Les blocs-fenêtres peuvent être volumineux et difficiles à manipuler, surtout aux étages. Faites-vous aider !

1 Avec un levier, retirez les allèges et les rebords. Placez une chute de bois sous le levier pour ne pas endommager le mur autour de la fenêtre.

2 Pour les fenêtres à guillotine à deux châssis mobiles avec contrepoids, coupez les cordes et retirez les contrepoids de leur logement.

DEGRÉ D'HABILETÉ

Menuiserie : habiletés de base.

COMBIEN DE TEMPS FAUT-IL ?

Enlever une fenêtre requiert environ :

EXPÉRIMENTÉ	30 min
INTERMÉDIAIRE	50 min
DÉBUTANT	1 h

VOUS AUREZ BESOIN :

☐ **Outils :** levier, couteau universel, scie alternative, marteau.

☐ **Matériel :** chutes de bois.

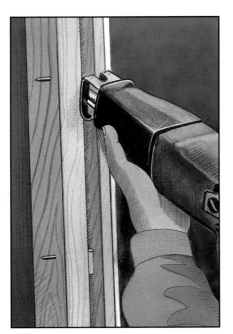

3 Avec une scie alternative, coupez les clous qui retiennent le cadre à la charpente. S'il y a des brides de fixation, coupez ou défaites le parement ou la moulure extérieure, puis enlevez les clous qui retiennent le bloc-fenêtre au revêtement.

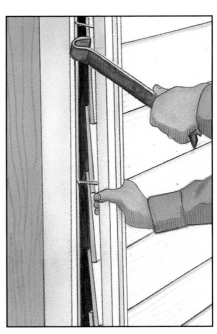

4 Avec un levier, enlevez les moulures extérieures puis sortez le bloc-fenêtre de l'ouverture brute.

DEGRÉ D'HABILETÉ

Menuiserie : habiletés de base.

COMBIEN DE TEMPS FAUT-IL ?

Poser une fenêtre requiert environ :

EXPÉRIMENTÉ	30 min
INTERMÉDIAIRE	45 min
DÉBUTANT	1 h

VOUS AUREZ BESOIN :

☐ **Outils :** marteau, crayon, niveau, scie à main, scie alternative, agrafeuse, chasse-clou, pistolet à calfeutrer.

☐ **Matériel :** cales, papier de construction, larmier, clous, isolant en fibre de verre, silicone.

Poser une fenêtre

Les fenêtres sont offertes dans un choix de formes, de styles, de couleurs et de types de construction. Elles sont le plus souvent faites de bois, d'aluminium ou de vinyle. Chaque fabricant donne des directives spécifiques d'installation mais, dans l'ensemble, tous les blocs-fenêtres s'installent de la même façon.

Les fenêtres prémontées s'insèrent d'une seule pièce dans l'ouverture brute. Une fois les anciennes fenêtres enlevées, mesurez les ouvertures et assurez-vous que les dimensions des nouvelles fenêtres conviennent.

La plupart des bonnes fenêtres doivent être commandées plusieurs semaines à l'avance. N'enlevez pas les anciennes avant d'avoir reçu les nouvelles, et ne vous fiez pas à la date de livraison : un changement brusque de température, un retard de livraison ou une erreur d'exécution de la commande, et vous pourriez vous retrouver avec un grand trou dans le mur de votre maison... À l'arrivée des nouvelles fenêtres, inspectez-les et assurez-vous qu'elles sont de la bonne dimension.

Les fenêtres sont importantes pour la sécurité, l'apparence et l'efficacité énergétique de votre maison, mais vous serez surpris par la simplicité de leur installation. Si elles sont situées aux étages, vous devrez louer un échafaudage ou utiliser une échelle solide pour travailler en sécurité. Comme elles sont difficiles à manipuler, il est bon d'avoir de l'aide et même deux échelles : chaque personne pourra travailler en sécurité.

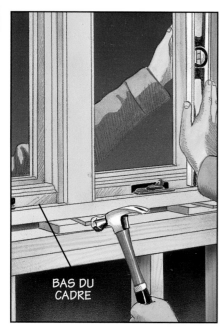

1 Retirez le mur intérieur et essayez la fenêtre en la centrant dans l'ouverture brute. Soutenez-la avec des blocs et des cales placés sous le cadre. Vérifiez l'aplomb et le niveau et ajustez les cales au besoin.

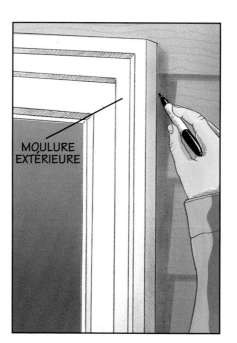

2 Tracez le contour de la moulure extérieure sur le parement. Si le parement est fait de vinyle ou de métal, tracez un contour plus large car des moulures en J devront être ajoutées. Enlevez ensuite le bloc-fenêtre.

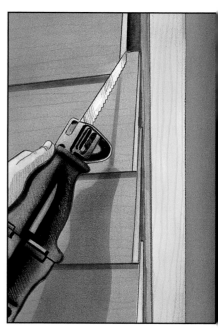

3 Coupez le parement jusqu'au revêtement intermédiaire avec une scie alternative tenue à angle ou une scie circulaire munie d'une lame ajustée à l'épaisseur du parement. Complétez la coupe des coins avec un ciseau.

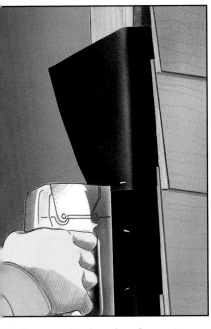

4 Coupez des bandes de papier de construction de 20 cm (8 po) de largeur et glissez-les entre le parement et le revêtement, tout autour de l'ouverture. Repliez le papier autour de la charpente et agrafez-le.

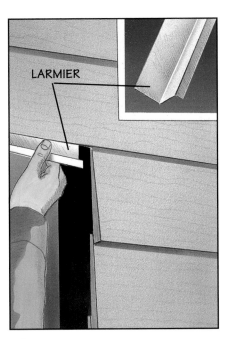

LARMIER

5 Coupez un morceau de larmier de la largeur de la fenêtre et faites-le glisser entre le parement et le papier de construction.

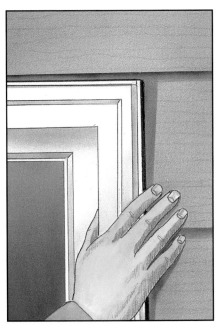

6 Insérez la fenêtre dans l'ouverture et poussez la moulure extérieure pour qu'elle soit bien appuyée contre le revêtement intermédiaire.

7 Voyez quel ajustement sera nécessaire pour que le bloc-fenêtre soit d'aplomb et de niveau.

8 Si la fenêtre est parfaitement de niveau, percez des avant-trous et clouez les deux coins du bas de la moulure avec des clous à boiseries de 3½ po. Si elle ne l'est pas, clouez seulement le coin le plus haut.

9 Au besoin, faites-vous aider pour ajuster les cales sous le coin le plus bas, de l'intérieur.

Poser une fenêtre

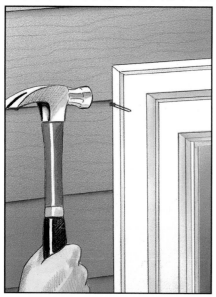

10 Clouez la moulure à la charpente dans les autres coins avec des clous de 3½ po, dans les trous prépercés. Si la fenêtre est revêtue de vinyle, clouez la bride de fixation dans la charpente.

CADRE

11 Placez ensemble des paires de cales pour former des cales plates. De l'intérieur, insérez des cales entre le cadre et la charpente tous les 30,5 cm (12 po).

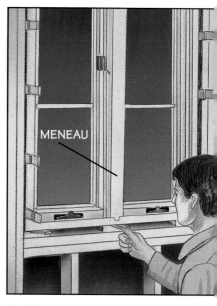

MENEAU

12 Les cales ne doivent pas être trop serrées, ce qui ferait bomber le cadre. Dans le cas des fenêtres à plusieurs sections, posez des cales sous les meneaux.

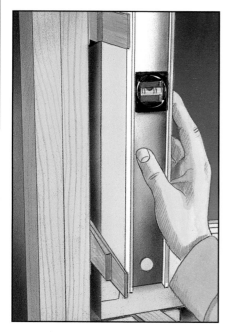

13 Avec une règle, assurez-vous que le cadre ne bombe pas. Au besoin, ajustez les cales. Vérifiez si la fenêtre s'ouvre et se ferme bien.

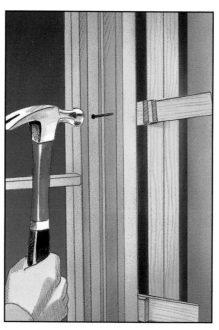

14 À chaque cale, percez un trou de guidage et plantez un clou à boiseries de 2½ po dans le cadre, les cales et la charpente. Enfoncez les têtes avec un chasse-clou.

15 Remplissez les espaces entre le cadre et la charpente avec de l'isolant en fibre de verre non compressé. Portez des gants.

Les portes et fenêtres

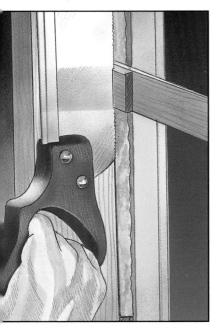

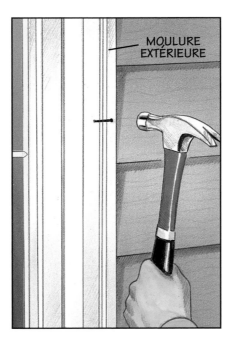

MOULURE
EXTÉRIEURE

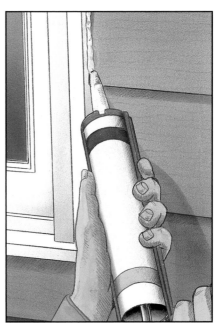

16 Avec une scie à dos, coupez les cales à égalité avec la charpente.

17 De l'extérieur, clouez la moulure à la charpente avec des clous à boiseries galvanisés de 3½ po plantés tous les 30,5 cm (12 po), dans les trous prépercés de la moulure. Enfoncez les têtes avec un chasse-clou.

18 Appliquez un matériau d'étanchéité à la silicone tout le tour du bloc-fenêtre et dans les trous des clous

VARIANTE : ATTACHES À MAÇONNERIE

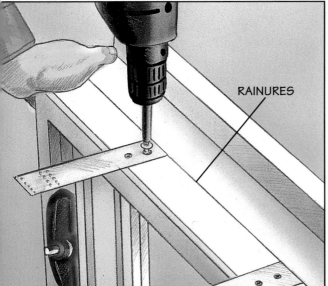

RAINURES

Utilisez des attaches à maçonnerie lorsque la moulure ne peut être clouée parce qu'elle s'appuie sur une surface en maçonnerie. Ces attaches s'insèrent dans des rainures du cadre de la fenêtre et y sont vissées. Elles sont ensuite repliées autour de la charpente.

Fixez les attaches à maçonnerie avec des vis. Les attaches peuvent aussi être utilisées pour un parement imbriqué ou une fenêtre couverte d'une couche de peinture au polymère si vous voulez éviter de trouer la surface lisse de la moulure.

Les fenêtres en vinyle

Le cadre de ces fenêtres est entièrement recouvert d'une couche durable de vinyle. Pour simplifier leur installation et assurer un joint étanche, elles possèdent une bride de montage moulée à même leur revêtement. Cette bride, qui est dotée de trous également espacés tout le tour de la fenêtre, se cloue dans la charpente avec des clous à toiture galvanisés de 2 po.

L'installation de fenêtres recouvertes de vinyle est facile et rapide. Dépendant de leurs dimensions et de la hauteur à laquelle elles doivent être posées, une seule personne suffit généralement.

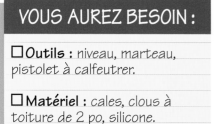

DEGRÉ D'HABILETÉ

Menuiserie : habiletés moyennes.

COMBIEN DE TEMPS FAUT-IL ?

Poser une fenêtre à revêtement de vinyle requiert environ :

EXPÉRIMENTÉ	30 min
INTERMÉDIAIRE	45 min
DÉBUTANT	1 h

VOUS AUREZ BESOIN :

☐ **Outils :** niveau, marteau, pistolet à calfeutrer.

☐ **Matériel :** cales, clous à toiture de 2 po, silicone.

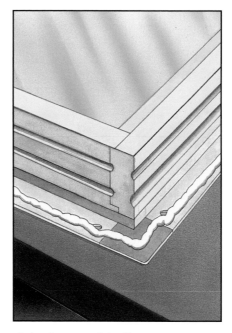

1 Après avoir bâti l'ouverture brute (p. 305 et 306) ou enlevé l'ancienne fenêtre, appliquez une lisière de silicone sur l'endos des brides, tout le tour de la fenêtre.

2 Placez des blocs de 6 mm ($\frac{1}{4}$ po) sous les coins du seuil pour créer un espace et asseoir la fenêtre dans son ouverture.

3 Placez un niveau de menuisier sur le haut de la fenêtre et, à l'aide de cales glissées sous les jambages, mettez-la de niveau.

4 Avec un niveau de menuisier posé sur la face extérieure des jambages, mettez la fenêtre d'aplomb.

5 Fixez la fenêtre en clouant la bride avec des clous à toiture galvanisés de 2 po posés dans es coins supérieurs.

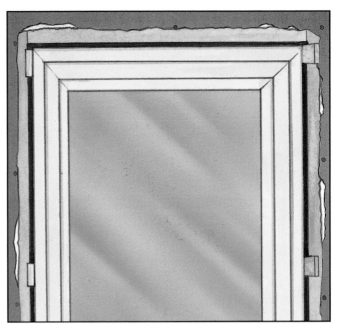

6 Au besoin, posez des cales entre les jambages et la charpente pour obtenir un espacement égal de haut en bas.

7 Mesurez la fenêtre d'un coin à l'autre, en diagonale, pour vous assurer qu'elle est d'équerre. Ajustez les cales au besoin.

8 Terminez l'installation en plantant des clous à toiture galvanisés de 2 po dans tous les trous prépercés de la bride. Scellez la bride au revêtement avec un matériau d'étanchéité à la silicone. Posez le parement en laissant un espace de 6 mm à 1 cm ($\frac{1}{4}$ à $\frac{3}{8}$ po), que vous scellerez avec de la silicone.

Remplacer un vitrage

Les vitrages, on le sait, se brisent ! Les anciens vitrages montés dans le plomb se relâchent et vibrent. Quant aux panneaux doubles modernes, ils peuvent s'embuer si l'humidité s'infiltre, et les panneaux de plastique peuvent jaunir et se craqueler avec le temps. Quel que soit le problème, les outils nécessaires pour remplacer un vitrage sont simples et peu nombreux !

Certains codes exigent que des panneaux résistant aux éclats soient utilisés pour les portes et les vitrages latéraux de porte : vérifiez d'abord auprès d'un spécialiste. Si vous comptez installer un vitrage double ou triple, commandez-le à l'avance car il devra peut-être être fait sur mesure.

Vous pouvez couper vous-même votre panneau de verre ou de plastique. Lorsque vous coupez du verre, portez toujours des gants et des lunettes de sécurité. Exercez-vous d'abord sur des rebuts et travaillez sur une surface plane rembourrée de plusieurs couches de papier ou d'un tapis mince. Couper un panneau de plastique est moins risqué, mais ayez soin de ne pas l'égratigner.

GUIDE DES BONS ACHAT$

Choisir un vitrage

Vous pouvez remplacer un vitrage brisé par du verre ou de l'acrylique clair. Le verre est plus clair et il résiste mieux aux égratignures, mais si la durabilité vous importe, l'acrylique clair est préférable. Quant au verre trempé, il procure de la résistance, de la durabilité et une bonne visibilité. En revanche, vous ne pouvez le couper vous-même : la tâche doit être laissée à un spécialiste.

POSER UN NOUVEAU VITRAGE

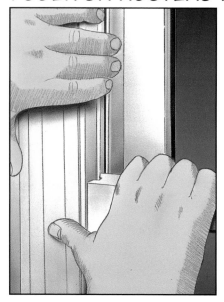

1 Dégagez le châssis à ressort d'une fenêtre à guillotine en poussant contre les glissières de vinyle souple. Les anciens modèles peuvent être réparés en laissant le châssis dans le cadre.

2 Ramollissez le vieux mastic avec un pistolet thermique ou un chalumeau, sans roussir le bois, puis enlevez-le avec un couteau. Pour les fenêtres récentes, retirez les languettes de vinyle.

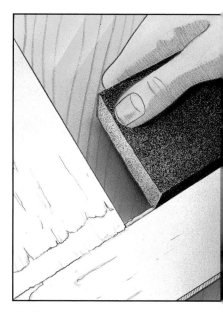

3 Retirez la vitre brisée et les pointes, puis poncez les rainures pour les débarrasser de la peinture et du mastic. Appliquez une couche d'apprêt et laissez sécher.

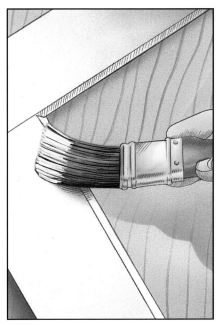

4 Appliquez une couche mince de mastic de vitrier dans les rainures. Pressez délicatement la vitre pour bien l'asseoir. Avec un couteau, enfoncez des pointes tous les 25 cm (10 po) sans appuyer sur la vitre pour ne pas la briser.

5 Appliquez le mastic de vitrier en déplaçant le tube le long du bord de la vitre et en poussant sur la manette de façon continue. Lissez avec un doigt mouillé ou un linge.

6 Le mastic au latex peut être peint le même jour. Faites déborder la peinture de 1,5 mm ($\frac{1}{16}$ po) pour améliorer l'étanchéité.

Remplacer les grillages de moustiquaires

Ils sont relativement faciles à réparer et à remplacer. Les grillages en fibre de verre sont faciles à poser, mais tendent à s'affaisser. Quant à ceux en aluminium, ils sont plus chers et plus résistants, mais ils s'oxydent sous les climats humides. Les deux types se remplacent de la même façon : adaptez la méthode de réparation à la nature et à l'étendue des dommages.

Qu'il soit oxydé ou couvert de poussière, le grillage en aluminium n'a besoin que d'un brossage à la brosse de métal et d'un nettoyage à l'aspirateur. Les joints mal fixés des cadres de bois peuvent être renforcés au moyen d'attaches en coin ou de vis. Les trous peuvent être réparés avec de la colle, une alêne ou du fil de métal, ou rapiécés avec des pièces préfabriquées.

Pour faciliter la manipulation, coupez le grillage de 2,5 à 5 cm (1 à 2 po) plus grand que l'ouverture pour pouvoir l'étirer. Quand il est installé, coupez le surplus.

DEGRÉ D'HABILETÉ

Menuiserie : habiletés de base.

COMBIEN DE TEMPS FAUT-IL ?
Remplacer le grillage d'une moustiquaire requiert environ :

EXPÉRIMENTÉ	30 min
INTERMÉDIAIRE	45 min
DÉBUTANT	1 h

VOUS AUREZ BESOIN :

☐ **Outils :** couteau universel, marteau, outil à languette, agrafeuse, scie à métaux, alêne, tournevis.

☐ **Matériel :** grillage, languettes.

LES CADRES DE BOIS

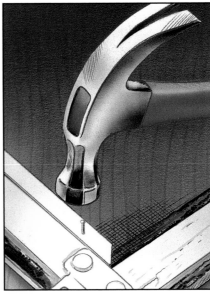

1 Dégagez la moulure avec un petit ciseau à bois ou un tournevis. Si elle est collée par de la peinture, coupez la mince couche de peinture avec un couteau universel.

2 Tendez le grillage sur le cadre et fixez-le avec des agrafes ou des punaises. Un surplus de grillage facilite la pose.

3 Clouez la moulure avec des clous à petite tête et coupez le surplus de grillage avec un couteau universel.

LES CADRES D'ALUMINIUM

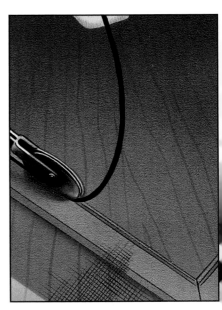

1 Retirez la languette de vinyle de la rainure avec un tournevis. Si elle est encore souple, réutilisez-la. Sinon, remplacez-la.

2 Tendez le nouveau grillage sur le cadre pour qu'il recouvre les rainures de fixation.

3 Avec un outil à languette, pressez le grillage et la languette dans les rainures. Coupez le surplus avec un couteau universel.

LES CADRES DE MÉTAL

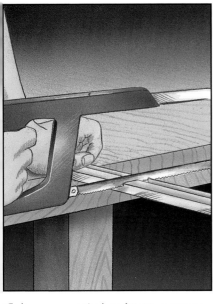

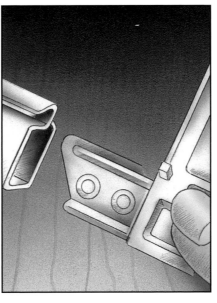

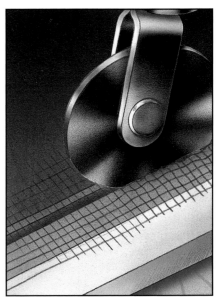

1 Avec une scie à métaux, coupez d'équerre les longueurs de métal. N'oubliez pas de soustraire la longueur des deux coins de fixation (voir à droite).

2 Poussez les coins de fixation à l'intérieur du cadre. Si celui-ci s'est refermé lors du sciage, ouvrez-le avec un tournevis.

3 Coupez le grillage 1,25 cm (½ po) plus grand que le cadre et coupez les coins en diagonale. Poussez le grillage dans la rainure avec la molette convexe de l'outil à languette.

RAPIÉCER UN GRILLAGE

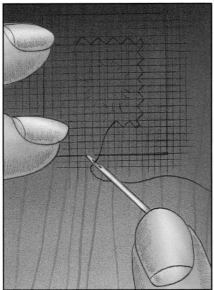

4 Avec la molette concave, enfoncez la languette et le grillage dans la rainure, avec des mouvements courts et fermes. Coupez le surplus de languette et de grillage.

Rapiécez les trous en cousant des fils tirés de la pièce de grillage de plastique ou de fibre de verre. Pour les petits trous, utilisez un peu de colle imperméable que vous essuierez avant qu'elle ne sèche.

Pour les grillages de métal, tirez les fils des bords de la pièce. Pliez-les, poussez-les autour du trou et repliez les bouts. Pour les petits trous, redonnez sa forme au filet avec un cure-dent ou un trombone redressé.

Les serrures de fenêtres

Pour ralentir et peut-être décourager les voleurs, on se doit de poser des serrures aux fenêtres. On ne peut se fier aux loquets en forme de coquille des fenêtres à guillotine qui ne servent qu'à rapprocher les châssis afin d'assurer leur étanchéité.

Vous pouvez fabriquer une serrure en perçant un trou complètement dans le châssis intérieur et partiellement dans le châssis extérieur et en y insérant un gros clou, un boulon ou un goujon d'un diamètre légèrement inférieur. Les serrures présentées ici sont des variantes de ce concept. Si possible, achetez vos serrures chez un même fabricant afin qu'une seule clé convienne à toutes les fenêtres. Ayez une clé près de chaque fenêtre (mais invisible de l'extérieur) pour pouvoir ouvrir rapidement en cas d'urgence.

Si le code local des incendies le permet, améliorez votre sécurité en remplaçant les vitrages simples par des vitrages au polycarbonate ou en verre armé. Des mesures plus draconiennes comme des volets ou une grille peuvent aussi être utilisées.

TRAVAILLER EFFICACEMENT

Il existe des verrous conçus pour les fenêtres, comme ceux présentés ici mais, bien qu'ils soient moins commodes, les verrous ordinaires assurent aussi la sécurité. Quant aux portes coulissantes des portes-fenêtres, elles peuvent être bloquées en plaçant une planche entre la porte intérieure et le jambage.

SERRURES POUR FENÊTRES COULISSANTES

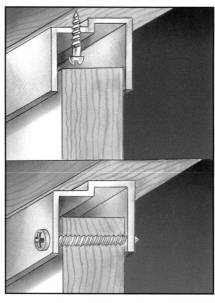

Une vis posée à la verticale dans la glissière du haut empêche le châssis d'être soulevé et enlevé. À l'horizontale, elle l'empêche de glisser.

Un verrou pour rail empêche la fenêtre de s'ouvrir. Tournez la manette vers la gauche pour desserrer le verrou et vers la droite pour le serrer.

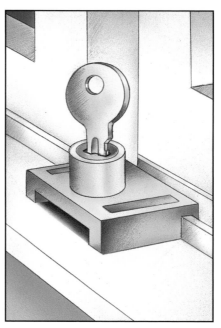

Un verrou à clé peut être fixé au rail, que la fenêtre soit ouverte ou fermée. Tournez la clé pour ancrer la serrure.

FENÊTRES À BATTANTS

Une fermeture à clé, généralement fixée avec des vis à sens unique, peut remplacer la fermeture manuelle courante des fenêtres à battants. Spécifiez si elle ira sur le battant gauche ou droit.

FERMETURES POUR FENÊTRES À GUILLOTINE

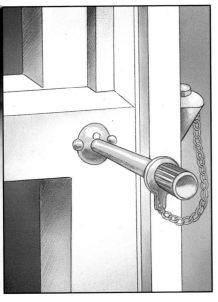

Pour les goupilles de blocage, alignez les deux châssis puis percez un trou complet à gauche et à droite dans le haut du châssis du bas et, partiel, dans le bas du châssis du haut. Posez les appliques et les chaînes.

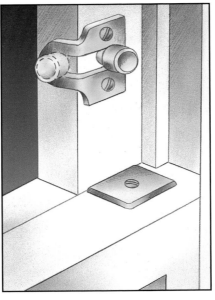

Les butoirs d'aération sont vissés sur les côtés du châssis du haut, à 2,5 cm (1 po) ou plus du point de rencontre des traverses. Les gâches sont vissées sur le dessus des châssis du bas.

Pour les boulons de sécurité, percez complètement le haut du châssis du bas, et en partie le bas du châssis du haut. Insérez une rondelle et un boulon et serrez avec un tournevis à douille.

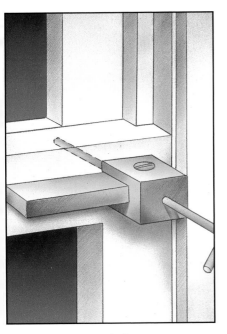

Pour les verrous à tige, marquez leur emplacement sur la traverse supérieure du châssis du bas. Percez complètement ce châssis et partiellement celui du haut, et posez les verrous.

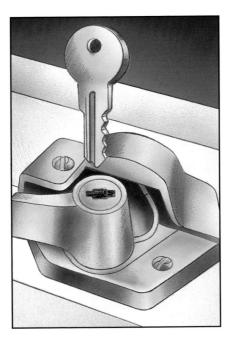

Les serrures à clé sont fixées avec des vis à sens unique. Au besoin, remplissez les anciens trous de bouche-pores pour bois ou d'allumettes de bois, percez des avant-trous et fixez.

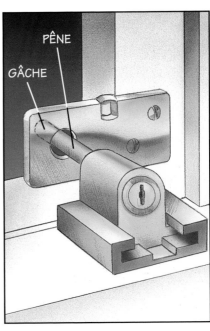

Les verrous à clé sont munis d'un pêne et d'une gâche. Ils sont montés sur le coin supérieur du châssis du bas et la gâche est vissée au montant du châssis du haut.

PÊNE

GÂCHE

Réparer les fenêtres

Le bois des fenêtres à guillotine peut se contracter, pourrir ou se tordre, les joints se relâcher, et l'accumulation de peinture nuire à son ouverture. De plus, le système de balancier peut s'user ou se briser. Les cordes de châssis qui se brisent sont un problème courant.

Il est important de nettoyer et de lubrifier les pièces. La poussière et la graisse s'accumulent dans les mécanismes et gênent le fonctionnement des engrenages. Utilisez un lubrifiant à la silicone en aérosol.

Pour faire un bon nettoyage annuel, il faut désassembler soigneusement le mécanisme du châssis. La poussière s'accumule aussi sur les rails entourant le châssis : nettoyez-les à l'aspirateur. Nettoyez les châssis et le cadre avec un détergent doux. Quant à l'acier, grattez et repeignez les parties rouillées avec une peinture extérieure antirouille.

Les fenêtres à battants s'entretiennent de la même façon que les fenêtres à guillotine. Si le châssis ne glisse pas bien, c'est peut-être à cause de l'humidité ou de charnières défectueuses. Poncez les bords du châssis au besoin, et réparez ou remplacez les charnières. Repositionner un butoir de battant peut l'empêcher de ballotter.

Malgré les meilleurs soins, une fenêtre peut se briser. Conservez les pièces brisées pour faciliter la recherche des pièces de rechange. Si votre quincaillier ne peut les remplacer, apportez vos pièces chez un spécialiste des fenêtres ou appelez le fabricant.

Mais avant d'effectuer une réparation, soyez certain que la fenêtre en vaut la peine...

NETTOYER ET LUBRIFIER

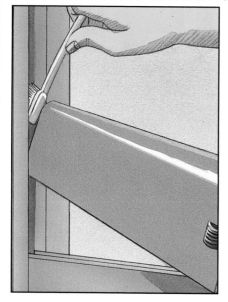

Nettoyez les rails avec un aspirateur et une brosse à dent. L'accumulation de poussière dans les rails des contre-fenêtres est fréquente.

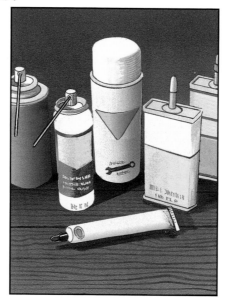

Une variété de nettoyants et de lubrifiants sont disponibles : lubrifiants et solvants en aérosols, huiles pénétrantes, silicone, poudre de graphite. Un pain de savon ordinaire fait aussi l'affaire.

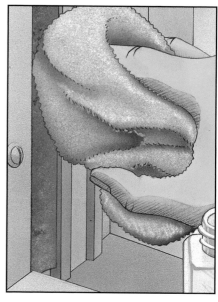

Nettoyez les coupe-froid avec un chiffon et un nettoyant en aérosol. Utilisez un décapant pour enlever la peinture qui retient les fenêtres, et appliquez un lubrifiant. Les décapants peuvent endommager les fenêtres recouvertes de vinyle. Faites d'abord un test sur une partie cachée.

LIBÉRER UN CHÂSSIS COLLÉ

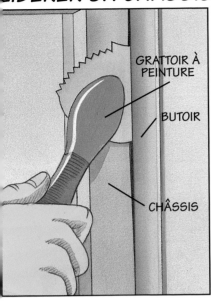

GRATTOIR À PEINTURE

BUTOIR

CHÂSSIS

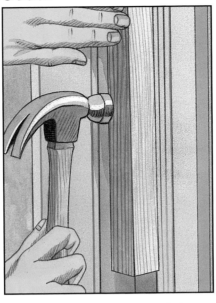

Si la fenêtre est collée par de la peinture, coupez la mince couche de peinture entre le butoir et le châssis avec un couteau universel ou un grattoir à peinture.

Placez une retaille de bois le long du châssis et libérez-le en frappant dessus avec un marteau.

LES RESSORTS

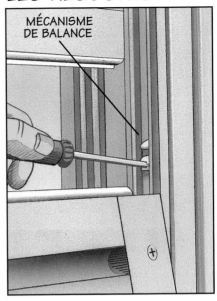

MÉCANISME DE BALANCE

Pour ajuster les ressorts, ajustez les vis à l'intérieur des rails en vissant jusqu'à ce que la fenêtre soit bien balancée.

LES CORDES PEUVENT SE REMPLACER PAR DES MÉCANISMES COMBINANT RESSORTS ET COUPE-FROID.

REMPLACER LES CORDES DE CHÂSSIS

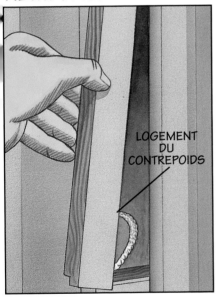

LOGEMENT DU CONTREPOIDS

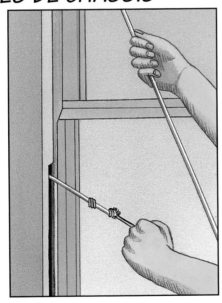

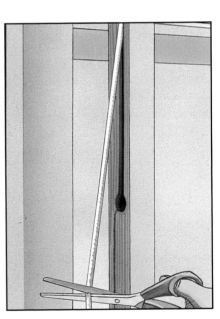

1 Enlevez le butoir et le coupe-froid, retirez la fenêtre et coupez la corde. Retirez le cache du logement situé au bas de la glissière, sortez le contrepoids et coupez la corde.

2 Attachez une ficelle à un petit clou et à la nouvelle corde. Faites passer le clou au-dessus de la poulie et laissez-le tomber dans le logement. Tirez la corde et nouez-la bien au contrepoids, que vous remettrez dans son logement. Tirez pour lever le contrepoids jusqu'à la poulie.

3 Le châssis reposant sur le seuil, tenez fermement la corde contre la fenêtre et coupez-la 7,5 cm (3 po) plus loin que le trou du châssis. Nouez-la et mettez-la en place. Replacez le cache, puis les butoirs et les coupe-froid.

Les portes de garage en sections

Parce qu'elles se salissent, s'usent et se désalignent, les portes de garage requièrent un entretien occasionnel pour bien fonctionner.

Parce que les problèmes sont discrets au départ, vous risquez de ne les remarquer que lorsqu'ils se sont aggravés. Il peut s'agir d'un problème mineur (une porte qui ne s'ouvre plus), ou majeur (un mauvais alignement de la porte qui peut causer des blessures). Inspectez la porte régulièrement. Commencez avec le plus facile : les tiges de verrouillage s'engagent-elles bien dans les gâches des deux côtés de la porte ? Les charnières sont-elles fermement fixées ? Les galets roulent-ils bien ? Ces questions réglées, vérifiez si la porte s'ouvre et se ferme en douceur. Si nécessaire, poursuivez votre investigation.

Nettoyez les rails et les galets, mais sans les lubrifier car l'huile captera la poussière, ce qui causera plus de problèmes. En revanche, appliquez une huile à machine sur les charnières, les axes, les verrous et les cornières.

Assurez-vous que la porte ne frotte ni ne coince, et que les galets roulent bien dans les rails. Au besoin, ajustez les supports de rail en suivant les directives de la page suivante.
Si la porte ne fonctionne toujours pas bien, c'est probablement qu'elle n'est pas balancée. Lors de son ouverture ou de sa fermeture, la porte pourrait alors blesser quelqu'un. La solution à ce problème se trouve à la page 342.

ATTENTION Les ressorts de torsion sont dangereux. Faites-les ajuster par un spécialiste. **DANGER**

Les ressorts de torsion équilibrent le poids de la porte et assurent une ouverture et une fermeture en douceur. Ils sont sous forte tension et peuvent être dangereux.

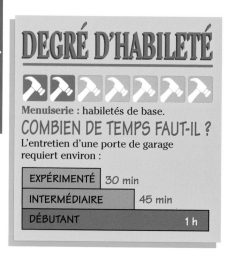

DEGRÉ D'HABILETÉ

Menuiserie : habiletés de base.

COMBIEN DE TEMPS FAUT-IL ?
L'entretien d'une porte de garage requiert environ :

EXPÉRIMENTÉ	30 min
INTERMÉDIAIRE	45 min
DÉBUTANT	1 h

VOUS AUREZ BESOIN :

☐ **Outils :** clés, serre-joints en C, tournevis, marteau, escabeau, pinceau, pinces-étaux.

☐ **Matériel :** lubrifiant, peinture, ruban-cache.

PIÈCES D'UNE PORTE EN SECTIONS

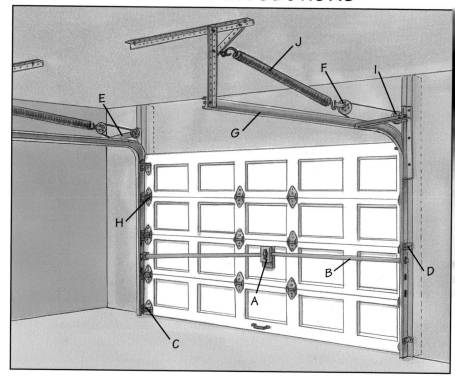

Pièces : serrure (**A**), tige de verrouillage (**B**), ancrage de câble (**C**), support de rail (**D**), cornière de fixation du rail avant (**E**), poulie mobile (**F**), rail (**G**), charnière à galet (**H**), poulie fixe (**I**), ressort de tension (**J**).

CONSEILS D'ENTRETIEN DES PORTES EN SECTIONS

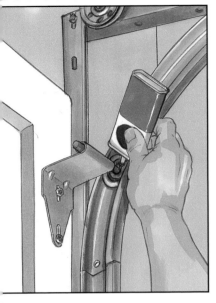

Lubrifiez les pièces mobiles deux ou trois fois l'an. Ne lubrifiez pas les rails ou les galets, car ils capteraient les saletés et cela nuirait au bon fonctionnement de la porte.

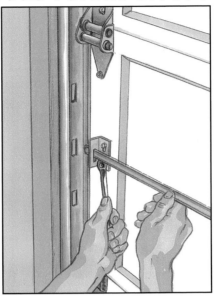

Les tiges de verrouillage doivent glisser en douceur dans les gâches. Au besoin, repositionnez les supports qui les maintiennent en place et resserrez.

Les vibrations peuvent relâcher vis et boulons (une charnière mal vissée peut endommager sérieusement une porte). Resserrez bien, sans oublier la poignée car si celle-ci se détache des tiges de verrouillage, vous pourriez ne plus pouvoir entrer !

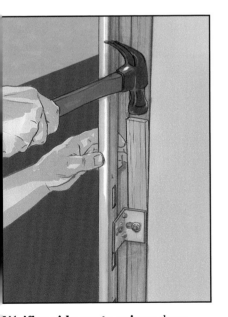

Vérifiez si la porte coince dans son cadre. Au besoin, desserrez les supports et éloignez les rails du cadre. Resserrez. Si vous ne pouvez déplacer suffisamment les rails, calez les supports.

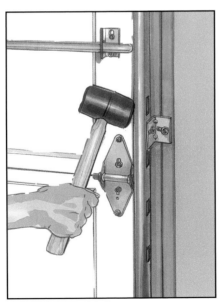

Positionnez la porte et le rail pour qu'il y ait un jeu de 1,5 à 2 cm ($\frac{5}{8}$ à $\frac{7}{8}$ po) entre la rive de la porte et le rail, tout au long du rail. Pour ajuster, desserrez les supports et poussez doucement avec un marteau. Resserrez.

Prévenez la pourriture ou la rouille en peignant une porte très abîmée. Pour vérifiez la qualité de l'adhérence de la peinture, peignez une petite section, laissez sécher et posez du ruban-cache. Si le ruban enlève la peinture, vous devrez trouver un autre type de peinture ou mieux préparer la porte.

AJUSTER UNE PORTE NON BALANCÉE

Avec le temps, les câbles et les ressorts s'étirent et peuvent causer un déséquilibre dangereux. La porte se ferme ou s'ouvre trop rapidement, ce qui peut occasionner des blessures aux personnes. Une porte bien balancée doit demeurer stationnaire lorsqu'elle est ouverte de 1 à 1,2 m (3 à 4 pi) du sol, et elle s'arrête doucement à l'ouverture et à la fermeture. Si elle se ferme avec force, ou se ferme puis s'ouvre légèrement, vous devrez ajuster la tension des ressorts.

ATTENTION

Des ressorts mal ajustés peuvent causer des blessures.

DANGER

1 Levez et abaissez la porte jusqu'à ce qu'elle soit stationnaire lorsque vous n'y touchez plus. À plus de 1,2 m (4 pi) ou moins de 1 m (3 pi), votre porte a besoin d'être équilibrée.

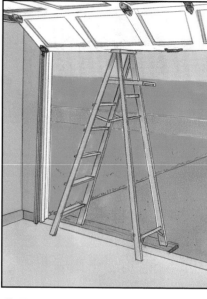

2 Faites tous les ajustements la porte ouverte, pour éliminer toute pression sur les ressorts. Maintenez la porte ouverte avec un escabeau ou posez des serre-joints en C sur les rails.

3 Retirez les ressorts compressés de leur dispositif de suspension. Si la porte se ferme trop vite, accrochez-les un trou plus haut dans le support. Si elle s'ouvre trop vite, accrochez-les un trou plus bas. Vérifiez à nouveau l'équilibre.

4 Fermez la porte et vérifiez avec un niveau si la porte descend également des deux côtés. Au besoin, ajustez la tension des ressorts de chaque côté de la porte.

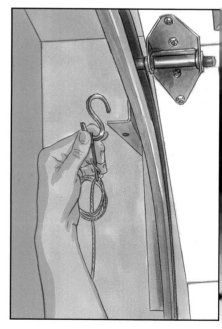

5 Pour plus de précision, ajustez le câble au lieu du ressort. La porte ouverte, retirez le crochet en S du support du câble et serrez ou desserrez au besoin.

Entretien des ouvre-portes

Les ouvre-portes sont généralement dotés d'un moteur de ¼, ⅓ ou ½ HP (*horsepower*). Évidemment, le prix dépend de la taille du moteur, mais même un moteur de ¼ HP (*horsepower*) peut ouvrir la plus grande des portes de garages résidentiels, qui mesure 5,5 m (18 pi) de largeur sur 2,4 m (8 pi) de hauteur.

Certains ouvre-portes ont une transmission à chaîne et pignon, d'autres une transmission à vis et un chariot qui se déplace le long de cette vis. Ces deux types d'entraînements sont suffisamment forts pour soulever une porte, mais le deuxième est en général plus faible à cause du chariot, qui est d'ordinaire fait de plastique.

Les fabricants vous diront que les deux systèmes fonctionnent également bien. En revanche, ils recommandent la transmission à chaîne dans les climats nordiques, car la vis d'entraînement requiert un graissage qui peut geler l'hiver et empêcher la porte de s'ouvrir.

Les capteurs de sécurité à infrarouge accompagnent obligatoirement les ouvre-portes. Ils émettent un rayon de lumière invisible et empêche la porte de se fermer sur une voiture ou un enfant qui se trouverait sur son chemin. Plusieurs entreprises produisent des capteurs qui peuvent être ajoutés aux systèmes existants. Inspectez votre ouvre-porte régulièrement, en suivant les directives de la page 345.

Les garanties varient d'une marque à l'autre. Recherchez une bonne garantie offerte par une entreprise réputée.

COMPOSANTS D'UN OUVRE-PORTE DE GARAGE

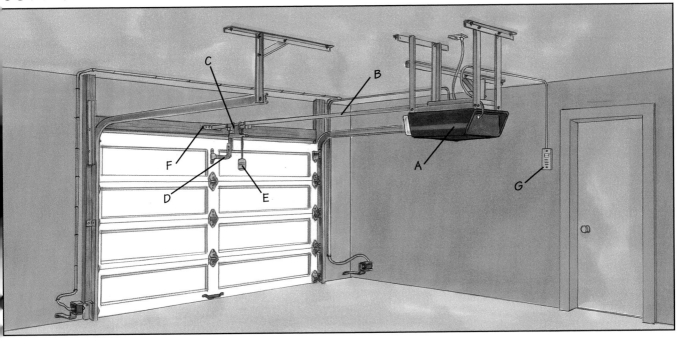

Composants : le bloc-moteur (**A**) est activé par un transmetteur, une clé ou un commutateur. Le rail (**B**) guide et soutient le chariot (**C**), qui joint la chaîne au bras (**D**), lui-même fixé à la porte. Le déclencheur de sécurité manuel (**E**) désengage le chariot du bras et permet d'ouvrir la porte manuellement en cas de panne d'électricité. Le support du linteau (**F**) fixe le rail au-dessus de la porte et soutient l'assemblage de la poulie folle, qui guide la transmission à chaîne. Le commutateur auxiliaire intérieur (**G**) permet de faire fonctionner la porte de l'intérieur du garage.

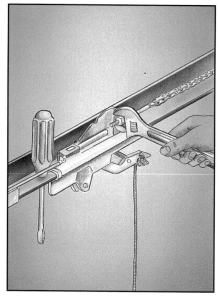

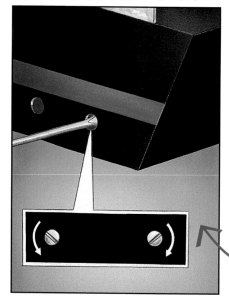

ATTENTION
AUX BORNES
DESSERRÉES
OU BRISÉES.

Ajustez la tension de la chaîne pour éliminer tout affaissement. Si elle s'affaisse de plus de 1,25 cm (½ po), elle peut cogner contre le rail et user le pignon d'entraînement. Elle doit être à 1,25 cm (½ po) au-dessus de la base du rail. Ne serrez pas trop.

Ajustez les vis de réglage si la porte ne s'ouvre pas entièrement. Débranchez l'ouvre-porte et localisez la vis d'ajustement de la hauteur sur le groupe moteur. Serrez la vis, rebranchez et faites fonctionner. Au besoin, réajustez.

Changements de fréquences

Certaines commandes à distance programmables permettent de changer la fréquence à laquelle le transmetteur fonctionne pour activer le moteur, ce qui peut être pratique si un voisin utilise la même fréquence que vous. Pour plus de sûreté, vous pouvez aussi changer votre fréquence si vous perdez un transmetteur.

Créez un code de transmission en vous servant d'un crayon pour programmer au hasard les commutateurs dans une séquence de marche-arrêt. Ouvrez le transmetteur, trouvez les commutateurs à bascule, et programmez-les comme ceux du bloc-moteur, qui fonctionnera exclusivement au signal prédéterminé de votre transmetteur.

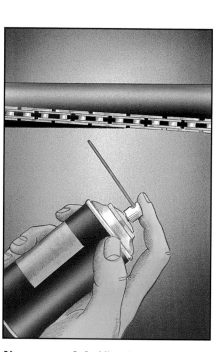

Vérifiez régulièrement l'alignement des capteurs de l'inversion automatique et ajustez au besoin. Pour bien fonctionner, ils doivent se faire face.

Nettoyez et lubrifiez la chaîne d'entraînement et le rail. Utilisez une huile légère pénétrante et non de la graisse pour éviter l'accumulation de poussière.

Les portes et fenêtres

VÉRIFIER LA SÉCURITÉ D'UN OUVRE-PORTE

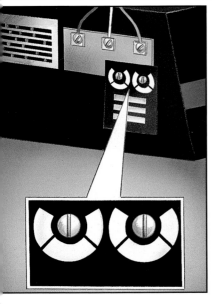

Ajustez la sensibilité de l'ouvre-porte s'il s'inverse trop facilement ou trop difficilement. Débranchez le bloc-moteur et ajustez la vis de la force descendante.

Vérifiez régulièrement la sensibilité de la force descendante. Placez une planche de 2,5 cm (1 po) ou plus sur le sol, au centre de l'ouverture, et actionnez l'ouvre-porte. Lorsque la porte entre en contact avec la planche, l'ouvre-porte doit forcer légèrement, puis s'inverser et ouvrir la porte. Si la pression est trop grande ou trop légère, faites les ajustements nécessaires puis vérifiez la pression avec votre main.

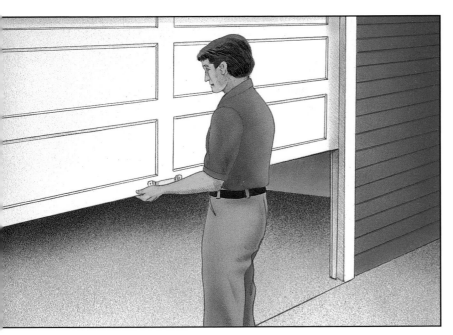

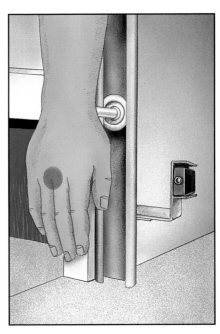

Testez la sensibilité de la force descendante avec votre main pour sentir la pression de la porte lorsqu'elle entre en contact avec une personne. Tenez-vous devant le centre de la porte, actionnez la fermeture et tenez le bas de la porte pour essayer de la retenir. Voyez si la pression est trop forte ou trop légère. Ajustez les vis de la force descendante au besoin.

Vérifiez les capteurs de l'inverseur automatique en plaçant votre main devant le faisceau pendant que la porte se ferme. Si l'inverseur ne fonctionne pas automatiquement, vérifiez les connexions électriques et l'alignement des capteurs, et nettoyez les lentilles.

ARMOIRES ET COMPTOIRS

Les armoires sont offertes en une vaste gamme de formes, de finis et de styles ; qu'elles soient de type traditionnel à chambranle ou contemporain sans chambranle, leur conception est similaire. Elles sont toutes pourvues d'étagères réglables ou fixes, d'un tiroir ou d'une porte. Les différents types de porte, de façades de tiroir et de ferrures leur confèrent leur propre style.

Même si l'apparence et le style déterminent l'atmosphère d'une pièce, la fonction principale des armoires est de procurer assez d'espace de rangement pour les denrées alimentaires et les ustensiles de cuisine. Ne compromettez pas la commodité, l'efficacité et l'utilité à des fins d'apparence car la beauté passera au second plan si vous devez composer avec une armoire encombrante.

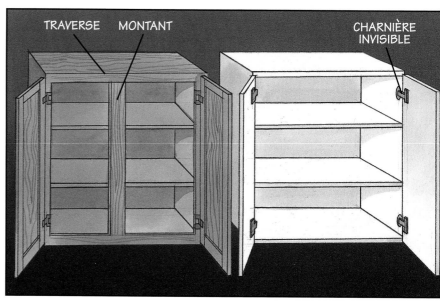

Les armoires à chambranle traditionnelles sont dotées d'ouvertures dont le pourtour est encadré de montants verticaux et de traverses horizontales. Les charnières des portes sont directement fixées à ce cadre.

Les armoires sans chambranle ou de style « européen », plus contemporaines, sont dotées de charnières invisibles fixées aux parois intérieures de l'armoire.

PRINCIPAUX OUTILS

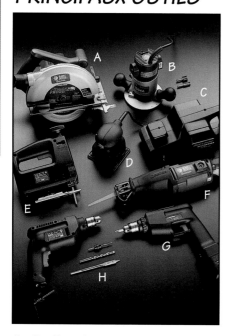

Outils électriques : scie circulaire (**A**), toupie et forets (**B**), ponceuse à courroie (**C**), ponceuse vibrante (**D**), scie sauteuse (**E**), scie alternative (**F**), visseuse sans fil (**G**), perceuse électrique et forets (**H**).

Outils manuels : équerre de charpentier (**A**), niveau de menuisier (**B**), égoïne (**C**), chasse-clous (**D**), cordeau de craie (**E**), marteau à panne ronde (**F**) et à panne fendue (**G**), ciseau à froid (**H**), couteau à mastic (**I**), ruban à mesurer (**J**), tournevis (**K**), serre-joints en C (**L**), équerre combinée (**M**), détecteur de montant (**N**), couteau universel (**O**), compas (**P**), levier (**Q**), pistolet à calfeutrer (**R**), presse réglable (**S**), règle droite de 10 cm (4 po) (non illustrée).

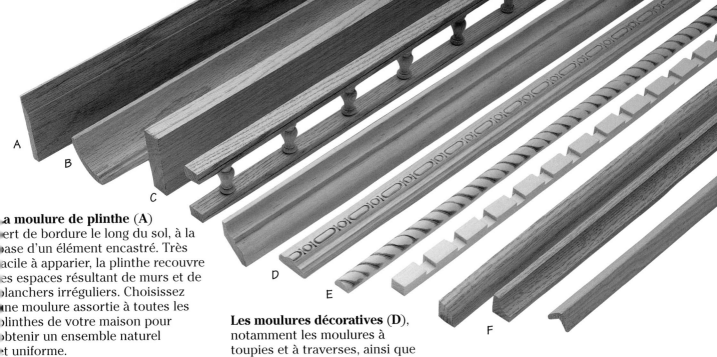

A
B
C
D
E
F

La moulure de plinthe (A)

sert de bordure le long du sol, à la base d'un élément encastré. Très facile à apparier, la plinthe recouvre les espaces résultant de murs et de planchers irréguliers. Choisissez une moulure assortie à toutes les plinthes de votre maison pour obtenir un ensemble naturel et uniforme.

La couronne (B) est une moulure

simple et discrète qui sert à recouvrir les espaces entre un élément encastré et un mur ou un plafond ; elle permet aussi d'ajouter une touche décorative.

Les baguettes en bois dur (C)

servent à fabriquer des chambranles d'armoires encastrées, à couvrir les bordures non finies des étagères en contre-plaqué et à combler les vides entre les armoires. Elles sont offertes en érable, en chêne et en peuplier, en 1x2, 1x3 et 1x4.

Les moulures décoratives (D),

notamment les moulures à toupies et à traverses, ainsi que les moulures à reliefs, confèrent un cachet particulier.

Les moulures de bordure d'étagère (E) servent de bordures

décoratives aux étagères en contre-plaqué, en aggloméré ou en bois dur. Elles peuvent aussi être utilisées avec du contre-plaqué de finition dans la fabrication de portes à panneaux ou de façades de tiroirs.

Les moulures couvre-joints ou à gorge (F) sont à la fois décoratives

et fonctionnelles. Elles peuvent être utilisées pour recouvrir des espaces autour d'un élément encastré, cacher les bords des revêtements en contre-plaqué ou simplement procurer un effet visuel. On trouve de nombreux styles de moulures dans la plupart des centres de bricolage. Les couvre-joints synthétiques, également offerts dans de nombreux styles, sont moins chers que les modèles en bois dur. Ils sont fabriqués en composite de bois ou en mousse rigide revêtue d'une épaisseur de mélamine.

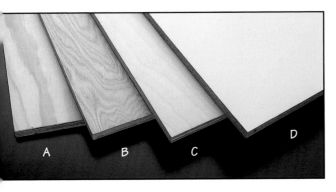

A B C D

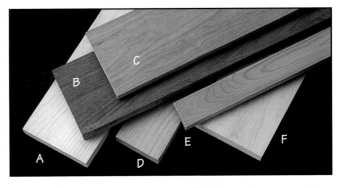

C
B
A
D
E
F

Les contre-plaqués de finition sont utilisés sur les surfaces exposées d'une armoire et bordés de baguettes ou de moulures de bois dur. Ils se vendent en panneaux de 1,2 m x 2,4 m (4 pi x 8 pi) et de 6 mm (¼ po), 12 mm (½ po) ou 18 mm (¾ po) d'épaisseur et en panneaux de 0,6 m x 1,2 m (2 pi x 4 pi). Le contre-plaqué poncé en pin (A) est utilisé pour les armoires à peindre ou dans les endroits dissimulés. Le contre-plaqué en chêne (B) est fini avec une huile teintée ou une teinture. Le contre-plaqué en bouleau (C) est utilisé sur les surfaces à peindre ou à revêtir d'un fini naturel. L'aggloméré (D) est revêtu d'une résine de plastique, la mélamine, utilisée pour les armoires modernes.

Bois d'œuvre courants : le pin (A), bois résineux qui se scie facilement, est utilisé pour les éléments encastrés à peindre. Le noyer (B), bois peu coûteux, richement teinté, est utilisé pour les bibliothèques encastrées. L'érable (C) et le chêne (D) sont des bois durs lourds, robustes, dont le grain est très beau. Ces bois sont finis avec une huile teintée ou avec une teinture. Le cèdre (E), de teinte chaleureuse, est utilisé pour les surfaces exposées d'un élément encastré. Son coloris et son grain sont si beaux qu'il est souvent non fini ou revêtu d'un fini transparent. Le peuplier (F) et le bouleau (non illustré) sont des bois durs clairs dont le grain est droit ; ils sont idéaux pour les surfaces peintes de qualité.

Planifier et préparer la pose des armoires

Avec tous ses éléments encastrés, la cuisine est la pièce dont l'aménagement est le plus compliqué. Repérez l'emplacement des trois éléments les plus utilisés : le réfrigérateur, la cuisinière et l'évier. Il est préférable de les disposer en un triangle avec un périmètre de 3,6 m à 7,2 m (12 pi à 24 pi). Assurez-vous d'avoir une hotte éclairée et ventilée au-dessus de la cuisinière ou de la plaque de cuisson.

Une armoire disposée en îlot et pourvue d'un comptoir garantit une zone de préparation commode et permet de séparer la cuisine de la salle à manger adjacente. Le lave-vaisselle devrait être situé près de l'évier et au-dessous de l'armoire de rangement de la vaisselle afin de minimiser les déplacements lorsque vous le remplissez ou le videz. Si votre plan le permet, placez l'évier sous une fenêtre pour disposer d'une lumière abondante lors des tâches de nettoyage.

Il vaut mieux choisir les appareils ménagers et l'évier avant de concevoir l'ensemble des armoires. Chaque appareil est livré avec une brochure indiquant les conseils d'installation, les caractéristiques, et les mesures requises pour les ouvertures des armoires.

Si possible, évitez les dispositions encourageant à passer par l'aire de travail de la cuisine pour se rendre dans les autres pièces. Lorsque vous planifiez les espaces de rangement, assurez-vous que tous les éléments seront accessibles et que vous pourrez ouvrir les tiroirs et les portes sans buter contre les murs ou blesser quelqu'un.

Utilisez un système de planification pour visualiser l'emplacement des armoires et des appareils. Les trousses d'agencement modulaire réutilisables permettent de déterminer la forme de la pièce et facilitent l'élaboration du plan. Essayez plusieurs agencements et déterminez l'impact de chacun sur le triangle de l'aire de travail.

GUIDE DES BONS ACHAT$

Achat des étagères

Les étagères et les plateaux coulissants améliorent la capacité des armoires. Les étagères réglables offrent plus de souplesse car elles s'adaptent à la hauteur des articles. Les paniers, tablettes tournantes et plateaux coulissants spéciaux sont des solutions de rangement simples pour les sacs, ustensiles, bouteilles, canettes, pots et casseroles.

PLANIFIER LA DISPOSITION DES ARMOIRES

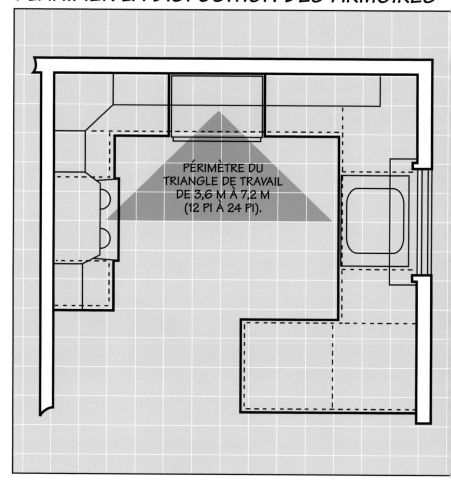

PÉRIMÈTRE DU TRIANGLE DE TRAVAIL DE 3,6 M À 7,2 M (12 PI À 24 PI).

Avant de commander les armoires, élaborez un plan en tenant compte des déplacements et du rangement. Évitez les déplacements inutiles en créant une aire de travail triangulaire de 3,6 m à 7,2 m (12 pi à 24 pi) de périmètre. Le réfrigérateur et la nourriture devraient se trouver près d'une aire de préparation des repas suffisamment vaste. Regroupez les appareils devant être raccordés ensemble et installez l'évier sur un mur extérieur.

POINT LE
PLUS HAUT

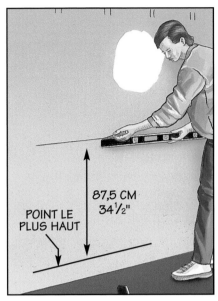

87,5 CM
34½"

POINT LE
PLUS HAUT

1 Poncez tous les endroits rugueux et tous les trous ; nettoyez les parties rebouchées en appliquant de la pâte à joints avec une truelle. Laissez sécher et poncez légèrement. Localisez et marquez l'emplacement des montants à l'aide d'un détecteur de montant électronique.

2 Repérez le point le plus haut du plancher sur lequel seront posées les armoires inférieures. Placez un niveau sur un long 2x4 droit et déplacez celui-ci sur le sol pour déterminer si la surface est irrégulière. Indiquez sur le mur le point le plus haut du plancher.

3 Mesurez une distance à 87,5 cm (34½ po) du sol à la marque du point le plus haut. Utilisez un niveau pour marquer la ligne guide des armoires inférieures sur les murs. Elles seront installées pour que les bords supérieurs affleurent cette ligne qui doit être de niveau sinon, le comptoir ne le sera pas.

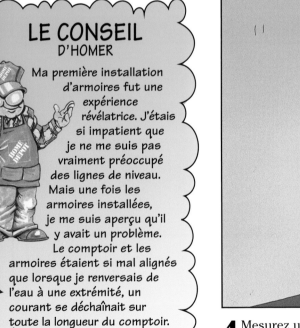

LE CONSEIL
D'HOMER

Ma première installation d'armoires fut une expérience révélatrice. J'étais si impatient que je ne me suis pas vraiment préoccupé des lignes de niveau. Mais une fois les armoires installées, je me suis aperçu qu'il y avait un problème. Le comptoir et les armoires étaient si mal alignés que lorsque je renversais de l'eau à une extrémité, un courant se déchaînait sur toute la longueur du comptoir. Évidemment, j'ai dû recommencer le travail en tenant compte des lignes guides !

4 Mesurez une distance de 50 cm (19½ po) de la ligne guide de 87,5 cm (34½ po) des armoires inférieures et marquez un repère pour la ligne de référence des étais. Installez des étais temporaires de 1x3 de sorte que le bord supérieur affleure cette ligne guide.

5 Fixez les étais avec des vis à panneau de 2½ po vissées dans un montant sur deux. Marquez l'emplacement des montants sur les étais. Les armoires reposeront temporairement sur les étais pendant l'installation.

Planifier et préparer la pose des armoires **349**

Installer les armoires

Installez les armoires en les fixant solidement aux montants du mur. Les dispositifs d'ancrage creux ne conviennent pas pour supporter le poids des armoires remplies de vaisselle, de nourriture, etc.

Les armoires doivent être posées d'aplomb et de niveau pour que les portes fonctionnent sans à-coups et restent fermées. Il est préférable de numéroter les armoires et de marquer leur emplacement sur le mur avant de les installer. Pour vous faciliter la tâche, enlevez les portes et les tiroirs et numérotez-les pour les replacer facilement après l'installation.

Commencez toujours par les armoires de coin, ou armoires dissimulées, et assurez-vous qu'elles sont d'aplomb et de niveau.

LE CONSEIL D'HOMER

Quelquefois, même si vous pensez que votre expérience et votre savoir-faire suffisent, vous devez faire un plan adéquat pour réussir votre installation, surtout lorsque vous installez des armoires. Un plan d'aménagement détaillé est indispensable avant la commande et l'installation. Le temps que cela vous prendra sera largement compensé plus tard.

INSTALLER UNE ARMOIRE DISSIMULÉE

Avant d'installer les armoires, essayez d'installer l'armoire dissimulée (**A**) et les armoires adjacentes pour vous assurer que les portes et les poignées ne se gênent pas mutuellement. Au besoin, augmentez l'espace en tirant l'armoire dissimulée vers l'extérieur en fonction de la dimension (**B**) indiquée sur votre plan Afin de maintenir un espace régulier entre les bords des portes et le coin de l'armoire (**C**), sciez un couvre-joint (**D**) et fixez-le à l'armoire voisine.

INSTALLER LES ARMOIRES MURALES

Placez l'armoire de coin sur l'étai et percez un trou de guidage de ~~mm~~ (³⁄₁₆ po) dans les dispositifs de ~~xation~~ supérieur et inférieur situés ~~u~~ dos. Utilisez des vis assez ~~ngues~~ pour qu'elles s'enfoncent ~~e~~ 2,5 à 3,75 cm (1 à 1½ po) dans le ~~ontant.~~ Serrez-les, puis desserrez ~~i~~ nécessaire.

2 Au besoin, fixez une baguette de calage à l'armoire voisine. Maintenez la baguette en place et percez les trous de guidage dans le chambranle de l'armoire, près des charnières. Utilisez une mèche à chambrer pour enfoncer la vis. Fixez la baguette de calage à l'armoire avec des vis à bois ou à panneau.

3 Placez l'armoire voisine sur l'étai, bien contre l'armoire de coin dissimulée. Assurez-vous que le chambranle est d'aplomb et percez les trous de guidage de 5 mm (³⁄₁₆ po) dans les dispositifs de fixation de l'armoire. Fixez l'armoire au mur et serrez les vis puis desserrez-les si nécessaire.

4 Maintenez ensemble les parties supérieures et inférieures de ~~l'~~armoire de coin et de l'armoire ~~v~~oisine dans une presse réglable. ~~V~~issez les mâchoires. Utilisez une ~~p~~resse réglable, elle n'abîmera pas ~~l~~es chambranles en bois.

5 Placez et fixez les armoires restantes. Maintenez les chambranles ensemble et percez les trous chambrés sur le côté du chambranle. Joignez les armoires et percez les trous de guidage de 5 mm (³⁄₁₆ po) dans les dispositifs de fixation puis fixez les armoires aux montants.

6 Comblez les petits espaces entre une armoire et un mur ou un appareil avec une baguette de calage. Sciez-la de sorte qu'elle s'adapte puis calez-la en place avec des cales en bois. Percez les trous de guidage chambrés sur le côté du chambranle et fixez la baguette avec des vis à bois ou à panneau.

7 Enlevez l'étai temporaire. Vérifiez si l'armoire est d'aplomb et ajustez-la au besoin en plaçant des cales en bois derrière l'armoire, sur les emplacements des montants. Serrez les vis à fond sur les murs, puis coupez les cales avec un couteau universel.

8 Utilisez des couvre-joints pour cacher tout espace entre les armoires et les murs. Teintez les couvre-joints dans le ton du fini des armoires.

9 Fixez une boîte à rideaux décorative au-dessus de l'évier. Maintenez-la sur le bord des chambranles d'armoires et percez les trous de guidage chambrés dans l'extrémité de la boîte, à travers le chambranle. Fixez la boîte avec des vis à bois ou à panneau.

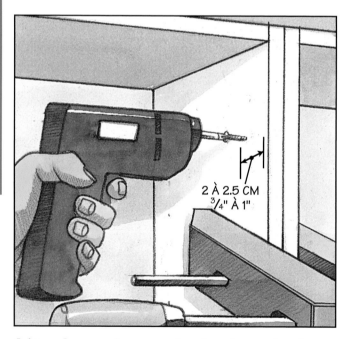

2 À 2.5 CM
¾" À 1"

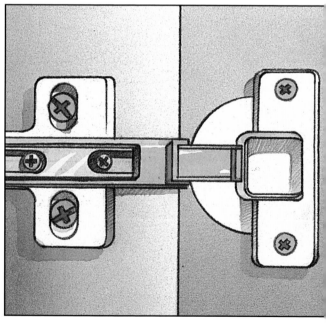

Joignez les armoires sans chambranle avec les vis du connecteur d'armoires ou des vis à bois un peu plus courtes que l'épaisseur des deux parois réunies. Chaque paire d'armoires devrait être assemblée par au moins quatre vis placées à une distance de 2 cm à 2,5 cm (¾ po à 1 po) du bord avant de l'armoire.

Les charnières des armoires sans chambranle sont directement vissées à l'intérieur des armoires ; les chambranles ne sont donc pas nécessaires. Les charnières sont dissimulées pour plus de netteté et les possibilités de réglage sont en général nombreuses pour chaque type d'installation : angle de porte, revêtement, hauteur et espace. Un tournevis à tête étoilée suffit pour régler la vis appropriée.

Armoires et comptoirs

INSTALLER LES ARMOIRES INFÉRIEURES

1 Installez l'armoire de coin pour que le dessus affleure la ligne guide. Insérez les cales en bois sous l'armoire pour la mettre d'aplomb et de niveau. Certains chambranles n'étant pas absolument d'équerre, assurez-vous que le dessus du chambranle est de niveau pour que le comptoir soit de niveau.

2 Au besoin, fixez en place une baguette de calage à l'armoire adjacente. Maintenez la baguette en place et percez les trous de guidage sur le côté du chambranle. Fixez la baguette de calage avec des vis à bois ou à panneau.

3 Maintenez l'armoire adjacente avec l'armoire de coin. Vérifiez l'aplomb et percez les trous de guidage chambrés dans la baguette de calage, à travers le chambranle de l'armoire de coin. Assemblez et percez les trous de guidage de 5 mm (³⁄₁₆ po) dans les dispositifs de fixation. Fixez au mur sans serrer.

4 Avec une scie sauteuse, faites toutes les ouvertures pour acheminer les conduits (plomberie et chauffage) et les câbles. Si vous n'en avez pas, envisagez d'acheter une scie-cloche, surtout si vous avez beaucoup d'ouvertures. Cette dépense vous permettra d'exécuter votre tâche en un clin d'œil.

5 En alignant les chambranles, placez et fixez le reste des armoires. Tenez-les ensemble, percez les trous de guidage chambrés sur le côté du chambranle et joignez-les. Pour celles sans chambranle, utilisez des vis de 1¼ po et des rondelles de finition. Utilisez au moins quatre vis à chaque assemblage.

6 Assurez-vous que toutes les armoires sont de niveau. Au besoin, ajustez-les en insérant des cales en bois sous les armoires. À chaque espace, placez les cales derrière les armoires, sur les emplacements des montants. Serrez les vis sur le mur et raccourcissez les cales avec un couteau universel.

Armoires et comptoirs

Installer les armoires **353**

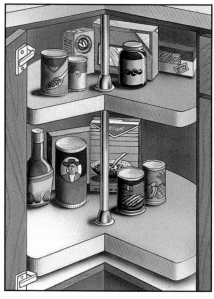

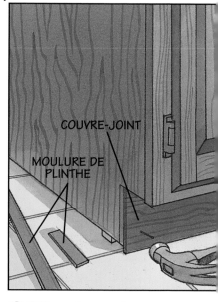

COUVRE-JOINT

MOULURE DE PLINTHE

Les armoires et les accessoires de forme spéciale permettent de maximiser l'espace de rangement. À cet effet, les plateaux tournants sont parmi les accessoires les plus utilisés dans les armoires de coin.

7 Si dans l'angle, une zone demeure vide, vissez des tasseaux de 1x3 au mur en les faisant affleurer avec la ligne guide. Les tasseaux aident à supporter le poids du comptoir. Fixez solidement toutes les armoires au mur avec les dispositifs de fixation des armoires.

8 Utilisez des moulures décoratives pour recouvrir les espaces entre les armoires et le mur. L'installation paraîtra plus nette et plus professionnelle. Sur la plinthe, posez une baguette de bois dur ou de contre-plaqué de bois dur fini assortie aux armoires.

INSTALLER L'ARMOIRE ÎLOT

1 Posez l'armoire îlot en place et tracez le pourtour de celle-ci sur le sol. Enlevez-la et fixez des tasseaux de 2x4 au sol, aux angles opposés, avec des vis de longueur adéquate. Placez les tasseaux à 2 cm (¾ po) du pourtour, à l'intérieur.

2 Déposez l'armoire sur les tasseaux. Vérifiez si elle est de niveau et au besoin, calez-la par en-dessous.

3 Fixez l'armoire aux tasseaux du plancher avec des clous de finition de 2 po. Percez les trous de guidage et noyez les têtes des clous avec un chasse-clou. Vous pouvez aussi utiliser des vis de finition au cas où, plus tard, vous devriez déplacer l'armoire.

INSTALLER UNE ARMOIRE À PHARMACIE

Pour éviter de vous blesser et d'abîmer vos systèmes d'électricité, de plomberie, de chauffage et de climatisation, assurez-vous toujours qu'un tuyau ne passe pas à l'endroit où vous souhaitez percer les trous. Déterminez également s'il s'agit d'un mur porteur. Les murs porteurs peuvent être modifiés mais devront être renforcés au préalable (p. 227).

Si possible, choisissez un autre mur, non porteur de préférence, pour poser votre armoire encastrée ou autre appareil.

1 Repérez le premier montant de chaque côté de l'emplacement prévu pour l'armoire encastrée ; enlevez le revêtement mural situé entre ces montants. En l'enlevant jusqu'au plafond votre travail de retouche sera facilité. Découpez le long du centre des montants à l'aide d'une scie circulaire dont la lame est réglée pour couper à une profondeur égale à l'épaisseur du revêtement.

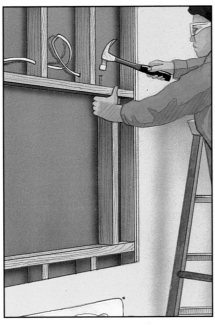

2 Sur les montants du mur exposé, faites une ouverture de 1,25 cm ($\frac{1}{2}$ po) plus grande que le cadre. Ajoutez 3,75 cm ($1\frac{1}{2}$ po) pour chaque linteau et chaque lisse, puis sciez les montants dans cette zone. Renforcez le haut et le bas en installant un linteau et une lisse entre les montants du mur.

3 Assurez-vous que le linteau et la lisse sont de niveau et clouez-les en place avec des clous de $3\frac{1}{2}$ po. Marquez la largeur de l'ouverture sur le linteau et les lisses en centrant l'ouverture par rapport au lavabo. Sciez et clouez les montants nains entre le linteau et la lisse juste après les marques effectuées.

4 Raccordez les appareils légers et posez le nouveau revêtement. Placez l'armoire dans l'ouverture. Assurez-vous qu'elle est de niveau et fixez-la en perçant les trous et en vissant les vis à bois dans le haut et le bas de l'armoire et dans les éléments de structure. Fixez les portes, les étagères et les ferrures.

Installer les armoires **355**

Remplacer les ferrures d'armoires

Le remplacement des ferrures est un moyen peu coûteux de rehausser l'apparence de votre cuisine ou de votre salle de bain. Les poignées de portes et de tiroirs ainsi que les charnières sont offertes en de si nombreux styles et formes que de simples modifications changent complètement l'atmosphère de votre pièce.

Pour souligner l'aspect formel de la pièce, ajoutez des poignées et des charnières en laiton poli (ou en céramique). Pour une allure plus décontractée, utilisez des poignées en bois dur et des charnières invisibles. Le choix des ferrures, pratiquement illimité, répondra à vos goûts en matière de décoration.

Les poignées de tiroirs et de portes sont offertes dans une vaste gamme de styles, de couleurs et de finis. Les boutons en plastique (**A**) ou les poignées décoratives en porcelaine et en laiton antique (**B**), en laiton poli (**C**), en laiton antique (**D**), en fer forgé (**E**), en porcelaine peinte (**F**), les poignées de style gothique (**G**), les boutons en laiton antique (**H**), en bois (**I**), en plastique (**J**) et les boutons en laiton poli (**K**) ne sont que quelques exemples de ferrures de portes et de tiroirs d'armoires qui vous permettront de personnaliser votre mobilier.

DEGRÉ D'HABILETÉ

Menuiserie : habiletés de base.

COMBIEN DE TEMPS FAUT-IL ?

Remplacer les ferrures sur une section de mur de 2,5 m (8 pi) requiert environ :

EXPÉRIMENTÉ	1 h
INTERMÉDIAIRE	2 h
DÉBUTANT	3 h

VOUS AUREZ BESOIN :

☐ **Outils :** *équerre combinée, tournevis, perceuse.*

☐ **Matériel :** *charnières, poignées de tiroirs et de portes, vis.*

LES POIGNÉES DE PORTES

1 Retirez la poignée de porte en enlevant la vis de fixation. Si vous n'utilisez pas le même trou de vis, assurez-vous d'utiliser un bouche-pores assorti au fini de la porte de l'armoire pour boucher le trou. Utilisez une équerre combinée pour bien marquer l'emplacement des nouvelles poignées de portes.

2 Sur la façade de la porte, percez les trous pour les nouvelles poignées. N'appuyez pas trop pour ne pas former des copeaux de l'autre côté. Introduisez une vis de fixation et fixez la poignée en la serrant contre la porte. Certaines vis de fixation sont en métal mou ; attention à ne pas rayer le filetage.

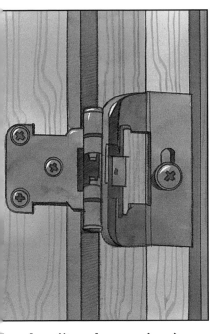

Les charnières des armoires à chambranle sont directement vissées au chambranle. Les charnières des armoires de qualité supérieure sont réglables et permettent d'aligner la porte.

GAGNEZ DU TEMPS

Les charnières invisibles ne sont pas aussi souples et polyvalentes que les charnières courantes. Elles doivent s'adapter exactement. Si vous envisagez de remplacer les portes et d'utiliser des charnières invisibles, apportez votre ancienne porte avec vous ainsi qu'une ancienne charnière et les mesures exactes du chambranle et de l'ouverture de la porte sur laquelle seront installées les charnières.

Achetez une charnière invisible appropriée à votre porte. Les charnières invisibles plus anciennes se vissent directement sur la face intérieure de la porte et leur emplacement est très précis. Les modèles plus récents sont dotés d'une plaque réglable qui s'adapte aux espaces, à la hauteur et à l'angle de la porte. Toutefois, avec ce style plus récent, ménagez une rainure spéciale sur le bord de la porte pour fixer la plaque de réglage.

LES CHARNIÈRES

1 Enlevez la porte et les anciens loquets, charnières et toute autre ferrure avec un tournevis à main ou électrique.

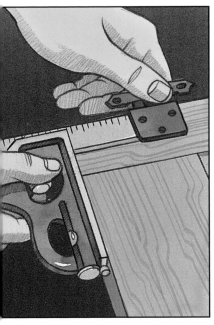

2 À l'aide d'une équerre combinée, fixez la ferrure à 5 cm (2 po) et placez les charnières à égale distance du haut et du bas de la porte. Utilisez un clou de finition ou un poinçon pour marquer les emplacements des vis.

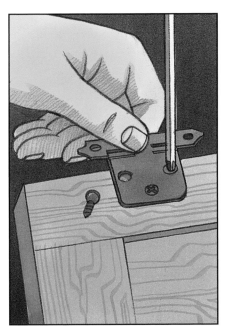

3 Percez des trous de guidage et fixez les charnières avec des vis. Installez les boutons, les poignées et les loquets. Cette tâche sera plus vite accomplie si vous utilisez un tournevis électrique, mais prenez garde à ne pas rayer le filetage ou briser la vis.

4 Fixez les portes des armoires aux chambranles. Assurez-vous qu'elles empiètent d'une distance égale de chaque côté des ouvertures. Laissez un espace de 3 mm (⅛ po) entre les portes qui se ferment sur une ouverture simple.

Remplacer les portes d'armoires et les façades de tiroirs

Le simple remplacement des portes d'armoires constitue un moyen peu coûteux d'améliorer le style et l'apparence de votre cuisine ainsi qu'une idée sûrement plus judicieuse que le remplacement de toutes les armoires.

Commencez par mesurer précisément les ouvertures des portes à remplacer. Vérifiez si ces ouvertures sont d'équerre et prenez les mesures exactes, à 1,5 mm ($\frac{1}{16}$ po) près. La plupart des portes personnalisées sont fabriquées selon vos spécifications et leur livraison peut prendre plusieurs semaines. Si vous êtes impatient et si vous enlevez toutes les anciennes portes en attendant les nouvelles, vous risquez donc de ne pas avoir de portes pendant un certain temps. Assurez-vous de ne pas prévoir d'invitation à dîner pendant cette période !

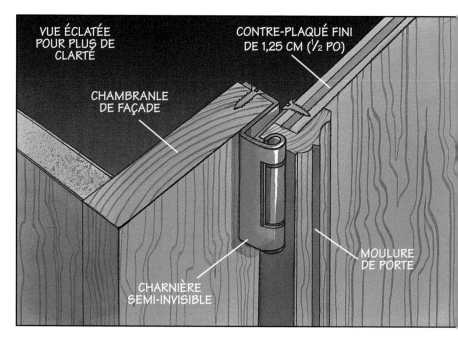

VUE ÉCLATÉE POUR PLUS DE CLARTÉ

CONTRE-PLAQUÉ FINI DE 1,25 CM ($\frac{1}{2}$ PO)

CHAMBRANLE DE FAÇADE

MOULURE DE PORTE

CHARNIÈRE SEMI-INVISIBLE

Anatomie d'une porte à empiétement : les portes à empiétement sont constituées de panneaux de contre-plaqué de finition de 1,25 cm ($\frac{1}{2}$ po) encadrés de moulures de porte. Elles sont conçues de façon à dépasser le chambranle de façade d'environ 1 cm ($\frac{3}{8}$ po) de chaque côté. Les charnières semi-invisibles des empiétements sont fixées sur la face intérieure de la porte et sur le bord du chambranle de façade. Les portes pliantes sont également fabriquées sur ce modèle.

DEGRÉ D'HABILETÉ

Menuiserie : habiletés de base.

COMBIEN DE TEMPS FAUT-IL ?

Remplacer les portes sur une section de mur de 2,5 m (8 pi) requiert environ :

EXPÉRIMENTÉ	3 h
INTERMÉDIAIRE	5 h
DÉBUTANT	8 h

VOUS AUREZ BESOIN :

☐ **Outils :** ruban à mesurer, égoïne, tournevis.

☐ **Matériel :** portes d'armoires et façades de tiroirs, charnières, vis.

INSTALLER LES PORTES D'ARMOIRES

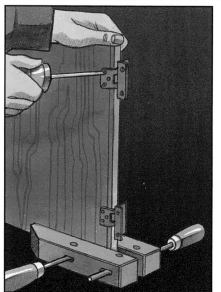

1 Montez les charnières sur l'intérieur de la nouvelle porte, à 5 cm (2 po) du haut et du bas de la porte. Utilisez trois charnières équidistantes si la porte mesure plus de 75 cm (30 po).

2 Utilisez du ruban cache en guise de ligne guide sur la face de la traverse du chambranle supérieur ; la dimension est fonction des dimensions de la porte et de la charnière utilisée. La porte doit être centrée par rapport à l'ouverture.

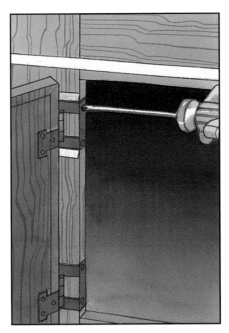

3 Placez la porte sur l'ouverture, en alignant le bord supérieur avec la ligne guide constituée par le ruban-cache. Marquez l'emplacement d'une charnière sur la face du chambranle avec du ruban-cache.

4 Ouvrez les charnières et placez la porte contre le bord du chambranle de façade pour que les charnières s'alignent avec le ruban-cache indiquant leur emplacement. Percez les trous de guidage dans le chambranle de façade et fixez les charnières avec les vis de fixation. Enlevez le ruban-cache.

5 Fixez les poignées ou les boutons de porte ainsi que tout autre ferrure. Suivez les directives d'installation du fabricant.

INSTALLER LES FAÇADES DE TIROIRS

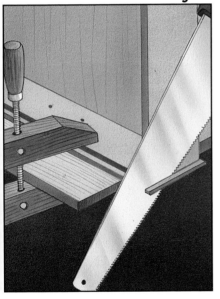

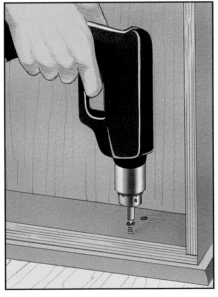

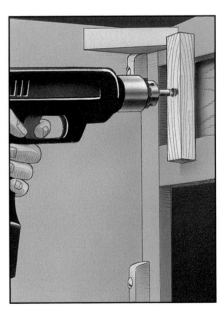

1 Sciez tous les surplus dépassant les bords des façades de tiroir actuelles en bois massif. Si les façades sont en deux sections, enlevez les vis et jetez le panneau de façade décoratif.

2 Fixez les nouvelles façades : percez les trous de guidage et introduisez les vis dans les nouvelles façades. Assurez-vous que celles-ci empiètent sur les tiroirs d'une distance égale de tous les côtés.

3 Fixez les fausses façades de tiroir sur les armoires d'évier et de table de cuisson en sciant des blocs de bois pour élargir les ouvertures. Placez les blocs sur les ouvertures, à l'intérieur. Fixez en enfonçant les clous dans les fausses façades de tiroir à travers les blocs de bois.

Revêtements de comptoirs

Les revêtements de comptoirs recouvrent le plan de travail d'une cuisine et doivent être constitués d'un matériau durable. À cause des germes et des bactéries, ils doivent être faciles à nettoyer. Plusieurs matériaux sont utilisés dans leur fabrication : stratifié décoratif, carreaux de céramique, marbre, granit, acier inoxydable et, plus récemment, matériaux synthétiques pleins.

Les revêtements de comptoirs ont pour but d'ajouter de la couleur, de la texture et de donner un certain style aux cuisines ; mais avant tout, ils constituent un plan de travail stable pour la préparation des repas, la desserte et enfin, le nettoyage. Le style et la fabrication d'un revêtement pour vos comptoirs varieront selon vos goûts et l'utilité que vous leur réservez.

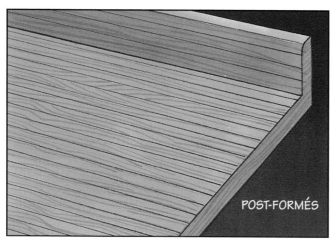

POST-FORMÉS

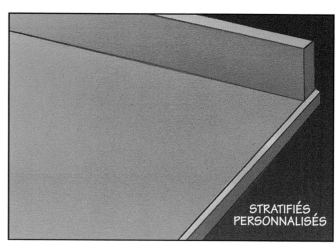

STRATIFIÉS PERSONNALISÉS

Les comptoirs post-formés sont fabriqués à l'aide de machines appliquant de la chaleur et de la pression en grande quantité sur les feuilles de stratifié qui sont ensuite collées sur de l'aggloméré. Ce procédé permet d'obtenir des comptoirs aux angles et aux bords arrondis. Le choix des couleurs et des motifs des stratifiés est infini et peut se marier à tous les styles. De nombreux revêtements de comptoirs post-formés sont disponibles en stock dans les centres de bricolage et ne requièrent que très peu de finition avant l'installation.

Les comptoirs stratifiés peuvent facilement être fabriqués à la main sur place ; les revêtements des bordures, spécialement conçus, permettent de les personnaliser à votre goût : bois massif, matériau synthétique plein, stratifié décoratif, caoutchouc, carreaux de céramique, acier inoxydable ou à incrustations décoratives.

CARREAUX DE CÉRAMIQUE

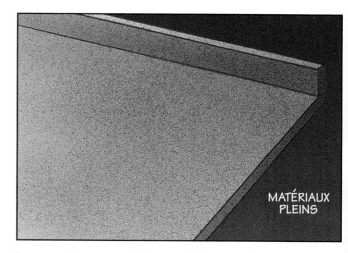

MATÉRIAUX PLEINS

Les carreaux de céramique sont durables et créent une surface attrayante qui résiste aux taches et aux éclaboussures. Ils sont plus chers que le stratifié décoratif et peuvent se fissurer si on échappe un objet lourd sur le comptoir. Les carreaux sont offerts dans une vaste gamme de tailles, de couleurs, de styles et de prix. Les outils spéciaux requis pour la fabrication d'un comptoir en céramique peuvent être loués.

Les matériaux synthétiques pleins sont fabriqués à partir de résines acryliques ou de polyester mélangées à des additifs, puis mis en feuilles de 6 mm ($\frac{1}{4}$ po), 1,25 cm ($\frac{1}{2}$ po) ou 2 cm ($\frac{3}{4}$ po) d'épaisseur. Les comptoirs constitués de matériaux pleins sont parmi les plus chers, mais ils sont les plus résistants et les plus faciles à nettoyer et à entretenir.

Enlever les anciens comptoirs

Pour enlever les anciens comptoirs, vous devrez non seulement faire appel à vos habiletés en menuiserie et en démolition, mais également à certaines habiletés de base en plomberie. Si votre évier est en fonte, vous envisagerez certainement de demander de l'aide pour ne pas le briser ou vous blesser.

Entreprendre ce genre de travail peut paraître effrayant au début, mais dès que vous aurez effectué la première entaille et commencé à soulever l'ancien comptoir, vos appréhensions disparaîtront et vous découvrirez que la démolition est un excellent dérivatif.

DEGRÉ D'HABILETÉ

Plomberie : habiletés de base.

Mécanique : habiletés de base.

COMBIEN DE TEMPS FAUT-IL ?

Enlever un comptoir sur une section de mur de 2,5 m (8 pi) requiert environ :

EXPÉRIMENTÉ	1 h
INTERMÉDIAIRE	1 h 30
DÉBUTANT	2 h

VOUS AUREZ BESOIN :

☐ **Outils :** *clef anglaise, tournevis, levier, scie alternative, ciseau à froid, marteau à panne ronde, couteau universel.*

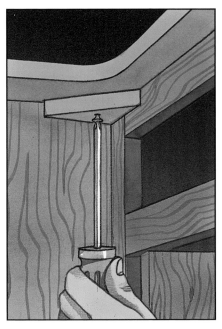

1 Coupez l'arrivée d'eau au robinet d'arrêt. Débranchez et enlevez le matériel de plomberie et les appareils ménagers. Enlevez tous les supports et vis fixant le comptoir aux armoires. Dévissez les boulons de compensation sur les comptoirs à onglet.

2 À l'aide d'un couteau universel, coupez les couches de produit de calfeutrage le long du dosseret du plan de travail et sur le bord du comptoir. Enlevez les moulures puis, à l'aide d'un levier, essayez de soulever le comptoir hors des armoires inférieures.

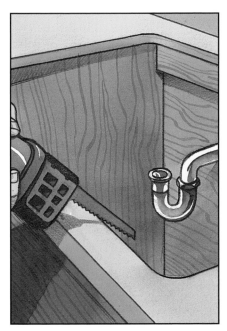

3 Si vous ne pouvez pas soulever le comptoir, utilisez une scie alternative ou une scie sauteuse dotée d'une lame à bois à denture rude pour le découper en plusieurs sections. Attention à ne pas scier les armoires inférieures.

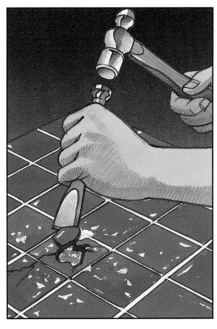

Pour enlever les carreaux de céramique, mettez des lunettes de protection à cause des éclats. Cassez les carreaux avec un ciseau à froid et un marteau à panne ronde. Utilisez une scie circulaire et une lame abrasive à maçonnerie lorsque les carreaux de céramique sont posés sur du mortier.

Installer les comptoirs post-formés

Parmi tous les modèles de comptoirs offerts, les revêtements de comptoirs post-formés préfabriqués sont les plus accessibles aux bricoleurs et sûrement les plus faciles à installer. La plupart des détaillants de matériel de rénovation offrent un vaste choix de couleurs et tous les accessoires requis pour effectuer la pose.

Vous envisagerez sûrement de demander de l'aide pour manipuler et manier le comptoir sans abîmer les murs, les portes et les plafonds et sans blesser personne.

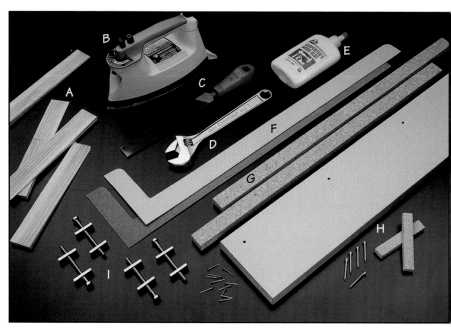

Outils et matériel de pose des comptoirs post-formés : cales en bois (**A**), fer à repasser (**B**), lime (**C**), clef anglaise (**D**), colle à bois (**E**), stratifié de garniture de bout (**F**), tasseaux de garniture de bout (**G**), ensemble de dosserets d'extrémité (**H**), boulons de fixation de joints (**I**).

DEGRÉ D'HABILETÉ

Menuiserie : habiletés moyennes.

COMBIEN DE TEMPS FAUT-IL ?

Installer une section de comptoir de 2,5 m (8 pi) requiert environ :

EXPÉRIMENTÉ	2 h
INTERMÉDIAIRE	3 h
DÉBUTANT	3 h 30

VOUS AUREZ BESOIN :

☐ **Outils :** scie sauteuse, ponceuse à courroie, fer à repasser, lime, niveau de menuisier, compas, pistolet à calfeutrer, serre-joints en C.

☐ **Matériel :** boulons de fixation des joints, stratifié de garniture de bout, couvre-joints de garniture de bout, cales en bois, vis, matériau de calfeutrage au latex, colle à bois.

INSTALLER LES COMPTOIRS POST-FORMÉS

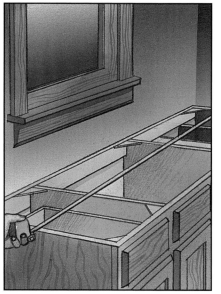

1 Mesurez la couverture au sol des armoires, du coin au bord extérieur de l'armoire. Si l'extrémité doit être exposée, ajoutez 2,5 cm (1 po) en saillie. Si une extrémité butte contre un appareil, soustrayez 1,5 mm ($^1/_{16}$ po) pour éviter de rayer l'appareil.

2 Utilisez une équerre de charpentier pour marquer une ligne de découpe sur le bas du comptoir. Sciez le comptoir avec une scie sauteuse en utilisant une règle droite nivelée comme guide. Lissez à la ponceuse à courroie après avoir scié.

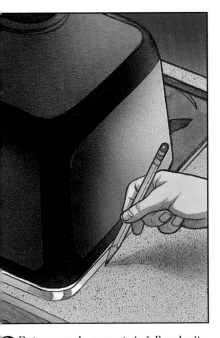

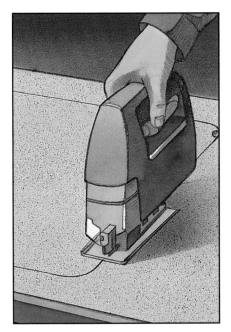

3 Retournez le comptoir à l'endroit ; marquez l'emplacement du logement de l'évier à bord intégré. Placez l'évier et tracez le pourtour. Enlevez-le. Tracez une ligne de coupe de la longueur recommandée par le fabricant à l'intérieur du pourtour de l'évier. Si le gabarit est fourni, utilisez-le pour tracer.

4 Si vous installez une table de cuisson, marquez l'emplacement du logement selon la forme recommandée par le fabricant. Placez le cadre en métal sur le comptoir retourné et tracez la ligne de découpe sur le pourtour du rebord vertical. Enlevez le cadre.

5 Tandis que le comptoir est toujours retourné, percez un trou de guidage juste à l'intérieur de la ligne de découpe. Soutenir la zone découpée par en dessous pour ne pas qu'elle s'affaisse.

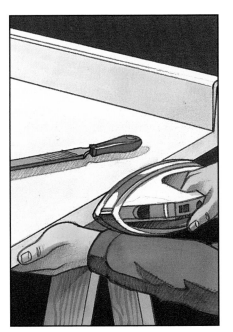

6 Remettez le comptoir à l'endroit et fixez les tasseaux de l'ensemble des dosserets d'extrémité au bord du comptoir avec de la colle à bois et de petits clous de tapissier. Poncez toute zone irrégulière sur le bord avec une ponceuse à courroie.

7 Maintenez le stratifié de garniture de bout contre l'extrémité, en le faisant empiéter sur les bords. Activez l'adhésif en appuyant le fer, réglé sur « moyen », contre la garniture. Refroidissez avec un chiffon humide. Pour ajuster, limez les bords de la garniture vers le comptoir.

8 Placez le comptoir sur les armoires inférieures. Le bord de la face du comptoir doit être parallèle à la façade de l'armoire. Assurez-vous que les tiroirs et les portes s'ouvrent et se referment facilement. Au besoin, rajustez la hauteur du comptoir avec des cales en bois.

Installer les comptoirs post-formés

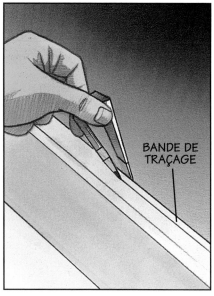

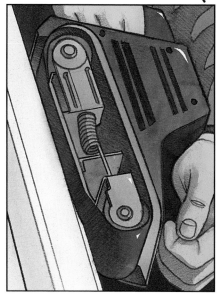

9 Les murs étant irréguliers, utilisez un compas pour faire le tracé du mur sur la bande de traçage du dosseret. Réglez le compas pour tenir compte de l'espace le plus large et déplacez-le sur la longueur du mur pour transférer le tracé sur la bande de traçage.

BANDE DE TRAÇAGE

10 Enlevez le comptoir. Avec une ponceuse à courroie, poncez le dosseret jusqu'à la ligne tracée.

11 Appliquez une couche de silicone au latex sur les bords des sections à onglet du comptoir. Pressez fermement les sections ensemble.

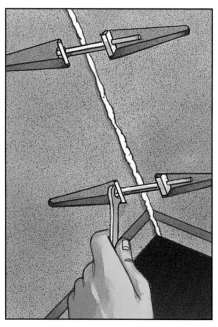

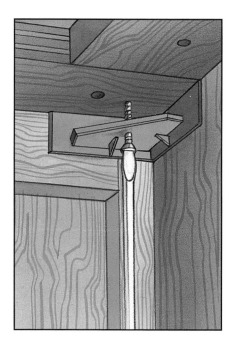

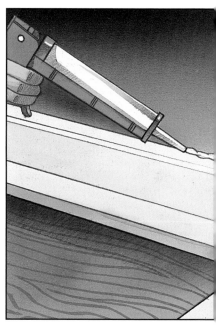

12 Sous le comptoir, installez et serrez les boulons de fixation des joints pour empêcher l'onglet de glisser et de s'écarter. Tapez sur le joint avec un maillet en caoutchouc jusqu'à ce que les surfaces des sections de comptoir jointes soient planes.

13 Placez le comptoir sur les armoires et fixez-le avec des vis à panneau enfoncées dans les armoires à travers les supports de coin. Les vis doivent être assez longues pour fixer le comptoir mais pas trop car elles pourraient cloquer ou percer le revêtement.

14 Scellez le joint entre le dosseret et le mur avec de la silicone au latex de qualité. Étendez la couche avec le bout d'un doigt mouillé et essuyez le surplus de matériau.

Armoires et comptoirs

Comptoirs personnalisés en stratifié

Un comptoir en stratifié peut être fabriqué sur mesure pour s'adapter à tout espace ; il peut aussi être personnalisé au moyen d'un revêtement de bordure décoratif en contre-plaqué, stratifié, stratifié métallique encastré ou céramique. Les stratifiés sont offerts dans des longueurs de 1,2 m à 3,6 m (4 pi à 12 pi) et dans des largeurs de 45 cm à 150 cm (18 po à 60 po). Vous pouvez aussi vous procurer un autre type de stratifié dont la couleur est uniformément répartie dans l'épaisseur de la feuille. Ce stratifié uni ne laisse pas paraître les lignes sombres sur les bords finis et confère un aspect plus lisse aux comptoirs. Toutefois, ils sont plus chers que les comptoirs en stratifié courant.

Comptoirs pleins

Les matériaux pleins, distribués sous des marques telles que Corian®, Avonite® ou Gibraltar® sont faits de résines de plastique mélangées à des additifs et mis en panneaux. Ceux-ci sont installés par des professionnels autorisés. Leurs couleurs unies ou leurs motifs imitent le marbre, le granit ou d'autres matériaux (naturels ou synthétiques).

Il est possible de les mettre en forme et de les découper avec des outils de menuiserie courants, dotés de lames à pointes au carbure. En général, les panneaux standard ont des épaisseurs de 6 mm ($\frac{1}{4}$ po) et des longueurs de 77,5 cm (31 po) à 370 cm (145 po). Les panneaux de matériaux pleins peuvent être soudés ensemble avec une pâte à joints de couleur assortie lorsque des panneaux plus longs ou plus larges sont requis pour former les coins et les bordures rapportées. Lorsque les joints sont soudés avec l'adhésif et usinés, ils sont invisibles, donnant l'impression d'un seul morceau.

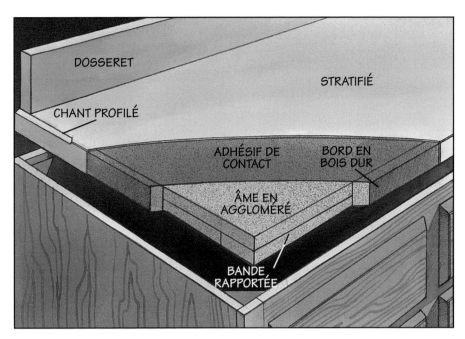

Les comptoirs stratifiés personnalisés sont faits d'une âme en aggloméré de 2 cm ($\frac{3}{4}$ po) dont le pourtour est revêtu de bandes d'aggloméré rapportées, collées et vissées à la base de l'âme. Le bord est revêtu d'aggloméré stratifié ou de bois dur et mis en forme au moyen d'une toupie. Les sections stratifiées sont collées à l'aggloméré ou au bois dur avec un adhésif de contact appliqué au pinceau, au rouleau ou au pistolet. Le stratifié est fini à la toupie et posé pour qu'il affleure les bords du stratifié adjacent.

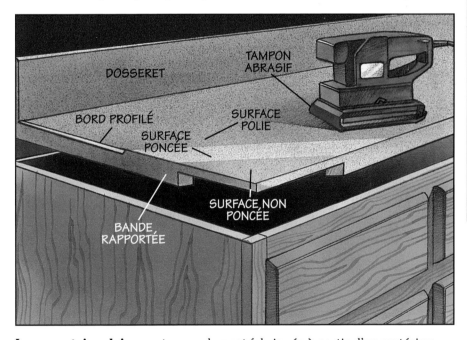

Les comptoirs pleins sont normalement fabriqués à partir d'un matériau de 1,25 cm ($\frac{1}{2}$ po) d'épaisseur dont les bords rapportés sont constitués de bandes pleines de 2 cm ($\frac{3}{4}$ po) d'épaisseur fixées à l'aide d'un adhésif spécial pour joints. Les bords sont ensuite mis en forme à l'aide d'une toupie. La surface est lissée au papier de verre et polie avec un tampon métallique fixé à la base d'une ponceuse orbitale. Selon le type d'abrasif utilisé, vous pouvez obtenir toute une gamme de finis, des mats aux plus brillants. Le dosseret, fabriqué à partir d'un matériau de 1,25 cm ($\frac{1}{2}$ po) d'épaisseur, est fixé au mur à l'aide d'un adhésif à panneau et scellé avec de la silicone au latex.

Les comptoirs en céramique

Les revêtements de comptoir étant très exposés à l'eau, utilisez un adhésif ou un mortier résistant à la moisissure et des carreaux vernissés. Les carreaux sont vendus seuls ou en feuilles sur support à mailles. Certains sont dotés de bords en saillie qui s'adaptent à la largeur des joints. Avec les autres, utilisez des espaceurs en plastique pour garder la régularité des joints.

Pour réussir votre comptoir, vous devez disposer d'une base robuste et plane et bien planifier votre travail. Disposez les carreaux sur la surface pour vérifier si l'agencement vous convient. Après l'installation, scellez les joints avec un matériau d'étanchéité à la silicone de qualité pour éviter les dommages causés par l'eau.

DEGRÉ D'HABILETÉ

Menuiserie : habiletés moyennes.

COMBIEN DE TEMPS FAUT-IL ?

Fabriquer une section de comptoir de 2,5 m (8 pi) en carreaux de céramique requiert environ :

EXPÉRIMENTÉ	4 h
INTERMÉDIAIRE	5 h
DÉBUTANT	6 h

VOUS AUREZ BESOIN :

☐ **Outils :** coupe-carreaux, couteau à mastic, tournevis, pince coupante, truelle crantée, pistolet à calfeutrer, taloche à coulis, éponge, petit pinceau, équerre de charpentier, ruban à mesurer.

☐ **Matériel :** additif de coulis au latex, coulis, matériau de calfeutrage au latex, adhésif ou mortier pour carreaux, sous-couche au latex, alcool dénaturé.

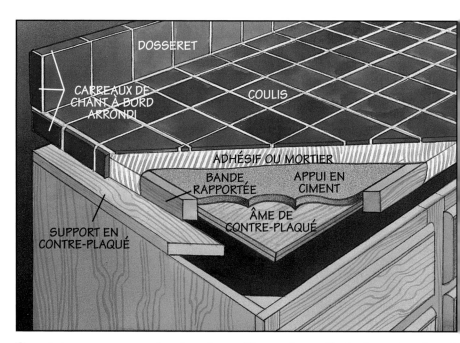

Comptoirs en carreaux de céramique : l'âme est constituée de contre-plaqué extérieur et d'un panneau de ciment de même dimension que l'armoire. Les bords sont renforcés par des bandes en bois fixées aux bords extérieurs de l'âme. Les carreaux sont fixés avec un adhésif. Les joints sont comblés par le coulis. Les carreaux de chant aux bords arrondis recouvrent les bords du comptoir et du dosseret. Les carreaux du dosseret se posent sur des supports en contre-plaqué distincts ou sur le mur, derrière le comptoir. Les supports sont en contre-plaqué de 2 cm x 7,5 cm (¾ po x 3 po), fixés tous les 0,6 m (2 pi) à l'armoire de sol et sur son pourtour.

Outils et matériaux spéciaux : matériau d'étanchéité pénétrant à la silicone, pour le coulis (**A**), additif de coulis au latex (**B**), silicone au latex siliconé (**C**), coulis pour carreaux (**D**), adhésif pour carreaux (**E**), alcool dénaturé (**F**), carreaux de céramique (**G**), pince coupante (**H**), coupe-carreaux (**I**), truelle crantée (**J**), taloche à coulis (**K**), éponge en cellulose (**L**).

FABRIQUER UN COMPTOIR EN CARREAUX DE CÉRAMIQUE

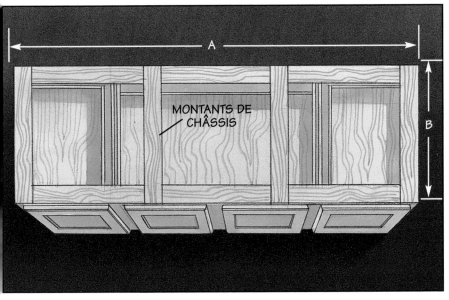

MONTANTS DE CHÂSSIS

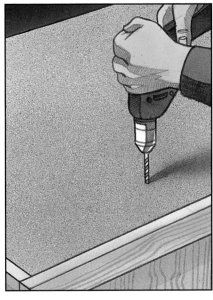

1 Sciez des montants de châssis de 2 cm (¾ po) dans du contre-plaqué extérieur. Utilisez des vis à panneau de 1¼ po ou des clous courants de 1½ po pour fixer les montants à l'armoire, tous les 60 cm (24 po), sur le pourtour et près des logements. Dans le contre-plaqué extérieur et dans le panneau de ciment, découpez l'âme du comptoir, aux dimensions (A x B) de l'armoire, à l'aide d'une scie circulaire.

2 Placez l'âme du comptoir contre le mur et fixez-la aux armoires en vissant les vis à panneau dans les montants du châssis.

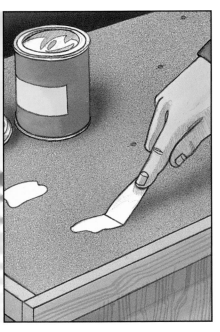

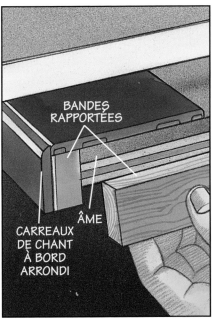

BANDES RAPPORTÉES

ÂME

CARREAUX DE CHANT À BORD ARRONDI

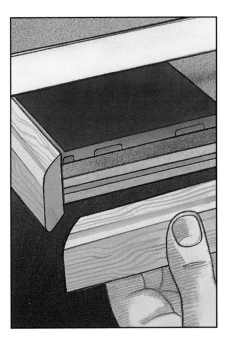

3 Utilisez une sous-couche de latex pour combler tous trous de vis, zones creuses et fissures. Laissez sécher et poncez pour lisser.

4 Si le comptoir doit être doté de carreaux de chant à bord arrondi, fixez des bandes de renfort de 1x2 en pin ou en contre-plaqué extérieur aux bords exposés de l'âme du comptoir avec de la colle à bois et des clous de finition de 2 po. Le haut de la bande doit affleurer le haut de l'âme.

Pour réaliser une bordure décorative en bois, fixez des bandes de bois dur de 1x2 teintées et scellées au bord de l'âme avec de la colle à bois et des clous de finition. Le haut de la bande doit affleurer le haut du carreau. Déterminez si vous allez utiliser du mortier ou de l'adhésif avant de couper la bande.

Les comptoirs en céramique **367**

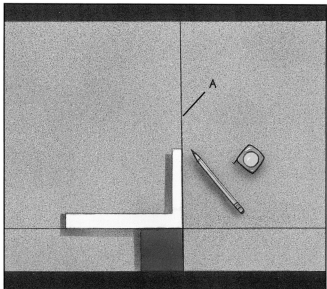

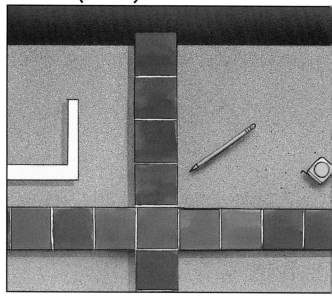

5 Pour poser les carreaux de façon symétrique, mesurez et marquez le centre de l'âme du comptoir. Utilisez une équerre de charpentier pour tracer une ligne perpendiculaire au bord de la face de l'âme. Du bord de la face de l'âme mesurez, le long de la ligne A, la longueur d'un carreau entier et marquez-la sur l'âme. Utilisez l'équerre de charpentier pour tracer une deuxième ligne perpendiculaire à la ligne A, sur la marque.

6 Disposez des rangées de carreaux le long des lignes de pose. Utilisez des espaceurs en plastique si les carreaux ne sont pas dotés de saillie d'espacement automatique. Si la disposition ne vous convient pas, rajustez la ligne A dans les deux sens. Disposez tous les carreaux et marquez les lignes de coupe sur tous les carreaux devant être taillés.

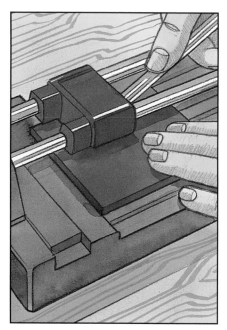

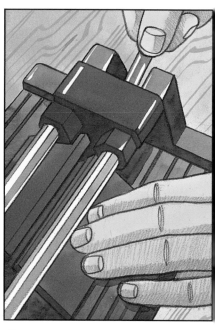

7 Marquez les carreaux de bordure pour la coupe. Prévoyez les lignes de coulis : placez un carreau debout contre le mur ; un carreau (**A**) sur le dernier carreau entier, puis faites butter un carreau entier (**B**) contre le carreau debout. Marquez le carreau A et coupez-le pour qu'il s'ajuste à la bordure.

8 Pour exécuter des coupes droites, placez le carreau à l'endroit dans le coupe-carreaux. Réglez l'outil à la largeur appropriée et effectuez une ligne continue en tirant fermement la molette sur la face du carreau.

9 Cassez le carreau le long de la ligne tracée, selon les directives du fabricant de l'outil. Lissez les bords coupés avec une ponceuse à carreaux.

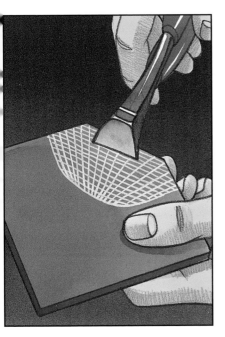

10 Pour les coupes incurvées, tracez le pourtour hachuré de la coupe avec un outil à former des rayures. Utilisez une pince coupante pour effectuer la découpe en cassant graduellement les petites sections du carreau.

11 Appliquez une fine couche d'adhésif sur la bordure du comptoir et au dos du carreau, avec une truelle crantée. Appuyez sur les carreaux pour les placer en faisant un mouvement de torsion. Insérez les espaceurs en plastique entre les carreaux. Les carreaux à espacement automatique n'en ont pas besoin.

12 Étalez l'adhésif le long des lignes de pose. Posez les rangées perpendiculaires. Utilisez du mortier si le comptoir est situé dans une zone exposée à l'humidité. Utilisez des espaceurs en plastique pour maintenir un espacement uniforme. Vérifiez l'alignement avec une équerre de charpentier.

SAVOIR-FAIRE

Selon la complexité de la disposition et la quantité des carreaux à couper, vous pouvez utiliser de nombreux outils dont le degré de précision et la facilité de manipulation varient selon le modèle.

Les coupe-carreaux combinés sont des outils de type pinces dotés d'une molette d'un côté et d'une pince coupante de l'autre. Ces outils sont les moins précis et les plus difficiles à utiliser.

Les coupe-carreaux reposent à plat sur le plancher ou l'établi et maintiennent le carreau en place selon les repères de dimensions indiqués. Tirez la molette le long des barres coulissantes parallèles pour rayer le carreaux et appuyez sur le levier pour le casser le long de l'entaille. Ce type d'outil est le plus couramment utilisé car il est offert à un prix abordable ; de plus, il est facile à utiliser.

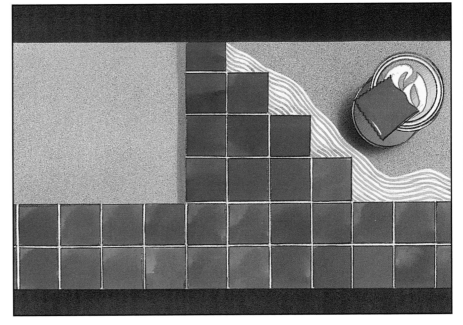

13 Installez les carreaux restants, en travaillant de la ligne de pose extérieure vers les bords. Travaillez par petites sections d'environ 45 cm² (18 po²). Avec de l'alcool dénaturé, enlevez tout surplus d'adhésif sur les carreaux avant qu'ils sèchent. Pour le dosseret, posez une seule rangée de carreaux de chant directement sur le mur ou utilisez des carreaux de traverse d'évier si vous posez un panneau de ciment renforcé sur le mur.

Armoires et comptoirs

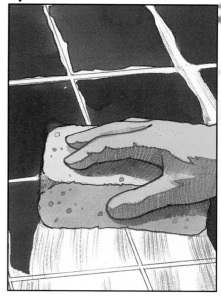

14 Après que chaque petite section a été installée, ancrez les carreaux en place. Enveloppez un 2x4 dans un morceau de moquette ou dans un chiffon. Placez-le contre les carreaux et tapez dessus à petits coups de maillet ou de marteau. Enlevez les espaceurs en plastique avec un cure-dent.

15 Mélangez le coulis et l'additif au latex. Appliquez le coulis avec une taloche en caoutchouc en effectuant des mouvements de balayage pour faire pénétrer le coulis dans les joints.

16 Essuyez le surplus de coulis avec une éponge humide. Laissez sécher pendant 1 h puis essuyez les dépôts poudreux. Laissez reposer le coulis selon les directives du fabricant avant de calfeutrer et d'étanchéiser.

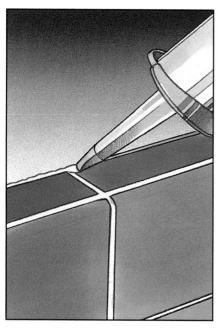

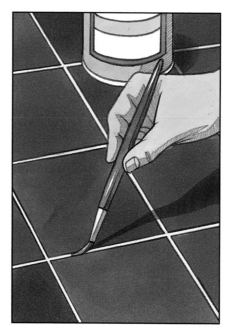

17 Calfeutrez les joints autour du dosseret à l'aide d'un matériau de calfeutrage à la silicone. Laissez sécher complètement.

18 Dès que le coulis est sec, appliquez au pinceau un bouche-pores sur le coulis. Laissez sécher, puis appliquez une deuxième couche. Dès qu'elle est complètement sèche, polissez avec un chiffon doux.

Les revêtements de bordures comprennent les carreaux de chant à bords arrondis qui s'adaptent sur les bordures et une bordure en bois dur mise en forme à la toupie. Celle-ci devrait être fixée et finie avant la pose des carreaux. Protégez-la avec du ruban-cache lors des travaux.

RAYONNAGES ET RANGEMENTS

Les tablettes sont une très bonne façon de ranger livres, disques et cassettes. Mais n'oubliez pas que la charge à porter est un facteur déterminant dans la conception générale du rayonnage : les encyclopédies sont plus lourdes que les livres de poche... Une tablette surchargée ne se rompra pas nécessairement, mais elle s'affaissera, ce qui nuira à l'esthétique du rayonnage.

Vous pouvez augmenter la capacité portante d'une tablette de nombreuses manières. Utilisez du bois massif, plus rigide que le contreplaqué (le panneau d'aggloméré, quant à lui, peut se casser sous une charge trop lourde). Posez une bordure de bois dur tout le tour d'une tablette pour la renforcer, ou utilisez un matériau plus épais. Vous pouvez également concevoir un rayonnage plus court : plus une tablette est longue, moins elle est résistante.

Outils de base : scie circulaire (**A**), toupie et couteaux (**B**), perceuse et forets (**C**), niveau de menuisier (**D**), serre-joints à coulisse (**E**), ruban à mesurer (**F**), chasse-clou (**G**), marteau à panne fendue (**H**), arrache-clou (**I**) équerre de charpentier (**J**), presses réglables (**K**), serre-joints en C (**L**), égoïne (**M**).

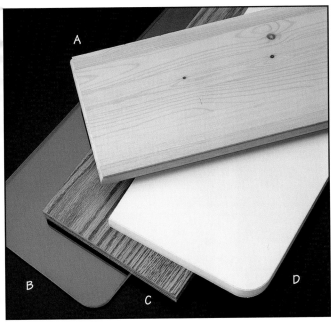

Matériel : planches de bois dur (coupées aux dimensions voulues) avec rives toupillées (**A**), verre décoratif (**B**), panneau d'aggloméré recouvert de stratifié à motif de bois (**C**), panneau d'aggloméré recouvert de mélamine blanche avec rives en plastique (**D**).

Quincaillerie : supports fixes pour placards avec tige (**A**), décoratifs (**B**), ou utilitaires (**C**), dans une variété de dimensions. On utilise des consoles (**D**) et des crémaillères (**E**) ainsi que des crémaillères à taquets (**F**) pour créer des rayonnages réglables, et des consoles en Z (**G**) pour les rayonnages utilitaires.

Poser des tablettes fixes ou réglables

On peut poser facilement et rapidement un rayonnage solide avec des supports de métal fixes. Qu'ils soient décoratifs ou utilitaires, ils sont offerts dans plusieurs grandeurs. Pour plus de résistance, privilégiez les supports à renfort diagonal. En général, on fixe la partie longue du support au mur et la partie courte à la tablette. Utilisez un détecteur de montant et, lorsque cela est possible, fixez les supports directement aux montants pour plus de solidité : vous vous épargnerez bien des réparations de panneaux de plâtre.

Les longs rayonnages doivent être soutenus au moins à tous les 120 cm (48 po). Ajustez la grosseur des supports et leur espacement en fonction de la charge à porter.

Les systèmes à crémaillères et consoles de métal permettent de créer des rayonnages réglables offrant plus de flexibilité que les tablettes fixes. Pour un effet plus décoratif et professionnel, encastrez les crémaillères de métal dans des bandes de bois dur préfini. Utilisez une toupie électrique pour faire des rainures dans les bandes de bois, puis insérez les crémaillères dans les rainures et fixez-les au mur. Si vous le désirez, vous pouvez utiliser la toupie pour profiler la rive des bandes de bois.

Les rayonnages sont plus solides s'ils sont fixés directement aux montants. Toutefois, si vous devez les fixer entre les montants, utilisez des boulons-harpons pour cloison creuse et suivez les directives du fabricant sur les limites de poids.

DEGRÉ D'HABILETÉ

Menuiserie : habiletés de base.

COMBIEN DE TEMPS FAUT-IL ?

Poser des tablettes réglables sur un mur requiert environ :

EXPÉRIMENTÉ	1 h
INTERMÉDIAIRE	2 h
DÉBUTANT	2 h 30

VOUS AUREZ BESOIN :

☐ **Outils :** toupie, scie, tournevis, perceuse.

☐ **Matériel :** crémaillères, consoles, bandes de bois dur, vis.

LES SUPPORTS FIXES

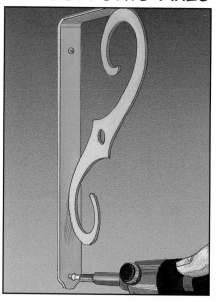

1 De préférence, fixez la quincaillerie à chaque poteau, sur toute la portée du rayonnage. Utilisez un détecteur de montant électronique.

2 Pour un mur de maçonnerie, vissez dans des ancrages de plastique pour béton. Posez un support tous les 40 ou 60 cm (16 ou 24 po), selon la charge à porter.

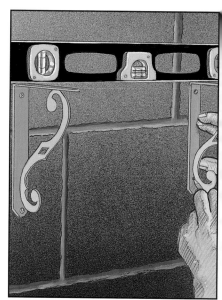

3 Assurez-vous que les supports et crémaillères sont de niveau. Au besoin, posez le niveau sur un 2x4 bien droit pour les plus longues portées.

LES SUPPORTS RÉGLABLES

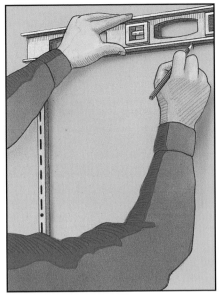

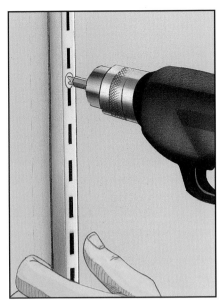

1 À l'aide d'un détecteur électronique, localisez les montants. Positionnez les crémaillères à l'endroit sur le mur (le haut de la crémaillère commence par un trou de vis fraisuré).

2 Posez une première crémaillère avec des vis à panneau mural de 3 po et vérifiez l'aplomb avec un niveau. Placez le niveau sur la crémaillère et faites une marque devant le prochain montant pour situer la deuxième crémaillère.

3 Fixez la deuxième crémaillère avec des vis de 3 po. Assurez-vous qu'elle est d'aplomb. Installez les consoles et déposez les tablettes.

LE BOULON-HARPON

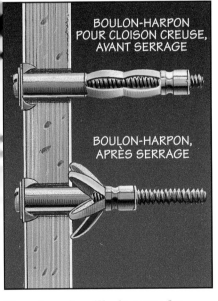

UNE MOULURE DÉCORATIVE

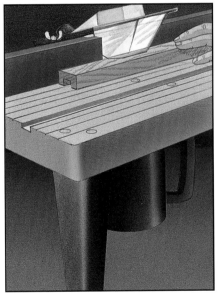

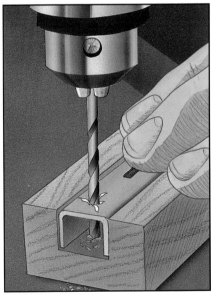

Fixez la quincaillerie entre les montants à l'aide boulons-harpons pour cloison creuse. N'excédez pas les limites de poids recommandées par le fabricant pour ce type d'installation.

1 Coupez des 1x2 de la même longueur que les crémaillères. Avec une toupie, faites une rainure dans le centre des 1x2, et repassez plusieurs fois afin que la rainure ait la même profondeur et la même largeur que celle des crémaillères en métal.

2 Insérez les crémaillères dans les rainures, percez un trou de guidage à travers le bois à chaque trou de vis et fixez aux montants. Avec un niveau, vérifiez l'aplomb.

DEGRÉ D'HABILETÉ

Menuiserie : habiletés de base.

COMBIEN DE TEMPS FAUT-IL ?

Construire une étagère permanente requiert environ :

EXPÉRIMENTÉ	6 h
INTERMÉDIAIRE	7 h
DÉBUTANT	8 h

VOUS AUREZ BESOIN :

☐ **Outils :** ruban à mesurer, scie circulaire, perceuse, marteau, chasse-clou, visseuse.

☐ **Matériel :** clous à finir et ordinaires, bois dur, 2x2, peinture ou teinture, vernis, moulures, vis à panneau mural de 3 po.

Les étagères permanentes

Vous pouvez construire des étagères permanentes presque partout où vous avez besoin de rangement. L'espace entre une porte et une fenêtre ou encore une encoignure sont souvent de bons emplacements.

On peut utiliser presque tous les types de bois de 2,5 cm (1 po) d'épaisseur, à l'exception du panneau d'aggloméré qui s'affaisse sous des charges importantes. Pour les lourdes charges, comme les livres, utilisez des planches de bois dur de 25 ou 30 cm (10 ou 12 po) de largeur. La portée ne devrait pas dépasser 120 cm (48 po). Supportez les tablettes à chaque extrémité avec des chevilles ou des taquets et, au besoin, fixez un tasseau de bois dur sous chaque tablette pour la renforcer.

Les tablettes permettent de ranger les objets usuels ou d'exposer des collections. Les dimensions et le type de construction varieront selon le poids des objets.

CONSTRUIRE UNE ÉTAGÈRE

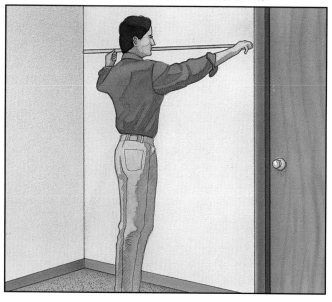

1 Mesurez la hauteur et la largeur de l'espace disponible. Pour faciliter l'installation, la hauteur de l'étagère devrait avoir 2,5 cm (1 po) de moins que celle du plafond. Enlevez les plinthes et coupez-les pour qu'elle s'ajustent autour de l'étagère.

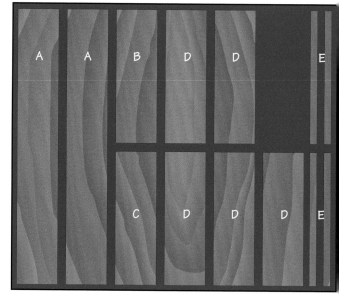

2 Marquez et coupez deux panneaux latéraux 2,5 cm (1 po) plus courts que la hauteur du plafond. Coupez la pièce du haut, le rayon du bas, et les tablettes 3,8 cm (1½ po) plus courts que la largeur de l'étagère. Pour l'ossature, coupez quatre pièces de 2x2 plus courts de 3,8 cm (1½ po) que la largeur de l'étagère.

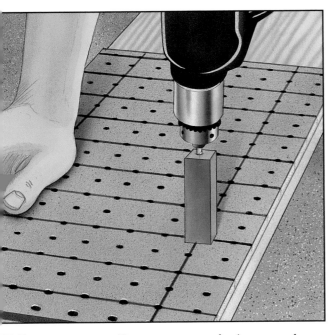

3 En vous servant d'un panneau perforé, percez des trous de 6 mm (¼ po) sur la face intérieure des panneaux latéraux. Les trous doivent avoir 1 cm (⅜ po) de profondeur (une retaille de bois ou un embout de perceuse servira de guide de profondeur) et être espacés de 23 cm (9 po) à l'horizontale et de 5 cm (2 po) à la verticale.

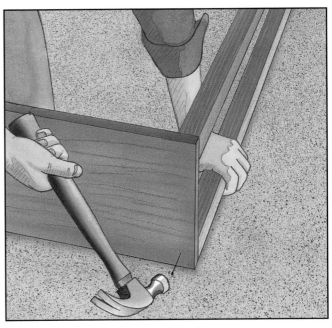

4 Peignez ou teignez le bois avant l'assemblage. Clouez les panneaux latéraux aux bouts des pièces d'ossature avec des clous à finir de 2 po.

5 Placez l'étagère contre le mur. Vissez la pièce supérieure de l'ossature aux poteaux, et les pièces inférieures au plancher avec des vis à panneau mural de 3 po.

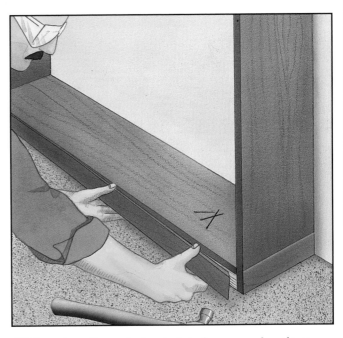

6 Fixez les pièces du haut et du bas avec des clous à finir de 2 po en clouant à travers les panneaux latéraux. Replacez les plinthes autour du bas de l'étagère. Utilisez un chasse-clou pour enfoncer les têtes de clous. Installez des chevilles dans les trous à la hauteur désirée et posez les tablettes.

VOUS AUREZ BESOIN :

☐ **Outils :** ruban à mesurer, équerre de charpentier, fil à plomb, levier, couteau universel, marteau, niveau, scie circulaire, perceuse, visseuse, chasse-clou, scie à dos.

☐ **Matériel :** 2x4, panneaux muraux, moulures, pâte à joints, ruban à joints, porte prémontée.

GUIDE DES BONS ACHAT$

Choisir les moulures

Si vous voulez peindre les moulures de votre placard, économisez en achetant des moulures à joints à entures multiples au lieu d'une moulure continue. Elles sont généralement faites de petites pièces de bois massif, dur ou mou. Les joints sont si serrés qu'ils sont invisibles sous la peinture (mais visibles sous de la teinture ou un vernis clair).

Construire un placard

Construire un placard est une façon pratique et rentable d'ajouter de l'espace de rangement permanent dans votre maison. Vous aurez plus d'espace de rangement pour votre argent et ajouterez de la valeur à votre maison.

Vous pouvez construire un placard presque n'importe où dans la maison. Les murs le long des escaliers ou des entrées sont des emplacements idéaux. De plus, si vous le construisez dans un coin, vous économiserez sur le matériel car vous n'aurez que deux murs à construire au lieu de trois ! Un placard est également un excellent premier projet de menuiserie. Vous y verrez sur une petite échelle toutes les étapes essentielles : ossature, pose de panneaux muraux, jointoiement, installation d'une porte et de moulures. Ce projet requiert tout juste ce qu'il faut de planification et de construction, sans vous décourager.

Achetez la porte avant de commencer pour connaître les directives du fabricant sur les ouvertures brutes et finies.

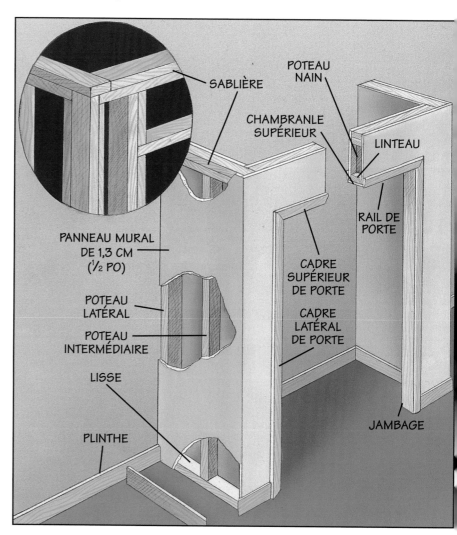

En chevauchant les coins des sablières, vous pourrez les fixer au plafond sans vous préoccuper de la direction des solives. Si les solives sont perpendiculaires au mur, installez la sablière du devant en premier. Clouez ensuite en biais chaque sablière latérale à la sablière du devant et à un montant mural. Si les solives sont parallèles au mur, inversez l'ordre d'installation des sablières. Clouez les sablières latérales en premier aux solives de plafond et aux montants. Notez que le morceau inférieur avant de la double sablière s'arrête à 3,8 cm (1½ po) de chaque coin. Les poteaux de coins sont encastrés dans la sablière pour renforcer les joints des coins.

POSITIONNER LES LISSES ET LES SABLIÈRES

1 À l'aide d'un ruban à mesurer et d'une équerre, marquez les rives extérieures des sablières au plafond. Assurez-vous que l'avant du placard soit parallèle au mur du fond et que les murs latéraux soient perpendiculaires à l'avant. Avec un niveau, marquez une ligne verticale sur le mur et la plinthe.

2 Avec un fil à plomb, positionnez au plancher les deux coins extérieurs des lisses à partir des deux coins extérieurs des sablières. Enfoncez un clou à moitié pour marquer les emplacements.

3 Marquez les lignes de coupe de la plinthe à 1,25 cm (½ po) à l'extérieur de la ligne verticale faite sur le mur (pour l'épaisseur du panneau mural). Entaillez avec un couteau universel pour éviter les éclats et coupez avec une scie à dos. Retirez la section coupée avec un levier.

CONSTRUIRE L'OSSATURE

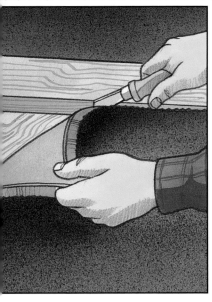

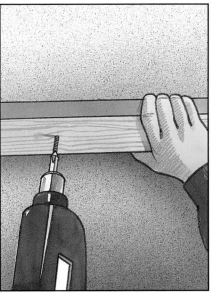

1 Coupez et enlevez la moquette pour que les poteaux muraux et les lisses reposent sur le plancher. Coupez les poteaux verticaux à la dimension voulue et alignez-les sur les lignes verticales. Clouez-les aux sablières et aux lisses et, s'il y a lieu, aux montants dans le mur existant.

2 Installez la double sablière de manière que les coins se chevauchent (médaillon, p. 376). Coupez tous les morceaux de la longueur voulue et fixez les trois premières sablières au plafond en fonction du sens des solives.

3 Fixez les trois autres sablières aux premières en vous assurant de laisser aux bouts des sablières un espace pour les poteaux de coin.

CONSTRUIRE L'OSSATURE (suite)

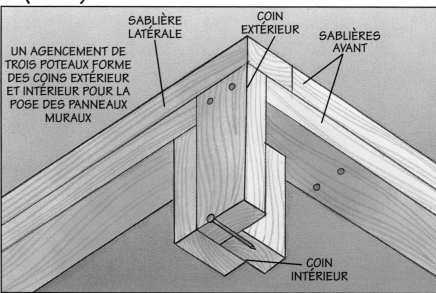

UN AGENCEMENT DE TROIS POTEAUX FORME DES COINS EXTÉRIEUR ET INTÉRIEUR POUR LA POSE DES PANNEAUX MURAUX

SABLIÈRE LATÉRALE

COIN EXTÉRIEUR

SABLIÈRES AVANT

COIN INTÉRIEUR

4 Sur le plancher, marquez la rive extérieure des lisses en faisant un angle droit à chaque coin marqué par un clou. Marquez aussi l'emplacement avant de l'ouverture brute. Coupez et clouez les lisses.

5 Il faut trois poteaux pour créer les coins extérieur et intérieur sur lesquels les cloisons sèches seront fixées. Coupez et installez le poteau extérieur en premier en le clouant à la sablière et à la lisse. Fixez bien le haut de chaque poteau de coin en plantant deux clous dans la sablière inférieure avant. Installez ensuite les autres poteaux en les clouant en biais à la sablière et à la lisse, et en les clouant les uns aux autres.

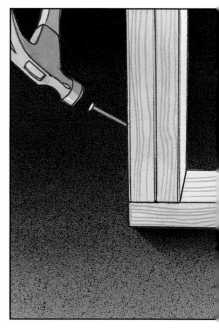

6 Coupez et installez les autres poteaux. Vérifiez l'aplomb de chaque poteau avec le niveau. Marquez l'emplacement de chaque poteau sur les sablières et les lisses et clouez-les en biais en respectant les marques.

7 De chaque côté de la porte, installez un poteau principal à 3,8 cm (1½ po) du bord de la lisse en le clouant en biais d'abord à la lisse. Vérifiez l'aplomb du poteau avant de le clouer en biais à la sablière.

8 Les poteaux de renfort sont des poteaux raccourcis qui bordent l'ouverture brute et qui supportent les extrémités du linteau. Coupez les poteaux de renfort à la hauteur de l'ouverture brute. Clouez-les aux poteaux principaux et, en biais, à la lisse.

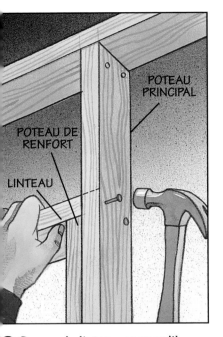

POTEAU PRINCIPAL

POTEAU DE RENFORT

LINTEAU

9 Coupez le linteau pour qu'il s'ajuste entre les deux poteaux principaux. Tenez-le sur le dessus des poteaux de renfort et clouez-le au poteau principal avec deux clous de 3½ po.

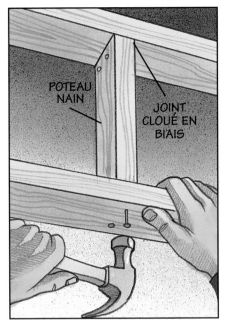

POTEAU NAIN

JOINT CLOUÉ EN BIAIS

10 Coupez les poteaux nains pour qu'ils s'ajustent entre le linteau et la sablière. Clouez le linteau aux poteaux nains avec deux clous et clouez les poteaux nains en biais à la sablière.

POSER LES PANNEAUX MURAUX ET MOULURES

1 Mesurez et coupez les panneaux muraux. Si possible, utilisez des panneaux entiers à l'extérieur pour réduire le nombre de joints.

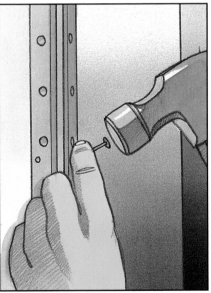

2 Posez des baguettes d'angle sur les coins extérieurs pour les renforcer et faciliter la pose de la pâte à joints. Voir p. 235 pour plus d'information sur la pose et la finition des panneaux muraux.

3 Pour finir, installez la porte, l'encadrement et les moulures. Voir p. 312 pour de l'information détaillée sur l'installation des portes prémontées.

Rayonnages et rangements

Construire un système de rangement

Le bon aménagement d'un placard peut facilement en doubler la capacité de rangement. Il existe toute une variété de rangements préfabriqués et, selon le type de système, il peut vous en coûter des centaines de dollars pour un aménagement sur mesure. Pourtant, ils sont presque tous conçus de la même manière : avec des tringles, et des tablettes pour les vêtements et les souliers.

Vous pouvez construire votre propre système de rangement pour un placard ordinaire de 1,5 m (5 pi) avec un seul panneau de contreplaqué, une tringle, et quelques longueurs de 1x3. Il sera bien plus économique et tout aussi pratique !

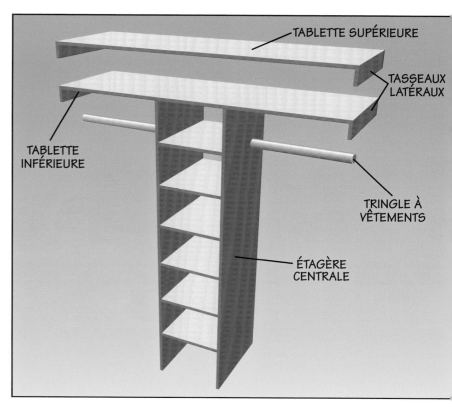

TABLETTE SUPÉRIEURE

TASSEAUX LATÉRAUX

TABLETTE INFÉRIEURE

TRINGLE À VÊTEMENTS

ÉTAGÈRE CENTRALE

Les systèmes de rangement sont vendus dans une variété de styles et de configurations. Toutefois, avec quelques outils de base et un peu de matériel, vous pouvez en construire un qui répondra spécifiquement à vos besoins.

CONSTRUIRE UN SYSTÈME DE RANGEMENT

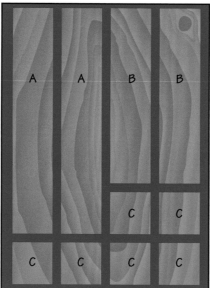

Un panneau de contreplaqué donne deux panneaux latéraux de 30,1 cm (11⅛ po), deux longues tablettes de 30,1 cm (11⅛ po) et six tablettes carrées de 30,1 cm (11⅛ po).

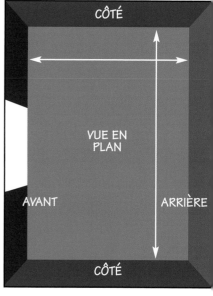

CÔTÉ

VUE EN PLAN

AVANT

ARRIÈRE

CÔTÉ

1 Mesurez le mur arrière et les murs de côté pour déterminer la longueur des tasseaux. Pour le tasseau du fond, déduisez 3,8 cm (1½ po) de la longueur du mur (1,9 cm [¾ po] pour chaque tasseau latéral).

DEGRÉ D'HABILETÉ

Menuiserie : habiletés de base.

COMBIEN DE TEMPS FAUT-IL ?

Construire un système de rangement pour un placard ordinaire de 1,5 m (5 pi) requiert environ :

EXPÉRIMENTÉ	4 h
INTERMÉDIAIRE	5 h
DÉBUTANT	6 h

VOUS AUREZ BESOIN :

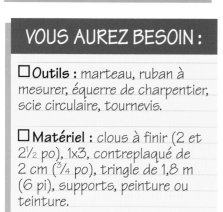

☐ **Outils :** marteau, ruban à mesurer, équerre de charpentier, scie circulaire, tournevis.

☐ **Matériel :** clous à finir (2 et 2½ po), 1x3, contreplaqué de 2 cm (¾ po), tringle de 1,8 m (6 pi), supports, peinture ou teinture.

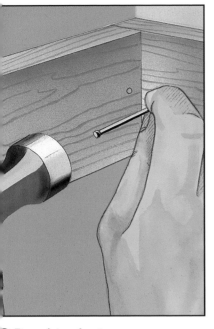

2 Pour faire des tasseaux, coupez des 1x3 aux dimensions voulues. Avec des clous de 2 po, fixez-les aux montants du mur à 213 cm (84 po) du sol.

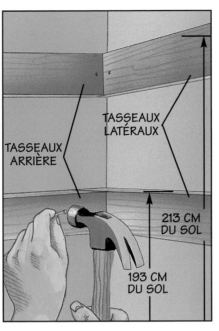

TASSEAUX LATÉRAUX

TASSEAUX ARRIÈRE

213 CM DU SOL

193 CM DU SOL

3 Fixez le deuxième jeu de tasseaux de la même manière à 193 cm (76 po) du sol.

4 Coupez deux tablettes de 30,1 cm (11⅞ po) de largeur dans le panneau de contreplaqué de 2 cm (¾ po). Coupez-les ensuite de la longueur du placard.

5 Coupez deux panneaux latéraux de 30,1 cm (11⅞ po) par 193 cm (76 po) pour l'étagère centrale.

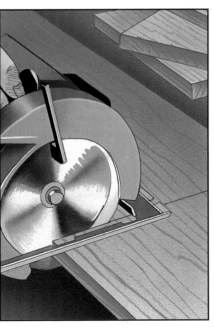

6 Coupez six tablettes carrées de 30,1 cm (11⅞ po).

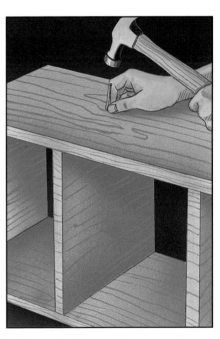

7 Assemblez l'étagère centrale avec des clous à finir de 2 po. Espacez les tablettes également ou en fonction des objets à y ranger. Laissez le casier du haut ouvert.

ÉTAGÈRE CENTRALE

TASSEAU

8 Positionnez l'étagère centrale au milieu du placard.

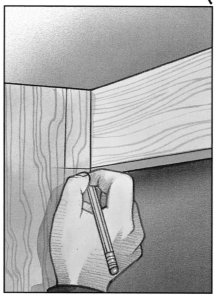

9 Marquez les panneaux latéraux et entaillez-les pour qu'ils s'ajustent aux tasseaux inférieurs.

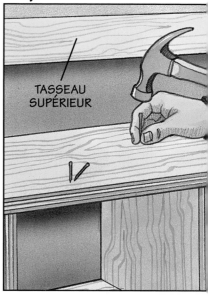

TASSEAU SUPÉRIEUR

10 Placez une tablette sur les tasseaux inférieurs et sur l'étagère. Fixez-la avec des clous à finir de 2 po.

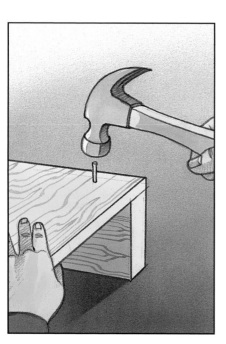

11 Placez la deuxième tablette sur les tasseaux supérieurs et fixez-la avec des clous à finir de 2 po.

7,6 CM (3 PO) DE LA TABLETTE

12 Fixez un support de tringle à 27,9 cm (11 po) du mur arrière et à 7,6 cm (3 po) de la longue tablette. Fixez un second support vis-à-vis du premier. Utilisez un boulon-harpon si vous ne pouvez le visser directement au montant. Si désiré, installez une seconde tringle à 96,5 cm (38 po) du sol.

Ce système de rangement du placard permet de ranger de nombreux articles parfois encombrants (chaussures, couvertures, etc.).

Construire une étagère utilitaire

Toute maison a besoin d'étagères utilitaires. Celles-ci sont offertes dans une variété de modèles, de dimensions et, bien entendu, de prix. Mais avec un peu d'efforts et de matériaux (2x4 et contreplaqué), vous pouvez, en un seul après-midi, réaliser à petit prix une étagère utilitaire simple et pratique.

En fonction de vos besoins, vous installerez des étagères au garage ou au sous-sol, peut-être aux deux endroits. Et, si le cœur vous en dit, vous pouvez même y ajouter des panneaux latéraux et un encadrement en façade pour une allure plus décorative. Les possibilités sont presque infinies !

Les étagères utilitaires réglables permettent de ranger des objets de tailles et de formes différentes au garage, au sous-sol ou dans un débarras.

DEGRÉ D'HABILETÉ

Menuiserie : habiletés de base.

COMBIEN DE TEMPS FAUT-IL ?

Construire une étagère utilitaire requiert environ :

EXPÉRIMENTÉ	3 h
INTERMÉDIAIRE	4 h
DÉBUTANT	5 h

VOUS AUREZ BESOIN :

☐ **Outils :** tournevis électrique, perceuse, scie circulaire, serre-joints à coulisse, serre-joints en C, presses réglables, toupie.

☐ **Matériel :** 2x4, contreplaqué de 2 cm (³/₄ po), vis et colle à bois.

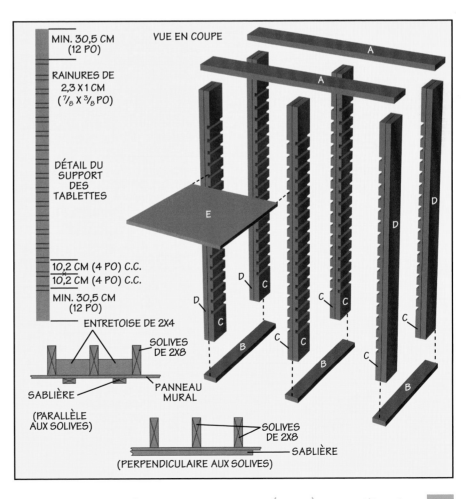

VUE EN COUPE

MIN. 30,5 CM (12 PO)

RAINURES DE 2,3 X 1 CM (⁷/₈ X ³/₈ PO)

DÉTAIL DU SUPPORT DES TABLETTES

10,2 CM (4 PO) C.C.
10,2 CM (4 PO) C.C.
MIN. 30,5 CM (12 PO)

ENTRETOISE DE 2X4

SOLIVES DE 2X8

SABLIÈRE

PANNEAU MURAL

(PARALLÈLE AUX SOLIVES)

SOLIVES DE 2X8

SABLIÈRE

(PERPENDICULAIRE AUX SOLIVES)

CONSTRUIRE UNE ÉTAGÈRE UTILITAIRE

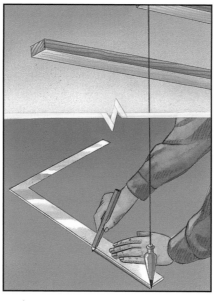

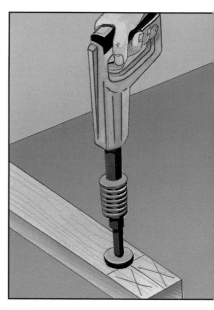

1 Marquez l'emplacement des sablières sur le plafond, la première contre le mur, et la rive avant de la seconde à 61 cm (24 po) du mur, parallèlement à la première. Coupez les 2x4 de la longueur voulue et vissez-les aux solives avec des vis de 3 po.

2 À l'aide du fil à plomb, marquez au sol l'emplacement des coins extérieurs des sablières pour positionner les lisses des extrémités. Marquez les emplacements en tirant une ligne perpendiculaire au mur passant par les deux points.

3 Coupez les lisses et placez-les perpendiculairement au mur, à l'intérieur des lignes. Au besoin, calez les lisses pour les mettre au niveau. Fixez-les au sol avec un pistolet d'ancrage ou des vis. Fixez une lisse centrale à mi-chemin.

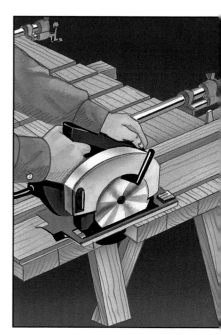

4 Pour les supports de tablettes, faites, dans des 2x4, des rainures de 2,3 cm ($\frac{7}{8}$ po) de large sur 1 cm ($\frac{3}{8}$ po) de profond avec une toupie. Espacez-les de 10,2 cm (4 po) en laissant environ 30,5 cm (12 po) à chaque extrémité. Posez les 2x4 à plat et serrez-les ensemble. Fixez une limande aux 2x4 pour guider la toupie. Passez plusieurs fois en augmentant graduellement la longueur du couteau jusqu'à la profondeur désirée.

5 Utilisez une scie circulaire et une limande pour couper les 2x4 de la même longueur avant de les desserrer.

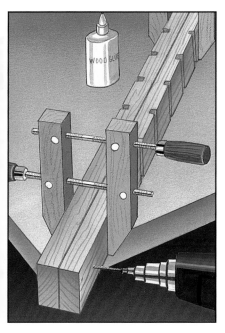

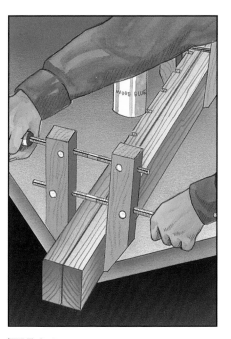

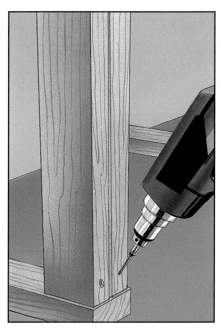

6 Fabriquez deux supports de centre en collant et fixant deux poteaux rainurés dos à dos avec des vis de 2½ po.

7 Fabriquez quatre supports latéraux en collant et fixant un poteau rainuré à un 2x4 de la même longueur avec des vis de 2½ po.

8 Placez les supports latéraux à chaque coin de l'étagère entre les sablières et les lisses. Vissez en biais avec des vis de 3 po.

TRAVAILLER EFFICACEMENT

Les garages et même certains sous-sol sont des endroits où il risque d'y avoir de l'humidité et de l'eau (pluie, neige fondue, ou lavage du plancher à grande eau). Il serait peut-être sage d'utiliser pour les lisses, et même pour les supports, du bois traité.

9 Placez un support rainuré aux deux extrémités de la lisse centrale. Fixez-les en biais à la lisse avec des vis de 3 po. Alignez-les perpendiculairement aux sablières avec l'équerre de charpentier et vissez en biais.

10 Mesurez la distance entre les rainures, soustrayez 6 mm (¼ po), et coupez des tablettes en contreplaqué aux dimensions voulues. Glissez-les dans les rainures.

Construire une étagère utilitaire 385

Améliorer les rangements existants

Il existe plusieurs solutions pour maximiser l'espace de rangement dans les placards et les armoires. Les aménagements préfabriqués sont faits de panneaux d'agglomérés recouverts de mélamine, ou de treillis métallique recouvert de vinyle.

La mélamine offre l'apparence nette et professionnelle du système de rangement fait sur mesure.

Les rangements en treillis sont offerts dans une variété de modèles et de dimensions adaptés à divers usages. Ils ont également une apparence soignée. Les rangements de mélamine sont généralement plus chers que ceux en treillis, mais les deux sont faciles à installer.

Les systèmes de rangement préfabriqués sont une façon économique et efficace d'utiliser l'espace des placards à vêtements. En combinant les deux types de systèmes (mélamine et treillis), vous obtiendrez un rangement fonctionnel et flexible.

GAGNEZ DU TEMPS

Lorsque vous achetez des paniers, des bacs ou des plateaux en treillis, assurez-vous d'avoir bien mesuré l'espace entre la porte et les tablettes intérieures pour permettre à la porte de bien fermer. Prévoyez un peu de jeu pour les objets qui pourraient dépasser. Vous achèterez ainsi du premier coup des éléments aux bonnes dimensions.

Les éléments de rangement en treillis sont offerts dans une grande variété de modèles, de grandeurs et de formes. Les bacs, plateaux, tablettes et modules sur roulettes peuvent être combinés au gré de vos besoins.

Les plateaux et les bacs à coulisses facilitent l'accès aux espaces de rangement situés dans les meubles-lavabos ou sous les comptoirs.

GUIDE
DES BONS ACHAT$

Comme il y a de nombreux fabricants de rangements et de tablettes, informez-vous bien des qualités des différentes marques. Une fois votre choix arrêté, assurez-vous d'acheter tout le matériel dont vous aurez besoin d'un même fabricant. Les accessoires, la quincaillerie et les méthodes d'installation ne sont pas standardisées. Dans un même placard, vous pouvez combiner différents systèmes mais, dans un système donné, tenez-vous en à une seule marque.

Les armoires en mélamine préfabriquées et prémontées sont utiles pour tous les types de rangement. La mélamine est un bon choix dans les espaces où la durabilité et la facilité d'entretien sont des critères importants (garage, salle de lavage, vestiaire).

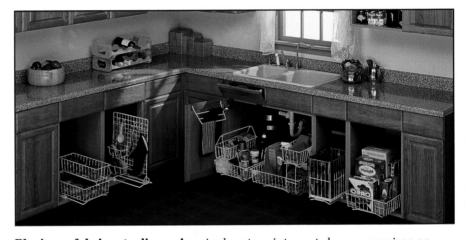

Plusieurs fabricants d'armoires incluent maintenant des accessoires en treillis de métal en équipement de base. Modernisez vos armoires avec des éléments en treillis fixes ou à coulisses que vous installerez en suivant les directives du fabricant.

Certains fabricants d'armoires offrent un fini de bois au lieu de la mélamine blanche ou de couleur.

Les plateaux tiroirs facilitent l'accès aux objets rangés à l'arrière des armoires du bas.

Rayonnages et rangements

Les rangements préfabriqués

Différents fabricants offrent une vaste gamme de systèmes de rangement, les types les plus courants étant en mélamine ou en treillis recouvert de vinyle.

D'un fabricant à l'autre, il y a des différences de conception et d'installation dont vous devez tenir compte avant de choisir un système. En général, les tablettes en treillis requièrent un support tous les 30,5 cm (12 po), mais cela peut varier. Vous devriez vous en tenir à une seule marque pour tous les éléments à l'intérieur d'un placard ou d'un lieu d'entreposage, car les pièces de quincaillerie ne sont pas compatibles d'une marque à l'autre.

Les étagères et modules de rangements en treillis sont disponibles dans une variété de modèles et de styles. Les étagère comportent des tringles à espacement individuel (**A**) ou segmenté (**B**), ou des tringles continues (**C**).

DEGRÉ D'HABILETÉ

Menuiserie : habiletés de base.

COMBIEN DE TEMPS FAUT-IL ?

Installer un système de rangement préfabriqué dans un placard de 1,5 m (5 pi) requiert environ :

EXPÉRIMENTÉ	1 h
INTERMÉDIAIRE	2 h
DÉBUTANT	3 h

VOUS AUREZ BESOIN :

☐ **Outils :** ruban à mesurer, niveau de menuisier ou à eau, tournevis ou perceuse-visseuse sans fil avec embout de tournevis.

☐ **Matériel :** ancrages pour cloisons creuses, vis, tablettes et éléments de rangement.

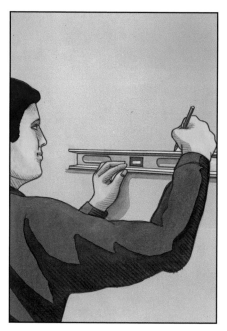

1 Marquez la hauteur désirée de la tablette à partir du sol. À l'aide d'un niveau, tracez une ligne de référence horizontale tout le tour du placard.

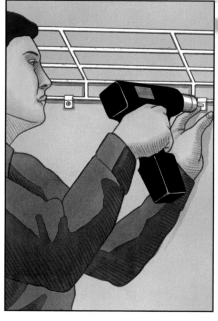

2 Installez les tablettes en vissant les pinces de fixation aux montants du mur (voir les directives du fabricant pour l'espacement). Utilisez des ancrages pour cloisons creuses entre les montants. Au besoin, posez des renforts diagonaux en suivant les directives du fabricant.

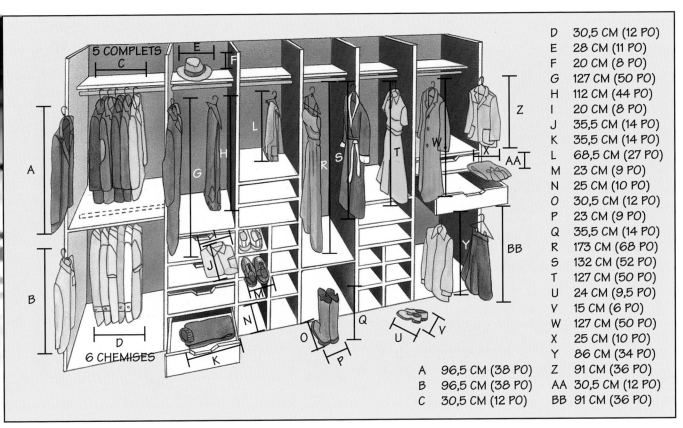

D	30,5 CM (12 PO)
E	28 CM (11 PO)
F	20 CM (8 PO)
G	127 CM (50 PO)
H	112 CM (44 PO)
I	20 CM (8 PO)
J	35,5 CM (14 PO)
K	35,5 CM (14 PO)
L	68,5 CM (27 PO)
M	23 CM (9 PO)
N	25 CM (10 PO)
O	30,5 CM (12 PO)
P	23 CM (9 PO)
Q	35,5 CM (14 PO)
R	173 CM (68 PO)
S	132 CM (52 PO)
T	127 CM (50 PO)
U	24 CM (9,5 PO)
V	15 CM (6 PO)
W	127 CM (50 PO)
X	25 CM (10 PO)
Y	86 CM (34 PO)
Z	91 CM (36 PO)

A	96,5 CM (38 PO)		Z	91 CM (36 PO)
B	96,5 CM (38 PO)		AA	30,5 CM (12 PO)
C	30,5 CM (12 PO)		BB	91 CM (36 PO)

Avant d'acheter un système de rangement pour votre placard, faites une esquisse de l'aménagement désiré en fonction des articles que vous y rangerez. Déterminez ensuite si vous voulez des éléments en mélamine ou en treillis, ou une combinaison des deux. Votre esquisse vous sera très utile pour comparer les marques et faire vos achats.

SAVOIR-FAIRE

LIGNE DE NIVEAU

Tracer une ligne de référence de niveau peut paraître tout simple à prime abord, mais s'avérer compliqué à réaliser dans une penderie. Plus les murs sont longs, plus il est difficile de faire arriver les lignes de référence. Le niveau de menuisier peut paraître l'outil tout indiqué pour la tâche mais se révéler, une fois qu'on a commencé, le plus ridicule qui soit. C'est que les niveaux mesurent environ 0,93 à 1,2 m (3 à 4 pi) et que les murs à marquer sont beaucoup plus longs. Vous pouvez avoir un écart d'une fraction de bulle d'air d'une marque à l'autre et vous retrouver à la fin avec un écart important.

Simplifiez-vous la vie en utilisant un niveau à eau. Il existe des modèles manuels ou électroniques et ils sont utiles pour de nombreux projets : clôture, patio, plafond suspendu, aménagement paysager… Ces niveaux fonctionnent selon un principe de physique bien simple : l'eau que l'on fait couler dans des vases communicants ou un tube se stabilise à la même élévation aux deux extrémités et donne une ligne de visée horizontale. Les versions manuelles sont plus délicates à utiliser, tandis que les modèles électroniques, qui fonctionnent avec une pile de 9 volts, font entendre un timbre lorsque le niveau de l'eau s'est stabilisé. Il ne vous reste qu'à marquer les deux positions et à tracer une ligne de référence que vous savez précise et de niveau.

L'ABC DE L'ISOLATION

Que l'on vive dans un climat chaud ou froid, isoler et protéger adéquatement sa maison des intempéries offre plusieurs avantages. Mais avant tout, cela permet de faire des économies. Les coûts de chauffage ou de climatisation comptent pour plus de la moitié des factures d'énergie. En revanche, les isolants et coupe-froid sont généralement peu dispendieux et la dépense est vite rentabilisée.

De plus, une maison bien isolée est moins énergivore : elle contribue à diminuer la pollution et à ralentir la vitesse à laquelle les ressources naturelles irremplaçables s'épuisent. Dans un climat froid, on estime qu'une réduction de seulement 15 % de l'utilisation de l'énergie permet d'économiser 225 kg (500 lb) de charbon par année ! Enfin, une maison bien isolée et sans courants d'air ou zones froides offre un confort que votre famille appréciera.

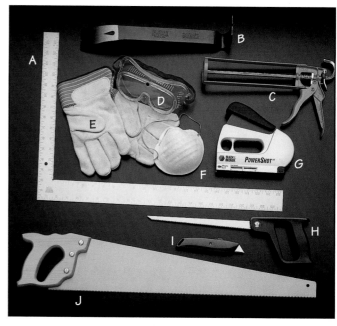

Outils de base : équerre de charpentier ou règle (**A**), arrache-clou (pour pousser l'isolant dans les fentes étroites) (**B**), pistolet à calfeutrer (**C**), lunettes de sécurité (**D**), gants de travail (**E**), masque antipoussières (**F**), agrafeuse manuelle (**G**), scie à guichet (**H**), couteau universel (**I**), égoïne (**J**).

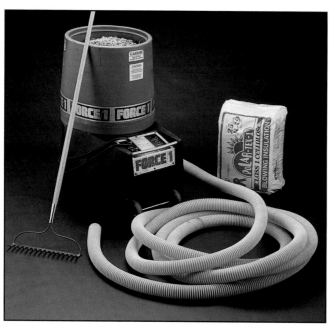

Outils pour pose d'isolant en vrac : soufflante (disponible dans la plupart des centres de location) et râteau de jardin.

Types d'isolants en fibre de verre : matelas d'isolant tenant par friction (**A**), rouleaux à endos de papier kraft (**B**), matelas pour combles (**C**). Les fabricants abandonnent graduellement la fabrication des rouleaux au profit des matelas. Assurez-vous d'acheter le type d'isolant qui convient à vos travaux.

Climat froid		
Combles ou toit : R 38		
Mur : R 19	Plancher : R 22	

Climat modéré		
Combles ou toit : R 26		
Mur : R 19	Plancher : R 11	

Charte d'épaisseur :	
Fibre de verre :	
R 13	8,9 cm (3½ po)
R 21	13,3 cm (5¼ po)
R 25	18,4 cm (7¼ po)
R 30	25,4 cm (10 po)
Polystyrène expansé :	
R 4	2,5 cm (1 po)
R 6	3,8 cm (1½ po)
R 8	5 cm (2 po)
Polystyrène extrudé :	
R 5	2,5 cm (1 po)
R 10	5 cm (2 po)

Types de panneaux isolants et matériel : mousse dense de 2 cm (¾ po) (**A**), 3,8 cm (1½ po) (**B**), 5 cm (2 po) (**C**) ; polystyrène dense de 2 cm (¾ po) (**D**), 3,8 cm (1½ po) (**E**), 5 cm (2 po) (**F**) ; adhésif pour panneaux (**G**).

ATTENTION
Portez des lunettes de sécurité, des gants, un masque antipoussières et des manches longues.
DANGER

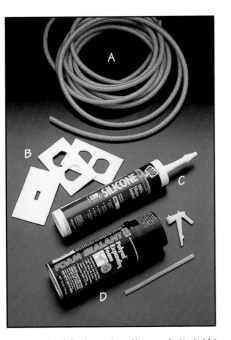

Isolation

Coupe-froid : boudin d'étanchéité (**A**), obturateurs pour commutateurs et prises (**B**), matériau d'étanchéité à la silicone (**C**), mousse expansive pulvérisable (**D**).

Coupe-froid pour portes : languettes coupe-froid en caoutchouc ou en aluminium (**A**), coupe-froid de métal en V (**B**), bas de porte (**C**), garniture de seuil (**D**), coupe-froid de plastique en V adhésif (**E**).

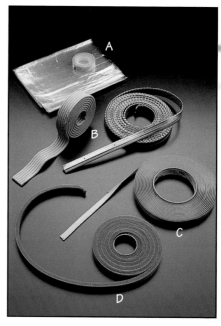

Isolant en vrac et autres matériaux : déflecteurs pour isolant de combles (**A**), isolant de cellulose en vrac (**B**), feuille de plastique pare-vapeur (polyéthylène) de 0,15 mm (6 mil) (**C**).

Coupe-froid pour fenêtres : pellicule de plastique rétrécissante (**A**), calfeutre en rouleau (**B**), ruban à calfeutrer adhésif (**C**), ruban de mousse adhésif (**D**).

ÉVALUER L'EFFICACITÉ ÉNERGÉTIQUE D'UNE MAISON

Détectez les courants d'air autour des portes et des fenêtres en tenant une allumette allumée près des interstices par jour de grand vent. La flamme oscillera ou s'éteindra. Si la flamme s'agite, le coupe-froid est inadéquat et doit être remplacé ou amélioré.

Notez la température à différents endroits dans une pièce : des différences de plus d'un ou deux degrés sont le signe d'une étanchéité ou circulation d'air inadéquates. Remplacez les coupe-froid autour des portes et des fenêtres, et vérifiez à nouveau. Si des différences de température subsistent, la circulation d'air de votre système de chauffage est peut-être déficiente. Les entreprises de commodités offrent souvent des conseils pour résoudre ce type de problème.

Isolation

Faites une inspection visuelle des coupe-froid et de l'isolation. Recherchez des signes de détérioration comme l'émiettement de la mousse ou du caoutchouc, le durcissement des matières souples comme le feutre ou le caoutchouc mousse, ou les languettes de métal tordues ou endommagées. Remplacez au besoin : la plupart de ces produits ne durent que quelques années.

Faites une vérification des dépenses énergétiques de votre maison, avec l'aide de votre fournisseur d'énergie local. La plupart des entreprises peuvent vous fournir une trousse de vérification ou feront la vérification pour vous (parfois gratuitement), et elles proposeront des solutions.

LES PARE-VAPEUR

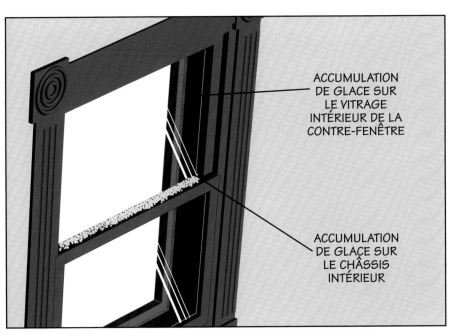

ACCUMULATION DE GLACE SUR LE VITRAGE INTÉRIEUR DE LA CONTRE-FENÊTRE

ACCUMULATION DE GLACE SUR LE CHÂSSIS INTÉRIEUR

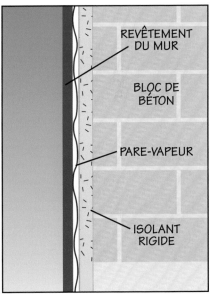

REVÊTEMENT DU MUR

BLOC DE BÉTON

PARE-VAPEUR

ISOLANT RIGIDE

Cherchez des signes de condensation, de givre, ou d'accumulation de glace sur les surfaces intérieures des châssis : l'accumulation d'humidité est un signe de protection insuffisante contre l'air froid extérieur. Vérifiez l'étanchéité du tour des contre-fenêtres. Au besoin, remplissez les interstices d'un boudin d'étanchéité ou d'un scellant à usage saisonnier. Cherchez ces mêmes signes sur les contre-fenêtres ou sur la surface extérieure des vitrages intérieurs. La condensation est un signe que de l'air chaud et humide s'échappe et que l'étanchéité entre les deux fenêtres doit être restaurée. Utilisez un matériau d'étanchéité à usage saisonnier ou posez une feuille de plastique clair sur le vitrage extérieur de la contre-fenêtre.

Posez un pare-vapeur fait d'une membrane de polyéthylène de 0,1 ou 0,15 mm (4 ou 6 mil) du côté de l'isolation qui est chaud en hiver pour protéger la charpente contre la condensation qui se produit lorsque de l'air chaud et humide entre en contact avec de l'air froid.

DEGRÉ D'HABILETÉ

Menuiserie : habiletés moyennes.

COMBIEN DE TEMPS FAUT-IL ?

Poser des aérateurs de soffites et de toit requiert environ :

EXPÉRIMENTÉ	1 h
INTERMÉDIAIRE	1 h 30
DÉBUTANT	2 h

VOUS AUREZ BESOIN :

☐ **Outils :** marteau, scie alternative, perceuse et forets, couteau à toiture, scie sauteuse.

☐ **Matériel :** aérateurs de soffites et de toit, ciment pour toiture.

Poser des aérateurs de soffites

Une bonne circulation d'air joue un rôle important dans le bon état d'un toit et des soffites. Si la ventilation est inadéquate, l'humidité emprisonnée cause de la pourriture, de la moisissure, des dégâts d'eau, des problèmes extérieurs de toiture et des coûts plus élevés de climatisation en été.

Une bonne circulation d'air requiert 0,09 m² (1 pi²) d'ouverture d'aération pour 8,5 m³ (300 pi³) d'air libre dans des combles. Ce ratio détermine le nombre d'aérateurs nécessaire.

Vous devriez avoir un nombre égal de prises d'air (soffites) et de sorties d'air (aérateurs de toit). Les aérateurs des combles et du toit, et les déflecteurs, ne doivent pas obstruer la circulation de l'air. Vérifiez l'isolant car, mal posé, il est un facteur de mauvaise ventilation.

Il existe toute une gamme d'aérateurs : certains sont de simples grillages, d'autres ont une turbine ou sont munis d'éventails électriques qui se règlent au moyen d'un thermostat. Votre choix dépendra de la quantité d'air à faire circuler, des dimensions de vos combles, de l'étendue du travail que vous désirez entreprendre et, bien sûr, de votre budget !

LE CONSEIL D'HOMER

L'installation d'aérateurs de soffites et de toit requiert un peu de logique...
Il m'est arrivé d'oublier de poser des déflecteurs avant d'isoler les combles. Comme l'aération ne se faisait pas, j'ai dû ramper dans les combles et dans l'isolant pour poser les déflecteurs, ce que j'aurais dû faire au départ...

UNE BONNE VENTILATION POUR UNE BONNE ISOLATION

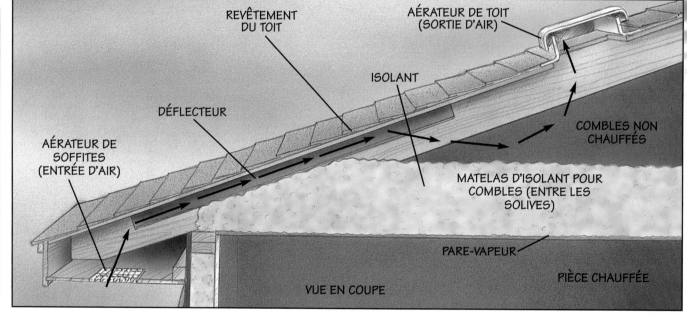

REVÊTEMENT DU TOIT

AÉRATEUR DE TOIT (SORTIE D'AIR)

ISOLANT

DÉFLECTEUR

COMBLES NON CHAUFFÉS

AÉRATEUR DE SOFFITES (ENTRÉE D'AIR)

MATELAS D'ISOLANT POUR COMBLES (ENTRE LES SOLIVES)

PARE-VAPEUR

PIÈCE CHAUFFÉE

VUE EN COUPE

Un débit d'air suffisant est essentiel à une bonne ventilation du toit. Il empêche l'accumulation de chaleur dans les combles et aide à protéger votre toit des dommages causés par la condensation ou la glace. Un système de ventilation type comprend des aérateurs dans les soffites qui font pénétrer l'air extérieur, qui monte sous le revêtement du toit et ressort par les aérateurs du toit.

Mesurez l'espace de vos combles pour déterminer la quantité d'aérateurs nécessaires par mètre (ou pied) cube. Vous devriez avoir 0,09 m² (1 pi²) d'aérateurs non obstrués par 8,5 m³ (300 pi³) d'espace libre. Disposez les entrées et sorties d'air également. Pour une bonne circulation, les entrées et sorties d'air doivent être réparties à plusieurs endroits. Pour évaluer le volume d'air des combles, multipliez la surface de plancher par leur hauteur maximale, puis divisez par deux.

TYPES D'AÉRATEURS DE SOFFITES

Des aérateurs de soffites peuvent être posés sous des soffites hermétiques pour augmenter le débit d'air dans les combles. Avant la pose, assurez-vous que l'entrée d'air ne sera pas obstruée sous le toit.

Des aérateurs continus de soffites assurent un débit d'air uniforme dans les combles. Ils sont en général posés lors de la construction, mais ils peuvent aussi être ajoutés après.

TYPES D'AÉRATEURS DE TOIT

Installez des aérateurs sur la toiture lorsque vous n'avez besoin que de sorties d'air. Pour ne pas ajouter plusieurs aérateurs, installez un ventilateur électrique pour augmenter la circulation de l'air.

Installez des aérateurs sous les pignons. Ils ont la même fonction que les autres aérateurs, mais ils attirent moins l'attention.

Installez des aérateurs continus sur le faîte pour corriger une ventilation inadéquate des combles. Parce qu'ils s'étendent sur toute la longueur, la circulation d'air est plus uniforme. Leur pose se fait de préférence lors de la construction, mais peut aussi se faire lors de la réfection d'une toiture.

Isolation

Poser des aérateurs de soffites 395

POSER DES AÉRATEURS DE SOFFITES

1 De l'intérieur des combles, localisez et marquez des emplacements qui assureront une libre circulation de l'air. Percez un trou dans le soffite pour localiser l'emplacement de l'extérieur.

2 Tracez le contour des aérateurs sur le soffite. Assurez-vous que les aérateurs seront placés entre les bouts des chevrons ou des bandes de clouage.

ATTENTION
Utilisez une échelle ou un échafaudage sécuritaire.
DANGER

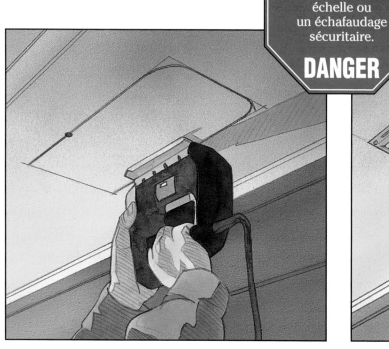

3 Coupez les ouvertures à 6 mm (¼ po) à l'intérieur du tracé pour laisser une bande qui permettra de fixer les aérateurs.

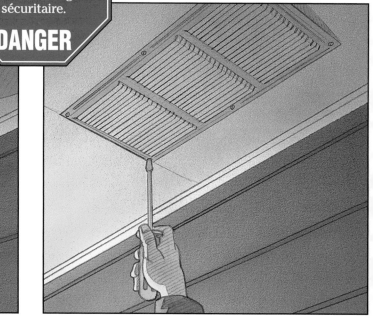

4 Fixez les aérateurs avec des vis à bois galvanisées ou en acier inoxydable.

Isolation

POSER UN AÉRATEUR DE TOIT

1 De l'intérieur, plantez un clou pour marquer l'emplacement de l'ouverture. Placez l'aérateur sur la pente la moins visible de la maison, dans le haut du toit, mais sous le faîte, et entre deux chevrons pour ne pas devoir en couper un. Posez les aérateurs à turbine près du faîte en vous assurant que la sortie d'air soit à au moins 20,3 cm (8 po) au-dessus du faîte. Utilisez le clou comme point central et tracez un cercle d'un diamètre égal à l'ouverture de l'aérateur.

2 Retirez les bardeaux situés tout juste au-dessus et sur les côtés de la surface à couper qui sera recouverte par la bride de l'aérateur. Ne retirez pas de bardeaux du bas car la bride les recouvrira. Poussez le clou à l'intérieur, percez un trou de départ et, avec une scie alternative, découpez une ouverture.

3 Appliquez du ciment pour toiture sous la bride de l'aérateur avant de le centrer au-dessus de l'ouverture. Clouez le haut et les côtés de la bride. Bouchez les trous de clous et les bords de la bride avec du ciment pour toiture.

4 Posez les bardeaux qui ont été enlevés en les taillant pour qu'ils s'ajustent autour de l'aérateur (comme pour un tuyau de ventilation) et fixez-les.

Poser de l'isolant en fibre de verre

L'ajout d'isolant en fibre de verre dans les combles ou sur les murs d'un sous-sol s'effectue facilement et rapidement, et est vite rentable au plan énergétique.

La plupart des codes de construction ont des exigences minimales d'isolation pour les constructions neuves. Consultez votre inspecteur en bâtiments : ces exigences sont de bonnes indications de ce qui convient aussi aux maisons plus anciennes. Le coefficient de résistance à la transmission de chaleur s'exprime en valeur R.

Dans ce chapitre, vous apprendrez à poser des matelas d'isolant en fibre de verre. Vous songerez peut-être à souffler de l'isolant en vrac (p. 400) si l'isolation actuelle de votre maison est insuffisante. Même si la quantité d'isolant en vrac est suffisante, l'ajout de matelas en fibre de verre assure une meilleure isolation.

Vous apprendrez aussi comment fixer des panneaux isolants rigides sur les murs intérieurs de votre sous-sol. Vous pouvez aussi poser des matelas isolants en fibre de verre entre des fourrures faites de 2x4 en les agrafant tout simplement aux montants des murs.

Quel que soit le type d'isolant utilisé dans les combles, assurez-vous d'avoir une circulation d'air adéquate (p. 394) pour prévenir les problèmes de condensation. Pour cela, des déflecteurs et des aérateurs adéquats doivent être installés avant d'ajouter de l'isolant.

TRAVAILLER EFFICACEMENT

L'isolant en fibre de verre est assez facile à manipuler et à poser, mais les fines fibres ont tendance à se détacher et à se répandre dans l'air. Au contact de la peau, elles provoquent des irritations et des démangeaisons et peuvent causer des problèmes respiratoires si on les inhale pendant un certain temps. Protégez-vous en portant un masque antipoussières ou un respirateur, des lunettes de sécurité, des manches longues, des gants de travail et une casquette. Cet attirail sera chaud, surtout dans les combles !

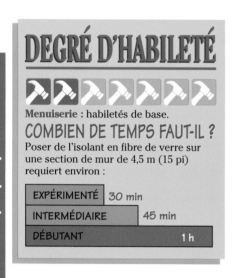

DEGRÉ D'HABILETÉ

Menuiserie : habiletés de base.

COMBIEN DE TEMPS FAUT-IL ?

Poser de l'isolant en fibre de verre sur une section de mur de 4,5 m (15 pi) requiert environ :

EXPÉRIMENTÉ	30 min
INTERMÉDIAIRE	45 min
DÉBUTANT	1 h

VOUS AUREZ BESOIN :

☐ **Outils :** couteau universel, agrafeuse, gants de travail, lunettes de sécurité, masque antipoussières.

☐ **Matériel :** isolant, déflecteurs, grillage de basse-cour.

POSER DES DÉFLECTEURS

Posez des déflecteurs pour empêcher le nouvel isolant de nuire à la circulation de l'air dans les combles. Vous pouvez acheter et poser des déflecteurs tout faits ou les faire vous-même avec du contreplaqué ou des panneaux d'isolant rigides.

PRÉVENIR LES PERTES DE CHALEUR

Posez de l'isolant en fibre de verre entre les solives de plancher au-dessus des vides sanitaires ou des sous-sols non chauffés, le pare-vapeur au-dessus. Posez un grillage de basse-cour ou des supports pour maintenir l'isolant en place.

Isolez la solive de bordure au-dessus des murs de fondation en remplissant l'espace avec de l'isolant en fibre de verre. Comprimez l'isolant juste assez pour qu'il ne tombe pas.

Isolez les murs du garage adjacent à votre maison avec de l'isolant dont le pare-vapeur fera face à l'intérieur. Couvrez de panneaux muraux les endroits susceptibles d'être endommagés.

CONSEILS POUR LA POSE D'ISOLANT

Créez des barrières entre l'isolant et les luminaires de plafond encastrés ou les autres accessoires électriques qui génèrent de la chaleur et ne sont pas conçus pour être en contact avec de l'isolant.

Ne comprimez pas l'isolant : l'air lui permet de mieux résister aux pertes de chaleur. Si l'isolant est trop épais, taillez-le ou déchirez-le pour que sa profondeur s'adapte à celle de l'endroit à isoler.

Fixez l'isolant en fibre de verre avec pare-vapeur intégré en dépliant le rabat de papier et en l'agrafant aux montants.

Poser de l'isolant en vrac

Si votre maison est déjà construite mais qu'elle manque d'isolation (ce qui est courant), songez à ajouter un isolant cellulosique. Il est bon marché et a une valeur R élevée.

Percez des trous et soufflez l'isolant cellulosique avec une soufflante – un appareil qui ressemble à un aspirateur industriel dont la marche serait renversée. Il est facile de camoufler les trous : percez-les derrière un morceau de parement temporairement retiré. La plupart des magasins qui vendent de l'isolant cellulosique louent des soufflantes et vous expliquent comment les utiliser.

1 Pour ne pas bloquer l'aération avec de l'isolant, posez un déflecteur au-dessus de chaque aérateur de soffite. (Pour un aérateur continu, posez un déflecteur tous les trois chevrons.)

2 Pour ne pas les remplir d'isolant et ainsi causer des problèmes d'humidité, bouchez les soffites en posant, juste devant elles et entre les solives, des sections d'isolant de fibre de verre.

DEGRÉ D'HABILETÉ

Menuiserie : habiletés de base.

Aide : faites-vous aider pour remplir d'isolant la trémie de la soufflante.

COMBIEN DE TEMPS FAUT-IL ?

Poser de l'isolant en vrac dans des combles de 6 x 9 m (20 x 30 pi) requiert environ :

EXPÉRIMENTÉ	3 h
INTERMÉDIAIRE	4 h
DÉBUTANT	5 h

VOUS AUREZ BESOIN :

☐ **Outils :** ruban à mesurer, agrafeuse, perceuse et forets, soufflante, échelle, marteau, levier.

☐ **Matériel :** isolant cellulosique, agrafes, déflecteurs en mousse, isolant en fibre de verre, clous.

3 Le code national de l'électricité interdit l'isolant à moins de 7,6 cm (3 po) d'un accessoire produisant de la chaleur (comme les luminaires encastrés). Clouez deux entretoises entre les solives pour éloigner l'isolant cellulosique.

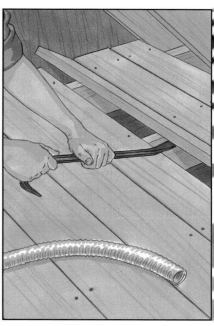

4 Si les combles ont un plancher, enlevez une planche pour avoir accès aux espaces entre les solives. Insérez le tube de la soufflante dans toute la longueur de l'espace et retirez-le à mesure qu'il se remplit d'isolant. S'il n'y a pas de plancher, posez des contreplaqués sur lesquels vous marcherez au cours du remplissage.

SOUFFLER DE L'ISOLANT EN VRAC DANS UN MUR

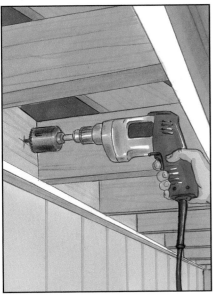

La plupart des isolants requièrent un pare-vapeur du côté qui est chaud l'hiver. Cependant, avec de l'isolant cellulosique, il est possible que vous n'en ayez pas besoin. Ainsi, vous n'avez pas besoin de pare-vapeur dans les combles si vous avez 30 cm² (1 pi²) d'aérateurs pour chaque 14 m² (150 pi²). Si l'aération est insuffisante, peignez le plafond situé sous la section isolée avec une peinture pare-vapeur. Vous n'aurez pas à peindre les murs à moins que la température ne baisse à moins de -24 °C (-15 °F). Avant d'isoler, voyez si de la peinture se détache, signe d'un problème d'humidité. Si le problème s'accentue par la suite, ou si d'autres problèmes surviennent, appliquez une couche de peinture pare-vapeur sur le mur intérieur.

1 Percez des trous d'accès du diamètre du tuyau de la soufflante. Si vous percez de l'extérieur, enlevez un morceau de parement un peu au-dessus du plancher et percez dans le revêtement intermédiaire. Pour un plancher à l'étage, enlevez la bordure de l'avant-toit ou un soffite.

2 De l'intérieur, enlevez la plinthe et percez des trous à au moins 3,8 cm (1½ po) du plancher pour éviter la lisse. À l'étage, il peut être plus facile de cacher les trous en perçant dans le mur par les combles.

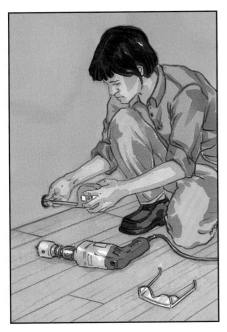

En général, des soufflantes sont disponibles dans les magasins où vous achetez votre isolant, et elles sont parfois prêtées à l'achat d'une certaine quantité d'isolant. Assurez-vous d'assister à une démonstration complète du fonctionnement de l'appareil car, même si tous ces appareils fonctionnent de façons similaires, de petites différences peuvent causer blessures ou embêtements. Assurez-vous aussi d'avoir tous les accessoires avant de quitter le magasin.

3 Avec un ruban à mesurer, vérifiez s'il y a des obstructions. Le cas échéant, percez un trou d'accès au-dessus. Remplissez l'espace d'isolant par le trou original et le nouveau.

4 Insérez le tube dans les trous en le poussant jusqu'à ce que le bout soit à 46 cm (18 po) du haut du mur. Soufflez l'isolant en retirant le tube à mesure que l'espace se remplit. Lorsque le mur est entièrement isolé, couvrez les trous avec la plinthe ou le parement.

Isolation

Isoler des combles non finis

Non seulement l'isolation des combles empêche les pertes de chaleur l'hiver, mais elle empêche l'accumulation de chaleur dans votre maison l'été. Les pertes de chaleur ne font pas que gonfler vos factures de chauffage, elles causent une accumulation de glace qui peut abîmer votre toit.

Une isolation suffisante n'est par contre qu'une partie de la solution : l'aération doit être adéquate.

Aussi, avant d'ajouter de l'isolant, vérifiez l'état de la ventilation dans les combles et assurez-vous que l'isolant ajouté ne gênera pas les aérateurs. La pose de déflecteurs dans l'avant-toit assurera le passage d'air frais.

1 Mesurez la profondeur de l'isolant déjà posé, évaluez l'état du pare-vapeur et rapiécez-le s'il est endommagé. Si les combles ne sont pas du tout isolés, posez des bandes de polyéthylène de 0,15 mm (6 mil) entre les solives et agrafez-les au-dessus des solives.

2 Posez des déflecteurs dans l'avant-toit pour que le nouvel isolant ne nuise pas à la circulation de l'air le long du revêtement intermédiaire.

TRAVAILLEZ SUR UN CONTREPLAQUÉ POSÉ SUR LES SOLIVES.

DEGRÉ D'HABILETÉ

Menuiserie : habiletés de base.

COMBIEN DE TEMPS FAUT-IL ?
Isoler vos combles requiert environ :

EXPÉRIMENTÉ	3 h
INTERMÉDIAIRE	4 h
DÉBUTANT	5 h

VOUS AUREZ BESOIN :

☐ **Outils :** couteau universel, règle, masque antipoussières, lunettes de sécurité.

☐ **Matériel :** polyéthylène de 0,15 mm (6 mil), matelas isolants, déflecteurs.

3 Mesurez les longueurs d'isolant entre les solives, d'une sablière à l'autre, et coupez-les dans un endroit bien aéré. Utilisez une règle et un couteau universel bien aiguisé.

4 Déroulez le matelas en partant de l'extérieur et en allant vers l'accès. Chevauchez légèrement les joints. Pour un maximum d'efficacité, placez une seconde épaisseur d'isolant perpendiculairement à la première. N'utilisez pas d'isolant recouvert ou de pare-vapeur.

Isoler un sous-sol

Un sous-sol isolé et confortable contribue à garder les planchers du rez-de-chaussée plus chaud. La mousse rigide est l'isolant le plus efficace et le plus utilisé pour les murs en maçonnerie.

Faits d'uréthanne ou de polystyrène, les panneaux de mousse rigide ont une épaisseur variant de 1,25 à 5 cm (½ à 2 po). Les panneaux d'uréthanne sont plus coûteux, mais ils isolent mieux et sont plus faciles à poser.

Les panneaux se coupent avec un couteau ou une scie pour panneau isolant, et ils s'ajustent bien entre les fourrures déjà installées. Ils sont ensuite collés à la maçonnerie.

Un pare-vapeur est agrafé à l'isolant pour empêcher l'humidité du mur d'endommager les panneaux muraux qui seront ensuite posés pour assurer une protection contre le feu.

POSER DE L'ISOLANT DE MOUSSE RIGIDE

1 Espacez les fourrures de la largeur des panneaux de mousse et alignez-les sur un fil à plomb. Fixez-les au mur avec des ancrages à maçonnerie.

2 Taillez les panneaux pour qu'ils s'ajustent entre les fourrures, de la lisse à la sablière, avec une scie pour panneau isolant (qui ressemble à une scie à guichet). Marquez l'emplacement des ouvertures des fenêtres, des prises et autres obstructions.

DEGRÉ D'HABILETÉ

Menuiserie : habiletés de base.

COMBIEN DE TEMPS FAUT-IL ?

Isoler un sous-sol de 2,5 x 7,5 m (8 x 25 pi) requiert environ :

EXPÉRIMENTÉ	2 h
INTERMÉDIAIRE	2 h 30
DÉBUTANT	3 h

VOUS AUREZ BESOIN :

☐ **Outils :** couteau universel, pistolet à calfeutrer, scie à guichet ou à panneau, règle, ruban à mesurer.

☐ **Matériel :** polyéthylène de 0,15 mm (6 mil), panneaux isolants, adhésif.

3 Fixez les panneaux au mur et aux lisses et sablières (en vous assurant qu'ils sont propres et secs) avec un adhésif pour panneaux qui ne dissoudra pas l'isolant.

4 Agrafez une feuille pare-vapeur aux fourrures, puis fixez les panneaux muraux de votre choix pour protéger l'isolant et le pare-vapeur et enjoliver la pièce.

Étanchéiser une maison

La pose de coupe-froid et le calfeutrage se font surtout autour des portes et fenêtres, qui sont les principales sources de perte de chaleur dans la plupart des maisons. Les contre-portes et contre-fenêtres, ainsi que les couvre-puits d'éclairage jouent aussi un rôle important dans l'étanchéité de votre maison.

Il existe des coupe-froid de différents matériaux, qui sont conçus pour des usages spécifiques. En général, les coupe-froid en métal ou renforcés de métal sont plus durables que ceux faits exclusivement de plastique, de caoutchouc ou de mousse.

L'étanchéisation d'une maison peut se faire peu à peu, selon vos disponibilités.

Posez des couvre-puits d'éclairage préformés pour minimiser les pertes de chaleur par les fenêtres du sous-sol. La plupart des couvre-puits d'éclairage ont une bride supérieure qui se glisse sous le parement. Fixez-les aux murs de fondation avec des ancrages à maçonnerie et maintenez en place la bride du bas avec des pierres ou du gravier. Calfeutrez le tour des rives pour plus de protection.

Avant d'acheter des couvre-puits d'éclairage, mesurez la plus grande largeur du puits d'éclairage et notez s'il est rectangulaire ou semi-circulaire.

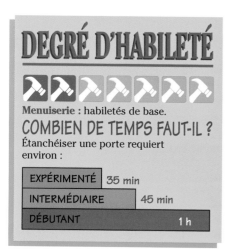

DEGRÉ D'HABILETÉ

Menuiserie : habiletés de base.

COMBIEN DE TEMPS FAUT-IL ?

Étanchéiser une porte requiert environ :

EXPÉRIMENTÉ	35 min
INTERMÉDIAIRE	45 min
DÉBUTANT	1 h

VOUS AUREZ BESOIN :

☐ **Outils** : marteau, couteau à mastic, tournevis, levier, ciseau à bois, agrafeuse, pistolet à calfeutrer.

☐ **Matériel** : matériau d'étanchéité à la silicone, mousse isolante expansible, coupe-froid, bouche-pores pour bois.

CONSEILS SUR L'ÉTANCHÉISATION

Calfeutrez le tour de la sortie d'air du sèche-linge, et tout autre accessoire monté sur les côtés de votre maison.

Scellez le joint entre les plinthes et le plancher. Enlevez les quarts-de-rond et soufflez une mousse expansible pour bloquer les courants d'air et empêcher les insectes d'entrer dans la maison. La mousse prend beaucoup d'expansion : appliquez-en peu.

Isolez le tour des robinets, des prises de câble, des lignes téléphoniques et autres points d'entrées avec de la mousse isolante expansible. Soyez prudent lorsque vous travaillez près de fils électriques.

Isolation

ÉTANCHÉISER UNE PORTE D'ENTRÉE

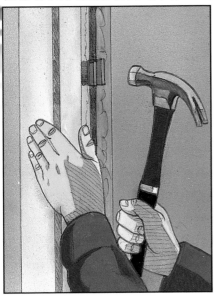

Redressez la porte si elle est mal alignée. Placez des cales sous les charnières pour uniformiser les espaces autour de la porte et ajustez gâches et pênes de manière que la porte soit bien centrée dans son cadre.

1 Posez des languettes de métal à ressort à côté des butoirs, au point de rencontre entre le butoir et la porte fermée. Avec un couteau à mastic, soulevez la moitié de la languette qui touche la porte pour assurer une bonne étanchéité.

2 Ajoutez des languettes de feutre renforcé sur les rives des butoirs, du côté extérieur.

3 Posez un nouveau bas de porte à balai.

Variante : Posez un nouveau bas de porte qui combine balai à l'intérieur et larmier à l'extérieur. Vous devrez peut-être ajuster la hauteur du seuil ou raboter légèrement le bas de la porte. Dans ce dernier cas, appliquez ensuite du scellant pour bois.

4 Bouchez les fissures dans les panneaux de la porte ou autour des vitrages avec un bouche-pores pour bois ou un matériau d'étanchéité.

REMPLACER UN SEUIL

1 Coupez l'ancien seuil avec une scie à dos, puis retirez-le. Nettoyez l'emplacement.

2 Mesurez et coupez le nouveau seuil. Appliquez une lisière de matériau d'étanchéité puis fixez le seuil. Assurez-vous que la pente descend légèrement vers l'extérieur pour empêcher l'eau de s'accumuler ou de pénétrer dans la maison.

3 Posez des vis dans la fente située au-dessus du seuil. Vérifiez l'ajustement. Au besoin, rabotez le bas de la porte ou abaissez le seuil.

ÉTANCHÉISER D'AUTRES TYPES DE PORTES

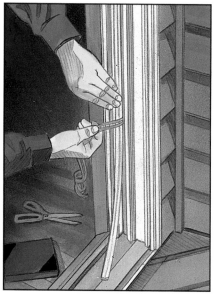

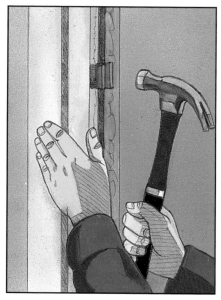

Scellez les rainures des jambages d'une porte-fenêtre au moyen de languettes de caoutchouc à compression, là où s'insèrent les portes lorsqu'elles sont fermées. Posez aussi une feuille isolante de plastique à l'intérieur de la porte.

Posez un nouveau bas de porte en caoutchouc sous le bord extérieur de la porte de garage si l'ancien est usé. Vérifiez s'il y a des fuites d'air par les jambages et, au besoin, posez des coupe-froid.

Ajustez le cadre de la porte pour réduire les espaces trop larges. Retirez la moulure intérieure et posez des cales entre les jambages et la charpente, côté charnières. Fermez la porte pour vérifier l'ajustement et corrigez au besoin avant d'isoler et de poser les moulures.

Isolation

L'ENTRETIEN DES CONTRE-PORTES

Vérifiez les serrures et ajustez au besoin. Une serrure qui fonctionne bien retient la porte en place de façon hermétique et sécuritaire. Une serrure défectueuse laisse entrer le vent.

Posez une chaîne anti-vent si votre porte n'en a pas déjà. Ces chaînes empêchent les portes de s'ouvrir trop grand ce qui arracherait les charnières. Réglez la chaîne pour que la porte ne s'ouvre pas à plus de 90°.

Ajustez la tension du ferme-porte pour assurer une fermeture sécuritaire, sans claquement. Les vis d'ajustement de tension se trouvent en général à un bout du cylindre. Il est possible de maintenir la porte ouverte mais cela peut faire plier la tige de fermeture.

ÉTANCHÉISER LES FENÊTRES

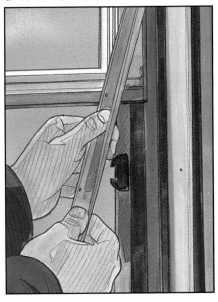

1 Coupez et posez des coupe-froid de métal en V dans les glissières des châssis. Les coupe-froid doivent dépasser d'au moins 5 cm (2 po) les bouts du châssis lorsque celui-ci est fermé. Fixez-les avec un marteau de tapissier et les clous fournis à l'achat.

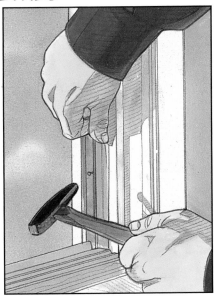

2 Enfoncez les clous à égalité avec les coupe-froid pour que les châssis ne s'y accrochent pas. Élargissez les bouts du coupe-froid avec un couteau à mastic pour assurer un joint étanche contre le châssis.

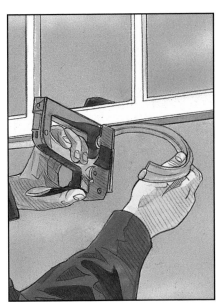

3 Essuyez le dessous du châssis avec un chiffon humide et laissez sécher. Fixez ensuite un ruban de mousse adhésif sur le côté extérieur du dessous du châssis. Utilisez des rubans en néoprène creux de la meilleure qualité. Les rubans ne colleront pas si la surface est trop froide (environ 10 °C ou 50 °F).

Isolation

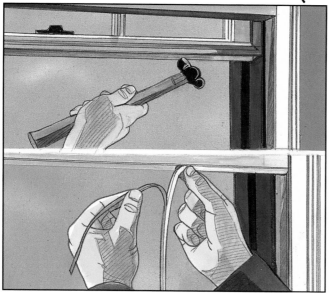

INTÉRIEUR

4 Scellez l'espace où les deux châssis se rencontrent.
Si les deux sont mobiles, levez celui du bas et baissez
celui du haut pour accéder au dessus de ce dernier,
et posez une languette de métal à ressort sur la face
intérieure de sa traverse inférieure. Si un seul châssis
est mobile, fixez un coupe-froid tubulaire ou en feutre
renforcé sur la face extérieure de la traverse supérieure
du châssis du bas. Placez le coupe-froid pour qu'il se
comprime un peu contre le châssis du haut lorsque fermé.

5 Appliquez un matériau d'étanchéité à la silicone sur
le tour du cadre intérieur de la fenêtre. Pour une
meilleure protection, fermez et verrouillez la fenêtre et
calfeutrez le tour des rives intérieures du châssis avec
un matériau clair qui s'enlèvera au printemps.

Ajoutez une feuille de plastique ou une pellicule
rétrécissante à l'intérieur de la fenêtre pour empêcher
les courants d'air et l'humidité de pénétrer. Suivez les
directives du fabricant qui, souvent, recommandent
l'utilisation d'un séchoir à cheveux pour tendre le
plastique et éliminer les plis.

**Posez une feuille de plastique à l'extérieur de la
fenêtre**, en suivant les directives du fabricant. Le
matériel de fixation accompagne souvent le produit.

Isolation

ÉTANCHÉISER LES AUTRES TYPES DE FENÊTRES

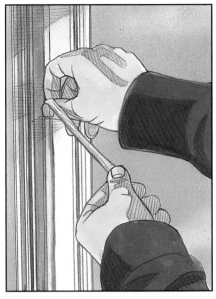

Posez des coupe-froid en V à la jonction des châssis des fenêtres coulissantes, ainsi que du feutre renforcé sur le tour des trois autres côtés. Utilisez un coupe-froid pour étanchéiser l'interstice de la jonction.

Posez des rubans adhésifs de mousse compressible sur les quatre butoirs des fenêtres à battant. Les rubans adhésifs ne colleront pas si la surface est trop froide (à environ 10 °C ou 50 °F).

Utilisez la même technique pour les fenêtres à revêtement de métal ou de vinyle que pour les fenêtres en bois, mais n'utilisez que des produits adhésifs qui n'endommageront pas le revêtement.

ÉTANCHÉISER LES CONTRE-FENÊTRES

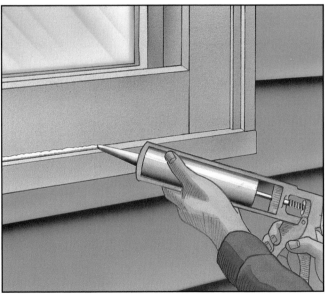

Créez un joint étanche en fixant des rubans de mousse compressible à l'extérieur des butoirs de la contre-fenêtre. Remplissez les espaces entre la contre-fenêtre et la moulure extérieure avec un boudin d'étanchéité.

Lorsque vous utilisez un matériau d'étanchéité à usage saisonnier autour des contre-fenêtres, faites attention de ne pas sceller les trous de drainage car ils permettent à l'humidité de s'échapper.

L'ABC DE L'ENTRETIEN EXTÉRIEUR

Partout en Amérique du Nord, la peinture s'écaille, les bardeaux gauchissent, les gouttières s'affaissent et les patios pourrissent. C'est un phénomène naturel irréversible : les objets s'usent et se brisent avec le temps, et cela vaut aussi pour l'extérieur de votre maison.

Quand votre maison est soumise à ce phénomène, c'est à la vue de tous. Et sans un entretien régulier, elle peut vite avoir l'air miteuse.

Mais ne vous découragez pas : même si l'entretien extérieur requiert des soins constants, les habiletés requises sont quant à elles sommaires. Lorsque votre maison est bien entretenue, elle est sécuritaire, tout y fonctionne bien et elle a belle apparence.

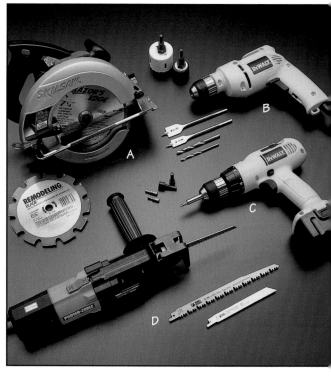

Outils électriques : scie circulaire (**A**), perceuse et forets (**B**), perceuse/visseuse sans fil (**C**), scie alternative (**D**), cordon prolongateur isolé avec interrupteur de masse défectueuse (non illustré).

Outils à main : niveau de menuisier (**A**), pistolet à calfeutrer (**B**), couteau à mastic (**C**), brosse de métal (**D**), marteau (**E**), équerre combinée (**F**), ruban à mesurer (**G**), ciseaux à bois (**H**), tournevis (**I**), arrache-clou (**J**), cisailles à tôle (**K**), pince-étau (**L**), pince (**M**), marteau agrafeur (**N**), pistolet à river (**O**), chasse-clous (**P**), scie à métaux (**Q**), tire-panneau (**R**), clé à rochet et douilles (**S**), couteau universel (**T**), égoïne (**U**), équerre de charpentier (**V**).

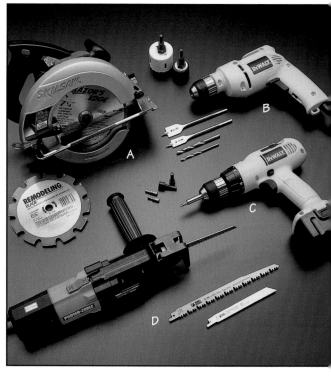

Entretien extérieur

Les centres de location louent de nombreux outils qui facilitent vos réparations extérieures, mais on y loue aussi toute une panoplie d'équipements qui vous permettront de travailler en toute sécurité et qui vous simplifieront la tâche.

Pour travailler en hauteur, utilisez un escabeau ou une échelle à coulisse. Assurez-vous qu'ils soient en fibre de verre si vous effectuez des travaux d'électricité ou travaillez près de lignes électriques.

Lorsque vous travaillez à bonne hauteur avec une échelle à coulisse, utilisez des stabilisateurs d'échelle pour la rendre plus stable. Ils permettent également de prévenir les dommages aux gouttières en distançant l'échelle de la gouttière.

Avec au moins deux échelles à coulisse et des vérins, vous pouvez travailler sur une planche en bois ou en aluminium sans avoir à monter un échafaudage.

Pour les gros travaux, vous aurez sans doute à monter un échafaudage pour avoir une plate-forme de travail plus stable et plus sûre. Utilisez les planches d'aluminium : elles sont plus rigides que les planches de bois.

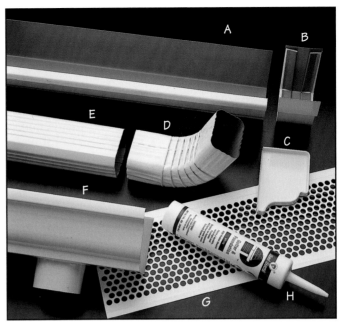

Matériaux : gouttière (**A**), dispositif d'assemblage (**B**), bouchon (**C**), coude (**D**), descente (**E**), tuyau de décharge (**F**), grillage pour gouttière (**G**), matériau d'étanchéité à la silicone (**H**).

PRÉVENIR LES INFILTRATIONS D'EAU

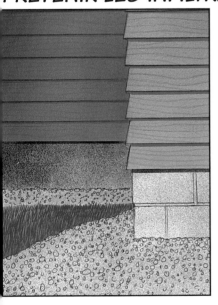

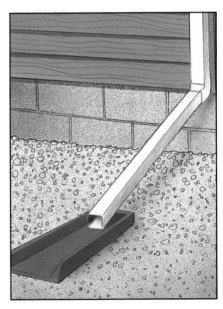

Une pente appropriée autour des fondations éloignera l'eau des murs et l'empêchera de s'infiltrer dans le sous-sol.

Des gouttières mal entretenues perdent leur efficacité : l'eau y stagne et peut s'infiltrer dans le toit ou s'accumuler près des fondations.

Des déflecteurs de pluie éloigneront l'eau d'écoulement des fondations et la disperseront le long de la pente.

Entretien extérieur

Réparer des gouttières

Les gouttières empêchent l'eau qui coule du toit de s'accumuler près des fondations. Installées au-dessus des entrées ou des passages, elles empêchent l'eau de tomber sur les gens. On remarque une ligne d'érosion le long des murs autour des maisons qui n'ont pas de gouttières.

Comme les gouttières sont très exposées aux éléments, les dommages causés par la corrosion ou la détérioration sont pratiquement inévitables.

Et, dès que cela arrive, les fuites et les dommages suivent rapidement.

La corrosion dans les gouttières se fait généralement de l'intérieur vers l'extérieur. Si vos gouttières ont commencé à couler à cause de la corrosion, le pronostic n'est pas bon. La réparation (p. 413) est une solution temporaire, mais il vaudrait mieux songer dès maintenant à les remplacer.

Il arrive parfois que les supports de gouttières cèdent, même si les gouttières elles-mêmes sont en bon état. L'affaissement qui en résulte empêche l'eau de couler vers les descentes, et il y a débordement.

Des gouttières qui s'affaissent peuvent aussi être un signe que la bordure d'avant-toit s'est détériorée. Inspectez-la avant de reposer une gouttière qui s'affaissera de nouveau.

DEGRÉ D'HABILETÉ

Menuiserie : habiletés moyennes.

COMBIEN DE TEMPS FAUT-IL ?
Réparer une gouttière de 6 m (20 pi) requiert environ :

EXPÉRIMENTÉ	1 h
INTERMÉDIAIRE	1 h 30
DÉBUTANT	2 h

VOUS AUREZ BESOIN :

☐ **Outils :** brosse de métal, pinceau, pistolet à river, arrache-clou, scie à métaux, marteau, couteau à mastic, ciseaux, pistolet à calfeutrer, tournevis.

☐ **Matériel :** canevas et adhésif à gouttière, vis à tôle, rivets, ciment à toiture.

GUIDE DES BONS ACHAT$

Choix des gouttières

Les gouttières sont en général en bois, en acier galvanisé, en aluminium ou en vinyle. Les gouttières en bois ajoutent une touche d'élégance à votre maison et sont faites de sapin, de séquoia ou de cèdre, des essences qui résistent au pourrissement.

Les gouttières en acier galvanisé, les moins chères, possèdent généralement un fini émaillé mais, à moins qu'elles ne soient peintes régulièrement, elles durent moins longtemps que les autres.

Les gouttières en aluminium, légères et résistantes à la rouille, sont disponibles en plusieurs couleurs.

Les gouttières en vinyle sont de plus en plus populaires car elles sont durables et faciles à installer. Les sections et les accessoires sont précolorés et sont disponibles en dimensions standard qui s'emboîtent à pression facilement.

SOYEZ PRUDENT QUAND VOUS TRAVAILLEZ EN HAUTEUR !

INSTALLER DU CANEVAS À GOUTTIÈRE

1 Coupez un morceau de canevas à gouttière de la longueur désirée (si possible couvrez toute la gouttière). Si la gouttière est étroite, coupez aussi le canevas en largeur. Glissez-le sous les attaches de gouttières.

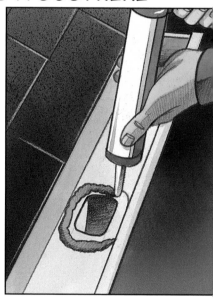

2 Fixez les tuyaux de décharge, les coins et les bouchons en suivant les directives du fabricant. Pour les joints, utilisez l'adhésif généralement fourni par le fabricant avec le canevas.

RÉPARER UNE FUITE DANS UNE GOUTTIÈRE DE MÉTAL

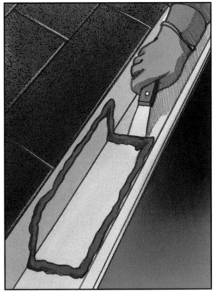

1 Frottez la partie endommagée avec une brosse de métal et de l'eau. Quand elle est sèche, frottez-la avec un tampon abrasif.

2 Posez une couche de ciment à toiture sur la fissure et amincissez les bords tout autour.

Si le trou est plus grand qu'un clou, posez une pièce de tôle repliée et noyez-la dans le ciment à toiture. Amincissez le ciment sur les bords tout le tour de la pièce.

RÉPARER UN JOINT QUI FUIT

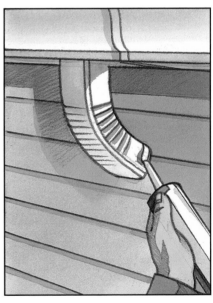

1 Enlevez les vis ou les fixations et démontez. Vous devrez peut-être démonter une autre section de gouttière ou une descente avant d'arriver au joint qui fuit.

2 Enlevez toute pâte à joints ou adhésif des deux parties à l'aide d'une brosse de métal. Remplacez les bagues d'étanchéité en caoutchouc des gouttières en vinyle ou en PVC.

3 Appliquez de la silicone sur l'une des deux parties et assemblez-les. Reposez les fixations ou les vis.

REMPLACER UNE SECTION DE GOUTTIÈRE EN MÉTAL

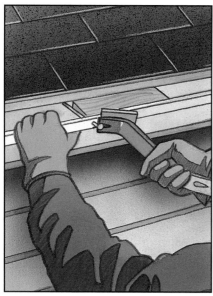

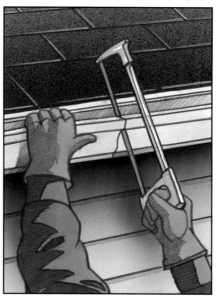

1 Enlevez les clous et les dispositifs d'assemblage de la section de gouttière endommagée.

2 Retirez la section de gouttière. Avec le système à clous et gaines, insérez un 2x4 dans la gouttière, sous la gaine, pour protéger la gouttière et avoir un appui. Enlevez le clou.

3 Avec la scie à métaux, coupez une nouvelle section de gouttière 61 cm (2 pi) plus longue que celle à remplacer, en laissant le 2x4 pour empêcher le métal de plier.

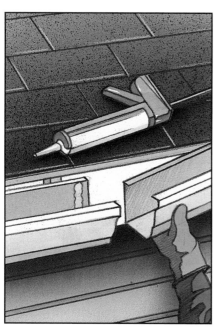

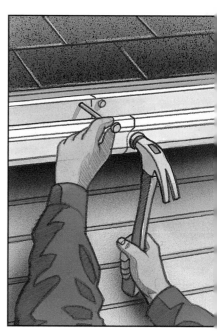

4 Appliquez du ciment à toiture ou une pâte à calfeutrer pour gouttière sur les extrémités des gouttières originales. Insérez la nouvelle section. Assurez-vous que les pièces se chevauchent dans le sens de la pente d'écoulement.

5 Percez des avant-trous pour les rivets et fixez ensuite les joints des deux sections.

6 Placez un 2x4 dans la gouttière et percez des avant-trous pour les attaches à clous et à gaines. Insérez les clous à l'avant de la gouttière, glissez les gaines et enfoncez les clous dans la bordure d'avant-toit.

Entretien extérieur

Installer un système de gouttières en vinyle

Que vous deviez remplacer un système de gouttières ou en installer un nouveau, les gouttières en vinyle offrent un bon rapport qualité-prix, et vous pouvez les installer vous-même.

Bien qu'elles soient sensibles aux températures extrêmes, elles sont très durables. Comme les gouttières en vinyle sont à l'épreuve de la corrosion et qu'elles sont colorées de façon permanente, elles exigent très peu d'entretien.

Les systèmes de gouttières en vinyle sont conçus pour les installations à faire soi-même : les composantes sont modulaires et s'emboîtent facilement, et les attaches sont faciles à installer.

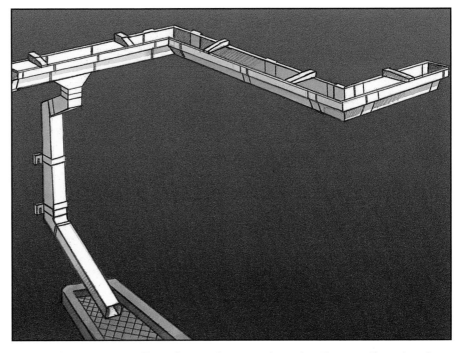

Les systèmes de gouttières à pression sont faits de pièces préformées. La plupart des systèmes comportent des sections droites, des coins intérieurs et extérieurs, des décharges, des coudes pour descentes, des bouchons, des attaches et des déflecteurs.

ASSEMBLER ET INSTALLER LES GOUTTIÈRES

1 Commencez à l'extrémité opposée à la descente. Si l'avant-toit fait plus de 10,6 m (35 pi), commencez au milieu. Marquez au cordeau une ligne de pente en commençant à 2,5 cm (1 po) plus bas que l'avant-toit. La pente doit avoir 6 mm (¼ po) pour chaque 3 m (10 pi).

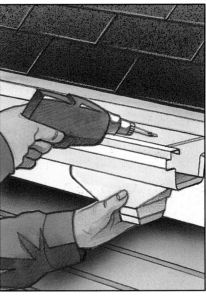

2 Pour vous guider, placez les tuyaux de décharge et les coins. Alignez-les sur la ligne de pente. Suivez les directives du fabricant pour les distances recommandées à partir des extrémités de la bordure d'avant-toit.

ASSEMBLER ET INSTALLER DES GOUTTIÈRES (suite)

3 Installez les attaches (le haut sur la ligne de pente) en suivant les directives du fabricant. Il devrait y avoir une attache tous les 60 à 75 cm (24 à 30 po).

4 Installez les sections en partant de la décharge. Lubrifiez les bagues d'étanchéité selon les directives du fabricant. Coupez les sections avec une scie à métaux et suspendez-les sur toute la longueur en laissant des espaces pour les raccords, si nécessaire.

5 Joignez les sections ensemble avec les dispositifs d'assemblage appropriés et laissez un jeu pour la dilatation selon les directives du fabricant. Au besoin, lubrifiez les raccords.

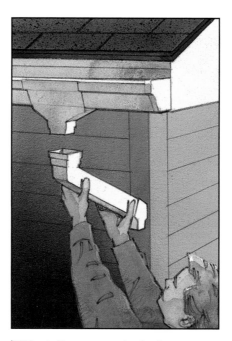

6 Joignez les sections de gouttières aux coins et fixez les coins et les décharges en place. Posez des bouchons à la décharge et à toute section ouverte.

7 Installez un coude de descente à la sortie du tuyau de décharge, en direction du mur. Fixez une attache de descente au parement pour retenir un deuxième coude. Coupez un morceau de descente et placez-le entre les deux coudes.

8 Avec une attache, posez un coude au bas du parement, en ligne avec celui du haut. Coupez le drain pour l'ajuster entre les deux coudes et assemblez la descente en commençant par le bas. Ajoutez un tuyau de sortie, un déflecteur et des crépines.

Entretien extérieur

Réparer le parement

Bien qu'il y ait maintenant un nombre considérable de parements différents (bardage à clins, planches avec couvre-joints, planches bouvetées), les façons de les réparer sont sensiblement les mêmes.

Vous pourrez effectuer des réparations mineures de rapiéçage ou remplacer des sections endommagées sur la plupart des parements. Cependant, il y a certaines réparations que vous devrez laisser à un entrepreneur qualifié.

TYPES DE PAREMENTS ET PROBLÈMES

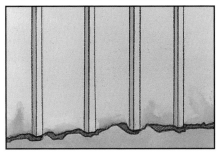

Les dommages aux **parements en planches avec couvre-joints** sont généralement dus au vieillissement et à l'eau, et ils sont faciles à réparer.

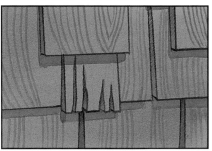

Les **bardeaux de cèdre** sont de fines planchettes de bois fendues à la main et amincies d'un côté. Ils sont de longueurs différentes et de texture rugueuse. Il existe aussi des bardeaux sciés. Les deux sont faciles à réparer.

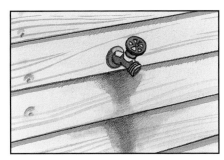

Le **bardage à clins en bois** est le plus susceptible de nécessiter des réparations à cause du fendillement, du vieillissement et de l'eau. Il est aussi le plus facile à réparer.

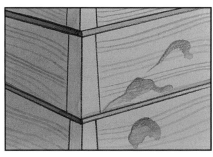

Le **parement en métal ou en aluminium** est endommagé par les conditions climatiques et une occasionnelle balle perdue. Il se répare facilement avec les bons outils.

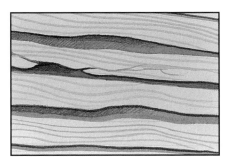

Le **parement en vinyle** est plus difficile à réparer. Il est préférable de vérifier les clauses de la garantie avant d'effectuer des réparations pour ne pas annuler la garantie par inadvertance.

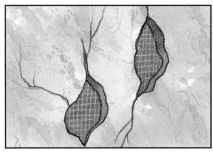

Les réparations au **parement de stuc** peuvent être effectuées par un bricoleur ayant un peu de pratique, le bon matériel et les bons outils.

Réparer les parements en bois

Les différentes conditions climatiques tendent à détériorer le bois. Certaines essences de bois comme le cèdre et le séquoia pourrissent moins et sont donc conseillées pour les parements. Les matériaux composites comme les panneaux de fibres dures résistent à la pourriture mais sont vulnérables à l'infiltration d'eau, à moins qu'ils ne soient traités et scellés.

Les types de parements ont changé au cours des ans. Si vous remplacez une partie du parement d'une vieille maison, il se peut que vous ayez de la difficulté à l'assortir. Contactez votre fournisseur habituel : il pourrait être en mesure de faire une commande spéciale ou de vous diriger vers un spécialiste du parement dans votre région.

DEGRÉ D'HABILETÉ

Menuiserie : habiletés moyennes.

COMBIEN DE TEMPS FAUT-IL ?
Réparer une section de bardage à clins en bois requiert environ :

EXPÉRIMENTÉ	2 h
INTERMÉDIAIRE	3 h
DÉBUTANT	4 h

VOUS AUREZ BESOIN :

☐ **Outils :** couteau à mastic, arrache-clou plat, marteau, scies à métaux, circulaire, à guichet et sauteuse, agrafeuse.

☐ **Matériel :** bouche-pores à l'époxy, espaceurs de bois, planches et clous à parement, papier de construction.

RÉPARER LE PAREMENT DE BOIS

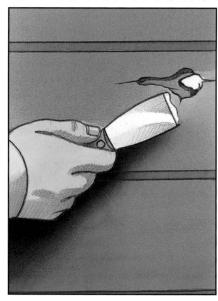

Pour **réparer les petits trous** dans le bois, nettoyez bien la zone avec un ciseau. Remplissez de bouche-pores avec un couteau à mastic et peignez.

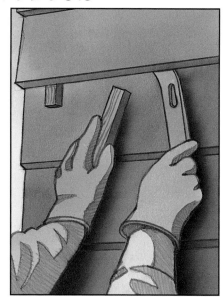

Utilisez des espaceurs pour écarter la planche et libérer la zone à réparer. Écartez graduellement une grande zone de chaque côté de la réparation pour empêcher le vieux bois de craquer ou de se fendiller.

Numérotez les planches lorsque vous les enlevez. Il sera plus facile de les réinstaller ou de les utiliser comme gabarit pour les planches de remplacement.

Décalez les joints verticaux pour une apparence plus esthétique. Pour de meilleurs résultats, coupez les vieilles planches de parement vis-à-vis des montants de la charpente.

REMPLACER DES BARDEAUX

Laisser des jeux de dilatation entre les éléments en bois d'un parement (bardage à clins, bardeaux ou panneaux). Pour prévenir le gauchissement, le parement doit pouvoir se dilater et se contracter, à cause des changements climatiques ou des mouvements de la maison.

Pour remplacer des bardeaux, retirez d'abord les clous des bardeaux brisés avec un extracteur de bardeaux ou brisez le bardeau en éclats avec un ciseau et un marteau et retirez ensuite les clous. Coupez les bardeaux aux dimensions voulues en laissant 6 mm ($\frac{1}{4}$ po) de jeu. En partant du bas, positionnez les bardeaux de remplacement en les chevauchant pour suivre le motif. Glissez les derniers bardeaux sous les bardeaux existants de la rangée du dessus. Clouez-les près du haut avec des clous galvanisés ou en aluminium.

REMPLACER DU BARDAGE À CLINS EN BOIS

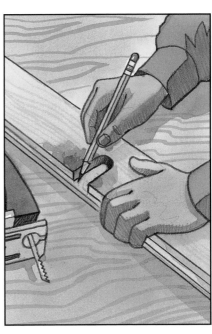

1 Localisez et marquez le montant de charpente le plus près de chaque coté de la section à réparer, qui doit être plus grande que la section endommagée afin de couper dans le bois massif. Enlevez moulures et accessoires.

2 Coupez le parement vis-à-vis des poteaux avec une scie circulaire dont la lame est réglée sur l'épaisseur des planches. Décalez les coupes verticales. Coupez les clous de la rangée supérieure avec la lame de la scie à métaux glissée entre la planche endommagée et celle qui la chevauche.

3 Utilisez la vieille planche de parement comme gabarit pour tracer le contour des ouvertures ou des accessoires.

Réparer les parements en bois **419**

REMPLACER DU BARDAGE À CLINS EN BOIS (suite)

4 Coupez les planches de la longueur voulue en laissant un jeu de 2 mm ($\frac{1}{16}$ po) à chaque bout. Traitez les extrémités avec un apprêt ou un scellant. Vérifiez le papier de construction et la couverture dans la région à réparer.

5 Remplacez le papier de construction endommagé avec un nouveau papier qui excédera l'ouverture d'au moins 10 cm (4 po). Glissez la partie supérieure de la pièce sous le papier directement au-dessus de la section à réparer, et agrafez-la.

6 Clouez les planches de parement avec le même type de clou que celui qui fixe les planches existantes. Commencez par la planche la plus basse et remontez en chevauchant les planches correctement.

REMPLACER DU PAREMENT EN PLANCHES AVEC COUVRE-JOINTS

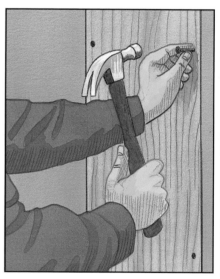

7 Utilisez un matériau de calfeutrage en acrylique et silicone que l'on peut peindre pour remplir les joints verticaux et les trous de clous. Une fois sec, apprêtez et peignez le nouveau parement pour l'assortir à l'existant.

1 Enlevez les couvre-joints de chaque côté du panneau endommagé. Enlevez le panneau et vérifiez la sous-couche. Coupez un panneau de remplacement dans un matériau assorti.

2 Posez un apprêt sur les rives et le dos des nouveaux panneaux. Clouez-les en laissant un jeu d'expansion de 3 mm ($\frac{1}{8}$ po). Calfeutrez les joints entre les panneaux et réinstallez les couvre-joints. Teignez ou apprêtez, et peignez pour assortir.

Réparer les parements en vinyle ou en métal

Vos choix sont plus restreints pour les réparations de parement en métal ou en vinyle. Si vous êtes chanceux, il vous reste un peu de matériel de l'installation originale. Certains centres de rénovation vendent ce type de parement, mais souvent votre parement spécifique peut être vendu seulement par l'entrepreneur qui l'a installé. Il vous faudra donc communiquer avec le fabricant ou l'installateur pour obtenir des pièces de remplacement.

DEGRÉ D'HABILETÉ

Menuiserie : habiletés moyennes.

COMBIEN DE TEMPS FAUT-IL ?

Remplacer une section de parement en métal ou en vinyle requiert environ :

EXPÉRIMENTÉ	2 h
INTERMÉDIAIRE	3 h
DÉBUTANT	4 h

VOUS AUREZ BESOIN :

☐ **Outils :** levier, marteau, scie à métaux, cisailles à tôle, équerre combinée, pistolet à calfeutrer, tire-panneau.

☐ **Matériel :** parement, adhésif pour panneau, bouchons.

RAPIÉCER UN PAREMENT EN VINYLE

VUE EN COUPE

Utilisez un tire-panneau pour séparer les panneaux. Insérez le tire-panneau dans un joint vertical, sous la dernière rangée du panneau situé au-dessus de la réparation à faire et faites-le glisser le long de la rangée en tirant vers vous et vers les bas. Ces tire-panneaux sont offerts dans la plupart des centres de rénovation.

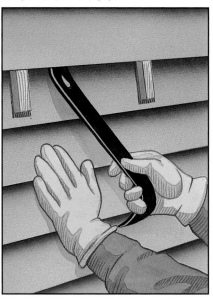

1 Séparez les panneaux de la zone endommagée à l'aide du tire-panneau. Insérez des espaceurs entre le parement et le matériau de recouvrement de la charpente. Utilisez un arrache-clou pour desserrer et enlever les clous qui retiennent le panneau endommagé.

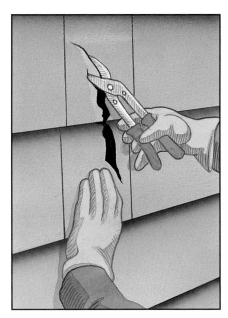

2 À l'aide d'une règle et de cisailles à tôle ou d'un couteau universel, faites des entailles verticales de chaque côté du panneau endommagé. Coupez dans le matériau de remplacement, un panneau de 5 cm (2 po) plus large que l'original.

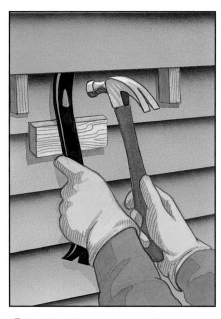

3 Insérez les panneaux de remplacement en commençant par le bas. Fixez-les avec les mêmes attaches. Glissez en place le dernier panneau en vous servant du levier pour soulever la rangée du dessus. Utilisez un tire-panneau pour emboîter les panneaux.

RÉPARER UN PAREMENT EN ALUMINIUM

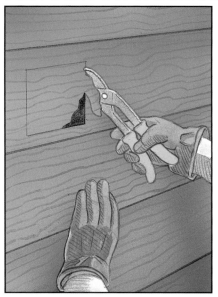

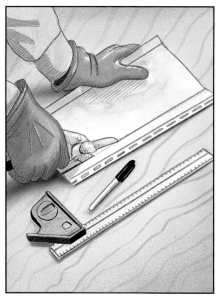

1 Coupez la section endommagée à l'aide d'un couteau à toiture et de cisailles à tôle. Ne faites pas de coupes alignées sur un des joints verticaux des rangées adjacentes. Faites une coupure horizontale près du retrait supérieur. N'enlevez pas les attaches.

2 Dans le matériau de remplacement assorti, coupez une pièce de 5 cm (2 po) plus grande que l'ouverture. Coupez la rainure d'attache de la pièce du haut. Ébarbez tous les bords exposés avec une lime. Pour plus d'une pièce, fixez celle du bas avec des attaches.

3 Appliquez de l'adhésif à l'endos de la pièce du haut, puis insérez-la de manière que le rebord inférieur s'emboîte sur le panneau du dessous. Appuyez sur le panneau pour le noyer dans l'adhésif et calfeutrez les bords.

REMPLACER LES COINS EN ALUMINIUM

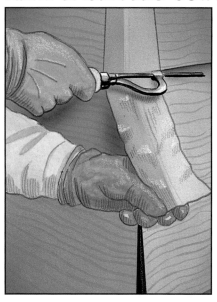

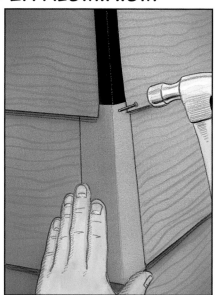

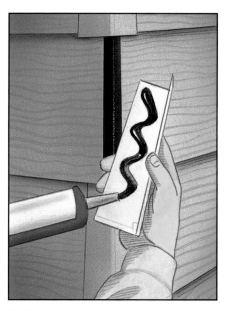

1 Enlevez les coins endommagés. S'ils ne cèdent pas facilement parce qu'ils sont solidement fixés sous le coin supérieur, forcez le bas avec un levier et coupez-le en haut.

2 Positionnez les coins de remplacement et, si vous remplacez plus d'un coin, commencez par le bas. Fixez-les avec des clous en aluminium.

3 Coupez la patte de clouage du dernier coin du haut et appliquez de l'adhésif à l'endos. Placez-le sur les bords inférieurs des rangées de parement et appuyez pour le noyer dans le ciment à toiture en vous assurant qu'il est bien aligné.

Maçonnerie : habiletés moyennes.

COMBIEN DE TEMPS FAUT-IL ?

Réparer une section de parement en stuc requiert environ :

EXPÉRIMENTÉ	2 h
INTERMÉDIAIRE	3 h
DÉBUTANT	4 h

VOUS AUREZ BESOIN :

☐ **Outils :** couteau à mastic, brosse de métal, pistolet à calfeutrer, truelle, balayette.

☐ **Matériel :** matériau d'étanchéité pour stuc, stuc, pigment.

Réparer du stuc

Il peut être délicat de réparer du stuc endommagé. Non seulement devez-vous assortir la texture, mais aussi la couleur du mur existant.

Il est préférable de savoir déjà manier les outils de maçonnerie pour réussir une bonne texture de stuc. Vous pouvez trouver les pigments à stuc dans les magasins qui vendent des fournitures de maçonnerie. On mélange les pigments à la dernière couche de stuc, mais rappelez-vous que la couleur a tendance à changer en séchant. Prenez le temps de faire des essais de proportions jusqu'à ce que vous trouviez la bonne teinte une fois le stuc séché.

Avant de commencer, effectuez les réparations nécessaires à la structure. Planifiez votre réparation sur plusieurs jours pour laisser le temps au stuc de bien sécher entre chaque couche.

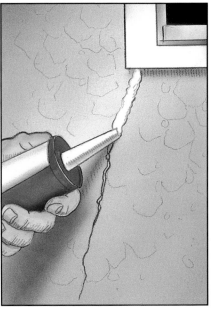

Remplissez les petites fissures avec les produits spéciaux pour stuc qui ne durcissent pas complètement et maintiennent une certaine élasticité. Les matériaux d'étanchéité pour stuc ne sont pas colorés : les réparations seront donc bien visibles. Vous pouvez toutefois peindre par-dessus pour assortir la couleur.

RÉPARER LE STUC ENDOMMAGÉ

1 Enlevez le stuc qui se détache jusqu'à ce que vous atteigniez le stuc sain, et nettoyez la zone. Un mur qui cède sous la pression de la main est un signe qu'il faudra effectuer une réparation majeure.

2 Remplissez le trou de composé à stuc à l'aide d'une truelle. Pour de meilleurs résultats, appliquez en couches successives en laissant bien sécher entre les couches.

3 Lissez la dernière couche avec la truelle pour assortir au stuc existant et tapotez ensuite avec la balayette pour imiter la texture.

Réparer les bordures d'avant-toit et les soffites

Les bordures d'avant-toit servent à protéger les extrémités des chevrons et à empêcher l'eau de couler le long de l'avant-toit et dans le mur. Elles offrent aussi une surface plane sur laquelle on peut fixer les gouttières.

Les soffites de toit empêchent les oiseaux et autres petits animaux de faire leur nid dans l'avant-toit ou d'accéder au grenier. Lorsqu'on y a installé des aérateurs, les soffites offrent un site de choix, à l'abri des intempéries, pour les prises d'air frais qui assurent une ventilation et une isolation optimales.

Un bon entretien des bordures et des soffites est important car de petites fissures peuvent permettre à l'humidité de s'infiltrer dans les soffites et les faire pourrir ou gauchir.

Les bordures et les soffites servent à fermer l'espace compris sous l'avant-toit. La bordure couvre les chevrons et sert à fixer les gouttières. Les soffites empêchent les oiseaux de nicher dans l'avant-toit et comportent des aérateurs qui permettent à l'air frais d'aérer le grenier.

ATTENTION
À l'extérieur, utilisez un cordon d'alimentation avec interrupteur de masse défectueuse.
DANGER

DEGRÉ D'HABILETÉ

Menuiserie : habiletés moyennes.

COMBIEN DE TEMPS FAUT-IL ?
Réparer une section de bordure d'avant-toit ou de soffite requiert environ :

EXPÉRIMENTÉ	2 h
INTERMÉDIAIRE	3 h
DÉBUTANT	4 h

VOUS AUREZ BESOIN :

☐ **Outils** : arrache-clou plat, marteau, échelle, scies sauteuse et circulaire, pistolet à calfeutrer, perceuse/visseuse.

☐ **Matériel** : clous ou vis galvanisés, matériau à bordure, matériau à soffite.

POSER UN REVÊTEMENT DE BORDURE

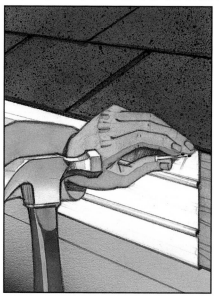

Dissimulez les bordures usées avec un revêtement de métal ou de vinyle. Ceux en métal ont un apprêt appliqué en usine qui peut être peint. Ceux en vinyle, offerts dans une variété de couleurs, ne peuvent être peints.

Un revêtement à bordure permet d'accrocher les soffites. Ceux avec profilé en F sont conçus pour recevoir des panneaux de soffites assortis. Ceux en J, pour les côtés de la maison, retiennent l'autre extrémité des panneaux.

REMPLACER UNE SECTION DE BORDURE

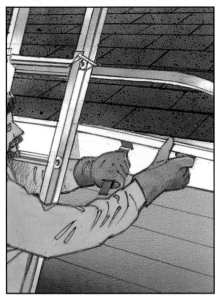

1 Enlevez les gouttières et les moulures afin de dégager la section de bordure endommagée.

2 Soulevez la bordure avec un levier et enlevez-la. Elle est habituellement clouée à l'extrémité de chaque chevron, sauf si elle est fixée directement à un chevron de rive.

3 Sur la bordure endommagée, marquez les lignes de coupe vis-à-vis des chevrons. Coupez la bordure à onglet pour enlever la partie endommagée.

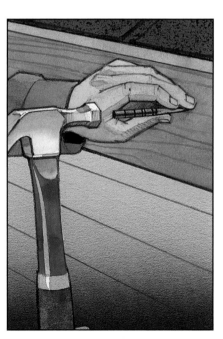

4 Clouez ou vissez la partie saine de la bordure originale en laissant l'espace pour la planche de remplacement. Mesurez l'ouverture. Coupez la nouvelle planche en reproduisant des onglets identiques à ceux de l'ancienne planche, et laissez un jeu de 3 mm (⅛ po) de chaque côté.

5 Positionnez la planche de remplacement en laissant un jeu égal de chaque côté et clouez-la au chevron à travers les onglets.

6 Replacez les moulures de la bordure, enfoncez les têtes de clous et remplissez avec un bouche-pores. Teignez ou posez un apprêt et peignez pour assortir à la bordure existante.

Réparer les bordures d'avant-toit et les soffites

RÉPARER LES SOFFITES EN CONTREPLAQUÉ

1 Enlever les moulures qui tiennent le panneau et localisez le chevron ou le chevron en porte-à-faux le plus près de chaque côté de la section endommagée. Percez des trous pour la lame de la scie sauteuse et coupez la partie endommagée, le plus près possible du chevron.

2 Enlevez les attaches et retirez le panneau endommagé avec un arrache-clou plat. Mesurez l'ouverture. Fixez des bandes de clouage au chevron, de chaque côté de l'ouverture.

3 Coupez un panneau de remplacement aux dimensions de l'ouverture. Utilisez du contreplaqué pour extérieur de la même épaisseur que l'original. Faites des ouvertures pour les aérateurs s'il y en avait dans le panneau original.

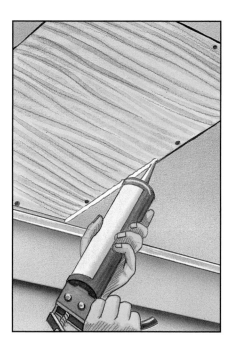

4 Placez le panneau dans l'ouverture et fixez-le aux bandes de clouage avec des vis galvanisées pour patio de $1\frac{1}{4}$ po.

5 Replacez les moulures qui aident à tenir le panneau en place.

6 Remplissez les trous de clous et de vis et les joints avec de la silicone que l'on peut peindre. Peignez le panneau de soffite pour l'assortir. Posez les capuchons d'aérateurs au besoin.

RÉPARER LES SOFFITES BOUVETÉS SUR LA LONGUEUR

1 Enlevez les moulures qui tiennent le panneau et localisez le chevron le plus près de chaque côté de la section endommagée. Percez des trous pour la lame de la scie sauteuse et coupez la partie endommagée, le plus près possible du chevron. Dégagez le panneau avec un levier. Enlevez les attaches.

2 De chaque côté de l'ouverture, fixez aux chevrons une bande de clouage faite d'un 2x2 avec des vis galvanisées pour patio de 2 po.

3 Coupez des planches bouvetées de la même épaisseur que les originales. Commencez à poser les planches à partir du parement mural en les clouant aux bandes de clouage.

LES SOFFITES BOUVETÉS SUR LA LARGEUR

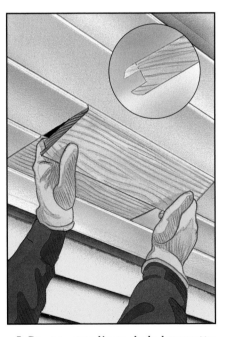

4 Coupez une lèvre de la languette de la dernière planche avant de la placer dans l'ouverture (médaillon). Clouez, remplissez les trous et les joints, et peignez pour assortir. Replacez les aérateurs au besoin.

1 Coupez le long de la bordure avec la scie sauteuse pour dégager la section endommagée (les sections en largeur sont souvent bouvetées dans la bordure). Enlevez les moulures et soulevez les planches endommagées avec un levier.

2 Coupez les planches de remplacement de la bonne longueur et insérez la languette dans la rainure du soffite. Coupez une lèvre de la languette de la dernière planche. Reposez les moulures, bouchez les trous et fissures, et peignez.

Entretien extérieur

Entretien d'un patio

Les patios sont soumis toute l'année aux effets dévastateurs du climat : pluie et soleil, gel et dégel. Ces extrêmes assèchent le bois et le rendent plus susceptible d'absorber l'eau et donc de pourrir, à moins qu'il ne soit imperméabilisé chaque année avec un apprêt protecteur.

Dans les climats humides, les patios peuvent se recouvrir d'une patine moussue que vous pouvez faire partir en frottant la surface avec une solution diluée avec de l'eau de Javel.

On vend aussi dans les centres de rénovation des nettoyeurs pour patios qui redonnent au bois altéré sa couleur originale.

Les vibrations causées par les pas et les intempéries peuvent faire sortir les clous. S'il sortent de nouveau après avoir été recloués, il vaut mieux les remplacer par des vis à patio traitées contre la rouille.

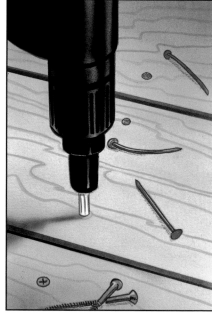

Vissez de nouvelles attaches aux solives du patio pour fixer les planches qui bougent. Si vous vissez dans les anciens trous, vos nouvelles vis doivent être un peu plus longues que celles d'origine.

DEGRÉ D'HABILETÉ

Menuiserie : habiletés de base.

COMBIEN DE TEMPS FAUT-IL ?

Faire l'entretien d'un patio de 3 m x 3 m (10 pi x 10 pi) requiert environ :

EXPÉRIMENTÉ	2 h
INTERMÉDIAIRE	3 h
DÉBUTANT	4 h

VOUS AUREZ BESOIN :

☐ **Outils :** visseuse, pulvérisateur, brosse à plancher, ponceuse de finition, pinceau.

☐ **Matériel :** nettoyeur, scellant protecteur et vis pour patio.

RAVIVER UN PATIO

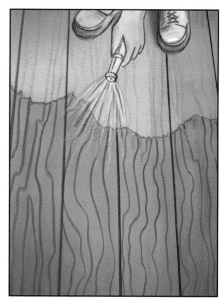

1 Préparez une solution de nettoyeur à patio selon les directives du fabricant. Appliquez-la avec un pulvérisateur et laissez pénétrer pendant dix minutes.

2 Brossez le patio à fond avec une brosse à plancher rigide. Portez des gants de caoutchouc et des lunettes protectrices.

3 Rincez à l'eau claire. Au besoin, répétez l'opération sur les endroits tachés ou très sales. Rincez et laissez sécher. Appliquez une couche d'apprêt protecteur ou de teinture.

FINITION D'UN PATIO EN BOIS TRAITÉ

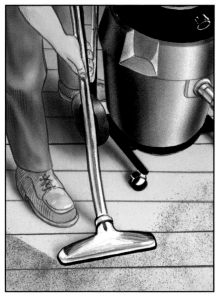

Utilisez une ponceuse de finition pour adoucir les zones rugueuses avant d'appliquer un fini sur les planches du patio, les balustrades ou les marches.

1 Poncez les sections rugueuses et passez l'aspirateur. Appliquez une teinture scellante sur tout le patio à l'aide d'un pulvérisateur à pression.

2 Avec un pinceau, faites disparaître gouttes et coulures. Sur le bois poreux une seconde couche de teinture peut être nécessaire pour obtenir un aspect uniforme.

FINITION D'UN PATIO EN CÈDRE OU EN SÉQUOIA

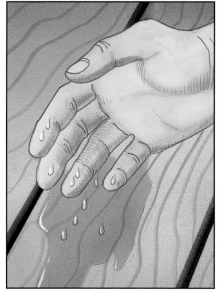

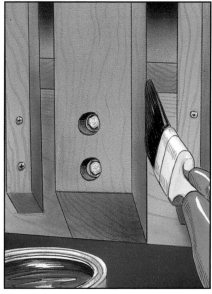

1 Vérifiez la surface du bois en l'aspergeant d'un peu d'eau. Si l'eau est absorbée rapidement, il est temps de traiter le bois. Si l'eau perle, laissez-le sécher quelques semaines avant d'appliquer un scellant.

2 Poncez les sections rugueuses et aspirez. Appliquez un scellant transparent sur toutes les surfaces avec un pulvérisateur à pression. Si possible, appliquez un scellant au-dessous du patio, aux solives, poutres et poteaux.

3 Utilisez un pinceau pour faire pénétrer le scellant dans les fissures et dans les interstices susceptibles de retenir l'eau.

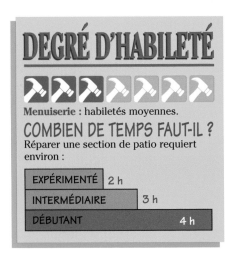

DEGRÉ D'HABILETÉ

Menuiserie : habiletés moyennes.

COMBIEN DE TEMPS FAUT-IL ?

Réparer une section de patio requiert environ :

EXPÉRIMENTÉ	2 h
INTERMÉDIAIRE	3 h
DÉBUTANT	4 h

VOUS AUREZ BESOIN :

☐ **Outils :** levier, ciseau à bois, marteau, pulvérisateur, brosse à plancher, pinceau, visseuse.

☐ **Matériel :** bois traité pour patio, clous ou vis galvanisés, bicarbonate de soude, scellant.

Réparer un patio

Un patio endommagé est aussi inesthétique que dangereux. Si on ne le répare pas, la pourriture du bois peut s'étendre au bois sain adjacent. L'apparition de pourriture à un endroit est un indice qu'il peut y avoir de la pourriture ailleurs. Lorsque vous réparez les planches d'un patio, inspectez aussi la structure sous-jacente pour déceler des signes de pourriture ou d'infestation dans les poteaux ou les solives. Au besoin, utilisez une lampe de poche.

Lorsque vous devez enlever les planches d'un patio, pas besoin d'y aller avec des gants blancs. Vous allez jeter le bois de toute façon. N'hésitez donc pas à couper le bois avec une scie ou un ciseau à bois et enlevez les morceaux avec un levier. Lorsque vous devez réparer des solives, enlevez suffisamment de planches pour pouvoir travailler confortablement.

Avant de couper une solive, assurez-vous que le patio est bien supporté de chaque côté. Vous ne voulez pas qu'il s'effondre ! Lorsque vous remplacez des parties de structure, utilisez du bois traité pour les parties que l'on ne voit pas et appareillez avec du cèdre ou du séquoia pour les autres pièces.

Les nouvelles sections ne s'assortiront pas aux anciennes. Vous avez trois options : attendre quelques années que le bois vieillisse ; « vieillir » le nouveau bois avec une solution de 250 ml de bicarbonate de soude pour 4 litres d'eau (1 tasse pour 1 gallon) ; ou nettoyer la surface tout entière avec un nettoyeur à patio et laisser l'ensemble se patiner. Dans tous les cas, c'est le moment idéal pour appliquer une nouvelle couche de scellant protecteur.

RÉPARER PLATE-FORMES ET SOLIVES ENDOMMAGÉES

1 Enlevez les clous ou les vis des planches endommagées avec un levier ou une visseuse et retirez les planches.

2 Inspectez les solives sous-jacentes pour déceler tout signe de pourriture. Les solives qui sont décolorées ou qui sont molles au toucher doivent être réparées et renforcées.

3 Utilisez un ciseau et un marteau pour enlever les parties de solive pourrie.

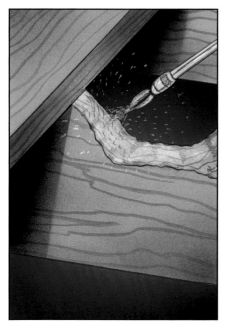

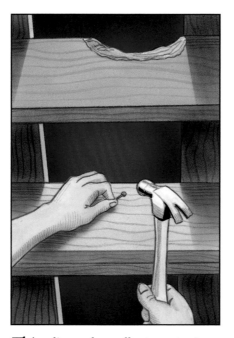

4 Appliquez une bonne couche de scellant protecteur sur la solive endommagée. Laissez sécher et appliquez une seconde couche. Coupez une solive de renfort dans du bois traité.

5 Appliquez le scellant sur toutes les faces de la nouvelle solive et laissez sécher. Placez la nouvelle solive contre l'existante et fixez-la avec des clous de 3½ po tous les 60 cm (2 pi).

6 Fixez la solive de renfort à la solive de rive et à la lambourde en clouant de biais avec des clous galvanisés de 3½ po. Coupez des planches de remplacement pour la plate-forme avec une scie circulaire.

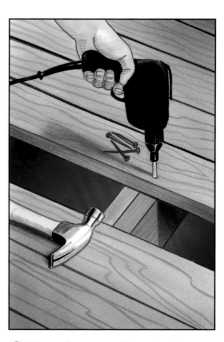

7 Si le patio existant a grisonné, « vieillissez » le nouveau bois en appliquant à la brosse une solution de 250 ml de bicarbonate de soude pour 4 l d'eau chaude (1 tasse pour 1 gallon). Rincez et laissez sécher.

8 Appliquez une couche de scellant protecteur ou de teinture scellante sur toutes les faces des nouvelles planches.

9 Placez les nouvelles planches et fixez-les aux solives avec des clous ou des vis galvanisés. Assurez-vous que l'espacement entre les planches soit le même que pour le reste du patio.

Entretien extérieur

Réparer un patio **431**

Remplacer une marche

Comme on y passe souvent, les marches se détériorent plus rapidement que toute autre partie du patio. Pour des raisons de sécurité, toute marche endommagée doit être remplacée immédiatement.

Enlevez la marche endommagée en la coupant en deux. Vous utiliserez ensuite un levier pour la déclouer. Si la marche est vissée, l'enlever sera d'autant plus facile : il suffira de dévisser.

Pour les marches de remplacement, utilisez du bois traité, du cèdre ou du séquoia qui s'assortit aux marches existantes. Appliquez soigneusement un scellant pour ralentir la détérioration.

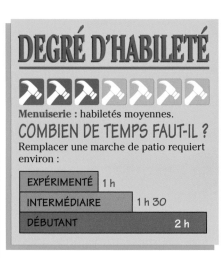

DEGRÉ D'HABILETÉ

Menuiserie : habiletés moyennes.

COMBIEN DE TEMPS FAUT-IL ?

Remplacer une marche de patio requiert environ :

EXPÉRIMENTÉ	1 h
INTERMÉDIAIRE	1 h 30
DÉBUTANT	2 h

VOUS AUREZ BESOIN :

☐ **Outils** : *levier, marteau, clé à cliquet et douilles, scie circulaire, ruban à mesurer.*

☐ **Matériel** : *bois traité pour patio, clous ou vis galvanisés.*

1 Enlevez les marches et mesurez la largeur de l'escalier. Marquez le contour des marches sur les limons. Avec la scie circulaire, coupez deux 2x6 pour chaque marche.

2 Placez le 2x6 du devant sur le tasseau ou dans l'entaille du limon pour que la rive avant soit alignée sur la marque de la marche.

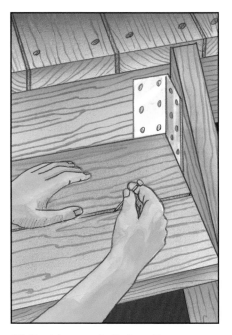

3 Positionnez le 2x6 arrière en laissant un petit jeu entre les deux planches, et entre la marche et la contremarche. Utilisez un clou de 3½ po comme guide pour le jeu. Percez des avant-trous de 3 mm (⅛ po) et fixez les 2x6 aux tasseaux ou aux limons avec des tire-fonds.

On peut fixer **des crémaillères pour marches en métal** sur le dessus des limons. Cela permet d'avoir des marches qui dépassent des limons.

DEGRÉ D'HABILETÉ

Menuiserie : habiletés moyennes.

COMBIEN DE TEMPS FAUT-IL ?

Remplacer une rampe et des barreaux requiert environ :

EXPÉRIMENTÉ	2 h
INTERMÉDIAIRE	3 h
DÉBUTANT	4 h

VOUS AUREZ BESOIN :

☐ **Outils :** marteau, scie sauteuse, visseuse, perceuse, niveau à bulle, ruban à mesurer, scie circulaire.

☐ **Matériel :** bois pour patio, clous ou vis galvanisés.

Remplacer rampes et barreaux

Il est important que les rampes soient solides pour prévenir les accidents, et elles sont essentielles si le patio est situé à plus d'une marche du sol. Afin d'en assurer l'intégrité structurale, les poteaux de la rampe doivent être solidement fixés à l'ossature extérieure du patio avec des tire-fonds.

Si la rampe est branlante ou endommagée, en tout ou en partie, remplacez-la au plus vite. Vérifiez les exigences du code du bâtiment de votre localité et prévoyez rendre votre patio conforme aux normes.

Assurez-vous que chaque barreau est sain et solidement fixé. Ils doivent être espacés d'au plus 15 cm (6 po). Cela est particulièrement important si vous avez de jeunes enfants qui pourraient se faufiler à travers un espace plus large. Il y a plusieurs façons de construire des barreaux et des rampes, mais il est toujours mieux de copier les originaux.

Rampes décoratives

Remplacer la rampe de votre patio peut être une façon rentable d'en améliorer l'aspect.
On peut se procurer des rampes préfabriquées et des poteaux et barreaux tournés dans une variété de styles pour créer une balustrade de belle allure.

REMPLACER UNE RAMPE D'ESCALIER

1 Marquez l'emplacement de la rampe existante sur les barreaux avant de l'enlever. Positionnez le nouveau 2x4 à l'intérieur des poteaux. Alignez-le sur le coin arrière du poteau supérieur et sur la marque du poteau inférieur. Faites-vous aider pour poser des vis temporaires.

2 Tracez le contour du poteau et de la rampe sur l'endos du nouveau 2x4.

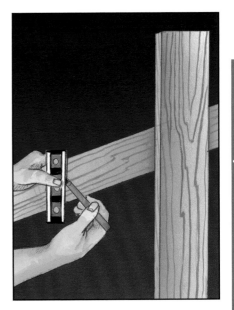

3 Avec un niveau, marquez une ligne de coupe d'aplomb à l'extrémité inférieure de la rampe. Enlevez la rampe.

Entretien extérieur

REMPLACER UNE RAMPE D'ESCALIER (suite)

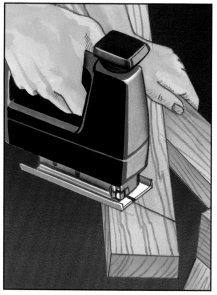

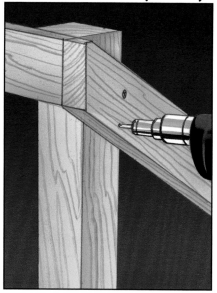

4 Coupez le long des marques avec une scie circulaire ou sauteuse.

5 Placez la rampe de l'escalier à égalité avec le dessus du poteau. Percez des avant-trous de 3 mm (1/8 po) et fixez la rampe aux poteaux avec des vis pour patio de 2½ po.

Si désiré, mesurez et coupez **un couronnement** pour la rampe de l'escalier. Tracez le contour du poteau sur le côté du couronnement et coupez les extrémités en biseau. Alignez la rive du couronnement sur le bord intérieur de la rampe. Percez des avant-trous et fixez avec des vis à patio.

REMPLACER UN BALUSTRE

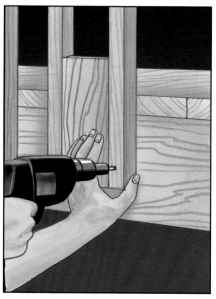

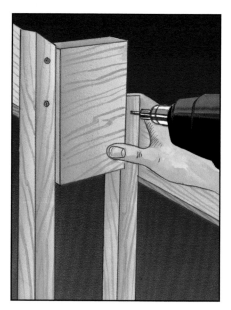

1 Enlevez la pièce endommagée. Mesurez et coupez un balustre de remplacement. Utilisez un bloc espaceur pour assurer un espace égal entre les balustres. Fixez le balustre au patio et à la rampe, aligné sur le haut de celle-ci.

2 Pour les escaliers, placez le balustre d'aplomb contre le limon et la rampe. Tracez une ligne diagonale sur le balustre en suivant l'angle de la rampe. Coupez en biseau. Imperméabilisez les extrémités avec un scellant.

3 Placez le balustre contre le bloc espaceur, aligné sur le haut de la rampe, et fixez avec des vis à patio de 2½ po.

REMPLACER LA RAMPE DE LA PLATE-FORME

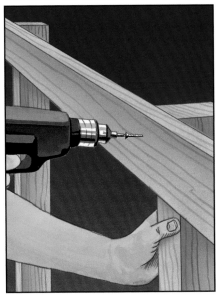

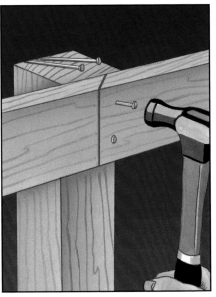

1 Enlevez la pièce endommagée. Mesurez et coupez des 2x4 pour faire une rampe de remplacement. Placez les 2x4 en les alignant sur le bout des poteaux et fixez-les avec des vis à patio de 2½ po.

2 Pour les longues rampes, joignez les 2x4 en coupant les extrémités à un angle de 45°. Faites des avant-trous de 2 mm (¹⁄₁₆ po) pour empêcher les clous de fendre le bois et fixez avec des clous de 3½ po (les vis peuvent fendre les bouts à onglet).

3 Fixez les extrémités des rampes aux poteaux de l'escalier à égalité avec le bord. Percez des avant-trous de 3 mm (⅛ po) et fixez avec des vis à patio de 2½ po. Il existe des capuchons décoratifs.

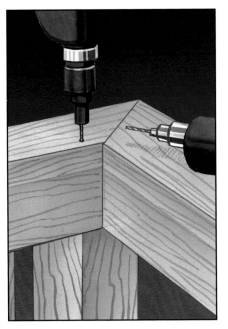

4 Placez un 2x6, la rive alignée sur le bord intérieur de la rampe. Percez des avant-trous de 3 mm (⅛ po) et fixez tous les 30,5 cm (12 po) avec des vis à patio de 2½ po. Vissez aussi dans chaque poteaux. Biseautez les bouts à 45°, faites des avant-trous de 2 mm (¹⁄₁₆ po) et fixez aux poteaux avec des clous galvanisés de 3½ po.

5 Dans les coins, coupez à onglet à 45° les extrémités des couronnements. Percez des avant-trous de 3 mm (⅛ po) et fixez le couronnement au poteau avec des vis à patio de 2½ po.

6 Au haut de l'escalier, coupez le couronnement à égalité avec la rampe de l'escalier. Percez des avant-trous de 3 mm (⅛ po) et fixez avec des vis à patio de 2½ po.

Remplacer rampes et barreaux **435**

L'ABC DES TRAVAUX À LA TOITURE

Réparer ou remplacer une toiture n'est pas la façon la plus plaisante dépenser son temps et son argent. Mais il vaut mieux réparer une toiture avant qu'elle ne se mette à couler que d'attendre et de réparer la toiture et le plafond en prime!

Pour ne pas devoir retourner sur le toit trop souvent, achetez les meilleurs matériaux.

Les bardeaux d'asphalte de première qualité sont garantis jusqu'à 20 ans. Ils sont épais et résistent aux distorsions et aux températures extrêmes. Si vos bardeaux sont faits d'amiante, faites appel à un spécialiste pour en faire l'enlèvement ou les réparations.

Si vous êtes à l'aise pour travailler la tôle, vous pouvez acheter de l'acier galvanisé ou de l'aluminium en rouleau et le couper aux dimensions désirées. Sinon, vous devrez dépenser un peu plus pour acheter des solins préfabriqués.

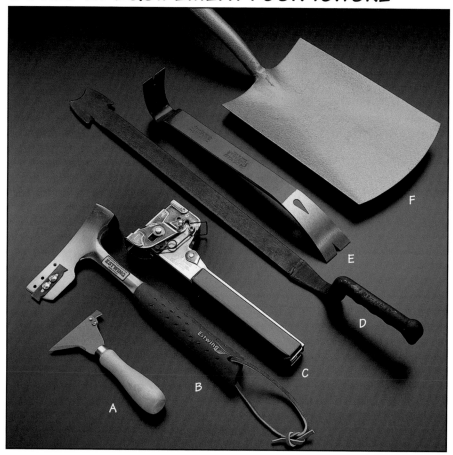

Outils de base : couteau à toiture (**A**), marteau à toiture (**B**), marteau agrafeur (**C**), extracteur de bardeau ou de tuiles d'ardoise (**D**), arrache-clou plat (**E**), pelle à toiture (**F**).

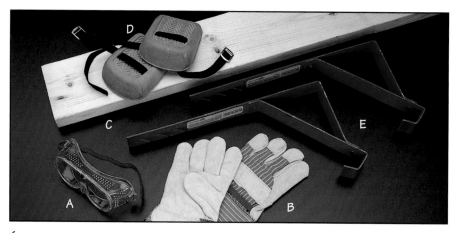

Équipement de sécurité : lunettes de sécurité (**A**), gants de travail (**B**), planche de 2x6 (**C**), genouillères (**D**), supports d'échafaudage (**E**).

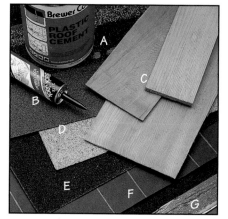

Matériaux pour toiture : ciment à toiture (**A**), matériau d'étanchéité pour toiture (**B**), bardeaux de cèdre (**C**), bardeaux d'asphalte à trois jupes (**D**), couverture d'étanchéité en rouleau (**E**), papier de construction (**F**), membrane protectrice contre la glace (**G**).

Types de solins : solin de noue (**A**), matériau pour solin en rouleau (**B**), solin de cheminées d'aération (**C**), bordure de toit (**D**).

Types d'attaches pour toiture : clous en aluminium pour solins d'aluminium (**A**), clous à toiture galvanisés pour bardeaux d'asphalte et de bois (**B**), clous à gaine de caoutchouc pour solins (**C**), cartouche de clous (**D**) pour marteau à air comprimé (**E**).

TOITURES COURANTES

Les bardeaux d'asphalte sont la couverture de toiture la plus courante. Ils sont faciles à installer, économiques et disponibles dans une variété de couleurs et de textures. Certains ont une base minérale recouverte d'asphalte, d'autres une base en fibre de verre également recouverte d'asphalte.

Les bardeaux de bois (fendus à la main ou sciés) sont naturels et attrayants. Ils sont très durables, requièrent peu d'entretien, mais ils sont plus difficiles à poser que les bardeaux d'asphalte.

ATTENTION

Faites enlever vos bardeaux d'amiante par un spécialiste.

DANGER

Il peut être difficile, voire dangereux de travailler sur certains types de toits si vous n'êtes pas familier avec le matériau. Évitez-vous maux de tête et fractures en engageant des spécialistes pour réparer un toit en tuiles d'argile ou d'ardoise, ou en bardeaux d'amiante.

Entretien extérieur

Identifier les problèmes de toiture

Si vous avez des problèmes comme des infiltrations d'eau, des sections de toit usées ou des bardeaux brisés ou qui gondolent, il vaut peut-être mieux refaire la toiture que la réparer. On peut recouvrir la couverture existante mais, un jour ou l'autre, il faudra enlever complètement la vieille couverture et recommencer à neuf, surtout s'il y a plus d'une couche de couverture.

Les plaques de glace sont signe d'une mauvaise ventilation. L'air à l'intérieur étant plus chaud qu'à l'extérieur, la neige fond et gèle de nouveau quand il fait plus froid. La glace peut s'infiltrer sous les bardeaux et détériorer le toit.

Les bardeaux qui gondolent ou cloquent indiquent un problème d'humidité. Il vaut mieux enlever les vieux bardeaux, solutionner le problème et refaire la couverture.

L'usure vient avec le temps. Si la majorité des bardeaux sont endommagés ou usés, enlevez-les et remplacez-les.

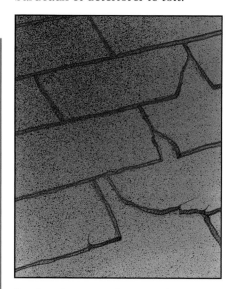

Les bardeaux endommagés sont la cause principale des infiltrations d'eau. Remplacez-les ou recouvrez-les d'une nouvelle couche de bardeaux.

Les solins défaits ou lâches peuvent être remplacés ou fixés à nouveau en retirant le ciment et le scellant et en appliquant de nouveaux matériaux.

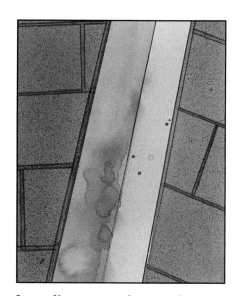

Les solins sont endommagés ou détériorés par les éléments et l'oxydation. On peut les remplacer sans trop de difficulté.

Les préparatifs

Lorsque vous serez sur votre toiture à arracher des bardeaux et des clous tout en essayant de garder votre équilibre et de vous dépêcher, vous serez peut-être tenté de les jeter un peu n'importe où par-dessus bord. N'en faites rien ! Vous risquez d'endommager votre maison ou votre jardin si vous ne les protégez pas adéquatement avec des panneaux de contreplaqué ou des bâches. Si vous le pouvez, prévoyez deux zones pour les débris, une de chaque côté de la maison, pour vous simplifier la tâche lorsque vient le temps de les ramasser.

Protégez votre maison des débris. Installez des bâches sur les côtés de la maison et protégez les éléments de terrassement avec des panneaux de contreplaqué installés contre la maison et par-dessus le gazon et le jardin.

SUPPORTS D'ÉCHAFAUDAGE

1 Clouez les supports au toit après avoir posé les quatre premières rangées de bardeaux. Clouez-les dans une section qui sera recouverte et décalez-les par rapport au clouage normal des bardeaux à trois jupes.

2 Posez un rang de bardeaux au-dessus de la tête crantée des supports et placez une planche dessus pour faire une plate-forme sûre pour vous et vos outils. Continuez le travail à ce nouveau niveau. Vous pouvez utiliser plus d'une paire de supports.

3 Enlevez les supports en frappant vers le haut avec un marteau et en les décrochant des clous. Glissez un levier sous le bardeau et utilisez-le pour enfoncer complètement les clous des supports.

Réparer un toit qui coule

Si les dommages à votre toiture se limitent à quelques endroits bien circonscrits, vous pouvez peut-être corriger le problème temporairement en remplaçant quelques bardeaux et en appliquant abondamment du ciment à toiture.

Un bardeau endommagé ou manquant est facile à repérer. Une fissure dans un solin ou des joints qui se fendillent le sont moins. Lorsque vous tentez de retracer la source d'une fuite, rappelez-vous que l'eau qui a pénétré la toiture coule souvent le long du support de couverture et ensuite le long des chevrons pour enfin dégoutter dans le plafond. Si vous avez accès au grenier, et si les chevrons sont visibles, essayez de localiser la fuite avant de monter sur le toit. Utilisez des points de repère comme la cheminée, les tuyaux d'aération, les fenêtres ou les noues.

Lorsque vous êtes sur le toit pour effectuer une réparation, profitez-en pour inspecter la toiture et déceler d'autres problèmes.

RÉPARER AVEC DU CIMENT

Fixez les bardeaux gondolés, les petites fissures et autres problèmes mineurs avec du ciment à toiture.

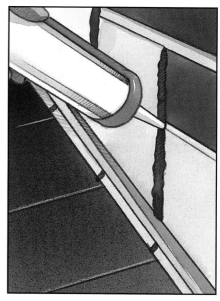

Posez du ciment à toiture autour des solins si le joint est détérioré : c'est un endroit de prédilection pour les infiltrations d'eau.

REMPLACER DES BARDEAUX D'ASPHALTE

1 Lorsque vous remplacez plus d'un bardeau, commencez toujours par le haut. Enlevez les bardeaux à réparer en les tenant de chaque côté et en les tirant pour les dégager. Prenez garde de ne pas endommager les bardeaux sains adjacents.

2 Si possible, retirez les vieux clous avec un levier. Sinon, enfoncez-les dans le support de couverture avec un marteau. Réparez les trous dans le papier de construction avec du ciment à toiture.

DEGRÉ D'HABILETÉ

Menuiserie : habiletés moyennes.

COMBIEN DE TEMPS FAUT-IL ?
Réparer un toit qui coule requiert environ :

EXPÉRIMENTÉ	3 h
INTERMÉDIAIRE	4 h
DÉBUTANT	5 h

VOUS AUREZ BESOIN :

☐ **Outils :** échelle, marteau à panne fendue, pistolet à calfeutrer, arrache-clou plat, ciseau à bois, tire-clou.

☐ **Matériel :** ciment et clous à toiture, bardeaux.

3 Installez les nouveaux bardeaux en commençant par le bas et en suivant les directives d'installation sur le papier d'emballage.

4 Recouvrez de ciment à toiture le haut du dernier bardeau, au-dessus de la ligne de joint.

5 Glissez le dernier bardeau sous celui qui le chevauche. Selon l'arrangement, vous pourrez peut-être planter quelques clous en soulevant délicatement les jupes des autre bardeaux. Sinon, appuyez fermement pour les asseoir dans le ciment.

REMPLACER DES BARDEAUX DE BOIS

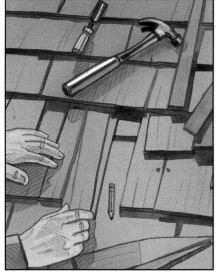

1 Fendez le bardeau endommagé avec un ciseau à bois avant de l'enlever. Enlevez les clous cachés avec un extracteur de bardeau : glissez l'outil en dessous, accrochez un clou et frappez ensuite la partie plate du manche avec un marteau pour tirer ou couper le clou. Inspectez le papier de construction et réparez ou remplacez au besoin.

2 Avant d'installer les nouveaux bardeaux, imperméabilisez-les au besoin avec une teinture hydrofuge pour les assortir aux anciens. Insérez un nouveau bardeau. Coupez-le de la largeur voulue en laissant un jeu d'expansion d'environ 1 cm ($\frac{3}{8}$ po) de chaque côté.

3 Fixez le bardeau avec du ciment à toiture appliqué à l'endos ou clouez-le.

Installer des solins

Si vous avez déjà travaillé la tôle et que vous possédez les outils nécessaires, vous pouvez fabriquer vos propres solins. Qu'ils soient en aluminium ou en acier galvanisé, ils sont vendus en rouleaux de différentes largeurs. L'aluminium, plus mou, est plus facile à travailler que l'acier galvanisé, qui est cependant plus résistant.

Les solins préfabriqués n'ont qu'à être coupés de la longueur voulue. Si votre toiture est plutôt conventionnelle, la plupart des pièces sont disponibles sur le marché.

Si vous préférez, vous pouvez faire tailler vos solins sur mesure par un ferblantier. Prenez soigneusement les mesures des cheminées, des lucarnes et de la pente du toit pour assurer l'étanchéité des joints.

PLIER ET FORMER DES SOLINS

Coupez et pliez vos propres solins Pour faire rapidement et facilement des plis uniformes, utilisez une surface avec un bord droit, comme un chevalet ou un établi.

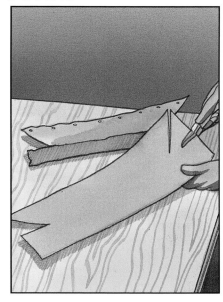

Utilisez les vieux solins comme gabarit pour couper les nouveaux solins. Cela est très utile pour les solins de forme compliquée comme les solins de cheminée.

DEGRÉ D'HABILETÉ

Menuiserie : habiletés moyennes.

COMBIEN DE TEMPS FAUT-IL ?

Installer un solin requiert environ :

EXPÉRIMENTÉ	1 h
INTERMÉDIAIRE	2 h
DÉBUTANT	3 h

VOUS AUREZ BESOIN :

☐ **Outils :** levier, marteau, marteau à toiture, cisailles à tôle, pistolet à calfeutrer, brosse de métal.

☐ **Matériel :** matériau à solin, ciment à toiture.

RÉPARER UN SOLIN

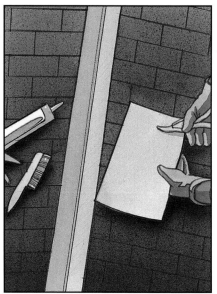

1 Coupez une pièce suffisamment large pour pouvoir la glisser sous les bardeaux de chaque côté de la réparation. Coupez le joint entre le solin de noue et les bardeaux autour de la zone à réparer. Brossez le solin endommagé avec une brosse à métal et essuyez-le.

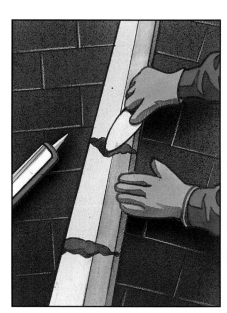

2 Appliquez du ciment à toiture à l'endos de la pièce et glissez-la sous les bardeaux de chaque côté de la réparation. Appuyez fermement pour l'asseoir dans le ciment. Ajoutez du ciment aux joints. Amincissez le ciment pour empêcher l'eau de s'accumuler sur le solin.

INSTALLER UN SOLIN DE NOUE

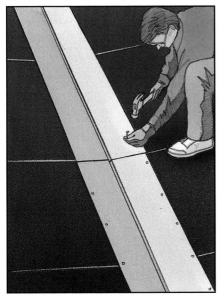

1 Ajustez le solin en tôle galvanisée, le creux bien appuyé dans la noue. Clouez-le sur les bords et couvrez les trous de clous avec du ciment à toiture. Chevauchez les pièces suivantes d'au moins 20 cm (8 po). Coupez le solin parallèlement à l'avant-toit.

2 Ajoutez des pièces successives qui se chevauchent en travaillant vers le haut. Scellez les joints avec du ciment à toiture. Au faîte, pliez le solin ou coupez-le.

Climats plus chauds : faites des solins de noue avec de la couverture à toiture en rouleau. Posez une bande de 46 cm (18 po) face au creux de la noue et clouez les bords tous les 30 cm (12 po). Scellez les bords et les trous de clous avec du ciment à toiture. Chevauchez de 30 cm (12 po) tout nouveau rouleau, et scellez le joint.

POSER DES SOLINS AUTOUR DES AÉRATEURS

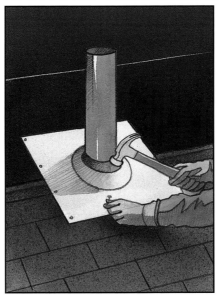

1 Posez des bardeaux jusqu'à la base de l'aérateur. Achetez un solin convenant à l'aérateur et à la pente du toit. Appliquez du ciment à toiture sous la bride du solin.

2 Lorsque la bride est bien à plat sur la toiture, clouez-la avec des clous à toiture ou à gaine de caoutchouc. Glissez une rondelle d'étanchéité autour de l'aérateur.

3 Placez des bardeaux autour du tuyau et découpez-les pour qu'ils s'ajustent autour du tuyau.

POSER DES SOLINS À GRADINS AUTOUR D'UNE LUCARNE

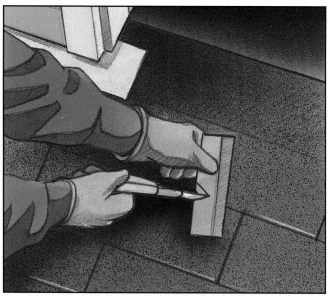

1 Posez un solin de base à l'avant de la lucarne. Soulevez avec un levier les rangées inférieures du parement de la lucarne. Rentrez le solin sous le parement pour l'ajuster. Vous devrez sans doute couper le rebord, mais assurez-vous de garder au moins 5 cm (2 po).

2 Appliquez du ciment à toiture sur le toit près de la lucarne. Rentrez le premier morceau de solin à gradins de 20 cm (8 po) sous le parement et appuyez fermement dans le ciment à toiture. Avec un clou, fixez chaque morceau de solin au toit et non au parement.

3 Appliquez du ciment à toiture sur la partie du solin qui sera recouverte de bardeaux. Posez un bardeau sur la première pièce de solin à gradins. Appuyez fermement le bout du bardeau qui chevauche le solin pour l'asseoir dans le ciment.

4 Répétez les étapes 2 et 3 en chevauchant le solin à gradins et les bardeaux de 5 cm (2 po). Coupez le dernier morceau de solin au haut de la noue de la lucarne. Reposez le parement. Pour améliorer l'apparence, vous pouvez couvrir le dessus du solin de base avec des bardeaux coupés et collés avec du ciment à toiture.

POSER UN SOLIN DE CHEMINÉE

1 Appliquez un apprêt à maçonnerie sur la cheminée, à l'endroit où sera posé le solin de base. Appliquez du ciment à toiture sur la bride du solin et posez-le autour de la partie basse de la cheminée, par-dessus les bardeaux. Fixez le solin à la cheminée avec des clous à mortier.

2 Posez du solin à gradins autour de la cheminée comme vous le feriez autour d'une lucarne.

3 Installez un solin de couverture au pied de la cheminée, du côté le plus haut, de la même manière que vous avez posé le solin de base.

S'il y a un rejéteau de contreplaqué et que vous devez remplacer le solin de couverture, il vous faudra sans doute fabriquer le solin sur mesure. Pour le fixer, clouez la base du solin de couverture seulement. Scellez les bords avec du ciment à toiture.

Entretien extérieur

Installer des solins **445**

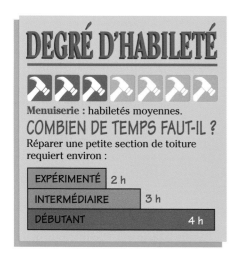

DEGRÉ D'HABILETÉ

Menuiserie : habiletés moyennes.

COMBIEN DE TEMPS FAUT-IL ?

Réparer une petite section de toiture requiert environ :

EXPÉRIMENTÉ	2 h
INTERMÉDIAIRE	3 h
DÉBUTANT	4 h

VOUS AUREZ BESOIN :

☐ **Outils :** *marteau à panne fendue, couteau et pelle à toiture, arrache-clou plat, scie alternative, perceuse/visseuse.*

☐ **Matériel :** *matériau à support de couverture, vis.*

Enlever et réparer la toiture

Enlever une vieille toiture est un travail ardu. Il y a parfois deux couches de bardeaux à enlever. Le matériau à toiture est lourd, mais il semble s'alourdir encore plus en cours de journée... Comme vous travaillez en hauteur et en pente, il est important de garder votre équilibre. Et vous devez travailler aussi vite que possible car le toit est vulnérable aux intempéries lorsqu'il est exposé.

Faites-vous aider si vous le pouvez. Mais avant de faire monter qui que ce soit sur le toit, vérifiez votre police d'assurance. Si la pente du toit a un angle aigu, assurez-vous que chacun utilise un échafaudage ou un harnais.

Si vous n'êtes pas certain de pouvoir refaire la toiture en une journée ou deux, il vaut mieux procéder par sections et enlever seulement la couverture que vous croyez pouvoir remplacer. Ne laissez jamais une section exposée de votre toit sans protection pendant une nuit. Si l'obscurité vous surprend, couvrez-la avec des bâches que vous retiendrez avec des piles de bardeaux.

LE CONSEIL D'HOMER

Quand je me suis préparé à enlever ma vieille toiture, j'ai tout planifié soigneusement. J'ai rassemblé l'équipement dont j'avais besoin, j'ai appelé quelques amis, j'ai même loué un contenant à déchets. Si seulement j'avais pensé à vérifier les prévisions météorologiques...

ENLEVER LA VIEILLE TOITURE

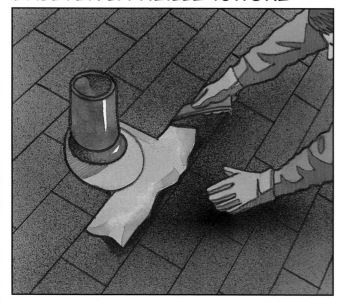

1 Coupez les joints autour des solins et retirez ceux qui doivent l'être. Si les solins sont encore en bon état, enlevez-les soigneusement pour les réutiliser.

2 Enlevez le couronnement de faîte à l'aide de l'arrache-clou.

Entretien extérieur

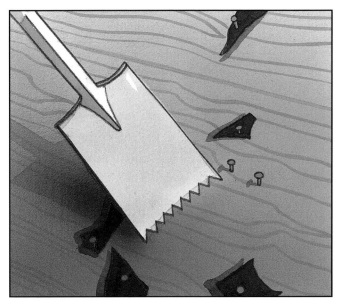

3 À l'aide d'une pelle à toiture ou d'une fourche à dents plates, enlevez les vieux bardeaux en grandes sections, roulées si possible. Vous vous faciliterez le travail et le ramassage si vous arrachez le matériau par grandes plaques. Prenez garde de ne pas endommager vos gouttières.

4 Enlevez les clous qui restent. Certaines pelles à toitures possèdent un bord denté, destiné à cet effet. La surface doit être entièrement lisse. Passez le balai. Vous pouvez louer dans la plupart des centres de location un aimant à déclenchement pour ramasser les clous sur le terrain.

REMPLACER LE SUPPORT À COUVERTURE ENDOMMAGÉ

1 Enlevez les sections endommagées avec un levier et un marteau à panne fendue. Enlevez une plus grande section pour vous assurer de ne garder que du matériau sain.

2 Si les chevrons sont fendus ou endommagés, ajoutez au besoin des bandes de clouage faites des tasseaux avec un 2x4. Coupez une nouvelle section de support de la même épaisseur que l'ancien dans du contreplaqué pour extérieur.

3 Positionnez les joints au-dessus des chevrons, avec un jeu maximum de 3 mm ($\frac{1}{8}$ po). Fixez avec des clous ou des vis. Pour remplacer des planches de 2,5 cm (1 po) d'épaisseur, taillez du contreplaqué aux dimensions voulues.

Poser la sous-couche

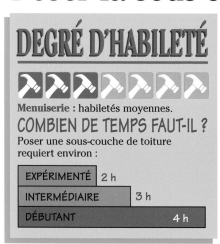

DEGRÉ D'HABILETÉ

Menuiserie : habiletés moyennes.

COMBIEN DE TEMPS FAUT-IL ?

Poser une sous-couche de toiture requiert environ :

EXPÉRIMENTÉ	2 h
INTERMÉDIAIRE	3 h
DÉBUTANT	4 h

VOUS AUREZ BESOIN :

□ **Outils :** marteaux à panne fendue et agrafeur, arrache-clou plat, couteau universel, cordeau.

□ **Matériel :** papier de construction, membrane protectrice contre la glace.

Les mêmes lois s'appliquent tant à la sous-couche de la toiture qu'aux autres éléments extérieurs de votre maison : il faut éviter les trous.

Le rôle de la couverture est de canaliser la pluie, celui de la sous-couche est d'apporter une protection supplémentaire contre l'infiltration.

Comme l'eau coule généralement du faîte vers les avant-toits, le chevauchement des matériaux de toiture doit se faire de manière à prévenir le refoulement de l'eau et l'infiltration. S'il est assez évident qu'il faut chevaucher les bardeaux vers le bas de la pente, on dirait que ce même principe échappe souvent aux installateurs de papier à toiture.

Si vous êtes minutieux lors de la pose de la sous-couche, celle-ci protégera votre toit si jamais il pleuvait avant que vous n'ayez pu poser les bardeaux.

Et, en cas d'accident, vous aurez l'esprit en paix car votre maison aura une belle sous-couche !

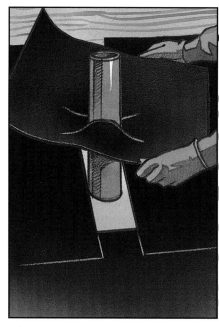

Ajustez une pièce de papier de construction autour des obstacles. Laissez environ 30 cm (12 po) de papier de chaque côté et posez les rangs de papier jusqu'au bord.

1 Posez des bandes de solins de bordure le long de l'avant-toit. Faites chevaucher les bandes de 5 cm (2 po). Coupez le solin à onglet au bord du toit, à l'endroit ou il s'aboutera au larmier couvrant la rive inclinée du toit.

2 Faites une ligne au cordeau à 90,5 cm ($35\frac{5}{8}$ po) du bord pour que la membrane protectrice de 91,4 cm (36 po) dépasse la bordure de 1 cm ($\frac{3}{8}$ po). Posez assez de rangées de membrane pour couvrir environ 60 cm (24 po) à l'intérieur de la ligne du mur. Posez aussi de la membrane dans les noues. Faites-vous aider. Dans les climats chauds, la membrane n'est peut-être pas nécessaire : consultez les codes.

3 Faites une ligne au cordeau à 81,3 cm (32 po) du bord supérieur de la membrane. Déroulez le premier rang de papier de construction et chevauchez la membrane de 10 cm (4 po). Fixez le papier de construction avec le marteau agrafeur tous les 30,5 cm (12 po). Coupez le papier au bord des extrémités inclinées.

4 Posez les rangs de papier vers le haut en chevauchant de 10 cm (4 po) à l'horizontale et de 30,5 cm (12 po) à la verticale. Arrêtez le rang de papier au bord d'un obstacle, taillez, et continuez le rang de l'autre côté. Posez un rang de papier en travers des noues, à partir de chaque côté, en chevauchant de 91,4 cm (36 po), puis coupez l'excédent.

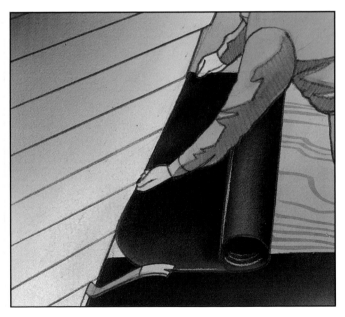

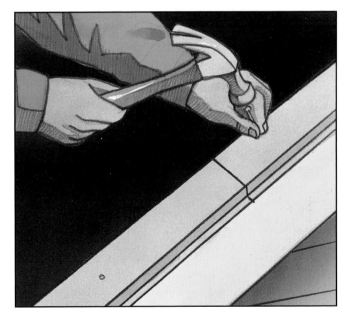

5 Posez le papier à partir des lucarnes ou des murs vers l'extérieur. Soulevez le parement avec un levier et rentrez au moins 5 cm (2 po) pour créer un joint continu. Chevauchez les rangs d'au moins 15 cm (6 po) sur chaque côté de l'arête.

6 Clouez une bande de larmier sur les rives inclinées, en partant du bas. Chevauchez les bandes de 5 cm (2 po). Coupez à onglet à la rencontre du larmier de l'avant-toit.

Poser des bardeaux

Considérez la pose des bardeaux comme votre récompense pour avoir bien fait vos devoirs lors de la pose de la sous-couche et des solins. Les bardeaux se posent rapidement. Les encoches vous aident à garder les rangs bien alignés sur les bords de l'avant-toit et des rives inclinées. Vous aurez la satisfaction d'avoir un vrai beau toit !

Mais avant, il vous faudra hisser les paquets de bardeaux sur le toit et les répartir. Si vous n'avez pas de marteau à air comprimé, vous aurez quelques malaises dans les bras... Et il y a à peu près cinq jours dans l'année où c'est agréable de passer une journée entière sur un toit. Mais vous récolterez le fruit de votre bon travail : un toit qui ne coule pas !

DEGRÉ D'HABILETÉ

Menuiserie : habiletés moyennes.

COMBIEN DE TEMPS FAUT-IL ?

Poser une section de bardeaux requiert environ :

EXPÉRIMENTÉ	3 h
INTERMÉDIAIRE	4 h
DÉBUTANT	5 h

VOUS AUREZ BESOIN :

☐ **Outils :** marteaux à panne fendue, à toiture et à air comprimé, couteau à toiture, équerre, pistolet à calfeutrer, ruban à mesurer, cordeau.

☐ **Matériel :** bardeaux, clous et ciment à toiture.

LA POSE DE BARDEAUX D'ASPHALTE

1 Faites une ligne de départ au cordeau, à 29,2 cm (11½ po) de l'avant-toit. N'utilisez pas de craie rouge car le pigment tacherait les matériaux du toit.

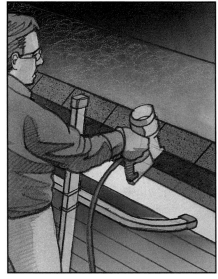

2 En partant de la rive inclinée, posez un premier rang de bardeaux à l'envers. Retirez 15,2 cm (6 po) du premier bardeau pour décaler les joints verticaux. Débordez de l'avant-toit de 1,25 cm (½ po). Fixez les bardeaux avec des clous à toiture galvanisés tous les 30 cm (12 po).

Vous pouvez aussi couper les jupes des bardeaux et poser ceux-ci à l'endroit afin que l'adhésif du bardeau contribue à sceller le bord de l'avant-toit.

3 Posez la première rangée complète par-dessus la rangée de départ, en commençant par un bardeau complet à la rive inclinée. Débordez de l'avant-toit de 1,25 cm (½ po), et alignez les bardeaux sur ceux de la rangée de départ.

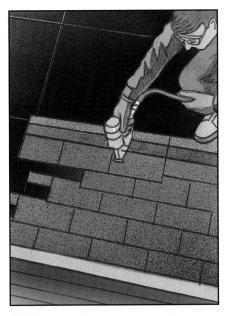

4 Avec un cordeau de craie, déterminez une ligne de centre vers le milieu du toit. Choisissez un joint entre deux bardeaux ne rencontrant aucun obstacle jusqu'au faîte. Utilisez une équerre pour obtenir une ligne perpendiculaire.

5 Aboutez deux bardeaux de la deuxième rangée sur la ligne de centre, en laissant exposés 12,7 cm (5 po) de la première rangée. Fixez-les avec des clous à toiture, 1,6 cm (⅝ po) au-dessus de chaque rainure. Posez trois autres rangées près de la ligne du centre. Décalez chaque rangée horizontale de 15 cm (6 po).

6 Posez les bardeaux de la 2ᵉ rangée jusqu'aux rives inclinées. Guidez-vous sur les rainures de la rangée précédente pour l'alignement. Aboutez un bardeau contre le précédent et ajustez le bord inférieur pour qu'il couvre à peine le haut des rainures. Avant de commencer la 5ᵉ rangée, installez des supports d'échafaudage.

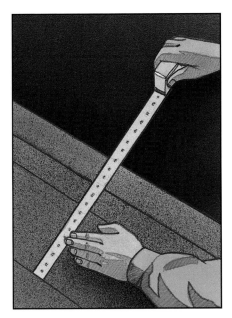

Vérifiez régulièrement l'alignement. À plusieurs endroits, mesurez à partir du bas de la dernière rangée jusqu'à la ligne du papier de construction. Ne tentez pas de corriger en bougeant un seul bardeau : ajustez graduellement sur une ou deux rangées.

7 Finissez de poser les bardeaux jusqu'au faîte, en posant des solins au besoin. Posez les bardeaux de chaque côté et assez haut pour que le couronnement couvre la partie non granulée des bardeaux. Finissez la section au complet. D'un premier côté, coupez à égalité du faîte. Du second côté, repliez les bardeaux sur le faîte et clouez-les.

8 Lorsque vous avez terminé, coupez les bardeaux le long des rives inclinées en débordant de 1 cm (⅜ po). Utilisez une règle pour couper en ligne droite.

Poser des bardeaux 451

LES NOUES AVEC JOINTS ENTRELACÉS

1 Posez les bardeaux sur le toit principal jusqu'aux avant-toits de la lucarne. Couvrez le toit de la lucarne en chevauchant la noue et le toit principal avec les bardeaux de la lucarne.

2 Continuez à couvrir le toit principal en chevauchant légèrement la noue et le toit de la lucarne.

3 Placez sous les bardeaux qui chevauchent la lucarne une retaille qui servira de protection. Avec un couteau universel et une règle, coupez les bardeaux du toit principal le long de la noue. Enlevez les retailles. C'est une façon rapide et facile de créer un effet d'entrelacement dans la noue.

LES NOUES AVEC SOLINS DE NOUES

1 Posez les bardeaux jusqu'au faîte du premier côté de la lucarne, en incluant les solins à gradins. Couvrez le dessus de la lucarne pour excéder sa largeur. Tracez au cordeau une ligne verticale partant de l'extrémité d'un bardeau, jusqu'au faîte ou jusqu'à l'avant-toit.

2 De l'autre côté, posez les bardeaux en partant de l'avant-toit pour remplir l'espace entre la lucarne et la ligne jusqu'à ce que vous fassiez le raccord avec la rangée du dessus de la lucarne. La première rangée doit être positionnée sur la ligne afin d'arriver avec le motif des bardeaux.

3 Posez les bardeaux sur le toit de la lucarne en partant du bord inférieur du pignon. En utilisant le motif régulier, couvrez vers le toit principal en faisant chevaucher les rangs de bardeaux par-dessus le creux de la noue.

4 Avec des cisailles à tôle, coupez l'excédent des bardeaux de la lucarne au solin de noue, à la rencontre du toit et de la lucarne, à 7,6 cm (3 po) du creux de la noue. Ajoutez le couronnement de faîte.

COUVRIR LES ARÊTES ET LES FAÎTES

1 Coupez des carrés de bardeaux de 30,5 cm (12 po). Coupez en biseau les extrémités de la jupe sur 2,5 cm (1 po). Avec le cordeau, tracez de chaque côté de l'arête, à 15,2 cm (6 po), une ligne parallèle. Fixez chaque côté des couronnements avec un clou, à 2,5 cm (1 po) du bord, juste au-dessus de la patte de scellement. Laissez 12,7 cm (5 po) exposés par le chevauchement. Couvrez les arêtes avant les faîtes.

2 Couvrez les points de rencontre des arêtes avec un bardeau carré fendu au milieu sur 10 cm (4 po). Clouez et couvrez les têtes de clous avec du ciment à toiture. Couvrez les faîtes de la même manière que les arêtes, en partant des extrémités vers le centre.

3 Au milieu du faîte, aboutez les deux capuchons qui se rejoignent. Coupez la jupe du dernier couronnement et clouez-la par-dessus le joint abouté. Couvrez le clou avec du ciment à toiture.

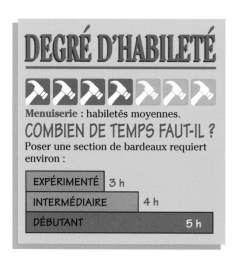

DEGRÉ D'HABILETÉ

Menuiserie : habiletés moyennes.

COMBIEN DE TEMPS FAUT-IL ?

Poser une section de bardeaux requiert environ :

EXPÉRIMENTÉ	3 h
INTERMÉDIAIRE	4 h
DÉBUTANT	5 h

VOUS AUREZ BESOIN :

☐ **Outils :** marteaux à panne fendue, à toiture et à air comprimé, couteau à toiture, équerre de charpentier, pistolet à calfeutrer, ruban à mesurer, cordeau.

☐ **Matériel :** bardeaux, clous et ciment à toiture.

Couvrir par-dessus une couverture existante

Quelle chance ! Si vous lisez ceci, c'est que votre toit ne comporte qu'une seule épaisseur de bardeaux qui, bien qu'usés, sont généralement en bon état. En tant que candidat à une réfection de toiture, vous pouvez donc passer presque directement à l'étape de la pose des bardeaux. Ce qui veut dire que vous n'avez pas besoin d'arracher de vieux bardeaux, de louer un contenant à déchets et de vous dépêcher à l'approche d'un orage. Mais attention, vous ne pouvez avoir que trois épaisseurs de bardeaux à la fois : donc s'il y en a déjà trois, vous devrez les enlever et recommencer à neuf.

Votre principal problème, si vous ne faites qu'ajouter une couche de nouveaux bardeaux, c'est que la surface du toit n'est pas unie, à cause des bardeaux existants qui se chevauchent. Et il pourrait être dommageable pour le toit de poser de nouveaux rangs de bardeaux directement au-dessus de ceux qui sont déjà là.

Heureusement, il y a une solution toute simple. Il suffit de couper les bardeaux de la première rangée dans le sens de la longueur, de la même dimension que les jupes des bardeaux de la première rangée existante. Une fois qu'ils sont en place, vous avez une base lisse pour chaque nouvelle rangée de bardeaux. Il suffisait d'y penser !

PRENEZ GARDE DE NE PAS PERDRE L'ÉQUILIBRE, SURTOUT SI VOUS TRAVAILLEZ VERS LE BAS !

1 Pour le rang de départ, coupez chaque bardeau en bandes pour remplir la partie exposée du premier rang existant (environ 12,7 cm [5 po]). Si vous devez poser des larmiers et que vous pouvez le faire sans endommager les bardeaux, allez-y. Décalez les rainures entre les jupes par rapport au rang existant. Utilisez des clous à toiture de $1\frac{1}{4}$ po.

2 Coupez en largeur chaque bardeau de la rangée suivante pour qu'il s'aboute au bord inférieur des bardeaux de la troisième rangée existante en respectant le même surplomb. Décalez les joints verticaux.

3 Aboutez les rangées suivantes aux bords inférieurs des rangs existants. Posez le reste des bardeaux comme pour une nouvelle installation.

4 Enlevez les solins endommagées et remplacez-les par des neufs. Ajouter une épaisseur de bardeau autour des obstacles pour que les solins soient au même niveau que les nouveaux rangs de bardeaux.

5 Posez les bardeaux autour des obstacles comme vous le feriez normalement. Laissez en place les solins qui sont en bon état. Scellez bien les nouveaux joints avec du ciment à toiture et découpez les bardeaux autour des obstacles.

6 Arrachez les vieux couronnements d'arêtes et de faîte avant de poser les dernières rangées près du faîte. Remplacez les couronnements avec des nouveaux bardeaux une fois que toute la pose est complétée.

Couvrir par-dessus une couverture existante

Poser une couverture en rouleau

La couverture en rouleau est utilisée pour les remises ou les garages dont la pente de toit est moins accentuée. Lorsque les rouleaux sont déroulés, ils s'aplatissent et forment des bandes de 46 cm (18 po) ou moins, faciles à poser sans aide. Ce revêtement est fait du même matériau que le bardeau d'asphalte et il en a l'épaisseur mais, dans ce cas-ci, vous pouvez le couper en bandes.

Une façon de poser la couverture en rouleau est de chevaucher la moitié de chaque rang avec le rang suivant, clouer le bord supérieur de chaque rang et coller les autres bords avec du ciment. C'est plus esthétique car il n'y a pas de clous exposés couverts de ciment à toiture. En revanche, par grands vents, cette couverture peut être moins durable. La méthode démontrée ici résiste mieux aux vents.

1 Balayez la toiture et posez le larmier et la sous-couche (p. 448). Déroulez la couverture et laissez-la s'aplatir. Posez le premier rang, pleine largeur, en laissant dépasser 1 cm (⅜ po) de l'avant-toit et des rives inclinées.

2 Clouez le bord supérieur du premier rang à 1,25 ou 2 cm (½ ou ¾ po) du bord, tous les 45 cm (18 po) pour maintenir la couverture en place en attendant de poser le deuxième rang.

3 Clouez le long de l'avant-toit et des rives inclinées à environ 2,5 cm (1 po) du bord du toit, en espaçant les clous de 5 cm (2 po). Décalez légèrement les clous le long de l'avant-toit pour ne pas fendre la bordure.

4 Posez un deuxième rang de couverture pour qu'elle chevauche le premier de 5 cm (2 po). Clouez le bord supérieur en espaçant les clous de 45 cm (18 po).

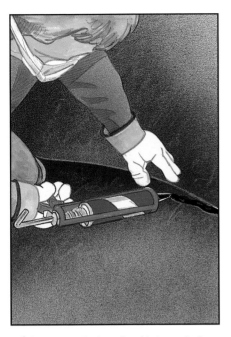

5 Soulevez le bord inférieur de la feuille du dessus et appliquez du ciment à toiture sur les 5 cm (2 po) supérieurs du rang du dessous (mais pas plus de 3 mm (⅛ po) d'épaisseur, car trop de ciment peut amollir l'asphalte).

6 Assoyez le rang du dessus dans le ciment et clouez à travers les deux épaisseurs en espaçant les clous de 5 cm (2 po). Décalez légèrement les clous pour éviter de fendre le bois de la toiture, en restant toujours à au moins 2 cm (¾ po) du bord.

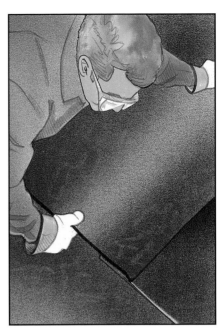

7 Chevauchez les bouts de rouleaux de 15 cm (6 po) verticalement et appliquez du ciment sur toute la largeur. Décalez les clous sur deux rangées à 2,5 cm (1 po) et 13 cm (5 po) du bord, et espacez-les de 10 cm (4 po) dans chaque rangée. Décalez les joints.

RÉPARER LA COUVERTURE

8 Coupez des bandes de couverture de 30,5 cm (12 po) de largeur et pliez-les en deux en longueur. Avec un cordeau, tracez deux lignes parallèles au faîte, à 14 cm (5½ po) de part et d'autre de celui-ci. Appliquez du ciment des deux côtés, entre les lignes, et assoyez-y la bande. Clouez.

Nettoyez les petits trous ou fissures et remplissez-les avec du scellant ou du goudron à toiture.

COUVREZ LES CLOUS DE CIMENT À TOITURE.

Pour des trous plus grands, coupez et enlevez la section endommagée et remplacez-la par un morceau de couverture. Remplacez aussi le papier de construction s'il est endommagé. Faites chevaucher les bords. Collez avec du ciment et clouez, comme pour une couverture neuve.

L'ABC DES TRAVAUX DE BÉTON

Le matériau le plus souvent utilisé pour les entrées de garage et les trottoirs est le béton. Avant de choisir d'utiliser du béton, il faut prendre en considération le prix et l'apparence, mais aussi les facteurs climatologiques et l'utilisation.

Le béton est un matériau très dur mais il est susceptible de se fendre sous l'action du sol qui se soulève lors du gel. Le sel contenu dans les produits chimiques de déglaçage ont des effets dévastateurs sur le béton.

Pour savoir si le béton est le matériau approprié pour votre projet et votre climat, vérifiez, si vos voisins l'ont utilisé, dans quel état est leur béton. Demandez-leur comment ils l'ont posé.

Une mauvaise installation du béton est souvent la source de plusieurs problèmes : lézardes, écaillures, effritement, soulèvement. Le mélange doit avoir les bonnes proportions d'eau et de béton, et il faut laisser sécher le béton lentement. Vous pouvez ralentir le processus de séchage en couvrant le béton d'une bâche de plastique.

Si vous contrôlez bien le ratio eau/béton et le séchage, vous n'aurez pas de soucis !

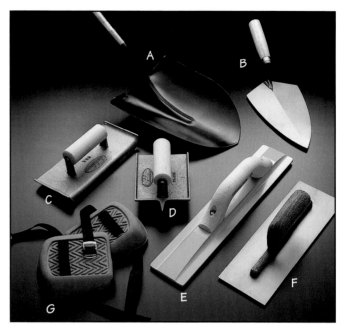

Outils manuels : pelle (**A**), truelle à profiler (**B**), fer à bordure (**C**), fer à rainures (**D**), taloche de magnésium (**E**), truelle à finir (**F**), genouillères(**G**).

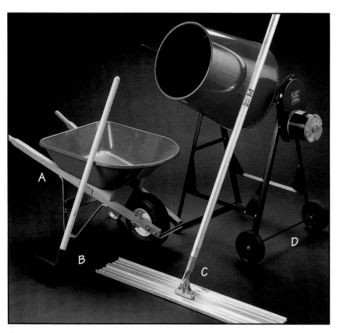

Équipement de location : brouette (**A**), fouloir à main (**B**) ou électrique, aplanissoire à long manche (**C**), malaxeur (**D**).

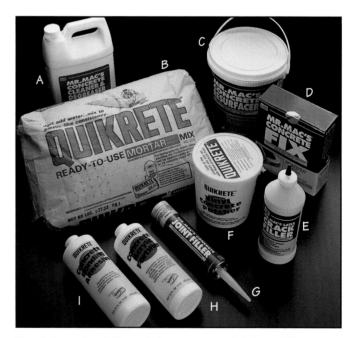

Produits prêts à l'emploi : nettoyant à béton (**A**), mélange à mortier prêt à l'emploi (**B**), produit de ragréage (**C**), mortier de réparation (**D**), bouche-fente au latex (**E**), produit de ragréage au vinyle (**F**), produit de remplissage pour joints (**G**), produit de renforcement à l'acrylique (**H**), liant adhésif pour béton (**I**).

PROBLÈMES COURANTS

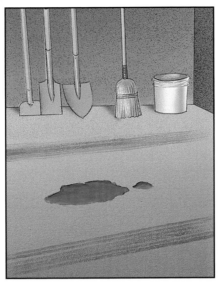

Le soulèvement du béton est courant dans les climats froids. Le gel dans le sol pousse la dalle de béton vers le haut et, s'il n'y a pas de joints de contrôle, des sections de la dalle sortent de leur lit. La meilleure chose à faire est d'enlever la section brisée, de réparer la base et de couler une nouvelle dalle isolée par des joints de contrôle.

Les taches et les décolorations peuvent ruiner l'apparence d'un béton qui est par ailleurs très sain. Vous pouvez utiliser des nettoyants à béton du commerce ou, pour les taches plus rebelles, de l'acide chlorhydrique. Pour une protection longue durée, utilisez un scellant à maçonnerie transparent.

Les lézardes sont pratiquement inévitables, mais les joints de contrôle permettent de les réduire au minimum. Bouchez les petites fentes avec du bouche-fente pour béton et remplissez les grosses fissures avec un produit de ragréage au vinyle.

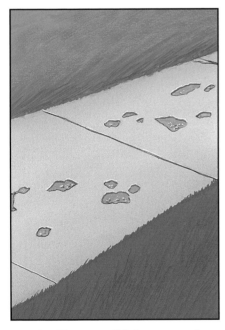

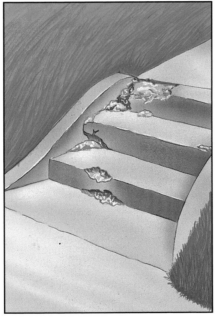

LE CONSEIL D'HOMER

J'ai eu toute une leçon de propreté quand j'ai effectué mon premier projet avec du béton. J'étais tellement fier de moi quand j'ai eu fini que je me suis tout de suite récompensé avec une bonne limonade. Erreur ! Quand je suis retourné nettoyer mes outils, le ciment avait pris, et j'ai dû remplacer mes outils qui ont fini par rouiller au point d'être inutilisables. C'est une leçon qui a coûté cher !

Les écaillures et l'éclatement du béton sont causés par l'humidité, les tensions, un durcissement ou un talochage incorrects. S'ils sont localisés, vous pouvez facilement les nettoyer et les réparer.

L'effritement se produit généralement lorsque le béton est vieux. À part la réparation, il n'y a pas grand chose à faire. Voyez-y un signe qu'il faudra bientôt remplacer la structure au complet.

Mélanger du béton

Lorsqu'on mélange du sable, du ciment, du gravier et de l'eau en proportions adéquates, il se produit une réaction chimique qui lie les matériaux en une pâte dense et uniforme : le béton.

Pour les petits projets, du ciment mélangé avec de l'eau dans une brouette ou une cuve à mélanger est tout à fait adéquat. Pour de plus grosses quantités, vous louerez sans doute un malaxeur à béton électrique ou à essence. Le béton mélangé à la machine aura une consistance plus homogène.

Si vous avez besoin de beaucoup de béton, mais que vous disposez de peu de temps, vous songerez peut-être à commander du béton préparé d'une centrale locale. Planifiez tout à l'avance, préparez vos coffrages et, à moins d'avoir de l'expérience, faites-vous aider d'un ami qui s'y connaît. Une fois le béton livré, vous aurez deux heures pour terminer la mise en place.

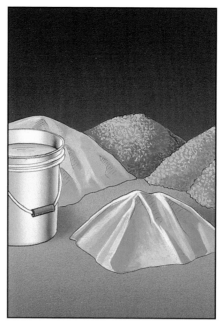

Le béton est fait des mêmes ingrédients de base, que vous l'achetiez préparé ou que vous le fassiez vous-même. Le ciment Portland, le sable et le gravier sont les ingrédients structurels clés du béton. L'eau leur permet de s'hydrater et ensuite de durcir en séchant.

ESTIMATION

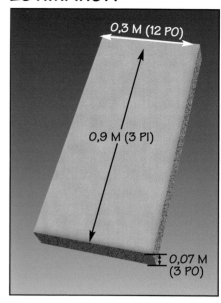

0,3 M (12 PO)

0,9 M (3 PI)

0,07 M (3 PO)

Multipliez la largeur par la longueur en fraction de mètre (ou en pi) pour obtenir la surface en m² (pi²), et multipliez ce nombre par l'épaisseur pour obtenir le volume en m³ (pi³).

LA BONNE CONSISTANCE

Un béton trop sec ne se travaille pas bien et le finissage est presque impossible à réaliser. Il restera dans le béton des amas de ciment et de gravier qui ne seront pas bien mélangés.

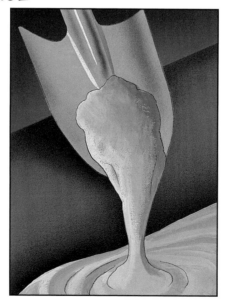

Un béton trop mouillé est trop liquide pour le raclage et l'aplanissement, et il prendra trop de temps à durcir avant le finissage. Une fois sec, il aura tendance à s'écailler, à cause d'une humidité de surface excessive.

Un béton bien mélangé se versera aisément et le raclage sera facile. Lors de l'aplanissement, le matériau calera sans trop d'efforts et sans eau de surface. Le finissage à la truelle sera également facile et vous obtiendrez un fini de première qualité.

MÉLANGER À LA MAIN

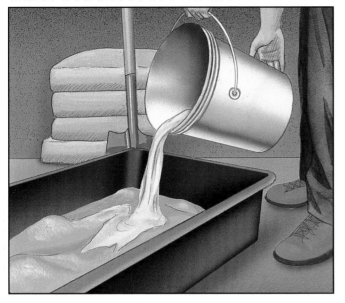

1 Videz le contenu des sacs de béton préparé à sec dans une brouette ou une cuve à mélanger. Lisez les instructions sur le sac, mesurez la quantité d'eau requise dans un seau, et ajoutez au mélange sec.

2 Mélangez avec une binette ou une pelle en faisant attention de ne pas trop travailler le mélange.

MÉLANGER AU MALAXEUR À BÉTON

1 Versez la moitié de l'eau requise dans le malaxeur. Actionnez le moteur et laissez tourner pendant une minute.

2 Ajoutez la totalité du béton préparé à sec, puis le reste de l'eau. Malaxez pendant environ trois minutes. Transférez le mélange dans une brouette ou des seaux dès qu'il est prêt.

Entretien extérieur

Réparer du béton

On peut effectuer la plupart des réparations de béton en quelques heures à peine, par une journée douce et par temps clair. Bien que les réparations soient simples, il ne faut pas oublier que le béton est lourd à transporter (environ 27 kg [60 lb] par sac de mélange à sec), et qu'il est dur pour le dos de mélanger du béton, surtout si vous en avez beaucoup et que vous n'avez pas de malaxeur. C'est peut-être le bon moment de réunir amis et voisins !

N'oubliez pas d'utiliser un adhésif à béton pour assurer une meilleure adhésion lors du ragréage.

DEGRÉ D'HABILETÉ

Maçonnerie : habiletés de base.

COMBIEN DE TEMPS FAUT-IL ?

Réparer un trou dans du béton requiert environ :

EXPÉRIMENTÉ	1 h
INTERMÉDIAIRE	1 h 30
DÉBUTANT	2 h

VOUS AUREZ BESOIN :

☐ **Outils :** brosse de métal, ciseau de maçon, marteau à panne ronde, truelle, couteau à panneau mural, aspirateur, masse, fouloir, raclette, taloche, pelle.

☐ **Matériel :** ciment Portland, béton renforcé au vinyle, prémalaxé ou préparé à sec, adhésif au latex.

PRÉPARER LES LÉZARDES

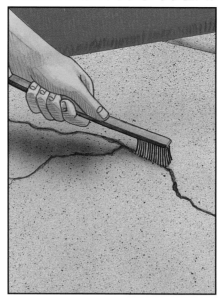

1 Enlevez le matériau lâche à l'aide d'une brosse de métal, d'un ciseau ou d'une brosse de métal rotative fixée à une perceuse. Assurez-vous d'enlever toutes les particules sinon la réparation ne sera pas efficace. Appliquez un adhésif.

2 Coupez au ciseau et au marteau les bords de la lézarde pour créer une rainure à queue d'aronde qui retiendra le matériau dans la fissure.

RÉPARER LES PETITES LÉZARDES

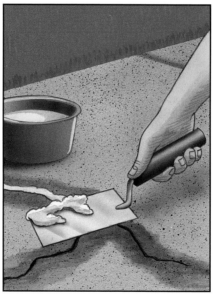

1 Préparez la lézarde et humectez. Faites une pâte épaisse de ciment Portland et d'eau. Remplissez à la truelle en débordant légèrement.

2 Amincissez la pâte de niveau avec la surface. Laissez sécher.

LÉZARDES HORIZONTALES

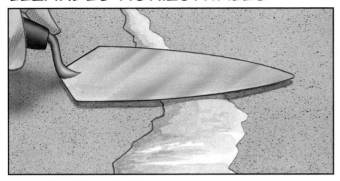

Préparez la lézarde et versez-y du sable jusqu'à 1,25 cm (½ po) de la surface. Préparez du béton au vinyle ou faites un pâte épaisse avec du ciment Portland, de l'eau et suffisamment de sable pour obtenir une texture granuleuse. Remplissez la lézarde en débordant légèrement et amincissez les bords.

LÉZARDES VERTICALES

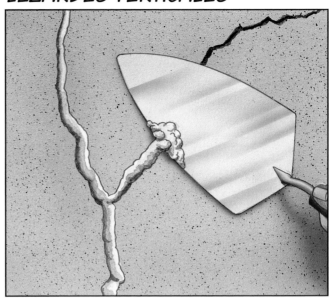

Préparez la lézarde et versez-y du sable jusqu'à 1,25 cm (½ po) de la surface. Préparez du béton au vinyle ou faites un pâte épaisse avec du ciment Portland, de l'eau et suffisamment de sable pour obtenir une texture granuleuse. Appliquez une couche de 6 mm à 1,25 cm (¼ à ½ po) au fond de la lézarde et laissez sécher. Continuez à appliquer des couches de la même épaisseur jusqu'à ce que le béton frais déborde légèrement. Amincissez les bords.

RÉPARER UN TROU DANS LE BÉTON

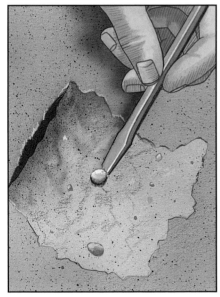

1 Enlevez les petits graviers au fond du trou à l'aide d'un ciseau de maçon et d'un marteau à panne ronde. Portez des lunettes protectrices.

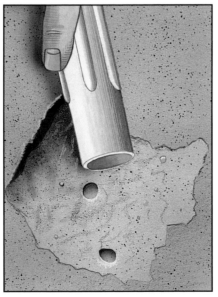

2 Enlevez la poussière et les débris avec un aspirateur d'atelier. Si le trou contient de l'huile ou de la graisse, lavez-le avec un détergent et rincez à l'eau claire.

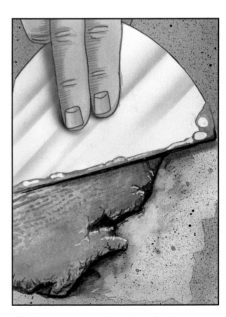

3 Badigeonnez les bords du trou avec un adhésif au latex. Mélangez le ciment et l'eau et ajoutez l'adhésif comme agent de liaison. Remplissez l'orifice et amincissez avec un couteau à joint ou une truelle.

RÉPARER DES MARCHES EFFRITÉES

1 Nettoyez avec une brosse de métal. Appliquez au pinceau une couche d'adhésif au latex.

2 Mélangez le produit de ragréage avec de l'eau, puis ajoutez un agent de liaison au latex en suivant les directives du fabricant. Remplissez avec un couteau à joint ou une truelle.

3 Avec du ruban adhésif, fixez des retailles de bois sur le coin de la marche pour retenir le produit de ragréage jusqu'à ce qu'il durcisse.

NETTOYER ET SCELLER LE BÉTON

1 Nettoyez le béton avec une solution d'acide chlorhydrique diluée à 5 % avec de l'eau. Portez des gants, des lunettes et des vêtements protecteurs lorsque vous travaillez avec de l'acide.

2 Arrosez la surface avec une solution de phosphate trisodique et rincez à grande eau avec un tuyau d'arrosage ou un pulvérisateur.

3 Appliquez un scellant pour béton avec un rouleau à peinture, un racloir ou un pulvérisateur pour jardin.

RÉPARER UNE DALLE BRISÉE

1 Creusez une tranchée de 15 cm (6 po) de large de chaque côté de la dalle pour le coffrage. Avec un marteau à panne ronde, brisez la dalle endommagée et retirez les morceaux. Portez des gants et des lunettes de protection.

2 Préparez la base en l'aplanissant et en ajoutant du sable ou du gravier au besoin. Compactez pour prévenir le tassement.

3 Avec des piquets, préparez un coffrage fait de 2x4, contre les dalles existantes, et de même niveau. Suivez la pente des dalles au besoin.

4 Mélangez le béton selon les directives du fabricant et versez-le dans le coffrage.

5 Étalez le béton et aplanissez le gravier pour ramener le ciment et l'eau à la surface. Laissez durcir en vérifiant régulièrement. Lorsque le béton est prêt pour le finissage, passez la truelle pour faire monter l'eau et lissez.

6 Une fois le fini sec et durci, appliquez plusieurs couches de scellant en laissant bien sécher entre chacune. Si vous effectuez la réparation par une chaude journée d'été, utilisez une bâche en plastique pour ralentir le séchage et assurer un bon durcissement.

INDEX

Index

Index

Index

M

Index

Index

Un grand merci à tous les employés suivants de Home Depot, dont le savoir-faire a permis la rédaction de RÉNOVEZ ET BRICOLEZ 1-2-3, le manuel le plus pratique de sa catégorie.

Scott M. Andrews
Atlanta, GA

Richard Baran
Niles, IL

Michael Baugus
Fullerton, CA

Donald Bittick
North Richland Hills, TX

Michael J. Carnegie
Oceanside, CA

Chris Coats
Niles, IL

Jack Crowley A.S.I.D.
South Plainfield, NJ

Kimberly Curtin
Fullerton, CA

Dave Davies
Canoga Park, CA

Nancy A. Dee
Commack, NY

Patrick Diamond
Selden, NY

Jim Dionian
Patchogue, NY

Antonio Domecq
Hawthorne, CA

Dennis Donelan
East Meadow, NY

Ollie Elder Jr.
Alhambra, CA

Andy Etkind
Atlanta, GA

Byron C. Fitzgerald
Woodstock, GA

Marty Gallagher
S. Plainfield, NJ

Gordon Gammon
Calumet City, IL

Chuck Garrett
Duluth, GA

Michael Grant
Atlanta, GA

Bill Gronenthal
Roswell, GA

Rob Hallam
Atlanta, GA

Jim Handelin
Burbank, CA

Mark E. Harris
Atlanta, GA

Ronald Hickman
Commack, NY

James Hojnicki
Orland Park, IL

John S. Hollerorth
Decatur, GA

Debora Hubbard
Atlanta, GA

Richard Hutchinson
Murrieta, CA

Steve Jepsen
Arlington, TX

Mac Kennedy
Austell, GA

Barbara Koller
Atlanta, GA